第四版

体育营销学

Sport Marketing

Fourth Edition

【美】伯纳德·J. 马林
【美】斯蒂芬·哈迪　主编
【美】威廉·A. 萨顿
谌莉　韩华　主译

北京体育大学出版社

策划编辑：王英峰
责任编辑：王英峰
责任校对：孙 静
版式设计：久书鑫

北京市版权局著作权合同登记号：01-2022-1728
Sport Marketing (Fourth Edition)

图书在版编目（CIP）数据

体育营销学 : 第四版 / （美）伯纳德·J.马林，（美）斯蒂芬·哈迪，（美）威廉·A. 萨顿主编 ; 谌莉，韩华主译. -- 北京 : 北京体育大学出版社，2022.5
书名原文：Sport Marketing
ISBN 978-7-5644-2778-8

Ⅰ. ①体… Ⅱ. ①伯… ②斯… ③威… ④谌… ⑤韩… Ⅲ. ①体育－市场营销学－高等学校－教材 Ⅳ. ①G80-05

中国版本图书馆 CIP 数据核字(2022)第 067350 号

体育营销学（第四版）

TIYU YINGXIAOXUE (DI SI BAN)

【美】伯纳德·J. 马林
【美】斯蒂芬·哈迪 主编
【美】威廉·A. 萨顿
谌莉 韩华 主译

出版发行：北京体育大学出版社
地　　址：北京市海淀区农大南路 1 号院 2 号楼 2 层办公 B-212
邮　　编：100084
网　　址：http://cbs.bsu.edu.cn
发 行 部：010-62989320
邮 购 部：北京体育大学出版社读者服务部 010-62989432
印　　刷：唐山玺诚印务有限公司
开　　本：787mm×1092mm　1/16
成品尺寸：185mm×260mm
印　　张：27.75
字　　数：658 千字
版　　次：2022 年 5 月第 1 版
印　　次：2022 年 5 月第 1 次印刷
定　　价：168.00 元

译者序

当前，我国体育产业面临着前所未有的历史发展机遇。作为我国经济转型升级的重要力量，体育产业要不断满足人民群众日益增长的体育需求，就应当重视体育营销工作。体育营销是连接体育消费者、企业和体育组织的桥梁，能够创造价值，扩大体育消费市场，促进体育产业高质量发展。

我们引入伯纳德·J.马林（Bernard J. Mullin）等主编的《体育营销学》，期望该著作能够对我国体育营销人才提供有价值的参考。该著作由世界各地从事体育营销的高校教授和从事体育营销实践的专家共同编写而成，汇集了许多前沿的体育营销知识。该著作自 1993 年第一版问世以来，受到了读者的广泛好评，经过 4 次修订完善，已经成为北美各大高校体育营销的经典教材。

该著作以营销管理的基本理论框架为主线，重点围绕体育赛事、体育联盟、职业运动队、运动员、体育场馆等领域，探讨如何更好地进行体育营销管理。该著作结构清晰严谨，布局详略得当。每章开始前有学习目标，正文中有大量体育营销案例及补充材料，每章结束部分围绕前面的学习目标逐一列出学习要点，并附有课后练习，有助于提高读者的学习效果和效率。结合具体情况，本译著对原版书的部分内容做了调整。这本理论与实践紧密结合的经典著作内容丰富、全面深入，是体育营销领域中不可多得的教材和参考书，适合作为高等院校体育营销、体育管理相关专业的本科生和研究生的教学用书，也可供有志于从事体育营销的社会人士参考阅读。

该著作的翻译工作在团队共同努力下完成，具体分工如下：序、前言、鸣谢（谌莉）；第 1～2 章（谌莉）；第 3～5 章（谌莉，韩华，王珺琪）；第 6～10 章（谌莉）；第 11 章（韩华）、第 12～13 章（谌莉，王珺琪，刘萍）、第 14 章（韩华）以及第 15 章（谌莉）。由谌莉完成全书的串稿和定稿工作。在翻译过程中，乔治梅森大学李紫坤博士为本书的翻译提供了有力支持，克莱姆森大学李薇博士参与了第 11 章和第 14 章的翻译工作，王珺琪参与了全书校对工作，刘萍、侯知非、曹靖宜、马美红、王文林和李欣参与了部分校对工作，在此一并致以诚挚的感谢！

体育营销学涉及面非常广，这对翻译工作提出了很高的要求。由于时间和水平限制，译书中难免有不当和错误之处，敬请各位专家读者批评指正。

谌　莉

北京体育大学体育商学院

2022 年 3 月 16 日

序

在我30年NBA总裁生涯的尾声之际，我不禁回想起这段时期内体育产业的发展历程。其中，体育营销的增长最为显著。很难相信，就在30年前，当《体育营销学》（第四版）的作者们起草初稿时，还很少使用“体育营销”这个词。现在，该术语已变得十分常见了，且该书也经常用它来概括书中的所有体育商业活动，这些商业活动准确地描述了我在NBA任职期间所经历的体育产业的演变。我有幸与业内许多极具才华的高管共事。随着体育产业的发展，球队的领导能力和业务能力也随之提高。现在，我们大多数球队的员工均已超过100人，他们分别负责门票销售和赞助活动，提供优质的客户服务，制定营销、广告和品牌战略，为合作伙伴和赞助商提供体育赞助激活平台以推动其业务发展，在当地制作电视和广播节目，为媒体提供服务并发布一手新闻消息，开发和制作节目，通过富有创新性和有社会责任感的项目在社区开展有意义的工作。该书的最新修订版继续将这些营销活动放在一个全面的框架中，展示了各项活动如何相互配合以在本地、全国乃至全球范围内开展体育业务；它还说明了目前应用的新技术在哪些方面发挥了重要作用，让人耳目一新。尤其是票务营销和销售中使用的数据收集、汇总、交付和定位技术，以及那些主要通过移动设备传递内容以提高粉丝参与度的技术。

该书的作者们具有非凡的学术和专业经验。作为大学教授，他们因所积累的学识和经验而具有独特的视角。他们的研究和分析能力使其能够客观地识别体育产业的关键需求，同时，他们创建了一个理论框架，使得所有营销策略可以通过营销计划过程来制订，让所有的品牌推广、销售和营销战略保持一致。更难得的是，作者们在体育行业的多个领域拥有高级管理的实践经验，这些经验使得他们在最佳实践方面拥有丰富的知识，并知晓哪些措施行之有效，哪些措施无济于事。总体而言，他们的经验已成功运用到体育联盟、体育商业、学术会议、公司创业、公司转型和其他各种充满挑战的情境中，为体育产业的各种难题提供了最佳解决方案。

我观察了几位作者近15年的工作，他们都为NBA球队业务的发展作出了卓越贡献。其中最重要的贡献是最佳实践和真实数据的共享数量大大增加，直销技术的应用进一步扩大，不仅专注于客户的全过程服务体验，而且专注于球队业务战略制定的基础——作者们独创的“自动扶梯”模型。因此，现今大多数NBA球队都拥有更加完善的数据库建设和客户关系管理的能力。这些球队通过积极的外部粉丝关系管理或电话销售及有针对性的网络营销计划，可以更加有效地促使消费者前来体验、提高重复购买率以及上座率。这些成功的球队专注于球迷发展的进阶性策略：鼓励更多的人（尤其是年轻人）参与体育，使球员、教练与社区之间的联系更加顺畅，吸引更多的球迷观看赛事转播或收听赛事广播，鼓励球迷将花费在沙发上、电脑上或移动设备上的时间逐渐转移到现场体验 NBA 比赛上，并提供全套的整个赛季或部分赛季门票计划，旨在提高球迷现场观赛的频率。这种方法最大的好处是显著提高了各球队市场中球迷的终身价值，并最终提高了联赛本身的价值。

该书的作者们将其独特的才智和个性与丰富的学术和实践经验相融合，使得该书成为体育营销人员、经理，甚至退休的行政管理者们的必读之作。

戴维 · J. 斯特恩（David J.Stern）

NBA 前总裁

前 言

自从 1993 年第一版《体育营销学》出版以来，只有一句话可以描述体育界的巨大变化："不可思议！"这是已故的哈里•卡雷（Harry Caray）在世时经常挂在嘴边的一句口头禅。1993 年，当时大多数人认为互联网是一个监控工具，而网页是存在于 Ducks Unlimited（美国一家非营利组织）简讯中的某种东西。当本书的第二版于 2000 年问世时，虽然互联网已经并非新鲜事物，但它仍然是 21 世纪前十年中最具创新性的媒介。文件和信息共享在 2000 年才刚刚开始。社交媒体的概念是什么？在 2000 年，互联网网民们认为"YouTube"是一个嘲弄旧媒体的短语。但到了 2007 年，YouTube.com 已成为互联网上最热门的网站，用户每天浏览的短视频超过一百万条，其中许多视频都与体育赛事相关。在 2014 年，Facebook、Twitter、Instagram 和其他社交媒体融入体育产品和体验中，改变了消费者参与体育的方式。随着智能手机使用人数的爆炸式增长，几乎所有东西都已经无线化。整个体育界的高管都通过在线服务（例如 SportsBusinessDaily.com 和 SBRnet.com）获取产业新闻和数据，连传统体育杂志[例如《斯特里特&史密斯体育商业杂志》（*Street & Smith's SportsBusiness Journal*）和《体育商业》（*Athletic Business*）]也推出了在线版本。体育资产开始大量依赖社交媒体和无线技术来收集和传播信息。我们在此次修订中新添了许多最新的营销理念，但是新事物总是层出不穷。

相反，有些事情并没有发生太大变化。体育和娱乐业的竞争一如既往地激烈。体育营销是一项竞争性业务。它所涉及的战略、风险、行为准则和精力消耗，与那些在公众认知中表现突出的运动员和教练员所展现出来的一样多。《体育营销学》（第四版）针对竞争市场中的最新问题提供了大量的案例。

作为学者，我们研究体育产业内发生的变化已有 40 多年了，远远早于《福布斯》和《财富》杂志重视体育产业并定期报道的时间。当我们从 20 世纪 70 年代初期开始潜心研究体育产业时，很少有学者愿意将体育看作严肃的研究主题。如今市场营销、管理、法律和经济学领域的顶尖学者（仅列举这几门学科）正争先恐后地踏入体育产业的学术领域。本书的作者们都从不同角度对其进行研究并为其不断发展做出了贡献。更重要的是，我们每个人也都在体育产业内工作，试图厘清粉丝、运动员、教练、媒体、装备器材公司和其他利益方之间是如何相互配合以使比赛成功举办的。我们以咨询顾问的身份参与了绝大多数主流体育项目及其不同级别的体育赛事的研究。本书融合了众多学者和从业者的知识和经验，不仅适用于课堂教学，还适用于大学或高中的体育指导员或职业体育运动队的营销人员。

我们尝试研究冰场、田径馆、球场、健身房、汽车赛道及体育市场中其他体育场馆的案例来更好地解释理论模型。如果说理论是为思考提供结构的骨架，那么案例研究就是在骨骼上添加血肉让其丰满。尽管大多数案例都来自美国，但我们仍然从其他国家和地区的体育活动中汲取了相当多的素材。许多体育行业的专业人士也提供了一些补充材料和部分章节内容。他们的职务和工作单位以本版书第一次印刷时为准。

阅读过前几个版本的读者会发现这本书既有延续性，也有变化之处。第一章至第三章对体育市场和体育营销进行概述，二者是体育研究中的重要研究领域，同时体育营销还可被视为一个活动过程。第四章［由史蒂夫·塞费黑尔德（Steve Seiferheld），海恩斯·亨德里克森（Haynes Hendrickson），尼古拉·潘切夫（Nikolay Panchev），贾克琳·克兰斯顿（Jaclyn Cranston），利·布温（Leigh Buwen）和来自创旗公司的伊夫琳·德怀尔（Evelyn Dwyer）编写］和第五章讨论了初步市场调研和市场细分的概念性工具和步骤，有助于厘清促销和营销的概念。第六章至第十三章探讨了营销计划的具体细节，即体育营销组合的五个要素：产品、价格、促销、渠道和公共关系。这些概念的研究已十分成熟，读者会注意到本书在上述五要素外还增加了一些特殊的内容，例如有关品牌［由杰伊·格拉登（Jay Gladden）编写］、销售和服务、参与和激活、社区关系［由凯西·康纳斯（Kathy Connors）编写］，以及社交媒体［由柯尔斯滕·科里奥（Kirsten Corio）编写］。最后二章讲述了其他一些要素，如法律问题［由史蒂夫·麦凯尔维（Steve McKelvey）和约翰·格雷迪（John Grady）编写］，体育营销的控制和评估等。这本书有许多其他产业和学术领军人物撰写的补充材料。感谢所有人对本书作出的贡献。

体育营销的世界充满挑战并将继续激励我们。希望大家在阅读本版书时能有所收获。

教师资源

全套教师资源可用：

● 演示文稿包和图片库：演示文稿包内含400多张幻灯片，这些幻灯片涵盖了本书的关键点，包括30个精选的图形和表格。教师可以轻松地将新幻灯片添加到演示文稿包中，以满足教学需求。图片库包含本书中的所有图形和表格，并按章节分类。这些材料也可以放到演示文稿包、学生讲义等资料中。

● 教师指南：教师指南包括一个教学大纲模板和有关学期活动和案例研究的建议。各个章节的文件包括章节摘要、章节目标、章节大纲和课堂构想，其中包括在线期刊《体育管理案例研究》（*Case Studies in Sport Management*）对案例研究的建议。

● 测试题库：题库内有200多道判断题、多项选择题、填空题和简答题。这些题型有多种格式可供教师使用，并可用于考试中以测验学生的理解程度。

● 章节测验：第四版新增章节测验。这些测验与LMS（学习管理系统，是e-learning体系中的管理平台）是可兼容的，可用于评估学生对每章重要概念的掌握情况，150多个问题（每章8至10个问题）包含在判断题、多项选择题、填空题和简答题等题型中。

教师可以通过访问以下链接来获得辅助教学资源：WWW.HumanKinetics.com/SportMarketing。

目录 CONTENTS

第一章　体育营销的特质

学习目标：

- 了解体育产业中激发营销战略需求的市场力量；
- 了解营销近视症和其他阻碍营销战略成功的因素；
- 掌握体育产业和体育产品的组成部分；
- 识别影响体育营销采用不同方法的因素。

“林疯狂”与全球体育市场

《体育画报》（*Sports Illustrated*）在对林书豪的评价中明确指出：“在任何地方从来都没有哪一件事情能够与林书豪的崛起相提并论。”他这样一个传奇人物仿佛是从戴维·斯特恩的想象中蹦出来的，要不然就是迪斯尼最夸张的全球市场营销总监创造出来的。仅仅五场比赛，他就成了人们口中的“林疯狂”“林来疯”以及“林营销”等。林书豪在高中被忽视，在哈佛大学打球遭受种族歧视，也曾两次被NBA放弃，但是他充分利用了2012年2月在纽约尼克斯队的上场机会，并且一鸣惊人，成为球队、球馆、NBA、篮球世界、世界各地的体育迷以及营销人员最棒的“情人节礼物”（注：2月14日是情人节）。在连续九场比赛中，林书豪以平均每场25分，9.2次助攻和3.8个篮板的傲人成绩排名全联盟之首，并带领尼克斯队取得八胜一负的战绩。然而好景不长，林书豪和尼克斯在月底的全明星赛中连连失手，到了3月中旬，球队遭遇了连败，也因此更换了教练。随后，林书豪在赛季末因伤退赛，这一事件在体育界引发了一场关于他的长期激烈的对话。他会继续留在联盟中打球还是会被淘汰？2012年7月，休斯敦火箭队与自由球员林书豪签订了一份为期三年、价值2 510万美金的合同，从而确保了他与NBA故事的延续。[1]

最终时间会证明林书豪是否能在NBA坚持下去，但是球场上发生的一切只是故事的一半。无论将他称之为“林疯狂”的时代是长或短，它都将呈现一部关于21世纪初期体育营销领域的短剧。林书豪既是球员也是产品，一个在全球进行品牌化、实现盈利和分销的产品，他体现了当代成功的体育品牌所包含的核心要素。[2]

黏性

林书豪及其表现满足了公众的想象，因为他的故事涵盖了奇普（Chip）和丹·希思（Dan Heath）提出的对任何产品或创意都至关重要的六大“黏性”要素：

- 简易性——篮球统计简单明了。与经济或政治形势不同，在考虑林书豪的表现时，人们不必解析复杂的公式，也不必做民意测验。
- 突发性——几乎没有篮球专家预测到林书豪会在NBA打球，更想不到他会成为一名现象级球员。
- 具体性——在YouTube上观看林书豪的精彩集锦时，不会出现概念上的混淆。

● 可信性——每个运动项目不同水平的运动员都会面对可信度的问题，且这个问题随着时间的推移会逐渐凸显。林书豪在2012年2月因球场表现而一鸣惊人，但这种巅峰状态能维持多久？

● 情感性——无论林书豪在麦迪逊广场花园球馆里的表现还是球迷在看台上的反应，整个比赛充满情绪的释放和情感的表达。

● 叙事性——林书豪的背景、奋斗史及其短暂的辉煌期，这些都是绝佳的商业故事素材。

国际影响力

就像足球领域的戴维·贝克汉姆（David Beckham）和冰球领域的亚历克斯·奥维奇金（Alex Ovechkin）一样，林书豪的传奇故事迅速在各大洲引发广泛关注，在中国亦是如此。2月中旬一份来自中国的报道指出："林书豪的吸引力已经横跨太平洋并到达了中国。近期已有140万条微博与林书豪有关，但最显著的现象是人们对林书豪球衣的旺盛购买需求。"上海附近一家店的店员表示："他的球衣已全部售罄。"林书豪的一位中国朋友也证实了他在中国的突然走红："他的视频集锦在北京地铁的各个车载屏幕上滚动播出。"对此，何成（Cheng Ho）表示："在美国，大家都觉得这件事很疯狂，但显然在中国这场风暴更加猛烈。"二十年来，美国体育产业（球员、球队、联盟、赛事、场馆）不断地将营销范围从本土市场向全球市场扩张。中国是尤为重要的市场，尤其是篮球市场。在伊斯坦布尔举行的2010年FIBA篮球世锦赛上，有6 500万中国观众收看了中国对阵希腊的首场比赛，远远超过了2010年NCAA篮球锦标赛上巴特勒对阵杜克的2 400万观众数量。林书豪可能无法解决中美贸易失衡问题，但他绝对会在中美关系中留下浓墨重彩的一笔。[3]

社会认同

对于许多人来说，林书豪充满了象征意义。他成为所有处在逆境中的人们的希望，尤其对中国人来说，他的崛起格外有意义。

媒体争端

对于很多纽约都会区的人来说，"林疯狂"现象是因人们无法在电视上观看尼克斯比赛导致的。在人人躁动的2月中旬，约250万纽约时代华纳有线客户无法收看尼克斯，原因是转播尼克斯比赛的MSG网络与电视台在转播费方面发生了争端。一位唐人街居民抱怨："一个纽约人不能在家观看自家主场球队的比赛是一件十分荒唐的事情。"欢迎来到"金钱就是一切"的体育产品分销世界，在这里球队和联盟建立了电视网络（例如十大联盟、太平洋十二校联盟、得克萨斯大学等），通过标准化电缆系统向所有客户传送转播信号，并收取高额费用。换句话说，每个新体育网络都希望获得娱乐与体育电视台（ESPN）的支持。纽约的那场谈判异常艰难，最终导致停播48天。在此期间，林书豪的表现让低迷的纽约人为之兴奋。在州长安德鲁·科莫（Andrew Cuomo）和公众的压力促使下，两家公司达成了协议，人们才得以在电视上重新关注林书豪和尼克斯的后续赛况。由于网络需要支付给球队和联盟的版权费用在不断上涨，未来可能会有更多的争端和停播状况出现。[4]

评估、货币化和营销绩效

数十年前，像林书豪这样的现象级体育明星只能通过比赛数据和薪水来衡量。而现在，尽管林书豪的比赛数据依旧重要，但媒体却更加关注他作为商品的价值信息。正如《体育画报》的记者巴勃罗·托尔（Pablo Torre）所报道的那样：持续三周的"林疯狂"现象让MSG公司（尼克斯队的所有者）的股票暴涨了11%，尼克斯队网上商店的客流量和销售额猛增4 000%以上，MSG有线频道的收视率上涨了70%，某体育用品连锁店售出林书豪的纪念商品超过五万件。在第一周时，林书豪在社交媒体上的热度超过了巴拉克·奥巴马（Barack Obama）总统。即使在"林疯狂"现象冷却之后，球迷的关注度依旧不减。2月下旬的两场比赛在MSG网络上的收视率均超过7.3，高于1995年由"迈克尔·乔丹（Michael Jordan）回归"创下的常规赛纪录。然而，当林书豪膝盖受伤后，他的纪念品销量随之下滑，莫代尔体育用品连锁店（Modell's Sporting Goods，美国一家大型体育用品零售商）也有40 000件林书豪的纪念品滞销。7月份，在林书豪以自由球员的身份签约火箭队的第二天，他的T恤价格迅速从20美元降至5美元，球衣价格也从60美元跌至20美元。[5]

2012 年，作为体育商品的林书豪在国际舞台上抓住了人们的眼球，激发了民众的情感，掀起了追星的销售热潮。尽管竞技体育永远不乏各类丑闻，例如英超联赛的种族歧视事件、自行车选手无休止的兴奋剂事件、板球比赛的假球事件、宾夕法尼亚州立大学的恋童事件，但全世界体育迷们仍渴望像林书豪这样努力、有天赋并善于把握机遇的运动员横空出世，哪怕只是昙花一现。林书豪在许多方面只是简单重复了一个普通的体育故事，但不同的是他处在一个瞬息万变的市场经济时代。

尽管企业家销售体育产品已有数百年历史，但科学的体育营销系统还相对较新。在本章中，我们将讨论在体育领域运用现代市场营销原理的必要性，解释快速发展且竞争激烈的体育产业为什么会对体育营销提出更为科学和专业的要求，举例说明体育领域常见的营销近视症以及相关的重大进展，之后我们会探讨体育产品和体育产业的组成要素，最后阐释体育营销不同于一般营销的多种特质。

第一节 NBA 与全球营销战略

同林书豪案例一样，NBA 也是经典的体育营销案例。在过去的三十年里，如果用不太恰当的比喻把 NBA 比作一个庞大的国际帝国，那么戴维 • 斯特恩就是该帝国的君王。斯特恩于 1984 年担任 NBA 总裁（自 1978 年以来他一直担任 NBA 总顾问）。当时 NBA 尽管拥有绰号为“魔术师”的约翰逊（Johnson）和拉里 • 伯德（Larry Bird）等当红球星，但依旧处于困境之中：球场上座率不足 2/3，NBA 官方纪念品的销售额仅 1 500 万美元左右，网络电视有限的覆盖范围导致 NBA 决赛无法直播只能录播。更糟糕的是，不断爆出的兴奋剂丑闻和劳资纠纷使得 NBA 公众形象大跌，赞助商纷纷弃之。在 1991 年对斯特恩的一篇报道中一位 NBA 高管回忆道：“在当时，如果你与一名潜在赞助商交谈 30 分钟，那么前 20 分钟都是用来说服他相信球员们并非全部服用兴奋剂。”[6]

在升任 NBA 掌门人之前，斯特恩就开始重视并运用恰当的营销手段了，这为 NBA 成为体育领域中最成功的品牌之一奠定了基础。他清楚地意识到 NBA 的知名度需要以更广泛的电视包装为前提，相应地媒体网络也需要更稳定的产品和更干净的形象。这意味着球队老板和球员们要在核心问题上达成共识，包括收益共享、工资帽和更严格的兴奋剂检验。斯伯丁（Spalding）品牌的某高管总结说：“优秀的销售人员知道成功的营销建立在正确的产品基础之上，而斯特恩就是这样来营销篮球的。”[7]

斯特恩在 20 世纪 80 年代专注于将 NBA 的产品做好做精，之后的几十年他将注意力转向 NBA 产品的国际化分销。斯特恩坚持 NBA 应走向全球，认为 NBA 可以按照英国重商主义路线建立商业帝国，将 NBA 产品从北美传入其他国际交往中心，如莫斯科、布宜诺斯艾利斯、开普敦和北京等，其中北京尤为重要。2003 年的调查表明，在中国十多亿人口中喜爱篮球的人数已超过喜爱足球的人数：NBA 官方杂志中文版《NBA 时空》的发行量在 2000 年到 2004 年四年间超过 20 万本，NBA 比赛也成为中央电视台周日的固定节目。当时的中国，炫酷的孩子们穿着印有 NBA 标志的球衣在球场上打篮球。喜欢篮球运动的人越来越多。[8]

截止到2004年，NBA总决赛用42种语言向205个国家/地区转播，NBA官方网站的国际访问量占总访问量的40%以上，联盟同时拥有9个不同语言制作的网站。NBA外籍球员的总数从2002—2003赛季的65人增至84人，来自中国的姚明是外籍球员中身高最高的，这种协同效应显而易见。例如，德克·诺维茨基（Dirk Nowitzki）在达拉斯小牛队（译者注：2018年已更名为“达拉斯独行侠队”）的大放异彩使得德国的五大电视台转播NBA。每位外籍球员的加入都意味着NBA拥有更多的国际曝光机会。截止到2004年10月，NBA已达成212笔国际电视转播交易。[9]

戴维·斯特恩（中间举奖杯者）将NBA发展成为一个全球帝国

NBA的成功主要得益于全球扩张过程中实施的开放架构战略，即在推广NBA品牌的过程中同时推广篮球运动。起初，NBA并没有期望以绝对控制权的方式进入国外市场。1987年，斯特恩访问中国时，希望中央电视台能有兴趣并愿意每周播放一个NBA集锦视频，以便从中央电视台广告收入中分得一杯羹。巧的是，那时正好赶上了迈克尔·乔丹的鼎盛时期。无论是中央电视台还是省市级的电视台，都纷纷开始转播NBA比赛。2002年姚明加入NBA，这促使NBA的收视率和商业收入在中国市场上真正呈爆炸式增长：早上转播的一场常规赛往往能吸引近1 500万观众观看，而有姚明出场的比赛的观赛人数甚至翻至3倍。斯特恩在中国的成功恰好反映了体育产业越来越国际化的现状。经过与中国的几轮接洽后，斯特恩意识到中方希望通过合作伙伴来培养本土球员和CBA联盟。因此，斯特恩改变了原有计划，转而计划开展篮球交流活动，让中国的球员和教练到美国接受先进的训练，并且派遣美国教练到中国华南地区的篮球学院执教，寻求“与中国合作共赢”。[10]

斯特恩在国际化过程中采取的“软实力战略”在许多方面都取得了进展，其中最重要的成果是与国际篮球联合会（FIBA，以下简称“国际篮联”）建立了良好的合作关系。2011年初，国际篮联秘书长帕特里克·鲍曼（Patrick Baumann）对《专业体育杂志》（*SportsPro Magazine*）表示，戴维·斯特恩是篮球史上最有影响力的三个人之一。他强调说：“NBA可能是营销做得最出色的体育联盟。”尽管他没有直接肯定NBA的组织水平或赛事的发展程度，但他指出：“从商业角度出发，NBA在开发商业权益并使之具有巨大商业价值这一点上绝无仅有。”[11]

全球经济也开拓了其他体育联盟的发展前景，例如，国家冰球联盟（NHL）有来自欧洲的天才级冰球选手，美国职业棒球大联盟（MLB）吸引了来自亚洲的优秀棒球手加入。但同时北美优质体育资源也流向了世界其他国家，例如，俄罗斯大陆冰球联盟和日本职业棒球联盟也吸纳了来自北美的顶尖球员和教练。体育媒体网络的不断扩展使得那些可进行电视转播的赛事在不同的国家传播：例如美国的ESPN、加拿大的TSN、欧洲的Eurosport、中东的 Al Jazeera Sport、澳大利亚的 TVN。上述这些名单仅仅是一小部分。世界排名第一的体育赛事——足球世界杯是全球化赛事转播的直接受益者。国际足球联合会（FIFA，以下简称“国际足联”）的一份报告指出，根据最低观看一分钟的标准统计，2010 年南非世界杯足球赛期间，“在家”观看电视直播的人数达 32 亿，占全球人口的 46.4%。这意味着全球每个国家和地区都有人观看世界杯。这个数据令人吃惊，而且还没有包括那些“在国际足联球迷节现场、酒吧、餐厅、俱乐部、酒店等其他公共场所以及通过网络或移动设备观看比赛的人群。”[12]

在足球的全球市场上，全世界的足球天才都汇集到了欧洲联赛，尤其是英格兰的英超联赛、意大利的意甲联赛和西班牙的西甲联赛。在 NBA 向欧洲和中国拓展市场的同时，欧洲人开始意识到美国的足球市场已然成熟：美国青少年足球运动员数量不断扩大，“足球妈妈”现象日渐普遍，这些均为美国在 1994 年（男子）和 1999 年（女子）成功举办世界杯足球赛奠定了坚实的基础。美国职业足球大联盟（Major League Soccer，MLS）于 1994 年世界杯之后成立；到 2014 年，MLS 联赛已发展到场均 15 000 人次的规模，甚至超过了阿根廷足球联赛和荷兰足球联赛；到 2011 年，增加至场均 17 872 人次，与北美四大联赛相比毫不逊色（表 1.1）。北美已经成为足球的主要市场。

表 1.1　部分世界足球联赛的平均上座数

联赛	国家	平均上座数	赛季
德国足球甲级联赛	德国	45 134	2011—2012
巴西足球甲级联赛	巴西	14 976	2011
中国足球协会超级联赛	中国	17 651	2011
荷兰足球甲级联赛	荷兰	19 538	2011—2012
日本职业足球联赛	日本	15 797	2011
西班牙足球甲级联赛	西班牙	30 275	2011—2012
美国职业足球大联盟联赛	美国	17 872	2011
英格兰足球超级联赛	英国	35 283	2010—2011
墨西哥足球甲级联赛	墨西哥	25 837	2010—2011
意大利足球甲级联赛	意大利	24 031	2010—2011

注：本国职业体育联赛上座人数列表。

数据来源：http://en.wikipedia.org/w/index.php?title=List_of_attendance_figures_at_domestic_professional_sports_leagues&oldid=497203914, accessed 15 June 2012.

第二节　体育市场的萧条与衰退

20 世纪之交，全球竞争改变着体育市场的现状，经济繁荣和萧条也同样如此。早在 1998 年，《斯特里特&史密斯体育商业杂志》就刊登了标题为“体育商业是否能抵御经济衰退？”的文章，答案众说纷纭。大多数体育业内人士都表示同意（这不足为奇），但有些银行家和经济学家却没那么乐观。投资银行家兰迪·瓦塔哈（Randy Vataha）担心20世纪90年代添设的豪华座椅可能会受到经济衰退的影响。随着股市泡沫达到顶峰，ESPN 希尔顿民意调查显示：在20世纪90年代后半叶，尽管各项赛事的上座率普遍提升，但认为自己是球迷的美国人比例有所下降，美国国家橄榄球联盟（NFL）球迷减少 3.06%，NBA 球迷减少 11.38%、NHL 球迷减少 8.57%、大学篮球球迷减少 8.45%、大学足球球迷减少 6.37%。[13]

在接下来的十年里，互联网和房地产泡沫的相继破裂（2000 年第一次泡沫破裂，2008 年第二次泡沫破裂）全面引发了经济衰退，无论是对国家经济还是家庭经济都造成了严重的破坏。以下几个例子表明经济衰退对体育产业带来的显著影响。

- 1999 年至 2001 年间，美国与体育相关的建筑支出下降了 7.9%，而同一时期国内总体建筑支出增长了 22.3%。[14]
- 过去十年来，MLB 的总上座率随着经济的变化有两次大幅波动：2009 年的出席人数下滑 5 220,345（占 6.64%），是有史以来下滑总数最多的一次，下滑比例名列前四，仅略低于 2002 年的下滑数 4 448,769（占 6.30%）。虽然这两次下滑最终成功反弹，但过程就像坐过山车一样惊险刺激。[15]
- 球队的特许经营权受到了限制，尤其是小规模职业联盟，例如 2009 年初南方职业冰球联盟就失去两支球队。面对经济疲软的体育市场，里士满背叛者联盟（Richmond Renegades）的总经理小艾伦·哈维（Allan B. Harvie Jr.）无奈地表示："经济衰退直击休闲市场的大动脉，粉丝们也是'囊中羞涩'。"好的球队也未能幸免。尽管英格兰足球超级联赛（以下简称"英超联赛"）的切尔西队在 2011 年将 24 000 张季票全部售出，但售价 1 000 美元的豪华包厢却滞销。[16]
- 企业赞助商，尤其金融行业的赞助商，迫于财政压力开始重新考虑与体育组织之间昂贵的合作关系。许多企业削减甚至取消了相关投资。苏格兰皇家银行就是如此：2009 年 2 月，这家享有极高声誉的银行面临近 300 亿英镑的亏损，因此宣布将体育赞助资金削减一半。[17]
- 2012 年，英格兰足球联盟（由 72 个职业俱乐部组成）将其与天空电视网络（Sky network）的三年电视转播费用下降 24.7%，从 4.205 亿美元下降至 3.166 亿美元。[18]
- 体育产业不是唯一受影响的产业，整个娱乐行业也都狼烟四起。滚石乐队（Rolling Stone）指出，与 2009 年相比，2010 年北美音乐节的上座率下降了 24.4%，其下降幅度令人震惊。受音乐会数量减少 16%的影响，总销售额也下降了 26%。推销人员没有抓住机会。[19]

为此，球队和联盟只能快速反应。2008 年秋天，新泽西网队（现名为"布鲁克林篮网队"）将季票持有人的付款期限延长至 2009 年 1 月；印第安纳步行者队甚至向季票持有人免费赠送季前赛球票，损失达 200 万美元左右。同年，英超联赛的俱乐部开始大幅降低票价，例如纽卡斯尔联队将票价平均下调 9%，曼彻斯特城足球俱乐部的票价也便宜了 7%。[20]

即使是几乎坚不可摧的 NFL，也得面对疲软的市场需求做出调整。2009 年坦帕超级碗的门票销售情况远远达不到预期。比赛日近在咫尺，而 StubHub（一家美国的票务网站）却仍有 3 000 张门票无人问津。一位发言人打趣说："就票价而言，'超级碗'俨然已成为'破产碗'，它的门票价格究竟会降到多低？"《体育商业期刊》（*SportsBusiness Journal*）在 2009 年夏末对联盟的 32 支球队进行了问卷调查：基于美国和世界经济持续下滑的现状，各球队如何应对经济衰退？除三支球队外，所有球队均采取了票价冻结或者与 NBA、MLB 相似的新销售计划，其中只有四个球队全面提高了价格——在过去的好日子里价格几乎是给定的。许多球队或推出了新的团票套餐，或在教练或高管以及季票持有人之间举行了特别会议，或提出了小型计划。所有这些策略在《体育营销学》的早期版本中都有论述。经济衰退迫使 NFL 采取了应对措施。正如圣路易斯公羊队（St. Louis Rams）首席运营官所说："一票难求的日子已一去不复返了。"[21]

连续两年的调查显示，消费者对体育消费能力的担忧不断增加，民意测验家里奇·卢克（Rich Luker）在 2010 年末仍对美国体育市场的前景表示悲观。他说："让我们面对现实吧，经济衰退带来的后遗症不会很快痊愈。"同年秋天，《斯特里特&史密斯体育商业杂志》的一项读者调查表明，28.9%的受访者认为门票价格上涨是体育市场的最大威胁，19.8%的受访者认为另一大威胁是与粉丝群体脱节。卢克的担忧与大学篮球比赛上座率陡然下降的事实不谋而合：2012 年初，《高等教育纪事》（*Chronicle of Higher Education*）分析了美国大学生体育协会（NCAA）第Ⅰ级别男子篮球比赛的上座率。尽管总数保持基本稳定，但在某些地方和区域出现了明显下降。在 2009 年至 2012 年之间，亚利桑那州立大学的上座率下降 40%以上，密苏里州大学的上座率下降 21%，印第安纳大学的上座率下降 15%，太平洋十二校联盟的总体上座率下降 14%，大西洋海岸联盟的上座率整体下滑 7%。[22]

第三节　体育市场的竞争

经济学家和记者们会不时地对美国体育产业规模进行粗略估算，每一个估算数值都源于不同的假设和研究方法，因此并没有一个被公认的纵向数据可以随着时间的推移来追踪体育产业的增长情况。但无论使用何种方法估算，我们应当认识到体育产业只是经济的一小部分而已。例如，一项研究将 1995 年的美国国内体育总产值定为 1 520 亿美元（按 2012 年的美元价值可换算为 2 290 亿美元），并声称体育是美国经济的第 11 大产业。但 1995 年的 GDP 总量为 7.4 万亿美元（以 2012 年的美元价值换算后），这意味着尽管广受媒体关注，体育产业总产值仅占 GDP 的 3%左右。最近采用一项更为保守的方法研究时发现，2005 年美国体育产业的总供给和总需求在 440 亿～730 亿美元。考虑到当年的 GDP 为 12.6 万亿美元，美国体育产业总产值最多也只占总 GDP 的 0.6%左右。[23]

其他数据显示，美国体育市场仅略有增长。例如，过去人口普查局的数据显示：1970 年，休闲娱乐占个人总消费的 4.3%；到 1980 年，休闲娱乐已增长到个人总消费的 5.3%。如表 1.2 所示，休闲娱乐在消费领域中所占份额持续增加，近二十年稳定在 9%左右。但对于观赏性体育来说，数据好坏参半：1970 年，人口普查数据表明，用于观赏性体育的消费占休闲消费总额的 3.9%；在接下来的十年中，这一比例在 1980 年下降到 2.8%。表 1.2 显示，在 1990 年之前，观赏性体育的消费持续下滑，仅占 1.52%，随后出现了小幅稳步增长。那么人们娱乐休闲消费的钱花在哪里了？如表 1.2 所示，在过去的十年中，与观赏性体育相比，视频、音频、计算机和音乐产品在娱乐休闲支出中所占的比例增长更为稳定。有人认为观赏性体育消费无法像 DVR、iPod 或智能手机那样快速发展，因为体育赛事需要体育场馆和相配套的基础设施，而这些硬件条件发展缓慢。也有人认为，现如今很多人用智能手机或平板电脑观看体育比赛。这两种观点都正确。人们通常用可随意支配收入来进行休闲娱乐消费，而休闲娱乐消费的竞争逐渐加剧，体育产业内部的竞争更为激烈。

表 1.2 观赏性体育、娱乐和消费支出占比情况（1990—2009 年）

产品或服务	1990 年	1995 年	2000 年	2005 年	2008 年	2009 年
娱乐总支出（单位：十亿美元）	314.7	449.8	639.9	807.4	916.0	897.1
• 占个人总消费的百分比（单位：%）	8.2	9	9.4	9.2	9.1	9.0
观赏性体育比赛的入场券（单位：十亿美元）	4.8	7.4	11.6	16.3	20.5	20.7
• 占娱乐总支出的百分比（单位：%）	1.52	1.64	1.81	2.01	2.23	2.3
视听设备、电脑及相关服务支出（单位：十亿美元）	81.1	119.3	184.4	239.4	273.3	265.2
• 占娱乐总支出的百分比（单位：%）	25.77	26.5	28.8	29.65	29.8	29.56

注：以 2005 年美元不变价计。

资料来源：U.S. Dept. of Commerce, Statistical Abstract of the United States, 2012, Table #1233 Personal Consumption Expenditures for Recreation 1990–2009, 761; 美元货币价值（2005 年的指数）在 431–42 有解释说明。

当然，竞争是体育的本质。一个多世纪以来，企业家和投资者相互争夺市场空间，职业体育中的团体项目尤为如此。以美国体育为例：近年来职业棒球的纷争主要来自联盟内部，但是在历史上发生过多次联盟之间的竞争，最近一次是 20 世纪 60 年代初期的大陆联盟（Continental League）。同样在 20 世纪 60 年代，美国橄榄球联盟（American Football League）和国家橄榄球联盟之间的竞争使橄榄球成为当时的舆论中心。随后在 20 世纪 70 年代到 80 年代，世界橄榄球联盟（World Football League）和美国橄榄球联盟（U.S Football League）之间又出现了冲突；2000 年，两大体育巨头，美国全国广播公司（NBC）的迪克 • 埃伯索尔（Dick Ebersol）和世界摔跤联盟的文斯 • 麦克马洪（Vince McMahon）联合成立了职业橄榄球联盟（XFL）。但与许多以前的联盟一样，XFL 在 2001 赛季后就解散了。另一个有趣的市场争夺战是女子职业篮球，曾经美国国家女子篮球协会（WNBA）和美国篮球联赛（ABL）为消费者呈现了两种不同愿景的“大联盟”，直到 1999 年初 ABL 解散。足球领域也是如此，1999 年女子足球世界杯的成功催生了第一个女子职业足球联盟——美国女子足球大联盟（Women's United Soccer Association）。该联盟于 2001 年成立，共有 8 支球队，到 2003 年 9 月，该联盟解散。2009 年成立的女子职业足球联盟（WPS），也仅持续了三个赛季，于 2012 年解散。[24]

2011 年 12 月，《体育商业日报》（*SportsBusiness Daily*）发布了 1985—2011 年的哈里斯民意调查数据，该数据追踪了美国粉丝（指至少关注一项运动的成年人）最喜爱的运动，其结果具有启发性。1985 年职业橄榄球为当时最受欢迎的运动项目（占 24%），棒球屈居第二（占 23%）；但到了 2011 年，棒球运动逐步下滑，只有 13%的美国成年人将棒球列为最喜爱的运动（与大学橄榄球并驾齐驱），而多达36%的人选择职业橄榄球，同时赛车运动从5%略微增长到8%，冰球从2%增长到5%，网球从5%下降到2%，其他运动项目与1985年的数据相比保持平稳或在很小的范围内（1%～2%）变化。虽然粉丝可能会热衷于多项运动项目，但数据清晰地显示：职业橄榄球越来越受人们的喜爱，而棒球的热度在不断下滑。[25]

极限运动在20世纪90年代后期一跃成为体育界的宠儿，但近年来逐渐受到冷落。美国的国家体育用品协会（National Sporting Goods Association）和体育用品制造商协会（Sporting Goods Manufacturers Association）的数据表明，自2000年以来，滑板和小轮自行车运动的参与人数明显下降，滑雪运动波动不大，同时世界极限运动会（X Games）和激浪极限运动巡回赛的收视率也有所下降。更糟糕的是，民意调查显示，在12～17岁的青少年中，喜爱极限运动的群体规模连续9年不断缩小。过去广受青少年追捧的极限运动到底发生了什么？消费者正在改变他们对体育的忠诚度，且几十年来一直如此。[26]

消费者有许多选择，而选项会成倍增加。但上述民意调查结果并不能阻挡企业家向全球扩张的雄心。以板球为例，随着2007年印度超级联赛（Indian Premier League，IPL）的到来，板球进入美国人的视野并迅速成为热门运动。板球运动一直在英联邦国家很受欢迎，包括印度（世界第二大人口国）。IPL是介于NBA表演时刻和MLS工资限制之间的产物，还吸引了名人成为球队所有者，例如宝莱坞演员沙鲁克·汗（Shahrukh Khan）。2007年，每13名竞标者竞标一支球队的特许经营权（共8支球队），每支球队价值9 000万美元；2008年，平均每场比赛的上座人数达58 000人；2010年，每场比赛的电视观众约6 700万人；2011年，其中一支球队以3.7亿美元的价格出售，而且IPL获得了一份为期10年、价值16.9亿美元的电视转播合同。[27]

一、媒体面临的挑战

两个多世纪以来，体育赛事一直受益于媒体技术的创新。大型的拳击比赛或赛马比赛可以吸引大批观众，报纸和杂志让体育故事得以迅速且广泛地传播，所有这些都依赖于媒体技术。最早的创新性技术之一是电报机，于19世纪40年代由美国人塞缪尔·莫尔斯（Samuel Morse）和艾尔弗雷德·韦尔（Alfred Vail）进行商业开发。随着电报线路在美国各城市和地区逐渐普及，以詹姆斯·戈登·贝内特（James Gordon Bennett）（《纽约先驱报》*New York Herald*）为代表的报纸大亨们看到了体育赛事即时报道的价值。正如一位历史学家所说，电报开启了“即时新闻”时代，能够随时报道球类运动、赛马、有奖搏击、帆船比赛以及比分、投注赔率等各种体育信息。1889年，当约翰·L.沙利文（John L. Sullivan）与杰克·基尔雷恩（Jake Kilrain）在新奥尔良拳击台上较量时，西部联盟电报公司（Western Union）雇用了约50名电报员来处理这场比赛产生20多万字的特别新闻报道。那时，体育新闻占据了《先驱报》（*Herald*）《纽约太阳报》（*New York Sun*）和《纽约世界报》（*New York World*）等各大日报的整个版面，因此，只要体育资产懂得如何与媒体合作，体育板块的兴起就会为它提供大量的免费宣传，例如像杰克·登普西（Jack Dempsey）这样聪明的运动员雇用了像卡恩斯（Kearns）这样的新闻代理人，像克努特·罗克尼（Knute Rockne）所在的圣母大学（University of Notre Dame）设立了体育信息办公室。[28]

每十年都会有新的媒体技术出现，不断带来新的机遇和挑战。从无声电影新闻片、电台广播、广播电视、有线和卫星电视到互联网、万维网，所有技术的更迭都需要媒体界和体育界做出相应的调整和改变。“落后就要挨打”，技术快速发展的媒体业更是如此。过去十年中，拥有新技术并不断创新才能占据一定的市场份额。或许最大的变化就是曾在广播和电视时代蓬勃发展的报纸业务由于互联网和万维网的诞生而由盛转衰。知名报社纷纷推出电子报纸，但他们无法阻止订阅用户和广告商的流失。美国的报纸总发行量从 1990 年的 6 000 万下降到 2011 年的 4 000 万。但是在 2007 年以前报社的广告收入仍较为稳定，原因是广告纷纷从纸质版本移到了线上版本。纸媒的淘汰导致各大报社纷纷裁员，不同层次的体育报道都受到了影响。2009 年《体育商业期刊》的一项调查显示，在过去 16 个月中，有 50 家主流日报社裁减了 20% 的体育部门员工，随队记者的人数也大幅减少。一项面向体育迷的调查结果更是让传统媒体雪上加霜：有 42% 的受访者表示他们更喜欢从球队网站上获取最新的球队信息。大学和高中运动队的情况就更加糟糕，他们没有随队记者，甚至在比赛时也没有记者出席。[29]

互联网始于网线，无线技术催生并推动了手机、智能手机和平板电脑的兴起。这所有的一切彻底改变了比赛报道和体育新闻消费的方式。用于传递、共享和阅读信息的新媒体平台和新媒体形式日新月异，例如博客、播客、YouTube、Facebook、Twitter、微博等。无论是顶级职业体育联盟还是当地娱乐联盟，每个体育组织、每个体育项目、每个人都要学会如何使用新媒体平台。面对不断出现的新媒体技术，需拥有不断学习和调整的能力。[30]

2010 年，杰克逊维尔美洲虎队（Jacksonville Jaguars）的首席财务官比尔·普雷斯科特（Bill Prescott）说：“不光是我们，每一支球队的最大竞争对手都是高清电视机。毫无疑问，对于球迷来说，在自家客厅通过电视观看比赛是一件更为享受的事情，他们可以喝到更便宜、更冰爽的啤酒，也可以随时去无人排队的洗手间。”2012 年 5 月，YouTube 和 Google（已收购 YouTube）的高管宣布开通 100 多个线上原创节目频道的计划，包括专注于奥运会的美国队频道；世界摔跤娱乐公司（World Wrestling Entertainment）已经拥有一个 Google 频道，每周浏览量超过一百万次。Google 执行董事长埃里克·施密特（Eric E. Schmidt）预测：“在线视频时代的到来将引发一场爆发性变革。”据他估计，这是第三次媒体变革浪潮的一部分。第一次媒体变革是从广播电视到有线电视，第二次媒体变革是从有线电视到互联网，而第三次媒体变革则是通过智能手机和平板电脑掌握一切信息。[31]

新媒体只是人们追求现代生活方式的一部分。正如西雅图海鹰队（Seattle Seahawks）的首席运营官约翰·里扎尔迪尼（John Rizzardini）在 2010 年所说的那样，与所有体育资产一样，NFL 也受到经济紧缩的压力。这种经济形势同时以多种方式影响着消费者——无论是人们对多项收入的需要、媒体和通信的干扰，还是儿童活动的过度安排。“现在人们的时间变得更加宝贵，因此他们对如何使用时间和金钱也变得更加谨慎。”人们用于休闲娱乐的可支配时间十分有限，如果晚上选择看 Netflix（美国的视频网站），那么就无法观看体育赛事。亚利桑那州立大学体育部副主任史蒂夫·汉克（Steve Hank）一语中的：“老实说，时间才是一个人所拥有的最珍贵的商品。”[32]

二、草根体育的压力

一直被人们誉为美国体育天才的摇篮的美国高中体育也正面临挑战。距离印第安纳波利斯(Indianapolis)40 英里(约 65 公里)的美国篮球腹地——安德森高中(Anderson High School)是研究草根奋斗的典型案例。Wigwam 球场（有 9 000 个座位的简陋体育馆）曾经挤满了观众，包括 5 000 名季票持有者。50 年前没有什么能比高中篮球比赛更有吸引力。1965 年，美国州际高中男子篮球锦标赛——电影《球场雄心》（*Hoosiers*）的创作原型——吸引了 150 万名球迷，到 20 世纪 80 年代末，安德森高中印第安人队的人气甚至超过了 NBA 的步行者队。可惜今非昔比。到了 20 世纪 90 年代初期，州际锦标赛的上座率下降了 50%，到 2012 年，安德森高中关闭了 Wigwam 球场，改在仅可容纳 2 800 人的体育馆中举办比赛。《纽约时报》(*New York Timers*）的克雷格·费尔曼（Craig Fehrman）尖锐地指出，许多原因导致上座率的惨跌，其中包括通用汽车（General Motors）曾经在该地区经营过 20 多家工厂，到 1999 年，工厂陆续迁移，同时带走了 14 000 位工人，引发了学校停课、合并和身份危机。最重要的是，随着电视和互联网上体育报道的不断增多，加之学生和成年人被迫做更多的兼职工作，因此票价持续走低。2012 年，印第安人队仅售出 450 张季票。[33]

全国各地的城镇都面临着由税收限制导致的预算紧张问题。如果养老保险体系面临压力，那么一切都将变得艰难。因而地方学校的体育部门负责人必须头脑灵活，他们长久以来一直在加快与当地赞助商交易，同时收取体育参与费。到 2010 年秋季，至少有 43 个州的体育项目依赖于此类收费，通常每位运动员每项运动的参与费用从 100 美元到 150 美元不等。校董会向体育主管、选民和市议会呼吁道：“尽可能多地找到一些资金渠道，否则我们只能削减一部分体育运动项目。”在马萨诸塞州的洛厄尔市，削减的名单中包括大学一年级新生运动队和中学运动队以及 37 名助理教练；在密西西比州的格林维尔，网球、高尔夫、足球和棒球正在面临被取消的危机；洛杉矶地区的交通补助减少了 65 万美金，直接导致客场比赛数量减少及球员们被迫自己承担出行成本。[34]

时局艰难。2012 年 1 月，美国州立中学协会联合会执行董事罗伯特·B.加德纳（Robert B. Gardner）给美国体育产业写了一封公开信。他认为高中体育正面临着被体育媒体界忽略的窘境，高中体育的带头人从未被列入最具影响力的人物名单里。他指出：“1.9 万所中学为近 800 万年轻人提供了参加中学体育运动的机会，参加高中体育赛事的人数比大学和职业体育赛事的总和还多，网络流媒体的增长会将这个差距进一步拉大。”考虑到这一点，他敦促行业和企业领导者要“认识到高中体育在培养下一代企业家和雇员（以及消费者）的过程中所起的关键作用。”加德纳继续补充道：“相比能被列入最具影响力的领导人名单，地方体育部门的主管可能对如何拿到体育资金更感兴趣。”[35]

现如今，许多本土企业、大公司以及众多职业体育联盟和运动队都慷慨地把钱投入高中体育中，这项体育投资很明智。正如里奇·卢克在 2011 年指出的那样，ESPN 体育民意调查数据显示，“美国人对高中体育的狂热程度要远高于对全国运动汽车竞赛（NASCAR）、NBA 或 NHL 等职业体育的热爱——55%的美国人是高中体育迷，因此高中体育成为粉丝规模排名第六的体育联盟。”更重要的是狂热粉丝率。尽管 12～17 岁的青少年对体育的兴趣正在降低，但该年龄段的大多数人（85.8%）是高中体育迷，其中有 48.3%是体育的狂热爱好者。对于成年人粉丝群体来说，有人关注高中体育是因为家中有正处于青少年阶段（12～17 岁）的孩子，但大多数成年人（70%）仅仅是热爱高中体育。显然，草根体育的潜力无限，但同时也需要有更持久、更有效的市场营销策略来辅佐它的发展。[36]

第四节　体育营销的定义

随着体育消费者的需求和人口结构变得更加复杂，争夺观众和参赛者的竞争越来越激烈，体育组织对专业营销策略的需求也越来越大。职业球队、小型学院、高中、体育俱乐部、青少年发展计划等各个组织都在寻找更好的方法来吸引和维护消费者。体育产品的供给方深知市场上有众多竞争者，包括购物中心、大型电影院、网络、音乐会和博物馆等。当今的市场营销者无疑需要一个理性的、连贯的系统，能够用体育产品满足体育消费者。我们称之为体育营销。“体育营销”这一术语是 1979 年由《广告时代》杂志（*Advertising Age*）提出的，用于描述一种将体育作为促销手段的商业活动，该活动能够将消费者、工业产品和服务营销人员三者联系起来。当今世界，只要随便看会儿电视，就会看到应用体育元素来促销啤酒、汽车和其他各种产品的广告。[37]

本书认为“体育营销”包含两层含义：体育的营销（marketing of sport）和通过体育进行营销（marketing through sport）。一支职业球队的体育营销含义是前者，而啤酒厂或汽车经销商的体育营销含义则为后者。本书大部分内容是围绕“体育的营销”展开的，但第九章将简单介绍“通过体育进行营销”的赞助企业。同时，我们将使用“sport marketing”而非“sports marketing”来泛指体育营销，这是因为无论是职业体育、大学体育、俱乐部联盟或各种体育媒体，统统属于体育产业的大范畴之内，因而有必要用“sport”的单数形式实现同质化。在接下来的章节中，我们首先给“体育营销”下一个全面概括的定义。

考虑到体育产业和市场营销的相关概念，我们根据一般市场营销的标准定义，将“体育营销”定义为：

体育营销包括旨在通过交换过程满足体育消费者各种需求的一切活动。体育营销包括两个主要方向：直接向体育消费者进行体育产品和服务的营销，以及通过与体育资产建立合作关系和举办促销活动对其他消费品和工业产品或服务进行营销。

贯穿本书的两个术语“体育消费者（sport consumers）”和“体育消费（sport consumption）”涉及参与体育的多种方式，包括参加体育运动（含真实和虚拟的体育比赛）、组织体育赛事、观看体育赛事、收听体育广播、阅读体育新闻、撰写体育博客和收集体育纪念品等。

第五节　体育领域的“营销近视症”

理想情况下体育营销是一系列旨在满足体育消费者需求的活动，但是从历史上看，体育产业饱受西奥多·莱维特（Theodore Levitt）提出的“营销近视症”的负面影响，换句话说就是“在营销决策中缺乏远见”，我们通常将这种远见称为愿景。[38]

以下是体育领域中一些常见的“营销近视症”：

● **仅专注于生产和销售商品和服务，而不去识别和满足消费者及其市场需求。**斯宾塞·加勒特（Spencer Garrett）是一家良好运转（经营成功）的皮尔蓬球拍俱乐部（Pierpont Racquet Club）的所有者之一兼总经理，他意识到一个困扰着许多职业运动队的问题：有些业内人士仍在专注于完成交易，其实留住会员/粉丝才是该行业的未来，因此销售应当专注于保证潜在会员的利益。销售是营销的重要组成部分，但并非最终目的。[39]

● **相信赢得比赛胜利可以免除所有其他过错。**水牛城比尔队（Buffalo Bills）的老板拉尔夫·威尔逊（Ralph Wilson）在面对“只出不进”的财务境况时表达了这种观点，他坚持认为：“人们坚信最佳的营销手段是球队赢得比赛。几年前，我们球队在电视广告上的支出高达 70 万美元，但我们最终连五张票都没有卖出去。这种营销思路不正确，可是大家都被这种营销方式带偏了。”残酷的现实是获胜并不能保证观赛人数的增加。以新泽西恶魔队（New Jersey Devils）为例，在卢·拉莫列洛（Lou Lamoriello）卓越的领导下，这支球队在 NHL 表现卓著，在 1988 年至 2012 年期间这支球队的获胜记录包括 17 个赛季的连胜，几乎年年打进季后赛、曾 9 次拿到大西洋分区冠军，并分别于 1995、2000 年和 2003 年夺得斯坦利杯（Stanley Cup）。在任何一项体育运动中都很少有职业运动队能够达到这样的战绩。但尽管战绩辉煌且营销策略稳定，恶魔队平均上座率从 1998 年到 2007 年呈阶梯式下滑。1998 年，恶魔队的平均上座人数达到了 17 000 人的峰值，但是到了 2007 年，当该球队迁到了新体育馆时，上座人数仅略高于 14 000 人。上座率是个永恒的挑战。[40]

● **促销和营销之间混淆不清。**促销（包括广告和促销活动）只是营销策略的一部分。许多人分不清促销和营销之间的区别。不久前，《NCAA 新闻》（*NCAA News*）刊登了一篇标题为“专业市场营销进入大学篮球”的专题报道，这篇文章几乎没有描述什么是专业市场营销，通篇谈及的只是大量的促销策略，如 NBA 风格的激光表演、啦啦队和中场表演。时任加利福尼亚大学洛杉矶分校（UCLA）的教练吉姆·哈里克（Jim Harrick）这样说：“在过去，UCLA 一直将赛事本身作为吸引观众的核心，营销是其中一项重要的手段。”好的促销活动就像是煎牛排时发出的吱吱声，但是促销应当是整合营销策略的一部分，而且首先要了解消费者的需求。[41]

● **忽视赛场内外的竞争者。**很少有运动队能够足够聪明地识别出竞争趋势并将其加以利用。以亚特兰大老鹰队（Atlanta Hawks）为例，数据显示，在过去的 3 个月中，他们的球迷观看电影的次数达到 4 次或 4 次以上的可能性比普通人群高 30%。老鹰队对此采取了什么营销策略呢？他们在电影放映之前，在大屏幕上投放门票促销广告。研究发现，到第二天有 80%

的观影者能够回忆起该广告，远远超过电视广告 15%～20% 的回忆率。老鹰队很好地利用了竞争。[42]

● **目光短浅，专注于眼前能够带来快速回报的价格上涨或赞助活动，而不是长期投资于市场研究和关系营销。**这种短视倾向在职业体育层面更为普遍，不断上涨的球员薪水迫使球队将主要资源集中在如何销售公司标识上，而这往往是以建立一个围绕小团体、家庭和个人购票者的大型数据库为代价的。更糟糕的是，每当球票出现供小于求的情况时，球队就会“狮子大开口”般提高票价。近年来，有些 NFL 球队甚至开始向球迷销售观看季前球队训练的门票。与这些“利益熏心”的球队相比，新英格兰爱国者队（New England Patriots）的老板罗伯特·克拉夫特（Robert Kraft）更为明智。在超级碗比赛中，爱国者球队的冠军头衔使得其比赛一票难求。克拉夫特没有放弃季前赛的球迷，而是为球迷提供免费观看季前赛营地训练的机会，允许免费停车，免费发放球员花名册，并且球员会在场地内为球迷免费签名。在克拉夫特看来，这些球迷代表着爱国者队的未来。著名的《波士顿环球报》（*Boston Globe*）专栏作家丹·肖内西（Dan Shaughnessy）评论：“这是爱国者队最棒的体育营销。”[43]

● **市场研究质量低。**当现代体育营销之父马特·莱文（Matt Levine）于 1974 年到 NBA 工作时，市场研究工作做得最好的当属洛杉矶湖人队（L.A. Lakers），球队会在球场的检票口举行抽奖活动，以此来收集赞助商的姓名和地址。莱文的老板金州勇士队（Golden State Warriors）的总经理迪克·韦特利布（Dick Vertlieb）向莱文提出了一个简单的问题：“除了观众的名字和住址，我们还能得到更多的信息吗？”自从 1993 年本书第一版问世以来，体育产业在市场研究方面取得了长足进展，但仍然存在一些常见问题。例如我们将在第四章中讨论，体育场馆要特别考虑抽样问题，仅在球场门口向观众发放问卷不能解决所有问题；此外，关于体育参与的问题需要更细致的调研工作。一个人每年在某高尔夫俱乐部里打一场高尔夫就能成为高尔夫球手吗？一些调查已经提出了这样的观点。但是仅靠一个快速草率的调查问卷是无法真正调查清楚的。本书笔者亲身经历了将研究成果推销给体育高管时所遇到的挫折。几年前，我们为某个大联盟球队开发了一种机器可读的球迷调查问卷，在进行了几周调查后，球队员工将最终的“调查结果”装进四个沉重的垃圾袋后丢给了我们。由此可见，他们的营销近视症已经相当严重了。职业运动队和知名大学每年投入数十万美元开发、维护和使用数据库；青少年俱乐部、高中和小型学院的管理人员虽然缺少高级数据系统资源的支持，但是研究可以从简单的 Excel 文件甚至纸质文件开始。[44]

● **糟糕的销售和服务。**尽管许多体育公司将销售、促销等同于市场营销，但在过去的十年里，很少有人将注意力放在销售上。从历史上看，销售是受配额和佣金驱动的，但作为大型营销策略的一部分，很少有管理者会强调培训、战术、销售的重要性。我们不应该将销售人员与传统锅炉房里未经培训且负荷过重的工人混为一谈，其背后的逻辑是：如果他们做不到，我们将解雇他们，并从应聘者中挑出一拨新人。其实，公司应当重视员工培训和奖励的价值，这会改善体育组织与消费者之间的互动情况。

● **傲慢与懒惰。**世界著名足球作家西蒙·库珀（Simon Kuper）谈起他曾试图联系一家英国足球俱乐部主席的糟糕经历：这位新闻发言人一直要求库珀发传真来联系他们，传真被库珀称为“20 世纪 80 年代足球俱乐部推崇的技术”。当库珀按照要求发了传真并请求联络时，媒体人员却声称没有收到这些传真。直到一个月后，对方才允许库珀通过电子邮件联系他们。对此他觉得很沮丧："足球俱乐部是唯一无需努力就能每天获得媒体曝光的商业组织，但他们并没有意识到记者们是俱乐部品牌的免费推销员，而仅仅把记者们当作无足轻重的媒体方，因此媒体上很少会出现相关报道。对于俱乐部来说，这种态度很不明智，因为大多数球迷都是通过媒体而不是去现场来了解球队的一举一动的。" [44]

- **无法适应行业、市场和消费者的变化。**正如我们前面提到的，体育界及媒体界的高层管理者需要不断地适应新技术。新事物的出现总会改变现状，人们可能会把创新当作一种时尚，但也可能认为创新就是浪费时间，比如当电话、手机、电子游戏和 Facebook 问世时，每一次的创新都引发过公众的质疑，但不可否认，正是这些创新改变了人们的日常生活方式。在竞争激烈的商业世界，不随时代改变的后果就是灭亡，拥有商业属性的体育产业同样如此。

第六节 体育营销领域的发展历程

体育营销的历史十分悠久，可追溯至古希腊和罗马时期的演出宣传者。在此期间曾出现了许多体育营销黄金时代和快速增长阶段。在戴维·斯特恩之前，有成百上千的体育营销前辈，包括传奇人物比尔·维克，他是 20 世纪最富想象力的体育企业家和营销家之一（请参阅有关维克的补充材料介绍）。拳击界的特克斯·里卡德（Tex Rickard）在 20 世纪初因宣传推广杰克·约翰逊（Jack Johnson）和杰克·登普西等人的拳击比赛而成名。后来特克斯·里卡德在麦迪逊广场花园经营各种体育赛事，媒体亲切地将他拥有的冰球队称为"Ted's Rangers"（球队本名是 New York Rangers）。1928 年，有位专家问他："作为一名成功的营销专家，您的秘诀是什么？是什么样的内心冲动在指引着您呢？"里卡德迅速回答："这没有什么诀窍，仅仅通过阅读报纸就可以知晓大众的喜好。" [46]

比尔·维克：体育营销最重要的先知者

比尔·维克生于 1914 年，从小就受到体育营销的熏陶。他的父亲老威廉·维克（William Veeck Sr.）是一位芝加哥的体育作家，后来改行成为芝加哥小熊队（the Chicago Cubs）的总裁。正如当今每个在球场努力工作的实习生一样，小比尔从基层做起——在场地或售票处担任工作人员，对职业棒球商业世界的了解不断深入。他在国家棒球名人堂（National Baseball Hall of Fame）牌匾上的简短传记描述了他丰富多样的体育生活。

比尔·维克，印第安人队（Indians）、布朗队（Browns）和白袜队（White Sox）三支球队的老板。通过巧妙的营销方案、丰富多彩的球迷参与活动、不可思议的比赛分数、别出心裁的抽奖环节以及球服上的特别标记，维克将球迷热情推向了新高潮。1948 年他带领球队在克利夫兰赢得冠军，并创下了美国职业棒球大联盟的上座率纪录；1959 年又带领发展迅速的白袜队再次获胜。1947 年他为美国联盟（A.L.）签下的第一位黑人球员拉里·多比（Larry Doby），1948 年又签下最老新秀——42 岁的萨奇·佩吉（Satchel Paige）。他是小人物的拥护者。

他之所以成为普通人的精神领袖，不是因为他曾经任用业余棒球手作为替补，而是因为他相信球迷才是棒球高贵的原因。他的两本经典著作——*Veeck as in Wreck* 和 *The Hustler's Handbook*，至今仍然是所有体育营销人的宝贵指南。他愿意将自己定位为一个"骗子"，并对自己定义如下："广告商为自己的广告空间付费；推销员想出了等价交换的条件；骗子在搭便车的同时让你感觉他在帮你的忙。”对于需要削减预算的高中和小型学院的体育管理者或青年项目管理人员来说，维克所描述的骗子就是一个模板。

比尔·维克还总结了12条经久不衰的准则，并称之为体育营销成功的关键：

1. 认真对待工作，孤注一掷，全力以赴。
2. 别把自己太当回事儿。
3. 寻找到另一个自我，并在职业生涯中与他保持联系。
4. 与志同道合、有独立思想的伙伴共事。你要能够从他们那里得知做某件事的原因，同样他们也能够质疑你。
5. 在招聘时，请对所有人一视同仁，不因其肤色、性别、年龄或经历而产生偏见。你不是给比尔·维克打工，而是与他共事。
6. 如果你是总裁、球队老板或经营者，去看每一场主场比赛并直到比赛结束再离开。
7. 回复每一封邮件，你可能会从中有新的收获。
8. 倾听球迷的心声并与球迷保持联系。
9. 善待并尊重媒体、直面舆论和质疑，“我们与他们之间相对抗”这种心态应该只存在于比赛场上的对战双方之间。
10. 将球馆打造成一座城市的标志，并使之成为游客的必去场所。
11. 如果你觉得做促销很无聊，那就不要去做，永远不要侮辱你的球迷。
12. 不要错过任何可能创造历史的瞬间，珍惜这一刻，并将其铭记在心。

比尔·维克的12条准则为“营销近视症”提供了有效的矫正方法。[47]

1975年，体育营销领域才刚刚起步。当时《体育画报》记者弗兰克·德福特（Frank Deford）撰写了一篇有关密歇根大学体育总监唐·坎汉（Don Canham）的人物传记。唐·坎汉是公认的将大学体育带入新营销时代的领头人，在传记中，德福特关注坎汉疯狂的生活节奏和奔放的性格特点。他别出心裁地使用直邮和激进的打广告手段（包括在底特律的老虎体育场上空使用飞机横幅），同时他还率先意识到商业赞助的必要性。最重要的是，坎汉看到了推广一流大学橄榄球或篮球经验的必要性，正如他对德福特说的那样：“我们需要推广我们拥有的东西，必须大肆宣传这种壮观的场面……我们必须要把大学的体育奇观卖出去。”对于许多大学体育部总监来说，坎汉的做法威胁着“业余”体育的纯正性。德福特认识到了这一点，但他也认识到了坎汉成功的关键：“唐·坎汉几乎考虑到了方方面面，而这确实是推广者的第一要义：关注最小的细节，同时保持最广泛的视野。”在这里，我们仅将德福特的描述更正一下，坎汉不仅仅是一个推广者，他更是一个营销家，这一切的事情都关乎愿景。[48]

这本书的作者采访了成千上万因为热爱体育而投入体育营销领域的年轻人。就像那个年代受ESPN影响的数百万年轻人一样，他们被罗比·卡诺（Robbie Cano）、勒布朗·詹姆斯（LeBron James）、玛丽亚·莎拉波娃（Maria Sharapova）和莱昂内尔·梅西（Lionel Messi）等大牌体育明星共同营造的幻景所诱惑，而现实情况是入门级工作的竞争越来越激烈（据报道XFL有50 000多人在线申请112个职位）、工资低、工作时间长。2012年一项面向职业体育运动队的调查显示，市场营销、宣传和传播部门员工的平均年收入为79 510美元。同时，那些具有很强销售技巧（薪水较高）和良好职业道德的人会有机会被团队或猎头发现，比如巴菲·菲利普尔（Buffy Filippell），他所创建的网站TeamWork Online LLC在行业内享有很高的声誉和广泛的知名度。[49]

尽管营销近视症在所难免，但在过去的 15 年间，体育营销领域出现了许多令人鼓舞的迹象，主要包括以下几种：

一、销售的强劲增长

等待观众主动订票对体育组织来说是很奢侈的，很少有组织能够做到这一点——现在我们称之为“入站销售方式”。为了在竞争激烈的环境中取得成功，组织需要使用积极的对外销售方法。但该行业几乎从未对销售人员进行过这方面的培训。当然，这种情况很快发生了变化，因为强大的销售计划取决于那些了解并能够实施整合数据库开发、潜在客户识别、动态定价、一级市场和二级市场销售以及（最终）提升客户满意度的人。专业团队和一流大学引领了这一趋势，建立了内部人员队伍或外包给国际管理集团（IMG）、Learfield Ticketing（美国一家体育营销公司）或阿斯拜尔集团（Aspire Group）等公司。[50]例如，亚利桑那州立大学面对男篮急剧下降的上座率，聘请了由伯尼·马林（Bernie Mullin）领导的阿斯拜尔集团，以促进 4 项体育赛事的销售。作为交易的一部分，亚利桑那州立大学还雇用了 30 名全职销售和服务代表，目标是建立客户关系。阿斯拜尔集团为此实施了一系列策略，其中包括教练和季票持有者之间的不定期电话会议，为支持者提供提问的机会以及推出校友套票。[51]

二、知识和培训的制度化

当我们在 20 世纪 80 年代开始编写本书时，美国和加拿大约 24 所大学开设了体育管理课程，现在全世界已有数百个学校开设了该课程。在专业方面，自 1996 年以来由罗恩·西弗（Ron Seaver）领导的国家体育论坛（National Sports Forum）一直服务于体育产业，负责召集高级营销主管参加主题演讲、圆桌会议和研讨会。与此类似，全国大学体育总监协会（NACDA）也赞助了诸如美国大学生营销管理者协会（NACMA）的专业团体。IMG 和 NASCAR 等许多其他正式组织和咨询机构也在向该领域的所有从业者提供信息、培训和职业资格认证。大学正在开发更有系统性和结构化的实习项目［请参阅“猫队（Cat Crew）”的补充材料］。与此同时，多家期刊和杂志，《斯特里特&史密斯体育商业杂志》《体育商业日报》《专业体育媒体》《体育营销季刊》和《国际体育营销与赞助期刊》（*International Journal of Sports Marketing & Sponsorship*）为体育营销从业者提供了分享最新的优秀实践、研究报告和会议议程的论坛。

合著者比尔·萨顿（Bill Sutton）和迪克·欧文（Dick Irwin）已经通过建立体育销售联盟来满足行业需求，这是一个定期在美国举行的与职业体育特许经营人员合作的特殊活动。体育销售联合会是根据球探联合会评估球员才能的概念而设计的，旨在为所有门票销售人员（从入门级销售到销售代表）提供机会以开发和完善销售和管理技能；同时提供真实的销售环境为参会者进行培训，让他们与经验丰富的专业销售团队负责人以及销售经理一起工作。在为期两天的高强度训练中，参会者不仅接受了培训，还在真枪实弹的销售活动中展示了他们的才华。其中热情高涨且高效的优秀参会者有机会得到四个或更多的工作机会。[52]

三、扩大多元化

历史学家们最近新发现了一些少数族裔的市场营销天才，如鲁布·福斯特（Rube Foster），他在20世纪20年代为非洲裔美国球员建立了第一个稳定的职业棒球联盟；森达·贝伦森（Senda Berenson），她曾在19世纪90年代担任女子篮球运动的核心管理人员。尽管体育行业严重偏向男性和白人，但少数族裔已经取得了进步。Sportivo 就是一个很好的例子。这家机构“致力于利用体育运动的力量，在国内增长快的人口中推动品牌的加速发展”。针对拉丁裔和西班牙裔细分市场，市场营销人员采用博客营销的方式，通过博客网站（http://marketingtolatinossports. blogspot.com）向其推送拉丁裔和西班牙裔体育新闻。

随着这一领域不断发展，体育营销的未来一片光明。对此，如特克斯·里卡德（Tex Rickard）、比尔·维克（Bill Veeck）、鲁布·福斯特（Rube Foster）和夏洛特·珀金斯·吉尔曼（Charlotte Perkins Gilman）等资深推销员已了然于胸，他们都知道如何利用体育来吸引媒体的注意力。[53]

新罕布什尔大学猫队体育营销团队

安伯·利利耶斯特罗姆（Amber Lilyestrom），新罕布什尔大学体育学院体育指导副主任，负责市场营销和传播。

作为一名大学体育营销人员，我工作中最重要的部分之一就是担任教育工作者。新罕布什尔大学校际体育部不仅为学生运动员提供了学习环境，还为年轻的体育营销专业人士提供了训练场。

2004年我开始在新罕布什尔大学任职，并很快明白如果想要满足7个创收计划的要求，我需要更多的帮助。因此我为任何愿意实习的学生提供实习机会。一年后，我意识到创建一个更正式的实习项目可能是解决问题的方法。这就是“猫队”诞生的来由。

到了2012年，“猫队”体育营销团队由15名本科生组成，包括运动研究和企业管理等不同专业的学生。该小组不仅负责新罕布什尔大学付费体育活动的营销和赛事代表工作，还负责落实企业赞助协议中的各项赞助条款。新罕布什尔大学的冰球和橄榄球队在全美大学球队中名列前茅。与许多其他大学体育部门一样，新罕布什尔大学的体育部门每年对预算精打细算，因此，由积极的志愿者所组成的实习项目已成为新罕布什尔大学市场部门的主力军。

“猫队体育营销团队实习项目”是无薪的，但学生有资格通过参与该实习项目获得学分。更重要的是，该项目能够为他们毕业后的职业生涯做准备。一些成功的关键要素如下：

- **提供与职责匹配的头衔**。营销团队的成员根据他们的具体角色而获得相应的头衔。这种安排不仅增加了学生的责任感，也概述了期望和工作责任（例如，男子冰球队的学生营销总监）。体育总监必须为每一场体育比赛配备足够的人手，编写脚本，在比赛日指导其团队成员，此外还要撰写一份详尽的年终报告来分析球队的上座数据、营销举措及方法。
- **鼓励团队合作**。大多数毕业后得到满意工作的学生都曾经连续两年参与“猫队”的实习项目。在第二年，他们将有机会通过培训新队友来最大限度地发挥领导才能，同时他们还有机会去实现他们曾在第一年实习期间构想的计划和方案。通过这种实习项目，这些学生不仅增加了体育营销知识，而且还大大增强了自信心、演讲能力和创造力。

● **创造机会**。“猫队”不仅负责大学校队所有主场比赛的球票销售，同时学生也有机会参加 NCAA 冠军赛或在其他城市举行的大型赛事中工作（例如，2010 年和 2011 年在吉列体育场进行的橄榄球比赛和 2012 年的冰球比赛）。通过这些机会，学生可以结识业内的其他体育专业人士，扩大他们的社交网络，并在不同的体育场馆体验赛事。

迄今为止，参加“猫队体育营销团队实习计划”的学生中，有 95%在毕业后就获得了营销或销售岗位的全职工作。我们发现，雇主对这些实习生在大学期间获得的实习机会以及由此产生的经验、责任感和其他工作技能印象深刻。最近的“猫队”应届毕业生的职位包括 Monumental 体育娱乐公司（Monumental Sports & Entertainment）的区域销售经理、匹兹堡海盗队（Pittsburgh Pirates）的新业务开发客户经理、新罕布什尔大学体育部的团队销售和市场协调员、德国家电品牌 AEG 的内部销售代表、Genesco 体育集团的客户经理、八方环球体育营销公司的赛事协调员，以及全美运动会的巡回赛事代表等。

“猫队”花费了我很多时间，但同时也让我们看到了很高的投资回报率。

第七节　体育营销的独特性

克服体育营销近视症需要对“人类体验”这个特殊领域有所理解。实际上，本书基于一个简单的前提：人们认为体育是一种特殊的体验或在生活中占有特殊的地位，营销人员必须以不同于对待二手车、甜甜圈或税收建议的方式来对待体育。阿诺国际传播（Arnold Worldwide）首席创意官约翰·斯塔芬（John Staffen）策划了数十种消费品和服务的广告宣传活动，其中包括麦当劳、前进保险公司（Progressive Insurance）和沃尔沃等。他将这些活动与美国网球公开赛等赛事进行了比较：“体育涉及的方面太多了：公开赛首先是体育运动，但它也有一部分是时尚，一部分是观赛活动，一部分是美食节，更有一部分展现了纽约城市的活力，平衡这一切并非易事。”许多营销过程是相似的，其中一些最敏锐的体育头脑来自体育界之外，例如 20 世纪 90 年代后期担任美国橄榄球联盟资产部门总裁的萨拉·莱文森（Sarah Levinson）就来自 MTV。[54]

但是，体育领域有着鲜明的特点，我们将在下面的章节中讨论。想要掌握体育营销技能没有捷径可言，本书仅提供一个概述。若想掌握这项技能，实战经验是必不可少的。AEG 总裁兼首席执行官、NHL 洛杉矶国王队管理者、枫叶体育和娱乐公司首席执行官蒂姆·莱维克（Tim Leiwicke）就是最好的例子：他的传奇始于 1979 年，当时莱维克刚开始担任室内足球大联盟的圣路易斯彩带队的副总经理。虽然在某种程度上体育营销也是营销，但这个领域充满的失败者，他们错误地用最新的时尚设计或牙齿增白剂等产品的营销方法去营销网球、高尔夫和篮球。接下来，我们将阐述体育独特的要素组成。

一、体育产品

产品通常可以描述为“能够满足消费者购买期望的任何质量、过程和功能（商品、服务或思想）的组合”。能辨别出体育产品的特殊组合至少包括以下要素：[55]

● 有趣的比赛，通常以某种游戏形式进行；

- 与平常所处的时空相分离；
- 通过特殊规则进行管理；
- 身体素质和体能训练；
- 专用设施和专用设备。

图 1.1 说明了这些特质组合对于体育产品的重要性。体育产品的核心是满足消费者的一些基本利益，例如健康、娱乐、社交或成就感。当然，许多其他产品也可能提供相同的核心利益。体育营销者必须了解为什么消费者选择体育产品而不是其他产品来满足特定的需求；为什么有些人从体育中追求成就感，而另一些人却喜欢从培育番茄并获奖这种事中获得成就感。尽管鲜有人研究这些问题，但我们可以假定人们对体育产生偏好的部分原因与通用体育产品的组成有关——即以体育比赛形式进行的体育活动。同时，在运动群体中，高尔夫运动员可能会鄙视网球运动员，反之亦然。网球运动员可能会划分为喜欢公共场地的人群和喜欢私人俱乐部的人群。我们能识别出每个细分市场背后的复杂动力学（在后面的章节中进行讨论），但最根本的是体育产品的独特性。

图 1.1　体育产品的特质组合

核心体育产品（体育赛事）的附加要素使其与众不同，其中一些要素反映了体育作为服务产品的本质。[56]

- **无形性、短暂性、体验式和主观性的本质**。体育运动是我们人性的一种表现，它不能像奎宁水那样装在瓶中，甚至连体育设备之类的有形元素在体育比赛或活动之外也没有什么意义。很少有产品能够被消费者如此广泛地解读。每个消费者对体育的理解都是主观的，因此体育营销人员很难确保让多数消费者满意。正如棒球执行官彼得 • 巴瓦西（Peter Bavasi）曾经说过的："推销棒球与卖肥皂或面包不一样。体育出售的是一种记忆，一种幻想。"每个粉丝和活跃的参与者都创造了不同的幻觉。每场高尔夫比赛、网球比赛、垒球比赛都会带来不同的体验。同样重要的是，消费者通过体育运动来体现个人身份的多样性。西雅图的某个人可以同时轻易地说："我是 NASCAR 赛车手吉米 • 约翰逊（Jimmie Johnson）的粉丝；我是 WNBA 风暴队的粉丝；我是红袜队的球迷；我是华盛顿大学哈士奇队的粉丝"。这当中，每一个身份都可能包含运动体验的不同方面：NASCAR 的速度和风险，WNBA 的团队合作，红袜队的希望和崛起，以及对华盛顿哈士奇队的团体认同感。因此，购买体育产品带来的利益（与购买汽车带来的利益相比）难以衡量，因为它们很难被精准地描述且会因人而异。[57]

- **强烈的个人认同感和情感认同**。第三章我们将讨论，很少有产品或服务能像体育一样激发消费者的激情和认同感。大多数人都会记得他们第一次对体育着迷的经历，无论是高尔夫、网球、棒球、冰球或其他。较为突出的是，很多人会同时沉迷于多项体育运动。球迷在对球员和球队产生认同感的过程中创造了属于自己的术语。例如："拥抱荣耀"（BIRGing，or "basking in reflected glory"），即当所支持的球队在比赛中获得胜利时，粉丝倾向于使用"我们"来彰显对球队的认同感；或是"抛弃失败"（CORFing，or "Casting off reflected failure"）现象，即当所支持的球队输球之后使用"他们"来规避对球队的认同感。这种强烈的身份认同感与"只要有机会我就可以做到"的自信心有异曲同工之妙。在体育世界中，有时似乎每个人都是怀揣热情的专家。难怪虚拟体育游戏、脱口秀节目和体育博客能够取得成功。

- **生产和消费同时进行**。体育是短暂易逝的商品。体育赛事只能预售，无法库存。体育消费者通常也是生产者，他们帮助创建赛事产品的同时也在消费。尽管 DVD、点播视频和报纸以不同的形式延长了体育产品的寿命，但最初的赛事却转瞬即逝，没有营销者可以出售昨天比赛的观众席位。单靠比赛日的销售是不够的，因为恶劣的天气或其他因素可能会减少门票的销量。因此，预售，特别是季票或年度会员资格，可以保证最低收入。

- **对社会助长作用的依赖**。尽管长跑运动员很孤独，但这项运动通常在公共场所进行。作为运动员或粉丝，对体育的享受需要在与他人互动的过程中实现。通常只有不到 4%的人会独自观看大学和职业体育赛事。仅少数体育运动，如跑步，可以一个人进行。谁会独自观看超级碗或世界杯呢？因此，体育营销人员必须认识到社会助长作用在体育中扮演的核心角色。

- **不一致性和不可预测性**。即使首发阵容相同，今天的棒球比赛与下周的比赛也有所不同。天气、伤病、冲撞、竞争和人群反应等多种瞬息万变的因素构成了体育的不可预测性。比如，谁能预测到一场（棒球）比赛中无安打，一只跑入比赛中的狗或是山上突如其来的风暴呢？不可预测性是体育运动的魅力之一，但也使营销工作变得更复杂。一位曾经在克莱尔（Clairol）工作了 13 年的棒球营销主管说："以前我可以控制产品，可以按意愿设计产品。但现在，体育赛事产品每天都在变化，因此我必须快速适应这些变化。"[58]

- **核心产品难以控制**。如前文所述，大多数体育营销人员很难控制其核心产品——体育赛事本身。总经理负责交易，联盟负责制定时间表和比赛规则。尽管某些核心产品决策是基于营销的考虑（例如，在棒球比赛中，为创造更多进攻而制定的"指定击球手"规则），但这些决策通常仍由教练和管理人员做出，其日常的职责就是保证比赛的"纯粹"和平衡进攻与防御。波士顿马拉松赛事的经理们出售 T 恤、收藏家们乐于收藏的石版画和附马拉松标签的特许葡萄酒。只有一个人能获得比赛的第一名，但每个人都可以赢得纪念奖。2013 年波士顿马拉松爆炸案发生之后，这一目标变得更加重要。[59]

二、体育市场

以下是体育市场的一些特点。

- **许多体育组织同时竞争与合作**。很少有体育组织孤立存在。为了呈现精彩的赛事，职业体育、大学体育和校际体育都需要其他的运动队和不同学校的参与，私人和业余体育俱乐部也是如此。

- **产品的显著性和强烈的个人身份认同感使许多体育消费者自认为是"专家"**。数十年前，一项著名的全国调查清楚地展现了体育消费者的"专家"心态。在被问到"如果你经过训练后，你认为你可以为职业球队效力吗？"时，有 52%的受访者回答"是的"；在被问到"如果有机会，你认为你能比大多数球队官员做得更好吗？”时，有 74%的人回答“是的”；在被问到“你认为你能比普通教练做得更好吗？”时，有 51%的人回答“是的”。在所有商业中，只有体育产业的消费者会如此简单地看待此产业，且带有强烈的个人身份认同感。[60]

● **市场需求波动大**。每种体育运动形式都有年度的生命周期，尤其是观赏性体育运动的爱好者的兴趣变化更为迅速。赛季初期常常需求高涨且一票难求，但是季中观众需求滑坡、球员受伤或对抗性差等可能会导致门票销售量下滑。

● **体育具有普遍的吸引力，并渗透到所有的生活要素中**。尽管世界上大多数最受欢迎的体育项目具有显著的西方传统，但体育早已渗透到世界的各个角落。最近出版的《足球如何诠释世界》（*How Soccer Explains the World*）提出，看似简单的体育项目与人类生活的方方面面密切相关，无论是足球、曲棍球还是篮球。[61]

三、体育金融

体育金融具有以下特点：

● **很难通过传统的分批成本计算法对单个体育产品进行定价**。例如，体育营销人员几乎不可能将固定成本和运营成本平摊到单张门票或某个会员身上。要怎么为某个引座员、指导员、服务员或某次淋浴分别单独记账呢？此外，提供额外产品的单位边际成本通常很小。因此，对体育商品进行定价通常依据售票部门对消费者的不同消费需求——如某些座位、一天中的某些时段或某种特权——做出的感知预测。

● **与消费者支付的总成本相比，体育产品本身的价格占比很小**。正如我们将在第八章讲到的那样，营销人员必须认识到体育运动的隐性成本。球赛门票的成本可能只是家庭观赛成本的三分之一，其他如旅行、停车、热狗、饮料和商品等成本，可能都是由赛事方以外的其他方控制的。

● **间接收入通常大于直接营业收入**。由于消费者通常对成本敏感，因此来自粉丝的收入通常不足以支付总成本，甚至不够为那些拥有高科技的体育场馆的债务还本付息。明显的收支差距使得赛事举办者更多地关注媒体和赛事赞助收入。对电视转播和赞助商的需求已经延伸到体育产业的各个层次和领域，部分原因是钱就在那里。NCAA 就是很好的例子。在 2010—2011 年度，NCAA 的总收入（8.459 亿美元）中有 81%来自电视转播和市场开发，其中大部分收益来自第 1 级别男子篮球锦标赛的“疯狂三月”（March Madness）。[62]

四、体育促销

尽管受到了媒体的广泛关注，但体育促销并不像看起来那样容易，原因如下。

● **广泛的媒体报道是一把“双刃剑”**。与五金店不同，运动队每天在报纸、广播和电视上获得免费宣传。举个例子，1997 年，《芝加哥太阳时报》（*Chicago Sun-Times*）和《芝加哥论坛报》（*Chicago Trubune*）发表的文章中有 6 259 篇提到当选的总统比尔 • 克林顿，而有 4 173 篇文章提到迈克尔 • 乔丹。一项由 Price/McNabb（北卡罗来纳州）进行的经济影响研究估计，田纳西大学的男子篮球队在 1997 年的全美大学篮球锦标赛赛季中获得了价值 2 200 万美元的免费媒体曝光。在大学招生竞争激烈的时候，任何校长或理事都会关注到这一点。一方面，媒体曝光是一种福利，尤其是当基层财政拮据的时候；但另一方面，免费的媒体曝光会导致运动队对粉丝产生懒惰、傲慢和健忘的态度。[63]

● **媒体和赞助商都看重明星运动员。**体育营销者努力工作是为了塑造其组织形象。这个目的存在问题，因为赞助商和媒体的注意力大多集中在一些明星运动员身上，这些明星运动员的自我膨胀会在更衣室内外引发大量的问题。

本章小结

体育较为独特，其营销的方式不同于肥皂或税务建议。体育营销人员营销的产品具有不可预测性和不一致性，且存在主观解释的可能性。营销人员必须在竞争激烈的市场中执行任务，而且相对其他行业中类似规模的组织，体育营销预算要低得多。最后，尽管体育营销人员直接控制体育产品组合的范围有限，但也必须在此情况下完成营销任务。好处是媒体对体育产品充满热情并对其广泛曝光，同时体育也有许多机会可以与工商业界合作，并获得收益。

课后活动

1. 请列出三个原因来说明为什么需要更有效的体育营销？
2. 什么是营销近视症？举三个体育产业中的例子。
3. 在图 1.1 的基础上，从利益、运动形式或营销组合方面讨论两个高尔夫球手如何消费不同的产品。
4. 从一家主流报纸上找出四家体育组织的名称，以说明本章所述的体育产业的各个部分。
5. 讨论你认为最有助于体育营销保持自身独特性的三个体育要素。
6. 确定一个正在兴起或衰落的运动项目或体育组织。哪些证据可以支持你的观点？这种变化是由看不见的市场之手引起的，还是由看得见的营销之手引起的？

注释

1. Quoted in Pablo Torre, “From Couch to Clutch,” *Sports Illustrated*, 20 February 2012, 46; Pablo Torre, “A Run Like No Other,” *Sports Illustrated* 27 February 2012, 32; Harvey Araton, “Disappointing Defeat Fine Tunes a Frenzy,” *New York Times*, 25 February 2012, D2; Howard Beck, “Lin Craze Has Left the Building,” *New York Times*, 16 March 2012, B12; Howard Beck, “Knicks’ Push For Playoffs Will Go On Without Lin,” *New York* Times, 31 March 2012, SP1; Howard Beck, “Clock Strikes 12: Fairy Tale Ends,” *New York Times*, 18 July 2012, B10.
2. Chip Heath and Dan Heath, *Made to Stick: Why Some Ideas Survive and Others Die* (New York: Random House, 2007).
3. Keith Bradsher, “In China, Lin Is a Star and a Symbol,” *New York Times*, 15 February 2012, B12; Ho quote in Torre, “A Run Like No Other,” 32; Adam Fraser, “Brand Design’s: Basketball’s FIBA World Championships Were Screened in 183 Countries,” *Sports Pro Magazine*, December 2010, 60–64; Nielsen Co., “State of the Media: Year in Sports 2010,” Supplement in *Street and Smith’s SportsBusiness Journal* (hereafter cited as *SSSBJ*), 24–30 January 2011, 7.
4. Keith Bradsher, “In China, Lin Is a Star and a Symbol,” *New York Times*, 15 February 2012, B12; Michale Wines, “China Tries to Add Cultural Clout to Economic Muscle,” *New York Times*, 8 November 2011, A8.
5. Ken Belson, “Chinatown Can Cheer, but Can’t Watch, Rise of an Adopted Star,” *New York Times*, 16 February

2012, A1, www.nytimes. com/2012/02/16/sports/basketball/cable–tvblackout–frustrates–lins–chinatown–fans. html?ref=cabletelevision&pagewanted=all; Howard Beck and Richard Sandomir, "Time Warner and MSG Resolve Cable Dispute, With Help of Lin and Cuomo," *New York Times*, 18 February 2012, D5; www.nytimes. com/2012/02/18/sports/time–warner–cable–and–garden–resolve–dispute.html?ref=timewarnercableinc.

6. Pablo Torre, "A Run Like No Other," *Sports Illustrated* 27 February 2012, 33–34; Richard Sadomir,"As Lin's Legend Grows, MSG's Ratings KeepRising, Too," *New York Times*, http://offthedribble.blogs.nytimes.com/2012/02/22/as–lins–legendgrows–msgs–numbers–continue–rising/; Richard Sandomir, "Lin Is Gone, and So Is the Buzz," *New York Times*, 19 July 2012, B12.
7. M. Swift, "From Corned Beef to Caviar," *Sports Illustrated,* 3 June 1991, 75–89, quotation on 80.
8. Ibid.
9. Jeff Coplon, "The People's Game," *New York Times Magazine,* 23 November 2003, 73–77.
10. L. Jon Wertheim, "The Whole World Is Watching,"*Sports Illustrated*, 14 June 2004, 72–85; John Lombardo, "Game Plan Calls for Growth Overseas," *SSSBJ*, 27 October–2 November 2003, 25; John Lombardo, "Stellar Rookies Help Lead NBA to Heights It Hasn't Reached Since Jordan Left," *SSSBJ*, 19–25 April 2004, 36; John Lombardo, "Global Trade: NBA Imports Talent and Exports the Game," *SSSBJ*, 25–31 October 2004, 21–25; Jack McCallum, "Wake–Up Call," *Sports Illustrated*, 27 June 2005; Johnny Ludden, "Argentina in Love With Its Hoop Star," *Globe and Mail*, 7 July 2005.
11. For an excellent look at Chinese basketball in 2012, see Jim Yardley, "Away Game," *New York Times Sunday Magazine*, 5 February 2012, MM33, www.nytimes.com/2012/02/05/magazine/NBA–in–China.html?_r=1& pagewanted=all; investment growth in "China Sports Industry Report," published by Research in China, www.researchinchina.com/Htmls/Report/2010/5847.html.
12. Adam Frazer, "Net Growth," *SportsPro Magazine*, February 2011, 94–95.
13. FIFA.com, "Almost Half the World Tuned in at Home to Watch 2010 FIFA World Cup South Africa," 11 July 2011, www.fifa.com/worldcup/archive/southafrica2010/organisation/media/newsid=1473143/index.html. For a good overview of sports broadcasting, see Rodoula H. Tsiotsou, "Entrepreneurship in Sports Broadcasting," in *Sports Entrepreneurship: Theory and Practice*, ed. Dorene Ciletti and Simon Chadwick (Morgantown, WV: FIT, 2012), 97–120.
14. Daniel Kaplan, "Is Sports Business Recession–Proof?" *SSSBJ*, 19–25 October 1998, 37; Marcy Lamm, "Sports' Grip on Public Slips in Poll,"*SSSBJ*, 31 January–6 February 2000, 47.
15. Bill King, "Passion That Can't Be Counted Puts Billions of Dollars in Play," *SSSBJ,* 11–17 March 2002, 32.
16. David P Kronheim, "Major League Baseball 2011 Attendance Analysis," http://numbertamer.com/files/2011_MLB_Attendance_Analysis.pdf.
17. John Raby, "Minor–League Hockey Taking a Hit in Recession," *Fosters Sunday Citizen*, 1 March 2009, C5; Fred Dreier, "Key Business Issues Facing EPL Franchises," *SSSBJ*, 15 August 2011, 35.
18. BBC Sports, "RBS Cutbacks to Hit British Sport," 26 February 2009, www.sports–city.org/news_details.php?news_id=7248&idCategory=1.
19. Tom Love, "A Different League: The Football League," *SportsPro Magazine*, April 2012, 60–64, TV rights deals at 61.
20. Steve Knopper, "Concert Biz Collapses as Fans Flee," *Rolling Stone*, 20 January 2011, 19.
21. Bloomberg News, "NBA Reacts to Tough Economic Times," 6 October 2008, www.sports–city.org/news_details.php?news_id=5771&idCategory=1; Reuters, "English Football Clubs Cut Prices to Help Fans During Recession," 25 February 2009, www.sports–city.org/news_details.php?news_id=7240&idCategory=74.
22. AP, " 'Big Game' Not Quite as Big This Year," *Foster's Sunday Citizen*, 1 February 2009, A3; Daniel Kaplan,

"Teams Tackle Tough Ticket Market," *SSSBJ*, September 7–13, 2009, 1, 24–27, quotation at 24.
23. Rich Luker, "Industry Must Adapt to Decline in American Spending on Sports," *SSSBJ*, 27 September 2010, 13; "About the Industry," *SSSBJ*, 29 November 2010, 18; Brad Wolverton and Alex Richards, "Crowds Shrink at Men's Basketball Games," *Chronicle of Higher Education*, 25 March 2012, http://chronicle.com/article/Basketball–Draws–Shrinking/131294/?sid=wb&utm_source=wb&utm_medium=en.
24. Alfie Meek, "An Estimate of the Size and Supporting Economic Activity of the Sports Industry in the United States," *Sport Marketing Quarterly* (hereafter cited as *SMQ*), 6 December 1997, 15–22; Brad R. Humphreys and Jane E. Ruseki, "Estimates of the Size of the Sports Industry in the United States," IASE/NAASE Working Paper Series, No. 08–11, August 2008, http://college.holycross.edu/RePEc/spe/HumphreysRuseki_SportsIn dustry.pdf; U.S. GDP levels found at http://knoema.com/gdp–by–country?gclid=CKGFI6LC07ACFUZN4Aod DDvq2g.
25. Terry Lefton and John Ourand, "X Years After: The Brash, Bold XFL Played Only One Season, but a Decade Later Its Images and Impact Live On," *SSSBJ*, 16 May 2011, 1, 26–7; http://msn.foxsports. com/foxsoccer/usa/story/womens–professional–soccer–league–shut–down–051812.
26. "Poll Shows Popularity of Pro Football Continues Growing While Baseball Slides," *SportsBusiness Daily* (hereafter cited as *SBD*), 26 January 2012, www.sportsbusinessdaily.com/Daily/Issues/2012/01/26/Research–and–Ratings/Harris–Poll.aspx?hl=Research%20and%20Ratings&sc=0.
27. Tripp Mickle, "Balancing Act: With Some Metrics Leveling Off, Action Sports Industry Pushes Ahead With New Strategies," *SSSBJ*, 23 January 2012, 1, 15–17.
28. Tripp Mickle, "Billion Dollar Baby: In Four Short Years, the Indian Premier League Has Put Cricket on a Wicket Growth Curve," *SSSBJ*, 18 April 2011, 1, 15–18; "Global Growth Markets: India," *SSSBJ*, 18 April 2011, 20; David Hoyt and George Foster, "Sports Entrepreneurship: The Case of the Indian Premier League," in *Sports Entrepreneurship: Theory and Practice*, ed. Doreen Ciletti and Simon Chadwick (Morgantown, WV: FIT, 2012), 34–50.
29. John R. Betts, "The Technological Revolution and the Rise of Sports, 1850–1890," *Mississippi Valley Historical Review*, 40 (September 1953): 231–56, quotation at 239.
30. Pew Research Center, *State of the News Media 2012*, http://stateofthemedia.org/2012/newspapers–building–digital–revenues–proves–painfully–slow/newspapers–by–the–numbers. Bill King, "No News Is Good News," *SSSBJ*, 20–26 July 2009,1, 28–32.
31. For more on technological innovation and sport products, see Stephen Hardy, Brian Norman, and Sarah Sceery, "Toward a History of Sport Branding," *Journal of Historical Research in Marketing*, 4(4) (November 2012): 482–509.
32. Jaguars quotation in Albert Breer, "Teams Finding Their Product Is a Tougher Sell," *Boston Sunday Globe*, 4 July 2010, D–9; Stuart Elliott, "YouTube and Kin Woo Marketers, Seeking to Siphon Dollars From TV," *New York Times*, May 3, 2012, B2, www.nytimes.com/2012/05/03/business/media/youtube–channels–court–advertisers–at–newfronts.html?ref=todayspaper.
33. Albert Breer, "Teams Finding Their Product Is a Tougher Sell," *Boston Sunday Globe*, 4 July 2010, D–9; Brad Wolverton and Alex Richards, "Crowds Shrink at Men's Basketball Games," *Chronicle of Higher Education*, 25 March 2012, http://chronicle.com/article/Basketball–Draws–Shrinking/131294/?sid=wb&utm_source=wb&utm_medium=en.
34. Craig Fehrman, "The End of an Era in Indiana," *New York Times*, 25 March 2012, SP1, www.nytimes.com/2012/03/25/sports/farewell–to–wigwamand–heyday–of–high–school–basketball–in–indiana.html?_r=1&pagewanted=all.
35. Bill King, "High School Sports Running on Empty," *SSSBJ*, 2 August 2010, 1, 15–19.

36. Robert B. Gardner, "Influence of High School Sports Goes Overlooked," *SSSBJ*, 30 January 2012,24.
37. Rich Luker, "Local Power, Grassroots Appeal Make High School Sports Compelling," *SSSBJ*, 28 March 2011, 21.
38. L. Kesler, "Man Created Ads in Sport's Own Image," *Advertising Age*, 27 August 1979, 5–10.
39. T. Levitt, "Marketing Myopia," *Harvard Business Review* (July–August 1960): 45–56.
40. D. Cooke, "Packaging for Prestige: The Tennis Advantage," *IRSA Club Business,* July 1987, 62.
41. *SBD*, 22 August 1997, 11; Andy Bernstein, "Despite Stanley Cup Win, Devils Play to Few Fans," *SSSBJ*, 11–17 December 2000, 1, 58; Matthew Ventolo, "2010–2011 New Jersey Devils Attendance Analysis,"www.inlouwetrust.com/2011/4/22/2125803/2010–2011–new–jersey–devils–attendance–analysis.
42. Laura Bollig, "Professional Marketing Finds Its Way Into College Basketball," *NCAA News,* 6 December 1993, 12.
43. Marcy Lamm, "Teams Take Their Pitch to the Big Screen," *SSSBJ,* 21–27 February 2000, 13.
44. Dan Shaughnessy, "Eyes of Many Are Trained on Workouts," *Boston Sunday Globe,* 8 August 2004, C–1, 4.
45. "Profile/Interview With Matt Levine," *SMQ,* 5 (2) (September 1996): 5–12.
46. Simon Kuper and Stefan Szymanski, *Soccernomics* (New York: Nation Books, 2009), 85.
47. Bozeman Bulger, "Twenty–Five Years in Sports,"*Saturday Evening Post*, 26 May 1928.
48. Hustler definition in Bill Veeck with Ed Linn, *The Hustler's Handbook* (New York: Fireside Books, 1989), 12.
49. Frank Deford, "No Death for a Salesman," *Sports Illustrated,* 28 July 1975, 56–65.
50. Bill King, "What's the Payoff in Sports? Salary Survey Sheds Light on Challenges College Grads Face," *SSSBJ*, 13 August 2012, 1, 16–25.
51. Michael Smith, "Survey: More Schools Beefing Up Ticket Efforts," *SSSBJ*, 4 June 2012, 8.
52. Brad Wolverton and Alex Richards, "Crowds Shrink at Men's Basketball Games," *Chronicle of Higher Education*, 25 March 2012, http://chronicle.com/article/Basketball–Draws–Shrinking/131294/?sid=wb&utm_source=wb&utm_medium=en.
53. Description taken from www.sportsalescombine.com.
54. For an outstanding introduction to the broader roles of these people (and many more) in American sport history, see Gerald Gems, Linda Borish, and Gertrud Pfister, *Sports in American History* (Champaign, IL: Human Kinetics, 2008).
55. Terry Lefton, "9 Rules for Making the Most of Sports Property/Ad Agency Relationships,"*SSSBJ*, September 24–30, 2007, 23–28, quotation at 25; www.arn.com/creative/client–list.
56. B. Enis and K. Roering, "Services Marketing: Different Products, Similar Strategy," in *Marketing of Services,* ed. J.H. Donnelly and W.R. George (Chicago: American Marketing Association, 1981), 1. The classic definition of sport comes from John Loy, "The Nature of Sport," *Quest,* 10 (May 1968): 1–15.
57. Scott Edgett and Stephen Parkinson, "Marketing for Service Industries," *Service Industries Journal*, 13 (3) (July 1993): 19–39.
58. B. Stavro, "It's a Classic Turnaround Situation," *Forbes,* 1 July 1985, 70.
59. R. Poe, "The MBAs of Summer," *Across the Board,* October 1985, 18–25.
60. Tom Moroney, "Hopkinton Finds Itself in the Winner's Circle," *Boston Globe,* 3 April 1996, 1, 24.
61. Research and Forecasts, *Miller Lite Report on American Attitudes Toward Sports* (Milwaukee, WI: Miller Brewing Co., 1985), 131–136.
62. Franklin Foer, *How Soccer Explains the World: An Unlikely Theory of Globalization* (New York: HarperCollins, 2004).
63. www.ncaa.org/wps/wcm/connect/public/ncaa/finances/revenue.
64. "NBA News and Notes," *SBD,* 20 February 1998, 5; "Marketplace Roundup," *SBD,* 20 March 1998, 4.

第二章 战略营销管理

学习目标：

- 识别体育营销中关键利益相关者及其可以创建品牌认知的互动；
- 认识营销管理过程中的交互要素；
- 了解市场分析、产品概念和产品定位的核心要素；
- 了解体育营销的五大要素：产品、价格、渠道、促销和公共关系。

音乐的品牌化

许多职业音乐家毫不掩饰想要成为一名职业体育运动员的梦想，但是自四十年前意大利男高音歌手卢西亚诺·帕瓦罗蒂（Luciano Pavarotti）（已故）和苏格兰摇滚歌手罗德·斯图尔特（Rod Stewart）调侃职业足球之后，音乐娱乐界很少能有人与之媲美了。同样，许多职业运动员也从不掩饰对音乐的热爱和想要成为职业音乐家的愿望，但同样很少有人拥有实现这一愿望所必需的才能。也许是因为他们喜欢在忠实的粉丝群面前表演，也许是天赋的存在使他们远远超过了普通人，又或是其他更根本的原因。但无论如何，体育和娱乐显然是密不可分的，音乐始终在渲染和增强体育体验中发挥着作用。

因此，毫不意外地，NBA 率先尝试的体育和娱乐体验就吸引了广大球迷。在 20 世纪 90 年代，NBA 是第一个意识到有必要通过编排完整的娱乐活动来增强其赛事观赏性的联盟。NBA 比任何其他联盟都更认同这一说法，即赛场之外的产品与赛场内部的产品一样重要，因为前者可以吸引球迷重复购买并再次回到球馆。有时候令球迷尤其是老球迷感到震惊的是，所有围绕 NBA 比赛设计的娱乐环节总是环环相扣，且现场从未无聊沉闷过，甚至没有寂静无声的时刻。

音乐常常是释放球迷激情并促使他们支持球队的主要动力。NBA 达拉斯独行侠队（2010—2011 赛季冠军）的老板马克·库班（Mark Cuban）曾说，球队的门票销售人员或营销人员中，如果有人基于球队成败来预测市场需求的话，这个员工就该被开除了。“我们出售篮球娱乐体验，其中包括音乐、视频、促销等其他场外娱乐活动，这些都是销售的重要组成部分，也是我们能成功吸引家庭中每个成员的关键。”[1]

在当今竞争激烈的环境中，拥有持之以恒的精神，具有市场意识的领导力、愿景和计划是必不可少的。无论是高中体育主管、球队老板，还是健身俱乐部经理或职业联赛的官员，缺乏这种领导才能无疑是灾难的根源。当然，制订计划并不能确保成功。例如，珍妮特·杰克逊（Janet Jackson）的“服装故障”导致 NFL 在 2004 年超级碗的半场秀中惨败，而 WUSA 和 XFL 的失败则是对营销战略的根本误判导致的。[2]然而，缺乏战略会使失败的概率成倍增加。在本章中，我们列出了战略营销领导力所需的基本要素。我们将这些要素称为营销管理，但是营销管理成功的关键在于制订全面的、具有战略性和创造性的营销计划。该计划是将战略（全局）与战术（计划的细节）相结合的过程。请注意，在本章全文中，我们不将其仅仅称为营销计划，是为了强调市场营销计划过程（Marketing Planning Process，MPP）的概念，以描述由所有体育营销利益相关者直接投入并精心策划的过程。本书后续章节将详细讲述营销管理过程中各种战术的步骤。本章将从更广泛的战略视角介绍每一步骤。

第一节　体育战略

与 NBA 一样，NFL 在过去二十年中一直保持行业领先地位，因为他们制定了清晰的战略来进行产品开发和定位，以满足市场中消费者的需求。尽管这些联盟为了保持领先和获利能力而面临挑战，但它们的成功来自精心制订的愿景和计划，用体育术语来说就是比赛计划。实际上，许多成功的组织都从成功的教练那里借用了“比赛计划”的概念，成功的教练经常评估自己的优劣，仔细侦查对手，并据此制定相应的策略和比赛战术。简而言之，这个制定过程是战略的关键，并且已从体育产业幕后的更衣室走向台前。从其更简单的意义上讲战略包括设定长期目标，制订计划以实现目标，然后列出战术方案去执行。这一过程需要对环境和组织持续进行分析。当今市场所面临的挑战迫使体育高管们进行更具战略性的思考，正如下面与网球、高尔夫和冰球相关的例子所示。[3]

一、网球

1960 年，美国约有 560 万网球运动参与者（每年至少打过一次）。到 1974 年，网球运动蓬勃发展，参与人数已增至 3 400 万。在经历了 20 世纪 80 年代的大萧条之后，1985 年网球运动的参与人数减少到 1 300 万人。到 1995 年，网球的受欢迎程度仅为 20 年前的一半。制约网球发展的问题在 1995 年得到了重视，当时网球行业协会（TIA）宣布了他们的战略方案，计划从草根开始自下而上地发展网球运动。TIA 执行董事布拉德 • 帕特森（Brad Patterson）认为，每场比赛、每位制造商、每个俱乐部、每个协会以及每场职业巡回赛都在自我营销，“但事实是，唯独没有人在营销网球”。网球实际上已经让位给健美操、轮滑、篮球和其他项目了。在过去的十年中，USTA（美国网球协会）和 TIA 高举“美国网球计划”和“网球欢迎中心”等旗帜，并制订了一系列计划，其中包括免费训练营、免费网球训练装备和为各个年龄段组织的联赛。正如帕特森提醒他的同行们一样：“目前我们最缺的是没有人呼吁民众出来打网球。”这些推广活动成功与否，很难测量。网球行业声称网球参与人数正在上升，但是体育用品制造商协会（SGMA）和国家体育用品协会（NSGA）的统计数据表明偶尔和经常打网球的参与人数与以前持平，甚至有所下降。在网球观赛者方面，最近 USTA 为了提高其不断下滑的比赛收视率，试图效仿 NASCAR 的做法，创建系列积分制。同时，他们需要迅速行动。2002 年 ESPN 的一项民意测验报告显示，将近 57%的受访者表示他们对美国公开赛(U.S Open)毫无兴趣，在他们看来那不过就是一场露天活动而已。2004 年创旗体育的调查显示，

52.4%的体育行业高管认为培养具有影响力的网球明星是职业网球面临的最大挑战。网球还有很长的路要走，但至少它已经开始寻求整体战略了。[4]

截至 2011 年 3 月，USTA 的最新会员数据显示共有 70 万名注册会员、7 000 个组织会员，以及大约 2 500 万打网球者。但是，公众对网球运动的兴趣持续下降。《纽约观察家》（*New York Observer*）指出，2010 年温布尔登网球锦标赛的电视收视率有所下降，尤其是拉斐尔 • 纳达尔（Rafael Nadal）对战托马斯 • 伯蒂奇（Tomas Berdych）的那场比赛仅获得了 1.8 的收视率，这是自 1988 年以来最低的收视率，也是历史上最低收视率之一。2011 年诺瓦克 • 德约科维奇（Novak Djokovic）的精彩战况以及 2012 年英国选手安迪 • 默里（Andy Murray）在伊凡 • 伦德尔（Ivan Lendl）指导下重返赛场，才为赛事增加了新鲜感，因此也提高了现有网球迷们对男子网球赛事的兴趣。但是仅通过吸引新球迷加入还不足以提高整体收视率。

二、高尔夫

在 20 世纪 90 年代中期，高尔夫运动的参与人数停滞不前。1997 年，世界高尔夫基金会（WGF，由 PGA、USGA、LPGA、Calloway、Titleist 等组织资助的非营利组织）宣布了一项名为“第一个发球台（First Tee）”的活动，该活动计划下一个十年在美国各地发展数百个新的高尔夫球场。前总统乔治 • 布什（George Bush）同意担任该活动的名誉主席。该活动源自一个简单的推论，即高尔夫球的发展仅仅受限于设施和场地的可获得性。泰格 • 伍兹（Tiger Woods）可能会带动数以百万计的人们投身于高尔夫运动，但如果没有可使用的、负担得起的高尔夫体育设施和场地，这数百万人就无法参与该项运动。2000 年 11 月，在 WGF 第一届 20/20 高尔夫会议上，董事长蒂姆 • 芬臣（Tim Finchem）提出到 2020 年要实现高尔夫运动的 3 个主要目标：

- 达到 5 500 万参与者；
- 举办 10 亿回合的比赛；
- 使美国大众对高尔夫的感兴趣程度与对职业橄榄球的感兴趣程度相当。

到 2002 年，美国高尔夫球场的数量已从 1998 年的 13 528 个增加到 14 725 个。NSGA 统计数据表明，尝试高尔夫运动的新手数量有所增加，达到 2 830 万人。但是，同期高尔夫爱好者的人数（每年打高尔夫 40 天及以上者）停滞在 600 万左右。近期，比赛的回合数已经有所减少，从 2000 年的 5.18 亿下降到 2002 年的 5.02 亿个。2003 年比赛的回合数继续下滑，降至 4.95 亿个。该行业仍在努力寻找清晰的战略。许多专家认为建设的球场太多导致供过于求。尽管芬臣和 WGF 坚定地支持草根战略，培养一批高尔夫新手，包括内城区的新手，但高什利公司（Acushnet）的董事长沃利 • 伊莱因（Wally Uihlein）对此却不太乐观：“高尔夫 20/20 是一项宏伟的工作，但它违背了一个事实，高尔夫运动是中产阶级必需品。”伊莱因声称：芬臣“关于‘我们有能力引入非中产阶级消费者来扩大人数’的想法有些天真。”对于里奇 • 卢克［他在 20 世纪 90 年代曾主导了希尔顿体育民意调查（Chilton Sports Poll）并于后期成为 Leisure Intelligence 集团的负责人］而言，主要的问题不是高尔夫设施和场地是否充足，而是人们是否有充裕的休闲时间来打高尔夫。在多重任务处理的当今时代，花五个小时或以上的时间打一场高尔夫球是不太现实的，“高尔夫不符合当代人的要求，对于当代人而言，速度和简单才是最重要的”。就像网球一样，高尔夫还有很长的路要走，但至少它意识到了战略的重要性。[5]因此，美国职业高尔夫球协会（PGA）发起了以杰克·尼克劳斯（Jack Nicklaus）为首的“发球台前够”推广计划，以鼓励那些击球不远的球员使用前发球台来加快击球的速度，从而更享受比赛。

国家高尔夫基金会（NGF）的数据显示：

- 从 2007 年到 2012 年，美国减少了将近 400 万高尔夫球手。
- 2012 年，美国高尔夫参与度下降到 25 年来的最低水平，只有 9.2%的人打高尔夫球。
- 在过去五年中，女性和初级高尔夫球手的人数分别下降了 23%和 35%。
- 高尔夫仍然被许多人视为昂贵的体育项目，这与人们认为高尔夫运动是一项精英运动的看法密切相关。[6]

在过去十年中，美国年均打高尔夫球的回合数从 5.18 亿下降到 4.75 亿，并且在 2011 年连续第五年下降。高尔夫球手的数量在 2005 年达到 3 000 万的峰值后便一直下滑。最新数据显示，2010 年美国拥有 2 610 万高尔夫球手。基于这些调查结果，PGA 推出了高尔夫 2.0 计划，旨在提高美国高尔夫球手的参与度并提高比赛频率。结合一系列的草根推广活动，如“第一个发球台”活动，USGA、PGA 和 LPGA 设置了目标，计划到 2020 年（译者注：原书出版于 2014 年）将美国高尔夫球手的数量前所未有地增加到 4 000 万。[7]

高尔夫 2.0 计划包括“准备好高尔夫”和“打高尔夫美国计划”两项推广计划，这是具有 96 年历史的 PGA 有史以来最重要的推广计划。高尔夫 2.0 是高尔夫行业有针对性、重点突出的长期战略计划，旨在近十年中，使高尔夫球手的数量、打高尔夫球的次数以及由高尔夫产生的收入显著增加。高尔夫 2.0 的理念依据是“高尔夫必须立即改变”。“数百万人喜欢高尔夫运动，但（2010 年）实际统计数字显示我们流失了 460 万人。残酷的现实让我们意识到目前的高尔夫运动与消费者的生活方式不相符。”高尔夫 2.0 高级总监达雷尔·克拉尔（Darrell Crall）如是说。具体来说，该计划的目标是：

- 维持并巩固现有的核心高尔夫球手。
- 吸引 6 100 万仍有兴趣打球的退役高尔夫球手。
- 吸引新手。[8]

尽管高尔夫球场数量不断增加，但参与人数不断下降，主要因为高尔夫是一项既昂贵又耗时的运动项目。高尔夫相关组织正在着手解决这两大缺点，但是否奏效还将拭目以待。

三、冰球

2004 年秋天，在国际冰球行业协会（IHIA）的主持下，32 名利益相关者在明尼苏达州圣保罗举行了“成长冰球峰会”。IHIA 的创始成员包括艾泰克体育用品（Itech Sport Products）、耐克鲍尔冰球（Nike Bauer Hockey）、舍–伍德冰球（Sher-Wood Hockey）、赫斯佩勒冰球（Hespeler Hockey）和路易斯维尔冰球（Louisville Hockey）等主要制造商，这些公司的发展与冰球行业的发展息息相关。峰会吸引了来自 NHL、国家冰球联盟球员协会（NHLPA）、美国冰球协会（USA Hockey）、加拿大冰球协会（Hockey Canada）和国际冰球联合会（International Ice Hockey Federation）的代表。尽管此次峰会无法阻止世界顶级冰球联赛停办的脚步，但他们确实在一项需要共同努力解决的问题上达成了一致，即冰球总体参与度增长缓慢（增幅仅为 1%～2%，尽管女性参与度要好得多）。此次峰会还着重强调了三个青年群体的重要性：5～8 岁的初级运动员，10～14 岁打算退出冰球运动的青少年以及 18～34 岁开始进入或重返冰球赛场的年轻人。阻碍冰球参与度增长的因素包括成本、时间、冰场的供应以及对球场暴力的争议。与会者还举办了一次新闻发布会，并在会上发布了冰球发展战略计划：

- 通过强调趣味性来增加群众参与度。
- 与儿童组织形成合作关系。
- 强调培养技能。
- 重新专注于冰上、直排轮、街头和其他类型的曲棍球。
- 增设国际冰球成长日。
- 与零售商建立合作，推出新手体验套装。
- 与参与冰球的孩子妈妈进行针对性沟通。
- 开发“第一目标”项目，该项目包括设备折扣和大众媒体宣传的整合促销活动。

NHL 在整个 2004—2005 赛季以及 2012—2013 赛季的上半年都处于停摆状态，显然，冰球迫切需要草根增长战略来扩大受众范围。[9]

NHL 经常发生劳资纠纷，美国主流媒体缺乏对冰球的持续报道，这两点对冰球发展造成极大损害。尽管美国全国广播公司（NBC）从 2007 年开始履行最新的电视转播协议，但是有限的比赛日程和不断变化的开赛日期并没有推动收视率实现预期增长。在过去两年中 ESPN 通过体育中心（Sports Center）节目增加了对冰球运动的报道，从而提高了冰球的曝光度。NBC 在赛季后半段和季后赛期间增加了定期的周末转播，再加上激烈的冰球系列赛的报道，使得 2013—2014 年 NHL 冠军赛和斯坦利杯的收视率达到 17 年来的最高水平。尽管冰球的电视收视率为 4.8，在 NBC 播出的 2013 年斯坦利杯冠军赛的第一场比赛中获得了 NHL 有史以来最高的收视率，是上一年收视率的两倍，但是与 ABC–ESPN 频道转播的热火对马刺的 NBA 冠军赛第六场比赛的 14.7 收视率相比，仍显得微不足道。虽然冰球球迷们忠诚而热情，但在美国球迷人数仍然有限。

2011 年 12 月进行的哈里斯互动调查（The Harris Interactive Poll）的结果意外表明，在美国，冰球至少和篮球一样受欢迎。这项调查从 1985 年开始，询问被调查者最喜欢的运动是什么。在网上接受调查的 2 237 名成年人中，他们对于男子职业冰球和男子大学冰球在过去十年中的兴趣水平始终保持在 5%左右，远远高于 1985 年以及 2003 年的水平。摘自这项调查的表 2.1 揭示了过去十年来，美国男性对职业冰球和大学冰球比赛的兴趣显著增加。尽管公众对冰球的兴趣水平保持在 5%，冰球仍然是一项小众体育。

表 2.1 哈里斯互动调查

1985 (%)	1989 (%)	1992 (%)	1993 (%)	1994 (%)	1997 (%)	1998 (%)	2002 (%)	2003 (%)
2	3	3	3	5	4	3	3	3
2004 (%)	**2005 (%)**	**2006 (%)**	**2007 (%)**	**2008 (%)**	**2009 (%)**	**2010 (%)**	**2011 (%)**	**1985 年至 2011 年的变化(%)**
4	5	4	5	5	4	5	5	+3

注：数据源于 Harris Interactive Poll, Dec.2011。

冰球已经建立起一个狂热的核心球迷群体，他们热心支持比赛，平均上座率在美国所有主要职业联赛粉丝中是最高的。而引起更多普通粉丝兴趣增长的主要原因之一是 NHL 比赛得分的提高。在 2004 年停摆之前，冰球比赛多被视为无聊的防守大战。NHL 为此对规则进行了大刀阔斧的改革，旨在减少中立区陷阱和其他负面防御策略。这些变化使得比赛节奏加快，创造了更多得分机会，进球概率增加。

网球、高尔夫和冰球运动的领导者开始意识到，运动项目的营销需要广泛且综合的方案，这些活动将打破业余爱好者和专业选手之间、大众体育与精英体育之间以及制造商与管理机构之间的旧界限。正如高尔夫、网球和冰球行业组织所展示的那样，营销战略并非只是一流联盟和运动队的特权，它对所有组织来说都是必要的，包括最基层的体育组织。实际上，基层体育组织由于财政紧缩，营销战略可能更加重要。基层领导人不能因为人手不足而推迟营销工作。马里兰州巴尔的摩县东部技术高中的前体育主管戴维·霍克（David Hoch）清楚地指出这一问题："对于许多体育主管来说，启动营销计划的第一个绊脚石是它为领导者本就繁忙的日程增加了工作量。"但是，霍克补充说，营销不再被视为"多余或无用的努力"。营销与设施安排、教练评估以及任何高中体育部每天必须处理的众多其他事务一样重要。[10]

第二节　市场营销计划过程

营销战略的要素可以在模型中概念化。营销理论家菲利普·科特勒提出营销管理过程（MMP）模型。我们将结合科特勒的模型与其他模型（如图 2.1 所示）来创建我们的模型，我们将其视为循序渐进的过程和一种思维方式。MMP 可用于制订营销计划，但营销计划必须整合到组织更大的战略计划中，包括财务、资产管理、资源分配、人员管理等要素。MMP 是营销的支柱，它强调了各个阶段的相互依赖性。[11]

后续各章会更详细地介绍 MMP 步骤（例如，市场调研、产品开发、定价和促销），但这里的简要介绍很重要，因为我们强调决策是个持续的循环过程。体育商业确实没有淡季（请参阅本章后面的战略机会主义补充材料）。如图 2.1 所示，营销计划使战术细节和运营（如定价）与更广泛的组织战略（如设定出席人数目标）保持一致。如果用体育比喻来说，战术是指在各种情况下使用进攻和防守的打法或套路，共同组成为胜利而制订的战略性比赛计划。比赛计划为教练或四分卫提供广泛的指导，他们选择比赛中要使用的特定战术。本章介绍了战略和战术的重要融合。就像我们要在操场、球场或冰场上比赛，该计划的所有要素必须同步并完全整合到一起。

MMP 的战略步骤与书中其他章节的关系如下：

- 制定愿景、定位和目标（第 3～5 章）；
- 制定战略目标（第 5 章）；
- 制订营销组合计划（第 6～13 章）；
- 将营销计划整合到更广泛的组织战略中（第 15 章）；
- 控制和评估营销计划的所有要素（第 14、15 章）。

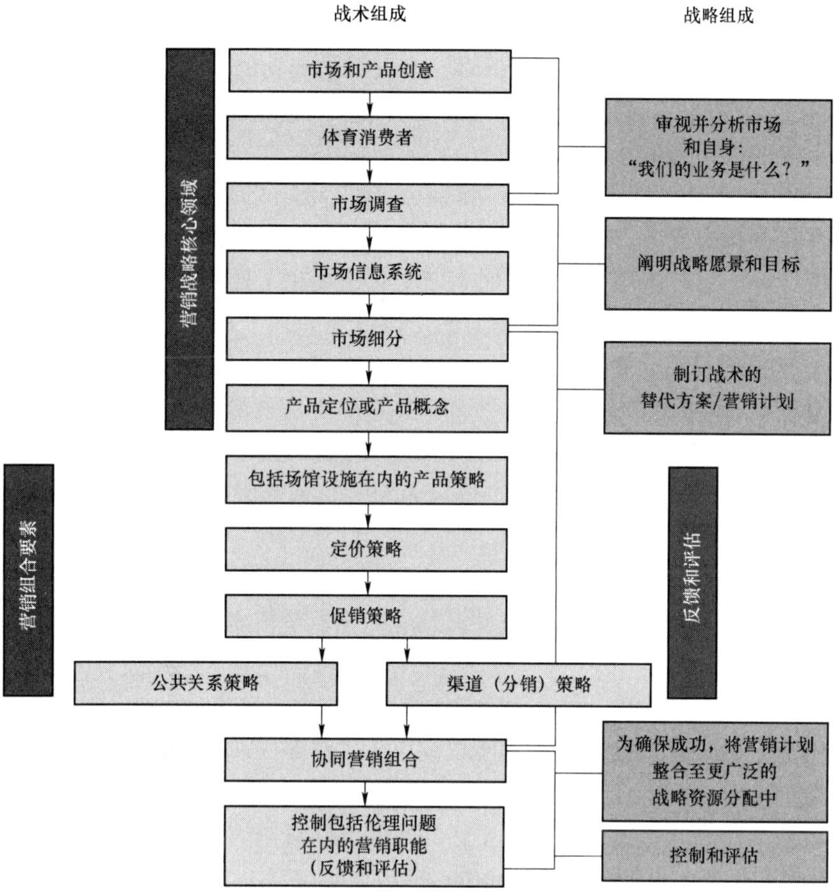

图 2.1 体育营销管理过程

第三节 战略步骤一：制定愿景、定位和目标

接下来我们举例说明核心愿景与理念应如何指导决策并对体育产品或服务进行定位。我们会讨论 SWOT 分析（优势、劣势、机会、威胁）模型的重要性，该模型包括数据库营销（data-based marketing，DBM）系统和客户关系管理（customer relationship management，CRM）系统，用于提供市场情报及识别市场潮流和趋势。DBM 系统包含粉丝数据和基本信息，例如，历史购买记录。CRM 系统提供粉丝与运动队之间的全方位互动记录，例如，对交通、邻座粉丝以及看台座位破损情况的投诉。

一、核心愿景与理念

当我们谈到制定愿景时，指的是将组织可视化。这是借用运动心理学家的概念，他们教运动员将过程和绩效产出可视化。最重要的是，任何战略计划都必须在组织的核心愿景和理念框架内运作，正如詹姆斯・C.柯林斯（James C. Collins）和杰里・I.波拉斯（Jerry

I. Porras）在《基业长青：企业永续经营的准则》（*Built to Last: Successful Habits of Visionary Companies*，以下简称《基业长青》，该书是 21 世纪最成功的管理类书籍之一）中论述的那样。柯林斯和波拉斯研究了 20 世纪一系列公司的业绩，是什么让那些看起来经久不衰的公司与众不同？用他们的话来说：

“最持久、最成功的公司最根本的共同特点在于秉持珍贵的核心理念，同时又在核心理念之外的地方寻求进步和变革。换句话说，他们将永恒的核心价值观和持久的核心目标（永远不变）与运营实践和经营战略（随世界的不断变化而变化）区分开来。”

随着 NFL 球员越来越频繁地出现场上暴力和场外负面行为问题，联盟不得不重新审查战略计划，检查其核心目标，并扪心自问：作为一个组织，旗下产品涉及全社会各阶层人群，包括青年和女性。运动员的极端负面行为，例如新奥尔良圣徒队的“赏金撞击门”丑闻（该事件指 NFL 的圣徒队赛前曾在队内悬赏球员故意去撞伤对手球员库尔特 • 华纳）或前圣迭戈闪电队球员朱尼尔 • 西沃（Junior Seau）的自杀事件，或堪萨斯城酋长队球员约万 • 贝尔彻（Jovan Belcher）谋杀女友后在球队的练习场自杀等，是否符合联盟的核心愿景呢？对于学校和大学体育来说，这些问题同样令人担忧，领导者必须在商业现实与教育的核心愿景之间取得平衡。这条路并不容易。同样，即使组织发生变化，最根本的任务仍是努力发展、识别和维持组织的核心愿景。[12]

在 21 世纪初，俄亥俄州立大学在时任体育主管安迪 • 盖格（Andy Geiger）的领导下做出了这样的努力。俄亥俄州立大学体育部规模巨大，涵盖 36 个体育项目，是全国范围最广、规模最大的部门之一（当时的预算超过 8 000 万美元，现在每年的预算已接近 2 亿美元；2013 年 1 月，学校宣布将常年售罄的橄榄球主场比赛的高级观众席位的票价提高 25%，这就不足为奇了）。正如莫里斯 • 克拉雷特（Maurice Clarett）、吉姆 • 奥布里恩（Jim O'Brien）和吉姆 • 特雷斯尔（Jim Tressel）在过去十年中所证实的那样，俄亥俄州立大学体育部的实际运营工作依然充满挑战。2005 年初，安迪 • 盖格宣布退休，用他自己的话来解释退休原因就是：“我发现我的工作不再有趣了。”对于俄亥俄州立大学七叶队的吉恩 • 史密斯（Gene Smith）来说，有些事情没有改变。2012 年受到 NCAA 重大处罚之后，该橄榄球队虽然在整个赛季保持不败的纪录，但仍被禁止参加任何超级碗比赛。史密斯的主动坦白赢得了在博比 • 肖滕斯坦（Bobby Shottenstein）领导下的学校董事会的信任。尽管存在重大问题，俄亥俄州立大学在教学和实践上都取得了非凡的成功。其中的一个原因就是对核心愿景的认可以及对这一理想的不懈坚持，这也是学校在一系列员工会议上通过对《基业长青》这本书的共同解读而得出的结论。

俄亥俄州立大学的核心愿景取决于六个要素，这些要素在其网站和众多出版物中都有详细说明。当雇用教练或制订营销计划时，应考虑以下因素：

- 对学生运动员的教育和自我充实；
- 行为举止端正；
- 方法创新，精神创新；
- 在整个组织中表现出色；
- 尊重个人；
- 领导方式要具有传统性。

无论是 21 世纪初期的安迪•盖格，还是吉恩•史密斯，他们及其员工都意识到核心愿景无法防止错误或公关噩梦的发生，但可以引领组织发展。[13]

二、SWOT 分析

所有策略都始于对环境和组织或者产品定位的理解。正如网球、高尔夫和冰球的管理人员意识到的那样，组织必须先知道自身当前的市场地位，然后才能决定预期的市场定位以及如何实现预期定位。组织要想知道其当前的市场地位就需要了解消费者及其行为（请参阅第三章），而这又需要仔细研究和开发 DBM 系统或 CRM 系统（请参阅第四章），以便向决策者提供及时、准确和可用的数据。正如我们下文阐释的那样，DBM 系统和 CRM 系统所包含的要素范围跨度较广，既有杂志剪报，也有能够记录客户与组织的每次互动的大型计算机数据库。

战略步骤 1 通常包括 SWOT 分析，即对组织的优势和劣势以及市场内外部的机遇与威胁进行仔细分析。SWOT 分析依赖 DBM 系统并强调其重要性。营销人员必须了解他们的行业和业务，否则注定要失败。在本章的后面，我们将讨论体育产业发展的大趋势，并提供一些从热潮中挑选趋势的技巧。

理想情况下，SWOT 分析涉及组织中的所有关键利益相关者和员工。在 21 世纪初期，本书的两位主编马林和萨顿帮助 NBA 建立了内部咨询小组（即球队营销和业务运营小组），该小组帮助各个球队进行 SWOT 分析。尽管该小组坚持自上而下、细心地制订计划，但无论是否外包给咨询公司，都很少成功。因为小组计划的目标总是不能实现，所以很少有员工愿意为此付出努力。了解组织就要密切关注彼得•德鲁克（Peter Drucker）的商业理论，该理论对环境、组织使命以及完成任务所需的核心竞争力作出了很多假设。管理者必须确保该理论实事求是并且能够被广泛理解。[14]

研究会员和粉丝偏好的变化可以把“O”变成机会

在体育行业中，也许没有一个细分行业比健身俱乐部行业的变化更为剧烈。1977 年，壁球俱乐部的业务增长最快。网球对于许多人来说太贵，而剧烈的壁球运动有益于提高心血管功能，这也推动了定制化设施建设的热潮。

尽管为特定目的而新建的壁球俱乐部如雨后春笋般在美国大城市周边涌现，但在壁球和健身俱乐部行业中处于领导地位的国际壁球体育协会（IRSA）注意到，许多壁球场是在网球场的基础之上建造的。一个网球场可以改建成六个壁球场，因此可以由 12 名球员可以同时使用壁球场，而不是由 2 名或最多 4 名球员占据一个网球场，因此壁球俱乐部（场）可以在酒吧、餐厅和专业商店等业务中获得更多收入。短短几年后，壁球的热度开始减退。随着诺德士品牌的兴起，壁球场迅速转变为可变抗阻力健身训练中心。不久，这些场所变成了有氧舞蹈工作室。健身行业每年都在发生变化，不断增加令人兴奋的新功能，以期留住会员。很快地，自由力量训练、私教以及对力量、灵活性和耐力的规范评估就出现了。私人教练的加入带来了多样化的提高运动表现的物质、饮食及营养补剂，最后还出现了“榨汁”（合法的）。位于健康和健身设施内的果汁吧能为顾客锻炼后补充能量。

当今，人们希望锻炼更加高效，于是有了高度专业化的装备，也创造出单车课程、综合健身训练、普拉提、拳击、尊巴舞、健身操等多种锻炼方法。健身俱乐部、基督教青年会（YMCAs）、基督教女青年会（YWCAs）、青年商会（JCCs）和社区健身设施已经开展了这些活动，壁球运动因此而不再被重视了。

当然，消费者偏好如此快速而持续的变化，是营销顾问和研究人员喜闻乐见的，因为这会促使健身房所有者咨询专家意见、与客户持续沟通交流，并对消费趋势做出解释，使其自身得以继续在行业中生存。

底特律活塞队就是一个很好的例子，可以说明体育场馆的位置如何对上座率产生巨大影响。根据美国人口普查局2013年6月更新的《速览》(*Quick Facts*)，尽管底特律的非裔美国人口比例为82.7%，在美国各大城市中位居第二，但活塞球队的非裔粉丝数量还不到10%。当然，导致差距产生的一个原因可能是密歇根糟糕的经济状况，但活塞队当前管理层认为，活塞队主场——奥本山宫殿球馆，位于底特律以北25英里（约40千米）的富人区，其地理位置是导致该队非裔粉丝数量相对较少的更重要的影响因素。

在总裁/首席执行官丹尼斯·曼尼恩（Dennis Mannion）的领导下，活塞队利用SWOT分析以及周密的球迷及市场调查结果得知，对底特律市中心的非裔美国人投放大众媒体广告是徒劳的，但实际上该调研结果与非裔美国人通过电视观看NBA的兴趣不相称。针对非裔美国人这个细分市场，球队调整战略，制订出一项综合性的在校生奖励券计划，旨在提高球场内观众的出席率。该计划针对非裔美国人好学生（成绩为B或更高，出勤率高或行为良好）的家庭，为学生及其一位兄弟姐妹或朋友赠送两张门票。对于提供免费午餐的学校（主要是低收入城市家庭的孩子就读的那些学校），该计划对陪学生观赛的成人免票。对于不在免费午餐计划中的城市和郊区学校，至少购买一张成人门票，学生即可免票。

以这种方式，可以设计适合每个目标细分市场的情境战略。此外，该战略不通过大众媒介传播而是直接进行传播，这对于保护活塞队在范围更广的奥本希尔斯市场区域所提供的产品完整性至关重要。以下是通过了解组织在环境及其目标细分市场中的定位而制定战略的一些例子。

- 田径俱乐部经理玛拉·查韦茨（Marla Chavetz）因了解自己的消费者，建立了牢固的客户群。对俱乐部会员的调查显示，许多年长会员患有骨科疾病并且哮喘发病率较高。查韦茨为此制定了详细的指南，内容涉及如何进行膝关节和肩部的康复训练以及如何与哮喘患者合作。查韦茨说："重点在于确定客户的需求并制订规划以满足他们的需求。"
- 在20世纪90年代后期，伯顿滑雪板的市场占有率从30%增至40%。设计师在设计这些产品时认真听取了约300名职业选手的意见，而这些意见往往会推翻伯顿顶级设计师的意见。
- 佛罗里达黑豹队、NFL和USTA聘请体育管理研究院（SMRI）进行深入的球迷研究，主要采用传统方法（焦点小组、调查）和颇具创新的方法（例如，神秘顾客）。正如SMRI的首席执行官凯西·戴维斯（Kathy Davis）解释的那样："我们戴上帽子，假扮成普通粉丝去体验所有的观赛服务项目。我们到处拍照、测试，洗手间有母婴室等便利设施吗？自动取款机运行正常吗？停车场的服务人员态度好吗？"俄亥俄州立大学聘请Aspire集团对大学社区内的许多委员会成员开展广泛的粉丝调查，然后在橄榄球2013赛季推出声势浩大的提价方案。该组织认为，涨价对于维持财务结构至关重要，这将使该大学能够在36个体育项目中保持最佳竞技水平，从而在全国锦标赛上取得佳绩。

（一）新千年体育大趋势

营销战略并非易事，尤其是在环境瞬息万变的情况下（自 20 世纪 50 年代以来就已经如此）。年度 SWOT 分析必不可少。任何愿意抽出时间思考的体育管理团队都可以进行内部 SWOT 分析，这是里奇·霍瓦特（Rich Horwath）在他著写的《深潜》一书中推荐的（该书曾被列入《纽约时报》畅销书榜单）。但是，这个重要的年度内部反思过程必须从客观评估优势和劣势开始。S 和 W 在很大程度上取决于员工是否诚实，是否不惧怕来自老板的报复。因此，外界的引导常常是成功的关键。O 和 T 是指不断地审视环境，寻找未来的趋势和线索以及对竞争和经济的客观分析。当然，识别趋势（更多的是历史性分析）与预测未来有很大不同。某些趋势，例如人口增长和人口变化，是可以进行预测的。但消费者偏好是另一回事。以汽车风格为例，在 20 世纪 70 年代后期，汽油价格的飙升使人们偏爱体积更小、更省油的汽车。然而，没有人能预测到二十年后耗油量大的 SUV 需求激增，只需问问那些对小型货车的持久需求有信心的高管就知道了！然而，到 2005 年，大型 SUV 的销售再次受到汽油价格上涨的限制。预测是一门艺术，而不是科学。引用美国人口统计资料上的话，对预测的坚定信念使许多高管“为一个永远不会到来的未来做计划，与此同时，另一个未来却从身边悄然而过”。在第一章中我们阐述了两个主要趋势，即全球化和整合。这里还有一些其他值得注意的趋势。[15]

1. 女子体育的继续发展

1970 年，每 27 个女生就有 1 个在高中运动队，占比不到 4%。到 2002 年，有 33.5%的高中女生参加运动队。根据 2010—2011 年度美国国家州立高中协会联合会（NFHS）对体育参与度的研究结果显示，体育参与度连续 22 年呈增长趋势，而女生参与度的增长速度是男生的两倍。现在所有高中体育活动参与者中，女生占 42%。[16]原因很简单，那就是“美国教育法第九篇修正案”。在该法律下成长的一代人已经达到法定年龄。该法律对市场营销的影响我们将通过整本书展开研究。当然在国家层面也曾出现过失误，尤其是 WUSA 和女子足球职业联赛（WPS）的失败。美国国家队在 1999 年世界杯足球赛上获得成功之后，WUSA 于 2001 年开始运营，2003 年末停止运营。WPS 成立于 2007 年，但几年后便倒闭了。分析师认为，WUSA 的倒闭源于缺乏财务控制、媒体策略不佳（包括放弃与 TNT 达成电视转播协议，转而与 Pax 电视网合作）以及过度依赖目标观众“足球妈妈”。正如一位咨询顾问所说：“对于 X 世代的妈妈来说，整个‘足球妈妈’的概念已经消亡了。”[17]2013 年，美国国家女子足球联赛首个赛季开幕，这意味着美国恢复了顶级女子足球联赛。

WUSA 的失败提示我们，拥有众多体育参与者的市场不一定能保证职业联赛的成功，但这并不能削弱女生和女性在体育市场上日益增长的重要性。在过去的十年中，参加 NCAA 女子篮球比赛的人数在三个赛区急剧上升，而男子方面则相对持平或下降。以冰球为例：[18]

- 1991 年，美国冰球有 5 533 名注册的冰球女运动员。到 1997 年，这一数字已接近 21 000。到 2012 年，美国的冰球女运动员注册总数达到 66 692 人。在加拿大，女性参与度几十年来一直稳定增长，从 2000 年到 2005 年增长了三倍。根据加拿大冰球协会的统计，从 2005 年到 2011 年，加拿大青少年冰球的参赛人数总体下降了 15%，如果没有女生参加人数的持续增长，则下降幅度更大。[19]

- 据 NHL 估计，NHL 比赛的观众中有 45%是女性。
- 长野奥运会之后进行的一项 Fox-TMG 民意测验表明，观看过美国女子冰球队比赛的人中有 80%以上在未来有可能或非常有可能去观看女子冰球比赛。
- 装备制造商已开始制造专为女孩和女性设计的冰球装备。例如，路易斯维尔（Louisville）的女式裤子，与男式的相比，臀部更宽，腰部更窄，更保护骨盆。CCM 的女性 Tack 品牌溜冰鞋的鞋后跟更窄。

2. 草根体育的更多行动

从草根到精英的专业运动员，成年女性和未成年女性建立并体现了体育运动各阶段之间的重要联系。女运动员常常让人感觉像是回到了更纯粹的早期运动员时代，她们为热爱运动参赛，而不是为了下一笔交易。赞助商注意到这一特点，因为他们试图把钱花在刀刃上。最吸引人的运动项目是极限运动，包括滑板、单板滑雪、越野摩托车、冲浪。在 20 世纪 80 年代，这些运动被视为非主流、小众的运动项目，而到 2001 年，它们已成为主流和大众的运动项目，滑板运动的参与者比棒球更多。电视上开始转播极限运动（X-Game）和重力比赛（Gravity Game，是世界顶级职业极限运动与音乐文化的盛会）。托尼•霍克（Tony Hawk）因此而成为家喻户晓的滑板巨星，被誉为滑板界的拉里•伯德（Larry Bird）。专家们怀疑增长是否会放缓或失败，但 NFL 并不愿意冒任何风险，于是与 NFLPA 合作并投入了约 1.3 亿美元用于创建美式橄榄球，主要目标是促进青少年和业余橄榄球的发展。[20]

3. 数字革命的扩张

1999—2000 年度，网上售票量在 NBA 单场比赛售票量中占比不到 25%。到 2012—2013 年度，在赛前售出的单场比赛门票总数中，网上售票量已经超过 90%。各年龄段的人，尤其年轻人，都通过互联网在个人电子设备上即时搜索基本信息。

皮尤研究中心（Pew Research Center）于 2004 年 6 月发布了《双年度新闻消费调查》，该调查依据的是在全国进行的抽样电话访谈。三分之二的美国人（66%）表示，他们用互联网查收电子邮件和浏览信息，与 2000 年相比增加了 12%。新世纪的主要变化之一是在美国定期浏览在线新闻的人数占比呈稳定增长趋势——从 2000 年的 23%、2002 年的 25%、2004 年的 29%，到 2013 年的 84%。这一趋势跨越了年龄、性别、种族、族裔和教育程度，成为互联网应用的主要动力。2013 年两项令人吃惊的统计数据表明，美国电子通信无处不在，估计目前有 72%的成年人网民在使用社交网站，而其中 20%的人在使用 Twitter。

转向互联网新闻是众多交互式数字发展趋势的一部分。就像几十年前的电视和广播一样，互联网和手机并没有减少人们泡在电视机前的积极性。数字时代只是重新引导了他们的活动。粉丝希望在互动网站上可以购买特定区域的门票，同时还可以了解所购座位的视野如何。每日上下班的路上，可以给喜欢的体育脱口秀节目打电话以打发时间。在体育场馆中，他们希望有互动查询机。2006 年，斯普林特公司和 NASCAR 正在试验第四代手机，可供粉丝在现场租用。这些设备将提供赛车上的摄像视频、车手及其维修人员的实时聊天，以及来自 NASCAR 数据库的统计数据。将来，粉丝将扮演电视或广播制作人和导演的角色。在现场活动之间，网络日志（又称博客）和播客允许用户发展自己的粉丝。简而言之，人们不仅消费新技术，还是活跃的内容生产者。新技术有望为消费者提供更新、成本更低的途径。学校、俱乐部和大学项目应开始反思过分依赖报纸广告和公共服务公告以提高消费者的意识是否正确。新兴市场已经数字化。正如《商业周刊》（*Business Week*）在 2005 年总结的数字革命一样，当时有数十亿人在线，互联网已经孕育了“自媒体的力量”。[21]

4. 埋伏营销的竞争

1998 年长野奥运会后一项包含 512 位消费者的调查显示，有 55%的人错误地将百事可乐当作奥运会的正式赞助商。造成混淆的一个原因是存在埋伏营销，即非赞助商的广告在没有使用任何官方标志或赞助商专属标志的情况下创造了赞助形象。在同一届奥运会上，尽管麦当劳是官方赞助商，但温迪国际快餐连锁集团却投放了冰球主题的广告。在开放的公共场所举行的公路竞赛或马拉松比赛等活动面临此类问题格外严峻。在 2005 年的波士顿马拉松比赛中，某埋伏营销公司聘请“游击队”穿着三明治板的招牌来推广一家非赞助商。其中一人冲上跑道并加入参赛者的队伍中，最终得到 50 美金的报酬，不过被波士顿警方逮捕了。这种滑稽行为催生了一类新型顾问。在 2000 年悉尼奥运会之前，尽管埋伏营销的问题尚无明确的解决方案，澳大利亚赞助专家金•斯基尔杜姆-里德（Kim Skildum–Reid）开设了一系列培训班，承诺“教给营销人员如何防范埋伏营销活动以保障自身利益”。2010 年创旗的一项调查发现，有 88.9%的体育营销高管同意“埋伏营销可以使消费者将非赞助商误认为是赞助商”。随着越来越多的体育组织和运动员将其品牌推向市场，消费者的困惑可能会越来越多。

如何对各种赞助商进行分类的问题日益严重，尤其在职业体育团队中，联盟、运动员、运动队和场馆都希望推广自己的品牌。除了价格高昂的诉讼，似乎很少有什么灵丹妙药来对付埋伏营销。前大西洋地区十运会公司赞助事务助理专员杰夫•朗（Jeff Long）总结当前的现状：“坦白说，现在诉讼确实可以解决问题……只是我很惊讶没有什么其他更好的办法。”[22]《市场营销杂志》（*Marketing Magazine*）的艾伦•米切尔（Alan Mitchell）最近对回忆 2012 年伦敦奥运会赞助商进行的一项研究显示，25%以上的受访者记得可口可乐和麦当劳是奥运会赞助商，而有超过 10%的受访者将耐克和巴克莱银行也误认为奥运赞助商。显然米切尔的结论是，后两个标志性品牌从市场上其他体育赞助活动中（在本例中是英国）获得了晕轮效应。

（二）区分短期流行与长期趋势

当营销人员审视环境时，就会发现一些明显的趋势。20 世纪 80 年代有氧运动的崛起是一个很好的例子，即使是旁观者都能够意识到这一点。但是，耐克对此反应迟钝，而不得不将这个巨大的市场让给锐步（现在被阿迪达斯收购）。但是，体育历史中有太多昙花一现的时尚潮流，例如，19 世纪 60 年代的轮滑热潮、90 年代的自行车热潮、20 世纪 20 年代的微型高尔夫狂潮、70 年代末和 80 年代初的壁球热潮、90 年代的滚轴冰球热潮。那么，营销人员如何区分长期趋势和短期流行呢？咨询师马丁•莱舍尔（Martin Letscher）提出的几个简单问题或许有助于判断：

- 新潮流是否与其他基本生活方式的趋势或消费世界的变化相吻合？
- 新潮流带来的利益有多不同？多直接？多重要？
- 产品或服务经过个性化或改良后是否可以满足个人需求？

● 它本身是一种趋势，还是仅仅表现为更大的趋势？
● 推动变革的关键消费者是否已接受新潮流？
● 无关的或意料之外的领域中发生的变化是否支持新潮流？

体育营销人一定要擅长分辨短期时尚与长期趋势

尽管这些问题很有用，但是没有万无一失的判断方法。虽然莱舍尔预测直排轮滑会有很长的繁荣期，但过去的二十年中，它的流行度已逐渐下降。尽管如此，莱舍尔的问题仍然提供了有效的分析框架。体育产业市场变幻莫测，例如壁球运动今年流行而明年就不再受欢迎了，再比如流行色的变化导致商品产生剧烈波动，从明亮的彩色到大地色、从蓝绿色到黑色再到霓虹色，营销人员必须仔细从趋势中分辨出流行。[23]

当前，仍然存在的一个重要趋势是平面媒体的读者人数大幅下降。美国人在报纸和杂志上阅读印刷版新闻的比例持续下降，其中一部分人转为在线上阅读：[24]

● 根据皮尤研究中心 2012 年 10 月的研究，在接受调查的美国成年人中，只有 23%的人在调查的前一天阅读过纸质报纸。这个数据，2000 年为 47%，到 2010 年已大规模下降到 26%。在阅读《纽约时报》的成年人中，线上阅读的人数占 55%；在阅读《今日美国》的人中，线上阅读的人数占 48%。

● 同时，美国人在调查的前一天在社交网站上阅读新闻或新闻头条的比例自 2010 年以来翻了一番，从 9%增至 19%。

● 在 30 岁以下的成年人中，三分之一的人在调查的前一天在社交网站上阅读新闻，这些人中又有大约相同比例（34%）的人表示他们看过电视新闻。只有 13%的人阅读纸质或电子报纸。

三、SWOT 分析之后

经过 SWOT 分析之后，组织可能需要调整战略，并采取略有不同或完全不同的路线。但是组织一定要小心，不要偏离其核心愿景。就像柯林斯和波拉斯在《基业长青》中所论述的那样，管理层应建立新的基准线以“保持核心愿景并促进发展”，以及消除错位——“那些导致公司远离核心理念以及阻碍公司向预期未来前进的因素”。例如，在 20 世纪 90 年代，耐克公司的战略从最初专注于跑鞋的设计和销售转向不断扩大产品范围。部分原因是耐克错过了有氧运动市场并从中吸取了教训。到 20 世纪 90 年代中期，耐克的产品已扩展到多个系列的运动服装和运动器材，包括冰球。由于耐克公司与运动员和赛事之间成功建立了紧密联系，耐克公司甚至涉足营销和代理业务。耐克的产品范围扩大是否会偏离公司的核心愿景呢？[25]

20 世纪 90 年代后期，斯坦福大学体育委员会认为过于商业化的赞助活动会让其与大学的教育使命越来越远。正如时任校长格哈德·卡斯珀（Gerhard Casper）解释的那样：“尽管大学体育因财务压力需要公司赞助，但我期待有一天不再如此。在斯坦福大学，我们一直强调我们的运动员都是学生运动员，归根结底他们的身份还是学生。”因此，斯坦福大学告诉赞助商，实际上“我们重视与你们的合作关系，但赞助权益仅限于票务和款待上，而场地内的公司标志需要移除”。随后，体育主管特德·利兰（Ted Leland）向一个校友团解释这项政策后，他们起立为他鼓掌。正如利兰所说：“除了去玫瑰碗球场比赛或训练乐队之外，你一般不会享受到起立鼓掌的待遇。”利兰也明白正是因为斯坦福大学拥有巨额捐赠才能使其忠实于一个核心愿景：“如果让我们在做广告和放弃体育运动之间二选一，我们可能会做出与众不同的决定。”[26]

与所有组织一样，耐克和斯坦福必须不断评估其商业理论的现实性，彼得·德鲁克（Peter Drucker）将这些假设为：环境、组织使命、完成使命所需的核心能力。以下是测试上述假设的一些关键触发因素：[27]

- 当你达到最初的目标时；
- 当某件事情阻碍了目标的实现时；
- 当你认为你很了解你的消费者时；
- 当你认为你不了解你的消费者时；
- 当你保持快速增长时；
- 当增长出人意料地变缓时；
- 当你对成功感到惊讶时；
- 当你对失败感到惊讶时；
- 当竞争对手意外成功或失败时；
- 当环境瞬息万变时；
- 当你连续两年没有认真质疑过你的假设时。

第四节　战略步骤二：制定战略目标

目的（goals）和目标（objectives）的制定和重新评估应来自持续的分析。尽管人们对于“目的”（goals）和“目标”（objective）这两个术语的使用分得并不那么清楚，但目的通常是宽泛的陈述，而目标则指更详细的、可量化的目标。詹姆斯·柯林斯和杰里·波拉斯发现，“有远见的公司”通常会明确提出一些“宏大、惊险、大胆的目标”（BHAGs），这些目标可以在保持核心愿景的同时推动公司发展。丹佛灰熊职业冰球俱乐部是一个小联盟的扩展球队，它已经在大联盟市场上崭露头角，并且在 20 世纪 90 年代中期成为国际冰球联盟中非常成功的一员。该球队在其社区关系计划中制定了 BHAGs 和普通目标：[28]

①为了在社区中提高灰熊的知名度和可见度，我们希望对我们参与的所有项目进行积极宣传。（仅仅依靠我们做的这些节目还不够；人们必须看图片，或浏览关于我们的新闻报道或在电视上看我们的比赛）

②灰熊队能够赢得社区所有居民的好感并累积一定的声誉。

③开发新项目并支持现有项目，从而鼓励年轻人参与冰球和街头曲棍球运动。

④识别出高质量的组织，并向他们提供灰熊队的门票，将这些门票分发给我们市场区域内的 10 万名贫困、残疾、处境艰难或值得帮助的青少年。

目标①和②可以被视为任何体育组织的 BHAGs。在“整个社区”中对整个组织进行积极宣传并表达善意——这些目标必然是宏大、激进和大胆的目标。但是灰熊队的目标以多种方式阐明了发展方向。第一，他们呼吁通过媒体曝光度来进行宣传。具体目标可能是在一定数量的报纸专栏中刊登广告，或者是制作晚间电视新闻专题。第二，在社区的所有地区表现出良好的信誉，也许可以通过对丹佛市内各个社区和郊区的调查来衡量。正如目标④所示，灰熊队不想其受众只有高消费水平的家庭或职业球员的家庭。他们想成为一支能够代表整个丹佛的球队。因此，他们设定了一个具体目标，即向特定的儿童群体分发 10 万张球票，尤其是那些在学校成绩良好、出勤率高或行为良好的学龄儿童。对于大联盟市场中的一支小联盟球队来说，这个目标的确是巨大、激进和大胆的。

明确目标是管理者区别于看守人的地方。这一步骤在各个层面都是必要的。在马里兰州巴尔的摩县的技术高中，体育主管戴维•霍克在他的营销目标中做出了明确的选择。正如他所说的，营销使命不是增加收入，而是提高知名度。通过让核心家庭洗车来筹集资金会容易得多，但是该活动不会提高知名度和忠诚度。在技术高中，“成功是基于人们对我们学校体育项目的看法来衡量的——取决于我们是否获得了更多的支持，而并非我们赚了多少钱”。对于霍克而言，知名度和知识将是稳定资金支持的基础。[29]

第五节　战略步骤三：制订票务营销、销售和服务计划

有了使命和目标，营销人员必须在广泛（战略）和具体（战术）两个方面制订计划，强调从门票营销、销售和服务计划（TiMSS 计划，被 Aspire 集团冠名）开始。该计划认为门票销售和上座率是体育商业摇钱树的主干，可以为其他体育营销收入来源（营销合作伙伴关系和赞助，食品、饮料与款待，商品和许可等）提供资金支持。这个过程需要返回数据库以识别目标消费者群体（就像灰熊队将市中心居民区和郊区作为其项目的一个特定的细分市场一样）。消费者细分最重要的方式之一是将他们的参与程度呈现在自动扶梯的相应位置上，我们稍后将研究这一概念。确定目标细分市场后，营销人员必须开发产品，定价，建立分销系统，开展促销活动，以及制订公共关系、媒体和赞助计划，以确保成功实现目标和使命。

一、市场细分和关键目标的确定

每个人都不同，这是不言而喻的。一些体育企业（如个人培训服务）将每个消费者视为个体，根据个人需求和能力制订相应的计划。这种解决方案并非在所有情况下都切实可行或有利可图。例如，AA 棒球的波特兰海狗队（Portland Sea Dogs）可能会为企业赞助商

或特殊团体郊游定制门票计划，但他们没有足够的人手或资源，无法针对缅因州南部的每个消费者制定个性化方案。同时，海狗队向多个目标市场发出了多个信息。他们对具有相似特征的消费者进行分组，从而识别出球队的细分市场。市场营销理论家通常会考虑细分的几个维度，我们将在第五章中详细讨论：

- 人口统计信息——年龄、性别、收入、教育程度、职业；
- 地理市场信息——有邮政编码的居民住址；
- 心理信息——生活方式，例如，活动、兴趣和意见；
- 产品使用率——出席率或活动的频率或捐款规模；
- 产品利益——对消费者及其感知最重要的产品属性或利益，这些被认为是产品的和竞争对手的主要利益。

显然，任何市场细分策略都依赖于 DBM 系统来区分适销群体。尽管营销理论家在定义上有所不同，但有些群体可能被称为利基市场——即那些有着特殊的、常常未被满足的需求或利益的一小群消费者。人们可能会把幻想体育的足球总经理或棒球经理（至少最初是这样）视为利基市场。在这个市场上，狂热的爱好者们热衷于讨论球员的天赋和球队之间交易的机会，并愿意为联赛注册、球员交易费，甚至包括 CSA 的球探（ScoutPro）之类的服务（该服务能够相当准确地预测 NFL 球员的表现）花费大量的时间和金钱。如今，这类体育消费者似乎不仅仅是一个利基市场。根据幻想体育贸易协会（FTSA）的数据，2012 年，美国和加拿大有 3 450 万人参加了幻想体育运动。[30]

采用的市场策略会影响目标受众

由于营销数据库的存在，营销人员能够制定出类似个性化营销策略的营销方案，有时被称为关系营销。例如，有关季票持有人的信息数据库使得营销人员可以给这部分观众发送生日祝福以及特殊活动（如音乐会）或特殊团体事件（针对孩子的生日）的通知。[31]

二、使用“自动扶梯”模型进行市场开发

用户群体在体育行业中尤其重要，因为他们构成了体育消费者“自动扶梯”模型（如图 2.2 所示），这是本书最重要的概念。在接下来的章节中，我们将从多个角度讨论“自动扶梯”模型，但现在仅作简单说明。“自动扶梯”模型是一种图形化的表现形式，表示消费者（如运动员或粉丝）对某项运动逐渐提高参与度的过程。“自动扶梯”的概念是由伯纳德 • J. 马林改编了棒球执行官比尔 • 贾尔斯（Bill Giles）的阶梯概念，并从 1978 年的手稿中发展而来，该手稿是本书的原始基础。“自动扶梯”模型建议体育组织第一步应进行投资以培养现有的消费者（保留）；第二步是关注普通粉丝（培养），让他们成为更狂热的粉丝；最后一步是尝试

吸引新粉丝（获取），尽管吸引新粉丝的活动很重要，但它们的影响力与推动现有消费者的参与度和忠诚度的阶梯级数向上这一战略相比，其重要程度略低。

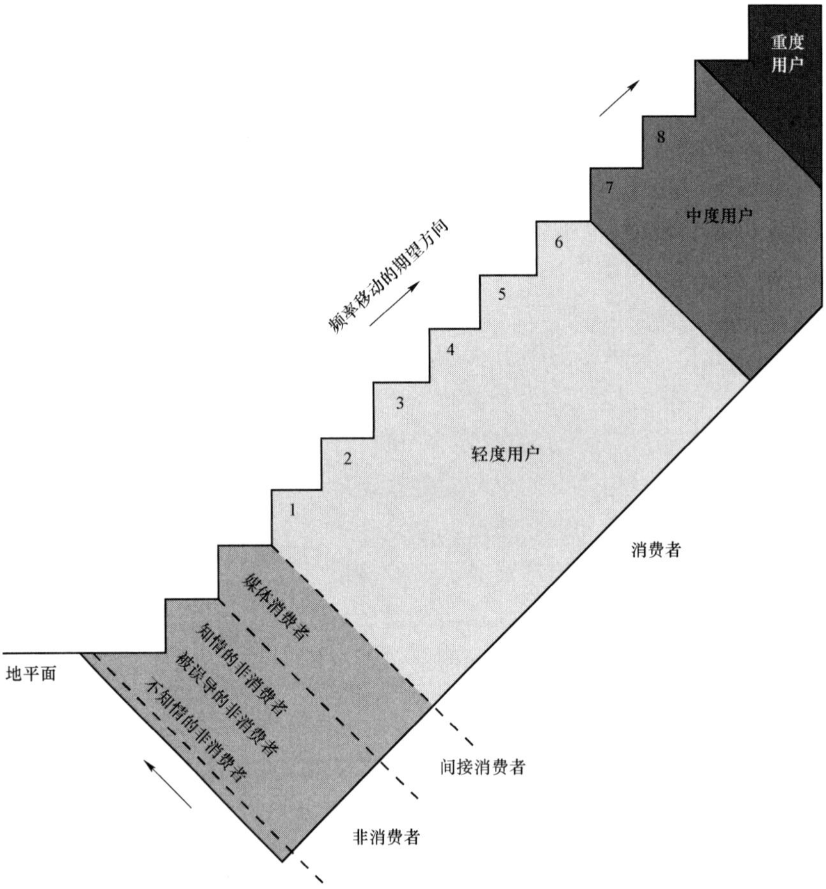

图 2.2　出席和参与体育活动频率的自动扶梯

针对体育运动参与者和赛事观众开展的消费者调研为“自动扶梯”模型提供了支持。例如，在 20 世纪 70 年代，迪克·利普西（Dick Lipsey）开始对体育用品行业进行全国性的联合研究。这些研究（美国国家体育用品协会的年度调查是其中之一）支持了体育“自动扶梯”模型中的一些重要因素，如新参与者的购买量占总购买量的一小部分（购买金额占 5%～12%，售出数量占 10%～20%）。研究结论是体育参与者在“自动扶梯”上呈上升态势，而大多数装备购买者已经在参加这项运动了，并在寻找提升的方法。[32]

对于团体运动项目的营销者而言，“自动扶梯”至关重要，部分原因是粉丝调查表明他们有明确的意愿向“自动扶梯”上方移动。例如，当前每年观看三场比赛的球迷通常表示他们打算在明年观看五到六场比赛。关键是使用一系列要素和策略来制订票务营销、销售和服务计划，该计划可以满足各种消费群体的需求，从而使用户群体向“自动扶梯”上方移动。

在本文的后面，我们将更深入地介绍“自动扶梯”模型的应用策略和执行方法。我们确定了前面提到的三个基本阶段：保留——保持狂热粉丝的高参与度；培养——使更多的普通粉丝达到更高的出席率或参与度；获取——从最有可能对营销工作做出回应的那部分群体中吸引新的粉丝或体育参与者。同时，即使是普通的爱好者也知道，随时会有大量的消费者从“自动扶梯”上下来。耐克和锐步在 20 世纪 90 年代遭受了严重的销售下滑，部分原因是体育已经在青年市场中失去了其代表时尚和潮流的光环。像添柏岚（Timberland）的鞋子一样，越来越多的土黄色鞋子开始流行起来。类似的，粉丝的流失可能也不仅仅是因为运动队在比赛中连败。正如我们在第五、八、十、十一章和第十二章中所解释的那样，最聪明的组织有多种策略和计划来覆盖整个“自动扶梯”上的用户群。例如，NHL 在将本地核心粉丝群的疯狂热爱转化为强大的全国性消费者基础。电视收视率清楚地表明，冰球在其一级市场之外尚未吸引“自动扶梯”模型底部的消费者。从 2003 年开始，NHL 开始投放广告，其中包括让沙妮娅·特温（Shania Twain）和吉姆·贝鲁斯（Jim Belushi）等演艺人员来解释规则、教练战术和比赛风格等细节。正如 NHL 的一位高管所说：“我们希望有一群更多元化的明星球员，他们能够在冰球领域外也具有强大的吸引力。”NHL 及其球队采用了协调一致的 TiMSS 计划，在 2004—2005 年停工后通过强调“自动扶梯”的策略和战术，获得反弹，因此在 2012—2013 赛季停工后又重新启动。[33]

三、产品开发与定位

不断提升消费者在“自动扶梯”上的位置，可以对产品进行设计、再设计和促销，从而在目标消费者心中占据独特的位置。这种策略有时被称为定位。这个概念在 20 世纪 80 年代由两位广告公司的高管提出，新书书名就体现了他们的观点：《定位：你的思维之战》（*Positioning: The Battle for Your Mind*）。他们的基本口号很简单：“定位针对的不是产品，而是潜在顾客的心智，也就是说，在潜在顾客心目中确定企业产品的位置。”正如我们在第六章中所讨论的那样，产品定位不仅是品牌和广告的问题，它还涉及研究、开发和设计。一些联盟利用规则的改变来重新定位。棒球联盟通过指定的击球手重新设计了其基本产品，很大程度上是为了在 20 世纪 60 年代橄榄球大受欢迎的情况下，将棒球定位成一项更刺激和更具对抗性的运动。冰球通过严格的规则来改善其街头斗殴的糟糕形象，例如，规定在发生争执时第三人不得离开替补席位去参与斗殴。[34]

在体育产业中有很多定位可供选择。以“大联盟”的概念为例。市场是流动的。过去，许多人将 NASCAR 视为南部巴斯及其妇女的蓝领娱乐活动。但如今这种看法不复存在了，NASCAR 成为最受那些身着高级职业装者欢迎的最热门的职业联赛，无论男女。NASCAR 改变其定位的一种方式是新建现代化的大型车道，其中包括数百个企业包厢和高档餐饮设施。

到 2004 年，NASCAR 的赛季为期 10 个月，在此期间，NASCAR 曾在 36 个州的 100 个场馆举行过 1 500 场比赛。其中最成功的赛事之一是在新罕布什尔州的劳登举办的，距布巴维尔不远。正如 NASCAR 的传播总监对《波士顿环球报》所说的，“NASCAR 爸爸”（NASCAR dads）这个词证明了 NASCAR 的全国影响力：“NASCAR 爸爸无处不在，包括新英格兰。”实际上，东北地区的车迷占据了 NASCAR 车迷总数的 20%，西部占 19%。2003 年，超过 1 300

万观众在现场观看了 NASCAR 赛事。NASCAR 声称自己有 4 000 万热情、忠实的粉丝，这个数量超越了所有人口统计数据的界限。[35]不幸的是，2007 年开始的持续性经济衰退对车迷们的打击比对其他任何大联盟体育粉丝的打击都严重，因为车迷中收入较低的比例很高。结果，许多赛道都缩小了规模，NASCAR 也不再宣布 2013 赛季的观众人数了。

尽管 NASCAR 渴望获得公司的支持，但当时的 MLS 理事道格·洛根（Doug Logan）希望将自己的联赛定位为其他知名联赛的替代者。洛根在 1998 赛季初阐明了自己对 MLS 的定位，MLS 球迷群体是由足球纯粹主义者、年轻的足球运动员（毫无疑问，还有他们的母亲）、西班牙裔以及那些无差别地去阅读报纸上所有体育新闻和厌倦冗长比赛节奏的无特定喜好的球迷（尤其是棒球迷）所构成的混合体。洛根强调使用 MLS 作为替代方案，他向“大型”联赛及其对公司收入的重视发起挑战：“美国体育界最大的垃圾就是豪华包厢，它的沙发背对着赛场，每个人都在吃寿司。”洛根的继任者唐·加伯（Don Garber）带领 MLS 沿着一条新赛道前进，该赛道强调新的足球专用球场，球场将大联盟的便利设施与草根的亲近感结合起来。尽管多伦多足球俱乐部、西雅图探空者队和波特兰森林队取得的成功不容忽视，但北美足球，尤其是年轻男子对足球的兴趣高涨，很大程度上是由于对巴克莱英超联赛的兴趣增加，ESPN 和 Fox 足球频道的电视收视率的强劲增长就能证明这一点。MLS 的团队服务人员有意识地转移了战略重点，不再是陪着一群学龄前儿童的足球妈妈，即所谓的查克芝士（Chuck E. Cheese）的方法，而是转向了中青年人。这种策略在欧洲和拉丁美洲已经应用一个世纪了。[36]

成功的体育俱乐部已经扩展其产品概念。一位专家说，如果网球俱乐部会员仅考虑比赛时间，就很难证明自己的投资合理性。如果会员加入体育俱乐部的驱动力来自每次运动的费用，那么他们将不会感到满意。会员现在可以租用各种便利的、设施配备齐全的空间。按照这些条件，每人每小时 20 美金是比较合理的投入。[37]

成功的体育组织意识到，他们必须改变市场定位，才能获得更多的观众

最后举个例子，加利福尼亚州兰开斯特市通过升级体育设施重新定位了整个城市的形象。有种古老的说法（值得商榷）认为，要想成为大联盟级别的城市，就要建造一个新的大型体育场馆，并获得大联盟的特许经营权。兰开斯特市的想法与众不同，即要成为美国垒球锦标赛的主要场地之一。凭借清晰的愿景，兰开斯特市扩大了城市公园的范围，将六个高品质的钻石球场与各种网球场、足球场以及篮球场和排球场搭配在一起。借助新的标志和被称为“Big 6”的宣传活动，兰开斯特市将垒球比赛的天数从 1994 年的 27 天增加到 1996 年的 75 天以上。现在，兰开斯特市的场馆已扩展为八大综合体，定期举办地区和全国锦标赛。举办这些赛事吸引了外地游客，带来了新增收

入，包括住宿、餐饮的费用以及税收。通过精心制定的战略，兰开斯特市对其体育和收入进行了重新定位。[38]

四、体育营销组合的五要素（5Ps）

产品通常被称为营销组合的四个要素之一：

- Product 产品——（开发和定位）
- Price——价格
- Place——渠道（或产品分销）
- Promotion——促销（个人推销、广告、特别活动）

因为体育受到媒体的广泛关注，因此我们把公共关系（通常被视为促销活动的一部分）当作一个单独的要素。

- Public relations——公共关系

在像体育这样以服务为导向的行业中，以上所有要素都会受到员工与消费者互动的影响。我们可以称其为过程管理。下面我们将了解过程管理对促销活动的重要性。例如，如果体育场工作人员对希望更换赠品 T 恤（通常因尺寸不合适而要求更换）的球迷表现不耐烦，那么这些球迷（很可能当年只参加了一场比赛）可能会认为该球场是个不利于带家人来的地方，因此从“自动扶梯”上下来，不再光临此球场。在无线时代，员工可以与消费者保持全天候的积极联系。没有什么能取代人与人之间的接触，优质的客户服务永远是将粉丝上升到“自动扶梯”模型新阶段的主要力量。

任何营销计划的组合都包含许多要素和策略。本书的大部分内容将重点描述我们在过去四十年中在该领域发现的最佳范例。以下是我们这个时代最优秀的从业者之一约翰·斯波尔斯特拉（John Spoelstra）的一些建议，他在波特兰开拓者队的工作使得他成功入选体育营销名人堂：

- 制作可在家观看的广播电视节目；
- 比赛开幕前售出至少 80%的门票；
- 制定季票套餐，例如，三场、五场和周末场；
- 不要单纯地指望明星球员，寻找其他方法来推销球队；
- 请记住，平均而言，体育组织在本地产生的收入中有 50%来自票务销售，而所有收入都与体育商业摇钱树——票务销售直接挂钩。

你认为这些建议属于 5Ps 中的哪一个？[39]

即使管理者具有明确的战略意识，整合营销组合对他们而言也是一项持续的挑战。菲尔·瓜拉西奥（Phil Guarascio）在接任 NFL 首席营销职位之前曾在通用汽车公司工作，他在描述协调工作的必要性时明确表示：“这一切都须精心安排才能够发挥作用。粉丝开发、赞助激活和品牌管理不是三个单独的实体，它们必须被整合在一起。”这个观点不论对娱乐界的华纳集团，还是对体育界的 NFL 来说，都同样适用。[40]

第六节　战略步骤四：将营销计划整合至更广泛的战略资源分配中

在将 5Ps（产品、渠道、价格、促销和公共关系）制订为行动计划之前、期间和之后，营销人员必须确保高级主管人员支持该计划。对于营销人员而言，没有什么比制订了富有想象力、不容错过的计划却因缺乏高层支持而失败的事情更糟糕了。高校体育人员经常面临这个问题。神火公司（Surefire）计划扩大女性体育项目的粉丝群体，由于有限的资金长期被用于推广传统的高收入体育项目（通常是男子体育项目），因此这个计划一直悬而未决。尽管将资金用于促进女性体育项目的发展上可能会带来更高的收益，但风险似乎也很高。这种情况几乎是一个自我实现的预言。成功的营销人员要想确保在工作推进中得到支持，必须持续执行战略步骤四。制订和执行任何成功体育营销计划的关键是要对所有主要利益相关者（门票购买者和使用者、公司营销合作伙伴或赞助者、媒体和广播权持有者以及整个社区）进行研究和投入。此外，实施计划的中高层管理人员以及计划主管的投入和支持至关重要。因此，市场营销计划过程就是提出想法并用关键要素进行测试的智力过程。

利用战略机会主义管理计划

尽管计划是任何高效组织的重要特征，但管理人员必须准备好在意外情况出现时及时采取行动（罢工或做出反应），这可能与具体计划的时间表或大纲不符。正如柯林斯和波拉斯在《基业长青》中所论证的那样，高效的公司将其永恒的核心价值和持久的核心目标（永远不变）与他们的运营实践和商业战略（应随客户需求的变化而变化）相区别。可口可乐长期聘用的营销专家塞尔吉奥·齐曼（Sergio Zyman）在《我们知道的营销终结》（*The End of Marketing as We Know It*）中提出了另一种说法："现实是，营销就像科学一样，并不是你在开始的时候就知道所有的答案。它涉及实验、测量结果、分析，然后基于结果进行调整……改变主意！新信息，新战术。相同的战略，不变的目标（提升销售量）。"齐曼对实验了如指掌，因为他指导了可乐史上最出人意料的营销计划之一——1985 年新可乐产品的推出。几个月后，该产品退市，公司重新推出了"经典款"可口可乐。失误了吗？当然。但这个失误意外地增强了原可口可乐品牌的知名度。

在保持公司核心目标的连续性的同时不断变革，这种融合能力是高效管理者的标志之一。丹尼尔·伊森伯格（Daniel Isenberg）称这种战略机会主义为"始终专注于长期目标，同时保持足够的灵活性来解决日常问题并发现新机遇的能力。"伊森伯格的研究概括出战略机会主义的思维习惯和行为方式。

思维习惯

- 收集想法。"高级管理人员每时每刻都会收集想法，这些想法与战略目标的关系一开始可能会显得模糊不清。"这些管理者创建了思维导图，伊森伯格将其定义为"一个丰富的、多维的集合体，集合了管理者在任何时间都要处理的无数任务、人员、问题、争议和目标。"一张思维导图将员工的责任概念化，尤其将其营销计划的责任概念化。加拿大有舵雪橇和俯式冰橇联合会（BCS）体育总监偶然遇见一位有着丰富募捐经验的校友时就展现了自己的思维导图。当时，他的一位现任主管即将离职后，该体育总监迅速评估了校友和即将空缺的职位之间的匹配程度，并当场为后续更正式的拜访和面谈做好了铺垫。
- 时常总结。经理如何理解每天堆积如山的数据？"答案是，时不时爬上山坡，环顾四周，评估成绩，看看还有多少工作要做，以及确保清扫进退两难的情况，这些都很重要。”例如，某高管会收集一天或一周的会议记录，查看是否出现新的模式。以这种方式汇总数据可以减少认知负担，发现新目标并保持方向感。

行动方式

- 通过设计减少计划。有效的管理人员会在计划中留出空白，并避免在计划中出现过于死板的细节，因为他们知道偶然发生的情况可能会带来新的想法，并在方向上产生微妙的变化——迂回曲折。
- 与目标绑定。即使存在差距，高效的管理者也会找到方法继续追求最重要的事情。他们通过创建备忘录文件和任务列表，以及提前安排优先级会议来达到这一目标。
- 拼图。高效的管理者明白，在任何计划中对各个阶段和工作进行排序并不如最终的整合那么重要。他们知道，有时候一系列的“准备—开火—瞄准”可能是合适的。

从战略和机会主义的角度进行思考显然并不容易。它需要对模棱两可、智力强度、精神紧张保持容忍度并且对新想法保持警惕。换句话说，它要求对固有的混乱过程采取强硬的态度，有能力在不确定的情况下采取行动，勇敢地“犯罪”。

战略一经被采用，可能需要组织对人员或组织结构进行调整。哈佛大学的艾尔弗雷德•钱德勒（Alfred Chandler）的历史研究表明，成功的组织会根据战略进行设计和重新设计。用钱德勒的话说：“结构遵循战略。”机敏的高管应关注那些可能需要组织进行重组的环境变化。快速变化可能会造成伤害。在 20 世纪 90 年代后期，可口可乐放弃与 NFL 的巨额赞助交易，使得各个俱乐部对软饮料领域的赞助交易拥有更大的控制权和自主权。颇具影响力的《团队营销报告》（*Team Marketing Report*）的编辑艾伦•弗里德曼（Alan Friedman）立即看到了其中的含义：“尽管 NFL 俱乐部在过去几年中提升了前台营销人员的能力，但一些俱乐部仍然没有专职的高管人员负责赞助开发和服务。”在软饮料赞助的新世界里，重组成为当务之急。[41]

有效的营销计划会认真地将所有要素融合到一系列活动中，从而使一系列消费群体在“自动扶梯”模型上向上移。一些明智的学校、大学或职业体育项目会将几个营销要素融合到成本和收益的不同部分，分别采用不同的信息进行宣传，并且将各个细分市场甚至利基市场作为目标市场。大学项目可能会为学生、附近的家庭、外地校友和公司赞助商制订特殊计划，还需要认真协调各项工作。营销不仅仅是少数人的工作，体育主管、教练、运动员、体育信息人员、设施经理和售票处必须都包括在内。

缺乏协调性会使粉丝在“自动扶梯”模型上呈现断崖式下跌。20 世纪 90 年代末，MLS 堪萨斯城奇才队就是这样，一个赛季的平均现场观赛人数从 12 900 人减少到 8 661 人。MLS 专员强调：“毫无疑问，堪萨斯城有一支很棒的球队，他们在一个小镇的大型体育场馆里打球，该小镇也以他们自己的球队为荣”。唯一的原因就是一位当地记者所说的营销失误和失策，包括涨价不合理以及修改球队名称和徽标，这些使得任何试图建立品牌形象和商品销售的努力都付之东流。奇才队对挑战做出了回应后，到 2004 年，他们的平均现场观赛人数达到了 14 816。营销失误还严重削弱了华盛顿参与全国曲棍球联盟（National Lacrosse League）的机会。该组织在第一场比赛开始前 60 天才进入市场，并拒绝购买广告。当球队老板认为该地区狂热的曲棍球运动员和球迷会自动出现时，他们就患上了“营销近视症”：“我认为，如果我们在赛场上投放出色的产品，该产品就会自我销售”。第二年，该球队收拾行装，搬到了科罗拉多州。没有营销计划或一个管理不当的营销计划足以让好的产品和市场黯然失色。[42]

第七节　战略步骤五：控制和评估计划的实施

战略步骤五同样需要持续执行。等待赛季结束再评估自己是否排在最后一位是毫无意义的。营销人员（及其老板）可以快速分析失败的原因。但是分析、评估和控制应该是日常工作。长期在可口可乐公司担任营销大亨的塞尔吉奥·齐曼告诫营销人员要抓住时机，总结成功与失败经验。他强调：“不要被你的假设所蒙蔽，你的促销活动奏效了但它奏效的原因未必和你想象的一致。”特别是在体育产业中，营销计划可以根据比赛逐个展开，因此请不要等到赛季结束才做事后检视。评估必须依照事件的发展逐个执行。[43]

评估（或控制）不仅需要讨论和赛后总结，还需要严格的定量分析。将营销费用花在预感上是一种高风险游戏，俄勒冈大学在 2001 年夏季曾尝试过，当时它花了 25 万美元（由 Boosters 捐赠）在麦迪逊广场花园附近买了一个大广告牌，为乔伊·哈林顿（Joey Harrington）宣传海斯曼奖杯。这项投资值得吗？波特兰市《俄勒冈人》（*Oregonian*）社论认为：“从我们的角度看，25 万美元开始看起来是有史以来最聪明的公关花销，每分钱都花得很值。”哈林顿在海斯曼比赛中获得第四名，但吉祥物鸭子的形象引起了轰动，并在大众媒体中报道了很多故事，包括《体育画报》中的封面故事，还包括俄勒冈州立大学的肯·西蒙顿（Ken Simonton）的封面故事。俄勒冈州本来可以（也可能已经）量化投资回报，计算在全国性媒体（如《体育画报》或《纽约时报》）上的广告成本并与他们从故事报道中获得的免费推广次数进行比较。但同时，他们需要了解全国性媒体的曝光是源于 25 万美元的广告牌，还是源于吉祥物鸭子和哈林顿在比赛中的成功。重点不在于是否找到了真正的答案，而是在于追求答案的过程。[44]

最终，营销是否成功只取决于消费者的反应。这是一个简单的等式：

消费者满意度=产品收益－成本

消费者会给出答案。他们会购买该产品吗？他们会使用该产品吗？他们会重复购买还是转而尝试其他产品呢？虽然营销人员要控制预算和成本，但更重要的控制职能是确保客户满意度。这种措施必须通过各种战略的长期影响来调整。西部冰球联盟是加拿大西部和美国西北部主要的青少年冰球联盟，该联盟的温哥华巨人队在 2010—2011 季后赛的第一轮中遇到小联盟中常见的困境。由于比赛日期和首轮比赛对手的关注度较低，他们担心会出现以家庭为单位的观众较少的尴尬情况，尤其是在 NHL 西部联盟中取得最佳战绩的温哥华加拿大人队的家乡进行比赛。巨人队在团购网（高朋网，Groupon）上发起了一场精彩的促销活动，仅在四天内就售出了 4 000 张门票，观众人数增加了一倍以上。粉丝以 20 美元的价格就能买到一张门票和价值 10 美元的餐饮券。表面上看，此次活动获得了巨大的成功，但实际上却是一大失误。正如店主罗恩·托伊戈（Ron Toigo）所说：“我们让 4 000 名季票持有人感到生气，他们为门票支付了 20 美元，却没有收到餐饮券，更糟糕的是，我们给了食品特许经营者 10 美元，其余 10 美元与高朋网平分了。所以为了 5 美元的净收入，我们彻底削弱了最重要的粉丝的忠诚度。”[45]

满意度、收益和成本的指标不仅要在短期内，也要在长期内进行监控和评估，这就是我们在确定体育营销战略的有效性以及评估真实的目标回报率（ROO）和投资回报率（ROI）时强调必须测量终身资产价值（LAV）的原因。下面列举几个可能需要考虑的指标：

——满意度；

上座率；

门票；

会员续费率。

——收益；

食物质量；

停车位的使用和获得停车位的速度。

——体验总成本；

赛后花在停车场的时间；

醉汉把啤酒洒在孩子身上的糟糕经历；

工作人员的粗鲁无理导致的不满。

营销人员还必须考虑其他问题，包括道德原则。例如在 20 世纪初，观看棒球比赛的白人观众喜欢黑色吉祥物的滑稽动作，这些吉祥物像小丑一样在各局之间嬉闹，跪在甲板上的圆圈附近，以便白人老板们可以抚摸他们毛茸茸的脑袋以求好运。这就是美国黑人的习俗。今天，没有哪个大联盟球队能够接受这种娱乐方式，但是一些主流的大学和职业球队却拒绝改变，并继续采用与印第安人有关的球队名字和形象。2004 年，NCAA 对那些可能带有冒犯性吉祥物的学校施压，要求学校进行自我检查，并由 NCAA 委员会进行审查。大约 30 所院校仔细调查了传统带来的影响。一年后，NCAA 执行委员会宣布，将禁止所有 NCAA 比赛场地使用印第安人的吉祥物或图像。在宣布这一决定时，《NCAA 新闻》（*NCAA News*）强调“要根据 NCAA 为实现多元化和包容性而制订的战略计划中的核心原则来进行事件管理和开展市场营销活动。”

由于佛罗里达州立大学与佛罗里达塞米诺尔部落之间的关系独特，NCAA 授予佛罗里达州立大学豁免权。塞米诺尔部落正式批准佛罗里达州立大学使用塞米诺尔这一昵称，把奥西奥拉（Osceola）酋长用作学校的吉祥物。为表尊重，佛罗里达州立大学采取了非同寻常的措施，例如，确保奥西奥拉酋长画像的精准度，以及在 2006 年专门开设关于塞米诺尔部落的历史课程，学校的教授们与部落成员会面以制定课程大纲，塞米诺尔领导人敦促班级课程要包括对其他东南部落的讨论。

任何 MMP 都必须考虑社会责任。除法律问题（请参阅第十四章）外，任何营销计划或决策都应包括道德方面的内容。此外，有许多框架可以指导商业、营销、体育或任何活动领域中的道德决策。但是根据经验，在遇到问题时，劳拉 • 纳什（Laura Nash）在其《没有布道的伦理》（“Ethics Without the Sermon”）一文中提出的 12 个问题非常实用：[46]

1. 你是否已准确地界定问题？

2. 如果你站在对立面，你将如何界定问题？
3. 这种情况第一次是如何发生的？
4. 你对何人何事忠诚？
5. 你的意图是什么？
6. 这个意图与可能的结果相比如何？
7. 你的决定或行动会损害谁的利益？
8. 在做决策之前，你会与受影响的各方进行讨论吗？
9. 从长远来看，你的定位有效吗？
10. 你能否毫无顾虑地公开自己的决定或行动？
11. 如果理解正确，你的行动可能意味着什么？如果误会了，那又将意味着什么呢？
12. 什么情况下你会采取例外处理？

资料来源：经许可，以上问题转载自 L. Nash, 1981, "Ethics without the sermon," Harvard Business Review 79–90.

在 20 世纪 90 年代末，体育伦理似乎集中关注耐克在亚洲发展中国家的劳动实践。耐克剥削工人工资是否明显不符合美国的标准？或者，如耐克所言，公司在符合当地工资标准的情况下创造了经济机会？可以肯定的是，更多的问题被牵涉其中，耐克不是唯一一家试图证明其管理和营销决策合理的公司。

第八节　票务营销、销售和服务的"八点计划"模型

全球领先的票务营销、销售和服务咨询外包服务提供商 Aspire 集团制订了"八点计划"（图 2.3），涵盖了制订全面的票务营销和销售计划的关键要素。从逻辑上来说，该计划从市场调研开始，其目的是确定体育组织的现有粉丝是谁，他们与谁一起参加，他们喜欢什么、不喜欢什么，他们为什么参加以及如何吸引他们参加更多的赛事。它还可以提供有关当前未观赛者的信息，以及如何吸引那些对运动项目、运动队或大学运动队感兴趣的人参加。

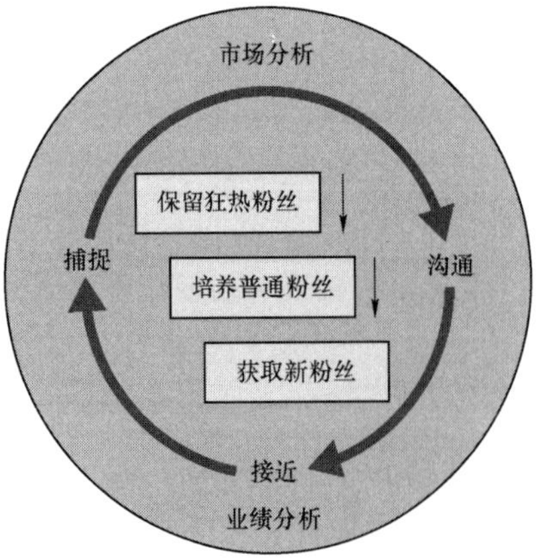

图 2.3　Aspire 集团独特的 TiMSS 计划框架，推动了其粉丝关系管理理念

本章前面概述了保留、培养和获取（粉丝群体）的基本策略，接下来探讨实现这些战略的具体战术：

- 获取重要的粉丝联系数据，清理、删除重复数据，查看粉丝过去的购买方式，并按兴趣等级及所需产品的替代品（提供产品价格阶梯中的适当报价）对各粉丝群进行细分。
- 通过粉丝喜欢的传播媒体（电子邮件、文本、推文、直邮等）与粉丝建立联系，最有可能与该细分粉丝群形成共鸣并进行沟通。通过这种方式，可以确定那些对报价有响应，以及打开、点击

并在社交媒体上发布帖子的人为目标客户，然后对销售线索进行数字资格预审。

● 最后，让粉丝关系管理中心（FRMC）的工作人员打电话给那些因报价而购买的粉丝并与之建立关系，进而更好地确定粉丝的需求，并可能达成更高级别的门票销售计划。工作人员也会打电话给那些点击并打开电子邮件的人，因为他们有资格成为热情的潜在客户。然后，对于那些没有打开电子邮件的人，营销人员会以电子方式对其进行重新定位，并提出最有可能被接受的新报价。

然后，使用标准绩效分析，对所有票务营销和销售活动进行全面审查，以确定目标回报率（ROO）和投资回报率（ROI）。该标准绩效分析涉及对邮件打开率、点击率以及根据活动成本衡量的销售量或收入反馈等进行关键分析。这项审查针对每一个使用嵌入式促销代码的计划而进行，这些代码可通过票务服务供应商软件（特玛捷、Paciolan、Veritix、Agile 等）实现销售反馈跟踪。

本章小结

体育组织显然会面临许多特殊的挑战和要求，但并非所有这些都可以通过狂热的营销行动来应对和满足。许多挑战需要深思熟虑和周密的应对措施。然而大多数需求在汇总所有数据后，往往会有相对简单的解决方案。在新千年里，体育将继续独树一帜，但它将遵循一个在所有行业中都适用的原则：最有可能成功的组织将是那些在市场上拥有最佳处理能力的组织。这样的处理能力来自严谨的调查方法和所有利益相关者（包括员工）的投入，以及对营销的每个功能进行开发、分析和整合。在接下来的章节中，我们将详细阐释这些步骤。

课后活动

1. 定义体育营销组合的 5Ps。

2. 列举一个能够识别市场趋势并相应地进行战略调整的体育组织，说明该组织在这方面如何表现出色。在重新定位产品的同时，组织如何保持核心愿景？

3. 设计一个新的产品概念，要求该产品能够满足你喜欢的体育项目的消费者需求。

4. 列出你附近的网球或高尔夫俱乐部最主要的目标市场或消费者细分情况。

5. 从报纸体育版块的故事或广告中，试着找出营销组合 5Ps 的例子。

6. 以 ABL 与 WNBA 为例——至少在 1999 年 ABL 宣布破产以前这是 20 世纪 90 年代末最有趣的体育营销战略竞赛之一。请以表格的形式来比较不同联盟的战略要素，例如，联盟在赛事举办地方面做出了什么选择。ABL 的比赛在传统的篮球赛季进行，而 WNBA 的比赛在夏季进行，他们的媒体套餐会有所不同。因此，他们的产品（包括球员才能和规则）有何不同？通过广告宣传的促销方式有何不同？在市场营销组合方面有何不同？WNBA 的营销战略是其战胜 ABL 的关键因素吗？

7. 尽管 XFL 得到了 NBC 体育和世界摔跤联盟的支持，但仍然仅仅持续了一个赛季。XFL 的营销战略有哪些优势和劣势？

8. 阅读劳拉·纳什提出的一系列道德问题。讨论体育营销伦理问题的最新案例，并用纳什提出的道德问题来分析该案例。

注释

1. Personal conversation with Mark Cuban and Bernie Mullin in May 2000, while Mullin was SVP, Marketing and Team Business, at the NBA.
2. The most comprehensive account of the NFL–MTV debacle is Lawrence Wenner, "Recovering (From) Janet Jackson's Breast: Ethics and the Nexus of Media, Sport, and Management," *Journal of Sport Management,* 18 (2004): 315–334. See also Michael Miller, "Say It Ain't So, Joe: NFL Cans Ad Over Lyrics," *SSSBJ,* 15–21 November 1999, 6.
3. For an excellent discussion of strategy in sport organizations, see Trevor Slack, *Understanding Sport Organizations* (Champaign, IL: Human Kinetics, 1997; 2nd ed. with Milena Parent, 2006).
4. Andrew Cohen, "Can the Game Return," *Athletic Business,* March 1996, 40; Joe Burris, "Repairing the Damage," *Boston Globe,* 24 June 1997, C–1, C–7; www.TennisWelcomeCenter.com; Dan Kaplan "Tennis Courting Irrelevance," *SSSBJ,* 26 August–1 September 2002, 22; Ross Nethery, "Watching and Waiting," *SSSBJ,* 23–29 August 2004; Michael Popke, "Serving Up an Ace," *Athletic Business,* March 2000, 43–52.
5. "Golf's Biggest Supporters," *SBD,* 14 November 1998, 4; Uihlein and Luker quotations in Noah Liberman, "Luring More Players to the Links,"*SSSBJ,* 14–20 June 2004, 20–21; golf data in *GOLF 20/20 Vision for the Future: Industry Report for 2002*, available at www.golf2020.com/frip/resources/2003frip.pdf; *Summary 2003 National Golf Foundation Rounds Played in the United States Report 2004*, 2, www.golf2020.com/wgf/; SBRnet, *Golf Participation: Total vs. Frequent Participation*, www.sbrnet.com/Research/Research.cfm?sub–RID=199. On the issue of overbuilding, see E.M. Swift, "If You Build It, They Won't Necessarily Come," *Sports Illustrated,* 15 November 2004, np.
6. United States Golf Association, January 2012 Market Research Study.
7. PGA Golf Statistics Report, "Golf Participation in the US – 2013," National Golf Foundation, Jupiter, FL.
8. "Golf 2.0—Friends, Family, Fun 2013." www.met.pga.com. The PGA of America, Palm Beach Gardens, FL.
9. "Grow Hockey Summit," press release from Bill Hattem, executive director of the IHIA, 7 Melbourne Ave., Mont–Royal, QC, Canada H3P 1E9.
10. David Hoch, "Signs of the Times," *Athletic Management,* August–September 2001, 47–48.
11. Philip Kotler, *Marketing Management,* 9th ed. (Upper Saddle River, NJ: Prentice Hall, 1997); William A. Sutton, "Developing an Initial Marketing Plan for Intercollegiate Athletic Programs," *Journal of Sport Management,* 1 (1987): 146–158; Shelly Reese, "The Very Model of a Modern Marketing Plan," *Marketing Tools,* January–February 1996, 56–65. For a detailed checklist for marketing planning, see the 50–page appendix in David M. Carter, *Keeping Score: An Inside Look at Sports Marketing* (Grants Pass, OR: Oasis Press, 1996), 262–310.
12. James C. Collins and Jerry I. Porras, *Built to Last: Successful Habits of Visionary Companies* (New York: HarperCollins, 1999), 220.
13. Personal communication from Andy Geiger, 6 June 2003; Jennifer Lee, "Geiger Blends On–Field Success With Overall Mission," *SSSBJ,* 9–15 June 2003, 17.
14. Peter Drucker, "The Theory of the Business," *Harvard Business Review,* 72 (September–October 1994): 95–104; Carole Hedden, "Build a Better Image," *Marketing Tools,* May 1996, 68–72.
15. John Mahaffie, "Why Forecasts Fail," *American Demographics,* March 1995, 34–40; John Kelly and Rod

Warnick, *Recreation Trends and Markets: The 21st Century* (Champaign, IL: Sagamore, 2000).

16. National Federation of State High School Associations Athletic Participation Survey 2013. NFHS. org. National Federation of State High School Associations, Indianapolis, IN.
17. Erik Brady and MaryJo Sylwester, "More and More Girls Got Game," *USA Today,* 1 July 2003, 1–2C; Grant Wahl, "Rebound Attempt," *Sports Illustrated,* 29 March 2004, 34. For an excellent postmortem on the WUSA, see Richard Southall, Mark Nagel, and Deborah LeGrande, "Build It and They Will Come? The Women's United Soccer Association: Collision of Exchange Theory and Strategic Philanthropy," *SMQ,* 14 (3) (2005): 158–167.
18. www.stats.ncaa.org/; www.usahockey.com; "Women Love the NHL," *SBD,* 7 May 1998, 9; "Can Men's Hockey Ride on Coattails?" *SBD,* 21 April 1998, 15; Paula Hunt, "Gear," *Sports Illustrated Womensport,* Fall 1997, 166–167.
19. "Raw Numbers: Hockey Participation Up in USA Hockey 2011–2012." USA Hockey, Colorado Springs, CO. May 31, 2012.
20. Jeff Ostrowski, "Corporate America Making Pitchmen of Pariahs," *SSSBJ,* 12–18 August 2002, 19, 26; Russell Adams, "Sports No Longer Going to Extreme for Identity," *SSSBJ,* 12–18 August 2002, 21; Russell Adams, "League, Players Team to Expand Youth Football, *SSSBJ,* 2–8 September 2002, 20; www.usafootball.com.
21. "Turnkey Sports Poll" at *SB*J online, 26 July–1 August 2004; http://www.sportsbusinessjournal.com/index.cfm?fuseaction=search.show_article&articleId=39990&keyword=turnkey,%20sports,%20poll; Pew Research Center for the People and the Press; *Biennial News Consumption Survey*, 2004, 5, 17, 21; "Special Report, the Future of Tech," *BusinessWeek,* 20 June 2005, 73–82; Hiawatha Bray, "Race Fans' View Goes Wireless," *Boston Globe,* 26 July 2006, C–1, C–7. For a cautionary note, see Eric Fisher and John Durand, "Analysts Put Mobile ESPN on the Defensive," *SSSBJ,* 31 July–6 August 2006, 4.
22. Suzanne Smalley, "New Advertising Ploy Runs Afoul of Marathon," *Boston Globe,* 20 April 2005, B–5; "Ambushing 101: Socog, Sponsors to Face Educated Guerrillas," *SBD,* 9 June 2000, 4; Peter Graham, "Ambush Marketing," *SMQ,* 6 (March 1997): 10–12; "Well, Who Does," *SBD,* 12 February 1998, 15; Terry Lefton, "Ambush Tactics Evil, Effective," *SSSBJ,* 3–9 November 2003, 9; Alycen McAuley and William Sutton, "In Search of a New Defender: The Threat of Ambush Marketing in the Global Sports Arena," *International Journal of Sports Marketing and Sponsorship,* 1 (1) (1998): 64–86.
23. Martin Letscher, "How to Tell Fads From Trends," *American Demographics,* December 1994, 38–44; Martin Letscher, "Sports Fads and Trends," *American Demographics,* June 1997, 53–56; L. Jon Wertheim, "Trout May Jump for Joy," *Sports Illustrated,* 23 March 1998, 22.
24. Pew 2012 Research. The State of the News Media 2012. stateofthemedia.org.
25. Collins and Porras, *Built to Last,* 238. For a view of Nike at its height of power, see Donald Katz, *Just Do It: The Nike Spirit in the Corporate World* (Holbrook, MA: Adams, 1994).
26. "Post No Billboards," *Stanford Magazine*, 2000, online edition, www.stanfordalumni.org/news/ magazine/2000/sepoct/farm_report/billboards.html.
27. Drucker, "Theory of Business"; Carole Hedden, "Build a Better Image," *Marketing Tools,* May 1996, 68–72. List of bullets adapted from Edward Pitts, "Imagination Is Better Than Knowledge," *Fitness Management,* March 1995, 33–35.
28. Collins and Porras, *Built to Last,* 111–112; Denver Grizzlies Hockey Club, *Draft Community Relations Plan, 1994–1995 Season.*
29. David Hoch, "Signs of the Times," *Athletic Management,* August–September 2001, 47–48.
30. The Demographics: Fantasy Sport Trade Association 2013. ftsa.org/industry_demographics.

31. David Shani, "A Framework for Implementing Relationship Marketing in the Sport Industry,"*SMQ,* 6 (June 1997): 9–15.
32. Hardy, "Dick Lipsey," 6. For a closer look at the fan escalator, see William Sutton et al., "Escalating Your Fan Base," *Athletic Management,* February–March 1997, 4–5.
33. Terry Lefton, "Hockey Tips From the Stars," *SSSBJ,* 6–12 October 2003, 5.
34. Al Ries and Jack Trout, *Positioning: The Battle for Your Mind* (New York: Warner Books, 1982).
35. Peter May, "Zooming Into Prominence," *Boston Globe,* 17 September 2004, E–1, E–16; Michael Smith "NASCAR Tracks Roll Out Upscale Seating Options," *SSSBJ*, 17–23 July 2006, 6.
36. "MLS Faces Tests," *SBD,* 24 March 1998, 12. 37. D. Cooke, "Packaging for Prestige," *IRSA Club Business*, July 1987, 65.
37. D. Cooke, "Packaging for Prestige," *IRSA Club Business*, July 1987, 65.
38. Rachel Sherman, "Softball City," *Athletic Business,* July 1997, 28–29; www.big8softball.com, 2 February 2005.
39. Marianne Bhonslay, "Selling the 'Less Than Best,'" *SSSBJ,* 8–14 March 1999, 25.
40. Terry Lefton, "Guarascio: Research Will Help NFL Understand Its Fans," *SSSBJ,* 8–14 November 2004, 6.
41. Alfred Chandler, *Strategy and Structure: Chapters in the History of Industrial Enterprise* (Cambridge, MA: MIT Press, 1962); Alan Friedman, "Coke Agreement May Leave NFL Teams Scrambling," *SSSBJ,* 8–14 June 1998, 6.
42. "Is There a Spell Over the MLS Wizards' Marketing Efforts?" *SBD,* 25 July 1998, 12; Bruce Schoenfeld, "Pro Team Takes a Hit in Lacrosse's Stronghold," *SSSBJ,* 18–24 March 2002, 38.
43. Sergio Zyman, *The End of Marketing as We Know It* (New York: Harper Business, 1999), 51.
44. "Oregonian Editorial Calls Harrington Promo a Good PR Move," *SBD,* 13 August 2001, 24.
45. Ron Toigo, owner of the Vancouver Giants, personal conversation with B. Mullin.
46. Laura Nash, "Ethics Without the Sermon," *Harvard Business Review* (November 1981): 79–90; G.B. Laczniak and Patrick Murphy, "Sports Marketing Ethics in Today's Marketplace," *SMQ,* 8 (December 1999): 43–53; C. Spindel, *Dancing at Halftime: Sport and the Controversy Over American Indian Mascots* (New York: New York University Press, 2000); Ellen Staurowsky, "Privilege at Play: On the Legal and Social Fictions That Sustain American Indian Sport Imagery," *Journal of Sport and Social Issues,* 28 (February 2004): 11–29; Amalie Benjamin, "Sense and Sensitivity," *Boston Globe,* 21 June 2005, F–1, F–7; Sean Smith, "NCAA: Mascot Ruling," *Boston Globe,* 6 August 2005, D–1–D–2; Gary Brown, "Policy Applies Core Principles to Mascot Issue,"*NCAA News,* 15 August 2005, 1, 19.

第三章 了解体育消费者

学习目标：

- 认识体育消费者在社会化、参与和忠诚之间的差异；
- 理解影响消费者参与体育和忠于体育的个人及环境因素；
- 了解体育消费者制定决策的过程。

体育全面激发了人性

2006 年 6 月，吉拉德·沙利特（Gilad Shalit），一名 19 岁的以色列国防军士兵，在加沙边境服役时遭遇绑架，并被隔离关押了五年多，直到在一次有争议的囚犯交换计划中才被释放。在被释放后的几个月中，以色列媒体一直希望从他身上获得有价值的新闻报道，但他设法保持低调，只看过一场特拉维夫马卡比篮球赛以及去奥兰多观看了 NBA 全明星赛。2012 年 6 月，沙利特宣布他将担任以色列最受欢迎的报纸 *Yediot Aharonot* 的体育新闻记者。当他公开谈论自己的囚禁生活时，谈到了体育的重要性。由于可以接触到广播和电视，体育节目使他在心理和情感上保持了完整。他指出："尽管我当时身处那样的状况，但我还是从收听和观看体育节目中汲取了很多力量。"广播会播出以色列国家足球和篮球联赛，电视会转播欧洲足球比赛。语言不通不是问题。他补充说，最重要的是，当他的看守和他一起观看比赛时，例如欧冠中法国里昂队（Lyon of France）与特拉维夫夏普尔（Hapoel Tel Aviv）的比赛，他感受到了人性。尽管他们从未讨论过政治，对其他事情也没什么可说的，但在体育上却截然不同。在里昂（Lyon）对抗哈珀尔（Hapol）的比赛中，他注意到就连看守也对以色列队一次得分的技巧感到惊叹。"在那些与比赛相关的话题中，"他说，"我们有了一个共同点，那就是体育。"[1]

同年 6 月，在波兰和乌克兰举办的欧洲超级杯（UEFA）冠军赛之前和期间，新闻媒体对体育迷的报道并不乐观。两国都有悠久的仇外历史，最近一次是由苏联解体引发的。英国广播公司的一部纪录片还煽动了这种恐惧，片中展示了一些强硬派团体向纳粹致敬、殴打印度球迷，以及对黑人球员发出猴子般歧视性叫声的行为。一些人担心乌克兰和波兰不会保护黑人球员和黑人球迷。曾担任英格兰队队长的索尔·坎贝尔（Sol Campbell）建议他们待在家里，"因为你最终可能会躺在棺材里回来"。当然，民族主义、种族主义和种族嘲讽在世界各地的许多体育场馆内外屡见不鲜。每一个温暖又模糊的故事都表明足球或篮球可以弥合文化差异，而其他的故事又似乎揭露了体育是人类最恶劣行为的载体，且这些行为大多在大批狂热的球迷中慢慢发酵。[2]

体育如何又为什么会成为仇恨与人性、联系与分离的强大媒介？粉丝为什么会这么做？第一章提到，营销始于消费者，也终于消费者。任何商品（如高尔夫、谷物或汽油）的营销人员都需要了解谁可能对他的产品感兴趣。因此，聪明的营销人员会不断地寻求答案来回答以下一系列问题：

- 在人口统计（年龄、性别、收入）和心理统计（态度、观点、生活方式）方面，过去、现在和未来，谁是我的消费者？
- 消费者住在哪里？他们在哪里工作？他们如何往返于消费产品的场所？
- 消费者何时何地以及如何接触到我的产品？
- 消费者如何以及为什么会购买我的产品？
- 为什么有的消费者一直忠诚于我的产品而有些消费者却失去了忠诚？

第二章概括介绍了消费者研究如何推动有效的营销策略。本章探讨体育消费者“如何”及“为什么”这样的问题。第四章探讨能够解决本章所述问题的研究方法，并开发了消费者数据库，为后续各章奠定基础。正如本章和第四章所述，在研究消费者自知（或不自知）参与或忠于其组织或产品的原因时，体育营销人员不能局限于基本的人口统计学研究（谁、做了什么、在哪里）。研究体育消费者行为的教授盖伦·特雷尔（Galen Trail）曾对《斯特里特&史密斯体育商业杂志》感叹道：“体育组织及其营销人员的问题在于，当他们进行市场调查时，他们会陷入人口统计数据的困境。”特雷声称，人口统计数据仅解释了3%～5%的粉丝上座率。他总结说：“你可以做世界上所有的人口统计研究，而且你并非什么都不懂。但重要的是心理研究。这才是告诉你人们出席与否的原因。”人口统计数据显然有一些价值，但盖伦·特雷尔说得对，它只是一个大难题中的一小部分。[3]

尽管无数的研究、理论和模型试图研究消费者的想法，但我们可以将影响行为的因素描述为环境因素和个人因素。环境因素可能包括重要他人（例如，家庭、同龄人和教练），社会和文化规范，社会阶层结构，种族和性别，技术，以及体育行业中企业的市场行为。个人因素包括人生阶段或家庭周期、学习、认知、情绪、动机和态度。最后，一系列变量会影响一个人的自我概念和社会认同，这是人性研究的一个方面，与消费者做出接受或放弃体育的决策有关。[4]

正如我们在第一章中提到的那样，核心体育产品（游戏或赛事）是由运动员和观众同时生产和消费的。在本章中，我们将使用“消费者”一词来更多地指代观看、收听或阅读赛事相关内容的人。但我们必须记住，运动员也会做上述事情，因此运动员也是消费者。一些研究人员基于社会关系，即体育组织与其他观众和体育资产（如体育团队、运动员、场地）的联系强度来区分纯粹的观众和粉丝，这很公平。然而，在本章中，我们将使用多个术语来描述体育消费者。[5]

人群、暴民、粉丝和幻想

2007年9月，芝加哥小熊队迎来了真正的第一名。保罗（Paul）和泰瑞·菲尔茨（Teri Fields）为他们的新生儿子取名为里格利·亚历山大·菲尔茨（Wrigley Alexander Fields）以示对小熊队主场的敬意。父母以著名运动员的名字给孩子起名字，但是球场和体育场馆呢？显然，菲尔茨一家都是真球迷。几个世纪以来，这类球迷都是重点研究对象。例如，罗马人的人群、暴民或帮派，他们在马戏团为战车和马匹欢呼，将战车和马匹分成红色、白色、蓝色和绿色的队伍。在罗马帝国第二世纪，小普利尼（译者注：Pliny the Younger，古罗马作家、行政官）抱怨他在赛车人群中看到了“幼稚的热情”。普利尼感叹道，他们欢呼的不是驾驶员的技巧或速度。这也许可以理解。“但实际上，”他声称，“他们支持的是赛车的颜色。”如果驾驶员在比赛中改变了车的颜色，观众就会改变对他的忠诚——“这就是一件毫无价值的衬衫的受欢迎程度和重要性。”现在这些狂热的消费者被称为“粉丝”（Fans）。名字从何而来？许多人认为它只是“狂热”（Fanatic）一词的简化版本，或许这种观点有一定的逻辑，但是有关“fan”一词的起源还有另外一种说法。

1992 年，威廉·亨利·纽金特（William Henry Nugent）在《美国信使》（American Mercury）杂志上发表的一篇文章中向读者详细介绍了始于英国的体育历史。该文章指出，体育起源于 1824 年皮尔斯·伊根（Pierce Egan）每周发表的《生活体育指南》（Life Sporting Guide）。伊根（生于 1772 年）是爱尔兰人，在休假期间，他辞去了《伦敦每日快报》（*London's Weekly Dispatch*）作者的工作。伊根走在后来以狄更斯（Dickens）闻名的街道和小巷上，迷上了斗鸡、打架、绞刑以及其他在该市下层流行的血腥运动。他记录下了自己的所见所闻，并于 1813 年出版了《拳击：古代和现代的拳击素描》（*Boxiana:Or Sketches of Ancient and Modern Pugilism*）。后来又出版了四卷书。一个半世纪后，A.J.利布林（A.J. Liebling）将自己有关拳击的著作《甜蜜的科学》（*The Sweet Science*）献给伊根，还称之为“有史以来最伟大的拳击作家”。

伊根在 1823 年修订了弗朗西斯·格罗斯（Francis Grose）的《市井语言词典》（*Dictionary of the Vulgar Tongue*），该书将读者带入了“体育人物”的听觉世界，这些“体育人物”与“鸽子、斗狗、拳击”等联系起来。伊根将这样的角色统称为“幻想（The Fancy）”。一个世纪后，纽金特写道：“‘The Fancy’在英格兰和美国一直是拳击爱好者的称呼。棒球借用了这个词，并把它缩写为“fance、fans、fan”，但是纽金特不认为“fan”是“fanatic”的缩写。

许多证据支持纽金特（和伊根）的观点。《牛津英语词典》（*Oxford English Dictionary, OED*）最早于 1857 年开始收录“fan”的缩写，意为“狂热者（fanatic）的缩写”。然而，*OED* 对“fanatic”的定义不涉及体育层面。另一方面，“fancy”一词确实与拳击和其奖杯（以及鸟类和书籍爱好者）有关。

我们很难在有关棒球运动的早期报道中找到对“fan”或“fancy”一词的使用。在 19 世纪 50 年代后期，纽约地区的各棒球队开始打比赛时，围观群众通常被称作“俱乐部追随者”或“观众”。如果行为异常（早期，这种情况经常发生），那么他们就被称为“暴徒”“黑腿兄弟会”或“派系”，这些称呼都与体育运动无关。几十年后，棒球记者为狂热的球迷想出了其他名称，包括“曲柄（cranks）”一词。在 20 世纪 20 年代，冰球粉丝有时被称为臭虫（bugs），因为他们容易在冰上丢柠檬或鸡蛋。

“fan”一词的起源众说纷纭，但是现有的证据倾向于纽金特的理论。粉丝通常是狂热的，但该词更可能源自皮尔斯·伊根的作品中蓬勃发展的摄政伦敦（Regency London）的商业和企业黑社会——一个充满幻想的世界。[6]

第一节 社会化、参与和忠诚

环境和个人因素影响人们参与体育活动的方式和程度。想想你自己的体育活动，无论是童年、青少年还是成年。某些人或事使你对某项活动感兴趣。也许是看了一场比赛，也许是与父母或朋友一起玩耍了一下午，也许是看了一场激动人心的赛事电视转播，或者使用一个很酷的新应用。兴趣的触发因素促使你参与其中，甚至可能使你在某项运动中社会化。[7]

社会学家通常认为社会化是人们吸收和发展履行各种社会角色所必需的技能、知识、态度和其他“装备”的过程。此过程涉及个人与环境之间的双向互动。反过来，社会化需要某种形式的参与，在本书中这种参与形式指体育参与，包括以下三种基本形式：

● 行为参与：实际行动。这种行为包括练习和比赛；还包括粉丝在赛场、在家中或在移动设备上观看、收听比赛转播并为他们加油喝彩。

● 认知参与：获取一项运动的相关信息和知识。无论是运动员的实战讨论还是粉丝在粉丝俱乐部听着教练解释上周的比赛计划如何有效，都是认知参与。杂志、报纸、比赛节目、广播、电视以及有线和无线设备为渴望更多地了解一项运动的消费者提供了认知参与的媒体渠道。大约十年前，体育行业高管预测，未来五年将出现一个重大转变：粉丝最常获得信息的途径将从对电视和广播的高度依赖转变为对互联网和无线设备巨大的关注。难怪报纸和电视台会在其网页和社交媒体网站上复制并扩散其最好的体育节目。[8]

● 情感参与：消费者对某项活动的态度、感受和情感。动员大会和赛前庆祝活动是情感参与的普遍方式。最好的广告也是如此。想想耐克广告。不管喜欢与否，这些广告都激起了人们对一项运动（或耐克）的情感。2012 年对 NFL 球迷的一项研究揭示了消费者参与这项运动的各种方式（表 3.1）。这些是合计数字，因此特定的粉丝在每个类别中的范围可能会很大。但总体情况表明，体育参与是由媒体驱动的。[9]

表 3.1　NFL 粉丝的研究（2012 年）

活动类型	活动所占时间比
通过媒体观看比赛	39%
观看 NFL 的其他信息	13%
讨论	10%
通过媒体收听	9%
阅读纸媒	8%
浏览网页和手机	7%
电子游戏	5%
幻想橄榄球游戏	5%
现场观看 NFL 比赛	4%

注：改编自 NFL 2012 年的报告。

忠诚是指参与一项运动的频率、持续时间和强度，或者是指以某种体育参与方式花费金钱、时间和精力的意愿。通常“自动扶梯”的上部表示忠诚度更高。对于某些运动，例如，网球和高尔夫，球迷参与和忠诚之间的联系令人吃惊。例如，在男子红土网球锦标赛（Men's Clay Court Tennis Championship）上随机抽取的 468 名球迷，其网球参与类型和参与水平如下：

● 89%是网球运动员；
● 45.7%的人将自己的技能评为中级；
● 42.1%的人将自己的技能评为中高级；
● 71.8%的人将网球评为自己最喜欢参与的运动；
● 52.9%的人认为网球是自己参加频率最高的运动；

- 39.6%的人认为网球是自己在电视上观看次数最多的运动；
- 75.5%的人拥有价值 100～199 美元的球拍；
- 27.8%的人拥有价值超过 200 美元的球拍。

这些消费者对网球运动非常忠诚，并且花费了大量时间、金钱和精力。[10]

营销人员必须清楚地了解消费者参与和忠诚的类型。持有 WNBA 季票的球迷会订阅球迷杂志、参加每场比赛、关注球员的推文、跟踪比赛统计信息、为特殊内容的网站付费、将球队信息下载到手机上、参加幻想体育联赛，并充满激情地不断加强与球队的联系。这类球迷显然不同于带着孩子参加一场比赛以履行父母责任的球迷父亲。参加免费比赛的普通观众与在家里观看同一场比赛的狂热球迷也明显不同。观看比赛未必能反映出更深层次的忠诚。但忠实的粉丝会想得更多，感受更多，做得更多。

对体育消费者的研究将受访者按照参与度和忠诚度进行了细分，分为普通和狂热两类。例如，2010 年创旗公司调查显示，NFL 和 NBA 的普通球迷与狂热的球迷之间存在一些有趣的差异。当被问及是否会购买门票参加即将到来的比赛时，只有 11%的普通 NFL 球迷表示他们会去现场观看比赛，89%的人更喜欢通过电视观看比赛。在狂热的球迷中，有 45%的人会去现场观看比赛，只有 55%的人更喜欢通过电视观看。选择在家观看的首要原因是成本。催化剂公关公司（Catalyst Public Relations）和《体育商业》的另一项调查发现，有 55%的 NFL 球迷和 61%的 MLB 球迷“自从在 Facebook、Twitter 和类似网站上关注支持的球队后，开始将自己归为更忠实的球迷”。这两个群体中有一半的人“与之前相比，现在会花更多的时间通过社交媒体观看和关注联盟动态”。社交媒体一直是建立忠诚度的强大力量。[11]

培养忠实的消费者是一个关键目标，因此有必要对体育忠诚进行研究。一些专家最近提出：“成为职业橄榄球迷会对其他级别的橄榄球消费、其他体育项目观赛的消费或休闲运动的参与产生什么影响？”在过去的十年中，体育营销研究人员开始更密切地关注消费者参与的性质，但是在这些重要课题上仍有大量工作要做。[12]

环境和个人因素不断相互作用，进而影响参与和忠诚。尽管人们会受到周围环境的影响，但他们也能够反作用于周围的社会、自然和文化环境。否则，生活将是静止的。变化是存在于政治、艺术、音乐和体育中的一部分。因此，体育营销人员必须了解影响消费者的复杂因素。图 3.1 中的模型描述了各因素间的相互作用，其最终作用结果就是本章所描述的：体育社会化、体育参与和体育忠诚。

与所有模型一样，图 3.1 是个复杂的过程图，而不是保证理解和正确决策的公式。此图提醒营销人员应注意筛选和理解消费者兴趣、参与和忠诚的关键因素。

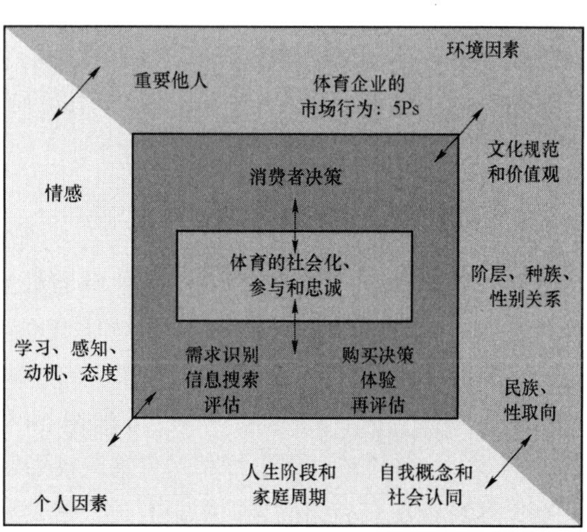

图 3.1 体育消费者行为

第二节 环境因素

消费者周围有许多因素可能会影响他们体育参与的决策。当我们考虑其中一些最突出的因素时，需再次强调它们之间不断的相互作用。

一、重要他人

一个人体育角色的社会化是通过与重要他人的互动而发生的，这些重要他人可能会主动对其体育参与模式产生积极影响或充当角色榜样。其中最重要的是家庭成员、教练、教师和同伴。尽管这些关系是私人的，但消费者也受到非私人的、有一定距离的参考群体的影响，这些群体也很重要。体育消费者认为家人和朋友很重要。一项针对专业摔跤迷的研究表明，只有27.2%的人是自主参与的，父母介绍的占22.4%，祖父母介绍的占11.1%，其他家庭成员介绍的占19.2%，朋友介绍的占20.1%。[13]

这些结果与一般消费者的行为类似。例如，扬凯洛维奇公司的一项研究显示在美国消费者中：

- 40%的人表示朋友的建议对购买行为有很大影响；
- 57%的人认为朋友或亲戚的建议是尝试新品牌的充分理由；
- 60%的人说当他们对考虑的产品不了解时，会向朋友征求意见。

体育也不例外：家人和朋友可能是体育社会化过程中最强大的力量。他们影响行为和态度。一项针对棒球观众的研究表明，他们对活动质量（例如体育场馆，服务）的看法会因家人和朋友对棒球的受欢迎程度和接受程度的不同看法而产生差异。[14]

同时，消费者拥有的参考群体、英雄或榜样虽然可能是遥不可及的，但仍然很重要。热门电影《我爱贝克汉姆》（*Bend It Like Beckham*）展现了文化英雄的力量。对于任何一所学校的六年级学生来说，英雄可能是八年级那些酷似奥运选手的孩子。对于许多青少年来说，偶像可能是 MTV 上很酷的孩子们，这些偶像影响着学校潮流和运动时尚。正如我们在后续章节中所解释的那样，运动队、联赛和企业赞助商在寻求恰当的产品、价格和促销与适当的粉丝群体相匹配时，关系重大。[15]

二、文化规范和价值观

重要他人倾向于传递代表他们自身文化背景的信仰、态度和行为。但是，在整个社会的广泛框架中，替代文化、亚文化和反文化孕育着不同的生活方式。这一点在体育运动中以及在生活各领域中都是如此。如果没有文化的动力，社会将不会随着时间而改变。停滞的社会将极大地影响体育运动。例如，早在 20 世纪 20 年代，许多美国社区禁止在周日进行有组织的体育活动。你能想象因周日打高尔夫球而被捕吗？今天这种情况是不可想象的，但是在 20 世纪初，这种情况在美国的城市中很普遍，在这些城市里，文化群体为世俗主义和安息日而斗争。40 年前，谁能预料明尼苏达州高中冰球锦标赛门票售罄的是女子队的比赛？谁又能预料到 1998 年奥运会的明星冰球队是一支女子球队？[16]

体育参与通常以家庭活动的形式开始并延续

文化形成的原因一部分是基于气候和地形。例如，明尼苏达州和马萨诸塞州仍是美国冰球运动员的主要输出地。具有悠久冰球传统的北部城市（匹兹堡、布法罗、底特律和波士顿）的当地冰球电视节目收视率往往高于南部城市。同样，北美和欧洲山区培养的世界级滑雪者远多于世界其他地区。高尔夫 20/20 得出结论，区域气候模式“是影响高尔夫比赛的最大因素”。干燥的阳光和加利福尼亚州的长海岸催生了冲浪和滑板运动。地理学家约翰·鲁尼（John Rooney）确定了 11 个与美国体育活动有关的地区，从东部的发源地到南部腹地的橄榄球崇拜，再到太平洋地区丰富的冲浪、滑雪和几乎所有其他活动。每个地区都有不同的重点。《纽约时报》的谷歌流量搜索得出的结论是：“尽管纽约的市场规模比亚拉巴马州伯明翰的大 10 倍，但其橄榄球迷数量仅是亚拉巴马州伯明翰的 1/5。”美国历史学家已经开始研究南方体育运动方式的演变，包括狩猎、赛车和棒球。我们需要对区域体育文化进行更多的分析。[17]

三、阶层

社会阶层的影响是微妙的。研究人员并没有就构成社会阶层差异的具体因素或个人阶层的评价方法达成共识。对于某些人来说，阶级是收入、教育或职业的函数。对于其他人来说，阶级是继承而来的威望和社会地位，体现在其居所和生活方式上。许多量表试图描述阶层体系中的各个层次。但显然，阶级地位的差异与生活方式的差异有关，包括体育参与。在美国中产阶级中，这种复杂性尤为突出，可能还包括一些技术工人阶层，例如，水管工和木匠。这些人大多数认为自己是中产阶级，许多人的家庭收入高于白领阶层。但是两个阶层之间也存在重要的差异。白领中产阶级可能会在网球和高尔夫上花钱，而蓝领中产阶级可能会选择在保龄球和打猎上投入更多成本。在这种情况下，购买力和购买行为之间的差异就很大。[18]

运动与阶层的联系需要不断研究。一些运动因其深奥和历史上的排他性而吸引上层人士。高尔夫、马球和游艇就是托斯丹·凡勃伦（Thorstein Veblen）所谓的“炫耀性消费”的例子，即财富和特权的清晰体现，当参与者是高级俱乐部会员时，这种情况尤为明显。另一类活动，有些社会学家将其称为“无产阶级运动”，即工人阶级或无产阶级的活动，例如，轮滑比赛、摩托车比赛和撞车比赛。这些高速度、重机械和高危险的运动，可以表达这一社会阶层的劳动世界的严格限制。尽管精英阶层和工人阶级都倾向于在体育运动中展现自己，但中产阶级更倾向于将参与体育运动作为遵规守纪的一种手段，这在美国公司里很常见。橄榄球和棒球与艰苦工作、奉献精神、团队合作精神和精准度紧密相连，主导着中产阶级的运动精神。[19]

当然，事情并不总是一成不变的。历史的复杂性通常会混淆简单的模型。赛车，尤其是NASCAR，就是一个很好的例子。这项运动最开始在泥土跑道上进行，而为迎合处于美国金字塔顶尖的美国精英阶层，目前的赛车跑道高度科学且现代化。一些批评家抱怨，大型体育赛事是阶级斗争的导火索。更大、更贵的豪华包厢，不断增加的昂贵的俱乐部席位以及不断上涨的价格似乎表现出美国的运动队已经转变成私人俱乐部和公司后花园。无论从哪个角度来看，营销人员都必须认识到阶级结构的复杂性和流动性。

四、种族与民族

种族和民族关系与体育参与模式之间的联系相似。种族和族裔群体在社会阶层的各个层级都有代表。同时，许多人持续遭受歧视，导致城市地区低收入、低教育水平的人口比例过高。就体育参与而言，黑人运动员在篮球、橄榄球和田径运动中显然处于统治地位；然而，尽管泰格·伍兹（Tiger Woods）、维纳斯（Venus）和塞雷娜·威廉斯（Serena Williams）的地位很高，黑人运动员在冰球、高尔夫球和网球运动中仍处于弱势地位。这是否意味着体育参与由基因决定？这个概念令人怀疑。当代医学和遗传学研究发现人群（包括种族和少数民族）之间在某些疾病的易感性和对某些药物治疗的反应方面存在一些差异。但是，目前关于运动中遗传因素的研究还很少。相反，任何群体的人都有可能通过学校和社区的体育项目脱颖而出，并获得地位和成就。正如一位杰出的遗传学家所论证的那样，种族群体之间的行为差异可能具有一定的遗传基础，“但也可能是环境、饮食、家庭结构、受教育程度或许多生物因素和社会因素造成的”。[20]

多项研究针对少数族裔运动员遭受的市场歧视进行了量化研究：[21]

- 关于棒球卡市场的两项研究表明，白人球员的价值高于相同竞技水平的少数族裔球员。
- 一项针对42个NCAA第Ⅰ级别篮球赛事的收入和种族构成的研究得出的结论是：“平均而言，一支球队将一名黑人球员替换为一名具有同等技能的白人球员，每年门票增收超过100 000美元，大学篮球运动因此而歧视黑人新生运动员。”
- 一项针对259个本地NBA转播的研究得出的结论是，白人球员每增加10分钟的上场时间，球队的本地收视率就会上升近一半。

种族、民族和体育消费之间的联系并不简单。例如，对亚特兰大和俄亥俄州哥伦布市的WNBA球迷进行的一项研究发现，白人观众更有可能“将观看体育赛事看作在酒吧或餐厅的社交活动的延伸”，并且更有可能提前购买门票。与之相比，南部的黑人观众更喜欢购买打折门票，并且更可能通过广播获得球队信息。但是，有关拉丁裔社区的一项研究得出结论：“体育营销人员不应仅仅基于拉丁裔或任何族裔一定是某种特定体育运动（例如足球）的爱好者的假设来开展营销活动。”相反，该研究认为，营销人员“应该关注个人体育参与动机，而不是个人对种族群体的认同”。更多的研究需要集中在美国和其他国家的少数族裔的体育消费者行为。[22]

五、性别和性取向

在过去的三十年中，历史学家逐渐找到证据，表明女性在体育市场的参与度远远超出了我们的设想。例如，在 20 世纪 20 年代，女性和女子运动队占据了体育新闻的页面，这些报道通常是由最优秀的女记者撰写的。经过长期的斗争，目前女性的高水平体育参与和体验是一种复兴，而不是新兴事物。无论如何，在众多大型体育赛事中，女性是观众的主要力量。粉丝调查显示，在橄榄球、室内足球和赛车运动中，女性占美国粉丝总数的 40% 以上。澳大利亚的调查数据也显示出相似的比例。[23]

女性从体育参与中获得的满意度与男性有所不同吗？对体育电视节目收视的早期研究（由传统的男性体育运动主导）表明，男性和女性观众之间存在有趣的差异：

- 男性观看体育电视节目时情感投入更多。
- 男性参加赛前仪式，为比赛加油。
- 女性看体育比赛更可能是因为其他人也在看体育比赛。
- 女性更有可能边工作边看比赛。

另外一项研究表明，与女性相比，男性观众表现出较高的愉悦感（愉悦的压力）、对现实的逃避和对美学的关注，而女性则具有较高的家庭动机。在赛事中，女性比男性更重视停车、座位和交通便利等问题。[24]

六、全球市场中的文化

在过去的几十年中，随着全球资本主义恢复到第一次世界大战以来前所未有的水平，市场营销人员自然更关注他们的产品在跨越国界和文化时的表现。一位研究人员警告说："在一种文化中长大的人学会了在特定的环境中看待事物，而在其他国家长大的人则学会了在另一种环境中看待事物……了解这些差异对于国际市场营销人员和广告商来说至关重要。"在超级碗、世界杯和奥运会等体育赛事被亿万观众观看的时代，这个问题是显而易见的。对于一名高中体育主管来说也是如此，他们的运动队和粉丝群体越来越多元化。2009 年的一份报告估计，新罕布什尔州曼彻斯特的中央高中使用的语言有 80 多种。如果篮球或任何其他运动对学生和家庭有影响，则就应当重视文化差异的存在。[25]

英格兰足球联盟的首席商务官理查德·希塞尔格雷夫（Richard Heaselgrave）在担任 NBA 业务发展副总裁期间，曾与英格兰、欧洲和美国的球迷近距离接触过。他认识到明显的文化差异。他说："我认为在美国，人们热衷于进行无趣的场外娱乐活动，例如，全明星赛球迷节，可能需要三到四天。"这类活动可能不会在英格兰流行，因为比赛本身就是唯一的活动。他承认："有些东西肯定你可以（在美国）学到，但有些东西最好'留在纽约'。"当然，诀窍在于理解不同国家的文化差异。[26]

2010 年，英国旅游局官网（VisitBritain）发布了体育产业和酒店业的指导性文件，这些产业在 2012 年伦敦奥运会期间负责协调数十种文化之间的差异。随着数十万游客的到来和数十亿美元潜在收益的到来，提高文化意识的想法变得有意义。该机构提出如下建议：

- 波兰人不喜欢被人指出饮酒过多。

- 比利时人不喜欢打响指。
- 长时间的眼神交流对日本人来说很冒犯。
- 美国人很随意，甚至很粗鲁。

也许这些只是刻板印象。显然，需要对来自不同文化的体育迷的行为进行研究。但是，不可否认，求同存异十分重要。[27]

七、体育企业的市场行为

心理学家认为，许多粉丝行为与他们所喜欢的运动队或运动员的输赢有关。尽管营销人员无法控制比赛或比赛结果，但他们可以控制产品（包括过去或将来的表现）的包装以及向消费者展示产品的方式。运动队、联盟、供应商和分销商的行为显然会影响消费者。我们将在随后的章节中详细介绍这方面内容，但是有些例子需要重点说明一下。[28]

以体育企业对技术创新的适应为例。120 年前，铁路和有轨电车系统不断扩展，运动队和粉丝网络得以创建，没有它们，美国或其他地方就不会发展出全国性娱乐活动。大约在同一时间，皮革制品和纸制品的企业家认识到集中生产体育用品的可能性。斯伯丁（Spalding）和兄弟（Brothers）等公司都以包装精巧、定价合理的促销方式来推动相关需求的增长，后来这种方式被不断模仿。电报、电影、广播、电视和互联网都影响了体育消费者的发展。美国的橄榄球和棒球大联盟都曾与电台合作，他们虽对电视直播感到恐惧，但到了 20 世纪 60 年代，还是接受了电视直播这种方式。不过，他们总是担心会影响主场的上座率，那是每支球队的命门。英格兰足球联赛直到 20 世纪 80 年代才允许进行电视转播。每一代人都会迎来一项新技术。二十年前，营销人员将电视当作大众营销的最重要媒介。我们怎么能超越卫星电视呢？之后又出现了互联网、WiFi 和 4G。新技术将如何影响体育迷呢？虚拟赛事游戏的改进是否会增加或减少直播或点播赛事电视节目的观看量呢？在这个时代，几乎任何高中、大学或体育俱乐部都可以找到资源和人才，通过互联网对主场赛事进行直播。这些问题应该无处不在。[29]

在过去的几十年中，企业社会责任（CSR）的重要性日益提高。研究表明，提高对公司企业社会责任的认识可以改善消费者的态度和购买产品的意愿。善因营销的观念不必引发愤世嫉俗。好作品就是好作品。因此，体育资产在其目标层次结构中提高了企业社会责任的地位。示例如下：

- NFL 的“誓言”活动；
- 奥兰多魔术青年基金会；
- MLB 的“内城区棒球复兴”（RBI）计划；
- 波士顿红袜队与吉米基金会的长期关系。

如果这样的计划在社区建设和市场营销方面都有效，则必须：

- 将计划目标更多地放在社区建设上，而不是门票销售上；
- 制定并公布严格的指标，以衡量计划在构建有形资本（例如，建造的场地面积）、人力资本（例如，孩子阅读分数的提高）和社会资本（例如，志愿者网络的增加）方面是否成功。

我们将在第 12 章中更详细地讨论这些内容。[30]

体育营销活动越来越重视五官的感受，即通过视觉、嗅觉、味觉、听觉和触觉加强对比赛的难忘记忆。包装所有感官对建立品牌关系很重要。观众在看台上听到的经典歌曲、播音员的声音，闻到的香肠和洋葱的香气，观看的视野和座位的舒适度，所有这些都与消费者的身份、学习和动机相关，我们将在下一节讨论这些问题。[31]

第三节　个人因素

环境因素不断围绕着消费者，但是个人或内部因素影响消费者了解身外世界并与之互动的方式。最重要的个人因素包括自我概念、学习、感知、动机和情绪。现在，我们来了解这些因素如何影响体育参与度和体育忠诚度。

一、自我概念与社会认同

消费者、观众或粉丝在内在和外在的自我与意识之间持续不断的互动中发展。一些研究人员称之为个人和社会认同。有人称这种组合为自我概念。无论如何定义，这些概念都很有影响力。我们的存在是个人与环境、个人与社会、内在与外在的融合。除此之外，这些结果可能会将我们与体育运动联系起来。正如一些研究人员最近指出的那样："很少有协会能在体育运动中了解个体的自我概念。"原因之一是"体育运动带来挑战，可帮助人们确定自己的极限，同时又能与其他人进行比较"。这个想法适用于奥林匹克运动队的参赛者以及在体育场馆或运动酒吧里穿着校队队服的粉丝。人们的整体自我概念、社会认同与我们所谓的体育认同之间的联系正在不断被挖掘。该领域的两位主要学者最近指出，一些有关体育迷的学术研究表明，体育团队认同水平可能"在单个赛季中，在体育迷不同程度的热情中保持相当稳定"。当营销人员计划和实施下一季的活动时，淡季的认同水平会如何变化还需进行更多的研究。这方面需要进行纵向研究，在更长的时间范围内追踪粉丝群。[32]

二、人生阶段或家庭周期

自我概念是一个动态过程，通常随着人与环境的互动而发生变化。自我发展的一条途径是人生阶段或家庭周期。尽管我们对婚姻和家庭的观念正在发生变化（几个世纪以来都是如此），但我们每个人都会经历一系列阶段，这些阶段往往与我们的价值观、身份、对能力的感知和态度的转变相对应。这些阶段可能如下：

- 青少年时期；
- 大学时期；
- 单身但独立，没有子女；
- 有伴侣或已婚，但没有子女；
- 有伴侣或已婚，但有子女；
- 单身带孩子；

- 空巢老人，仍在工作；
- 退休。

从一个阶段过渡到另一个阶段可能对我们的体育参与度和忠诚度产生深远的影响，甚至体育可能是我们在任何阶段寻求身份认同的重要因素。

当然，这些阶段因人而异，并且需要对其产生的影响进行更多的研究。例如，一些数据表明，青年时期对粉丝的发展尤其重要。NFL 团队的研究表明，有 43%的粉丝声称自己在 8 岁时就已经成为某项体育运动的粉丝。还有 60%的粉丝表示，他们在 11 岁就成了粉丝。这一数字令人震惊。[33]

三、学习

学习的正式定义是“对环境中的行为线索因强化而获得新的反应”。该定义包括学习理论中常见的几个组成部分。第一，包括使人采取行动的驱动力或唤醒机制，例如对尊重的渴望。第二，包括可能触发个人驱动的暗示或环境刺激。电视转播高尔夫比赛期间的豪华车广告就是试图触发自尊驱动暗示的极佳例子。第三，包括有助于减少驱动力的增强作用或结果（通常是积极的）。购买凯迪拉克的高尔夫球迷可能会（也可能不会）了解到生活方式与自尊之间的联系。[34]

学习理论的部分内容与体育营销人员有着特殊的联系。例如，认知参与、情感参与和行为参与可以对应于用来描述消费者购买行为的效果层级结构。基本层次结构表明，消费者通常首先通过广告来处理有关产品的信息（认知参与）。如果这些消息被成功接收，消费者接下来会对产品产生新的感觉（情感参与），进而可能导致他们购买产品（行为参与）。该层次结构显示为：

学习→感觉→行动

无论如何，产品知识是消费者行为的重要变量。知识在无限循环中与消费者参与和忠诚相关联。任何着迷于高尔夫运动的人都明白这一点。你玩的越多，就越想了解比赛及其细微差别。你学的越多，就越想玩。体育迷也是如此。一项对冰球小联盟球迷的研究表明，懂得冰球知识的人观赛次数比不懂冰球知识的人高 12%。同等条件下，球迷对冰球了解得越多，其观赛场次越多。虽然这是个常识，但许多组织并不重视向消费者普及运动知识。[35]

在推出极限运动（X-Games）时，ESPN 采用电视广告和网站等有效方式向观众普及该赛事相关信息。1998 年，即在推出该项赛事三年后，ESPN 仍在帮助消费者学习基础知识。例如，由于《滚石》（Rolling Stone）杂志是覆盖其目标受众的理想媒介，ESPN 在该杂志里做了 20 页的插页。插入内容包括所有活动的基本信息，从自行车特技到运动攀岩、花样滑水和街头雪橇。精美的视觉效果周围是运动“要点”或规则类的文字，“工具”或设备，“名称”或著名参赛者。《极限运动指南》（*Guide to the X Games*）是一本很好的入门书，随便一位读者都会觉得能够掌握这些信息。[36]

一些研究人员建议，“学习→感觉→行动”这一标准层次结构可能不适用于无形的服务，因此不利于向消费者传达有关产品、价格等初始的认知信息。对于许多涉及复杂体育活动的体育产品，此概念当然是正确的。在体育运动中，即使消费者最初的印象对细节的掌握有限，消费者仍可能对触发其整体体验的情绪的信息做出更敏感的反应。消费者可能愿意根据这些信息采取行动，尝试使用该体育产品，并在体验后进一步了解该产品。那么，在体育中，该层级结构可能如下：

感觉→行动→学习

这种先激发情感再刺激后续行为的方法在耐克的广告中很常见。

社交媒体让体育资产有更多机会激发粉丝情感和依恋，同时也让粉丝有更多机会了解运动员、赛事和场馆。但是，这种使用多媒体的方法可以很好地吸收一些关于多媒体学习的研究成果（见多媒体学习的补充材料）。

一些活动需要这种层次结构：

行动→感觉→学习

随着美国陆军在2009年加大招募力度，它在费城开设了陆军体验中心，青年男女可以在那里体验模拟的枪战并驾驶直升机。该层次结构是“行动→感觉→学习”。同样，针对年轻人和家庭群体的特殊销售或促销活动通常以吸引休闲爱好者的方式进行组合。例如，与朋友聚会、在特殊的地方一起吃饭、在大屏幕或广播公告上获得团体认可、闻到香气、听到独特的声音并共同欢呼，营销人员希望用这些方式共同促使消费者重复消费。让孩子们有机会在大联盟球场挥杆或在球迷节上测试他们的击球能力也遵循“行动→感觉→学习”的方法。[37]

一些幻想游戏制造商也意识到有必要推出更简单的产品版本，以吸引和留住偶尔感兴趣的消费者。在2007年，NFL推出了针对儿童的幻想游戏，从而扩展了其NFL Rush.com网站。2010年，彭博体育公司（Bloomberg Sports）开始在其幻想棒球产品中增加一些实用程序，以方便新手更容易安排球员阵容并乐享其中——简而言之，就是“行动→感觉和学习”。同样，在互动时代，最有觉悟的组织通过展览、粉丝专区和网站，从学习层级结构的三个要素方面向消费者进行推广。最聪明的体育营销人员知道学习对体育消费的重要性。为此，他们甚至改变了销售观念，尤其是对企业客户。营销人员变成老师，销售成为比尔·萨顿所谓的“教育销售”。[38]

多媒体学习

布朗大学体育基金会发展项目助理萨拉·斯凯里（Sarah Sceery）和
费城76人队销售经理布赖恩·诺曼（Brian Norman）

你还记得上次看到的报纸优惠券、电视广告或店内促销中有什么内容吗？比如说，图像、醒目的标语、音乐插曲？如今，消费者从广告、促销或其他营销传播方式中获取或记住某些信息的行为被归类为多媒体学习。这一概念由理查德·E.迈耶（Richard E. Mayer）提出，并被定义为“从文字和图片中学习”。单词可以是印刷文字或口头的。图片可以是静态形式……这项研究对各个层面的体育营销人员都具有重大意义。

根据迈耶的说法，学习被定义为“由经验引起的学习者的知识变化”，在这种情况下，经验就是消费者接触到营销传播，例如，利用广告、促销优惠券、视频或体育场馆屏幕的营销方式。迈耶提出了10条多媒体学习原则。我们重点介绍其中五个原则，并列举体育行业中有效传播的例子。

● **信号原则**。信号原则指的是：“在添加强调基本材料组织的线索时，人们会学得更好。”在大学层面，布朗大学体育基金会按照迈耶的信号原则利用年终明信片发送有针对性的信息（参见下图）。作为布朗体育的筹款部门，使用这张明信片是为了增加对布朗的37支队伍和俱乐部运动队的支持。该明信片设计旨在突出关键词，并吸引读者关注全年体育项目。这样，熊队赢得冠军的能力与计划的财务支持之间就有着至关重要的联系。

- **空间连续性原则。** 迈耶将空间连续性原则定义为："当相应的文字和图片在页面或屏幕上相邻出现而不是相隔太远时，学生会学习得更好。"布朗明信片上的照片和单词"冠军"描述了这一原则，并鼓励人们支持熊队。

- **预训练原则。** 正如迈耶在预训练原则中所描述的那样，"人们在知道主要概念的名称和特征时会从多媒体消息中学习更多"。在华盛顿特区，丰碑体育娱乐公司（MSE）根据迈耶的预训练原则向粉丝介绍其核心业务部门的悠久历史。MSE成立于2010年，拥有并运营着华盛顿首都队（NHL）、奇才队（NBA）、神秘主义者队（WNBA）和威瑞森中心体育馆（Verizon Center）。为了向粉丝们介绍自己新成立的综合性体育和娱乐公司，MSE在其视频监视器上播放一段赛前视频，展示了其业务部门的过去、现在和未来。在这段60秒的视频中，开头是国家首都的图片，随后实况转播片段伴随着音乐声呈现给观众。体育馆内到处播放着亚历克斯·奥维奇金（Alex Ovechkin）、戴尔·亨特（Dale Hunter）和1978年NBA冠军华盛顿子弹队的名场面，并引起了球迷的阵阵掌声。视频结束时，出现了MSE的"M"徽标。该视频通过显示粉丝知道和理解的图像、声音和文字与预训练原理联系在一起，从而可以轻松地将华盛顿州的NHL、NBA和WNBA球队的过去、现在和未来与MSE品牌联系起来。

- **形式和时间连续性原则。** 迈耶的形式和时间连续性原则被用于每年最大的高尔夫赛事——奥古斯塔国家高尔夫大师赛——的广告和促销中。为了有效地使用形式原则，迈耶解释说："人们从图片和口语中学习的内容比从图片和印刷品中学习的内容更多。"比赛的主页（www.masters.com）通过网站上的循环播放的视频吸引了学习者，这些视频将标志性历史记录、当前比赛以及著名球场的图像和镜头配上相应的文字说明。同样，吉姆·南兹（Jim Nantz）和哥伦比亚广播公司体育频道（CBS Sports）每年都通过广告和视频来推广该赛事。当泰格·伍兹（Tiger Woods）、阿诺德·帕尔默（Arnold Palmer）、杰克·尼克劳斯（Jack Nicklaus）和木兰大道（Magnolia Lane）的图像在屏幕上闪过时，南兹就会谈到在这些神圣的土地上发生过的胜利和绝望。在Masters网站和CBS宣传视频中，时间连续性原则与形式连续性原则一起使用。当"同时呈现相应单词和图片"时，迈耶确定此时采用的原则是时间连续性原则。广告或视频在描述传奇的"绿夹克"的同时配有获奖者穿着其珍贵夹克的图像，这就是该原理的应用。

多媒体学习的概念类似于多感觉学习的概念。在《波士顿环球报》的一篇文章中，考特尼·汉弗莱斯（Courtney Humphries）表示："与此同时，在更广泛的商业应用中，科学已经为营销人员长期以来的猜测提供了新的依据：他们向顾客出售的不仅仅是核心的感官体验。例如，餐馆老板知道，选择适合其食物的装饰、灯光、音乐和餐桌布置可以提高利润，而且公司长期以来一直对食品的原料、包装和口味进行市场测试。"多媒体学习不只是体育行业学习者的核心体验。它不仅可以让观众看到常春藤冠军奖杯、斯坦利杯或绿夹克秀，还可以通过视觉、声音和文字的组合让观众观看和感受那些时刻。通过这些手段，体育行业的各个层面都能够影响消费者。[39]

四、感知

学习需要消费者利用其自身感知，感知可以被定义为扫描、收集、评估和解读环境信息的过程。关于消费者如何在感知和决策中使用五种感官，还需要进行大量研究。例如，一项研究发现，触觉“影响了对不相关的人和处境的印象和决定”。在这些影响中，“沉重的物品使求职者显得更加重要，粗糙的物品使社交变得更加困难，而坚硬的物品会使谈判变得更僵化”。马丁 • 林德斯特伦（Martin Lindstrom）指出：“建立品牌时利用的感官接触点越多，激活的感官记忆就越多。被激活的感官记忆的数量越多，品牌与消费者之间的联系就越牢固。”这对体育场馆设计和比赛展示有什么影响呢？[40]

尽管感知运用了五种感官，但它涉及的因素远不止于此。感知取决于被感知的人、情况或事物的特征（刺激因素）以及感知者的特征（个体因素）。对于经验丰富的粉丝来说，喧闹的人群可能是令人激动和振奋的体验，但对其他人来说却是一种威胁。因此，我们的感知就像是一种滤镜，受我们的价值观、态度、需求和期望的影响。该滤镜有助于我们选择性地接受、曲解和保留我们每天面对的无数刺激。[41]

消费者和潜在消费者一直都在过滤和解读与涉及自我认知的体育产品有关的线索。向消费者提供不一致的、不和谐的图像通常会减少其参与度。例如，香水公司不在折扣店提供高价产品，因为购买地点可增强消费者对产品质量的感知。

像许多产品和服务供应商一样，体育团队经常试图在粉丝中营造一种门票卖得很快的感觉，从而增加粉丝错过重大赛事的危机感。最近，市场研究人员证明了稀缺性因素确实起作用。

体育营销人员必须对许多感知问题特别敏感，其中包括：[42]

- **设施清洁度**。很久以前，比尔 • 维克就意识到，干净的洗手间对吸引女性和整个家庭进入体育场馆至关重要。但是男人也不喜欢一团糟的环境。研究表明，清洁对包括日本在内的某些国家和地区的人们尤其重要。
- **接触暴力**。这种感觉可以起双向作用，如冰球。一些粉丝喜欢激烈的争吵；另一些粉丝则非常讨厌这些暴躁的人。NHL 一直在寻求折中的办法，NHL 总裁加里 • 贝特曼（Gary Bettman）也在试图区分暴徒和自发性争执。普通的粉丝能说出区别吗？比运动员暴力更糟糕的是对狂躁、酗酒的粉丝的恐惧。没有父母愿意让孩子接触这种娱乐形式。为此，一些俱乐部设立了禁酒家庭区。
- **浪费时间、金钱、精力**。正如我们将在第八章中看到的那样，消费者成本所包含的费用远远不只是活动门票、缆车票或餐饮费。在注重时间使用质量的时代，每一个选择都有风险。

五、动机

在持续不断的刺激中，我们能明确任何个人参与体育的诱因吗？根据动机理论，环境刺激可以激活驱动力以满足潜在需求。亚伯拉罕 •马斯洛（Abraham Maslow）、亨利 •默里（Henry Murray）和戴维 • 麦克利兰（David McClelland）等理论家提出了详尽的模型，解释了生理、心理和社会需求如何影响人类行为。在过去的十年中，许多研究人员都在努力解释什么使体育消费者产生兴趣。同时，历史学家概述了许多长期存在的因素，这些因素促使人们在很大的时空范围内参与体育运动。这项研究范围广泛且不断扩大，一些动机因素已经相当清晰地浮现出来了。

● **成就和自尊。**对于运动员和粉丝来说，获胜的概念确实很重要。美国网球协会的一项调查显示，认真的选手将获胜列为比赛的主要目标。同样，大量研究表明，当运动队获胜时，粉丝们往往会沉浸在荣耀中。

● **技巧。**获胜不是最重要的。对于许多人而言，发展或享受体育技能会激发其运动兴趣。人们在看比赛的原因中，学习新技能通常排名很高。任何一场比赛中只要有机会可以观看明星运动员展示超高的技巧，观众就会蜂拥而至。

● **健康和健身。**这是人们加入俱乐部和购买装备的最明显动机。就连高尔夫球手都会认为："慢悠悠的散步也要比看电视或者窝在办公室里待一个下午好得多。"

● **娱乐和节日。**长期以来，比赛中一直有一群围观者和娱乐爱好者，他们用钱购买好的位置、食物和商品。古代节日的描述听起来很像现代的赛事。无论在过去还是现在，比赛不仅仅只是比赛。没有赛前聚会还叫快乐足球吗？出于类似的原因，大多数新场馆都设有中央大厅，如果你愿意的话，它中途可以用于娱乐和节庆。节日最明显的象征也许是团队吉祥物，现在吉祥物几乎已经成为必需品。

● **隶属关系或社区。**与朋友或家人在一起是人们参与体育运动的常见原因，如网球参与、体育俱乐部会员资格和球迷动机的研究所示。粉丝社区已经存在了数千年，以蓝色、绿色、红色和白色的罗马派别为代表，他们热衷于在战车比赛中使用自己的颜色。现在粉丝行为可能会表现为穿戴官方商品，但动机是一样的。研究清楚地表明，很少有粉丝（1%～3%）独自参加比赛。幻想足球正在兴起，尤其是在十几岁的男孩中。一位研究人员认为，参与是一种归属感。他说："放弃联赛就像结束了十几段友谊。"成为粉丝或参与者可能对一个人的社会认同至关重要，社会认同与我们先前讨论的自我概念有关。对于某些人来说，粉丝认同是与青春期紧密联系在一起的。体育营销学者丹·马奥尼（Dan Mahony）仅前半生是在纽约度过的，但这已经足够了："我可以在路易斯维尔度过余生，但我仍然会被视为洋基队球迷。这是我个性的重要组成部分。"绿湾包装工队（Green Bay Packers）搬到纽约市后，可能会在格林威治村（Greenwich Village）一个叫 Kettle of Fish 的酒吧里培养新的粉丝群体。对于其他人来说，培养新的忠诚度是任何搬迁的一部分。NBA 的研究清楚地表明，迁徙者很容易依附于他们的新城市。尽管历史研究表明，美国人一直是一个流动的民族，但在一个运动员和运动队像无根鼠尾草一样四处漂泊的时代，有些人对球迷身份感到疑惑。

● **良性压力、冒险和赌博。**扎根的情感之旅很像赌博，是一种令人上瘾的欣快和压力的结合。毫不奇怪，早在我们的文学和考古学记录中，体育和赌博便已密不可分了。

● **娱乐和逃避。**许多粉丝认为（并根据调查结果显示），在体育场馆的每一天或坐在电视前的每一晚，为运动队加油和欢呼都会使他们摆脱日常的烦恼。社会活动家有时会抨击体育的这种小恩小惠，逃避动机和舒缓动机可能会相互矛盾。毕竟，为小熊队加油可能只是将工作上的麻烦换成休闲娱乐上的麻烦。但是谁能告诉粉丝什么是最好的呢？

研究人员开始梳理男子体育项目和女子体育项目，或可创收的体育项目和无创收的体育项目之间的粉丝动机的差异。尽管动机难以捉摸且难以量化，但它们仍将是理解体育消费者行为的必不可少的部分。更好地了解粉丝的动机有望帮助营销人员通过促销、广告或新闻通讯与消费者群体建立更好的沟通。[43]

六、情感

2012 年，拥有 155 年历史的布鲁克林爱乐乐团的常务董事在网上呼吁改变古典音乐听众的行为准则。他想要少一些沉默和克制的掌声，因为他认为这会让现场气氛沉闷。他想要更多的欢呼和呐喊——就像我们在体育领域中激动人心的表现一样。但同行的反应不温不火。巴赫似乎与贝克汉姆不沾边。另外，体育迷通常会大声欢呼并感情用事。正如一位经验丰富的高管在 2007 年对《斯特里特&史密斯体育商业杂志》的特里 • 莱夫顿（Terry Lefton）解释的那样："体育运动带来的激情、参与和消费者购买一箱汰渍洗衣粉时所感受到的情感截然不同。"但很多广告公司都忽略了这种差别。[44]郭大熙（Dae Hee Kwak）让我们更深入地理解了情感在体育消费者发展中的作用（请参见以下补充材料）。

情感和体育消费行为

密歇根大学 郭大熙

2010 年 7 月 11 日，成千上万的西班牙人冲入首都街头，通宵跳舞、欢呼并燃放烟花，以庆祝该国首次取得 FIFA 世界杯冠军。在与荷兰队的最后一场比赛结束后，随着大量人群涌入街头，马德里市中心变成了红色和金色的民族色彩之海。在大学体育中也可以看到人群中类似的强烈情绪爆发。没有什么能比得上大学篮球比赛中压哨球后球员和粉丝的欢呼更让人激动了。人们被激励着去寻求与他们当前的情绪相一致的行为（例如，强烈的喜悦或自豪感），以维持或增强当时的兴奋感。这种热情促使消费者采取一种应对消费主义的方法，以增强快乐的体验并增加积极的情绪，比如球迷们会排队购买球队特许经营的商品，如预订下一场比赛或下一季比赛的门票。

另外，当球队输给较差的对手或输掉季后赛时，球迷可能会有强烈的消极情绪。当人们产生强烈的负面情绪时，他们会积极主动地避免加剧这些情绪释放的情况或事件。这种情况会引发回避倾向。例如，如果该球迷所支持的球队在第四节末尾落后许多分，他可能会提前离开赛场。尽管调节负面情绪要比应付正面情绪更为复杂，但有些球迷可能会寄希望于暂时与失败的球队保持距离，以减轻暂时的负面情绪（例如，羞耻感、失落感等）。

因此，体育消费体验本质上是体验性和情绪化的。在体育消费过程中，情绪无处不在并很容易产生。不同学科的研究人员认为，体育为了解人类情绪的运行方式提供了独特的机会。与观看其他类型的娱乐节目相比，体育迷在电视上观看体育比赛时更容易产生兴奋感和悬念感。因此，探索决策过程的情绪和体验对于增进对体育消费者的了解至关重要。但是与传统的信息处理范式相比，人们对情绪在体育消费者行为中的作用知之甚少，特别是情绪对粉丝随后的认知、信念和行为的激励作用和影响知之甚少。

体育营销研究表明，体育类文章可以操纵球迷的情绪状态。研究人员发现，此类受文章引导的情绪深深地影响着受访者对那些与体育团队相关的营销刺激的认知和行为反应。[45]例如，情绪积极的受访者比情绪消极的受访者更有可能选择接受体育团队的促销品。此外，积极的情绪对体育团队授权产品的价值感知有显著的直接影响。体育团队成功所产生的积极情绪会转化为对与体育团队相关营销刺激的良好评价。总体而言，研究结果表明，情绪对粉丝应对体育团队相关的营销刺激有明显的偏见效应。了解粉丝情绪对预测消费行为和计划营销传播活动至关重要。

图 3.2 展示了一个结合了情感系统和认知系统的消费者行为模型。先前的消费者研究已经明确，情感系统和认知系统都有助于决策，但是从同一刺激中提供不同类型的输入（例如，赛事、比赛结果、广告）。通常，认知系统的特征更具有分析性、逻辑性和主动性，而情感系统则相对具有整体性、情感性和被动性。图 3.2 表明，这两个系统在响应刺激时相互作用。该模型还表明，不同的个体特征（例如，个性、身份、态度和需求）、环境因素（例如，文化、亚文化、家人和朋友）以及遗传因素都会影响人们对刺激的反应。粉丝与体育团队关系的强度可能会影响个人对比赛结果的反应。例如，研究发现，无论比赛的结果如何，铁杆粉丝在赛前、赛中和赛后表达的情绪要比那些只在天气好的时候才来看比赛的粉丝高。强烈的情感倾向（为体育团队加油）是取得更大情感效果的前提。因此，情绪对于体育消费者的行为和体育营销研究极为重要，因为消费者对自身感受的反应最迅速。

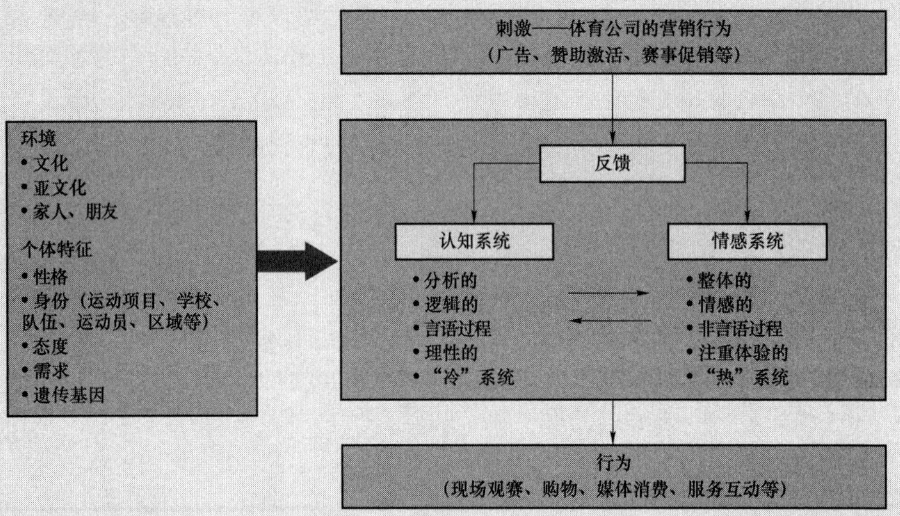

图 3.2　消费者行为模型

消费者的情感可以通过多种方式来衡量。研究人员已广泛使用诸如积极情感和消极情感进度表（PANAS）和愉悦感–主动–支配地位（PAD）量表等工具进行自我报告。自我报告的情绪测量通常要求消费者从最近的经历中回忆他们的情绪状态，或者报告他们目前所感受到的情绪。尽管这些纸笔测验效果不如采用生理测试的方法（例如，皮肤电导、心率、脑电图）那么突出，但结果足够有效，可供消费者和市场研究人员使用。最近，研究人员已采用更多的创新技术来了解消费者的决策和行为。例如，消费者神经科学可以使研究人员识别对市场刺激做出反应时的大脑活动。功能磁共振成像（fMRI）通过检测血流的相关变化来测量大脑活动，并可以在营销环境中提供有关消费者体验的隐藏信息。尽管脑图像研究的成本效益远不及传统方法，但它可能有助于回答许多有关体育消费者普遍存在的情绪复杂性的有趣问题。

第四节　制定决策

本章讨论的一系列因素导致建立标准化流程的难度增加。通过该流程，消费者可以决定是否参与或继续参与到体育产品中。但是，即使这些模型不完善，也可以成为营销人员的有用工具。我们基于一系列通常被视为消费者决策制定过程的步骤，提供了一个模型，如图 3.3

所示，消费者制定参与体育运动的决策包括以下几个阶段：

（1）识别需求。任何一种相关提示，尤其是大众媒体中的形象，都可能触发需求或动机。这可能与成就、自尊、归属感、健康或其他体育动机有关。简而言之，任何个人因素或环境因素都可能激发需求。在过去的十年中，研究人员已经认识到球队认同是决定上座率的最重要因素之一。球队认同感可能被视为球迷决策周期的起点和终点。[46]

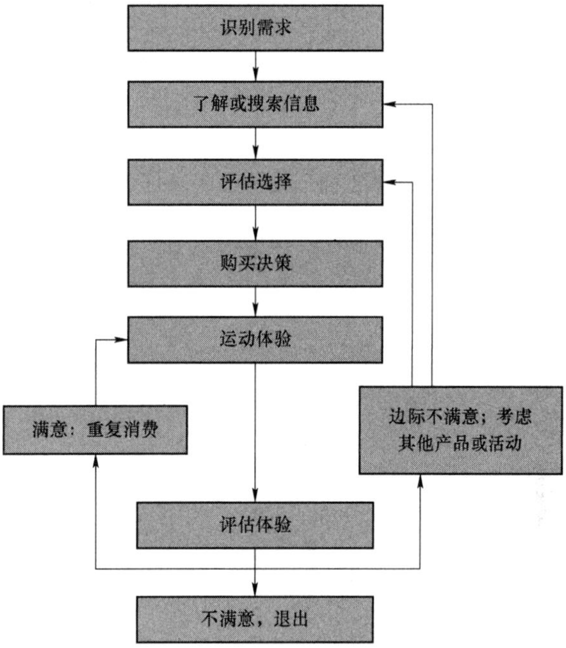

图 3.3　体育参与的决策过程

（2）了解或搜索信息。消费者可能会事先了解可以满足需求的产品，或者寻求相关信息。营销人员绝不能低估这一关键阶段。针对体育参与的大量研究表明，距场馆的距离、去场馆途中所需的时间和场馆的清洁度等信息十分重要。鉴于消费者的感知过滤条件，营销人员无法对消费者的感知准确性做出任何假设。更糟糕的是，消费者可能并不知道该产品。在这些方面，随着越来越多的消费者依靠社交媒体上的信息做决定，社交媒体已改变了游戏规则。2011 年一项对 8 000 名美国和加拿大特玛捷票务（Ticketmaster）用户进行的研究发现，有 14%的人因为受 Facebook 帖子的影响而参加某个特定活动，而 20%的人通过 Facebook 或 Twitter 邀请朋友参加。[47]

（3）评估选择。消费者在多个层面上做出产品选择。菲利普·科特勒将这些层面区分如下：

1）产品系列。在休闲领域中，人们在广泛的产品系列之间进行选择，例如，竞技体育、户外休闲娱乐和业余爱好（例如，制作拼图游戏）。

2）产品类别。体育运动有许多种类，例如，赛车、水上运动、田径运动和团体运动。

3）产品线。团体运动项目中有一系列产品，如击球类运动项目、纯球类运动项目以及曲棍滑行球类运动项目。

4）产品类型。纯球类运动项目的产品线包括英式橄榄球、足球和美式橄榄球等产品类型。

5）产品品牌。美式橄榄球的产品品牌包括 NFL 品牌和 NCAA 品牌，甚至更特别的 Packers 品牌和 SEC 品牌。

当消费者与周围的世界互动时，他们面临着不同层面的选择。他们可能会受到诱导而在上述任何一个层面做出选择决策，这可能会影响他们对其他层面的态度。正如我们前面提到的，年轻人可能会受家庭或同龄人影响而选择特定的运动类型，这可能会限制他们对其他产品类型或类别的兴趣。[48]

（4）购买决策。有关体育消费者的购买决策有许多问题需要研究。例如，购买体育体验的决策（花费时间、金钱、精力）在多大程度上是计划好的或计划外的冲动消费？正如一项研究提醒营销人员的那样："对体育迷的研究表明，大多数人，尤其是棒球、篮球和冰球的球迷，在比赛开始前几天才做出购买决策。"球迷和季票持有者显然需要不同的信息，这些信息我们将在后面的章节中讨论。[49]

（5）运动体验。正如丘博夫妇所建议的那样，这个阶段可能包括一个人做出决定后的一段时间内对体育产品的预期（在比赛开始前一个月思考比赛）、一段准备期（前一天晚上准备好食物和饮料、烧烤）、前往体验地点、主要体验，以及从主要体验出发开始的赛事之旅。[50]

（6）评估体验。消费者满意度公式是一种有效的体验评估方式：

满意度=收益－成本

满意度可能与社会经验、自我概念、技能、可靠性或其他要素有关。收益与数量和持续时间等特征有关。成本包括金钱、时间、自我、精力和做其他事情的机会。最后，收益必须大于成本。营销人员试图通过营销组合中的各个要素以达到满意度最大化，但是消费者有选择地对刺激做出反应，他们可以出于多种原因而产生积极或消极的态度。最重要的一项是消费者对运动员或粉丝的能力评估。这些体验是否增强了消费者的能力和自我价值感？是否强化了他或她的身份？这些答案对随后的行为有重大影响。

（7）评估后的行为。经过评估，消费者有三个基本选择：

1）如果满意，可以重复消费，并可能与活动建立更强的认同感或亲和力。NASCAR 的粉丝反映出很高的满意度，这对 NASCAR 赞助商的品牌忠诚度也产生了影响。满意的车迷们通常表示，他们计划将来参加更多的体育团队活动。也就是说，他们打算在"自动扶梯"模型上向上移动。

2）如果不满意，减少或放弃活动。一些参与者和观众在"自动扶梯"模型上会向下移动，甚至会离开"自动扶梯"。

3）如果稍微满意或稍微不满意，则重新评估不同级别（产品系列、产品类别、产品线、产品类型和产品品牌）的产品选择信息和决策。

研究人员需要研究那些掉下"自动扶梯"的人。尽管有关青少年放弃体育的信息越来越多，但我们对成人球迷放弃体育的原因却知之甚少。少数几个有关成年粉丝放弃体育的研究之一是对 NHL 哈特福德捕鲸人队（Whaler）球迷的大范围采访（捕鲸人队于 1997 年离开哈特福德前往卡罗来纳州）。研究人员克雷格 • 海厄特（Craig Hyatt）发现，这些被遗弃的（或主动叛逃的）的球迷中，大多数人既没有跟随卡罗来纳州的飓风队，也没有跟随 NHL，但他们仍然认为自己是捕鲸人队的球迷。我们只能猜测有多少体育迷从当前的"自动扶梯"上掉下来，活在回忆的世界中。是什么促使球迷自愿放弃某项运动呢？我们对财务状况或其他改变生活的事件（例如，结婚、离婚或就业变化）会如何影响体育消费模式知之甚少。我们有很多东西要了解，且大多数信息都需要通过像克雷格 • 海厄特进行的那种深度访谈来获取。[51]

每一个决策过程都需要体育营销人员更多的关注。消费者根据不断变化的环境来构建偏好。同时，他们也可能受到习惯的驱动。在过去的十年中，脑科学的研究呈爆炸式增长。其中决策就是研究重点之一。正如郭大熙（Dae Hee Kwak）在补充材料里对情感的注释，球迷购买门票的行为既包括了深思熟虑的理性过程，又包括了不加思考的感性过程。有人认为季票购买行为通常是深思熟虑的理性结果，而单票购买行为则大多是当机立断的感性判断，可能仅仅是由天气或对手带来的偶然美好观赛体验决定的。按照这些思路，公司执行委员会（CEB）对 7 000 名消费者和数百名营销主管的研究得出的结论是，人们重视简单性。CEB 将事情归结为决策简单性指数，即“衡量消费者收集和理解（或浏览）有关品牌信息的容易程度、他们对所发现信息的信任程度以及他们衡量选择的容易程度”。那些在决策简单性指标中排名靠前的品牌被购买的可能性要比排名靠后的品牌高出 86%。但是，关于事件的决策可能并没有那么简单。[52]

消费者在赛事举办之前、之中和之后做出各种购买决策，包括购买食物种类的决策

体育消费者的研究

各种各样的体育消费者研究都可以通过已出版的读物或互联网获得。在过去十年中，学术研究迅猛发展，例如《体育营销季刊》。像 FIFA、NCAA 和 NBA 等协会的管理机构都会发布有关粉丝的信息。美国国家体育用品协会（National Sporting Goods Association）等行业协会也是如此。但是，在阅读任何此类报告时，我们必须记住任何研究都具有局限性。所有市场研究都受到时间和资源的限制。研究人员对许多要素做出选择，包括以下内容。

- **定义。**例如，什么是粉丝或参与者？随意或粗心使用定义将严重影响任何统计信息的结果。例如，MLB 在 20 世纪 90 年代后期委托进行的一项民意测验，研究了球迷对联赛重组的支持程度，这是一个有争议的问题。这项调查由 801 名 16 岁及以上的球迷参加，据说他们代表了美国的棒球人口。但是，当美联社更仔细地查看样本时，他们发现样本中 70%的人不知道 MLB 正在考虑重组。更糟糕的是，有 44% 的人从未听说过响尾蛇队或魔鬼鱼队的扩张，还有 13% 的人从未听说过科罗拉多落基山队。近一半的受访者计划在本赛季仅看一场比赛，甚至一场比赛都不看。正如美联社总结的那样，这些充其量只是普通粉丝——几乎不应该在调整决策中予以考虑的粉丝。[53]
- **方法论。**研究人员必须对方法做出选择。他们应该如何与目标消费者互动？采访？打电话？发邮件？在比赛现场？个人观察？每种方法都有优点和缺点，包括相对的时间和成本。
- **抽样。**研究人员还必须对样本做出选择。他们应该尝试对整个群体进行随机抽样吗？有几个随机样本按某种标准（例如，票证类型）分组或“分层”？方便抽样吗？采用滚雪球抽样法吗？有关任何话题（包括体育消费者）的学术文献都存在对大学生样本过度依赖的问题。尽管大学生是潜在市场的重要组成部分，但他们不能代表整个市场。正如《科学》杂志 2010 年的一篇文章所说，他们是怪人：“来自西方、受过教育、经历过工业化、富有和民主文化的人。”尽管心理学家趋向于“经常使用大学生来对驱动人类行为的因素提出广泛但很可能是错误的断言”，但大学生“并不能代表整个人类”。因此，读者必须仔细研究体育消费者行为模型或理论背后的样本。[54]

任何想从已发表的研究中得出结论的人都必须考虑这些问题。我们将在下一章进一步讨论。

本章小结

在本章中，我们对揭示人们为什么进行体育消费的相关理论展开了研究。具体而言，我们在一般消费者行为的大背景下参考了有关体育消费者的文献，讨论了有助于解释人们参与或忠于体育并进行社会化过程的各种因素。我们已经看到，影响行为的因素可能是环境因素或个人因素。环境因素包括重要他人、文化规范和价值观、阶层、种族和性别关系，以及体育公司的市场行为。个人因素包括自我概念、一个人在生命或家庭周期中所处的阶段、感知和动机等。

我们只能简要介绍消费者行为复杂领域中的部分内容。在体育营销人员建立有效的决策理论之前，迫切需要进行进一步的研究。下一章我们将提供有关营销人员应如何进行此类研究的信息。

课后活动

1. 定义体育消费者行为中的社会化、参与度和忠诚度。

2. 描述以下体育消费者最合乎逻辑的忠诚指标：（1）蒙特利尔加拿大人队的球迷，（2）当地体操俱乐部的成员。

3. 讨论哪些环境因素对你参与自己喜欢的运动项目影响最大。

4. 为什么正常的层级结构（学习→感觉→行动）对体育消费者的适用性可能还不如其对洗涤剂消费者的适用性？

5. 找一个体育产品或运动队的杂志广告，分析广告如何影响消费者对产品的看法。

6. 列出体育消费者做出决策的步骤。按决策模型重新做出参加某项重大体育赛事的决策。你的经验与决策模型相比如何？

注释

1. Isabel Kershner,“Israel: Ex–Captive to Be a Sportswriter,” *New York Times*, 16 June 2012, A9; Yitzhak Benhorin, “Shalit Will Watch NBA All–Star Game in Orlando as Part of Second Overseas Trip Since His Return From Captivity,” ynetnews. com, 26 February 2012, www.ynetnews.com/articles/0 7340,L–4194739,00.html.

2. Jeré Longman, “Racism and Soccer Are in Play at a Big Event in East Europe,” *New York Times*, 30 May 2012, A1.

3. Bill King, “What Makes Fans Tick?” *SSSBJ*, 1–7 March 2004, 26.

4. Our general list of topics follows that found in most texts on marketing and consumer behavior. See, for instance, Michael Solomon, *Consumer Behavior,* 6th ed. (Upper Saddle River, NJ: Prentice Hall, 2004); Leon G. Schiffman and Leslie Lazar Kanuk, *Consumer Behavior*, 8th ed. (Upper Saddle River, NJ: Prentice Hall, 2004); Curtis P. Haugtvedt, Paul M. Herr, and Frank R. Kardes, eds., *Handbook of Consumer Psychology* (New York: Erlbaum, 2008).

5. D. Zillman and P. Paulus, "Spectators: Reactions to Sports Events and Effects on Athletic Competition." in *Handbook of Research on Sports Psychology*, ed. R. Singer, M. Murphey, and L. Tennant (New York: MacMillan, 1993), 600–619.
6. AP, "Indiana Couple Name Baby Boy Wrigley Fields," www.foxnews.com/story/2007/09/24/indiana–couple–name–baby–boy–wrigley–fields/. Pliny quoted in Allen Guttmann, *Sports Spectators* (New York: Columbia University Press, 1986), 30. See also Alan Cameron, *Circus Factions: Blues and Greens at Rome and Byzantium* (Oxford: Clarendon Press, 1976); William Henry Nugent, "The Sports Section," *American Mercury*, March 1929, 329–338; A.J. Liebling, *The Sweet Science* (New York: Viking, 1956, repr. New York: Penguin, 1982); *Fan* and *Fancy* definitions in *Compact Edition of the Oxford English Dictionary* (Oxford, 1971), Vol. 1, 960–61. Early baseball crowds in George Kirsch, *The Creation of American Team Sports: Baseball and Cricket, 1838–72*, Ithaca: Cornell University Press, 1989), 178–200, and Mel Adelman, *A Sporting Time: New York City and the Rise of Modern Athletics, 1820–1870* (Urbana: University of Illinois Press, 1986). Early hockey fans in Stephen Hardy, "Long Before Orr: Placing Hockey in Boston, 1897–1929," *The Rock, the Curse, and the Hub: Random Histories of Boston Sports*, ed. Randy Roberts (Cambridge: Harvard University Press, 2005), 245–89.
7. On sport socialization, involvement, and commitment, see J. Loy, B. McPherson, and G. Kenyon, *Sport and Social Systems* (Reading, MA: Addison-Wesley, 1978), 16–23, 215–248; R. Brustad, "Integrating Socialization Influences Into the Study of Children's Motivation in Sport," *Journal of Sport and Exercise Psychology*, 14 (1992): 59–77. For an interesting study of sport consumers, with implications about socialization, see A. Shohlan and L. Kahle, "Spectators, Viewers, Readers: Communication and Consumption Communities in Sport Marketing," *Sport Marketing Quarterly*, 5 (March 1996): 11–20.
8. Bill King, "The 24/7 Fan," *SSSBJ,* 7–13 March 2005, 25.
9. "NFL: For Stoking Insatiable, Year–Round Demand for Professional Football," *Fast Company*, March 2012, 98. For some of the literature on affect, see Joel B. Cohen, et al., "The Nature and Role of Affect in Consumer Behavior," in *Handbook of Consumer Psychology*, ed. Curtis P. Haugtvedt, Paul M. Herr, and Frank R. Kardes (New York: Erlbaum, 2008), 297–329.
10. P. Graham, "A Study of the Demographic and Economic Characteristics of Spectators Attending the U.S. Men's Clay Court Championships," *SMQ* 1 (1) (March 1992): 25–30.
11. Bill King, "What Makes Fans Crazy About Sports?" *SSSBJ*, 19 April 2010, 22; David Broughton, "Survey: Social–Media Use Builds Fan Avidity," *SSSBJ*, 26 July 2010, 9.
12. Daniel Funk, Daniel Mahony, and Mark Havitz, "Sport Consumer Behavior: Assessment and Direction," *SMQ,* 12 (4) (2003): 200–205; D. Wann et al., *Sports Fans: The Psychology and Social Impact of Spectators* (New York: Routledge, 2001), 2–3; Bob Stewart, Aaron Smith, and Matthew Nicholson, "Sport Consumer Typologies: A Critical Review," *SMQ,* 12 (4) (2003): 206–216; Hyungil Harry Kwon and Ketra Armstrong, "An Exploration of the Construct of Psychological Attachments to a Sports Team Among College Students: A Multidimensional Approach," *SMQ,* 13 (2) (2004): 94–103; H. Kwon and G. Trail, "The Feasibility of Single–Item Measures in Sport Loyalty Research," *Sport Management Review,* 8 (2005): 69–89.
13. Frank B. Ashley et al., "Professional Wrestling Fans: Your Next–Door Neighbors?" *SMQ,* 9 (3) (2000): 140–148.
14. "The Power of Pals," *Marketing Tools,* March 1997, 39; C. Walker, "Word of Mouth," *American Demographics,* July 1995, 38–44.
15. K.L. Wakefield, "The Pervasive Effects of Social Influence on Sporting Event Attendance," *Journal of Sport and Social Issues,* 19 (1995): 335–351.
16. For excellent history on dominant sports cultures, see S.W. Pope, *Patriotic Games: Sporting Traditions in the*

American Imagination, 1876–1926 (New York: Oxford University Press, 1997); M. Dyreson, *Inventing the Sporting Republic: American Sport, Political Culture, and the Olympic Experience, 1877–1919* (Urbana: University of Illinois Press, 1997).

17. "GOLF 20/20 Vision for the Future: Industry Report for 2002," www.golf2020.com/research/participation–reports/2002/2002–industry–report. aspx, 2003; John Ourand, "NHL Viewership Rends Tied to Hockey Tradition, Northern Exposure," *SSSBJ*, 7 February 2011. Contemporary sports regions are described in Rooney and Pillsbury, *Atlas of American Sport* (New York: MacMillan 1992); B. Hunnicutt, "Sports," in *Encyclopedia of Southern Culture,* eds. C.R. Wilson and W.Ferris (Chapel Hill: University of North Carolina Press, 1989), 1239; Nate Silver, "The Geography of College Football Fans," *New York Times*, 19 September 2011, http://thequad.blogs.nytimes.com/2011/09/19/the–geography–of–college–football–fans–and–realignment–chaos/. On the South and baseball, see K. Greenburg, *Honor and Slavery* (Princeton, NJ: Princeton University Press, 1996). For a more expansive analysis of southern styles, see T. Ownby, *Subduing Satan: Religion, Recreation, and Manhood in the Rural South, 1865–1920* (Chapel Hill: University of North Carolina Press, 1990).
18. R.P. Coleman, "The Continuing Significance of Social Class to Marketing," *Journal of Consumer Research*, 10 (December 1983): 265–280.
19. D. Booth and J. Loy, "Sport, Status, and Style," *Sport History Review*, 30 (1999): 1–26; T. Veblen, *Theory of the Leisure Class* (New York: New American Library, 1899); concerning prole sports, see D.S. Eitzen and G. Sage, *Sociology of North American Sport*, 3rd ed. (Dubuque, IA: Brown, 1986), 244–245; G. Lipsitz, *Class and Culture in Cold War America* (South Hadley, MA: Bergin, 1982), 173–194; R. Gruneau, *Class, Sports, and Social Development* (Amherst: University of Massachusetts Press, 1984).
20. James F. Crow, "Unequal by Nature: A Geneticist's Perspective on Human Differences," *Daedalus*, Winter 2002, 84. For a fine review of the historical literature, see J.T. Sammons, " 'Race' and Sport: A Critical, Historical Explanation," *Journal of Sport History*, 21 (Fall 1994): 203–278; D. Wiggins, " 'Great Speed but Little Stamina': The Historical Debate Over Black Athletic Superiority," *Journal of Sport History*, 16 (Summer 1989): 158–185.
21. R. Brown and R.T. Jewell, "Is There Customer Discrimination in College Basketball?" *Social Science Quarterly*, 75 (2) (June 1994): 401–413; "Do NBA Ratings Increase With White Athletes' Playing Time?" SBD, 20 April 1998, 4.
22. Ketra L. Armstrong and Terese Peretto Stratta, "Market Analyses of Race and Sport Consumption," *SMQ,* 13 (1) (2004): 7–16; Michelle G. Harrolle and Galen Trail, "Ethnic Identification, Acculturation and Sports Identification of Latinos in the United States," *International Journal of Sports Marketing & Sponsorship*, 8 (3) (April 2007): 234–253, quotation at 234.
23. John Hall and Barry O'Mahony, "An Empirical Analysis of Gender Differences in Sports Attendance Motives," *International Journal of Sports Marketing and Sponsorship*, 7, 4, (July 2006): 334–348.
24. W. Gantz and L. Wenner, "Men, Women, and Sports: Audience Experience and Effects," *Journal of Broadcasting and Electronic Media,* 35 (2) (Spring 1991): 233–243; Robert Madrigal and Vassilis Dalakis, "Consumer Psychology of Sport," in *Handbook of Consumer Psychology*, ed. Curtis P. Haugtvedt, Paul M. Herr, and Frank R. Kardes (New York: Erlbaum, 2008), 857–76; Hall and O'Mahony, "An Empirical Analysis of Gender Differences."
25. See Judy Davidson, "Lesbian Erotics at Women's Hockey: Fans, Flashing, and the Booby Orrs," *Journal of Lesbian Studies*, 13 (2) (July–Sept. 2009): 337–348; Vikki Crane and Heather Barber, "Lesbian Experiences in Sport: A Social Identity Perspective," *Quest,* 55 (2003): 328–346. See also Dan Woog, *Jocks: True Stories of*

America's Gay Male Athletes (New York: Alyson Books, 1998); Steven M. Kates, "The Protean Quality of Subcultural Consumption: An Ethnographic Account of Gay Consumers," *Journal of Consumer Research*, 29 (3) (December 2002): 383–399.

26. Marieke de Mooij, *Consumer Behavior and Culture*, (Thousand Oak, CA: Sage, 2004), 225; Tom Long and Stacy Milbouer, "Inside Multicultural Manchester," *NHMagazine.com*, 1 December 2009, http://www.nashuatelegraph.com/towncity/481525–115/story.html.
27. Tom Love, "A Different League: The Football League," *SportsPro Magazine*, April 2012, 60–64, quotation at 61.
28. David Stringer, "UK Issues Olympics Etiquette Primer," *Boston Globe*, 12 August 2010, A–20; www.visitbritain.org/insightsandstatistics/markets/index.aspx.
29. Robert Madrigal and Vassilis Dalakis, "Consumer Psychology of Sport," in *Handbook of Consumer Psychology*, ed. Curtis P. Haugtvedt, Paul M. Herr, and Frank R. Kardes (New York: Erlbaum, 2008), 857–76.
30. John Betts, "The Technological Revolution and the Rise of Sport," *Mississippi Valley Historical Review*, 40 (September 1953): 231–256; Terry Lefton, "Survey Results Push NFL.com to Increase Fantasy Content," *SSSBJ*, 9–12 September, 2002, 4; Bill King, "Reaching Today's Sports Fans," *SSSBJ*, 14–20 March 2005, 17–21; Tracy Mayor, "What Are Video Games Turning Us Into?" *Boston Globe Magazine*, 20 February 2005, 18–37; Simon Kuper and Stefan Szymanski, *Soccernomics* (New York: Nation Books, 2009), 80.
31. Stephen Hardy, Robert Barcelona, Randi Hickox, and Caitlin Lazaro, "Image Isn't Everything: Community Relations and Community Building for Sport Organizations," *Athletic Business*, May 2006, 50–56; Pamela A. Kennett–Hensel, Russell Lacey, and Matt Biggers, "The Impact of Corporate Social Responsibility on NBA Fan Relationships: A Conceptual Framework," in *Consumer Behavior Knowledge for Effective Sports and Event Marketing*, ed. Lynn R. Kahle and Angline G. Close (New York: Routledge, 2011),135–57.
32. Martin Lindstrom, Brand Sense: *Build Powerful Brands Through Touch, Taste, Smell, Sight, and Sound* (New York: Free Press, 2005).
33. Jesse King, Lynn R. Kahle, and Angeline G Close, "Introduction: The Study of Sports and Events Consumer Behavior," in *Consumer Behavior Knowledge for Effective Sports and Event Marketing*, ed. Lynn R. Kahle and Angline G. Close (New York: Routledge, 2011), 1–28, quotations at 2, 3. On team identification, Madrigal and Dalakis, "Consumer Psychology of Sport," 866. For an excellent article on the links between fan segments, social identity, team marketing behavior, and brand equity, see B.A. Boyle and P. Magnusson, "Social Identity and Brand Equity Formation: A Comparative Study of Collegiate Sports Fans," *Journal of Sport Management*, 21 (4) (2007): 497–520. See also G.A. Akerlof and R.E. Kranton, "Economics and Identity," *Quarterly Journal of Economics*, 115 (August 2000): 715–53.
34. R. Burton, "Profile/Interview With Sara Levinson," *SMQ*, 6 (4) (December 1997): 5–8.
35. Berkman and Gilson, *Consumer Behavior*, 273.
36. J.J. Zhang et al., "Spectator Knowledge of Hockey as a Significant Predictor of Game Attendance," *SMQ* 5 (September 1996): 41–48.
37. ESPN and ESPN2, "Guide to the X Games," insert in *Rolling Stone,* 25 June 1998.
38. John Leland, "Urban Tool in Recruiting by the Army: An Arcade," *New York Times*, 5 January 2009, A11.
39. Beth Teitell, "Fantasy Football Scores With More Kids," *Boston Globe*, 23 October 2012, A1, A9; Eric Fisher, "A More Casual Approach: Fantasy Industry Rolls Out Simpler Products Aimed at Attracting Casual Gamers," *SSSBJ*, 1 March 2010, 15–19. On the links between expertise and learning, see J. W. Hutchinson and Eric M. Eisentstein, "Consumer Learning and Expertise," in *Handbook of Consumer Psychology*, ed. Curtis P. Haugtvedt, Paul M. Herr, and Frank R. Kardes (New York: Erlbaum, 2008), 103–115. For edu–selling, see Bill

Sutton, "Educate Your Buyer to Be a Satisfied Client," *SSSBJ*, 23 February 2004, 29.

40. Richard E Mayer. *Multimedia Learning*, 2d ed. New York: Cambridge University Press, 2009), quotations on 108, 135, 153, 189, 200, 761; Courtney Humphries, "The New Science of our Cross–Wired Senses," *Boston Globe*, 11 December 2011, http://shamslab.psych.ucla.edu/lay–articles/Boston–Globe_Dec2011.pdf; for The Masters, visit www.masters.com.
41. Joshua M. Ackerman, et al., "Incidental Haptic Sensations Influence Social Judgments and Decisions," *Science*, 328 (2010): 1712; Martin Lindstrom, *Brand Sense: Build Powerful Brands Through Touch, Taste, Smell, Sight, and Sound* (New York: Free Press, 2005), 68.
42. B. Berelson and G. Steiner, *Human Behavior: An Inventory of Scientific Findings* (New York: Harcourt Brace, 1964), 88; P. Kotler, *Marketing Management,* 5th ed. (Upper Saddle River, NJ: Prentice Hall, 1984), 140.
43. Marieke de Mooij, *Consumer Behavior and Culture* (Thousand Oak, CA: Sage, 2004), 142; D. Wann, C. Bayens, and A. Driver, "Likelihood of Attending a Sporting Event as a Function of Ticket Scarcity and Team Identification," *SMQ*, 13 (4) (2004): 209–215; B. Veeck, *Veeck as in Wreck* (New York: Signet, 1986); D. Kerstatter and G. Kovich, "An Involvement Profile of Division I Women's Basketball Spectators," *Journal of Sport Management*, 11 (1997): 234–249. For an excellent ethnography of Chinese consumer perceptions during the 2008 Beijing Olympics, see Ha Gunagtian and Kevin Caffrey, "Olympian Ghosts: Apprehensions and Apparitions of the Beijing Spectacle," *International Journal of the History of Sport*, 26 July 2009, 1065–83.
44. Fantasy football in Beth Teitell, "Fantasy Football Scores With More Kids," *Boston Globe*, 23 October 2012, A1, A9; Cheeseheads in Ryan Goldberg, "Bratwurst, NYC," *New York Times*, 13 January 2012, B9. For overviews of fan motivations see D.L. Wann and N.R. Branscombe, "Influence of Level of Identification on a Group and Physiological Arousal on Perceived Intergroup Complexity," *British Journal of Social Psychology*, 34 (1995): 223–35; Edward R. Hirt and Joshua J Clarkson, "The Psychology of Fandom: Understanding the Etiology, Motives, and Implications of Fanship," in *Consumer Behavior Knowledge for Effective Sports and Event Marketing*, ed. Lynn R. Kahle and Angline G. Close (New York: Routledge, 2011), 59–85; Bill King, "What Makes Fans Tick?" *SSSBJ,* 1–7 March 2004, 26, 32; Robert Cialdini et al., "Basking in Reflected Glory: Three (Football) Field Studies," *Journal of Personality and Social Psychology,* 34 (1976): 366–375; Lynn Kahle and Chris Riley, eds., *Sport Marketing and the Psychology of Marketing Communication* (Mahwah, NJ: Erlbaum, 2004), 67–79; G. Trail et al., "Motives and Points of Attachment: Fans Versus Spectators in Intercollegiate Athletics," *SMQ,* 12(4) (2003): 217–227; S. Hardy, J. Loy, and D. Booth, "The Material Culture of Sport," *Journal of Sport History*, 36 (1) (Spring 2009): 129–52; Wann et al., *Sports Fans*; L. Kahle, K. Kambara, and G. Rose, "A Functional Model of Fan Attendance Motivations for College Football," *SMQ*, 5 (December 1996): 51–60; H. Hansen and R. Gauthier, "The Professional Golf Product: Spectators' Views," *SMQ*, 3 (4) (December 1994): 9–16; M. Grunwald, "Taking Funny Business Seriously," *Boston Globe*, 5 January 1998, A–1, A–12; A. Guttmann, *The Erotic in Sports* (New York: Columbia University Press, 1996); "Gator Bait" [Scorecard], *Sports Illustrated,* 19 May 1997, 29–30; "Oh Oscar," *SBD*, 9 September 1997, 5; J. James and S. Ross, "Comparing Sport Consumer Motivations Across Multiple Sports," *SMQ*, 13 (1) (2004): 17–25.
45. Daniel J. Wakin , "A Loud Call for Cheering at Classical Concert Halls," *New York Times*, 9 June 2012, C1; Terry Lefton, "9 Rules for Making the Most of Sports Property/Ad Agency Relationships," *SSSBJ*, September 24–30, 2007, 23–28, quotation at 25.
46. Kwak, D.H., Kim, Y.K., & Hirt, E.R., 2011, "Exploring the Role of Emotions on Sport Consumers' Behavioral and Cognitive Responses to Marketing Stimuli," *European Sport Management Quarterly*, 11(3): 225–250.
47. D. Wann et al., *Sports Fans;* Funk et al., "Sport Consumer Behavior"; R.J. Fisher and K. Wakefield, "Factors

Leading to Group Identification: A Field Study of Winners and Losers," *Psychology and Marketing,* 15 (1998): 23–40; Sutton et al., "Creating and Fostering Fan Identification."

48. Eric Fisher, "Research Shows Social Media Moves Tickets," *SSSBJ*, 7 May 2012, 4.
49. Kotler, *Marketing Management,* 464; J. Faircloth et al., "An Analysis of Choice Intentions of Public Golf Courses," *SMQ,* 4 (March 1995): 13–21. For a good introduction to factors influencing spectator choice, see J. Zhang et al., "Factors Affecting the Decision Making of Spectators to Attend Minor League Hockey Games," *International Sports Journal,* 1 (Summer 1997): 39–53.
50. Daniel Funk, Daniel Mahony, and Mark Havitz, "Sport Consumer Behavior: Assessment and Direction," SMQ, 12 (4) (2003): 200–205.
51. M. Chubb and H. Chubb, *One Third of Our Time? An Introduction to Recreation Behavior and Resources* (New York: Wiley, 1981), 230–250.
52. Craig G. Hyatt, "Who Do I Root for Now? The Impact of Franchise Relocation on the Loyal Fans Left Behind: A Case Study of Hartford Whalers Fans," *Journal of Sport Behavior*, 30 (1), (2007), 36–56. See also Craig G. Hyatt, W.M. Foster, and G.H. Duquette, "Where Have All The Good Fans Gone? A Study of NHL Fans and Why They Stopped Cheering for Their Teams," paper presented at Putting It on Ice III: Constructing the Hockey Family conference, Halifax, Nova Scotia, July 2012, which includes an excellent review of literature on the few studies that consider consumer dropouts.
53. Patrick Spenner and Karen Freeman, "To Keep Your Customers, Keep it Simple," *Harvard Business Review*, May 2012, 108–14. See also Malcolm Gladwell, *Blink: the Power of Thinking Without Thinking* (Boston: Little, Brown, 2005); Daniel Kahneman, *Thinking, Fast and Slow* (New York: Farrar, Straus, and Giroux, 2011); James R. Bettman, Mary F. Luce, and John W. Payne, "Consumer Decision Making: A Choice Goals Approach," in *Handbook of Consumer Psychology*, ed. Curtis P. Haugtvedt, Paul M. Herr, and Frank R. Kardes (New York: Erlbaum, 2008), 589–607; Charles Duhigg, *The Power of Habit: Why We Do What We Do in Life and Business* (New York: Random House, 2012); Adam L. Penenberg, "Have They Hacked Your Brain," *Fast Company*, September 2011, 85–89, 123–25.
54. "The Fans," *SBD,* 19 August 1997.
55. "A WEIRD View of Human Nature Skews Psychologists Studies," *Science*, 328 (25 June 2010): 1627.

第四章　体育产业市场调研

史蒂夫·赛费黑尔德、海恩斯·亨德里克森、尼古拉·潘切夫、
贾克琳·克兰斯顿、利·布温和伊夫琳·德怀尔

学习目标：

- 了解体育产业内可用的各种数据和信息的来源，以及企业如何获取或收集数据；
- 了解哪些业务受益于数据驱动决策；
- 通过案例研究，了解体育产业如何在日常业务活动中使用市场研究方法。

什么样的价格令人惊喜？

思考一下体育产业中所有可能发生购买行为的场景。体育迷和消费者在任何时间都有可能购买商品和服务。比赛当天，参与者可能会支付门票、停车费、优惠商品和特许商品的费用。而在平时，粉丝会花钱购买电视节目套餐（例如，NFL 周日门票）、应用程序、商品等。所有这些消费行为背后都有一个问题：消费者愿意支付多少钱？

在一些领域中，现有的数据可以帮助人们做出更强有力的决策。例如，球队维护门票购买者及其消费行为的数据库。通过将这些信息与二级市场数据和动态定价算法相结合，当今的体育行业较以往更善于通过门票定价来获得最大利润。但情况也不完全是这样；如果团队想出售新套票，就必须将多个点联系起来为价格预测提供依据。

当然，我们也可以通过另一种方式预测消费者愿意为此支付多少钱，即可以直接询问。

但是直接询问人们愿意为某物支付多少钱也有相应的风险。人们都倾向于寻求最佳交易。如果被问到他们愿意为球队的球衣支付多少钱，受访者可能会给出一个比他们实际上会支付的价格更低的数字，以希望对他们更有利（如果该球衣真的出售的话）。

一些调研方法论则使用间接询问的方法来有效避开消费者带来的价格偏差。其中一种非常有效的方法叫作 Van Westendorp 分析，即向受访者提出一个产品概念（例如，复古球衣），并提出以下四个问题：

- 什么价格会让你认为球衣太贵而放弃购买？
- 什么价格会让你认为球衣价格太便宜而质疑其质量并放弃购买？
- 什么价格会让你认为即使球衣价格越来越昂贵，但你仍然会考虑购买？
- 什么价格会让你觉得这件球衣物美价廉？

对所得数据进行适当的分析可以得出最佳价格点和一系列合适的价格。最佳价格点提供了明确的目标数字，而合理的价格范围可以让决策者灵活应对各种条件的变化，例如球衣库存多于或少于计划数量。

- 在整个赛季中，K 队的季票持有人在商品上花费多少钱？
- Z 队的品牌资产有多少与主教练和明星运动员有关？
- Q 银行应把赞助资金投资于哪个市场？
- 新票务网站的广告在什么样的户外媒体平台投放能够给人留下最深刻的印象？

在过去，诸如此类的问题很难甚至无法被准确地评估。但是，技术的进步使体育产业有机会做出更合理、更科学的业务决策。与其他主要业务领域不同，体育资产和相关企业可以利用众多消费者数据源，大到信用机构存储的万亿字节信息，小到 Twitter 上 140 个字符的意见。

市场调研对不同的人意味着不同的事情。也许定义市场调研最简单、最直接的方法就是“对市场进行调研”。市场调研人员需要深入研究品牌的目标消费者并提供相关见解。一般来说，从事卫生保健市场调研的工作人员会开展与医疗保健提供者和患者相关的主题调研活动。卡夫通心粉和奶酪的市场人员会调查母亲这个目标市场。在体育产业中，市场调查被定义为提供与体育迷有关的市场洞察和相关信息。如前所述，21 世纪为我们带来了大量的数据，我们从中可以获得信息和见解。下面我们来考虑这些数据的来源。

第一节 信息源

正如广受赞誉的统计学家斯图•亨特（Stu Hunter）所说：“数据不是信息，数据中的结构才是信息。”[1]当然，要解析数据结构需要一个或多个数据源。一些业内人士在听到“市场调研”时，立即想到了调查（survey）这个词。调查通常会为体育营销人员提供有价值的反馈（这些工具将贯穿本章）。但是除此以外，研究人员还有许多其他数据来源。数据源通常分为两大类：联合数据和定制调查。下面我们将分别阐释这两类数据源，并提供数据类型的示例。

一、联合数据

联合数据是指已收集、整理和重新打包以供消费的数据。联合数据供应商一般通过出售其数据源的订阅服务来获利；持续的订户费用远远超过了积累和处理数据所需的投资。因为会有多个客户购买数据，所以供应商收取的价格比仅为一个客户编制数据所需的价格更低。另外，购买的联合数据不一定符合购买者的具体需求。许多品牌都在权衡，毕竟在某些情况下，联合数据提供了可用信息的唯一真实来源。消费品制造商会向 NPD（美国的一家市场调查公司）、尼尔森公司和美国信息资源公司（IRI）等购买零售数据；如果没有这些供应商，制造商将不得不在缺乏足够样本量或粒度的消费者调查上花费过多资金。

本节重点介绍主要的联合数据提供商。美国政府也许是最大的供应商，但它提供的信息却是免费的。

（一）美国人口普查

美国人口普查是一个经常被忽视的联合数据源，该数据源提供了大量有关美国人口构成的有用信息。根据美国宪法的规定，美国每10年要进行一次人口普查。这可以确定整个国家以及州、县（按照美国的行政区划，县的级别仅次于州，大于市）、市，甚至每个邮政编码地区美国人口构成的演变趋势。最近一次的美国人口普查是在2010年。在2020年以前，美国人口普查局使用历史数据，为相关信息查询提供估值。

美国人口普查数据的显著优势是可以在线免费获取。此外，近年来美国人口普查局改进了数据呈现方式，为研究人员或其他具有基本计算机技能的相关方提供了一个便于使用的工具。美国人口普查局的辅助网站American FactFinder被设计成一个数据库。[2] 它可以使用各种人口和经济指标作为变量对数据进行过滤和分类整理（表4.1）。

表4.1　2011年费城－卡姆登－威尔明顿，宾夕法尼亚州－新泽西州－特拉华州－马里兰州市区的家庭年收入估算

项目	费城－卡姆登－威尔明顿、宾夕法尼亚州－新泽西州－特拉华州－马里兰州市区			
收入（2011年通胀调整后的美元）	估算	误差范围	百分比（%）	误差百分比
整个家庭	2 220,655	+/−7 438	—	—
小于 $10 000	167 485	+/−6 787	7.50	+/−0.3
$10 000－ $14 999	112 151	+/−5 502	5.10	+/−0.2
$15 000－ $24 999	206 906	+/−6 618	9.30	+/−0.3
$25 000－ $34 999	203 693	+/−7 004	9.20	+/−0.3
$35 000－ $49 999	275 201	+/−7 879	12.40	+/−0.4
$50 000－ $74 999	378 274	+/−9 538	17.00	+/−0.4
$75 000－ $99 999	276 089	+/−7 987	12.40	+/−0.4
$100 000－$149 999	329 232	+/−6 745	14.80	+/−0.3
$150 000－$199 999	138 715	+/−5 689	6.20	+/−0.3
$200 000 及以上	132 909	+/−5 516	6.00	+/−0.2
家庭收入中位数(美元)	58 322	+/−773	—	—
家庭收入平均数(美元)	79 850	+/−805	—	—

数据来源：http://factfinder2.census.gov/faces/tableservices/jsf/pages/productview.xhtml?pid=ACS_11_1YR_B19001&prodType=table。

（二）人口统计分析

尽管提供了稳定的数据，但美国人口普查并不能满足与联合数据有关的所有需求，人口普查的定位也不仅仅是为了帮助企业了解目标市场。与美国人口普查相比，像斯卡伯勒（Scarborough）和西蒙斯（Simmons）等联合调查公司提供了更加详细的美国人口概况，他们将人口视为消费者集合来进行数据调研，从而为特定客户量身定制产品。斯卡伯勒每年会在美国人口最多的77个指定市场区域（DMA）中对20多万名消费者进行调查。[3] 其调查方法包括电话采访、调查手册、电视日记和互联网调查，这些调查详细介绍了消费者在主要产品类别（例如，汽车、银行服务、饮料、药品和食品杂货、医疗保健、生活方式、餐厅、体育和其他许多产品）中的消费习惯。斯卡伯斯的数据库以网络为基础，十分便捷，该公司每年会发布两个年度数据文件，其中包含过去六个月收集的信息。此外，西蒙斯还提供了一个基于网页的可访问数据库，该数据库提供了一系列数据字段和分段功能。

尽管这两家公司所提供的服务在体育和现场娱乐方面都处于有利地位，但坊间数据表明，斯卡伯勒在该领域的体育资产（或权利持有人）中渗透率更高。品牌经理和赞助销售的专业人员会挖掘斯卡伯勒的数据，从而发现粉丝群的购物习惯和品牌偏好。权利持有人经常使用斯卡伯勒的数据来证明其体育资产的粉丝与赞助商目标客户之间的契合度。

表 4.2 包含了斯卡伯勒提供的佛罗里达州迈阿密市指定市场区域的消费者信息。它将 18～49 岁成年人（目标人群）与普通人群的汽车产品和服务购买习惯进行对比。数据显示，在过去的 12 个月中，有 18%的 18～49 岁的成年人在 AutoZone 购物。指数为 128 的消费者群体在 AutoZone 购物的可能性比普通人群高 28%。

ESPN 自称是全球体育运动的领导者，斯卡伯勒还为 ESPN 体育民意调查提供订阅服务，该联合调查服务旨在描述美国体育迷的兴趣、行为和偏好。

表 4.2　消费者关于汽车零部件和服务的购买习惯

过去 12 个月内购买汽车产品或服务的商店	总人数	总人数百分比（%）	目标人数	目标人数百分比（%）	指数	横向百分比（%）
总计	3 544,205	100	2 041,960	100	100	58
Auto dealership	343 865	10	189 740	9	96	55
AutoZone	444 835	13	328 645	16	128	74
Bennett Auto Supply	112 340	3	75 370	4	116	67
BJ's Wholesale Club	99 815	3	60 810	3	106	61
Bridgestone–Firestone–Mastercare	75 520	2	51 505	3	118	68
Costco	130 380	4	76 505	4	102	59
Discount Auto Parts	1 111,335	31	788 300	39	123	71
Firestone–Mastercare	159 440	5	104 765	5	114	66
Goodyear Tire and Auto	145 200	4	84 370	4	101	58
Jiffy Lube	239 260	7	154 440	8	112	65
Kmart	165 860	5	111 760	6	117	67
Maaco	8 295	0	6 705	0	140	81
Meineke Discount Mufflers	24 715	1	11 390	1	80	46
Midas	44 285	1	29 800	2	117	67
NAPA Auto Parts	175 020	5	109 230	5	108	62
Pep Boys	431 320	12	296 045	15	119	69
Sam's Club	55 045	2	34 480	2	109	63
Sears	313 185	9	169 480	8	94	54

续表

过去 12 个月内购买汽车产品或服务的商店	总人数	总人数百分比（%）	目标人数	目标人数百分比（%）	指数	横向百分比（%）
Target	75 400	2	52 650	3	121	70
Tire Kingdom	280 950	8	174 320	9	108	62
Tires Plus	118 940	3	71 835	4	105	60
Wal-Mart	347 570	10	255 605	13	128	74
Other Firestone-Mastercare	10 625	0	8 625	0	141	81
其他商店	385 660	11	240 975	12	108	63
未购买过	1 169,495	33	543 475	27	81	47
任一汽车商店	2 374,710	67	1 498,485	73	110	63

注：Geoscape 是一家联合调查公司，专门调研美国人口增长最快的拉美裔。与西蒙斯类似，他们为消费者提供可访问的网络，以获得全国主要 DMAs 的拉美裔消费者和人口统计分析数据。总人数、目标人数和横向百分比已经四舍五入。

经授权，数据源于斯卡伯勒调查公司。Scarborough USA+ 2004 (12 months)，如需更多信息，请联系邮箱 info@scarborough.com.

（三）受众测量

在过去的几十年中，媒体版权费在体育资产的收入中占比最大，并且还在不断地增长，没有放缓的迹象，因此所有利益相关者都热衷于测量消费者的体育媒体使用情况。对收视率的基本了解可以让任何有志于从事体育和现场娱乐行业的人从中获益。

体育节目电视和广播视听率不仅决定了全国和地方频道的转播费用，而且在赞助权谈判中也起着重要作用。尼尔森（Nielsen）是最常用的电视数据来源，例如，观众总数和尼尔森收视率（Nielsen ratings）（尽管网站访问量、应用程序下载量和社交媒体关注者的数量也是测量的一部分，但电视收视率依旧是最主要的测量参数）。尼尔森在开展业务的每个国家或地区，都会招募大量样本家庭，代表该国或地区所有拥有电视的家庭。尽管有些家庭是通过记录收视日记的方式来汇报他们观看的节目，但多数尼尔森面板数据是通过“个人收视记录器”设备来获取的。该设备安装在电视机上，小组成员会记录哪些家庭成员在观看哪些节目。报告每晚都会自动上传给尼尔森。尼尔森通过付费订阅服务来获取收益；这些订阅服务向所有与电视收视率相关的行业客户提供详细的收视率报告（例如，按年龄组、性别和地理位置细分的收视率报告）。尤其是在体育市场中，体育资产想知道如何为赞助和品牌在相关节目（如比赛转播）中投放广告进行定价。表 4.3 是一份由尼尔森提供的黄金时段电视节目收视情况的示例。

在表 4.3 中，“2 人以上的收视率”一栏显示了拥有电视的家庭收看电视节目的百分比。“观众数”栏是估计的观众总数。另一个常用的评价指标是收视份额，即某一时段内，所有家庭成员和观众收看某一电视节目的估计百分比。

尼尔森收视率的批评者指出，要准确地计算出户外（OOH）观众（例如，在酒吧或餐馆观看 NFL 比赛的球迷）以及使用电脑和手机收看节目的观众，是一项挑战。

表 4.3　2012 年 10 月 15 日当周美国主要电视台的收视情况

排名	节目	电视台	2 人以上的收视率（%）	观众数（单位：千人）
1	《NBC 周日橄榄球之夜》	NBC	10.7	17 469
2	《新闻 60 分》	CBS	10.0	15 857
3	《生活大爆炸》	CBS	9.7	15 733
4	《与星共舞》	ABC	9.2	13 640
5	《与星共舞总决赛》	ABC	8.8	12 917
6	《疑犯追踪》	CBS	8.7	13 928
7	《好汉两个半》	CBS	8.5	13 604
8	《声音》	NBC	7.6	13 008
9	《犯罪心理》	CBS	7.5	11 809
10	《摩登家庭》	ABC	7.3	12 276

注：此表上的收视率估算包括当天的直播和 DVR 回放，时间跨度是从凌晨 3 点到第二天凌晨 3 点。收视率是指美国有电视的家庭收看电视节目的百分比。

资料来源：经许可，转载自 Nielsen, 2012, Broadcast prime, ranked on persons 2+ rating. 尼尔森公司版权所有，授权在此使用。

与电视市场类似，广播市场需要了解听众的人数指标。阿比创市场调查公司（Arbitron）使用类似于尼尔森的数据收集方法，并在该领域提供类似的数据。阿比创支持对户外观众进行测量，从而强化了尼尔森的电视评级方法。[4]

数字媒体重要性的提高催生了测量网络行为的市场。康姆斯科（ComScore）就是提供网络行为测量服务的联合数据供应商之一。尽管该公司提供了几种与网络行为有关的产品和服务，但移动矩阵（Mobile Metrix）解决方案是一个越来越重要的领域。[5]该模块提供跨移动设备和智能手机移动应用程序的使用数据。

需要注意的是，尽管谷歌分析（Google Analytics）被认为是康姆斯科的竞争对手，但它通常不属于联合数据范畴。谷歌分析的可交付成果通常服务于单个客户网站，而不是为多个客户提供可挖掘的数据源。

媒体领域的高速发展促进了人们使用服务模型来汇总公开可用的信息，这些信息本身也是联合数据。

Sky 如何衡量克里斯·弗鲁姆（Chris Froome）赢得 2013 年环法自行车赛冠军以及数百万人看到 Sky 品牌的社交媒体价值？

例如，Critical Mention（一家媒体监控公司）可在新闻媒体、现场活动转播和其他各种媒体平台上跟踪品牌偏好。它能够把握电视主播或分析师以及博客和社交媒体上提到某品牌时所表现出来的相关情绪的方向和基调。通过该公司的服务，企业可以在电视、网络和其他社交媒体上紧跟其品牌相关的公众言论。[6]

（四）转播曝光度调研

标牌和品牌曝光一直是传统赞助协议的主要内容之一。电视画面内的赞助商标识（无论是场上标牌、场内静态或旋转标牌，还是运动员制服上的品牌标志）通常被视为可用于赞助的优质资产。但是，如果观众们看到了德维恩•韦德（Dwyane Wade）喝着佳得乐（Gatorade）饮料，我们要如何用金钱来衡量这一收益呢？一种广泛使用的方法是计算品牌在比赛或活动路演中的曝光时长（以分钟或秒为单位计算），并用换算因子来估算广告的等效价值。换句话说，就是在购买标准广告时间的成本和通过赞助获得的曝光收益之间进行比较。

乔伊斯•朱利叶斯（Joyce Julius）和瑞普康（Repucom）在提供转播曝光度评估方面具有一定的权威性。每家公司都有专门的图像识别技术来分析品牌在现场直播或电视节目中获得曝光的时间和质量。[7],[8]体育和娱乐组织使用转播曝光度数据来证明他们的营销合作伙伴的商标被电视摄像机拍摄到时所获得的价值。虽然体育赞助为转播曝光度调研提供了条件，但在传统电视节目中有计划地使用植入式广告，扩大了其使用范围。

二、定制调查

尽管联合数据提供的信息更划算且更容易获得，但是可用的联合数据源仍无法充分满足企业的所有需求。在许多情况下，只有定制的市场调查才能充分满足业务需要。定制的市场调查，或简称为定制调查，是指研究人员定制和实施的数据获取方法。与联合数据供应商不同，通过定制调查获取的是尚未收集并可供使用的原始数据。

定制调查通常会探索消费者市场中的观点、态度和行为。当然，目标可能会有所不同，因而这也决定了调查的目标人群和方法。

从消费者（以及任何市场调研工作）收集的数据通常分为两类：定量数据和定性数据。定量数据是指可以用数字表示的任何数据类型，可分为名义数据（顺序不重要，例如区号）或序数数据（顺序很重要，例如重量），也可以分为离散型（可计数的，例如一场比赛的门票数量）和连续型（不可计数的，例如比赛时的温度），其优势在于通过许多分析技术、软件包和图形展示使研究人员能够更好地观测数据。

而定性数据由非数字指标（文本、图像、对象、声音等）组成。定性数据的分析需要更复杂、更抽象的技术，因为研究人员必须了解数据的含义和背景，以识别数据中共同的主题和模式。科技的进步促进了定性数据分析技术的发展。许多公司提供软件来辅助分析开放文本。内容分析是较常见的技术之一。当然，让计算机理解反馈内容并了解人类仍然是一个挑战。

定性的消费者调查为体育产业带来了特别的好处，因为对话比调查能够更好地评估粉丝与体育团队或运动项目之间的情感和激情的影响。而其缺点是，涉及定性数据收集和分析的项目通常比侧重于定量技术的项目成本高。受成本因素的影响，体育产业往往选择定量的市场调查。毫无疑问，在不久的将来，为体育营销人员寻找获取低成本的定性消费者调研的方法仍是一个商机。

现在，我们将探究定制消费者调研中的数据收集方法（类似的方法也适用于企业对企业的调研，我们将在后文进行讨论）。调查的方式和地点十分重要，而调查也是获取定制的定量研究数据最普遍的方法。定性研究的数据来源有很多种，我们主要关注当前比较常用的方法。

家得宝公司（The Home Depot）的市场调研

多年以前，当你家里的某件东西无法正常工作时，你会雇用水管工、电工等来修理。如果你是为数不多的敢于自己尝试修理的房主，那么你便会去当地的五金店寻找替换零件和维修方法。

时间快进到 1979 年，当时家得宝公司第一次在亚特兰大市区开了两家商店。从那时起，“自己动手做”（DIY）的时代开始了（平心而论，虽然劳氏的第一家商店可以追溯到 20 世纪 20 年代，但在这里我们之所以这么说，是因为家得宝公司强大的市场份额和大量的零售网点）。互联网提供了无限的资源来解决各种问题，从漏水的水龙头到坏了的割草机引擎，几乎每个人都有一些维修技能。

DIY 现象并不仅仅出现在家庭维修中。在商业界中，极少数行业像市场调研一样受到 DIY 的巨大影响。就像人有了锤子才能修理一些东西一样，成千上万的市场营销、销售、传播和公共关系专业人士都掌握了简单且低成本的 DIY 市场调研技术。要进行问卷调查吗？调查猴子（SurveyMonkey）、谷歌调查（Google Surveys），QuestionPro 和 SurveyGizmo 等工具以标准化价格为客户提供价格进行简单到中等难度市场调研。对于那些需要更高级软件平台的人，每年只需支付 1 万美元便可使用创旗调查（Turnkey's Surveyor）（由 Verint 提供支持）或 ConfirmIt 等软件进行调查研究并分析结果，其成本低于一次性市场调研项目。

体育产业也赶上了 DIY 的潮流，这是因为低成本和有才华的年轻数据分析师们愿意加入体育产业。就像采用 DIY 方法的房主有可能弄坏管道，并不得不向水管工支付数千美元一样，DIY 调研也有其风险。问卷写得不好会使得到的反馈数据毫无价值甚至有害。未能正确分析数据很容易导致错误的业务决策，并为之付出高昂的代价［请参阅杰西潘尼（JCPenney）在 2012 年提出的拒绝调整销售价格的尝试］。反复使用同一数据库的问卷受访者信息，可能会导致组织疏远他们最忠实的客户。

实际上，从长远来看，以数据为依据的决策将使所有人受益。DIY 调研技术无疑使更多组织能够使用数据进行决策。建议所有参与者谨慎进行，并采取必要的预防措施。正如所有 DIY 人员所同意的那样，错误地切断电线会导致一切成果都前功尽弃。

（一）定量研究

如前所述，调查为定制化市场调研提供了大量的定量数据。问卷中，人们通常以匿名的方式提供意见、描述行为并确定对他们重要的事情。新技术的出现使研究人员能够为受访者设计个性化的问卷，但缺点是不能匿名。调研的经验性和匿名性只能根据具体情况进行评估。

为得到完整的调查结果，受访者必须知道调查的存在，并且受邀完成调查。邀请消费者参与调研的常用方法如下。

1. 网络调查法

如今，美国家庭中有 78%的成年人（18 岁及 18 岁以上）都在使用互联网，因此在线问卷已成为最受欢迎和最简单的问卷形式之一。[9]在线问卷可以有许多不同形式，包括：

- 通过电子邮件将调查邀请发送到数据库或在线样本库；
- 通过网页或社交媒体网站上发送调查链接；
- 通过网页上的弹窗显示调查填写邀请；
- 通过文本、纸质副本或短信息服务分发问卷链接的副本。

除了家庭大量使用互联网之外，众多调查软件公司的诞生使在线调查比过去更加容易。Verint、调查猴子、QuestionPro、ConfirmIt、SurveyGizmo 等公司提供了从简单的 DIY 选项到完整的面板管理甚至是数据分析等各种解决方案。问卷软件公司使在线问卷成为接收数据最快的方法之一。大多数软件工具实时呈现结果，研究人员可以在受访者完成问题后立即查看数据。

在线调查的普遍性和便捷性使得人们接收到了大量的问卷邀请。为了帮助受访者减轻完成问卷的负担，软件提供商优化了移动设备的格式并调整了其功能，以避免产生问卷填写疲劳（例如，拖放式问题类型、图片和视频）。问卷中的跳过选项使受访者不必回答对他或她不适用的问题。例如，洛杉矶道奇队在每次主场比赛结束后都会向所有在线购买单场比赛门票的人发送比赛日满意度问卷，询问受访者是否在球场购买了优惠产品。如果受访者购买了优惠产品，他或她会收到一系列针对优惠产品的问题；没有购买优惠产品的受访者则跳过了相关问题。因为问卷对象专注于他们的计算机或移动设备，所以在线问卷通常可以包含更长的调查表（这与比赛或活动过程中的问卷调查不同，后者的问卷调查对象通常会忙于寻找座位、观看比赛等而无暇顾及问卷）。

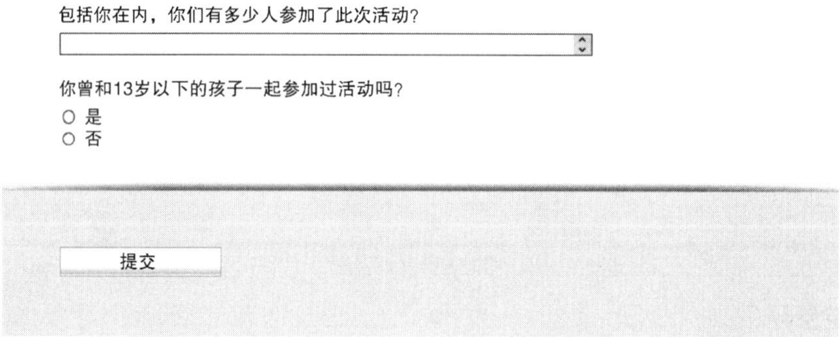

在线调查可获取消费者的信息和反馈

尽管在线问卷为收集定量研究数据（甚至根据需要为定性研究提供数据）提供了一种有效、全面的方法，但它并不总是最佳选择。例如，假设某个场馆要通过问卷调查活动参与者的满意度。该场馆拥有的所有数据库都可能包含购票者、接收在线新闻的用户或其他数据库内人员的电子邮件地址，但是可能没有在现场用现金购票的人或门票使用者（购票者与使用者不是同一人的情况）的联系方式。

在线问卷也存在很多缺陷。例如，通过电子邮件发送给受访者的问卷邀请通常被系统认为是垃圾邮件，而现在对垃圾邮件的监管比以往更加严格。研究人员和研究机构必须确保与受访者的联系畅通，否则可能会因为电子邮件的一些限制而无法完成调查。

电子邮件问卷的回复率（完成问卷的受访者人数除以接受问卷的受访者人数）取决于受访者的类型。创旗公司发现，对品牌进行更多投资（财务或情感投资）的受访者更有可能完成问卷。例如，注册接收球队电子邮件的球迷的问卷回复率为 2%～5%，而单场比赛的球迷的回复率通常为 5%～15%，季票持有者的回复率为 20%～35%。如果将问卷发布到网页上，完成问卷需要大量的浏览量，否则完成率将会非常低。

以下是一些在线问卷的示例：

● 为了确定什么因素影响了球迷在家观看比赛而不是去现场观看比赛，芝加哥白袜队使用在线问卷来调查他们的电视观众和网络观众。在比赛现场直播期间，会在屏幕上显示网址，解说员会宣布在哪里完成问卷以及如何获得奖励。电视观众和网络观众会在浏览器上输入网址并完成问卷。

● 为了评估其网络粉丝群的满意度，圣路易斯红雀队向俱乐部成员发送了一份问卷。在注册过程中，红雀队能够获取会员的电子邮件地址。

2. 拦截调查法

就像古老的格言所说："如果山不能向穆罕默德走来，穆罕默德就向大山走去。"有时，找到问卷对象最简单的方法就是身体力行走到他们面前。拦截调查包括亲自采访受访者，通常借助某种类型的工具来获取数据。尽管 iOS 和安卓设备更先进，但纸质问卷以及录音机更能有效记录相关信息。

拦截调查法的应用范围很广。本章前面的例子中提到数据库中没有活动参与者的联系信息。现场调查可确保调查人员在活动中接触到这些人。一支球队可能会在附近的体育酒吧进行采访，以评估为什么球迷更喜欢在这种环境中，而不是去体育馆里观看比赛。

如果做得不当，拦截调查会适得其反。以下是一些有效进行拦截调查的准则：

● 雇佣客观、公正、穿着无品牌服装的员工。像任何其他市场调研一样，必须让受访者发表他或她的真实意见。身穿体育团队（或赞助商）的服装或对企业大肆赞扬的员工会影响其答案的真实性，从而在分析中引入不必要的偏见。

● 问卷要简短。除非你有超乎寻常的沟通技能，否则没有人会愿意花很长时间完成问卷。根据经验，每次问卷都不要超过 4 分钟（大约是一首经典摇滚歌曲的时长）。

● 雇用足够数量的采访者。这是一条经验法则。假设工作人员正在使用一个设备（或剪贴板）来进行调查（相对于自我管理版本），并且没有对受访者提供激励措施，那么 1 小时内进行的问卷时间不要超过 40 分钟。如果你使用的是 4 分钟的问卷，则每人每小时最多可以进行 10 次问卷调查。

● 让你的员工采用抽样方法。如果问卷收集人员只想和长相好看的受访者交谈，那么你的数据很有可能无法准确反映所有人的意见。应该鼓励员工随机选择目标，或者制订一种迫使他们考虑广泛人群的方案。创旗公司通常建议邀请参加问卷调查的样本数为 n，其中 n 取决于人群规模大小（人群基数较大时每次抽样五个人，而人群基数较小时就每次抽样三个人）。

一些运动队或品牌很幸运有足够的志愿者或实习生来实施问卷调查，但如果预算允许，通常需要带薪聘请调查人员。尽管调研目标决定了何时进行问卷调查，但是通常不会在主要赛事期间进行（例如，比赛开始前，锦标赛的两场比赛间隙）。作为正在进行的有关观赛动机调查的一部分，辛辛那提红人队（the Cincinnati Reds）从开场到投出第一球期间对球迷进行了问卷调查。

这里有必要提示一下：如果必须在比赛或活动期间进行问卷调查，则询问正在排队等候（例如，排队购买优惠票）的球迷是一种很好的方式，这样可以与希望打发时间的受访者取得联系。

3. 电话调查法

过去，电话调查（一种通过电话呼叫受访者来进行问卷调查的行为）曾经是市场调研中较为流行的方法之一，但近年来大为减少了。许多因素导致了电话调查的衰退，例如，便捷的互联网调查、“电话黑名单”（www.donotcall.gov）带来的障碍以及只有移动电话（即没有固定电话）的美国家庭占比（34%）。[10]

在体育和娱乐行业，电话调查肯定不如在线调查或拦截调查那么受欢迎，这主要是由于电话采访相对昂贵。尽管存在上述阻碍，电话调查仍然是一种便捷的问卷数据收集方法。如果运动队试图联系可能不在数据库中或无法通过电子邮件联系到的受访者，电话调查则可能会有所帮助。例如，如果一个体育团队试图对从未观看过比赛的指定市场区域的居民进行问卷调查，那么该体育团队就没有可用的联系人列表。从安客诚（Acxiom）或全方位娱乐数据库营销（Full House Entertainment Database Marketing）等公司购买指定市场区域的居民列表不一定会提供完整的电子邮件地址。在这种情况下，获得该区域的电话簿比获取电子邮件列表更加简单。

鉴于当今未列出的电话号码（主要是手机）数量众多，电话调查项目通常也包括随机数字拨号（RDD）。RDD 是根据该区域电话号码特点从而生成的电话号码，而不是直接从电话簿中寻找的电话号码。使用 RDD 生成电话号码可以规避未登记电话号码和手机号码的障碍。[11]

访调员进行电话调查时，通常使用计算机辅助电话采访（CATI）。CATI 是指一种计算机软件，它可以帮助访调员拨打电话号码，如果未接听，则稍后会继续拨打，同时将问卷问题展示在监视器上以供访调员读取，并显示相应的代码数据作为访调员对受访者反馈的记录，并根据反馈适当跳过题目。[12]

4. 直接邮寄调查法

与电话调查类似，（美国）直接邮寄在调研行业以及体育和娱乐公司中已不那么受欢迎了。要通过直接邮寄进行问卷调查，公司必须打印和邮寄问卷表（调用打印和邮资费用），包括支付回信的费用，打开回收的问卷表，然后手动将其输入系统以分析数据。在上述操作之后，由于受访者需要付出更多的努力来填写问卷并将信邮寄回公司，因此与在线调查或拦截调查相比，直接邮寄调查的回复率往往较低，即使给了受访者信封并支持免费邮寄，结果也是如此。

直接邮寄调查具有匿名性和保密性的优点。尽管在线和电话调查也有这些优点，但受访者仍有理由对此表示怀疑。毕竟，计算机技术使电子邮件和 IP 地址的跟踪变得容易，电话调查意味着访调员拥有受访者的电话号码。但是，通过直接邮寄，受访者可以控制邮寄问卷表的位置以及所包含的信息。

（二）定性研究

若要概述所有类型的定性研究数据可能要好几个章节才能讲清楚，因为几乎所有东西都可以成为定性研究的数据源。你可以在大学橄榄球比赛的看台上走来走去，察觉球迷的情绪，然后报告“大多数人都在享受比赛”。尽管这个例子看上去可能很愚蠢，但实际上这就是定性研究收集信息的一种方式。

市场调查行业中存在着结构化的定性研究形式。我们将在这里介绍部分内容，重点关注与体育和娱乐行业最相关的内容。如果想要广泛地了解定性研究，你不妨参阅 Belk 的书。[13]

1. 深度访谈

深度访谈，也称为 IDIs，是受访者与采访者（或主持人）之间的问答讨论。当调研目的侧重于个人的决策过程或对刺激的反应而没有其他受访者的参与时，IDIs 就是首选方案。例如，运动队可能想了解高级包厢持有者的利益偏好。如果在一次访谈中有多个受访者，有些人可能会因某一个人的意见而产生偏见（例如，“哇，我从来没想过要礼宾服务。”）。

但 IDIs 也有一些明显的优点，例如，更容易安排时间且不存在偏见。另外还有两个细微但重要的优点，包括：

- **成本效益**。全程可以采访受访者（每次面谈大约 30～60 分钟，但费用可能很高）。[14]
- **更深入的见解**。定性研究采访者喜欢探究受访者，通常使用阶梯战术。阶梯战术是一个由四个（或更多）与要素相关的问题组成的系列问题。问题包括询问其特征、功能性利益、更高的利益以及最终的情感利益。[15]在采访一个人时，采访者可以深入探讨一个主题和（对受访者而言可能存在的）敏感问题，而不必担心受访者在他人面前讨论该主题的感受。

对于 IDIs 和焦点小组（在下一部分会讨论），创旗公司提供了以下最佳方案。

- 使用访问指南是为了确保访谈内容保持在调查目标范围内。
- 在与客户无关的地点进行访谈。许多客户喜欢在他们的办公地点（例如，体育场馆）进行定性研究，以节省资金。实际上，如果访谈在与品牌相关的环境中，则会引入潜在偏见，并有可能使研究无效。所有主要城市都提供专业的研究设施，以优化定性研究的能力。这些设施具有录音和对话转录等功能，并会为受访者提供茶点。
- 所有讨论都由第三方主持。虽然研究人员会尽最大努力做到客观，但公司员工仍然很容易在调查过程中存在一些主观意见。访问者的偏见可能会导致受访者夸大话题或压抑对某个话题的真实感受，这会造成调查结果无效。

2. 焦点小组

焦点小组通常包括 5～12 名受访者，这些受访者都是根据他们与特定问题或研究主题的相关性而招募的。访问者有责任确保讨论能够对未解决的研究问题提供反馈。与 IDIs 一样，访问者通常依靠访谈指南来强化讨论的结构。

焦点小组的组织者为客户提供了观看和收听现场直播的机会，而研究者则在相邻的房间中主持讨论

焦点小组讨论不仅可以收集到在调查研究中不太可能出现的见解，还

可以接触到可能不愿或无法参与调查研究的一组受访者。例如，NFL 小组的青年计划组织了一个焦点小组讨论，其中受访者是 7～14 岁的孩子。进行这个焦点小组讨论后，NFL 小组可以从孩子的角度了解他们的青年计划，而根据联邦法律规定，这是不可能通过在线调查完成的。

焦点小组参与者在年龄、性别和产品使用方面应尽可能保持一致。在调研过程中，受访群体的同质性越高，讨论越活跃，得到的见解也更深入，这可以带来更多的见解。当一个受访者的人口统计数据与其他参与者不一致时，通常会提供误导性信息。如果客户希望从不同年龄、性别等获得信息，建议进行多个焦点小组讨论。

在线焦点小组已经变得越来越流行了，并且与即时通讯软件如 Skype、思科网讯（WebEx）和类似产品的可用性有关。在线焦点小组确实有一些明显的好处，例如，能够不受地域限制地招募受访者。在线焦点小组本质上存在一定局限性：与主题相关的现场产品演示、视觉效果和文字表达等更容易受影响。此外，有价值的非语言行为（包括身体姿势、手势和面部表情）提供了更多的反馈，但却无法在聊天室中体现。例如，向 NFL 季票持有者提及“停车出口”和“公共座位许可”之类的词会让参与者产生消极的面部表情。

3. 民族志

约吉 • 贝拉（Yogi Berra）有句很著名的话：“你只要观察就可以发现很多东西。”具有讽刺意味的是，体育界几乎从未采用过遵循这一思路的市场调研形式。民族志的研究是在现实生活中观察调查对象（无论是一个人还是一群人）的行为。这种类型的调查可以深入了解消费者的需求状况、日常习惯和决策过程。你是否曾经注意到现在的番茄酱瓶和洗发水瓶的盖子朝下了？这种变化是通过民族志学研究得出的：消费品品牌注意到，消费者通常会颠倒放置这些物品，以确保把物品全部用光。

民族志经常需要得到调查对象的许可。但是简单的民族志研究可以在体育产业中完成，而不需要这些正式的步骤。仅仅在比赛中坐在看台上或在比赛开始前的车尾野餐会中走动，就可以分别了解到观众对就座服务和啤酒消费的满意度。多数情况下，民族志研究在调研项目开始时进行，为后续研究提供基础数据。[16]

民族志有其潜在的缺陷。首先，人们在被积极观察时并不总是表现出相同的行为。这些调查也可能需要很长时间才能进行。受访者在调查过程中必须感觉自然且不受影响，就像没有被调查一样。与其他形式的定性研究相比，民族志研究更需要经验丰富的从业人员来确保调研的有效性和成功性。[17]

4. 其他定性数据源

尽管大量的定性研究继续沿用前述的几种方法，但不断更新的技术和社交媒体为公司和品牌提供了从消费者那里收集反馈的新方法。

- **市场调研在线社区（MROC）**。包括主要的美国职业体育联盟在内的所有类型的企业通常都会雇用消费者小组进行问卷调查。直到 2008 年，MROC 才开始蓬勃发展，而到 2013 年，它们确实还没有在体育和娱乐领域大放异彩。MROC 是一个专门进行定性市场调研的在线社区。MROC 可以为 IDIs 和焦点小组提供受访者，在参与者之间提供不受限制的对话，甚至可以作为日记和日记条目的来源。[18]
- **社交媒体网站**。社交媒体（例如，Facebook 或 Twitter）上发布的数据从根本上来说是可观察的；你的所见即所得。但是这些网站的信息往往来自投入最多的客户（粉丝），这就让反馈有了价值。如果耐克公司观察到有许多篮球迷诋毁一双耐克鞋的耐用性，这些信息显然会促进公司采取行动。

（三）企业对企业的调研

企业对企业（B2B）领域的市场调研发生在体育行业之外而不是内部。造成这种差距的原因很容易理解——从商务人士那里获得反馈的成本要比从普通消费者那里获得信息的成本高。消费者愿意为了获得抽奖机会或获得少量金钱奖励而完成在线调查，而让某人从忙碌的工作日中抽出时间完成调查通常需要更高的价格补偿。

但这并非总是如此。为体育营销者提供反馈肯定对企业有一定的好处。这里有一些例子：

- **公司合作伙伴。**企业合作伙伴为体育团队提供了宝贵的收入来源。体育团队需要确保合作伙伴对合同条款的履行感到满意。客观的第三方调研可以更好地了解合作伙伴对双方合作的意见和建议。
- **供应商。**体育团队可以轻松地扮演客户的角色。例如，其主要利益相关者的满意程度能够使得体育团队从中受益。
- **豪华座位持有者。**许多高级座位区，例如，套房或高级俱乐部席位，可满足业务拓展人员的接待需求。如果业务拓展人员在这些高级场地举办客户或员工的娱乐活动，但却没有看到好的效果，那么续约难以保证了。体育团队和场馆可以使用调研技术来确定高端区域内客户的需求。

第二节　体育和娱乐市场调研的用户

现在，我们将重点专门转移到体育行业上。除了偶尔进行的项目外，典型的体育组织没有进行过定期调研。从历史上看，体育界的市场调研由第三方供应商或合作伙伴的终身市场调研人员进行设计、执行、分析和解释。这些人可能已经接受了有关如何收集和解释数据的学术培训。具有这种技能的人员通常受雇于专业的体育评估机构，从而允许第三方供应商为运动队提供这些服务。纵观大型企业（如赞助商、联盟办事处和代理机构）的历史背景，市场调研人员一般会从公司内部聘请。

近年来，利用市场调研推动体育行业的日常业务决策越来越受到重视。数据库营销和互联网可以轻松地进行数据收集和数据存储，因此数据变得触手可及。而分析数据并将结果付诸实践是一大难题，这一挑战促使体育行业内的许多组织从内部聘用员工来满足广泛的市场调研需求。不再有典型的市场调研人员或分析师；该名称对于每个雇用研究人员的组织而言可能意味着不同的含义。在某些情况下，你可能会聘请一位善于处理各种来源的联合调查数据的管理人员，或者是一个善于设计调查问卷并收集稳定数据的人又或者可能是一个善于分析数据、寻找趋势并得出结论的人。更复杂的是，一个组织的分析师可能有 15 年的经验，而另一个组织的分析师可能是将要在 3～6 个月内重返学校的实习生。

上述每个技能（设计问卷、收集稳定的数据、分析数据等）都可以满足特定需求。在体育产业中，对调研的需求来自不同方面。以下范例表明不同的组织如何使用市场调研服务。

一、职业体育联盟

职业体育联盟中的市场调研人员有多种职责在身。媒体收视率和转播调研具有高度相关性，因为联盟通常控制着部分（甚至全部）电视转播权。所有主要的体育联盟都会雇用媒体调研人员，挖掘收视率数据并以此为依据与合作伙伴协商版权费和广告费用。尼尔森和阿比创（Arbitron）是联盟使用的两个主要的收视率测量系统。媒体调查也有助于确认联盟对赞助商和广告商的合同义务履行情况。

职业体育联盟的市场调研人员通常能够满足联盟内部多个部门的消费者调研需求，包括赞助、票务和市场部门。联盟需要了解消费者的行为和观念，因为它们会影响联盟、联盟伙伴和联盟商标的品牌塑造。消费者对坦帕湾闪电（Tampa Bay Lightning）品牌、坦帕湾闪电赞助商和坦帕湾闪电赛事产品体验的看法和意图可能因其对 NHL 及各自品牌、赞助商和体验的看法和意图不同而不同。在此案例中，NHL 市场调研人员会对粉丝进行调查，从而获取有关全美转播、观看 NHL 比赛的方式、观看联盟举办的赛事（冬季经典赛和全明星赛等）的体验，以及对 NHL 赞助商相关行为的看法的反馈。联盟办公室将按市场、区域、地区和国家等不同范围来分析此数据市场。通常的做法是同时分析各粉丝群体（狂热粉丝与普通粉丝、现场观众与电视观众、年轻粉丝与老年粉丝等）。

收集多少数据才足够呢？

市场调研人员一直在收集各种数据，但似乎对数据量永不满足，样本容量应为多少呢？

此问题没有一个放之四海而皆准的答案。最佳答案是“视情况而定”，这就引出了下一个问题“根据什么情况来判断呢？”进行问卷调查时确定合适的样本量需要考虑以下问题。

- **你的推论将涉及多大的人口规模？**人口的规模通常很大，有时被认为是无限大（例如，美国人口）。但是有时人口规模可能相当小（例如，美国东南部 A 级小联盟棒球队的季票持有者）。
- **你的估算值（以及推论）要精确到什么程度？**衡量此问题时请仔细考虑一下。尽管许多创旗公司客户担心所收集的样本数量不足，但经常会出现采样过量的情况。而且，尽管从粉丝或购票者数据库中采样并不会产生预算之外的费用，但要求你的客户回答过多的问卷也存在隐性成本。某些领域需要极高的准确度。例如，脊柱外科手术和航空管制。但是在估计比赛观众对于现场音乐的喜爱度时，增减几个百分点都是可以接受的。
- **你的预算有多少？**更大的样本数量通常会导致更高的成本。即使样本来源不会有预算以外的花销，样本数量越多，所产生的数据文件就越多，分析越复杂，得到最终结果所需的资源也越多。如果选择进行现场调查，那么较大的样本量就需要在现场花费更多的时间，这通常意味着员工进行采访时的成本增加。而且，使用第三方面板进行的在线调查必然会在成本和样本数量之间产生一对一的关联。如果你的预算不允许你收集足够的受访者以获取稳定的、可靠的数据，则最好跳过该项目或选择其他方法。

只有确定了人口规模、精准度和预算后，研究人员才能充分考虑样本量是否足够。创旗公司发现，针对某一兴趣群体的典型问卷调查需要 250-500 位受访者才能产生可靠的数据集。样本量的范围要视情况而定。

最后，职业体育联盟的市场调研人员通常担任其会员俱乐部的顾问。并非所有体育团队都可以有相同的人员构成和预算资源，但是联盟办公室不想查看其会员俱乐部的情况，不想关注他们有什么或者缺什么资源。联盟办公室希望提供尽可能多的资源，以增强会员俱乐部的能力并支持其业务运营。从历史上看，没有哪个联盟比 NBA 的团队营销和业务运营部门更优秀了。TMBO 的市场调研人员可以协助 NBA 俱乐部进行票务调查、赞助调查、高级座位调查以及印象评估调查等。他们通过 NBA、WNBA 和 NBADL 俱乐部的市场调研，分享俱乐部的最佳实践。

联盟能够对多个俱乐部进行市场调研，其费用远低于俱乐部自己进行调研所需的费用。在这些工作上进行投资可确保体育团队在顺境时将利润最大化，在逆境时将损失最小化。

二、职业体育资产

总体而言，在过去的五年中，职业体育资产使用市场调研的情况日趋增多。一些体育团队在定制调查和联合调查上投入巨资，而其他体育团队在其业务运营中不使用市场调研。在最基本的层面上，绝大多数职业体育资产都会收集粉丝反馈。经常涉及的主题包括活动满意度（优惠、停车、服务人员等）、季票持有者满意度、门票套餐和活动特点。

由于体育团队具有相似的业务运营，并且希望获得相似的粉丝投入，创旗公司注意到多年来调查主题的重复性。以下是常见的调查主题：

广告认知度	群体领袖	高级座位
品牌调查	待客偏好	促销品偏好
播出满意度	比赛中的娱乐活动	季票持有者满意度
转播合作伙伴	互联网使用和消费情况	二级市场
社区关系	儿童俱乐部	社交媒体习惯
概念测试	过期季票持有者	特别活动满意度
优惠偏好	吉祥物满意度	可获赞助商类别的机会
客户服务满意度	媒体习惯	赞助商或合作伙伴峰会后的活动
人口统计资料	媒体合作伙伴	赞助量度
经济影响调查	商品供应计划	套房费用满意度
员工满意度	新棒球场	主题之夜
电子通信内容	新客户	售票习惯
粉丝行为	场外参与	电视观众购票习惯调查
粉丝俱乐部满意度	网上购票满意度	（团队）制服偏好
粉丝娱乐偏好	停车和物流	球票未使用的情况调查
餐饮	合作伙伴和赞助商的满意度	网站满意度
比赛日满意度	首选的开场时间	
绿色环保和回收行为	专属优惠	

职业体育资产似乎正在从事日益复杂的调研项目。具体而言，事实证明赞助测量和票务定价调查在各部门收入最大化方面非常有效。赞助部门承受着巨大的压力，需要证明权益费

用的合理性并衡量企业合作伙伴关系的有效性。品牌方通常在内部实施监管追踪，依靠体育资产队来获取数据。赞助部门可以收集与特定品牌、类别或总体赞助商的看法有关的数据，并对这些数据进行分析和解析，以向品牌方阐明通过体育团队粉丝群可以促进合作伙伴关系的发展。

在票务方面，所有的职业体育资产都在尝试寻找门票的最佳价格点。哪个价位会导致门票无法售出？哪个价位会有损门票的价值？哪些变量会导致价格上涨或下跌？票务部门会分析许多数据源以修改价格。其中，一级市场和二级市场的销售数据是两个较为重要的数据来源。了解未售出的门票库存、已售出的门票价格以及高价票的购买情况有助于确定未来的价格最佳点。一些职业体育运动队每天都根据这些数据提出定价建议，而其他运动队则不太经常进行这种分析。尽管这种数据分析在票务领域取得了进展，但一些组织仍然不进行此类分析。

三、赞助商

体育赞助的主要目的是能够利用体育组织的资产（标志、款待、粉丝、活动机会等），更有效地推动赞助目标的达成。我们很难概括赞助商是如何有效利用赞助的，将可口可乐公司与费城康复公司（NovaCare）的赞助方式进行比较也没有什么意义。更广泛地说，一个品牌可能想让男性受众了解新产品，另一个品牌可能希望通过独家款待权益来激励合作伙伴和员工，还有的品牌赞助商可能纯粹是出于防御目的而发起的赞助，即阻止竞争对手并有效地建立自己的市场份额。在任何赞助关系中，赞助商都应明确赞助目标。

阿诺德体育节的赞助商对其赞助效果的衡量指标各不相同

因为每个赞助商和每段赞助关系都有不同的目标，所以与赞助相关的市场调研也会有所不同。在任何赞助活动开始之前，赞助商都应尽量确定关键绩效指标（KPI）的基准值。之后，所有的测量值都将与基准值进行比较，以显示赞助是否有效。如果没有基本的衡量标准，就无法衡量赞助的有效性。

在赞助领域推广市场调研是具有挑战性的。通常，赞助商组织内部市场调研的复杂性超过了典型的职业体育团队。许多赞助商品牌均设有市场调研部门，以便进行包括体育领域在内的所有与营销相关的调查。

在许多情况下，对赞助的衡量受预算限制。众所周知，各大品牌都在进行调研，试图在更广泛的品牌追踪调查中纳入与赞助相关的问题，以降低成本。这样做掩盖了普通消费者和体育迷之间的差异。甚至，有时品牌商会把品牌测量的事宜交给他们的代理商去执行，这等同于学生自己给自己打分。

第三节　市场调研在体育产业中的应用

本节提供了案例研究示例，说明了如何在整个体育产业中利用市场调研来促进数据驱动的决策。尽管营销、票务和赞助等领域往往会从粉丝的反馈中受益匪浅，但实际上调研应用的范围远远超出本章讨论的案例研究范围。虽然一些体育团队名称可能会因为保密协议的缘故而被省略，但是案例研究引用的所有数据都是真实的。

一、赞助：密尔沃基雄鹿队

NBA 2010—2011 赛季标志着联盟团队营销和业务运营办公室首次率先开展了一项大规模调查研究，以提高赞助销售部门的业绩。与其他参赛球队一样，密尔沃基雄鹿队也确定了几家顶级赞助商。球队通过展示赞助对球迷的影响，积极促进了赞助商的续约。密尔沃基雄鹿队调研中的两个赞助商之一是他们的官方赌场——帕塔瓦米宾果赌场（Potawatomi Bingo Casino）。

（一）方法和样本

密尔沃基雄鹿队向他们的季票持有者（全部赛季和部分赛季）、单场比赛门票购买者和电子通信订阅者的数据库发送了一份在线问卷调查的邀请，并筛选出居住在密尔沃基市场区域内的受访者。而对照组中的受访者是由在线消费者小组供应商提供的，这部分人是该地区对这个球队不感兴趣的居民。这项调查包括三个阶段：赛季前（设定基准）、赛季中（允许球队在表现欠佳的地区采取行动）和赛季末（总结所有发现）。

（二）主要发现

- 雄鹿球迷对帕塔瓦米宾果赌场的熟悉度和好感度高于非球迷。
- 到目前为止，帕塔瓦米宾果赌场是球迷前往该区域赌场游玩的首选之地。
- 帕塔瓦米宾果赌场的特定品牌认知度(例如,“最佳的餐厅/用餐选择”“最佳娱乐活动”)在球迷中的得分明显高于非球迷。

（三）结果

雄鹿队在他们的赞助回顾中提取了这项调查研究的数据，向帕塔瓦米宾果赌场展示了目标回报率。在 NBA 2012—2013 赛季，密尔沃基雄鹿队和帕塔瓦米宾果赌场宣布将合作期限再延长六年。

二、票务：西雅图海湾人队

西雅图海湾人队是 MLS 中最受欢迎的球队之一。由于门票需求旺盛，自 2009 年开赛以来，该组织不得不多次对世纪互联体育场（CenturyLink）进行扩容。（世纪互联体育场能容

西雅图海湾人队因其票务多样性而持续吸引的球迷数量比任何其他 **MLS** 球队吸引的球迷数量都要多

纳 67 000 人，但由于海湾人队与 NFL 的西雅图海鹰队共用该场馆，所以举办足球比赛的场地容量人为地缩小了。）2011 年，西雅图海湾人队在 MLS 中的平均上座率最高，比上座率排名第二的洛杉矶银河队高出 60%。[19] 由于上座率很高，西雅图海湾人队希望找出在整个体育场内出售尽可能多的门票的方法，同时以合适的价格为球迷提供最佳的门票套餐。为此，他们需要确定球迷在购买球票时最看重什么，以及他们愿意为各种球票套餐支付多少钱。

（一）方法和样本

西雅图海湾人队在 2011 年 6 月发布了在线问卷调查，并从全部赛季或部分赛季的季票持有者、单场比赛的购票者以及少数其他西雅图海湾人队球迷那里获得了数据。

（二）主要发现

- 西雅图海湾人队球迷主要关注价格，甚至认为价格比观赛位置还要重要。
  - 在价格合适的前提下，坐在距离比赛场地近或远一点的位置上对这些球迷而言都无所谓。
  - 转角处的座位价格可能等于或低于中场座位的价格。
- 通票的套餐对于粉丝们没有增加价值，无论是否有优惠，他们都更喜欢最便宜的门票。

（三）跟进

在 2012 赛季（调研结束后的那个赛季），海湾人队比赛的平均上座率再度增加 9%，部分原因是对战波特兰伐木者队的那场比赛上座率达到了创纪录的 66 452 人。[20]这场比赛在 MLS2017 年夏季所有常规比赛中上座率排名第二。[21]

三、活动运营：拉斯维加斯赛车场

每年春季的拉斯维加斯赛车场（LVMS）在为期三天的 NASCAR 周末，包括斯普林特杯和全国系列赛，都会接待 30 万名游客。从历史上看，LVMS 一直使用在线调查来创建门票购买者的档案。在 2012 年，LVMS 体育高管们开始将消费者调查工作的重点转移到更好地了解比赛当天观众的基本信息和行为上。LVMS 对 18 至 34 岁年龄段的粉丝特别感兴趣。

（一）方法和样本

LVMS 使用两个单独的现场问卷，用纸笔方式对场地本身和 VIP 粉丝区域霓虹灯车库的观赛者进行随机抽样。研究人员会被有计划地安排在场地各处，以确保能采访到有代表性的观赛者。为了让粉丝能够在比赛当天体验到 LVMS 所提供的产品，在比赛开始后进行的一项问卷中包含了所有的客户体验问题。

（二）主要发现

关于观看 LVMS 比赛的 18 至 34 岁的粉丝：

- 与 35 岁及以上的观赛者相比，他们不是 NASCAR 的狂热爱好者；
- 40%的人是有史以来第一次（或过去五年来的第一次）参加 NASCAR 比赛；
- 他们更愿意购买便宜的食物和饮料；
- 他们享受霓虹灯车库的活动经历；
- 他们可能是通过 LVMS 网站或口口相传而不是大众媒体了解到霓虹灯车库这一活动的。

（三）关键行动项目

- 尝试将门票和餐饮捆绑销售；
- 针对首次 LVMS 观赛者提供回购优惠；
- 提供门票买一送一的机会，因为观赛者很可能会带领朋友和家人共同参与。

四、社交媒体：圣路易斯红雀队

MLB 的圣路易斯红雀队投入了大量精力来维护 Facebook 和 Twitter，希望更好地了解其粉丝的社交媒体习惯和偏好。该队还进行了一项调查研究，旨在评估人们对普通社交媒体和红雀队官方账号的态度和使用情况。

（一）方法和样本

红雀队使用在线问卷调查，从其粉丝数据库以及 Facebook 和 Twitter 账户中寻找受访者。

（二）主要发现

- 尽管红雀队在两个网站上都有很忠实的粉丝，但 Facebook 的粉丝数量远远超过 Twitter，这与 Facebook 和 Twitter 的总体动态一致。
- Facebook 和 Twitter 为红雀队的社交媒体工作发挥了不同的作用：Facebook 重在与粉丝维护关系、保持联系、分享个人信息，Twitter 重在发布新闻、关注赛事。
- 对红雀队的社交媒体平台的总体满意度很高。球迷表示有兴趣与红雀队互动，可获得更多门票优惠和赠品。
- 与在其他 Facebook 和 Twitter 页面上的行为相比，使用社交媒体的红雀队粉丝在红雀队网站上的活跃度较低。在红雀队的账户上，他们不太可能对帖子、图片或视频进行点赞或评论，或者转发或回复。
- 布希体育场（Busch Stadium）的互联网连接状况不佳，球迷无法在观看比赛时访问 Facebook 和 Twitter。正如创旗智能系统调查中所发现的那样，这个问题在体育场馆中很常见。

（三）关键行动项目

● 红雀队针对他们的 Facebook 和 Twitter 账号采取不同的策略，以发挥每个平台的优势，满足网站用户的期望。

● 他们将为 Facebook 粉丝提供增进与运动员、运动队和联盟之间联系的内容。

● 他们在 Twitter 上，为用户提供红雀队的最新动态。

● 为网站的访问者精心制定策划内容，使其与访问者的需求相匹配。理想情况下，这些信息让粉丝感觉自己拥有了 VIP 待遇。

● 该体育团队将在体育场馆内提供 WiFi 热点，供社交媒体用户签到使用。

第四节　正确调研的要点

在体育产业中，可观的收入转化为运动员、教练和经理的薪水后，剩下的资金则用于体育场馆租赁、团队出行和其他现场支出。在体育场馆外，球队以低廉的预算运作，预算里必须包括营销、工资单、社区推广、数据库建设，甚至包括办公用品和清洁人员等的日常开销。市场调研的预算是最精简的。在某些情况下，体育营销人员对调研的重视程度不足，导致资金投入较少。或者即使在调研可为组织带来巨大收益的情况下，也可能根本无法获得资金投入。现实情况是，在所有企业中，市场调研都是成本中心，其投资回报率经常受到质疑。

值得庆幸的是，本书的读者知道，客户反馈在任何与体育相关的业务运营中都占有一席之地。关键是在适当的时间、在适当的预算限制内，以合理的理由进行调研。主要问题是如何最大限度地利用有限的调查资源从市场调研项目中获得最佳回报。

换句话说，什么是正确的调研项目？

当然，这个问题没有答案。但遵循以下要点，调研项目就可能会为有效且明智的决策提供适当的见解。

● **确定当前的业务目标**。创旗公司接手的很多项目的主要利益相关者或项目经理并不清楚其业务目标是什么，这听起来似乎很荒唐。有时该项目只是例行公事。例如，“我们总是在每次主场比赛后收集数据”。或者，我们之所以这么做是“因为其他团队也在做”。这两个示例中都没有清晰的业务目标。为了方便开展市场调研，业务目标应是解决某个未决问题，且消费者的反馈能够回答该问题并推动业务向前发展。以下是创旗公司经常遇到的一些示例：

  ○ 我们如何改善观众的观赛体验？
  ○ 我们的广告能否提高品牌知名度？
  ○ 我们对 X 队的赞助是否有助于提高品牌回忆？

● **用目标定义方法，绝不要逆向而行（这也是创旗公司调查的座右铭）**。经常有客户与我们联系，说：“我们需要供应商来进行现场调查。”在探究客户为什么要进行现场调查之后，我们发现客户希望了解未来观众出席的习惯。因为此协议类似于在一个聚会派对上询问一个大学生是否要参加另一个聚会派对，最终我们在现有赛事结束两周后，引导客户进行在线调查。

如果想预先确定如何进行市场调研，有很多方法可供选择，前文仅描述了其中一个示例。需要进行调研的客户总是习惯于套用现有模型，而实际上其调研目标与该模型往往并不匹配。举例来说，由于各类授权的在线调查软件价格相对便宜，体育或其他组织总想将在线调查用于一系列调研项目（而实际效果往往不佳）。

正如前文所述，运动和情绪是相辅相成的。定性研究提供了一种更有效的方法来理解情绪因素对欲望和行为的影响。如果期望一项调查能提供正确的数据来解释情绪，这不公平。

- **计划尽量周全**。由于时常会出现无法预料的公关噩梦或类似问题，因此调查总是需要尽快完成。但同时，人们也应当意识到，完成高质量的消费者调研并进行数据分析是需要时间的。从经验角度看，假设从头开始编写一份全面的调查问卷需要 8 到 10 个工作小时，而撰写一份有见地的调研报告则需要 40 到 80 个工作小时。计算机在一定程度上加快了这一过程，但形成最终的调研报告仍离不开人为的思考，即能够实现业务目标并提供可行性建议的总结性内容。

- **行动前要有预算意识**。有些人去买一辆新车前，会先查看价格，然后想办法购买。其他人会先决定自己有能力花多少钱买一辆新车，然后再看是否符合预算。哪种方法更好？让我们将这个问题留给心理学专家来研究。在体育行业中，Turnkey 认为最好采用后一种方法。先确定团队愿意花费多少成本来解决当前的业务问题，然后探索解决问题的方法。如果项目成本大大超过预算，那么为获取这些调研信息可能就不值得这么做。也就是说，组织应该先尝试降低调研成本，然后再决定是否放弃该调研项目。

- **寻找调研合作伙伴，且仅限于供应商**。或许，你的体育组织有固定的广告代理商、常年合作的会计师事务所、特许合作伙伴，甚至有惯用的货运公司。那为什么你要像对待实习生一样对待市场调研机构，总是换来换去呢？如果有机会与某一客户长期合作，那么调研机构就能够详细了解该组织的业务、品牌的细微差别、粉丝的习惯，从而找到合适的调研方法并以较低的成本提供更多有效信息。正如业内人士所言，若要提供一份有用的调研报告，就必须对客户开展的业务有深入了解。

本章小结

成功的企业已经开始依赖大量的数据源来更好地了解市场。体育商业的运作方式也是如此，因为该行业中所有类型的组织都在不同程度上采用数据驱动的决策方式。数据可以从尼尔森、阿比创和斯卡伯勒或其他同类公司等联合来源获得。当联合来源无法提供合适的信息时，研究人员就会转向定制的数据收集方法，从而得到定量或定性数据。典型的数据收集方法包括问卷调查、个人访谈和焦点小组等。当然，项目的目标将决定方法的正确性。

在体育产业内，赞助、票务和营销活动对组织收入流的贡献较大，因此应经常在这些领域中运用市场调研。衡量赞助的兴起是因为品牌需要仔细监控预算并了解其回报。票务调研有助于确保票务套餐的价值定位，体育营销人员已经开始看到体育品牌与传统营销领域之间的相似之处了。

尽管体育行业对调研和数据分析的投资在不断增加，但这些领域的预算仍然很紧张。要以最低的成本进行最佳的调研，就要充分理解目标并制订周密的计划，以确保项目的各个方面都能顺利进行。

课后活动

1. 除了本章引用的数据源之外，找出三个有助于体育组织确定最佳销售和营销策略的联合数据源。

2. 对于以下各种情况，确定哪种定制调查方法最有价值。首先，具体说明一个定量或定性方法（定量方法如现场问卷调查、定性方法如焦点小组），然后添加细节。

（1）一支小联盟曲棍球队希望了解现场观赛者对比赛的体验。

（2）一个棒球手套和棒球装备品牌，希望针对少年棒球联盟球员的家长开展一项新的广告宣传活动，以了解孩子及其父母与该棒球品牌之间的情感联系。

（3）一家赛车场正在考虑提供各种门票套票，包括多日通行证、各种餐饮选择以及商品优惠。该赛车场需要通过消费者反馈来制定适当的价格和优惠策略。

（4）一个职业体育联盟希望了解，当运动员触犯法律时，狂热球迷和普通球迷对联盟的看法会有何改变。

（5）一个知名运动饮料品牌想了解，赞助大学橄榄球会如何推动那些18～25岁热爱体育的人群的购买行为。

3. 在做企业对企业调研时，如果与运动队现有的合作伙伴相关，成功的潜在障碍是什么？体育团队如何向合作伙伴寻求反馈以避免这些陷阱？

4. 哪些市场调研主题可能导致受访者的回答不诚实？哪种方法可以使调查获得真实客观的数据？

注释

1. Stu Hunter, presentation given at Nabisco, Inc., East Hanover, NJ (1999).
2. U.S. Census, *American Fact Finder*, http://factfinder2. census.gov.
3. Scarborough. *Scarborough Methodology*. http://en–us.nielsen.com/sitelets/cls/documents/scarborough/Scarborough–Methodology–2012.pdf.
4. D. Goetzl, “Arbitron Data Gives NBC a Crown of Sorts,” *MediaPost*, 21 June 2012, www.mediapost.com/publications/article/177355/#axzz2bot–NZDfW.
5. comScore, *Mobile Metrix*, www.comscore.com/Products/Audience_Analytics/Mobile_Metrix.
6. Critical Mention, www.criticalmention.com.
7. Joyce Julius, www.joycejulius.com.
8. Repucom, www.repucom.com.
9. K. Zickuhr and A. Smith, *Digital Differences*, Pew Internet (13 April 2012), http://pewinternet.org/Reports/2012/Digital–differences/Main–Report/Internet–adoption–over–time.aspx.
10. S. Blumberg and J. Luke, *Wireless Substitution*, Centers for Disease Control (June 2012), www.cdc.gov/nchs/data/nhis/earlyrelease/wireless201206.pdf.
11. Pew Research Center for the People and the Press, *Random Digit Dialing—Our Standard Method* (2012), People–Press, www.people–press.org/methodology/sampling/random–digit–dialing–our–standard–method/.

12. United Nations Economic and Social Commission for the Asia and the Pacific, *Computer Assisted Telephone Interviewing (CATI)*, United Nations Economic and Social Commission (October 1999), www.unescap.org/stat/pop–it/pop–guide/capture_ch04.pdf.
13. R. Belk, *Handbook of Qualitative Research Methods in Marketing* (Northampton, MA: Elgar, 2006).
14. C. Azzara, "Qualitatively Speaking: The Focus Group vs. In–Depth Interview Debate," *Quirk's*, June 2010, p. 16.
15. FocusGroupsTips.com, *How to Use Laddering in Qualitative Market Research*, www.focusgrouptips.com/laddering.html.
16. T. Fidgeon, *Ethnography—When and How to Use*, Spotless Interactive, http://www.spotlessinteractive.com/articles/usability–research/ethnography–when–and–how–to–use.php; T. Brogdon, "Qualitative Techniques That Go Beyond the Focus Group Room," *Quirk's*, February 2011, p. 50.
17. Ibid.
18. J. Henning, *MROC= Market–Research Online Community*, Vovici (24 October 2008), http://blog.vovici.com/blog/bid/17991/MROC–Market–Research–Online–Community.
19. MLS Attendance, *September 30th Attendance Update* (September 2012), http://mlsattendance.blogspot.com/2012/09/september–30th–attendance–update.html; J. Boyle. "Sounders Beat Timbers 3–0 Before Record Crowd," *Washington Herald*, 7 October 2012, www.heraldnet.com/article/20121007/SPORTS/121009835.
20. Ibid.
21. Ibid.

第五章　市场细分

学习目标：

- 理解市场细分在营销过程中的重要作用，目的在于保证提供的产品与目标客户相匹配；
- 识别体育市场细分的基本标准。

大规模定制

标题特意使用矛盾词语来指出市场细分的原始基础是识别市场中具有相似特征（如人口统计或使用方式）的不同集群或群体，然后将他们的需求与相应的产品（例如，全包的商务娱乐票和招待套票，或包含餐饮及纪念品的家庭套票）匹配。访问该细分市场的关键取决于拥有允许访问该目标细分市场的媒体工具。随着互联网的出现，现在通过短信或电子邮件几乎可以接触到群体中的每一个人。使用安客诚公司的PersonicX家庭级细分系统、消费数据和对Facebook等社交网站上帖子的审查，可以提供个性化的产品。

我们在第四章中讨论的市场调研能够让市场细分成为可能。在本章中，我们将探讨市场细分对市场营销的重要性以及可行性。接下来，我们将研究细分体育市场的共同基础：生活状态（人口统计特征）、心理状态（心理统计特征）、产品利益和产品使用。

第一节　什么是市场细分？

市场细分是本节的关键概念，因为它在管理分析和管理行为之间架起了一座桥梁。它提供了一个体育营销人员可以创建直销和促销策略的概念性框架。

简而言之，市场细分是将一个整体的异质市场划分为相对同质的群体的过程，这些人具有相似需求或人口统计特征，可能是产品的潜在目标客户群体。例如，简·布莱洛克公司（Jane Blalock Company）的训练营并不服务于所有高尔夫球手，也不服务于所有的女性高尔夫球手，[1]而是仅服务于女性高管高尔夫球手。这种市场细分是营销活动在全球获得成功的基础。即使在麦当劳和可口可乐等公司巨头的大规模全球营销战略中，营销人员也意识到德国的消费者与日本的消费者不同。虽然科技使世界变得更小，但它并没有使世界文化同质化。即使在美国这样的电视大国，电视观众的喜好也并不统一。相反，有线电视系统提供的众多频道以及互联网媒体的多样化，都反映出了大众和小众媒体市场的分化。[2]

同样，体育市场也包含不同的细分市场。正如第三章和第四章所指出的，体育市场中的消费者不能一概而论。消费者的情况因运动项目、居住地、生活状况和许多其他因素而异。但是有一点很明确：市场细分规则是相同的。体育电视节目能够很好地证明这一点。二十年前，广播电视网主导了体育电视。体育迷（男性的一个重要细分市场）在观看时别无选择。而随后出现的 HBO、TBS、ESPN、CNN、Fox 网络和现在的 NBC 体育网则大大拓宽了选择范围。ESPN 把它的节目安排（及其公司前途）押在了体育迷身上，这些人每周都会定时收看原来的电视网络制作的体育节目。近年来，“窄播”（narrowcasting）催生了更为明确的细分策略，例如高尔夫频道。

考虑到体育市场的竞争性以及大多数体育产品的无形性，市场细分既合乎逻辑又十分必要。产品就是一系列利益的组合。例如，忠实的粉丝可能希望获得季票附带的特殊权益（时事快讯、球队的特殊聚会），而普通的粉丝可能需要电话或互联网订票系统，以减少购票时的焦虑和麻烦；经常光顾健身俱乐部的年轻主管可能需要能够提供洗衣服务的俱乐部，还有的人可能会希望以较低的费用使用较少的设施。进行市场细分是为了最大限度地提高消费者满意度，但同时它也是一种能够使市场反应最大化的营销策略。因此，当市场细分不能够带来有效回报时，就不应该再继续进行下去了。WNBA 的西雅图风暴队可能希望通过提供个性化票务套餐来满足每个粉丝的需求，从而最大限度地增加出席人数，但是这种方法不可行。风暴队的市场营销人员通过提供弹性计划（如用 10 张票的价格购买 11 张门票）来定位他们的目标市场。他们还提供了一个“现代家庭计划”，即球迷首先要购买含两张票、两顿饭和两杯饮料的套餐，而不是大多数体育团队提供的典型的含四张门票、四顿饭和四杯饮料的套餐。为了满足各种家庭的需求，他们还支持家庭根据需要单独购买一票、一餐、一杯饮料的附加套餐，以满足从最小型到最大型家庭的不同需求。

一、可识别性、可进入性、响应性

在选择是否对一个市场进行细分时，有几个重要的问题需要考虑，即潜在细分市场的可识别性、可进入性和响应性。[3]

十年前，体育营销人员需要面对的第一个问题是：是否可以根据细分市场的规模和购买力来确定或衡量细分市场？营销人员必须通过第四章讨论的市场调研来做出决定。如今，电子媒体无处不在，社交网络的广泛参与以及网购能力的激增，使得收集以个人或消费者为基础的细分数据成为可能。在过去的十年中，MLB 的俱乐部不会花时间来确定纪念章或大头人偶赠品促销的市场规模或实力。在其他市场上取得的巨大成功足以使他们本能地认为这些产品受市场欢迎，至少目前是这样。然而，高尔夫球场开发商在投资 3 000 万美元开发新高尔夫球场之前，希望深入研究本地市场或区域市场，尤其是在自 2007 年以来的经济大萧条期间。

营销人员要面对的第二个问题是：营销人员能够进入细分市场吗？在当今的电子营销中，这个问题已经不那么重要了，但一个基本问题仍然存在：是否有可能在不影响其他细分市场的情况下，单独接触这些消费者群体？我们的纪念章和大头人偶促销人员对此没有任何问题。

几周的促销广告吸引了众多的收藏家。但是，对于一个州立高中协会来说，想要推广自己的冠军赛，尤其是在小众项目上，事情就没这么简单了。季后赛轮次之间的时间通常很短，经常会有不愉快的事情发生，而粉丝群体是基于社区认同来划分的。大多数州协会无法为每个可能领先的球队准备特殊的应急计划。因此，宣传活动往往是针对高中体育活动进行广泛推广，重点放在团体销售上。小联盟球队、NCAA 男子篮球全国邀请锦标赛（NIT，National Invitation Tournament）和 NCAA 女子第Ⅰ级别篮球锦标赛的前几轮，甚至加拿大青少年冰球联赛（Major Junior Hockey）季后赛的前几轮，也存在同样的问题。

营销人员必须面对的最后一个关于市场细分的问题是：细分市场是否会做出响应？这里需要回答两个问题。第一，产品是否符合所选细分市场的需求？从客户和潜在客户的倾向评分来看，这一问题在票务营销中尤为普遍。通过使用特玛捷的票务分析系统、SSB 票务智能系统、创旗智能系统或者安客诚的潜在客户评分工具，这部分细分策略已变得更有针对性、更有效而且成本更低。第二个问题与细分市场的重要性有关：是否有必要（根据细分市场的规模和响应程度）充分分析产品特征并采取相应的促销活动以吸引细分市场？在电子邮件时代，重要性的问题不太有意义，因为电子邮件和文本活动的成本非常低，所以即便针对个人进行信息投放，仍然有利可图。

营销人员必须在决定是否（以及在多大程度上）进行细分时全面考虑这些因素。在职业体育和大学体育营销中，随着时间的推移，人们逐渐达成一种共识，即至少需要通过不同的产品菜单以及独特的直接营销和销售促进策略来识别和确定细分市场（表 5.1）。

表 5.1　票务营销中典型的体育和娱乐细分市场

细分市场	产品供应
公司业务	高级座位、高级款待、就近的停车位
男性粉丝	餐饮和门票——英超球队的一张比赛门票、一份馅饼和一品脱啤酒
女性粉丝	女士之夜——举办女性粉丝训练营
儿童	青少年计划——门票折扣或免费并提供儿童餐饮或纪念品
学生（高中生和大学生）	周四夜场票以及食物和饮料
全季票持有者	提供高级座位和款待
部分赛季或微计划的季票持有者	为计划购买多场比赛门票的观众提供早鸟价格
群体领导者	每当群体领导者带来一位顾客时，该领导者可免费观看当晚的比赛，并且为整个团队的现场观赛者提供粉丝体验套餐（FEPs）
家庭	现代家庭计划

二、细分市场还是利基市场?

你可能偶尔会听到“利基战略”一词；这个概念与细分并不完全相同。营销理论家主要根据规模和竞争程度来区分细分市场和利基市场。细分市场规模很大，但也容易引发竞争。例如，以成年男性足球迷为例。大学和职业联盟在现场直播、电视节目和商品方面争夺观众。利基市场规模可能较小（甚至可能仅限于女性高管高尔夫球手），以前大型公司通常会忽略利基市场。但在当今社会，通过互联网和智能手机就可以实现大规模定制和个性化传播，因此大公司更愿意将较小规模的利基市场视为其目标市场。在体育营销中，还可以根据运动的特殊性将利基市场与细分市场区分开来。利基市场产生于体育市场；而细分市场是对体育市场人为划分的结果。例如，雪橇犬公司（Sled Dogs Company）在 20 世纪 90 年代初开发了一种产品——迷你滑雪板和靴子的组合，该产品的目标客户是一部分直排轮滑爱好者。具体来说，其目标客户是不参与冬季体育活动的轮滑爱好者（多数为年轻人）。雪橇犬公司只是提供了一种在雪地上滑行的方式。这一利基市场始于在冬季没有相应体育活动的直排轮滑爱好者。不幸的是，对于雪橇犬公司而言，此利基市场中的大部分消费者都使用单板滑雪板，部分原因是滑雪场也同样看到了这一市场潜力，并开始为单板滑雪者设计地形，建设单板滑雪场、极限滑雪场和 U 型池场地。[4]

在 20 世纪 80 年代初期，大多数滑雪者认为单板滑雪是个小众项目。但杰克·伯顿（Jake Burton）不这样认为，他看到了这个利基市场未来发展的可能性。伯顿公司（Burton Company）在其富有诗意的公司愿景陈述中提及并缅怀了公司的历史，并抓住了这个被冷落的利基市场的早期心态。这一理念在过去的 20 年中进一步得到巩固，且随着年轻人（所谓的千禧世代）越来越重视真实性，他们对伯顿的独创性和市场领先地位予以肯定。

- 我们在一旁站着。
- 我们睡在狭小的度假酒店房间的地板上。
- 我们早起晚睡。
- 我们被嘲笑。
- 我们从那些不接受单板滑雪的度假胜地转身离开。
- 我们冷酷无情。
- 我们梦想它，我们制造它，我们打破它，我们修复它。
- 我们创造。
- 我们摧毁。
- 我们日复一日地摧毁自己，但我们总能回到原点。
- 我们进步。
- 伯顿滑雪板是一家由先驱者驱动的公司，专门致力于制造世界上最好的滑雪设备。

当然，许多流行运动的历史就是从利基市场到主流市场的发展史。谁能预测到下一波浪潮将会是什么呢？2004 年的故事片《道奇球》（*Dodgeball*）激发了成年人对该项目的兴趣。全国业余道奇球协会副主席比尔·德普（Bill DePue）告诉《体育商业》（*Athletic Business*）杂志："我们的网站（在媒体报道这部电影之前）每个月有 2 000 次点击量……从那以后，有几天我们的点击量达到了 4 000 次。"正如后文所述，利基市场营销人员已经开始积极利用互联网进行营销活动了。[5]

利基市场还是细分市场？这在很大程度上是语义上的差别，尤其是在体育产业中，因为许多公司都只涉及一个运动领域。但是，无论是利基市场还是细分市场，仍然存在可识别性、可进入性和响应性等关键问题。

第二节　细分依据

随着互联网的出现，许多人都拥有自己的个人通信设备（智能手机、平板电脑以及其他移动无线通信设备），这导致有人认为不再需要进行市场细分。尽管细分策略适用于亚马逊（Amazon）等大型零售商和谷歌等能够搜索海量数据的大型网站，但大多数体育组织的营销资源有限，仍然严重依赖于更广泛的细分策略。

市场细分是根据消费者需求的差异而形成的；也就是说，市场细分源于消费者的满意程度。市场细分通常建立在四个基础维度之上，每个维度都基于一个假设，即变量的同质性可能与需求和欲望的同质性有关。以下是四个常见的维度：

- 消费者的生活细分（人口统计特征）
- 消费者的心理细分（心理统计特征）
- 产品利益
- 产品使用

一般来说，市场营销人员会选择不同的细分市场，例如，居住在棒球队所在城市的中等收入的西班牙裔家庭，或者居住在距离特定的高尔夫俱乐部或乡村俱乐部 20 分钟车程以内的、收入可观的、活跃的老年人。在本章第三节，我们将讨论整合式或嵌套式细分策略。在此之前，必须先要了解以下细分依据。

一、生活细分

生活细分包括以下几个维度，这些维度通常比心理状态或产品利益更容易衡量：

- 地理
- 年龄
- 受教育程度与收入水平
- 性别
- 种族与民族

这些维度将在以下各节中讨论。

（一）地理

体育中的地理细分可遵循以下原则：

- **就近原则。**一个简单的参与者调查通常会揭示距离远近与活动参与之间的长期关系。一个人靠体育场馆越近，就越有可能参与其中的赛事活动并成为其忠实的粉丝。
- **了解消费者群体。**从票务软件、会员采访和其他同类来源获得的内部营销数据通常会揭示与消费者有关的特别重要的地理人口统计数据。营销人员可以使用多种软件来绘制“热图”（9 位邮政编码或邮政承运商路线，这些路线中高收入地区的购票者、会员或参与者的分布不成比例）。营销人员所需要的就是消费者的行为习惯与其他数据的结合，例如购买类型（季票、正式会员资格等)、参与频率和收入情况。营销人员可以用热图来了解某些郊区或社区是否特别倾向于某种产品，再针对这些区域进行特殊活动，如直销活动（电子邮件、短信、直接邮寄或对外电话活动)。克拉瑞塔斯市场研究公司（Claritas）是进行此类分析的最著名的公司之一，尤其是其 Prizm 系统（Prizm 系统是指根据邮编制定的潜在市场等级指数)。全方位娱乐数据库、营销公司是为体育行业提供目标客户清单的最佳供应商之一。例如 Aspire 集团使用全方位娱乐数据库、营销公司来定位乔治亚州最可能购买一号俱乐部（Club One）门票的企业（一号俱乐部在亚特兰大赛车节 NASCAR 短跑冲刺杯系列赛中提供自助餐、饮料和专属座位)。4 000 家主要与汽车相关的、重工业的或蓝领工人的公司成为电子邮件和电话跟进的目标企业，营销活动仅为其花费了 4 000 美元就产生了超过 2 万美元的销售额。[6]

- **重视外围市场（或二级市场半径)**。一些消费者群体可能来自很远的地方，这代表着可以通过广告、促销、广播或电视网络的方式引起特别关注的外围市场。体育市场中对外围市场的认识至少可以追溯到棒球的早期无线广播节目。中西部的大联盟球队，例如圣路易斯红雀队，在距离很远的地方建立了球迷基地，这个基地主要是通过无线广播培养出来的。外围市场，通常被定义为距离场馆 50 英里（约 80 公里）以外、100 英里（约 160 公里）以内的大多数市场，或 150 英里（约 240 公里）以内的地理范围更大的市场。现在的外围市场主要是通过有线电视接触到的，它们代表了团体销售和特殊活动的合理目标。但是在橄榄球比赛中，主场比赛相对较少（NFL 的比赛主要在周日下午进行，大学橄榄球比赛主要在周六下午进行)，外围市场可能会购买赛季入场券。当公羊队（Rams）和突袭者队（Raiders）离开洛杉矶后，这座城市就没有 NFL 球队了，因此圣迭戈闪电队在洛杉矶地区花费了数十万美元做广告宣传。实际上，洛杉矶成了闪电队的外围市场。首先，闪电队必须寻求 NFL 规则的豁免权，因为该规则禁止在球队所在地 75 英里（约 120 公里）半径范围内进行营销。其次，也是更困难的，闪电队必须在 160 英里（约 260 公里）远的地方（对于北部洛杉矶县和东部圣贝纳迪诺县的球迷而言）建立潜在的球迷市场。

在争夺外围市场的行动中，闪电队不是个案。西雅图海鹰队长久以来一直拥有距离世纪互联体育场（CenturyLink Field）超过 1 000 英里（约 1 600 公里）的阿拉斯加球迷的外围市场。迈阿密海豚队希望通过与媒体机构和那不勒斯、维罗海滩和圣露西港等地的公司赞助商建立合作关系，开拓更广阔的北部和西部市场。一些州立大学通过在其本州其他地区的场地安排“本垒打”比赛来培养外围市场。[7]

一些外围市场因为它们与竞争组织的领土摩擦，可能被称为边境地区。康涅狄格州的中央地带就是个很好的例子，它是洋基帝国和红袜帝国之间的边界。2003 年的一项调查显示，哈特福德（Hartford）和米德尔赛克斯（Middlesex）两县划分出了清晰的分界线。该地盘很重要，因为它包含了该国人均收入最高的几个县，并且在赢得收视率之战时就意味着会带来有线电视收入。红袜队一直在积极争取这个边境地区。在一次哈特福德集会上，红袜队老板汤姆·沃纳（Tom Werner）宣布：“我们要欢迎所有不想进入乔治国王球场的康涅狄格洋基队球迷。”赛场上的竞争很激烈，但赛场外的市场竞争同样激烈。[8]

（二）年龄

关于代沟的旧观念蕴含了一个明显的道理：年轻人与父母有着不同的品位和生活方式，而父母与祖父母之间也有差异。营销人员谈论的是群体（例如，大萧条时期的群体、千禧一代），而不是世代。音乐品味、负债情况和储蓄方法以及时尚感等只是这些人群的部分检验标准。在某些情况下，也包括体育品味。例如，ESPN 体育民意调查（ESPN Sports Poll）对美国网球公开赛（USTA）的球迷兴趣的调查显示，年龄在 25 岁以下和 25 岁以上的人群之间存在显著差异。尤其是网球，在青少年市场的发展尤为重要（表 5.2）。除网球外，其他运动项目也是如此。

表 5.2　USTA 不同年龄段群体的参与率（2009 年）

年龄范围（岁）	参与率（%）
6～11	16.25
12～17	20.51
18～24	18.44
25～39	10.99
40～49	8.79

注：参与率的基数是参与网球运动的总人数。

转载自《网球产业》(*Tennis Industry*)。

体育组织了解到，要想找到所在家庭收入高于平均水平的孩子，互联网是最有效的途径。他们会在互联网上下载音乐和电影、购物以及参与 Facebook 和 Twitter 等社交网站。截至 2013 年 3 月，仅 Facebook 就有 11.1 亿活跃用户。最近的一项调查发现，年龄在 14～19 岁的男性中有 46.7%使用互联网查找了有关运动的信息，这并不奇怪。[9]

一个多世纪以来，年轻人一直是体育运动推广的目标，他们往往希望通过棒球、篮球或其他任何体育运动来塑造个性。20 世纪初，当美国公立学校的体育课程蓬勃发展时，体操和健美操是其中最受欢迎的体育课程。第二次世界大战后，城市郊区开始出现大规模的青年联盟组织，先是棒球运动，而后扩展到了其他体育项目。组织成员也不断呈现低龄化，如今，八岁以下的儿童组成的球队很常见。但是注册成为相关组织成员并不意味着他们一定会参与体育。实际上，至少在全国范围的调查中，美国年轻人似乎对健身、锻炼和体育活动等主流方式并不太热衷。年轻人不再对父母喜欢的运动感兴趣。对此，业内以两种方式做出回应。

- 让他们行动起来→感觉→学习。尤其是棒球，人们认识到，需要特别努力才能让孩子们在参与比赛和观看比赛两方面都能产生兴趣，走上“自动扶梯”。在 1994—1995 年期间，由于长时间的停摆，许多老球迷在“自动扶梯”模型中的位置下降了，因此 MLB 强调“兴趣从娃娃抓起”的理念。为了吸引孩子们，球队让孩子们更多地参与现场亲笔签名会、在一些比赛两局之间跑垒、唱国歌或开球。他们还降低了 14 岁及以下儿童的票价。NHL 也需要采取类似的积极策略，以修复因停摆而造成的损失。NHL 曾经因为 2 次停摆造成整个 2004—2005 赛季和 2012—2013 赛季被取消。[10]（停摆指因各种原因由资方发起的停工，职业体育中的停摆表现为体育联赛的暂停或取消。）

- **为青少年重新包装产品。**许多保龄球馆专门为 Y 一代或 X 一代或当今 15 岁以下的青少年在深夜和周末时段开放，这些人被称为“始终互联的一代人（Generation Always Connected)”，因为他们手里或耳边总是带有电子设备。保龄球馆使用“极限保龄球”或“摇滚碗”这样的标语，用夜光球、闪光灯和重金属音乐来改造经营场所。不只保龄球做出了改变，《体育画报》于 1989 年也为孩子们推出了儿童版的《体育画报》，到 2013 年其读者人数已达到 810 万。大多数粉丝都选择在线观看该杂志。2003 年，纽约喷气机队推出了球队的全新卡通吉祥物，该吉祥物是一些文化多元、时髦的年轻卡通人物，他们全都是喷气机队的球迷。这些卡通人物有自己的电视节目，并且与其他项目形成了核心关联，例如，青少年橄榄球训练营和学校之间的社区外展项目。这项营销举措对大学体育、小联盟和大联盟中的传统儿童俱乐部来说都是一个绝妙的转折。喷气机队没有提供无组织的俱乐部会员资格，而是创建了闪电战（Blitz)、阿斯卡（ASKA）和 XL 这样深受孩子们喜爱的吉祥物角色。[11]

NASCAR 的儿童道德规范

在 20 世纪 90 年代后期，NASCAR（像大多数体育组织一样）积极地瞄准了家庭和青年市场。NASCAR 的全球传播总监约翰·格里芬（John Griffin）说：“我们的理想受众是年轻人。我们希望继续朝着成为白领运动的方向发展。周日，父母和孩子们围坐在电视旁为自己喜欢的车手加油打气。我们对城市里的青年和其他地方的青年一样关注。我们的青年运动项目包括 NASCAR 玩具、游戏、主题公园、咖啡馆、卡通节目，甚至还有 NASCAR 的芭比娃娃。这些作品都是合理的，但是 NASCAR 必须对这些针对青少年和家庭的产品进行重大改变。例如，必须删去传统 NASCAR 图像中有关酒精和烟草的内容。NASCAR 的芭比娃娃可能有鹏斯眼罩（Pennzoil patch)，但没有云斯顿（Winston）的装饰。如果没有云斯顿（Winston）杯，孩子们将用他们的玩具和他们的想象力来竞争什么呢？当父母带孩子参加现场活动时，他们又如何不让孩子们看到 NASCAR 与百威啤酒和云斯顿品牌之间的关联呢？从那之后，云斯顿放弃赞助 NASCAR，但直到 2007 年，NASCAR 仍保留了普旭杯（Busch)。有人可能会说，相较于 NFL 或其他组织，NASCAR 没有太多义务保护孩子免受酒精图片的影响。这种说法是正确的。但是，如果运动代表健康的生活方式，那么它必须注意其吸引儿童粉丝的方式。体育营销人员必须不断思考劳拉·纳什提出的如下问题：

- 你的目的是什么？
- 你的目的与可能的结果相比如何？
- 如果人们理解了你的行为，可能会有什么象征意义？如果被误会了呢？[12]

青少年一直以来都是体育营销人员关注的重点。但是，正如 NASCAR 的案例研究所示，这些通常会引发特殊的伦理问题。

老年人市场或成熟市场是营销计划的另一个目标。随着婴儿潮一代和 X 一代的年龄增长，他们将这一庞大的群体带入了另一个生活或家庭阶段。在接下来的 25 年中，消费者年龄在 50 岁以上的市场的增长速度将远远超过年龄在 50 岁以下的市场的增长速度。婴儿潮一代越来越多地从家庭阶段过渡到空巢和单身阶段。有关这个成熟市场的体育态度、生活方式和次级细分市场，还需要进行更多的研究，但对于从大联盟到当地体育俱乐部的体育营销人员而言，其影响显而易见。过去，大多数老年人不想亲自参加那么多比赛，特别是夜间比赛和恶劣天气中的比赛。但是，如今 60 岁的人对参与体育和观看比赛的需求和兴趣，与过去 40 岁的人一样。那么，这个观念如何影响今天的银发一代呢？营销人员应针对老年人细分市场的营销和销售计划提出一些简单的问题：

- 该项目是否考虑到老龄化的可能性，而不是其局限性？
- 该项目是否拥有激励型的领导？
- 该项目对用户友好吗？[13]

X 一代、Y 一代、千禧一代和始终互联的一代

尽管合理划分具有相似生活方式和观念的代际群体是一件比较困难的事，但一些人口统计学家和市场营销人员热衷于创造和使用吸引人的术语来描述这种现象。婴儿潮一代（1946 年至 1964 年出生的人）已经被分析了几十年了。X 一代和 Y 一代是人们最近感兴趣的两个群体。X 一代大约在 1965 年至 1981 年之间出生（文献记载的年份有所不同），而 Y 一代则出生于 1981 年以后。X 一代被描述为独立、愤世嫉俗、懒散的一代人。他们是最早的滑雪单板和滑板运动爱好者，热衷极限运动和摇滚乐。当然，他们现在处于生命周期中的另一个阶段，因此育儿、家庭教师协会（PTA）会议和足球教练对他们的生活更为重要。X 一代的亚群体中有热爱瑜伽和普拉提的妈妈，她们很富裕，并且在孩子和健身上花了很多钱。热爱瑜伽的妈妈们使 200 美元的名牌尿布包和 800 美元的婴儿推车销量大增，这样她们可以一边慢跑一遍推婴儿车。

最年轻的瑜伽和普拉提妈妈可能也属于 Y 一代（也称为千禧一代和婴儿回声潮一代）。Y 一代在美国大约有 7 800 万人口，数量是前一代人的三倍，占总人口数的 16%。他们具有强大的购买力。与 X 一代相比，他们被认为观念传统、乐观、宽容并致力于多样化。就像他们的上一代一样，他们擅长在媒体上进行交互式的多任务处理。正如一位专家对营销人员建议的那样："今天的年轻人期望能在他们不同的兴趣范围内进行互动。他们积极使用各种社交媒体，被动接受型的娱乐已被迅速取代了。"营销人员争相接触 X 一代、Y 一代、瑜伽和普拉提妈妈、千禧一代，以及现在始终互联的一代和许多其他特殊消费群体。[14]

始终互联的一代确实是独特的一代。即使和朋友坐在同一个房间里，他们似乎也一直用电子通信设备互相交流，此外，他们更喜欢玩电子游戏而不是运动。当他们观看体育比赛时，他们总是会同时关注着自己的智能手机。因此，他们对运动应用程序的需求越来越大。他们还重视真实性，认为与同伴之间的交流比任何来自成人或父母的信息都重要。他们不想做父母在这个年龄时所做的事情，并且他们希望在大学毕业后的几年内能够担任领导层工作。这一代显然是最需要进行营销的细分市场。本书的主要编者伯纳德·马林博士曾经称他们是最容易沟通也是最难真正触及的一代，这是因为尽管电子通信很方便，但拉近"最后两英寸"的距离和驱动消费者做出购买运动体验的决定却很困难。

（三）受教育程度与收入水平

毫无疑问，受教育程度与收入相关。像高尔夫行业一样，网球行业的同仁们也瞄准了富裕、受过高等教育的消费者（尽管不是唯一的）。数据表明，受教育程度和收入水平更高的这一细分市场更倾向于参与并热衷于网球运动。例如，斯卡伯勒研究中心最近进行的一项调查表明，忠实的职业网球迷中 70%的人有大学或以上的学历，32%的人家庭收入至少为 75 000 美元。类似的斯卡伯勒研究表明，波士顿红袜队的球迷中有近 44%的人家庭收入超过 75 000 美元。芬威球场的平均票价在棒球界和北美各大联盟中是最高的，所以他们需要这样的球迷。[15]

地理人口聚类将收入与居住地和生活方式相匹配。尽管一定的收入不能保证某种特定的生活方式，但它常常是一个核心指标。NFL 可以要求高昂的电视转播费，因为它可以为收入较高的男性提供服务。高尔夫吸引的粉丝不多，但其收入却更高，这解释了为什么豪华汽车品牌会在高尔夫电视转播中做广告。有些体育项目与高收入有着更紧密的联系。拿马球来说：美国马球协会（USPA）声称拥有约 250 个俱乐部和 4 500 名会员，并且希望每年以 1%～3% 的速度增长。但是，初级团体课程的费用为每人 100 美元，高级课程的费用是初级团体课程费用的两倍，而马球运动中使用的小马的价格为 50 000 美元到 70 000 美元不等，我们预计马球运动将继续与最富有的人群保持关联。实际上，在 20 世纪 90 年代后期，马球运动非常受欢迎。当时，拉夫・劳伦（Polo Ralph Lauren）公司曾起诉 USPA 的杂志，坚持要求其放弃“polo”这个名字，因为拉夫・劳伦公司已经获得了 polo 这个词的商标权。它抱怨称该杂志现已越界，该公司的定位是“并非专注于马术运动，而是专注于精致时尚和优雅的生活方式”。我们可能会问，这与马球世界有什么差异呢？[16]

（四）性别

随着体育营销人员认识到女性市场的重要性，他们发现了细分策略的两个不同方面。首先，女性是一个有特殊需要和愿望的特殊消费者群体。其次，女性体育是一种特殊的产品，有着不同于男性体育的好处。因此营销人员首先要适当考虑人口细分，其次要进行真正的利益细分，这部分将在后面再讨论。

一个多世纪以来，体育公司一直将女性视为一个特殊的细分群体。然而，在大多数情况下，营销策略都集中在基于“性别公平”而产生的对“女性”的认识上，即她们是白人、相对富裕且运动能力有限。自行车公司制造了 V 形的女性车架，以避免女性骑自行车时被迫摆出不淑女的姿势。高尔夫和网球公司为女性生产了较小的球杆和球拍。棒球队举办“女子节”，以提高女性人群的形象。这就是当时的性别市场细分，但与简・布莱洛克（Jane Blalock，20 世纪 70 年代美国女子高尔夫运动员领军人物）期望的女性市场细分截然不同。女性体育市场不再仅是男性体育市场的补充。IX 法案（该法案是 1972 年通过的《教育修正案》的一部分，旨在使人们在联邦财政资助的教育计划或活动中不受性别歧视）和比利・琼・金（Billie Jean King）一起开启了一个新时代，并已持续了二十多年。由男性主导的体育中女性球迷群体所占比例已接近半数，据统计，NFL 的女性球迷群体占 43%，MLB 的女性球迷群体占 46%，NBA 的女性球迷群体占 46%。[17]这也是为什么各联盟现在都有一整套专为女性设计的商品，包括造型各异的女性专业比赛球衣和剪裁不同、样式独特的高尔夫球衫。这些专门为女性设计的商品在 NFL 比赛的转播中非常显眼，还带动女性特许服装的销售比例大幅增加。

一位 NFL 高管的一段话表达了人们普遍想要赢得女性支持的愿望：“女性对于我们来说至关重要。她们决定周末看什么电视节目，决定她们的孩子将从事哪些运动。我们必须让这些女性家长感到舒服。”一项全国调查发现，妻子也是铁杆球迷的男性观众比妻子不是铁杆球迷的男性观众的收看率高 57%。NFL 在培养女性球迷方面一直处于领先地位。1997 年 NFL 在 10 个城市发起了一系列研讨会，标语是“橄榄球 101”。只需象征性地交一些费用，女性就可以听到有关设备、规则和战术的介绍。在匹兹堡，参会者还参观了更衣室，并在球场上进行橄榄球训练。来自得克萨斯州欧文的运输员苏珊·格雷（Susan Gray）说，她之所以参加此次橄榄球培训，是因为她不想再被排除在办公室的橄榄球讨论之外："我很高兴能知道不同体育术语之间的区别。"但是也有女性并未被吸引，包括全国妇女组织国家委员会前委员珍妮·克拉克（Jeane Clark）。克拉克认为："'橄榄球 101'项目听起来像是少女杂志上很久以前的故事，它警告橄榄球新手们，如果你想拦住那位英俊的橄榄球英雄，那么就必须懂一点有关四分卫和后卫的知识。"克拉克总结道："他们做出了许多无根据的性别假设。"真正对NFL的未来和参与橄榄球运动尤为重要的是那些与奥巴马总统有相同担忧的妈妈们，她们会考虑是否允许自己的儿子（如果有儿子的话）参加可能会对身体造成伤害的体育运动。[18] 2013年，NFL与4 800多名球员就一场脑震荡诉讼官司达成了7.65亿美元的和解协议。但是，2014年1月，法官安妮塔·布罗迪（Anita Brody）推迟了该和解协议的执行，原因是担心该协议无法充分满足现有原告的需求，以及潜在的未来需求。[19]NFL将需要支付多少和解金还有待观察。无论花了多少钱，如果父母不鼓励儿子参加比赛，也不让他们看比赛，那么与长期的损失相比，短期内的财务波动可能会显得微不足道。女性运动消费市场只会变得更强大，会通过更多的专业设备、更多的杂志和电视网络认识到特殊的兴趣和需求。更多的公司都是由女性经营的，例如妇女体育基金会、SPANX（内衣品牌）和Moving Comfort（女士运动内衣品牌）。无论营销人员的性别是什么，一条资助信息或一次性的、低预算的项目都收效甚微。正如妇女体育基金会执行董事唐娜·洛皮亚诺（Donna Lopiano）总结的那样："向女性推销与向男性推销是不同的。"最近一项针对中西部四场大学篮球比赛的调查发现，女性更关心场地清洁度、洗手间的使用体验、音响系统的质量和整体的员工服务态度。而男性更关心停车问题。也许有人会说，比尔·维克很早以前就通过与粉丝的互动了解了这一点，而社会科学的研究刚好支持了他的见解。[20]

与此同时，体育营销人员必须避免将女性混为一谈。一些批评家认为，这种性别短视注定要毁掉WUSA女子职业足球巡回赛，此巡回赛始于1999年，到2003年停止。研究WUSA消费者的营销顾问詹姆斯·钟（James Chung）声称，联盟将太多的女性归入足球妈妈的类别。正如詹姆斯·钟所说："对于X一代的妈妈们来说，'足球妈妈'的概念基本上已经过时了。她们对自己的看法与婴儿潮时期的妈妈们不同。但这一概念正是WUSA试图推销的东西，因此该战略并不奏效。"[21]

（五）种族与民族

土著与移民之间以及种族与族裔群体之间的持久斗争深刻影响着美国的历史。美国的格言"合众为一"抓住了这种民族精神的一部分。关于这句格言代表的是成就还是目标，人们的看法仍然存在分歧。对于双语教育的争论也反映了人们对这一重点的异议：这是"统一"，还是"合众"？少数群体对于欧洲白人移民者控制定义美国"统一"的权利提出了越来越多的挑战。尽管人们普遍认为美国不是一个大熔炉，而是一个马赛克。不幸的是，过去十年来，美国总统选举和国会选举已经明确了各个种族之间日益增加的多样性和敌意，特别是在经济不景气的情况下。因此，种族营销，就像对另类生活方式群体的营销一样，需要具有敏感性，主要通过利基渠道采用直接沟通的策略。

文化多样性既是美国的力量，也是美国的难题。在某些方面，体育界为这场斗争提供了最好的舞台。杰克·约翰逊、乔·迪马乔（Joe DiMaggio）、埃迪·戈特利布（Eddie Gottlieb）、奥尔西娅·吉布森（Althea Gibson），杰基·鲁宾逊（Jackie Robinson）和罗伯托·克莱门特（Roberto Clemente）只是代表数百万运动员、推广人员和球迷的几个名字，对他们来说，体育一直是种族和民族自豪感和紧张局势的试金石。尽管占支配地位的联盟、运动队和俱乐部已逐渐向各种肤色的优秀运动员敞开了大门，但追逐少数民族粉丝的步伐却依然较慢。但很显然，这种情况正在改变。非洲裔、亚洲裔、西班牙裔和中东裔的美国人现在占总人口的三分之一以上，并且人数还在迅速增长。在某些市场中，少数民族占多数，包括得克萨斯大学奥斯汀分校的学生群体。据估计，到 2020 年，少数族裔将占全国多数（原书出版于 2014 年，因此这里是估计值）。显然，少数族裔代表着重要的消费群体，他们需要被尊重而不应当被忽视。

从历史上看，黑人很少被当作在职业体育和大学体育赛事中的目标消费者。一些数据证明了这一点。例如，2002 年 ESPN 体育调查数据表明，尽管黑人球员占绝对优势，但 NBA 球迷中只有 18.3%是非裔美国人。同时，另一项民意调查显示，将近 50%的非裔美国受访者对美国网球公开赛感兴趣或者非常感兴趣，这一比例是白人受访者的两倍多。我们可能会猜测威廉姆斯姐妹与此有关。但是，网球行业是否也更关注非裔美国人消费者呢？正如我们在第四章中讨论过的那样，我们在使用辅助数据时必须谨慎，尤其是在弄清“粉丝”一词的定义的时候。同时，这些数据需要进行更多的分析。[22]

不断增长的拉丁裔人口为体育营销人员提供了一个不断扩张的市场

西班牙裔市场比其他种族市场更受追捧，这也许是因为它是增长最快的少数族裔市场，预计到 2050 年西班牙裔人口将占美国人口总数的四分之一。拉美裔之夜在棒球场很常见，MLS 四对四足球赛等草根赛事以及西班牙语转播也是如此。正如一位专家所说：“如果你真的想进入这个不断增长的市场，则需要坚持做到用西班牙语进行营销，让会说西班牙语的售票员出售拉丁美洲人喜欢的食物。”[23]

体育营销人员开始认识到成功进入少数旅裔群体的几项重要原则：[24]

● **利用少数族裔的公司、个人和图标**。1998 年，圣路易斯红雀队与 FPM / Fuse（一家少数族裔广告公司，www.fuseadvertising.com）合作，发起了一场旨在吸引更多黑人球迷前往布希体育场观看比赛的运动。他们这样做是因为，尽管圣路易斯大都会区的黑人人口占 17.4%，而且红雀队包括鲍勃·吉布森（Bob Gibson）和奥兹·史密斯（Ozzie Smith）在内的许多非裔美国人进入了名人堂，但黑人的上座率却很低——十年来，仅占球迷总数的 1%～3%。FPM/Fuse 实施了一系列营销举措，包括在公交车、广告牌和广播上发布以黑人球员为主角的广告，其中就有布赖恩·乔丹（Brian Jordan），他曾说："上帝赋予了我能力，我的父母给了我机会，而其余的一切都是我自己赚来的。" FPM /Fuse 的合作伙伴克利福德·富兰克林（Clifford Franklin）说这次营销活动的主旨是"努力、奉献和专注"。MLB 通过其多样化的业务合作伙伴计划扩展了这些能力。[25]

- **认识到少数族裔群体的多样性和变化**。MLS 的球队一直在积极争取他们的西班牙球迷群体，这是因为在 20 世纪 90 年代后期，西班牙裔占所有 MLB 球迷的 23%。快速发展变化的西班牙裔人口群体需要营销人员不断改变策略。咨询师迪安·博纳姆（Dean Bonham）说："西班牙裔市场目前处于中低收入水平，但可以将其描述为受过足球教育且可支配收入快速增长的人群。" NBA 迈阿密办事处是联盟吸引西班牙裔粉丝的工作中心。工作人员由来自不同国家背景的人组成，包括古巴、巴拿马、巴西、乌拉圭、哥斯达黎加、阿根廷、波多黎各和秘鲁。原因很简单：没有单一的西班牙市场。[26]

- **认识到少数族裔群体的消费者忠诚度**。1998 年夏天，斯特里特＆史密斯杂志社发行了新的年度橄榄球样刊：《斯特里特＆史密斯黑人大学橄榄球运动》（*Street＆Smith's Black College Football*）。与传统黑人大学联盟（Historically Black Collegiate Coalition）合作的活动宣传说明书虽提到了一些曾在传统黑人大学（HBUCs）中效力的超级巨星，包括杰里·赖斯（Jerry Rice）和沃尔特·佩顿（Walter Payton），但是它也强调"参加黑人大学体育赛事的非裔美国人人数比参与任何其他类型的体育赛事的非裔美国人都要多。"[27]

二、心理细分

心理细分假设消费者可以按个性特质划分，或者按态度、兴趣和意见等的生活方式特征划分，或按偏好和观念划分。斯坦福研究机构（SRI）开发了最值得注意的心理状态细分方法，叫作价值观和生活方式（VALS）类型学。它假设态度、观点、欲望、需求和其他心理维度共同支配着日常行为。VALS 根据资源和动机（理想、成就和自我表达）确定了成年人的八个细分类型：创新者、思考者、成就者、经验者、信念者、奋斗者、生产者、挣扎者。

VALS 被广泛用于特定研究中。例如，电信公司使用 VALS 来确定能够吸引早期使用者的因素了。我们并不了解以 VALS 为基础划分的体育消费者的最新研究。但是，心理细分的可能性令人着迷。例如，拥有学习频道和探索发现频道的探索传播（Discovery Communications）公司揭示了其观众的八个细分市场。占观众总数 12%的"猛男"中男性占 76%，他们大多是蓝领阶层，收入普通，爱看体育和战争等动作类节目。相比之下，占观众总数 15%的"学者"中女性占 54%，她们彬彬有礼、生活档次高，并且偏爱考古、历史和人类学方面的节目。探索传播公司可以利用这些信息来创建和促进各个细分市场的营销。我们可能会在冰球球迷中划分出类似的细分市场，例如"咆哮者"热衷于攻击性打击和搏斗，而"唯美主义者"注重技巧、技术和优雅。[28]

体育消费者行为的最新研究为心理细分开辟了其他发展前景，尤其是在粉丝忠诚度和身份认同方面。例如，盖伦·特雷尔和他的研究团队提出了"依恋指数"概念，该指数可以通过球队、教练、球员和大学等产品要素来衡量球迷的认同感。同样，丹·马奥尼、鲍勃·马德里加尔（Bob Madrigal）和丹尼斯·霍华德（Dennis Howard）开发了球队心理承诺（PCT）量表，用于衡量球迷对特定球队的忠诚度。任何级别的体育组织，只要拥有大量粉丝数据库，都可以使用此类工具，从而根据身份认同或忠诚度级别来识别可能的心理状态细分市场。换句话说，市场调研现在可以为诸如铁杆粉丝和边缘粉丝之类的旧观念提供物证。然后，营销人员可以为每个细分市场制订不同的营销计划，这些计划应该具有可识别性、可进入性和响应性。[29]

很多事情都处于危机之中。例如，MLS 一直都在努力解决吸引铁杆球迷和似乎代表着联盟未来发展的普通球迷（想想青年足球家庭）的问题。由于缺乏重点，MLS 的规则不断发生着改变。例如，在 20 世纪 90 年代，MLS 规定在时钟上显示官方时间，并在双方踢成平局的时候通过点球大战来确定最后赢家，从而取消抽签。这些规则旨在取悦那些以 NFL 为体育参考标准的普通球迷。但是这些规则与 FIFA 和足球的传统相违背，在这种传统中，正式比赛时间由裁判决定，并且平局是光荣的，甚至是令人兴奋的。1999 年，MLS 理事唐·加伯宣布改变方向——不再有点球大战，也没有官方时间。看起来，MLS 已经准备好坚守自己的铁杆粉丝群体，并希望该群体随着美国人对足球的了解增多而不断壮大。对于 MLS 来说，结果很乐观，因为多伦多和波特兰的体育馆的比赛门票已售罄，且近场座位售罄也已成为西雅图的体育馆的常态。[30]

三、产品利益细分

产品利益细分与心理细分密切相关。毕竟，体育产品的利益很多。如果消费者心中不这样认为，那么这些利益就根本不存在。体育营销人员采用了多种方式进行利益细分。体育用品行业中产品利益细分方法的应用最容易描述。以运动鞋为例，每周跑步超过 60 英里（约 100 公里）的跑步运动员，都在寻求鞋的支撑、减震和耐久性；中级网球运动员寻求鞋的良好抓地力和舒适度；普通运动鞋购买者只是在寻找一双轻便时尚的普通鞋。每个购买者都有不同的利益诉求，因此最好为他们提供不同的鞋。

第三章讨论的动机因素很好地解释了为什么体育消费者会追寻不同的产品利益。以不同形式组合的隶属关系、成就、地位、健康状况和健身，肯定与消费者从体育消费中感知的利益有关。例如，体育团队营销人员知道，季票持有者期望获得独家权益，例如获得内部信息（通常是通过新闻报道），特别活动（签名会），或参与现场、场内或冰上球迷体验套餐（FEP）。而大型规模的群体则可以通过提供大屏幕识别、现场联络、折扣和运动队宣传材料来提高他们的消费兴趣。最成功的体育组织都明白，在消费者心目中确定其产品核心利益的重要性。例如，在 20 世纪 90 年代后期，NFL 将其六个核心吸引力（附象征物示例）定义如下：

- 动作与力量：击球、特技接球、NFL 护盾；
- 历史与传统：秋叶、NFL 传奇、场外野餐；
- 刺激与释放：球迷和球员的欢笑和尖叫；

- 团队合作与竞争：匹兹堡钢人超级碗冠军的“钢帘”防守；
- 真实性：橄榄球、泥泞的田野、鲜血；
- 团结力量：球迷群体、团队。

这些核心吸引力可以被视为在现场比赛、转播、视频、节目和商品中培养和推广的核心利益。[31]

那些高度商业化的女子团体运动项目市场（例如，大学篮球和职业篮球、足球和冰球）稳步增长，就是采用了产品利益细分而不是人口统计细分。可以肯定的是，粉丝研究表明，女子团体运动比男子团体运动吸引的粉丝年龄范围更广，且普遍较低的价格对家庭更具吸引力。但是强大的男性粉丝基础（WNBA 现场观众中 30%是男性，看转播的球迷中有 50%是男性）证明女子体育运动是“女性的事”这一观念是错误的。正如 NCAA 的一项调查显示，女性篮球迷，不论性别，都喜欢一个与他们心中截然不同的比赛（例如，“在篮下”），女运动员比男运动员更善于表达，更容易接近，并且更适合作为榜样。女性体育运动发展迅速，时间将检验这些产品差异的边界。例如，WNBA 2005 赛季的平均上座率下降了 4.5%，因此联盟主席唐娜·奥兰德（Donna Orender）承诺将更关注品牌和定位：“每个人都对 WNBA 有自己的理解，但是我们必须重新定义联盟。联盟应该把重点放在产品利益细分上。[32]

但是，体育经理们经常与粉丝群的利益细分脱节。他们的无知必然导致其制定的战略会失去某一粉丝群体。最近，一项针对 NHL 某球队及其粉丝的调查发现，该球队制定了一种新策略，既保持传统（针对铁杆粉丝的经典商品），又有创新（针对普通粉丝，尤其是年轻粉丝的摇滚音乐）。但球队忽略或回避了粉丝研究中的其他关键部分——社交型球迷，这部分群体需要更优惠的团体价格和更佳的球迷仪式（例如，经典歌曲或欢呼声）。营销研究人员找到了识别体育消费者心目中的利益细分的方法。在考虑产品定位时，我们将在第六章中仔细研究此类策略。[33]

四、产品使用细分

产品使用细分与消费者的心理细分相互作用。营销人员主要关注产品的重度用户。许多市场都适用所谓的二八法则，即 80%的市场消费仅来自 20%的消费者。研究表明，对营销组合因素的敏感性会随着产品的使用情况而变化显著。例如，20 世纪 90 年代女子高尔夫市场的研究表明，偶尔打高尔夫球的人（每年打 1～7 场）占所有高尔夫球手的 50%以上，但只占总回合数的 12%。同时，狂热的高尔夫球手（每年打 25 个或更多回合）占总回合数的 64%。按照类似的思路（表 5.3），1990 年某 MLB 俱乐部的轻度球迷约占 1990 年总观众人数（出席的唯一身份）的 43%，但其购票数仅为总售票数的 19.3%。重度粉丝仅占总观众人数的 14.4%，但占已售普通票数的近 30%。在 NBA 中，套房、俱乐部和季票持有者的购票数仅占全部售票数量的 60%以上，但占球队门票收入的 80%以上。无论是篮球、高尔夫、网球还是举重，似乎都适用重半法则（the heavy-half rule）。[34]

表 5.3 某 MLB 俱乐部的用户群和出席率估值（1976 年，1990 年）

细分市场	观赛场数	年份	人群占比（%）	观众出席率估值（%）
重度粉丝	11 及以上	1976	4.2	20.4
		1990	14.4	29.6
中度粉丝	3～10	1976	29.4	45.5
		1990	42.7	51.1
轻度粉丝	1～2	1976	66.4	34.1
		1990	42.9	19.3

表 5.3 还说明了该棒球俱乐部如何从 1976 年依赖轻度用户转变为偏重于中重度用户。实际上，这家俱乐部已经将球迷带入了“自动扶梯”模型。尽管重度用户可能会让球队获得更大的直接红利，但体育营销人员必须致力于尽可能满足每个群体的需求，以确保稳定的轻度、中度和重度用户流，因为今天的轻度用户可能就是明天的中度用户和明年的重度用户。第八章和第十章将讨论针对不同用户组进行特别促销的必要性。例如，特殊群体可能属于轻度用户，但是他们有特殊的需求和兴趣。许多人对某些慈善事业（筹款）、在特定区域内的座位或计分板上的特殊标记有着特殊的兴趣。最聪明的营销人员会提供一整套的团体优惠和粉丝体验套餐（FEP）。

关于产品使用细分的需求要点总结如下：

- 消费者的消费速度可能各不相同。
- 消费水平（例如，重度、中度、轻度）因运动项目而异，因此消费频率的相对重要性（就总出席率或参与度而言）也因运动项目而异。
- 消费水平可能因年龄组而异。因此，体育观众和消费显示出生命周期模式。对于任何给定的一组消费者，消费水平可能会因其他变量（生存状态、心理、利益）而变化。
- 体育营销人员需要保持让消费者在不同水平上消费的机会。也就是说，营销人员不应过分依赖季票销售，否则会排除随机的单次用户。以波士顿棕熊队为例，他们在 20 世纪 70 年代主要销售季票且多年来一直能够售罄。直到 1976 年博比·奥尔（Bobby Orr）离开俱乐部后，球迷的兴趣下降了，没有了轻度用户，也没有多少中度用户来取代那些不再购买季票的人。
- 销售量的增长更有可能是由现有用户使用率的增加或消费频率的提高所产生的，而不是由首次用户的增长所产生的。

体育组织还应根据活动的范围来定义（并细分）使用率。在这种情况下，重度用户的概念应包括不同活动的数量以及参与的频率。营销人员可以开发一个网格，用幅度和频率两个维度来将细分市场可视化。内部营销数据可以放在网格内。图 5.1 提供了一个假想的波士顿棕熊队粉丝群的示例网格。这里只填写了三个单元格，主要是为了重点展示这种网格的用法。表格内特定组别的名称并不重要，通常用简写来表达（如表 5.4 和 5.5 所示）。例如，“船长”显然参与幅度大，频率又高，他们是铁杆粉丝。在另一端，“小熊”代表的是粉丝群体的底部，他们极有可能掉下“自动扶梯”模型，甚至可能在参加比赛之前关注另一项运动。这样填满了频率和范围的网格，将为促销活动提供基础。确实，旨在扩大活动幅度的战略可以为俱乐部提供保护，以防止会员感到无聊和筋疲力尽，从而避免他们脱离俱乐部的粉丝群体。

范围＼频率	高频率 （>10 次/月）	中频率 （5～9 次/月）	低频率 （1～4 次/月）
高幅度 （>3 次活动）	“船长”：每天浏览比赛新闻；每个月现场观看 5 场比赛；购买节目；电视上观看所有客场比赛		
中等幅度 （2～3 次活动）		“咆哮者”：分享微计划；戴棕熊队的帽子；每周看电视转播	
低幅度 （1 次活动）			“小熊”：在电视上看大型比赛

图 5.1　棕熊队粉丝样本的频率和幅度网格图

表 5.4 和表 5.5 列出了由美国国家纯种赛马协会（NTRA）和美国职业高尔夫球手协会（PGAA）建立的类似用户组，其关键在于可以按照频率和幅度来概念化用户，从而为单独的营销计划设立目标。

表 5.4　PGAA 划分的用户群

名字	高尔夫球手的百分比（%）	平均家庭收入（美元）	每年回合数	每年花费金额（美元）	性别
业余爱好者	27	64 200	16	1 100	男性
穿背心打球者	17	36 700	13	570	男性
自己拉高尔夫球车者	15	32 200	32	1 400	男性
公共权威人士	13	50 600	52	2 000	男性
青少年联盟会员	13	57 800	24	1 600	女性
乡村俱乐部会员	9	77 300	69	4 400	男性
老年啦啦队	6	31 300	42	1 600	女性

数据来自 1995 年美国人口统计数据

表 5.5　NTRA 的用户群

名字	频率和幅度	数量/（万）
核心	了解这项运动并且每年下 5 次以上赌注的新闻记者	300
轻度	相比运动本身，更喜欢社交且每年下注少于 5 次	2 800
社会名流	多为喜欢赛场氛围但不下注的女性	900
电视粉丝	多为不去现场看比赛，也不下注的女性	3 300

数据来自 L. Mullen 于 1999 年在《斯特里特&史密斯商业杂志》上发表的文章“Demographics survey surprises NTRA”

第三节　市场细分战略与战术的整合

前述细分市场的划分（生活细分、心理细分、产品利益细分和产品使用细分）只是为了组织的方便。体育营销人员必须认识到，成功的营销计划需要整合这些分类。例如，表 5.4 中列出的 PGAA 用户分组将打高尔夫的回合数（产品使用细分）与家庭收入（生活细分）关联起来。而且，正如大多数拥有大量数据库的组织所了解的那样，某些地理区域的狂热爱好者比例可能比其他区域更高，这与邻近程度、收入或其他人口统计或生活方式变量有关。

如今，无数的有线电视网络通常代表特定的人口统计和心理统计消费群体。这一发展促进了新的整合广告战略的产生。例如，当 TNT 网络想要推广史蒂文·斯皮尔伯格（Steven Spielberg）于 2005 年春季推出的迷你剧《进入西方》时，就制定了整合战略，将目标受众划分为六个不同的细分受众群：历史爱好者、家庭传奇观察家、寻求行动者、真相探索者、西方恋人和 Y 一代——每个细分受众群中的个体代表的年龄、性别和电视观看习惯略有不同。TNT 的研究还表明，每个细分受众群体都有特定的媒体观看习惯，因此 TNT 并未在多个不同的媒体上投放相同的广告，而是为每个目标受众设计了单独的广告。着重于“伤膝之战”或淘金热的广告被放置在历史频道和《国家地理》杂志的封面上。在《绝望的主妇》的大结局和《人物》杂志的封底中刊登了强调几个家庭的多代同堂的戏剧广告。[35]

迈阿密热火队更加复杂。在 NBA 的资金支持下，热火队开发了一个约 700 000 个条目的数据库，其中包含有关年龄、收入、邮政编码、生活方式和消费方式以及网站活动等数据。他们使用电子邮件来接触数据库中的目标群体。例如，当 150 个季票区域由团体销售转移到个人销售时，热火队迅速确定了一组收入、居住地和过去的购买行为符合要求的客户名单。因此，有针对性的电子邮件营销已经取代了电话推销、传单和广播广告，还大幅提高了回报。在 2004—2005 赛季，热火队每花费 1 美元用于数据库研究和工作，就会获得近 11 美元的收入。[36]

Aspire 集团以类似的方式开发了独有的高度细分的“智能营销”方法，并称其为“24:48:48——捕获、交流、密切”。“24”表示在粉丝与体育资产联系（购买或使用门票、购买商品、访问网站、完成赢球投票等）后 24 小时内获取重要个人数据（姓名、邮政编码和手机号码），然后将数据输入数据库营销—客户关系管理系统（DBM-CRM），通过数据过滤器运行（已清理并删除重复数据），并对照购买历史进行检查。如果该组织购买了数据附加功能（Axicon，PersonicX 等）或数据挖掘功能（例如，特玛捷票务的实时分析套件），则可以对这些数据进行评分，用以确定客户未来的购买倾向。更为复杂的网络分析工具可为人们分配一个内核，以识别他们购买各种比赛门票或款待套餐的可能性。大多数可预测性模型都使用 RFM 方法（R=上次的购买量；F=客户购买的频率；M=客户支出的货币价值）。RFM 方法表明了粉丝的终身资产价值（LAV）以及响应产品的可能性。

数据存储后，客户或潜在客户会自动或手动分配给特定的细分受众群或同类群组。细分市场的示例是那些最有可能购买季票或最有可能购买单次比赛门票的人，例如，现代家庭计划（从仅购买两张门票、两人份的食物和两杯饮料开始，而不是通常的四张门票、四人份的食物和四杯饮料套餐）。

在将潜在客户分配到细分市场并与最合适的产品匹配之后，下一步就是沟通，这将在数据采集后的48小时内完成。同样，体育组织如果拥有复杂的分析工具，则可以采用消费者或潜在客户喜欢的沟通方式（电子邮件、短信、直接邮件），也可以将报价发布在社交网站上（Facebook、Twitter等）。如果没有这些工具，则应在有电子邮件地址的情况下通过电子邮件发送邀约、在拥有手机号码的情况下以短信形式发送邀约，或者在某些情况下同时使用两种方法。

Aspire集团的营销方法必须基于有效的市场细分，该方法最后一阶段是人工接触阶段，即由粉丝关系管理中心（FRMC）的员工给消费者打电话回访。理想情况下，收尾工作需要在消费者或潜在客户收到邀约后的48小时内开展。那些看了电子邮件或短信并最终购买产品的人会接到致谢电话。销售顾问会借此机会了解更多有关客户的信息并确定客户的需求，尝试在适当的时机向粉丝销售产品，使其购买更多的门票、更多的优惠套票或更昂贵的座位。那些查看电子邮件或短信的潜在客户被视为合格的潜在客户，也会收到FRMC员工的电话。该员工将再次尝试加深了解并建立更好的关系、收集有关粉丝真正需求的数据，以及尝试进行销售。那些未打开电子邮件或短信的潜在客户会收到重新定位的电子邮件或短信，这些电子邮件或短信含有不同的邀约，或包含不同格式、样式、信息的相同邀约，以检验他们是否有足够的兴趣来查阅消息。

尽管TNT、热火队和Aspire集团为开发数据库所投入的成本高出很多体育组织的承受能力，但是开发包含人口统计、心理、生活方式和产品使用数据的消费者数据库（请参阅第四章）的原则可以适用于任何预算级别。数据分析能够识别出可访问并响应营销计划的消费者群体或细分市场。体育营销研究人员已经开发出了一种可用于测量与职业冰球和篮球比赛的上座率有关的生活方式特征的调研工具。该工具也适用于其他运动项目。然后，可以通过电子邮件、短信或直接邮件向已确定的粉丝群发送特殊的电子广告或促销优惠，或者可以在适当的社交网络和网站上发布该优惠信息。[37]

本章小结

市场细分对于了解体育资产的消费者来说非常重要，因为它能识别出消费者在许多维度上存在的差异，而营销人员以这些维度为基础可以制定专门的营销策略。因此，体育资产的数据库系统应加入市场细分概念，并且通过调查来检验有意义的市场细分的可能性。从心理统计、人口统计、产品使用、产品利益或其他组合来看，市场细分是否最有意义取决于营销人员对市场的了解和感知程度。应该对根据所追求的利益而划分的消费者群体进行人口统计特征、心理统计特征或产品使用等方面的内部同质性研究，从而改善与此类目标群体的沟通。例如，体育资产数据库中的一位粉丝曾购买了多张单场比赛的门票、收入为六位数，并且居住在主要购买季票的地区，那么这位粉丝会得到一份购买高级俱乐部座席或高端款待套餐的邀请函。在任何情况下，决策者必须认识到无论是职业篮球、高中长曲棍球，还是其他公园活动和娱乐项目，必须对消费者（或参与人群）进行细分。如果计划中没有细分市场，则任何计划都很难被视为营销计划。

课后活动

1. 定义市场细分。描述细分市场可识别性、可进入性和响应性之间的差异。想一想体育界中有哪些可识别的、但无法进入或响应的案例。

2. 生活细分的基本组成是什么？举例说明对当地大学女子篮球队来说最重要的生活细分。

3. 定义心理细分。尝试找出一个能够吸引某一类心理细分人群的体育产品广告或运动队广告。

4. 解释为什么重度用户细分对体育营销人员来说很重要，并用表 5.3 进行解释。

5. 你如何将产品利益细分的概念与第三章中有关动机的讨论联系起来？列出并比较参加 MLB 比赛的利益和在最近的公共高尔夫球场打高尔夫球的利益。

6. 你将如何为自己喜欢的体育资产制订细分计划，并将每个细分市场与独特的或定制的产品或门票套餐产品相匹配？

注释

1. For more on the LPGA clinics, see www.lpgagolfclinicsforwomen. com/; K. McCabe, “Lowering a Gender Handicap,” *Boston Sunday Globe,* 27 July 1997, C–1, C–4; “Women Golfers: By the Numbers,” *Golf Market Today,* September–October 1998, 4; Jolee Edmondson, “Queen of Clubs,” *Sky,* March 1999, 59. The authors thank Melanie Bedrosian of the Jane Blalock Company for research assistance on this vignette.
2. On the notion of global marketing, see T. Levitt, *The Marketing Imagination* (New York: Free Press, 1984).
3. For a general discussion, see P. Kotler and K. Keller, *Marketing Management,* 12th ed. (Upper Saddle River, NJ: Prentice Hall, 2005), chapter 8, “Identifying Market Segments and Targets.”
4. P. Kotler, *Marketing Management,* 9th ed. (Upper Saddle River, NJ: Prentice Hall, 1997), 251; S. Ruibal, “Horwath Seeks Niche for Snow Skating,” *USA Today,* 31 January 1997, 2C; G. Milne, W. Sutton, and M. McDonald, “Niche Analysis: A Strategic Measurement Tool for Sport Managers,” *SMQ,* 5 (3) (29 September 1996): 15–22; Martin Kaufmann, “Small Sports Dream Big Despite Woes,” *SSSBJ,* 18–24 March 2002, 19, 24.
5. www.burton.com/company; Marvin Bynum, “Target Audience,” *Athletic Business,* September 2004, 40.
6. See www.claritas.com.
7. Langdon Brockinton, “Miami May Look to Lure Far–Off Fans,” *SSSBJ,* 22–28 October 2001, 9; L. Mullen, “Chargers’ New Campaign Will Test Drawing Power in LA,” *SSSBJ,* 6–12 July 1998, 13; M. Levine, *Making Marketing Research Hustle: The Essential Sweat of Attendance Building and Fund Raising* (paper presented at the annual Athletic Business Conference, Las Vegas, NV, December 1987).
8. Ross Kerber, “Sox, Yanks Fight for Conn. Viewers,” *Boston Globe,* 6 August 2003, A–1, B–8.
9. Andrew Grossman, “Where Have All the Young Viewers Gone?” *SSSBJ,* 22–28 November 2004, 8; Bill King, “Where The Teens Are,” *SSSBJ,* 20–26 February 2006, 17–24; Bill King, “Reaching the 18–34 Demo,” *SSSBJ,* 17–24 April 2006, 1, 19–26.
10. Sean Brenner, “Reaching Tomorrow’s Fans,” *SSSBJ,* 13–19 September 2004, 19–23.
11. C. Cox, “Rock ’n’ Bowl,” *Boston Herald,* 20 August 1997, 37; www.newyorkjets.com/community.
12. “NASCAR Targets Kids, but Must Dance Around RJR’s Sponsorship,” *SBD,* 22 May 1998, 7.

13. J. Rude, "Making the Mature Decision," *Athletic Business,* January 1998, 31–37.
14. Tim Mask, "Gen Y a Gold Mine for Marketers Who Dig It," *SSSBJ,* 12–18 August 2002, 29; Gregg Bennet, Robin Henson, and James Zhang, "Generation Y's Perceptions of the Action Sports Industry Segment," *Journal of Sport Management,* 17 (2003): 95–115; D. Turco, "The X Factor: Marketing to Generation X," *SMQ,* 5 (1) (March 1996): 21–26; Christopher Palmeri and David Kiley, "In Hot Pursuit of Yoga Mama," *BusinessWeek,* 7 November 2005, 128–130.
15. Ross Nethery, "Watching and Waiting," *SSSBJ,* 23–29 August 2004, 22; "Who the Fans Are," *SSSBJ,* 9–15 December 2002, 26.
16. Harry Hurt, III, "Sure, It's Not Bowling, but Polo Is Catching On," *New York Times Sunday,* 22 August 2004, BU–9; M. Babineck, "Ralph Lauren's Firm Sues Magazine to Drop Polo Name," *Boston Globe,* 27 May 1998, C–3.
17. "Fan Breakdowns," *SSSBJ,* 16–22 June 2003, 24.
18. Andy Bernstein, "Do Sports Market to the Right Sex?" *SSSBJ,* 2–8 November 1998, 44; T. Cassidy, "Football 101," *Boston Sunday Globe,* 26 October 1997, C–1, C–11; N. Kapsambelis, "Football 101," *Foster's Sunday Citizen,* 16 November 1997, 9B; "On and Off the Road with Barack Obama", David Remnick. www.newyorker.com, January 22, 2014.
19. "Judge rejects initial $765M NFL concussion lawsuit settlement." Will Brinson, January 14, 2014. www.cbssports.com/nfl/eye–on–football/24409040/judge–rejects–initial–765m–nfl–concussion–lawsuit–settlement.
20. S. Hardy, "Profile/Interview With Donna Lopiano," *SMQ,* 5 (4) (December 1996): 5–8; Galen Trail, Dean Anderson, and Janet Fink, "Examination of Gender Differences in Importance of and Satisfaction With Venue Factors at Intercollegiate Basketball Games," *International Sports Journal,* 6(Winter 2002): 51–64.
21. Grant Wahl, "Rebound Attempt," *Sports Illustrated,* 29 March 2004, 34.
22. "Gay in Sports: A Poll," *Sports Illustrated,* 18 April 2005, 64; "Dodgers Apologize," *SBD,* 24 August 2000, 10; "Debate Over Marketing to Alternative Lifestyles Continues," *SBD,* 15 May 2001, 18; "Sparks' Alterative Marketing Effort," *SBD,* 15 June 2001, 18; "WNBA Teams' Marketing Toward Lesbians Continues to Draw Reax," *SBD,* 2 August 2001, 17; Tom Weir, "WNBA Sells Diversity Marketing, Recognizes Lesbian Fans," *USA Today,* 24 July 2001, 1–C; H. Kahan and D. Mulryan, "Out of the Closet," *American Demographics,* May 1995, 40–47.
23. Daniel Kaplan, "Tennis Courting Irrelevance," *SSSBJ,* 26 August–1 September 2002, 22; "NBA Fan Demographics," *SSSBJ,* 29 December 2004, 41. Ketra Armstrong is the leading researcher on African American sport consumers. See, for example, "An Examination of the Social Psychology of Blacks' Consumption of Sport," *Journal of Sport Management,* 16 (2000): 267–288.
24. Cindy Rodriguez, "At Fenway, It's Fiesta Time," *Boston Globe,* 6 June 2001, A–1, A–11; Scott Warfield, "MLS' Grassroots Tournament Grows by 58%," *SSSBJ,* 27 September–2 October 2004, 6.
25. K. Armstrong, "Ten Strategies to Employ When Marketing Sport to Black Consumers," *SMQ,* 7(3) (September 1998): 11–19; L. McCarthy, "Marketing Sport to Hispanic Consumers," *SMQ,* 7 (4)(December 1998): 19–24.
26. R. Desloge, "Cards Make Pitch for Blacks," *SSSBJ,* 18–24 May 1998, 9; Tom Cordova, "Building a Diverse Network of Suppliers Can Pay Big Dividends," *SSSBJ,* 12–18 September 2005, 29.
27. "USA Today Looks at MLS' Target Marketing of Ethnic Groups," *SBD,* 3 March 1998, 9; Sean Brenner, "A World of Opportunity," *SSSBJ,* 31 May–6 June 2004, 16.
28. Announcement in *SSSBJ,* 6–12 July 1998, 15.
29. Information on VALS may be found at www.strategicbusinessinsights.com/. For information on discovery

segmentation, see R. Piirto, "Cable TV," *American Demographics,* June 1995, 40–47.

30. Galen Trail et al., "Motives and Points of Attachment: Fans Versus Spectators in Intercollegiate Athletics," *SMQ,* 12 (4) (2003): 217–230; Daniel Mahony, Robert Madrigal, and Dennis Howard, "Using the Psychological Commitment to Team (PCT) Scale to Segment Sport Consumers Based on Loyalty," *SMQ,* 9 (1) (2000): 15–25.
31. A. Bernstein, "MLS Narrows Its Aim to Game's Core Fans," *SSSBJ,* 15–21 November 1999, 4.
32. J. Seabrook, "Tackling the Competition," *New Yorker,* 18 (August 1997): 42–51.
33. WNBA fan data at http://aol.wnba.com/about_us/historyof_wnba.html; John Lombardo, "WNBA Looks for Answers to Attendance Dip,"*SSSBJ,* 5–11 September 2005, 7; NCAA data from "NCAA Study Shows Extent of Basketball's Popularity," *NCAA News,* 30 March 1998, 1, 17. For information on women's team fans, see D. Antonelli, "Marketing Intercollegiate Women's Basketball,"*SMQ,* 3 (2) (June 1994): 29–33; S. Hardy, "Profile/Interview With Donna Lopiano."
34. André Richelieu and Frank Pons, "Reconciling Managers' Strategic Vision With Fans' Expectations," *International Journal of Sports Marketing and Sponsorship,* 6 (3) (April, 2005): 150–163.
35. M. Nowell, "The Women's Golf Market," *SMQ,* 4 (2) (June 1995): 40. See also the excellent usage segmentation analysis in D. Howard, "Participation Rates in Selected Sport and Fitness Activities," *Journal of Sport Management,* 6 (September 1992): 191–205.
36. Joanna Weiss, "TV Marketers Seek Audience With You," *Boston Globe,* 10 June 2005, D–1, D–4. For a valuable review of research on consumer categories, see Bob Stewart, Aaron Smith, and Matthew Nicholson, "Sport Consumer Typologies: A Critical Review," *SMQ,* 12 (4) (2003): 206–216.
37. John Lombardo, "A Whole New Ball Game in South Florida," *SSSBJ,* 28 March–3 April 2005, 1, 38–39.
38. James Zhang et al., "Understanding Women's Professional Basketball Game Spectators: Socio–demographics, Game Consumption, and Entertainment Options," *SMQ,* 12 (4) (2003): 228–38. For a valuable orientation to "nested" segments, see Mick Jackowski and Dianna Gray, "SportNEST: A Nested Approach to Segmenting the Sport Consumer Market," in *Sport Marketing and the Psychology of Marketing Communication,* eds. Lynn Kahle and Chris Riley (Mahwah, NJ: Erlbaum, 2004), 271–292.

第六章 体育产品

学习目标：

- 识别在广阔市场中能体现独特性的体育产品要素；
- 了解产品开发过程及其与产品生命周期的关系；
- 理解产品定位、产品形象和产品品牌化，及其在成功体育营销中的作用。

凯格萨斯（Kegasus）和普利克内斯（Preakness）产品

2011 年 3 月，马里兰赛马会向公众介绍新的吉祥物，希望借此引起大众对美国赛马三冠赛第二站普利克内斯的兴趣。整个行业已经低迷十多年了。全国赛马俱乐部于 1993 年停止公布全国范围的观众数量。每个人似乎都认同吸引年轻人群参加比赛的必要性。他们为此组建了全国纯种赛马协会，首个促销活动就以“ Go Baby Go”为主题。马里兰州赛马俱乐部在其赛马场的大型内场举行了盛大的庆祝活动，进一步推动了此项目的发展。内场集会希望将活跃的气氛重新带回野外聚会，而几年前普利克内斯禁止自带酒水时，这种活动曾一度无法开展。

主要用来烘托气氛的是一个名为凯格萨斯的新吉祥物，这是电脑生成的动画技术角色，在《巴尔的摩太阳报》中被描述为“派对动物”，出现在各种媒体宣传活动中以推广内场集会。《巴尔的摩太阳报》说，凯格萨斯的使命是“让年轻人知晓，今年可以在大型庆祝活动中享受喧闹、狂野的氛围，并且可以喝个痛快”。神话故事中半人半马形象的凯格萨斯的表演就很能说明问题。凯格萨斯是来自《啤酒节》(*BeerFest*)和《单身俱乐部》(*old School*)等当代电影中的人物，清楚地表明了赛马会想要并且需要年轻的一代。如果纯种马不能吸引他们，那就用大量的美好时光吸引他们。赛马会主席汤姆·查克斯(Tom Chuckas)回应说：“我们从不隐瞒我们希望人们前来内场参加聚会的事实。”[1]

内场集会是赛马的一部分，在这里既可以观看比赛，又可以参加集会。在过去的十年里，虽有许多体育娱乐活动，但内场集会则将娱乐的氛围推向新的高潮。美国海军大学欢乐合唱团代表了普利克内斯的旧场氛围（尽管他们仅从 20 世纪 90 年代末才开始表演），但他们并不能登上内场集会头条新闻。说唱歌手维茨·哈利法（Wiz Khalifa）、格莱美奖得主魔力红乐队和其他在啤酒花园野格酒舞台上唱摇滚的嬉皮乐队才是内场集会的主角。内场集会上有响亮的音乐、比基尼比赛、专业沙滩排球比赛，豆袋投掷比赛，人们还在场上畅饮啤酒。在大型赛马比赛中，内场集会就是春假和十月啤酒节。一位媒体分析师曾说：“他们不是在和看台上戴着花冠的女士们聊天。”[2]

巴尔的摩赛马会正试图重新定位普利克内斯，以期对年轻观众更具吸引力。产品重新定位可能很困难，即使采用了凯格萨斯也不会有什么改变。巴尔的摩的卫生专员抱怨说：“这场表演秀的明星不是那些漂亮的马，也不是那些坚定地骑着马走向荣耀的骑师。相反，我们拥有了凯格萨斯，一个热爱聚会的半人马。真的吗？为何不选《辛普森一家》里的巴尼或其他非常吸引青春期男孩的酗酒的媒体形象？”该俱乐部还是坚持举办了内场集会。在 2011 年普利克内斯赛中，凯格萨斯和内场集会内场的上座数为 8000 人。2012 年，汤姆 • 查克斯宣布了半人马的回归：“去年，我们经历了历史上最成功的内场集会之一，并确定凯格萨斯为年轻人群带来了乐趣和活力。”他补充说，这个节日“只是使普利克内斯变得‘神奇’的众多要素之一”。凯格萨斯在 2013 年没有出现，但是汤姆 • 查克斯振作了起来，因为在皮姆利科赛马场上的总参加人数连续第四年上升，普利克内斯的票房收入比 2012 年增长了 10%。内场集会的成功回答了几年前由“育种者杯”（Breeders Cup）营销主管彼得 • 兰德（Peter Land）提出的问题：“你是否向核心观众进行营销？那些人或者已经计划去看比赛，或者是一群在若干娱乐项目中选择的年轻人群，或者是介于中间状态。”凯格萨斯的故事说明，知道如何调整和重新定位产品及其组成是一个持续的挑战。[3]

如前所述，最好将体育产品理解为一组利益。与其他组织一样，巴尔的摩赛马俱乐部不断调整其套餐产品，以吸引更多的观众。在本章中，我们将讨论可以使体育产品彰显独特的要素，包括核心赛事、门票、组织、设施以及装备和服装等。接着讨论开发产品的复杂性，包括产品线、产品项目和产品组合的概念；发布新产品的问题以及产品的生命周期。我们还会介绍产品定位和产品品牌，这是当代产品开发中最关键的部分。其中，产品品牌会在第七章进行深入探讨。

第一节　什么是体育产品?

体育产品是有形要素和无形要素的复杂组合。当你听到“高尔夫”一词时，你会想到表面凹凸不平的高尔夫球和超大尺寸的、不同标准的金属“木头”。它们是高尔夫产品的有形要素。但是高尔夫的体验很难被标准化：新手会因为技艺不精而放弃，但热爱高尔夫的人对此乐此不疲。其他体育项目也是如此，运动体验完全取决于普通玩家、粉丝和营销人员的表现。正如我们在第一章中讨论过的那样，这些使得营销人员的工作在以下几个方面都充满挑战。[4]

- **体育产品消费的高度个性化**。福克斯体育总裁戴维 • 希尔（David Hill）提出：“如果说体育运动有什么特别之处，那就是它没有剧本。戴着白帽子的家伙并不总是喜欢马术。体育赛事是电视中唯一现实的节目。”个性化部分源自参与过程的感性和情感因素。每个比赛、每项赛事都是触觉、气味、味道、视觉和声音的独特组合。对于粉丝或运动员来说，体育产品的不确定性和自发性都吸引着他们。GEM 集团的里克 • 琼斯（Rick Jones）指出，控制最终体验的是消费者，而不是营销人员。[5]

- **核心赛事或战绩只是整体体育产品中的要素之一**。对于项目、活动或比赛，参与者和粉丝很少进行单一消费。体育体验包括场地的气氛、设备、服装、音乐、优惠、赛前和赛后纪念活动以及赛中的娱乐环节（可参阅后面的“比赛展示”部分）。对参与者和粉丝而言，所有这些要素将体育产品延伸到比赛之外。在某些情况下，比赛本身处于次要位置。卫星电视和互联网具有即时性，可迅速传播到世界各地，这都促进了体育赛事的发展。这些体育赛事不是因为其内在价值而存在，更多的是因为它们提供产品延伸的能力。一位行业高管表示，人们普遍认为，“创建更多的体育赛事只不过是为了销售特定的品牌和产品（例如，鞋类和服装）”。在未来，赛事将成为整合营销的销售引擎。放眼奥运会、超级碗或世界极限运动会，这样的未来正在慢慢实现。[6]

- **营销人员通常对核心产品几乎没有控制权，因此必须将精力集中在产品延伸上。**在新世纪，西班牙足球甲级联赛皇家马德里队制定了一项战略，利用核心产品（足球比赛）形成产品延伸。在签约路易斯·菲戈（Luis Figo）、齐内丁·齐达内（Zinedine Zidane）和戴维·贝克汉姆（David Beckham）等明星球员时，该球队打破了世界转会（购买价格）的记录。尽管皇家马德里队期望以全明星阵容赢得比赛，但该球队更加有信心促进其在全球的商品销售和赞助收入。尽管明星们和球队在比赛中失利，未能在 2004 年赢得冠军，但哈佛商学院的研究证实了这一战略的成功。到 2004 年，该球队的副业收入比 2001 年翻一番。虽然营销人员无法控制比赛，尤其是输赢，但是唐·坎汉数十年来的智慧值得重申：“我们不会针对密歇根州橄榄球排名第一这件事进行营销，因为明年我们可能就不是第一了！相反，我们会在安阿伯（Ann Arbor）举办秋季周末推广活动。”在体育营销中，赢得比赛并不是唯一的事情。[7]

在开发产品时总是会出现问题。许多职业球队已与州彩票机构合作创建了体育“游戏”。但是，这种行动如何与联盟不断反对体育博彩的立场相一致呢？尽管玩刮刮卡与押注分差并不完全相同，但它仍是赌博。同样，如果大学的体育营销人员想将赛事包装得更具娱乐性，是否应该与一家想为每场碰撞激烈的冰球主场比赛提供赞助的汽车修理厂达成合作呢？这个主意看似没什么问题，但如果它暗示球迷们每当赛场上发生碰撞时都大声欢呼，无论这些碰撞多么恶毒或是否违反规则，那该怎么办？而且如果赞助商在报纸和电视宣传片中将冰球的猛烈碰撞和汽车残骸的画面并列放置，又会怎么样呢？会给粉丝传递什么信息？给在车祸中失去孩子的家庭传递什么信息？劳拉·纳什在一篇文章《没有说教的伦理》（*Ethics Without the Sermon*）中提到过三个问题：

- 你的目的是什么？
- 与可能发生的结果相比，该目的如何？
- 如果该活动被正确理解，潜在的象征意义是什么？如果被误解了呢？

道德要求原则和常识，具有持久价值的体育产品营销和维护也是如此。[8]

第二节　体育产品的核心及延伸

如图 6.1 所示，体育产品既是一个集合体，又是一组具有生命的要素组合。其核心是赛事体验或比赛展示，由六个部分组成：

- 比赛形式（规则、技术）；
- 运动员（明星力量）；
- 粉丝行为；
- 装备和服装；

- 比赛场地；
- 人员与过程。

一、比赛展示：核心产品

无论是在炎热的沥青球场上进行三对三的篮球友好赛，还是在联邦快递球馆的豪华环境中进行孟菲斯灰熊队的比赛，它们都具有共同的特征要素：比赛、球员、设备、球迷行为、人员和场地等。其他一切都建立在这些要素的基础之上。以高尔夫为例，尽管新手的经验与老手不同，但规则和技术、设备和场地的特殊性质将两位球手归为一类，并将高尔夫与网球区分开来。而且，正是对规则、技术、设备和场地的运用将体育产品与其他产品区别开来。

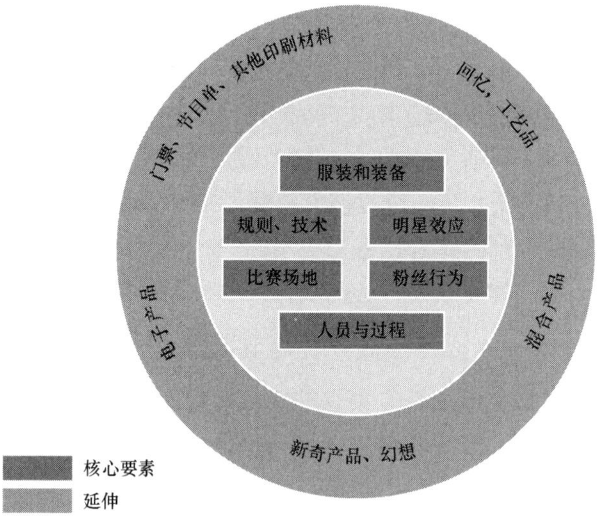

图 6.1　体育产品的核心要素及延伸示例

如图 6.1 所示，赛事体验可能包括大量的延伸产品。我们可以通过一些要素来区别普通运动场和联邦快递球馆，如门票、豪华包厢、节目、视频、音乐、纪念品和吉祥物。作为产品的组成要素，延伸产品可以提高赛事体验的价值（通常是价格）。同时，从运动员到吉祥物，任何产品的组成要素都可以进行产品延伸，其产品生命（和销售）可以超越某个赛事或整个赛季。

运动队、高中、大学、俱乐部和联盟通常是提供和售卖赛事体验的实体组织。但有家叫 Fandeavor 的公司发现了一个市场：帮助大学机构包装和售卖体育产品要素。其诀窍是将不同的产品组合要素打包，以满足不同的客户需求。如果你有一张票，那接下来呢？与主教练握手？边线访问？旅行？赛后见面并与一些球员打招呼？Fandeavor 公司首席执行官汤姆・埃林森（Tom Ellingson）说："你必须了解粉丝的需求，一所学校与另一所学校提供的体验各不相同。"这是聪明的体育总监或俱乐部高管应该信奉的营销哲学。[9]

在比赛之夜汇集所有元素是一门艺术，也是一门科学，这被称为比赛展示。在最高运动水平的赛事中，这些附加产品往往比赛事本身还重要，至少在时间上是如此。例如，2009 年，《波士顿环球报》对 2 月凯尔特人与湖人队比赛的整体表现进行了研究。这场比赛的规模与后期 NBA 各场比赛规模相比并没有扩大。该比赛从晚上 7:45 打到 11:11，共持续了 207 分钟。其中有 83 分钟是球员在场上比赛，其他 124 分钟则是赛前表演、中场表演以及其他娱乐活动的时间，包括啦啦队的舞蹈、特殊的场上促销、超过 300 个的人群镜头、球迷竞赛、超大屏幕上的比赛回放以及 125 段音乐。这些工作都是在高分贝级别下进行的，按照一份长达 75 页的赛事活动脚本进行，由赛场上的工作人员和 9 楼控制室共同执行，有 41 个监视器全程跟踪。凯尔特人队的比赛展示总监肖恩・沙利文（Sean Sullivan）说："试图跟踪赛场中正在发生的一切就像空中交通管制一样。"但回报可观。调查显示，92%的参与者"对比赛展示感到满意或非常满意"，而 70%的参与者表示他们"很可能"因为比赛展示而再次观赛（这是我们的重点）。[10]

一些高中和大学的管理者担心粉丝对大众赛事持有与职业赛事相同的期望，特别是那些熟悉职业赛事推广活动和赠品的粉丝。杰克逊州立大学体育信息总监戴德丽·琼斯（Deidre Jones）这样说："当人们来观赛时，他们希望获得一些免费的东西。如果我们不这么做，我听说对于规模较小的学校而言，会使比赛有些黯然失色……我认为人们太沉迷于娱乐活动而忽略了运动员的实际才华。"俄亥俄州立大学戴夫·布朗（Dave Brown），全国大学营销管理者协会前主席，这样调侃棒球比赛："我去听了一场音乐会，顺便看了一场棒球比赛。"其实，任何级别的体育比赛都应当回归核心使命和战略（如第二章所述）。[11]

比赛展示是核心产品，由以下元素组成。

（一）比赛形式：规则与技术

每种运动都有独有的特征，对某些消费者而言特别具有吸引力。例如，篮球具有速度、敏捷性、身体接触、力量和优雅的特点。如果 1891 年发明篮球比赛的詹姆斯·奈史密斯（James Naismith）能够看到圣安东尼奥马刺队今天的比赛，他会对篮球的根本变化感到惊讶。而改变奈史密斯所发明的篮球比赛规则以适应女子篮球的森达·贝伦森一定更会对 WNBA 比赛感到惊讶。当然，比赛形式总是在变化。比如，球员发明新的动作，规则委员会为了平衡进攻和防守而不断修改规则。三个经典的篮球例子是 24 秒投篮倒计时、三分线和干扰球规则。

可能有人会说，规则和技术的变化可以与任何消费产品的设计变化相提并论，就像生产更低脂美味的土豆片或速度更快的计算机芯片一样。改变产品是为了满足消费者的需求。1906 年，美国大学橄榄球规则委员会首次允许前锋传球，明显是考虑到了公众对"大众"体育的看法。同样，美国联盟的老板们在 1973 年批准了棒球的指定击球手规则，目的是提高观众兴趣和上座率；但全国棒球联盟的老板们，由于拥有更高的平均上座率和更多的球场赛事，没有感觉到这种紧迫性。

（二）明星力量：运动员、教练和老板

最难忘的赛事体验会从比赛场地向外营造戏剧性氛围。正如所有成功的推销人员所学到的那样，球员和教练是关键。20 世纪 20 年代美国体育黄金时代的建筑师（例如，特克斯·里卡德）认识到需要加强英雄与恶棍或思想与肌肉的斗争。他们的策略很简单——发挥明星力量。贝比·鲁斯（Babe Ruth）、杰克·登普西和海伦·威尔斯（Helen Wills），我们都记得这些名字并将他们与那个传说中的时代联系在一起。

海伦·威尔斯是美国体育黄金时代的明星运动员。1924 年，她参加了巴黎奥运会，并与其搭档黑兹尔·怀特曼（Hazel Wightman）获得双打金牌

一方面，情况并没有太大变化，体育仍然需要明星的力量。另一方面，今天的运动员和教练在比赛以外的活动要远远超过过去的运动员和教练。运动员仍然提供体育中的大部分脚本。他们可以成就或破坏球队和联盟。伟大的贝

利就是一个很好的例子。在他与北美足球联盟的纽约宇宙队签约之前，球队在兰德尔岛平均每场有 5 000 名球迷。随后，贝利带领球队搬到了巨人体育场，并定期吸引了超过 50 000 名观众。在近代历史上，美国青年足球运动员弗雷迪・阿杜（Freddy Adu）在 2004 年与 MLS 签署了一份为期四年、价值 200 万美元的合同，据称这是联盟有史以来最大的合同。当时阿杜只有 14 岁，耐克已经与他签下了为期两年、价值 100 万美元的合同。虽然当时的阿杜在球场上并不是一个有影响力的球员，但他将全联盟的上座率提高 4%以上。有时候他的出现使比赛场馆的观众人数增加了一倍。权威人士将其称为“弗雷迪因子”或“弗雷迪效应”。[12]

有一种 Q 评分的评价方法试图衡量美国公众对名人的接受程度。正如特里・莱夫顿所解释的那样，年度 Q 评分报告是“亿万广告决策的依据”，其中一项专门针对体育行业。市场评估公司（Marketing Evaluations Inc.）每年在全国概率样本中对数千名 12～64 岁的人群进行调查。受访者对 500 多位运动人物进行了评分，例如“从未见过或听过”或“我最喜爱的运动人物之一”。2012 年的一大新闻是蒂姆・蒂博（Tim Tebow）从 62%的识别率上升到 80%，这一得分让他可以与勒布朗・詹姆斯和戴维・贝克汉姆相提并论。[13]

教练和老板也可以是明星和产品的基本组成部分。例如，约翰・马登（John Madden）在 2012 年的 Q 评分中排名高于蒂博。当许多人提到 NFL 时，仍然会想到约翰・马登。比尔・帕塞尔斯（Bill Parcells）也是如此。当他从新英格兰队转会至纽约喷气机队时，仅帕塞尔斯的上场就为该队的赛事转播增加了 20%的广告销售量；当他去达拉斯时，也激发了类似的热情。然后是球队老板，比如乔治・史坦布瑞纳（George Steinbrenner）和纽约洋基队。三十年来，一些名字和形象总是紧密联系在一起。一个广受欢迎的做事高效老板能形成正面的品牌效应，如 NFL 的罗伯特・克拉夫特或 NBA 的马克・库班。[14]

在过去的五十年中，运动员感觉有更多的自主权去反抗现有的制度。媒体也更乐于曝光其不良行为，尤其是犯罪行为。尽管经纪人和球队无法控制球员或教练所有的表现或行为，但过去十年间，人们已花很大精力来提高他们的人际交往能力和产品价值。以科雷尔（Corel）WTA 巡回赛和美国网球协会为例，该协会在 20 世纪 90 年代后期为运动员开发了一项媒体技能训练计划。针对第Ⅰ级别运动员的 NCAA 冠军/生活技能计划所涵盖的培养和提升内容更为全面。这项强制性的教育计划不仅涵盖沟通技巧，还涵盖诸如药物滥用、饮食失调和压力管理等问题。一些公司已经开始为未来的大学生提供服务，帮助他们创建营销方案，以便更有效地向球队推销自己的技能。例如，《国家童子军报告》提供的套餐价格从 895 美元到 2 495 美元不等，高中生可以从中获得一系列好处，包括 DVD、网站、促销电子邮件和精美的简历等。产品是否物有所值有待观察。[15]

（三）粉丝行为

没有什么比坐在成千上万的体育迷中更令人振奋的了，他们齐声合唱经典歌曲或表演特殊动作，例如，威斯康星州的嘻哈乐队 House of Pain 1992 年发表的单曲“Jump Around”。现场观众是体育产品的基础，就像歌剧或戏剧一样。他们的反应对于无“剧本”的赛事至关重要。作为现场体验的一部分，粉丝群体及其行为甚至可以成为他们自己的商品。例如，绿湾包装工队的奶酪大头就催生了一件热卖的新颖头饰。[16]

运动员必须遵守禁止辱骂或实施亵渎行为的规定。粉丝呢？粉丝是任何赛事的重要组成部分。粉丝将核心产品带入了观赛领域，他们扩展了体育这台戏剧；但也可能破坏气氛并推动暴力行为。这不是什么新鲜事，古代就有粉丝暴动。在 19 世纪，流氓团伙每隔一段时间就会袭击比赛区域。无论准确与否，新闻中充满了各种暗示粉丝行为逐步恶化的故事。

1997 年 12 月，一群亚拉巴马州的高中足球迷袭击了两名官员。就在发生冲突之前，比赛的播音员在公共广播系统上对官员们进行了指责，嘲讽并抱怨说他们“需要重返校园”。1998 年 2 月，当一名纽约高中曲棍球运动员因殴打裁判而被戴上手铐带走时，观众欢呼雀跃。2004 年，在伊利诺伊州男子高中地区比赛中，一场球迷斗殴导致 5 人受伤，其中包括一名被酒瓶砸倒的教练。2012 年 7 月，Bleacherreport.com 网站上发布了一个带有视频和幻灯片的故事，内容是“看台上 25 场最棒的球迷战斗”。作者在故事的开头写道：“在一场体育比赛中，如果你认为赛场上的氛围紧张，那么与看台上有时候发生的事情相比，这不算什么。”令人欣慰的是，至少有一位评论者指出，这种行为“没有什么可令人敬畏的”，这太“愚蠢”了。[17]

但是，该怎么办呢？由于最恶劣的行为与饮酒消费有关，人们经常呼吁禁止或限制赛场附近各类酒的销售和消费。从专业层面上，这样的政策会消除主要的收入来源，因此球队已经采用技术手段和受训的员工去控制好斗的粉丝。现代体育场馆具有一些基础设施，允许人员用短信举报不守规矩的行为。到 2009 年，每个 NFL 球队都建立了短信系统，并且 NBA、NHL 和 MLB 扩大了他们的短信业务。正如迈阿密体育馆的一位高管所说：“每个人对行为的容忍度都不同。该系统允许每个人谨慎地与我们联系，以便当他们对其他人的行为感到反感时，我们可以解决该问题。”[18] 奇怪的是，这个系统能以非传统的线上募集方式，大幅度增加赛事工作人员，从而转变了人们对众包的理解。

NFL 在 2008 年制定了一系列球迷行为守则，规定以下行为可能导致“退赛不退款，且失去未来比赛的门票特权”：

- 不守规矩，破坏性或本质上的违法行为；
- 醉酒或其他酒精损伤症状导致的不负责任的行为；
- 粗鲁或侮辱性语言或淫秽手势；
- 干扰比赛进度（包括将物体扔进场地中）；
- 不遵从体育场馆人员的指示；
- 对对方球迷进行言语或身体骚扰。

一年后，NFL 接受了许多大学橄榄球项目的建议，缩短了允许球迷在体育馆停车场停留的时长。八支联赛球队为被驱逐的粉丝开设了一个由心理治疗师设计的特殊课程，以教育他们采取适当的行为，包括理性饮酒。用一位发言人的话来说，这完全是“NFL 为所有球迷能改善比赛日体验而进行持续努力的一部分”。2012 年 8 月，包括玫瑰碗体育场、道奇体育场和保利体育馆在内的 11 个南加州顶级体育馆接受了统一的球迷行为准则。[19]

高中和大学的体育项目也制定了粉丝守则。当亵渎和嘲讽达到无法容忍的程度时，马里兰大学成立了一个特殊的学生委员会，为康卡斯特中心的球迷们制定行为守则。一些批评家认为，限制学生行为会违反《宪法第一修正案》中所规定的权利，但州总检察长约翰·安德森（John Anderson）支持该大学在体育赛事中为保持公民环境所做的努力。然而，即使有合法的掩护，控制学生粉丝也不是一件容易的事，特别是如果几百个学生一起骂脏话的时候。把一个醉汉驱赶出去是一回事，而尝试将整个群体大规模地驱赶出去就是另一回事了。最近在缅因州的某个体育馆中，一个球迷团体拒绝停止高声喧哗，该行为激怒了一位比赛官员，而高声喧哗是该州协会禁止的行为。因此，在他的坚持下，主场球队管理者驱逐了这个球迷团体。[20]

最成功的举措是管理者和学生之间达成的合作。正如里海大学的体育总监乔·斯特雷特（Joe Sterrett）所说的，让学生支持球迷行为政策的最佳方法“就是让他们参与计划的制订”。里海大学的管理者还成立了一个学生球迷的核心群体，该群体创作了富有想象力且积极的颂歌和歌曲来替代脏话连篇的嘲弄。在该群体制定的“内部规则”中的其他准则均考虑了一个基本问题：让你的父母或弟弟妹妹坐在你旁边，你会感到尴尬吗？里海大学的学生们在当前举办的秋季新生典礼上、赛场大屏幕上和比赛公告中都宣传了这个内部规则。[21]

（四）装备和服装

如前所述，对于任何体育消费者来说，装备都是核心产品的一部分。没有装备和制服，就无法进行比赛。但是装备、服装和商品开始超越了核心赛事体验的活动。数百年来，统一的设计和颜色一直是体育赛事的一部分。古代罗马体育场的球迷为红色、白色、绿色、蓝色等颜色的战车司机欢呼。如今许多球队都以他们的颜色而闻名。如果你在波士顿周围说“绯红色”（the Crimson），大多数球迷都会想到哈佛大学；如果你说“深红潮”（Crimson Tide），那么任何美式足球迷都会想到贝尔·布赖恩特（Bear Bryant）和亚拉巴马州。在过去的几十年中，统一设计成为更广泛策略的一部分，该策略将活动延伸到了日常服装中。每个大联盟球队均已扩大其资产部门，以监督商品的开发和销售，包括官方球衣。除此之外，无论是在家还是在外，两种基本制服已经不够用了。于是球队又开发了二级主场和客场制服。其中，有些复古，有些前卫，还有一些（例如，2011 年推出的百搭款安德玛橄榄球球衣）出奇的好。但它们有一个共同点：如果大联盟球员在现场比赛中展示新制服，那么很多人会在当地的百货商店购买球衣以示纪念。[22]

在过去的三十年中，与体育有关的 T 恤、夹克和球帽成为个人身份的标志。即使是从多年来对人群镜头的非正式调查中也会发现 1980 年前的日常（通常是正式的）服装与如今的球队品牌服装之间存在鲜明的对比。体育品牌真的是全球性品牌。曼彻斯特联队的服装在全球销售火爆。在下一章中，我们将讨论品牌服装和授权服装的增长，但是我们不能过分强调在精心开发、分销和控制球队、学校或联赛的运动标志和徽标的过程中所涉及的高风险。在 2008 年波士顿凯尔特人队对阵洛杉矶湖人队的 NBA 总决赛中，推销员制订营销计划与教练制订比赛计划一样紧张。来自 NBA、阿迪达斯、锐步的小团队与当地的服装印花商会面，并进行了“蓝色代码”操作。两位服装图案设计师参观了选定的运动酒吧，希望能在里面听到一个口号或流行语。在“设计休息室”内，大家对标语和图案进行了头脑风暴，有些是很显眼的标语，如“加油，凯尔特人队”（“Go Green”或“打败湖人队”“Beat LA”）等标语；有些是更富创造力的图案，如“红衣主教”雷德·奥尔巴克（Red Auerbach）点燃雪茄的图案。设计的想法很多，但被选中的很少。真正的挑战是要在比赛第一场与第二场之间的 48 小时内把构思转变为产品。“这是有组织的混乱。”一位丝网印刷商说。成千上万的衬衫和帽子需要及时生产和运输，以吸引粉丝而获利。[23]

（五）比赛场地

所有体育项目都将比赛场地或设施作为产品包装的一部分。在第十三章中，我们会更深入地研究体育场馆，但在这里我们要注意，各运动队及其经营团队与场地之间的关系十分紧密，因为场地是众多深刻的比赛回忆和强烈的集体感的融合地。历史学家布鲁斯·库克利克（Bruce Kuklick）在撰写关于费城历史悠久的夏伊布公园（Shibe Park）的专著中很好地抓住了这一点：“意义及其载体都很脆弱。”这些意义会随着时间的推移而逐渐体现出来，例如，夏伊布公园这样的文物。回忆通常与其他事物相关并储存在大脑中，而非单独存在。粉丝身份，尤其在大城市中，通常驻留在将人物、赛事与地点联系在一起的故事或回忆中。夏伊布公园之类的地方提供特殊的仪式，将爱尔兰人或意大利人变为费城人。老特拉福德球场对曼联的球迷产生了类似但又是全球性的影响。任何赛场都是如此，各地小镇都有充满传统和集体回忆的运动赛场。[24]

如今，许多场馆都具有广泛的吸引力，它们在正常比赛日以外也可以提供可观的收入。随着 NHL 冬季经典赛的成功举办，我们期望看到更多的冰球赛事在棒球或橄榄球场馆举办，例如，箭牌球场或密歇根州的“大房子”。这就是品牌的力量。芬威球场（Fenway Park）比棒球更能吸引消费者。当波士顿红袜队的新老板希望扭转“班比诺的诅咒”时，他们不得不寻找新的收入来源与洋基队竞争。但其门票价格已经是棒球界最高的了，且可以添加扩展的席位十分有限——可以在“绿色怪兽”上面增添几百个座位，并在右侧添加一个新区域。但芬威球场有很多开放日，大约有 284 天。因此，红袜队开始在芬威球场举办派对、婚礼并做商务会议的广告。租金并不便宜，从 1 000 美元到 100 000 美元不等，具体取决于数量、位置和食物质量。但是在疯狂热爱棒球运动的新英格兰地区（又名“红袜国”），每个人都想去芬威球场。红袜队不是唯一一个采取这种产品延伸策略的球队。西雅图人可以在塞菲科球场（Safeco Field）的两个大本营中享用晚餐。密歇根州球迷可以租一小时密歇根州体育场用于举办婚礼，价格为 6 000 美元，回忆的价值却不可估量。[26]

（六）人员与过程

如果体育运动的核心产品是表演或赛事，那么成功的营销取决于加工产品的人。A.J.马格拉思（A.J. Magrath）有说服力地指出，人员和过程是营销组合中的附加要素。任何一个在体育赛事中参加过无数次赠品活动的球迷都体会过沮丧的心情，比如，在收到尺码错误的纪念衫时，在被告知“对不起，已售空……我们没有想到今天会有这么多球迷”时。服务人员粗暴的行为或失败的促销活动带给体育消费者的失望永远都无法弥补。消费者无法退货或更换体验。在消费者眼中，人员和过程与赛事产品密不可分。[27]

滑石大学（Slippery Rock University）的教师布赖恩·克劳（Brian Crow）对体育行业多个层面的赛事管理、球迷认知和员工培训进行了广泛的研究。在针对宾夕法尼亚体育联合会（NCAA 第Ⅱ级别）橄榄球比赛的一项最新研究中，他和他的学生指出一些普遍存在的问题：

- “入口处的安全防范措施有限”，很可能会引发人们对风险的感知。

- 缺少“清晰可见的场地和停车位标志”，球迷在找到座位前就会感到心情沮丧。
- 体育精神标志（NCAA 要求）“在大多数场馆中并不清晰可见”，尽管有一半的场馆确实已经使用了有线广播来宣布要求和规范准则。
- 尽管特许经营场所和洗手间还说得过去，但并不像预期的那样干净。
- 赛事的工作人员“通常是一些似乎没有经过培训，连基本问题都无法回答的学生”。

上述所有这些情况都会降低粉丝的观赛体验质量。[28]

查尔斯·L.马丁（Charles L. Martin）通过对保龄球馆顾客关系的研究，得出令人信服的结论：所有运动都是“接触式”运动。尽管员工需要正规的培训，但一些简单的事情要记住：

- 强调基本的礼貌，尤其是真诚的感谢，即使是在换零钱的时候。
- 采用“格外热情好客”的态度。与顾客进行交易以外的交流会超出顾客的预期。这种方法表明员工对客户满意度的额外关注。
- 积极主动。不等顾客开口求助就为其提供帮助。立即解决问题。像对待家里来的客人一样对待顾客。
- 鼓励投诉。鼓励顾客说出自己的想法。用迪斯尼的话说：“问顾客他们想要什么……然后就给他们什么。”只有这样，组织才能知道如何使顾客满意。
- 要求工作人员遵守统一的着装规范、身穿制服和注意仪容仪表。
- 确定场馆的主题和始终如一服务精神，包括标牌、颜色、整洁度、工作人员外貌以及顽强的信念，即所有顾客都有特殊的需求。
- 将人事管理程序和培训纳入组织政策中。

小事情很重要。体育产品的基本特征包括赛事工作人员参与的各种流程——取票、前台管理、更衣室、特许使用的场地运营、技术指导和现场维护。他们不能被忽视或被视为理所当然。[29]

广阔世界中的全球本土化体育体验

在我们这个小小的星球上，很少有某项体育运动能对所有人都有吸引力。足球在榜单中名列前茅，因为它的粉丝群体遍布世界每个角落。然而，即使在足球运动中，人们对各国的战术体系也有着截然不同的观念：巴西人的天赋、西班牙人的 tiki-taka 短传、英国人的强力和长传。这些是源于文化，还是媒体的臆想？这都是体育赛事研究人员不断提出的问题。但是整体赛事体验如何？文化不同，体验有何不同？至少某些要素似乎既是全球的又是本土的，抑或称为“全球本土化”。

- **粉丝呐喊和歌唱**。为了开发和传递某种信号以激发球迷热情，促使其在球队可控范围内尽情欢呼，多数北美体育营销商投入了大量的时间和金钱。啦啦队和鼓舞士气的乐队由来已久，采用大屏幕电视则是近年来的新举措。但是在世界上的许多地方，歌迷们自己掌握着精心编排的歌曲、圣歌和提示性语言。某些歌曲是适合的，例如，爱尔兰国家队的球迷和《阿萨瑞原野》（the Fields of Athenry）或利物浦足球队的球迷和《你永远不会独行》（You'll Never Walk Alone）（具有讽刺意味的是，这是一首美国的老曲调）。在日本顶级的棒球联盟中，在啦啦队队长的带领下，球迷团体同样强大且喧闹。在缅甸这样的国家，政府示威者可能会面临 100 年的监禁，但足球场是一个自由的绿洲，政府大力支持 2008 年缅甸国家足球联盟（Myanmar National League）的成立，票价便宜至 70 美分。向国家官员发起挑战是非法的，但向足球官员或对手球员发起挑战则是公平的。一位高中生告诉《纽约时报》：“我来这里不是为了支持任何一支球队的，而是为了自由呐喊我想要的东西。”[30]

● **音乐和舞蹈**。北美球迷也会一起跳动或摇摆，但似乎没有像巴西球迷那样疯狂。随着 MLS 及其专属场馆和热衷于全球文化的忠实粉丝群体的发展，足球在美国不断发展，这种情况也可能会改变。在不久的将来，NBA 球迷是否会像足球球迷一样随着萨尔萨和吹响的呼呼塞拉（南非足球迷用于助威的大喇叭）翩翩起舞？

● **餐饮**。美国观众喜欢热狗、爆米花和花生，这是他们的饮食传统；日本观众喜欢烤鳗鱼、荞麦面条和鸡蛋饭团；英格兰观众可能会喜欢小甜甜圈或碎牛肉馅饼；当法国观众在法国联赛中观看美式橄榄球比赛时，他们喜欢吃涂有蛋黄酱的热狗法棍。[31]

当 NFL 20 世纪 80 年代首次进入欧洲市场时，NFL 骄傲地认为，自己的产品非常出色，因此可以将美国比赛简单移植到新市场，并利用电视转播向公众和企业赞助商进行推销。但是，NFL 并未清晰地说明如何使美国产品适应欧洲文化。三十年来这种情况发生变化了吗？NFL 名人堂球员（现在是广播员）特洛伊·艾克曼（Troy Aikman）对此表示怀疑。用他的话说："我们认为其他国家的观众观看美式足球时也会感到兴奋的看法有些自大。"[32]

我们生活在全球经济中，但是市场和消费者仍然是当地人。诚然，俄罗斯的大陆冰球联盟拥有像 NFL 一样的啦啦队，足球文化正在改变北美体育爱好者的口味。但是，我们必须认识到任何体育产品或体验都有多个版本。NBA、NFL、EPL 等联盟拥有一个想要分销的版本。当地媒体和营销人员希望为当地观众呈现另一个版本。然而当地消费者自己会影响并体验第三个版本。正如学者们所戏称的那样，没有简单的移植，只有不变的协商。[33]

二、产品延伸

核心产品，即比赛体验，辅以众多的产品延伸，这些产品延伸往往具有自己的生命。其中一些产品延伸如下。

（一）回忆

在体育界有一点很清楚：历史吸引并激励着消费者。对有史以来最佳球员的争论，对复古毛衣或帽子的兴趣以及在每种运动中各个级别的名人堂的激增都证明了历史的力量。2007 年，《体育商业杂志》的读者投票选出了最佳的 NHL 球队标志和最需要更改的标志。六个最古老的标志中有五个最佳——红翼（Red Wings）、黑鹰（Blackhawks）、加拿大人（Canadiens）、游骑兵（Rangers）和叶子（Leafs），全部都是历史性标志。历史悠久的球队仍占主导地位。而五个最需要改变的标志包括联盟三支最新的球队——亚特兰大鸫鸟队（Thrashers），哥伦布蓝衣队（Blue Jackets）和阿纳海姆鸭队（Ducks）。[34]

一些历史文物价值惊人。2004 年 12 月，苏富比拍卖行以 128 万美元的价格出售了一根棒球棒。当然，这不是一根普通球棒：贝比·鲁斯曾挥舞着那根巨大的长 3 英尺（约 91 厘米）、重 46 盎司（约 1 300 克）的球棒，在洋基体育场打出第一个本垒打，即"鲁斯打下的天地"。体育纪念品历史悠久，一个多世纪以来收藏家一直在寻求投资。而造假者也紧随其后，因此大联盟聘请了参加过 MLB 世界大赛等活动的鉴定者如德勤公司（Deloitte and Touche），用特殊的全息图和数字来检测文物的真伪，例如，球、球棒、帽子、手套、底座，甚至是空香槟酒瓶。但是作假仍在继续，其中有些展示在一个名为 haulsofshame.com 的网站上。尽管有江湖骗子，但围绕着历史数据和文物的回忆是维持粉丝忠诚度的关键部分，这一现象已为最精明的体育组织所认可，于是他们才精心经营名人堂、历史展览、复古服饰和其他回忆元素。[35]

（二）新奇产品与幻想

运动玩具和新奇产品可追溯到一个世纪以前，但它们从未像过去二十年那样与整合营销策略紧密地联系在一起。NBA-WNBA 有芭比娃娃系列，NFL 有 Pro Action Athlete 收藏品系列，NASCAR 有赛车手雕像。NASCAR 还看到了回收旧轮胎的市场，车迷们高兴地以每只5～10 美元的价格购买了旧轮胎。一位消费者谈到所购商品时说："我要把它放在家里的地板上，挨着我的床。这样我醒来第一眼就可以看到它。"运动队一直在寻找热门收藏品，以推动促销活动和粉丝的忠诚度。20 世纪 90 年代比尼娃娃很火。在过去的十年中，大头娃娃人偶的人气很旺。2001 年，芝加哥小熊队与托普斯公司合作，创建了一套包含当前和以前小熊队的交易卡，共十张，并在本赛季的各个时间点分发给观众。最近，许多俱乐部与当地报纸建立联系，以出售可收藏的徽章和硬币。在 2011 年，老式 T 恤是 MLB 中排名第一的赠品。各个组织一直都在寻找新的机会。NHL 在 2011 年尝试通过 Guardian Project 加大赌注，该项目由天才斯坦·李开发的一套超级英雄构成，包括蜘蛛侠和其他传奇故事中的英雄。每个 NHL 球队——棕熊队、捕食者队等都拥有自己的超级英雄，可以召唤他们来帮助当地社区免受某种邪恶力量的袭击。大屏幕上的视频片段会出售迷你棍、T 恤、木质标牌、海报、三角旗和图画小说。截至 2013 年秋季，该项目并未产生太多积极的响应。[35]

粉丝盛会、奇幻露营和巡游的发展有两个简单的原因。首先是大联盟赛事门票的价格急剧上涨，让越来越多的球迷望而却步。如果能够负担得起球票价格的人越来越少，球迷们如何与体育产品进行亲密互动？同时，即使是最忠诚的球迷也希望学习、感受并做更多的事情。粉丝盛会、奇幻露营和巡游就是答案。入门级爱好者可以享受免费或低成本的盛会，愿意为与新老球员建立更紧密的联系而付费的消费者可以享用高成本的游轮和营地。例如，LPGA 赛事包括以下特色：

- 粉丝与球员拍照的机会；
- 规则与技术研讨会；
- 健康和健身论坛；
- 俱乐部更衣和击球区；
- LPGA 时间表的示意图；
- 视频和电脑展示。

很多高校建立了自己的粉丝节。圣母大学就是其中之一。2004 年，有 52 名学生每人支付 4 290 美元，身着校队队服在现任和前任爱尔兰教练们的指导下进行橄榄球训练，最后在圣母体育场进行了一场橄榄球比赛。芝加哥公牛队更甚，为球迷提供在比赛中充当地板清扫者角色的机会。标价多少？1 200 美元。一名球迷只要花 1 500 美元，就可以扮演记者的角色，并在俱乐部的网站上撰写故事。[37]

（三）门票、节目单和其他印刷材料

很少有人能意识到一张赛事门票的全部价值。门票的明显用途就是提供收据，引导人们坐在座位上，并传达购买条款和条件。如今，有限责任声明是标准的门票制式。但就市场潜力而言，这些普通的应用只是冰山一角。门票的外观和感觉不同，象征着不同的体验。因此，

即使是在高科技时代，简单的比赛日节目单也会吸引消费者

门票代表了阶梯式的产品层次：

- 高级座位；
- 整个赛季计划、部分计划和迷你计划；
- 团体票销售；
- 单场比赛门票计划和促销；
- 赠票和抽样计划。

正如“抽样计划”这个短语所暗示的，门票显然既可以作为促销工具，也可以作为收入来源。许多大学和小联盟棒球队将门票用作赞助商的广告媒介。其他组织也迅速将门票用于促销活动，例如，在门票的背面绘制可获得奖品的票号或者打印可兑换的优惠券（通常用于快餐）。我们将在随后的章节中更详细地讨论这些想法。除了比赛体验外，门票经常自带声望（更不用说转卖价值了），故可以变成纪念品。世界杯和超级碗的门票内含嵌入式全息图，不易伪造。高科技印刷公司可以为高端客户在高尔夫、网球或其他赛事中创制个性化的塑料门票。[38]

其他印刷材料可以成为延伸产品。节目单就是一个例子。除了包括运动员、教练或比赛简介、统计数据、规则和记录以外，节目单还可以包括用于特殊奖品抽奖的幸运数字。与门票一样，节目单可以针对大型活动进行量身定制，并具有收藏价值。运动队、俱乐部和联盟可以出版杂志和新闻通迅。英国各地的报摊都可以买到曼联的杂志，在北美很少有体育组织能够与曼联匹敌，但拥有 *Inside NASCAR* 杂志的 NASCAR 可能是其中之一。许多体育团体都有高质量的系列丛书，可以分发给会员和季票持有人。

（四）混合产品和电子产品

互联网和无线技术为增加粉丝与运动员、运动队或赛事的互动提供了新的机会。新的混合产品将印刷媒介和电子媒介融合在一起。一种发展方向是二维码，它允许在打印媒介和无线媒介之间建立链接。例如，在 2010 年，底特律红翼队（Detroit Red Wings）将比赛程序册从价格可能为 4 美元或更高的旧杂志风格的产品转变为由广告商赞助的、大小如书本的免费产品。新格式中最酷的部分是嵌入二维码，读者可以通过手机或其他阅读设备扫描该二维码，并链接到 YouTube 上的视频或（红翼队设计好的）其他互联网内容。红翼队的一位高管说：“我们希望能够加强出版计划，并提高在线资料的使用率。” 2011 年，费城老鹰队宣布了将二维码纳入智能手机应用程序的计划，该程序允许粉丝访问有关比赛日间活动的信息。哪里有新技术，哪里就有新的体育产品。[39]

FanVision 是一款类似智能手机的移动设备，其正式名称为袋鼠。它可以与 NASCAR、一级方程式赛车（F1）、NFL 和一些大学橄榄球比赛合作为用户提供一系列服务，包括身临其境的观赛视角、回放、切换视频角度、实时统计信息、广播、幻想足球内容以及其他用户可高度控制的信息。FanVision 的下一步计划是开发智能手机应用程序。MLB 其实已经开发出具有类似功能的应用程序 AtBat（受限版免费，全赛季版 15 美元），而匹兹堡企鹅队也已开发出名为 YinzCam 的应用程序。[40]

电子体育游戏早在 20 世纪 40 年代就已经存在了，当时诺曼·萨斯（Norman Sas）开发了一种可振动的金属板，可以在上面赛马和赛车。1949 年，他的图德（Tudor）电子足球比赛将这项技术提高到新的水平并推向市场。自庞（Pong）时代以来，体育一直是电子游戏的焦点。新技术提高了电子体育产品的质量和适销性。当 ESPN 和 NFL 与世嘉公司合作创建 ESPN NFL 2K5 时，他们在 2004 年 7—9 月之间销售额达到 200 万美元（单价 20 美元）。这一成功给行业领跑者艺电（Electronic Arts）公司旗下的 Madden NFL（一款由 EA 体育公司开发的体育竞技类游戏）带来压力，该联盟在全球占据霸主地位已有十年之久。消费者的忠诚度使得 Madden NFL 在定价 50 美元的情况下仍卖出 400 万件产品。观众现在可用诸如 CrowdWave 之类的产品在现场活动中参加新型电子游戏，该产品“使用摄像头和软件来解读特定座位区域中粉丝的身体运动，然后使用这些组合的粉丝运动为视频板上的比赛或测量提供动力。这项创新可减少超时期间的停机时间。现在，粉丝可以参加 NHL 比赛，还可以在大屏幕上进行拔河比赛或参加 Zamboni 比赛。[41]

尽管音乐和体育之间的联系已经有一个多世纪的历史了（例如橄榄球竞赛歌曲《带我去看球赛》，但近年来，这种联系更加紧密。NASCAR 通过 CD 汇编（例如 *NASCAR*：*Runnin' Wide Open*）正式与纳什维尔建立了合作关系，其中收录了比利·雷·赛勒斯（Billy Ray Cyrus）、里克·特维诺（Rick Trevino），甚至凯尔·佩蒂（Kyle Petty）的歌曲。体育组织授权字母城市音乐制作公司（Alphabet City Music Productions）为其粉丝量身定制现场音乐视频。该公司发行的特别专辑《芝加哥公牛》CD 销量超过 30 万张。体育组织也将故事转移到 DVD 上。在赢得 2004 年世界职业棒球大赛的一个月之内，波士顿红袜队和 MLB 制作公司就在市场上销售了 30 万张 DVD。[42]

幻想联赛规模正在增长。粉丝们想扮演运动队总经理。他们在观看比赛时想要拥有额外的热情。没有什么比跟随一组你选中的球员一起比赛的感觉更好，即使实际上他们都在不同的球队中打比赛。正如一位球迷在 2012 年 8 月向《时代》杂志指出的那样，即将到来的足球选秀活动将会非常正式：“在我们幻想游戏的选秀活动中，专员穿着运动外套，并且有一个扬声器系统，跟真的一样。”《时代》杂志曾估计幻想体育 2007 年对经济的影响为 15 亿美元。到 2012 年，预计将达到 30 亿美元。在 2012 年，幻想足球估计有 2 380 万球员，棒球有 1 220 万球员，篮球大约有 700 万球员。[43]（译者注：该内容出自《时代》杂志 2012 年 8 月刊登的一篇文章，因此这里对 2012 年幻想体育对经济的影响进行了预估。）

2011 年 8 月，互联网的先驱之一马克·安德烈森（Marc Andreessen），作为第一个出色网络浏览器（Netscape）的联合创始人之一，他写了一篇题为《为什么软件正在吞噬世界》的文章。他的基本观点是，电子和数字产品已经改变了我们工作、办理银行业务、开车、看书、上课以及做任何事情的方式。由于某种原因，他忽略了生活中很明显的一个细分市场——体育的生产和消费。[44]

（五）组织机构

最终，所有产品要素都可以为单个运动队、俱乐部、联盟或协会增加价值，这是市场营销战略的终极目标。运动员、设备、赛场、商品、书籍、电影和网站等都可以在消费者的脑海中形成特定组织的代表。因此，所有大联盟都设有名称中包含“企业”或“资产”的业务部门。整合产品策略通过协同作用产生价值，意味着整体大于各部分的总和。因此，尽管存在薪资压力和球迷反对，但职业体育特许团队的价值仍在不断升级。有时我们会惊讶于特许团队的售价——NFL 的拓展球队克利夫兰布朗队（Cleveland Browns）价值 5.3 亿美元，曼彻斯特联队价值 15 亿美元。但是，如果我们把核心产品和延伸产品要素相关的所有价值加起来，那些售价就更有意义了。

第三节　草根观点

无须花费上百万美元的营销预算便可从前面各节讨论的概念中受益。毕竟，在高中、俱乐部和小型学院，战歌和经典歌曲的发展速度与在大型院校一样快。长期以来，相同的项目一直在出售门票和食物，还雇用了赛事工作人员。许多项目都设有名人堂、夏令营和服装商店。但是，项目总监可能会从制作清单（如服装、食品、工作人员、场地、门票、商店、名人堂、营地、电话应用程序）中获益，并就清单里的每一个细项询问以下几个问题：

- 我们是否为提高品牌的完整性才使用该细项？
- 如果没有，我们将如何应对？
- 我们是否有人力和资源来应对？

董事通常会审查教练的表现和装备需求。同样，他们应审查提供给公众的复杂产品，并评估其是否正在推动预期的参与度和忠诚度。

第四节　体育产品策略中的关键问题

正如我们在第二章中讨论的那样，策略至关重要。在这里我们讨论体育产品策略的主要问题：差异化、产品开发、产品定位、品牌以及产品和品牌生命周期。

一、差异化

如果消费者认为俱乐部、运动队、运动员、赛事或装备不能够满足他们的需求，那么营销终将被遗忘。就像成功的教练必须调整阵容和策略一样，营销人员也必须对其整体产品进行不断修改、删除和添加新的元素。但与教练不同，营销人员必须同时考虑消费者和竞争对手。无论产品是新产品、现有产品还是老产品，营销始终面临这样的挑战——如何在消费者心目中保持产品的差异性和吸引力。

以耐克的形象战为例。耐克的商标与米老鼠或麦当劳的金拱门一样知名。尽管销售和利润起起伏伏，但耐克在体育界的地位仍然遥遥领先。耐克的菲尔·奈特（Phil Knight）率先意识到，要想保持领先地位，就要持续进行重塑和重构。例如，在 20 世纪 80 年代初期，耐克的霸主地位暂被锐步取代，锐步占领了正在不断扩大的健美操市场。奈特后来回忆道："我们制作的健美操鞋在功能上优于锐步，但没注重款式。锐步的鞋既时尚又有吸引力，而耐克的鞋又结实又笨重。"后来耐克通过重新包装和产品重构，同时注重产品性能和产品风格，从而扭转了局势并蓬勃发展。此外，耐克开始积极使用电视广告来吸引消费者的注意力。用奈特的话来说："我们的广告试图通过运动健身的情感将消费者与耐克品牌联系起来。我们展示竞争、决心、成就、乐趣，甚至是参与这些活动的精神奖励。"耐克的广告因情感而获得成功。但在 20 世纪 90 年代，耐克在国外的工厂和劳工剥削再次引起了强烈的反感，迫使奈特承认耐克已经"成为奴隶般的工资、强迫加班和任意虐待的代名词"。耐克因此不得不对其公众形象重新定位。[45]

另一差异化案例是 ABL 和 WNBA 之间史诗般的竞争。1997 年，女子职业篮球为体育迷们提供了两种新产品：ABL 和 WNBA。联盟之间的战争让人们重新审视了产品争夺战，这种争夺战可以追溯到 19 世纪 80 年代，当时的国家联盟（National League,）垄断了大规模的棒球运动，美国协会（American Association）向其发起挑战。争议如下：

- **市场和场馆**。ABL 面向中型市场，其比赛在哥伦布（俄亥俄州）和里士满（弗吉尼亚州）等地的场馆中进行。WNBA 则面向大型市场，与 NBA 球队共用比赛场馆，其比赛在纽约、洛杉矶、克利夫兰、凤凰城等地的场馆中进行。
- **明星号召力**。两个联盟都在争取明星人才。WNBA 拥有最知名的球员莉萨·莱斯利（Lisa Leslie）、丽贝卡·洛博（Rebecca Lobo）和谢里尔·斯沃普斯（Sheryl Swoopes），但 ABL 抢到了 1996 年奥运会国家队的八名成员。
- **电视**。这里最重要的是 NBA 的杠杆作用；WNBA 与 NBC 和 ESPN 一起享有固定的电视节目，而 ABL 在黑人娱乐电视台（BET）和地区体育频道上的曝光率有限。
- **比赛的季节**。ABL 在传统时期（10 月至次年 2 月）进行比赛，而 WNBA 则在夏季进行。

WNBA 和 ABL 于 1997 年向公众展示了各自产品的差异。ABL 创始人加里·卡维利（Gary Cavelli）抨击 WNBA，称其将女性置于次要地位，WNBA 的夏季赛只不过是 NBA 比赛的补充赛事。但是公众似乎并不在乎。如果 ABL 能够幸存下来，那肯定不是因为赛季。对于球员和球迷来说，选择是明确的。这场比赛几乎是戴维与哥利亚的较量，只是戴维提供的平均薪水比哥利亚高。这是问题所在。由于没有大市场和大媒体的影响力，ABL 勉强维持着比其竞争对手更高的工资。1999 年初，ABL 宣布破产。由于在体育史上提供了最鲜明的产品对比，这场短暂的联赛战争被人们铭记在心。[46]

正如 ABL 案例所揭示的，由于产品存在于消费者心中，营销人员必须不断对产品进行评估和再评估。菲利普·科特勒将差异化定义为"设计一系列有意义的差异，使得公司产品有别于竞争对手的产品"。体育产品可以根据我们讨论过的任何要素进行差异化。例如，许多人将女子篮球视为团队比赛，需要更精准的传球，而将男子篮球视为一对一、超越篮筐和扣篮的比赛。营销人员必须利用知识和想象力来认识产品可能在消费者心目中的独特之处。作为简单的练习，请将标准的 LPGA 比赛与标准的 NFL 比赛进行比较。它们有何不同？表 6.1 阐述了一些可能性。比赛特点、球迷围在球员身边的方式、球迷与球员之间的距离及二者之间的互动机会，都有助于将 NFL 与 LPGA 区分开来。所有这些都可能有助于开展调查和促销活动，从而明确与其他体育产品之间的重要区别。营销人员只是被自己想象力所限制。[47]

表 6.1　体育产品的差异化：LPGA 和 NFL

要素	LPGA	NFL
比赛形式	技巧性高，节奏慢	技巧性高，节奏快
球迷围在球员身边的方式	聚集在球场边；粉丝可以跟随球员移动	位置固定，由场地座位决定；球迷很少或没有机会移动
球迷与球员的距离	非常近	遥远
球迷与球员交流的机会	多	少

二、产品开发

营销人员必须不断开发产品。他们需要对产品整体利益的构成要素进行删除、修改或添加。产品开发包括两个标准步骤：

- 产生创意；
- 筛选和实施创意，包括完善产品概念、分析市场和业务、开发实际产品、市场试销以及商业化。

关于绝妙的产品开发战略有个很好的例子。20 世纪 90 年代初，在现代体育营销之父马特·莱文（Matt Levine）的带领下，圣何塞鲨鱼队采用了颜色和标记战略。一个小型工作组制定了一系列关键标准来选择名字。这些标准包括清晰度、区域连接、简洁性和图形潜力。鲨鱼这个名字呈现在工作组人员的脑海中，他们举行了名字抽奖活动，以产生更多的想法和兴趣。共有 2 300 个不同的名字，其中“鲨鱼”这个名字仅次于“刀片”，但“刀片”由于其帮派含义从未被认真考虑过。

有了名字和正在设计的图像，下一步就是选择颜色。鲨鱼队采取了许多方法，包括对 800 名季票持有人进行随机采访，让他们对各种配色方案进行评级，并咨询了 L.L.比恩（L.L. Bean）等专家设计师的意见。最终产品取得了巨大的成功——浅绿色和黑色突出了“Sharkie”的卡通形象，它正在嘎吱嘎吱地咬着一根冰球球杆。在 1992 年，这个卡通形象公开发行一年后，圣何塞鲨鱼队的商品销售额达到了 1.25 亿美元。到 1994 年底，鲨鱼队成了 NHL 商品的第一大销售商。但是，在瞬息万变的大众品味市场中，鲨鱼队的商品销售却又下降了，到 1997 年，它们在 NHL 的销售排名为第 21 位。因为其他球队也效仿鲨鱼队的创新，重新设计了他们的制服。到了 20 世纪 90 年代后期，鲨鱼队才又回到产品设计阶段。[48]

产品创新和重新定位工作通常会在成功和失败之间徘徊。当然，最终结果还是由消费者决定的。创新理论认为，消费者在决定是否采用创新产品时要应对五个感知问题：

- 新产品相对于旧偏好的相对优势；
- 使用新产品的复杂性或困难程度；
- 新产品与消费者价值观的兼容性；
- 新产品体验的灵活性；
- 利益的可沟通性。

研究人员对阿克伦－坎顿地区的一小批克利夫兰骑士队的球迷（至少参加过一场比赛）进行了研究，他们发现，当骑士队于 1994 年从阿克伦附近的里奇菲尔德体育馆搬到市中心的新隆德竞技场时，这五个问题都出现了：

- **相对优势**。更长的旅行距离往往胜过美丽的新竞技场带来的好处。
- **复杂性**。距离、时间、停车和安全问题可能让人望而却步。
- **兼容性**。在接受抽样调查的女性中，有 91%的女性表示很少或从未去过克利夫兰市中心。
- **可分割性**。一些粉丝无法将较高的票价与新设施的好处联系起来。
- **沟通能力**。铺天盖地的广告没有引起某些粉丝的注意。一位受访者甚至不知道新场馆的存在。

骑士队确实在搬迁的促销活动中解决了这些问题，而刚德球馆（Gund Arena），现为速贷球馆（Quicken Loans Arena）的成功支持了骑士队迁往克利夫兰市中心。然而，研究结果强调了对所有产品创新进行仔细规划的优点。[49]

三、产品定位

任何体育产品中的元素都应有助于形成一致的形象，产品开发不应随意进行。此外，体育组织必须将这一形象传递给消费者。当产品的所有元素都传递相同信息时，形象会变得清晰且独特。消费者感知是影响人们接受形象的主要因素。正如克利夫兰骑士队的研究表明，消费者感知可能有选择性和不一致性。如果体育组织与传递的形象不一致，需考虑组织的发展前景！

1993 年，当曼尼·杰克逊（Mannie Jackson）从国际广播公司（International Broadcasting Company）买下哈林篮球队（Harlem Globetrotters）时，这支著名球队早已辉煌不在。该球队比赛的上座率和利润在过去短短六年内大幅下跌。杰克逊对哈林篮球队进行重新定位，使其摆脱小丑的形象，并重新获得声望和利益。在保持幽默感的同时，哈林篮球队采取了更多合法竞争手段，为孩子们开设训练营，在任何打比赛的地方都进行演讲。反过来，这种方法使得球队在企业赞助方面更具吸引力，并进一步提高了球队在公众眼中的地位。[50]

产品在目标消费者心中的定位是底线。营销活动通常着眼于在消费者心中对产品进行定位或重新定位。但定位策略在体育行业特别困难，因为体育行业的媒体形象是公共的，而且常常不受球队和联盟营销人员的控制。在经历多年的失败之后，2007 年芝加哥黑鹰队开始了成功的转机。接手球队的洛基·沃茨（Rocky Wirtz）做出了若干重要决策，标志着新产品的到来。沃茨说："我知道我们必须做点什么。我们必须做点引人注目的事，而且必须立刻进行。”这些变化包括用芝加哥小熊队受欢迎的高管代替由老冰球运动员担任的总经理、电视转播主场比赛（沃茨的父亲曾拒绝这样做），以及与黑鹰队的老牌英雄修复关系，例如博比·赫尔（Bobby Hull），他曾与沃茨的父亲发生过激烈的合同纠纷，并于 1972 年与 NHL 的对手——世界冰球协会签约。很快，洛基·沃茨看上去就像一位关心球迷的老板。门票销量增加且赞助收入也提高了。[51]

产品定位之战出现在所有运动项目的各个层次中。赛马和保龄球运动已经花费数百万美元开展活动，意图将产品重新定位为时髦和热门产品，尤其在年轻消费者的心中。如果高中体育要保持一定的债务偿还能力，他们的管理者必须效仿密歇根州诺维市的体育主管约翰·丰杜基安（John Fundukian）的做法，他的年度体育要闻公告重点关注高中体育对当地社区的独特贡献。此外，丰杜基安看重用统计数据去呈现参与程度和学业成绩之间的关系。[52]

可口可乐的资深营销奇才塞尔吉奥·齐曼将定位描述为管理任何组织或产品的五种视觉图像：

- **商标图像**。帽子或衬衫上的标记或标志必须代表感兴趣或有价值的东西。想想耐克的标志或纽约洋基队的“NY”。
- **产品图像**。在许多球迷的心目中，耐克鞋和洋基队的现场表现一直都是卓越的。
- **联想图像**。耐克与消极的联想事件（例如廉价的海外劳工）作斗争，但也与迈克尔·乔丹和俄勒冈鸭队等的顶级球员联系在一起。
- **用户图像**。洋基队球迷对波士顿人的印象与其对纽约人的形象不同。
- **使用情况图像**。新型高科技鞋上的旋风（耐克的一个标志）使许多人想到一种更有效的锻炼方法。

所有图像都在产品定位中发挥作用。这不只是在服装上贴上新标记的问题。没有简单的公式可以使这些图像保持一致。SME（体育行业顶级品牌形象建设者之一）的高级合伙人埃德·奥哈拉（Ed O’Hara）在 2007 年指出：“我们合作过的每支球队都希望表现快速、激烈和积极进取的精神。即使这是真的，也不独特。”他补充说，球队和联盟“需要确定真正的差异点并从那里着手”。这个想法适用于所有级别的运动。[53]

产品定位策略可以从感知空间地图的使用中受益。感知空间地图是根据消费者对某些产品属性进行排名而形成的。关键属性因产品和运动项目而异，以下示例可说明这一原理（图 6.2）。假设杜伦大学（University of Durham）想将其成功的女子冰球队形象在当地（半径 25 英里或半径 40 公里）消费者（包括大学生）的脑海中概念化。杜伦大学女子冰球队每场比赛以较低的价格吸引 900～1 200 名球迷，而成绩较差的男子冰球队则以四倍高的价格售罄每场比赛的门票。上座率是由许多因素决定的，但是体育营销人员希望更好地了解女子冰球在当前和潜在球迷心中的位置。

为此，他们对当地的购物中心和校园的体育赛事展开调查（如第四章所述）。在调查中，他们要求消费者说明他们出席或参与许多活动的程度，包括杜伦大学的赛事；要求消费者表明他们对同一活动中的成本（时间和金钱）以及兴奋程度或行动水平的看法，这些水平以 10 分制进行评分。营销人员根据这些调查结果，可以构建产品空间地图，显示这些活动在成本、兴奋程度或行动水平上的相对位置。

结果如图 6.2 所示，请注意，杜伦大学的女子冰球比赛在整个地区的消费者心目中的定位是低成本和低兴奋度。受访者认为现场观赛比看电视更令人兴奋，但远不及观看高中篮球赛那么令人兴奋。但假设营销人员还注意到，在对女子冰球比赛表现出高度兴趣或高参与度的消费者（女子冰球迷）中，杜伦大学女子冰球队的定位更受欢迎。对于那些人来说，看杜伦大学女子冰球比赛的成本低且兴奋度高。如果消费者对其他活动（例如打保龄球）有高度兴趣或高参与度，那么这种定位将更加重要。这表明，该大学女子冰球队具有真正的上升潜力，可以改变形象和定位。女子冰球比赛可能只需要更积极地提高其对抗性即可。

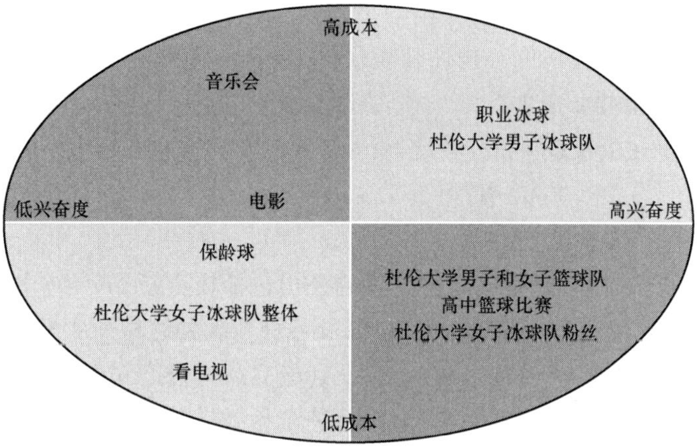

图 6.2 杜伦大学女子冰球队的产品空间地图

产品空间地图还可用于市场细分的概念化。杜伦大学的研究可能包括人口统计信息，以显示女子冰球赛事不同的细分市场。例如，该校学生可能会认为女子冰球比赛是低成本产品，因为他们可以用身份证免费观看所有比赛。但半径 5 英里（约 8 公里）以外的老年人可能错误地认为，观看该大学女子冰球赛的花费与观看男子冰球赛的花费一样多。这个细分市场值得探讨，因为研究表明，与男子竞技项目相比，女子竞技项目吸引的粉丝年龄范围通常更广。[54]

四、品牌与品牌化

多年以来，教练、记者和球迷们一直在讨论某些比赛的“品牌”，包括俄勒冈鸭队的足球品牌、苏联冰球品牌、巴西足球品牌。近年来，品牌化的概念席卷了体育行业。品牌化既是产品差异化的手段，也是产品差异化的目标。在本章描述过的任何一个或多个产品元素的名称、标志、设计或图像中都可以创建或保留品牌。耐克成功地建立了整体品牌（耐克）和产品品牌（Air Jordan）。菲尔 • 奈特解释了维登（Wieden）和肯尼迪（Kennedy）的广告公司是如何帮助耐克品牌在 20 世纪 80 年代末期和 90 年代初建立起如此炙手可热的特殊形象的：“他们花了大量时间去试图理解产品是什么，信息是什么，主题是什么，运动员是什么，涉及什么情感。他们试图提取出一些有意义的东西，忠实于我们自身的真实信息。”品牌建设从未真正结束。[55]

在过去十年中，体育品牌之王是 ESPN，其母公司迪斯尼将 ESPN 品牌作为主要武器在市场中与福克斯（Fox）和时代华纳（Time Warner）一决胜负。ESPN 品牌产品包括以下内容：

ESPN“体育中心”核心节目旗舰网络；

ESPN2、ESPN 新闻和 ESPNU；

ESPN 电台；

ESPN 体育网站；

ESPN 年度卓越体育表现奖（Espy）颁奖秀；

ESPN 杂志；

ESPN CD 和视频比赛；

ESPN Zone 餐厅；

ESPN 世界体育中心。

其他涉足餐饮零售业务的公司包括福克斯（Fox）、哥伦比亚广播公司（CBS）、体育新闻、PGA 巡回赛、NBA、NHL 以及各种球队如达拉斯牛仔队。[56]

与耐克一样，ESPN 意识到建立品牌资产对体育营销人员来说是重要的观念。表面上品牌资产是相对简单的概念：某种产品凭借其品牌名称而具有增加价值或资产。可口可乐、迪斯尼和 ESPN 就是很好的例子。当产品贴上这些品牌的名称或图像时，就比质量相似的普通产品更有价值。

体育营销人员对品牌资产的组成特别感兴趣，尤其在那些提供无形感知或记忆的赛事中。品牌资产的组成如下：

- 知名度或认知；
- 强烈的精神或情感联想；
- 可感知的品牌质量；
- 强大的客户忠诚度。

营销人员可以通过各种不同的产品元素建立品牌资产。甚至最强大的组织也对其品牌资产进行了分析。例如，2005 年，NFL 雇用专业公司来研究其品牌现状和实力。成果之一是出版了《品牌书》一书，其中包含在赞助商广告中使用 NFL 图像的规则。此类策略将在第七章中详细讨论。[57]

五、产品和品牌生命周期

体育产品和体育品牌开发已经有很长的历史了，但直到最近才有组织地进行开发。图 6.3 概述了此过程。从休闲家族到运动品类、运动项目、体育组织和体育品牌，每个开发阶段都需要企业家们利用新技术去设计规则、装备、服装、故事和形象，从而赢得消费者的拥护和忠诚。有时我们认为像拥有 MLB 的棒球运动成为流行运动是理所应当的。但在 1850 年，北美和欧洲举办过各种各样的击球类运动比赛，均未取得成功，而今棒球比赛已经演变成美国国民娱乐活动。足球也是如此，这项运动至少有五个不同的民族品牌。[58]

许多产品具有不同的发展阶段，一些理论家将其称为产品生命周期：

- 导入期；
- 成长期；
- 成熟期；
- 衰退期。

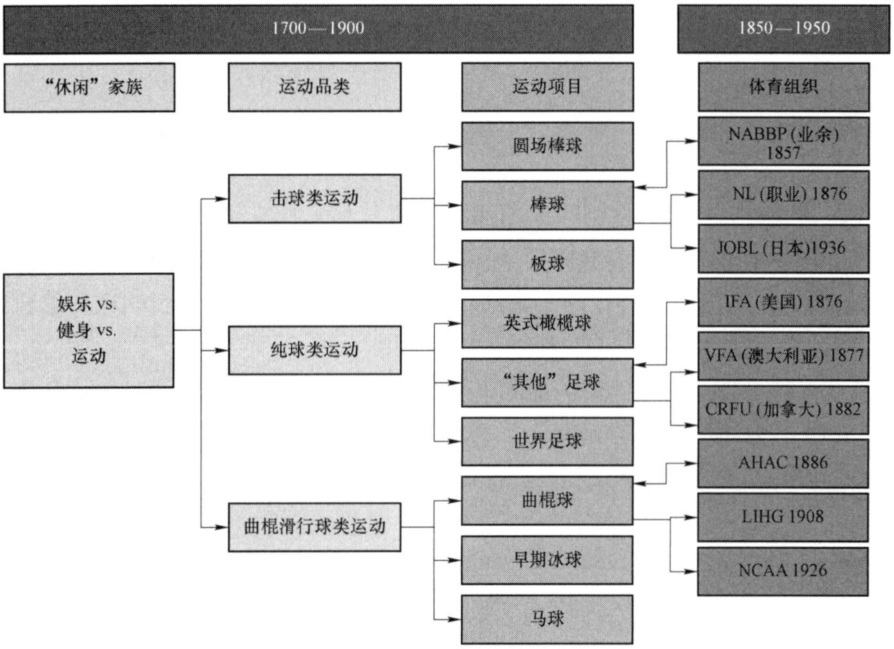

图 6.3 体育品牌创建的年表

有些理论家认为标准的生命周期概念是未经证实的。比如产品在最坏的情况下可能成为自我实现的预言，因为管理者认为该产品已进入衰退期，会减少对产品的支持。体育产品的发展和生命周期的实际形态各不相同。以下是有关体育产品生命周期的思考：

- 处于成熟期的比赛形式更能抵抗衰退期。棒球的普及程度在 20 世纪 60 年代和 70 年代初创下低点，在 80 年代有所反弹，后来又从 1994 年的打击中再度反弹。而 MLB 的产品生命周期曲线稳定。许多人想知道 NHL 是否会在 2004—2005 年和 2012 年因停摆而受挫，但后来曲线反弹了。NASCAR 的产品生命周期曲线中成熟期长而扁平，但过去十年出现过一次很高的上升峰值。NASCAR 的美好时光会持续吗？MLS 和 WNBA 都已经渡过了导入期，它们的成长曲线会是什么样？
- 职业运动队的生命周期相对于整体运动项目而言，其波动性和不可预测性更甚。职业运动队的生命周期更容易受到所有者或管理层的冲动决策、经济衰退和劳动力问题的影响。
- 与运动服装类产品相比，运动装备产品的生命周期更多地受技术驱动的影响。
- 运动服装类产品生命周期将比赛形式中更稳定的趋势与时尚中广泛的波动融合在一起。

产品或品牌生命周期和竞争周期的概念值得调查人员给予更多的关注。可识别的趋势对营销实战人员来说可能很重要。[59]

本章小结

在本章中，我们开始对体育营销组合的五个要素（产品、价格、促销、渠道和公共关系）进行了研究，并回顾了体育产品独特的功能，概述了其各个组成部分，其中包括比赛或活动及其明星、设备和服装、新奇产品和幻想、场地、人员和比赛流程、门票、电子和数字产品以及组织本身。我们还讨论了产品开发的复杂性，包括新产品开发、产品定位、产品品牌化和产品生命周期。提供的产品应尽可能满足先期调研中目标顾客的需求。

课后活动

1. 调查你喜欢的体育组织网站，列出你在网站上发现的各种产品组合（如本章所述）。

2. 粉丝是核心体育产品的关键部分。请制订一系列策略和计划，以确保你所在组织的支持者或消费者成为正能量的来源，而不是庸俗的亵渎或抱怨。进一步说明在你的计划中将如何训练及利用体育场馆的工作人员、教练和运动员。

3. 尝试为你所喜欢的体育组织的商品设计新的产品图像、标记或徽标。你认为这张图片对消费者具有吸引力的关键要素是什么？你将如何保护产品的价值？使用阅读材料中的观点。请务必考虑新标记如何能真正抓住产品的核心。

4. 编写一个大纲，至少从三个维度阐释耐克、世界摔跤联盟（WWF）和 WNBA 之间品牌形象的差异。

注释

1. Jill Rosen, "Putting a New, Strange Face on Preakness," *Baltimore Sun*, 29 March 2011, http://articles.baltimoresun.com/2011–03–29/entertainment/bs–ae–preakness–campaign–20110329_1_infield–festivities–club–president–tom–chuckas–preakness; Liz Mullen, "Place Your Bets: Horse Racing Industry Faces Long Odds," *SSSBJ*, April 28–May 4, 2008, 13, 14, 20, 22.
2. www.preakness.com/infield/infieldfest; analyst quotation in Rosen, "Putting a New, Strange Face."
3. Oxiris Barbot (female) MD, Baltimore Health Commissioner, http://takecarebmore.blogspot.com/2011/03/kegasus–really.html; "Kegasus Back for 2012 Preakness," http://espn.go.com/horse–racing/triplecrown2012/story/_/id/7747051/kegasus–back–preakness–infieldfest. Peter Land quote in Liz Mullen, "Place Your Bets: Horse Racing Industry Faces Long Odds," *SSSBJ*, April 28–May 4, 2008, 22; Kevin Cowherd, "Preakness 2013 Shaping Up to Be Another Great Showcase for Baltimore, *Baltimore Sun*, 12 May 2013, http://www.baltimoresun.com/sports/horse–racing/preakness/bs–sp–cowherd–preakness–0513–20130512,0 5546044.column.
4. Theodore Levitt, "Marketing Intangible Products and Product Intangibles," *Harvard Business Review* (May–June 1981): 94–102.
5. "Adios Sportschannel, Hola Fox Sports Net," *SBD,* 29 January 1998, 6; Rick Jones, "Sponsorship as Experiences," *Team Marketing Report,* March 2001, 8.
6. "Names in the News," *SBD,* 9 June 1998, 16.
7. "The Real Deal," *Economist,* 3 July 2004, 53.
8. Laura Nash, "Ethics Without the Sermon," *Harvard Business Review* (November 1981): 79–90; David Broughton, "Massachusetts Sets Pace in Team Lottery Games," *SSSBJ*, 7 February 2011, 10–11.
9. Michael Smith, "Firm Extends Corporate Perks To Schools' Fans," *SSSBJ*, 3 September 2012, 12.
10. Shira Springer, "A Garden Party," *Boston Sunday Globe*, 8 March 2009, A1, A12.
11. Michelle Brutlag Hosick, "More Than a Game," *NCAA News*, 27 September 2004, A1–4.
12. James Trecker, "The Freddy Factor," *SSSBJ*, 10–16 May 2004, 10; Scott Warfield, "Adu Mania Spurs MLS Attendance," *SSSBJ*, 8–14 November 2004, 1, 38–39.

13. Terry Lefton, "Retired Players Still Scoring in the Latest Sports Q–Scores," *SSSBJ,* 23–29 May 2005; www.qscores.com; http://qscores.blogspot.com/2012/05/tim–tebow–recognition–now–at–83.html.
14. "Tuna Helps Boost Ad Sales," *SBD,* 1 August 1997.
15. National Scouting Report products may be found at www.nsr–inc.com. For an attempt to analyze the NBA's management of race, see Glyn Hughes, "Managing Black Guys: Representation, Corporate Culture, and the NBA," *Sociology of Sport Journal*, 21 (2004): 163–184.
16. Quotations taken from Dan Levin, "Saying No to the System," *New York Times*, 19 August 2011, B–10; www.nytimes.com/2011/08/19/sports/chinese–athletes–begin–to–challenge–governmentstight–grip.html?_r =1&pagewanted=all.
17. Zachary Woolfe, "The Screen Can't Hear When You Yell 'Bravo,' " *New York Times*, 6 May 2012, AR1; Pete Thamel, "A Tradition Reverberates at Wisconsin," *New York Times*, 1 October 2011, D2.
18. Jack McCallum, "The Ugliest Game," *Sports Illustrated*, 29 November 2004, 44–51; Laura Smith, "Cheer Pressure," *Athletic Management*, June/July 2004, 43–49; "Football Hooligans," *Economist*, 12 June 2004, 54; http://bleacherreport.com/articles/1272302–25–most–awesome–fan–fights–inthe–stands.
19. Don Muret, "Reporting Troublemaker Just a Text Away," *SSSBJ*, 16 November 2009, 18, www.usatoday. com/sports/football/nfl/2008–08–05–fan–code–of–conduct_N.htm; "Pressure Mounts to End Alcohol Sponsorship," www.sports–city.org/news_details.php?news_id=8972&idCategory=1.
20. Michael McCarthy, "NFL Unveils New Code of Conduct for Its Fans," *USA Today*, 6 August 2008, www.usatoday.com/sports/football/nfl/2008–08–05–fan–code–of–conduct_N.htm; Michael McCarthy, "NFL vs. Unruly Fans: League Out to Protect Game Day Experience." *USA Today*, 19 November 2009, www. usatoday.com/sports/football/nfl/2009–11–18–1a–cover–nfl–fans_N.htm; Michael McCarthy, "Misbehaving NFL Fans May Get Detention at Online School," *USA Today*, 16 April 2012, http://content.usatoday.com/ communities/thehuddle/post/2012/04/ejected–nfl–fansmay–have–to–pay–for–online–course/1; Don Muret, "Major Southern California Sports Facilities Team Up to Create New Fan Code of Behavior," *SSSBJ*, 27 August 2012, 4, www.sportsbusinessdaily.com/Journal/Issues/2012/08/27/Facilities/Fan–code.aspx.
21. Mark Hyman, "Maryland Concocting a Code to Kick the !@#$% Out of Its Arena," *SSSBJ*, 10–16 May, 2004, 13; John Doyle, "ADs Try to Balance Spirit, Sportsmanship," *Foster's Daily Democrat*, 21 March 2010, C1, C4.
22. Kay Hawes, "Sportsmanship: Why Should Anybody Care?" *NCAA News*, 1 June 1998, 1, 18; "Strides in Sportsmanship Require First Step From All," *NCAA News*, 15 June 1998, 1, 6, 7; Laurie Smith, "Cheer Pressure," *Athletic Management*, June–July 2004, 43–49.
23. Mike Tanier, "There's an Exciting Clash on the Field. Oh, That's the Uniform," *New York Times*, 15 September 2011, A1.
24. Shira Springer, "Shot Clock Ticks for Sloganeers," *Boston Globe*, 8 June 2008, A1, A10.
25. Bruce Kuklick, *To Everything a Season: Shibe Park and Urban Philadelphia, 1909–1976* (Princeton, NJ: Princeton University Press, 1991), 191, 193.
26. Naomi Aoki, "Red Sox Owners Fielding More Nongame Revenue," *Boston Globe,* 16 October 2004, D–1, D–3; Jeff Klein, "The Game Is Big, but the Crowd Should Be Enormous," *New York Times*, 10 December 2010, www.nytimes.com/2010/12/11/sports/hockey/11hockey.html?_r=1&emc=eta1&pagewanted=print; AP, "College Football: Go Bride! Michigan Stadium Available for Weddings," naplesnews.com, 22 July 2011.
27. A.J. Magrath, "When Marketing Services, 4 Ps Are Not Enough," *Business Horizons*, May–June 1986, 44–50.
28. Gary Brown, "PSAC Events Undergo Peer Review," *Champion*, Spring 2009, 68.
29. Charles L. Martin, "The Customer Relations Dimension of the Employee-Customer Interface: An Empirical Investigation of Employee Behaviors and Customer Perceptions," *Journal of Sport Management,* 4 (January

1990): 1–20; Randal Ross, "Creating the Service Experience," *Fitness Management,* September 1993, 32–33.

30. Ingrid K. Williams, "Root, Root, Root and Buy Me Some Eel, *New York Sunday Times*, 5 July 2009, TR5; "Myanmar Soccer Fans Given Freedom of Raucous Speech," *New York Times*, 1 September 2011, A4, www.nytimes.com/2011/09/01/world/asia/01iht–myanmar01.html?_r=1.
31. Williams, "Root, Root, Root and Buy Me Some Eel," Scott Sayare; "Football, American Style, Is Alive in France," *New York Times*, July 12, 2009, SP11.
32. "Aikman: NFL in Europe 'Arrogant,' " http://chicago.cbslocal.com/2011/10/24/aikman–nfl–in–europe–arrogant/.
33. Mark Falcous and Joe Maguire, "Imagining 'America': The NBA and Local–Global Mediascapes, *International Review for the Sociology of Sport*, 41(2006): 59–78; Joe Maguire, "More Than a Sporting Touchdown: The Making of American Football in England, 1982–1990," *Sociology of Sport Journal*, 7(1990): 213–237, quotations at 224–225.
34. "2007 *SBJ/SBD* Reader Survey—Hockey," *SSSBJ*, 26 November 2007, 35.
35. "Babe Ruth Bat Hits Auction Record," *Boston Globe*, 3 December 2004, A–2; www.haulsofshame.com.
36. Bill King, "Cubs Try Topps Twist on Traditional Promotion," *SSSBJ*, 11–17 June 2001, 3; Terry Lefton, "Extra, Extra! Sports Pins and Coin Programs Hot With Newspapers," *SSSBJ*, 20–26 September 2004, 14; Bill King, "Finding the Pop for Kids, Teens," *SSSBJ*, 16–22 July 2005, 1, 28–29; Andy Bernstein, "Sports Leagues Get Serious About Toys, *SSSBJ*, 10–16 August 1998, 9; "One Man Gathers What Another Man Spills," *SBD*, 4 December 1997, 4; David Broughton, "How Best to Use the Bait? MLB Teams Continue to Tweak Their Promotion Schedules, Searching for the Offers That Boost Attendance, Improve the Fan Experience and Increase Sponsor Exposure," *SSSBJ*, October 17, 2011, 17–20; Bill Keveney, "Stan Lee Teams Up With the NHL For Superpower Promo," *USA Today*, 8 October 2010, 2D; Greg Wyshynski, "Stan Lee's NHL Guardian Project Failure Cost Tech Firm Millions," *Yahoo Sports*, 4 December 2011, http://sports.yahoo.com/nhl/blog/puck_daddy/post/stan–lees–nhl–guardianproject–failure–cost–tech–firm–millions?urn=nhl,wp18962.
37. "Fielding Football Fantasies," *Athletic Management*, August–September 2004, 10; LPGA news release, 8 January 1997; Peter Mandel, "A Week Playing With the Big Boys," *Boston Globe*, 2 April 2004, M–10, M–11.
38. Jon Snow, "LPGA Moves Toward Customized Tickets," *SSSBJ*, 5–11 November 2007, 10.
39. Eric Fisher, "Codes Link Program to Red Wings' Online Video," *SSSBJ*, 15 February 2010, 9; Dan Kaplan, "Eagles Add Apps for Fans With Smartphones, *SSSBJ*, 22 August 2011, 7.
40. Eric Fisher, "Smartphones Next Target for FanVision," *SSSBJ*, 30 August 2010, 3; www.fanvision.com; Bob Tedeschi, "Tracking Major League Baseball, a Perfect Sport for an App," *New York Times*, 29 March 2012, B9; Eric Fischer, "Attention Getter," *SSSBJ*, 12 July 2010, 15–16; "YinzCam application offers stats, replays," *SSSBJ*, 7 February 2011, 16.
41. Hiawatha Bray, "Sega Blitzes EA's Madden With NFL Hit," *Boston Globe*, 1 November 2004, B–1, B–8; http://en.wikipedia.org/wiki/Norman_Sas; "CrowdWave Getting Fans out of Their Seats," *SSSBJ*, 7 February 2011, 16.
42. "NASCAR: Moving to the Music" insert, *Sport Illustrated*, 3 August 1998; "Marquee Group's New Team Service," *SBD*, 24 June 1998, 3; "Alphabet City," *SBD*, 5 September 1997, 4; Russell Adams, "Red Sox DVD Already a Record Breaker," *SSSBJ*, 15–21 November 2004, 4.
43. Eliana Dockterman, "Good $ports: Inside the Rise of Fantasy Everything," *Time*, 27 August 2012, 18.
44. Marc Andreessen, "Why Software Is Eating The World," *Wall Street Journal*, 20 August 2011, C–2.
45. Geraldine Willigan, "High–Performance Marketing: An Interview With Nike's Phil Knight," *Harvard Business Review*, July–August 1992, 92, 99; "Nike's Knight Announces Reforms," *SBD*, 13 May 1998, 3.

46. Michael Hiestand, "NBA Puts Clout to Test," *USA Today*, 5 February 1997, 3C.
47. Philip Kotler, *Marketing Management*, 9th ed. (Upper Saddle River, NJ: Prentice Hall, 1997), 282.
48. Stephen Hardy, "Profile/Interview with Matt Levine," *SMQ*, 5 (September 1996): 5–12; Douglas Robson, "Sharks Sink in Sales Rankings," *SSSBJ*, 2–8 November 1998, 40.
49. Susan Higgins and James Martin, "Managing Sport Innovations: A Diffusion Theory Perspective," *SMQ*, 5 (March 1996): 43–48; E.M. Rogers, *Diffusion of Innovation*, 3rd ed. (New York: Free Press, 1983).
50. Lawrence Fielding, Lori Miller, and James Brown, "Harlem Globetrotters, Inc." *Journal of Sport Management,* 13 (1999): 45–77.
51. Tripp Mickle, "Turnaround Teams: How Rocky Wirtz and Team President John McDonough Brought the Blackhawks Back," *SSSBJ*, 6 October 2008, 1, 15, 16, 20.
52. Brett Mendel, "Up Against the Pros: Converting the Community," *Athletic Management,* September 1993, 13.
53. Sergio Zyman, *The End of Marketing as We Know It* (New York: Harper Business, 1999), 80–82; O'Hara quoted in Terry Lefton, "9 Rules for Making the Most of Sports Property/Ad Agency Relationships," *SSSBJ*, September 24–30, 2007, 23–28, quotation at 28.
54. For suggestions on the use of perceptual maps, see James Martin, "Using a Perceptual Map of the Consumer's Sport Schema to Help Make Sponsorship Decisions," *SMQ*, 3 (3) (September 1994): 27–33.
55. Geraldine E. Milligan, "High Performance Marketing: An Interview With Nike's Phil Knight," *Harvard Business Review* (July–August 1992): 91–101. For world football brands, see Sue Bridgewater, *Football Brands* (Basingstoke; New York: Palgrave Macmillan, 2010).
56. Terry Lefton, "*SI* Enters Retail Market With Detroit Location," *SSSBJ*, 15 September 2008, 4.
57. "ESPN's Full–Court Press," *Men's Journal*, March 1998, 30; Kotler, *Marketing Management*, 442–460; Jay Gladden, G. Milne, and W.A. Sutton, "A Conceptual Framework for Assessing Brand Equity in Division I College Athletics," *Journal of Sport Management*, 12 (1) (1998): 1–9; L.E. Boone, C.M. Kochunny, and D. Wilkins, "Applying the Brand Equity Concept to Major League Baseball," *SMQ*, 4 (September 1995): 33–42; D.A. Aaker, *Building Strong Brands* (New York: Free Press, 1996); Terry Lifton, "Study Helps NFL Unify Branding Efforts," *SSSBJ*, 5 September 2005, 34.
58. For a detailed discussion see Stephen Hardy, Brian Norman, and Sarah Sceery, "Toward a History of Sport Branding," *Journal of Historical Research in Marketing*, special issue "Marketing Sport Through the Ages," 4 (4) (November 2012): 482–509.
59. Nariman Dhalla and Sonia Yuspeh, "Forget the Product Life Cycle Concept!" *Harvard Business Review* (January–February 1976): 102–112.

第七章　管理体育品牌

学习目标：

- 了解体育行业中品牌管理和品牌化的范围及其重要性；
- 理解如何发展体育品牌资产；
- 识别并讨论运动队、运动员、体育中介机构和其他体育实体的品牌联想来源。

全球最强的球队品牌是……

它不是迈阿密热火队、达拉斯牛仔队，甚至不是纽约洋基队。放眼全球！想想足球（soccer），在世界其他地方都被称为足球（football）。英超联赛的曼联是世界上最有价值的体育品牌。2012 年，《福布斯》杂志估计曼联的品牌价值为 22.4 亿美元。[1]这个数字比洋基队和牛仔队的估值高出近 4 亿美元。[2]估值的核心是曼联在全世界有 3.3 亿粉丝。[3]作为参考，其粉丝总数超过了美国总人口。庞大的粉丝数量使曼联能够与全球媒体进行大规模合作并获得大量赞助合同。例如，2013 年，曼联与怡安公司签署了为期八年的赞助协议。曼联每年凭借与训练场馆和训练服（或套装）相关的商业权益可以获得约 2300 万美元的回报。[4]

自 2004 年《福布斯》首次发布英国足球俱乐部的价值评估以来，曼联一直蝉联榜首。[5]由于曼联的品牌价值极高，因此该组织严格把控球队商标出现的位置和使用方式。实际上，如果你访问曼联网站（www.manutd.com），就可以导航到特定页面，讨论曼联商标的品牌保护。该页面规定了曼联拥有哪些商标，以及如何获得这些商标的使用权。[6]这些措施都是为了保护和培育品牌。如果曼联允许公司任意使用其商标，则会降低品牌的关联价值，减少赞助协议带来的收入。这是品牌管理的实例。

自 20 世纪 90 年代中期以来，品牌已成为观赏性体育行业的流行术语。几乎每天，你都可以听到某体育组织开展新的品牌计划的消息。本书第一章重点介绍的林书豪的故事，很好地说明了运动员品牌管理的迅速崛起。这种情况在许多方面与曼联类似，只是持续时间较短。林书豪的形象很快引起了公众的关注和企业的兴趣，因此有必要保护其品牌效应（“林疯狂”）并珍惜能够创造大量收入的机会。

品牌是当今讨论的主流，这对体育行业来说是一个好兆头。本书的第一章介绍了体育营销近视症，这种近视症在体育产业中较为常见，其特点是侧重于短期收益，而不是侧重于长期发展忠实客户。将自身作为品牌来进行管理的体育组织，正在避免这种近视症倾向。品牌对于体育组织的长期健康发展和成功至关重要。

本章首先回答以下问题：什么是品牌化？这样有助于理解品牌和品牌管理，特别是对观赏性体育环境的关注。在介绍概念和定义之后，深入讨论如何发展品牌资产。讨论的重点是关注与体育有关的组织（包括运动队、赞助商、运动员以及体育管理和营销机构）如何建立品牌联想。本章将提供体育行业示例，以便读者了解这些概念在体育中是如何发挥作用的。

第一节　什么是品牌化？

品牌化始于一个品牌，品牌包括与体育组织相关的名称、标志和符号。[7]例如，耐克名称和耐克旋风标志都是耐克品牌的重要组成部分。同样，昵称“自由人”和自由女神像标志都是 WNBA 纽约自由人队（New York Liberty）的品牌的重要组成部分。最终，与体育组织相关的品牌名称和标志使其与市场上其他体育、休闲和娱乐类产品区分开。自 1995 年以来，NBA、NFL、NHL 和 MLB 中超过一半的球队对球衣样式进行了修改（有时是标志），这些名称和标志是塑造品牌的重要方面。[8]

但是，将品牌化工作仅仅视为组织徽标或标志的管理是一种短视行为。体育组织的品牌名称、徽标、标志和颜色是品牌管理过程的起点，可培养消费者对组织的感受和态度。当波士顿红袜队的球迷听到球队的名字时，可能会产生各种各样的想法，包括红袜队 2004 年世界大赛冠军（这是 86 年以来的首次胜利）、2007 年和 2013 年世界大赛冠军、传说中主场芬威球场（Fenway Park）的“怪物”（Monster）外场墙，或者曾穿着红袜队制服的伟大球员，例如特德·威廉斯（Ted Williams）、卡尔顿·菲斯克（Carlton Fisk）和柯特·席林（Curt Schilling）。正如作家达里尔·特拉维斯（Daryl Travis）所建议的那样，该品牌“就像是可以赋予你特定身份的徽章”[9]。因此，品牌化的关键点是，它比组织的名称、符号和标记更为复杂。品牌化实际上与客户看到特定品牌标志时的想法和感受有关。

与体育行业有关的是，消费者对体育相关品牌的看法和感受会根据他们在进行体育消费时的不同体验而变化。例如，在现场观看比赛、在电视上观看比赛或通过便携式电子设备，比如使用 iPhone 或 iPad，或娱乐与体育电视网（ESPN）的体育中心栏目观看比赛精彩片段。体育消费感受到的好处更多的来自体验而不是有形产品。你不能触摸或品尝棒球比赛，却可以品尝放入口腔中的牙膏。另外，使体育消费体验变得独特的是与体育有关的情感。体育能够激发某种情感，这种情感与其他休闲或娱乐产品所激发的情感不同。你能想到一种比观看你最喜欢的球队与对手比赛更能够激发你的情绪（好或坏）的体验吗？尽管我们生活的时代可以随时记录或用录像设备 TiVo 收录节目，但对于体育赛事节目，我们却不太愿意这样做，因为事后看比赛回放与现场观看或体验直播的感觉并不相同。

体验性和情感性为体育组织提供了一些优势。正如作家马克·戈贝（Marc Gobé）所说：“在这个竞争异常激烈的市场中，仅商品和服务已不足以吸引新市场，甚至无法维持现有市场或客户，我相信产品及其分销系统带来的情感因素将是定价策略和消费者做出最终付费决定的关键因素。我所说的情感（emotional）一词是指品牌如何在感官和情感层面上吸引消费者；品牌如何进入人们的生活中，并与人们建立更深远、更持久的联系。”[10]

想一想你最喜欢的球队。除了名字和标志，你需要多长时间才能想到与之相关的情感记忆？观赏性体育的独特之处在于激发的情感不同，以及消费者对与他们最喜欢的体育团队或运动员品牌的情感投入程度也不同。这种情感投入可以很好地转移到体育赞助商身上。许多NASCAR 车迷只购买那些赞助他们最喜欢的车手的公司的产品，你要如何解释这一事实呢？当品牌能够建立这种情感联系时，理性逻辑就不再起作用了。

因此，品牌化的主要目标之一就是在消费者的脑海中留下深刻的印象，即当他们看到或听到品牌名称或看到品牌的徽标、标志或颜色时，就会产生强烈的积极感觉。正如 MLS 俱乐部服务副总裁德克兰 • 博尔杰（Declan Bolger）所说："人们基于情感做出决策，并用逻辑来加强决策。"[11]如果体育品牌引发积极的情绪，则体育营销人员可以更轻松地让粉丝和消费者消费该体育品牌的产品。

第二节　品牌资产的重要性

当体育组织能够在消费者心目中树立强大的形象时，它就可以形成品牌资产。品牌推广方面的知名专家戴维 • 阿克（David Aaker）认为，品牌资产是"与品牌、名称和符号相关的一组资产和负债，它们会增加或减少产品或服务提供给公司和/或该公司客户的价值"[12]。球迷与球队之间形成的强烈的、积极的情感联系就是阿克提到的品牌资产的例子。纽约洋基队赢得 27 场世界大赛冠军，这帮助洋基队品牌建立了许多强烈的情感联系，这些都可以看作资产。但是体育营销人员还必须警惕消费者对体育组织产生的负面情感。例如，在 20 世纪 90 年代末和 21 世纪初，NBA 的波特兰开拓者队经历了数起因球员违反法律而被捕的事件。同样，印第安纳步行者队是 2004 年 NBA 最好的球队之一。但是，同年 11 月，两名步行者队球迷在一场比赛中与底特律活塞队的几名球迷打了一架。这场斗殴以及由此产生的罚款不仅挫败了步行者队的冠军愿望，而且还使球迷建立了负面的品牌联想。在这种情况下，一系列事件在消费者心中留下了负面印象，这些负面印象可能被视为与品牌有关的负债。

第三节　品牌资产的收益

当巴克莱英超联赛的曼联能够产生与其品牌相关的大量资产时，这支球队就被认为拥有很高的品牌资产。这样高价值的品牌资产是球队经理的最终目标，因为拥有高品牌资产会带来很多好处。也许最重要的是，当品牌资产很高时，消费者对球队品牌的忠诚度就会提高。MLB 的芝加哥小熊队和堪萨斯市皇家队哪支球队的品牌资产更高？尽管小熊队已有 100 多年没有赢得世界大赛冠军了，但他们在箭牌球场的主场比赛经常一票难求。相比之下，堪萨斯市皇家队在大多数比赛中都在努力填补其主场考夫曼球场一半的空位。尽管最近两支球队都没有取得太大的成功，但小熊队的品牌因其独特的品牌资产而更强大，例如箭牌球场位于芝加哥一个不错的社区，距密歇根湖约 1 英里（约 1.6 公里），而距市中心商务区仅数英里。较高的品牌忠诚度能够使体育营销人员通过门票和商品销售实现收入增长。品牌忠诚度通常还可以吸引更多观众观看赛事，这反过来又使体育组织可以通过销售赛事转播权而获取更高的转播收益，并吸引更多寻求高度电视曝光的赞助商。

小熊队的情况也强调了这样的事实，即获胜并不是建立品牌忠诚度的唯一重要因素。研究表明，除获胜外的其他因素更能预测北美职业体育运动队的品牌忠诚度。[13]再次回顾第一章，你还记得“获胜就是一切”的心态是体育营销近视症的一个例子吗？研究人员已经证明，获胜并不是全部，其他因素也有助于实现门票销售、公司赞助收入以及其他收益。[14]实际上，体育营销人员可以通过多种方式为其品牌创造资产，其中许多方法将在本章后面进行讨论。这里的重点是品牌资产创造了品牌忠诚度。正如第八章和第十一章所指出的那样，关系营销对于发展忠诚客户至关重要。同样，与体育组织的客户建立关系可以提升品牌价值。

一、球队输球时，收入下降幅度很小

由于强大的品牌具有很高的忠诚度，它们能够更好地抵御球队的收入下降。尽管获胜不是创造体育品牌资产的唯一途径，但球队在获胜时显然会获得短期利益。只是很少有球队能够年复一年地获得冠军。目光短浅的体育营销人员会将球队的命运与球队在赛场上的表现关联在一起。但是，目光长远的体育营销人员会把注意力放在其他可以提高品牌资产的活动上，这样，当球队输球时，收益就不会急剧下降。

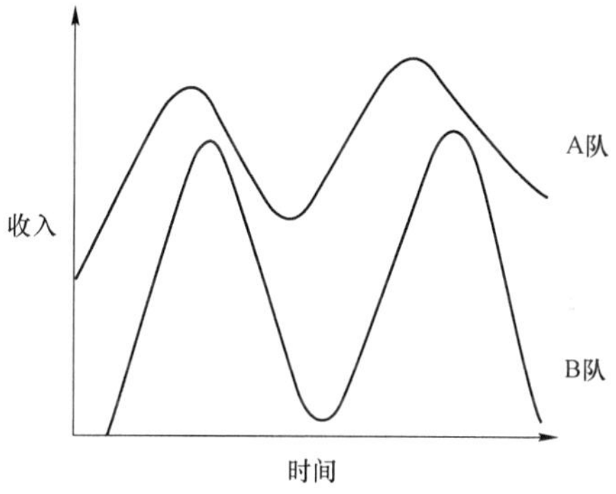

图 7.1　品牌资产的高低与球队收入的关系

同样，以芝加哥小熊队为例。这是一支在 100 多年内都没有赢得世界大赛冠军的球队，但它的主场比赛仍然吸引着大批观众。小熊队在 2012 年创下 61 胜 101 负的纪录，但仍然吸引了近 290 万名球迷来其主场箭牌球场观看比赛！这个数字仅比 2007 年小熊队赢得近 100 场比赛时的粉丝少 425 000 名。[15]是的，实力可能会影响上座率，但是当球队拥有较高的品牌资产和较高的品牌忠诚度时，上座率下降的幅度要小得多。图 7.1 描绘了两个经历了输赢周期的球队随时间变化的收入，一个球队的品牌资产较高，而另一个球队的品牌资产较低。当品牌资产很高（球队 A）时，随着球队命运的变化，收入下降的趋势没有那么剧烈。同时，当品牌资产较低（球队 B）时，随着球队的成败，其收入的变化将更加剧烈。

二、获取价格溢价的能力

高品牌资产的另一个潜在好处是能够获得价格溢价。[16]在体育界中，收入超过支出通常并不容易实现，因此这一好处尤其重要。团队营销报告每年都会发布一份名为《球迷成本指数》（*Fan Cost Index*）的报告，该报告既强调了职业体育赛事的平均票价，也强调了一个四口之家的平均参加成本。表 7.1 分别列出了 MLB、NHL、NFL 和 NBA 四大联盟中票价最高的五支球队。尽管新英格兰爱国者队、洛杉矶湖人队和纽约洋基队等一些球队在 2012 年之前经常进入季后赛，但芝加哥小熊队、埃德蒙顿油人队和明尼苏达双城队等相当多的球队在表7.1列出的赛季之前并未进入季后赛。

表7.1　2011—2013赛季主要职业体育联盟中票价最高的球队

NFL (2011)	平均价格	NBA (2012)	平均价格	NHL (2013)	平均价格	MLB (2012)	平均价格
纽约喷气机队	\$120.85	纽约尼克斯队	\$123.22	多伦多枫叶队	\$124.69	波士顿红袜队	\$53.38
达拉斯牛仔队	\$110.20	洛杉矶湖人队	\$100.25	温尼伯喷气机队	\$97.84	纽约洋基队	\$51.55
新英格兰爱国者队	\$117.84	波士顿凯尔特人队	\$72.96	埃德蒙顿油人队	\$79.27	芝加哥小熊队	\$46.30
纽约巨人队	\$111.69	迈阿密热火队	\$72.50	温哥华加人队	\$87.38	费城费城人队	\$37.42
芝加哥灰熊队	\$101.55	芝加哥公牛队	\$71.90	蒙特利尔加拿大人队	\$78.56	明尼苏达双城队	\$33.04

注：数据来自《球迷成本体验》，可从http://fancostexperience.com/pages/fcx/fci.php.网站上获取。

查看NFL数据时，可以发现另一个有趣的现象。2011年，纽约喷气机队的平均球票价格高于纽约巨人队的平均价格。这一差异特别能说明品牌资产的价值，原因如下。首先，两支球队共享同一体育场，从而消除了由于体育场的设计、便利设施或历史原因导致一支球队的上座率更高的可能性。其次，巨人队曾在2008年获得超级碗冠军，并于2012年再次夺冠，而喷气机队从1969年起就再也没参加过超级碗比赛了。我们还能如何解释喷气机队收取较高平均票价的能力？喷气机队品牌的实力可以追溯到1969年，由纳马思（Namath）领导的喷气机队打败巴尔的摩小马队，这是历史性的胜利，尽管没有取得过超级碗冠军，但仍可以创收。

三、获得更多商业赞助

如第九章所述，企业赞助在当今体育界的地位正在不断提高。尽管企业清楚地看到了这种营销方法的好处，但企业赞助越来越普遍的另一个原因可能是体育组织在努力寻求新的收入来源。寻找赞助商的赛事比以往任何时候都多，并且赞助商对他们赞助的活动越来越挑剔。赞助商可能考虑的因素之一是体育组织的品牌实力。例如，NASCAR的发起人意识到，理事机构（NASCAR）和许多独立车手如杰夫·戈登（Jeff Gordon）、吉米·约翰逊（Jimmie Johnson）、丹妮卡·帕特里克（Danica Patrick）等都拥有很高的品牌资产。拥有如此高的品牌资产的因素之一是赛车迷对赛车队的情感联系和忠诚度。因此，NASCAR团队吸引了许多赞助商，因为他们知道这些品牌在消费者心目中占据着重要的位置。

具有高品牌资产的体育组织因许多公司愿意提供赞助而提高了赞助计划的价格。猜一猜哪个体育赛事或组织能够获得最高的赞助金额呢？如果你说是奥运会和足球世界杯，那就对了。以奥运会为例，国际奥林匹克委员会（肩负监督奥林匹克运动并销售奥运会赞助权的责任）能够在四年内收取大约 6 000 万美元的奥运会赞助金额。[17]同样，根据国际赛事组织（IEG）统计，负责监管足球世界杯的 FIFA 通过向赞助商收取高达 2 400 万至 4 400 万美元的赞助费用，使其收入从 1998 年至 2002 年的 5.84 亿美元增加到 2007 年至 2010 年的 16 亿美元。[18]毫无疑问，与奥运会和世界杯赛事有关的品牌资产为联盟创造了收取高额赞助费的机会。

四、特许经营和纪念品销售

具有强势品牌的体育组织能够更好地进行品牌延伸，或将“在这个产品类别中建立的品牌名称用于另一产品类别”[19]。体育组织可以使用该组织的名称来推出新产品，以增加收入来源。一些体育组织已经利用自身的品牌优势在体育团队拥有的商店中销售带有本团队标志的商品，开设带有该组织名称的餐厅，并制作电视节目，甚至拥有以该组织名称命名的频道。例如，匹兹堡海盗队拥有海盗俱乐部商店，店内出售印有海盗队标志的商品。在联赛层面上，NBA 开了 NBA 商店和电视网络（NBA 电视）。此外，NBA 还利用其品牌扩展到职业女子篮球（如 WNBA）和小联盟篮球领域（如国家篮球发展联盟，简称 D 联赛）。此类许可机会也可用于球队和球员。2013 年，纽约巨人队与哈肯萨克大学医学中心合作，开设了由巨人队提供支持的哈肯萨克健身中心（HackensackUMC Fitness and Wellness Center）。[20]在此项目中，巨人队将其品牌名称授权给了一家占地面积 112 000 平方英尺（10 400 平方米）使用最先进技术的健身俱乐部。[21]巨人队在 2008 年至 2013 年间两次夺得超级碗冠军，这使得其品牌为这一新企业提供了信誉和独特性。

第四节　如何建立品牌资产

既然我们已经明确了品牌资产的重要权益（及其与长期收入之间的关系），你可能会问，品牌资产是如何建立起来的呢？这是一个好问题。根据品牌研究人员凯文·凯勒（Kevin Keller）的说法，有两个要素对于发展品牌资产至关重要：建立品牌知名度，以及建立品牌形象。[22]想一想你最喜欢的职业运动员。首先，你得知道该运动员的存在。那就是品牌知名度。其次，更具挑战性的是，当你想到那个运动员时，你脑海中最先浮现出哪些形容词？为什么那个运动员是你的最爱？你的答案可能与该运动员在比赛中的表现或其性格有关。这些元素的组合就是我们所谓的品牌形象。

一、品牌知名度

正如品牌专家戴维·阿克所说：“一个未知的品牌通常很难成功。”[23]如果潜在的消费者不知道离家 20 英里（约 32 公里）处有一个小联盟曲棍球队，那么该小联盟曲棍球队就不具备品牌知名度。因此，培养品牌知名度通常被视为建立品牌资产的起点。定义品牌知名度的最简单方法是消费者在提及产品类别时能够说出其具体品牌名称的能力。例如，如果我们请北卡罗来纳州夏洛特市的居民说出该地区所有职业体育球队的名字，而他没有列出小联盟棒球队夏洛特骑士队，这就意味着骑士队没有品牌知名度。

建立品牌资产最重要的两个组成部分是品牌知名度和品牌形象，但是没有品牌知名度就无法建立品牌形象。对于诸如NBA、NFL、NHL、MLB和MLS这样的大联盟的球队而言，培养品牌知名度通常不是问题，但对于小联盟的赛事、场馆和球队而言，这确实变得更具挑战性。此外，代表新运动员的体育经纪人面临的主要挑战是为运动员客户建立品牌知名度。同样，你可能对“海斯曼炒作”很熟悉，这是大学为宣传明星运动员获得“最杰出球员奖”而策划的宣传活动。各高校为使本校运动员荣获海斯曼奖杯各显神通，比如罗格斯大学（Rutgers University）为观众分发双筒望远镜，以便人们可以“看到”奔跑的雷·赖斯（Ray Rice）；以及南加州大学（University of Southern California）分发以传奇乐队甲壳虫乐队的音乐为背景而制作的接球手马奇斯·李（Marqise Lee）的精彩视频。[24]这些都是努力提高品牌知名度的绝佳例子。

品牌知名度的提高对赞助赛事的企业也很重要。赞助商支付高额赞助费是为了与运动员、运动队、赛事和联盟（通常被称为体育资产）搭上线。这些赞助商期望通过支持体育资产从而使该体育资产的粉丝会对赞助商品牌的印象加分。但如果消费者不了解公司的赞助活动，则这种爱屋及乌的情感转移就不会发生。如果你对职业赛车比赛稍有兴趣，那么你可能就会知道斯普林特公司是总积分冠军的赞助商。但是你知道NASCAR的其他赞助商或某一车队的赞助商吗？你可以列举出演员小戴尔·厄恩哈特（Dale Earnhardt Jr.）的赞助商吗？因此，赞助评估通常涉及对赞助商知名度的衡量。

二、品牌形象

尽管品牌认知的概念很容易理解，但了解品牌形象却比较困难，因为品牌形象是特定品牌所有联想的累积影响力。[25]拿出一张纸，想一想你最喜欢的球队，现在，给自己计时，花一分钟写下你想到该球队时所联想到的所有单词和短语。

你写下的单词和短语被称为品牌联想，因为它们代表提及品牌名称会触发的所有联想。如果你想到的是纽约洋基队，你可能会想到诸如“世界冠军”之类的词，因为洋基队赢得了许多世界大赛的冠军。或者，你可能会一直记着洋基体育场外场的纪念碑公园，因为洋基队伟大的雕像屹立于此。在这两种情况下，这些想法都是独特而强大的。建立品牌形象的目标就是建立独特、强大和有利的品牌联想。体育营销人员在建立独特的品牌联想方面可能具有优势。除了体育，还有哪些领域的产品由于未知的结果而如此富有戏剧性呢？除了体育，消费者（粉丝）与其他产品（比赛或活动）之间的情感投入能否有这么高呢？

关键是要确保这些品牌联想既强大又受人喜爱。鉴于比赛的结果未知，该目标可能不易实现。而且，如前文所述，营销人员无法控制球队何时战绩良好或运动员何时受伤。在理想情况下，营销人员清楚球队何时获胜，也清楚球迷会因此而建立强烈的品牌联想。但是，球队在本年度或下一年度的获胜能力尚不确定。因此，尽管获胜能够建立强大、独特和有利的品牌联想，但体育营销人员应将精力集中在培育这种联想上，而不是球队的实际表现上。

球场上获胜有助于提升品牌联想的价值。1998 年迈克尔・乔丹从芝加哥公牛队退役后，公牛队立即进入了重建时代。公牛队连续六年没有进入季后赛，且其中三年公牛队赢得比赛的场次甚至不到 20 场。[26]但是，公牛队在 1999 年至 2009 年之间的平均上座率在联盟中处于领先地位[27]，这是因为球队的营销活动使人们想起了 20 世纪 90 年代公牛队获得过六个 NBA 冠军，并暗示公牛队有望再次成为冠军球队，即使乔丹退役后人们仍然应该买票看比赛。因此，过去成功的惯例可以成为重要的品牌联想。鉴于杜克大学（男子篮球）、密歇根大学（足球）和康涅狄格大学（女子和男子篮球）等学校争夺全国冠军的传统，这些学校的球迷对校队过去的成就产生了强烈的品牌联想。

除了成功和传统外，体育中还存在其他各种品牌联想。下面将讨论这些示例。

三、运动队品牌联想的来源

运动队的成功是品牌联想的来源之一，但是运动队的其他方面及其营销、推广和宣传工作也可以建立强大的品牌联想，包括但不限于以下内容：

- 标志、标记、昵称和吉祥物；
- 所有者；
- 运动员；
- 主教练；
- 竞争者；
- 比赛或赛事附加的娱乐套餐；
- 运动队参加比赛的体育场馆。

品牌化不仅仅是管理组织的标志，标志、标记、昵称和吉祥物都可以创建强大、独特而且有利的品牌联想。以球队颜色为例，洛杉矶湖人队的球迷可能会提到紫色和黄色的队服颜色，奥克兰突袭者队的球迷通常认为他们的球队颜色为银色和黑色，而密歇根大学的球迷更青睐米色和蓝色。在创建或更改标志时，球队应格外小心，以考虑如何建立品牌联想。例如，昵称是否代表球队地理位置的特征，例如凤凰城太阳队（指凤凰城永久的晴天，温暖的天气）和匹兹堡钢人队（让人回想起匹兹堡被称作钢铁之城的历史）？或者，标志中是否应包含时尚且引人注目的颜色（例如，圣荷塞鲨鱼队在 20 世纪 90 年代初就使用了当时流行的蓝绿色）？还是应该将昵称轻松转换成可以在孩子们的脑海中建立起强大品牌联想的吉祥物名称，例如芝加哥公牛队的吉祥物本尼・布尔（Benny the Bull）。球队在更改标志或昵称时，需要考虑所有这些因素。

除了主教练和运动员外，运动队的所有者通常最受瞩目。所有者通过行动可以帮助运动队建立积极的品牌联想。例如，当约翰・亨利（John Henry）和汤姆・沃纳收购 MLB 的波士顿红袜队时，他们公开宣布了旨在取悦球迷并使球迷为球队感到骄傲的举措。同样，马克・库班每天都亲自回复 NBA 达拉斯小牛队球迷的电子邮件。这种与粉丝直接互动的方式使得他给人的印象是他关心粉丝的意见，从而建立了良好的品牌联想。现在考虑一下 MLB 纽约洋基队的所有者史坦布瑞纳家族（Steinbrenner）。尽管不喜欢洋基队的球迷会对史坦布伦纳家族有

NFL 的奥克兰突袭者队根据他们的绰号和颜色创造了许多品牌延伸。“黑洞”就是一个很好的例子

着消极的联想，但洋基队的球迷却倾向于与史坦布伦纳家族保持良好的联系，因为他们致力于赢得冠军并竭尽全力做到这一点。

另一个更明显的品牌联想来源是运动员本身。运动队可以与运动员建立多种关联。例如，基于运动员的实际表现产生关联，迈克尔·乔丹被认为是空中飞人，尤其是在他早期加入NBA芝加哥公牛队时。NHL 波士顿棕熊队的兹德诺·查拉（Zdeno Chara）是一名身高 6 英尺 9 英寸(206 厘米）的防守队员。除了常年表现出色外，他独特的身材（对于冰球运动员而言）也可以建立品牌联想。品牌联想也可以通过赛场外的球员形象而形成。一个有趣案例是 NBA 洛杉矶湖人队的慈世平（Metta World Peace），原名为罗恩·阿泰斯特（Ron Atest)。2004 年，当他在印第安纳步行者队时，慈世平从比赛场地进入看台与其他粉丝打架。随后他被停赛（73 场常规赛季比赛）。自此，慈世平不可原谅的行为在球迷心中建立了负面的品牌联想。退役后，慈世平开始从事与心理健康咨询有关的工作。为表示对他工作的认可，NBA 向慈世平授予了詹姆斯·沃尔特·肯尼迪公民奖。[28]通过球场外的表现，慈世平可以建立积极的联想来抵消以前对其品牌造成的负面联想。

同样，运动队的总教练可以作为品牌联想的重要来源。如果你是橄榄球迷，请考虑一下NFL 的旧金山 49 人队教练吉姆·哈博（Jim Harbaugh）所产生的品牌联想：成功的教练、伟大的激励者、娱乐人物和令人尊重的男性球员。与运动员相似，教练同样可以产生品牌联想。鉴于高知名度的大学运动员最多可为球队效力四年，因此主教练可能是大学体育品牌联想中更重要的来源。例如，在担任杜克大学男篮主教练的漫长任期内，迈克·克日泽夫斯基（Mike Krzyzewski）常被称为“K”教练，他除了带领杜克大学在赛场上取得巨大成功外，还建立了许多品牌联想，例如注重学术研究和诚信、学生毕业率很高而且从未有过违反规则的丑闻。他还是杜克大学及其周围社区的重要捐助人。作为学院领导班子的成员之一，K 教练设立的杜克大学篮球遗产基金帮助北卡罗来纳州德拉姆市区建立了一个大型社区中心。[29]

作为品牌联想的来源，运动员和教练必须时刻注意自己的言行举止。在职业体育层面上，运动员的流动性一直很高。在整个职业生涯中，很少有运动员仅为同一支运动队效力。此外，现在许多知名的大学运动员在转行成为职业运动员之前，只在大学里待了一两年。因此，一支运动队不应将品牌建设的重点放在某一名运动员身上，尤其是在该运动员的合同即将到期时。如今，职业运动队和大学运动队教练的流动性也很大。因此，尽管教练可以成为品牌联想的重要来源，但他们的离开会对品牌联想造成重大损失，并最终有损于运动队的品牌。抵消这种人员流动所带来的副作用的方法之一是了解运动员或教练是否以及如何在建立运动队品牌中发挥作用，然后与有可能建立相似品牌联想或独特而有利的品牌联想的运动员和教练签约。这是否意味着运动队老板和体育主管在聘用教练时应考虑其市场影响力？根据前面关于教练如何建立品牌联想的讨论，答案是肯定的。

竞争对手同样可以为运动队建立强大的品牌联想。例如，波士顿红袜队与纽约洋基队的竞争为彼此树立了强大的品牌联想。他们之间的竞争和球队之间的重要比赛（例如，历史悠久的 2004 年美国联赛冠军系列赛，红袜队在 3∶0 的情况下反败为胜）给球迷留下深刻的印象，促使他们持续追随球队。在大学层面上，各个级别的竞争对手在体育迷之间乃至校友之间建立了强大的关联。尽管阿默斯特学院（马萨诸塞州）与威廉斯学院（马萨诸塞州）和德波大学（印第安纳州）与沃巴什学院（印第安纳州）的橄榄球比赛都处于第III级别（美国大学体育比赛中的最低级别），但其橄榄球比赛相当受欢迎，因此通常由地方体育供应商进行电视转播。球迷不仅可以现场观看其中一场比赛，还可以在全国各地的电视上观看比赛，进而加强品牌联想。

如第十章所述，有效使用促销元素可以大大增强人们在比赛中的体验。通过促销策略（如赠品和场上比赛、冰上比赛或暂停和中场休息期间的现场促销）来增强娱乐性，可以建立强大的品牌联想。早先有人提到，尽管后场表现不佳，但在后乔丹时代，NBA 的芝加哥公牛队仍能保留大批观众。与过去的成功相关联的品牌联想可能是公牛队上座率高的部分原因，但另一个原因可能是公牛队的比赛具有很高的娱乐性。超时、中场休息和节间休息时，公牛队会为在场人员提供额外的娱乐活动。在大学体育运动中，一些独特的因素可以创建与球队联系紧密的品牌联想。例如，在密西西比大学，无论赛前还是赛后，格罗夫公园都是最受球迷们欢迎的聚会和庆祝场地。在俄亥俄州立大学，球迷通常在比赛开始前 30 到 45 分钟到达俄亥俄州体育场，这样他们就可以看到全国知名的游行乐队进入体育场并进行赛前例行表演。最后，大学体育比赛吸引了大批学生观众，他们总是会为比赛大声欢呼（例如，在杜克大学的男子篮球比赛中），活跃的年轻人群也可以成为品牌联想的来源。实际上，当被问到什么可以使他们更加享受大学体育比赛时，季票持有者（非学生）经常提到人声鼎沸的学生区域。

可以提高娱乐体验的另一种方式是关注消费者在观看比赛时所体验的服务要素。考虑一下观看比赛时的所有经历；从理论上讲，这些都可以形成品牌联想。一些体育场馆在其特许经营的摊位上提供独特的美食，而另一些体育场馆内部则拥有独特的功能，例如，凤凰城切斯球场（Chase Field）外场的游泳池。

现在，体育场馆比以往任何时候都更能成为品牌联想的来源，强大的品牌联想通常围绕两种类型的场馆形成：①具有悠久历史和传统的场馆；②有很多新特色以增强客户体验的新体育馆。温布尔登球场（网球）、代托纳国际赛车场（赛车）、洋基体育场（MLB）、芬威球场（MLB）、兰博球场（NFL）、老特拉福德球场（英超联赛）和圣母体育场（大学橄榄球）都有举办重大体育赛事的悠久历史，消费者可能会因此而形成强烈的品牌联想。始于 20 世纪 90 年代初的体育场馆建设热潮着眼于建筑设施，这些设施不仅产生更多的收入，而且具有形成强大品牌联想的独特功能。棒球场的这种趋势尤其明显。自 1992 年以来，诸如卡姆登球场（巴尔的摩）、进步球场（克利夫兰）、库尔斯球场（丹佛）和塞菲科球场（西雅图）等体育场都融合了会让人回想起古老棒球的历史元素。由于棒球场没有标准尺寸，因此可以结合球场规模打造其独特性，如休斯敦美汁源球场中心区域的山丘。球场公园的实际位置也可以创建独特的关联，例如，在旧金山的 AT&T 球场和匹兹堡的 PNC 球场，本垒打的球可以落在水域中。

（一）基于消费利益的品牌联想

除了体育产品的特征和类别之外，还可以根据满足消费者需求所带来的好处来建立品牌联想。例如，怀旧（记住并可能美化一种体验）记忆可以作为品牌联想的来源。无论是与家人或朋友一起支持一支球队，还是想起一支球队赢得冠军时的喜悦，怀旧的回忆都可以成为联想的重要来源。由于这些原因，若球队自己拥有或部分控制有线网络（通常称为区域体育网络，简称 RSNs），一个潜在的好处是可以制作一些怀旧类球队节目来激发观众对球队的各种回忆。例如，新英格兰体育电视网（NESN）为波士顿红袜队所有，并通过电缆网络免费在新英格兰大部分地区播放。这种安排为红袜队提供了一个制作节目的独特机会（特别是在冬季），使人们回想起该队在 2004、2007 年和 2013 年世界大赛中获得冠军的经历。

社交价值也可以作为品牌联想的来源。父母可以与小联盟棒球队建立强大的联系，因为它为父母和孩子参与一些有趣的亲子活动提供了平台。考虑一下你所在大学的体育比赛。你可能会与很多朋友一同去赛场观看比赛，并产生与之有关的品牌联想。

一个人对运动队的认同感也可以作为品牌联想的来源。对运动队的认同包括几个方面，大多数情况与成为特定运动队的粉丝的意义有关。就波士顿红袜队而言，成为红袜队球迷意味着一个人是红袜王国的成员。本质上，红袜王国创造了一个专属团体或专属俱乐部，给球迷带来球队认同感。在 2004 年世界系列赛以前，成为该俱乐部会员就意味着要经常因球队未能赢得比赛而感受痛苦。但是凭借 2004 年世界大赛冠军以及 2007 年和 2013 年的冠军，红袜王国以团体的方式庆祝胜利。例如，有 320 万人参加波士顿游行以庆祝 2004 年世界大赛冠军。正如可以因运动队而形成身份认同一样，特定地理位置也可以形成身份认同。从这个意义上说，支持某一运动队的人可以展示出对其所在城市的认同感。例如，居住在美国另一地区的芝加哥人可以戴着芝加哥小熊队的帽子向人们证明他来自芝加哥。此外，当小熊队最终赢得世界大赛冠军时，人们将其视为对自己城市的积极宣传。

（二）体育其他领域的品牌联想

除团体运动外，品牌管理在整个体育领域中都很重要。例如，品牌联想的发展对于以下领域也很重要：

- 赞助商
- 运动员
- 体育机构
- 健身俱乐部

1. 赞助商如何建立品牌联想

企业赞助体育赛事或项目的动机之一是增强其与企业的品牌关联，他们认为被赞助对象的形象特点可以转移到赞助商身上。佳得乐（Gatorade）或爆锐（Powerade）等运动饮料赞助商可能会寻求与最好的大学篮球队或橄榄球队合作，以增强消费者对他们的运动饮料的认可，让消费者相信其产品质量高且优秀运动员都在饮用该产品。同样，耐克、锐步、阿迪达斯和其他公司也经常争夺与职业体育联盟、大学体育项目和运动员相关的鞋类和服装赞助权。这种竞争之所以产生，至少部分原因是渴望与最好的运动员和体育组织联系在一起。

除了对质量的看法外，其他品牌联想也可能会转移给赞助商。经典案例包括“飞人”乔丹（Air Jordan）篮球鞋和激浪饮料（Mountain Dew）赞助的极限运动。在推出 Air Jordan 篮球鞋（包括耐克当时革命性的气垫技术）的同时，耐克还刊登了一则广告，在喷气发动机的背景音中，年轻的乔丹跑步并起跳投篮。[30]这则广告为耐克创造了某种关联，让人觉得 Air Jordan 篮球鞋帮助人们跳得更高。耐克利用运动员代言建立了品牌联想，而激浪则采用了新的运动风格来重新定义其形象。激浪的历史可追溯到 1960 年，那时曾被认为是农村人（主要是美国南部）饮用的一种饮料。1992 年，激浪在“Do the Dew”字样下发起了一项新的品牌推广活动，号召人们参加跳伞等冒险类活动。随后，激浪饮料成为最早参与世界极限运动会（X Games）和激浪极限运动巡回赛（Dew Action Sports Tour）等新兴极限运动比赛的赞助商之一。通过采取这些推广行动，激浪完全将自己重新定义为酷、前卫和令人兴奋的品牌代表。[31]

与吉米・约翰逊（Jimmie Johnson）有关的积极品牌联想，例如成功和质量，可以转移至他的赞助商劳氏（Lowe’s）和考伯特工具（Kobalt Tools）

飞人乔丹和激浪品牌的例子证明体育实体的形象如何有助于该体育品牌建立牢固、独特和有利的联想。它们的成功还为所有赞助商决策者提供了行之有效的赞助思路：公司考虑赞助的体育实体的形象应具有增强或积极改变赞助商品牌联想的潜力。[32]当运动员因违反法律或大学体育计划被发现违反了 NCAA 规则时，可能会产生消极联想。某个特定的体育实体参与此类事件后，是否会对赞助商产生消极联想？也许会的！在 2009 年末 2010 年初，泰格・伍兹婚外情的新闻曝光后，许多认可伍兹的公司终止了与他的合作，例如国际品牌豪雅（Tag Heuer）、埃森哲（Accenture）、吉列（Gillette）和美国电话电报公司（AT&T）。[33]你是否知道，公司经常将道德条款纳入其代言合同中，如果运动员做非法或不道德的事情并引起极大的负面影响，则其合同关系可以终止？伍兹事件另一个有趣的方面是，耐克并未中断他们的合作关系。你是否认为维持这种关系会对耐克品牌产生负面影响？

如第九章所述，成功的赞助需要赞助计划的协议双方之间建立牢固的关系。为此，双方都必须受益。在某些情况下，售卖赞助权益的一方可能获得的形象利益会大于其获得的现金和实物捐助的利益。例如，以 WNBA 为例。联盟成立后，WNBA 赢得了同斯伯丁等知名品牌的合作，这些合作可能会有助于增强联盟的信誉。在较小的范围内，考虑一下你当地的赛事，例如公路比赛或草根足球比赛。这些活动可能试图通过与知名赞助商合作来为其活动赢得信誉，尤其是在赛事成立的前几年。

用户可能会因在品牌消费过程中的体验而与公司之间形成某种关联，从而诞生了一种通过赞助活动塑造品牌的新形式，即品牌娱乐。你是否参加过职业运动队或大学运动队举办的供粉丝们互动的粉丝节？例如，在橄榄球比赛期间，波士顿学院将其校园娱乐中心之一改为球迷区。如果你在星期六的橄榄球比赛时走进球迷区，你会看到孩子们在排队等待参加各种与橄榄球相关的活动，例如准确投掷橄榄球。这是球队品牌娱乐的一个例子。另一个例子是理查德·佩蒂（Richard Petty）驾驶体验，人们在赛车道上付费驾驶 NASCAR 汽车。这项体验项目由固特异（Goodyear）和杜邦（Dupont）等多家公司赞助。[34]作为 NASCAR 的赞助商，杜邦和固特异希望车迷们在参与赛车运动时增加品牌娱乐元素。品牌推广的另一种相关形式是使用品牌内容来进一步提升品牌的影响力。本章末的补充材料探讨了品牌内容的概念，并解释了其对品牌化的重要性。

2. 运动员如何建立品牌联想

如前所述，与迈克尔·乔丹的关联之一是他可以空中漫步。根据他的打法和成就，其他品牌联想的来源也可能是关键球员、场均得分高者或冠军。因为职业运动员可以通过公司代言赚钱，所以建立牢固、独特和有利的品牌联想对运动员至关重要。实际上，运动员经纪人应将其代理的运动员视为一个品牌，并尝试与客户建立牢固的品牌关联。

乔丹的例子说明了运动员可以为自己建立品牌联想的两种方式。第一，他们可以根据自己在体育比赛中的表现来建立关联。这些关联来自他们的成就、比赛风格以及任何标志性动作。网球选手安德烈亚·佩特科维奇（Andrea Petkovic）就是一个很好的例子。在赢得每场比赛之后，她都会在球场上跳一段佩特克（Petko）舞。她的教练鼓励她说，如果她在第一轮美国公开赛中取得成功，就做点特别的事情以表庆祝。[35]第二，运动员还可以通过在赛场外的行为建立关联。例如，前足球明星米娅·哈默（Mia Hamm）筹集资金来帮助正在寻求骨髓移植的女运动员和患者。[36]在这两种情况（佩特科维奇和哈姆）下，运动员创造的自身品牌联想可能会吸引赞助商的赞助兴趣。

3. 体育机构如何建立品牌联想

虽然代理运动员事务的体育营销和管理机构、激活赞助活动的赞助商或负责后勤管理的赛事管理人员是成功赞助中功不可没的一环，但是普通消费者无法接触到他们。那么，这些机构（你们中总有人被这些机构雇用）如何建立品牌联想？最简单的答案是通过他们所签约的客户。戴维·福尔克（David Falk）至少在某种程度上是通过成为迈克尔·乔丹的球员经纪人而一蹴成名的。另一个答案是通过为这些机构工作的人员。例如，在 IMG 的创始人、体育营销行业的领导者马克·麦科马克（Mark McCormack）逝世之前，他就与 IMG 建立了牢固的品牌联想。体育营销机构还通过提供服务的方式建立品牌联想。例如，JMI（Just Marketing International）公司专注于为企业提供赛车运动行业的咨询和激活赞助的活动，从而在体育经纪领域中脱颖而出。

4. 健身俱乐部如何建立品牌联想

你健身吗？你是否使用健身俱乐部服务，例如心血管系统机能测试服务或力量训练设备？如果是，那么你就是健身俱乐部目标市场中的一员。你们当中有些人使用校园内提供的免费健身设施。如果是这样，那么这些健身设施在你心中存在哪些品牌联想？它们在高峰时段是否太拥挤？它们开放的时间够长吗？这两个问题都隐含着健身俱乐部的潜在关联。你们当中那些对校园健身设施不满意的人可能会转身选择学校附近的健身俱乐部。如果是这样，你是否建立了有关这些健身俱乐部的品牌关联呢？一个空间可能又大又宽敞，但也许要贵一点；另一个空间可能较小，但价格较便宜。这些看法代表潜在的关联。你如何看待各类健身俱乐部的工作人员？他们友好吗？他们对你的健身有帮助吗？与职业运动队一样，健身俱乐部可以根据一线人员提供的服务来建立品牌联想。

本章小结

无论体育行业如何，你可能已经认识到品牌塑造不仅仅是对标识和标志的管理。成功管理其品牌的体育组织可以为其产品创造知名度，并塑造良好形象。在这方面取得成功的组织将获得各种收益，包括提高粉丝或消费者的忠诚度和增加组织收入。

课后活动

1. 曼联、皇马和切尔西是实力最强的三个职业足球（美国以外的足球）品牌。访问他们的官方网站：www.manutd.com、www.realmadrid.com 和 www.chelseafc.com，并确定如何使用这些网站来创建、增强和培育强大的、受欢迎的、独特的品牌联想。

2. 找出你学校体育项目的品牌联想。一种有用的方法是询问朋友，当他们想到你学校的运动队时会想到什么。你可能要特别关注一支运动队。准备好清单后，请找出其中强大的、独特的和受欢迎的联想。是否存在需要克服的消极联想？

3. 根据你对学校体育项目的积极和消极联想的评估，制定三种策略来培育这些积极的品牌联想或者克服消极的品牌联想。

4. 假设 MLB 已决定在俄勒冈州波特兰市成立一支扩展球队。那支球队如何命名？什么样的球队名称会一鸣惊人？（提示：答案必须与品牌联想有关。）

5. 高尔夫球手泰格·伍兹婚外情的消息公开后，选择他代言的许多机构与他终止合作，但耐克没有这样做。结合你对品牌的了解，谈一谈耐克为什么会做出这个决定？

注释

1. Mike Ozanian, "Manchester United Again the World's Most Valuable Team," *Forbes*, 18 April 2012, www.forbes.com/sites/mikeozanian/2012/04/18/manchester–united–again–theworlds–most–valuable–soccer–team.
2. Ibid.
3. Ibid.
4. Oliver Joy, "Manchester United Pen New Multi–Million Dollar Naming Deal," CNN.com, http://edition.cnn.com/2013/04/08/business/manchester–united–aon–deal.
5. Ozanian, 2012.
6. "Brand Protection," www.manutd.com/en/Club/Brand–Protection.aspx.
7. D.A. Aaker, *Managing Brand Equity* (New York: Free Press, 1991), 7.
8. P. Williams, "Franchise Rebranding: Out With the Old... In With the New," *SSSBJ*, 23 February 2004, 17.
9. D. Travis, *Emotional Branding: How Successful Brands Gain the Irrational Edge* (Roseville, CA: Prima Venture,

2000), 15.

10. M. Gobé, *Emotional Branding: The New Paradigm for Connecting Brands to People* (New York: Allworth Press, 2001), xiv.
11. D. Bolger, speech delivered to the University of Massachusetts Sport Management Program, Amherst, MA, 10 September 2004. At the time, Bolger was chief marketing officer for the NBA's Portland Trail Blazers.
12. Aaker, *Managing Brand Equity,* 15.
13. James M. Gladden and Daniel C. Funk, "Understanding Brand Loyalty in Professional Sport: Examining the Link Between Brand Associations and Brand Loyalty," *International Journal of Sports Marketing and Sponsorship,* 3 (1) (2001): 45–69.
14. For examples of studies that have shown that winning is not the only important factor to realizing brand loyalty and positive marketplace outcomes, see James M. Gladden and George R. Milne, "Examining the Importance of Brand Equity in Professional Sport," *SMQ,* 8 (1) (1999): 21–29; and Gladden and Funk, "Understanding Brand Loyalty."
15. www.baseball–almanac.com/teams/cubsatte.shtml,http://chicago.cubs.mlb.com/chc/history/year_by_year_results.jsp.
16. Aaker, *Managing Brand Equity,* 22.
17. Justin Bachman, "UPS Pulls Out as Olympic Sponsor," ABC News, http://abcnews.go.com/Sports/story?id=100047&page=1#.UWVybGbD–70.
18. International Events Group, "FIFA Secures $1.6 billion in World Cup Sponsorship Revenue," 3 June 2010, www.sponsorship.com/About–IEG/Press–Room/FIFA–Secures–$1–6–Billion–in–World–Cup–Sponsorship.aspx.
19. Aaker, *Managing Brand Equity,* 208.
20. Terry Lefton, "N.Y. Giants Make Rare Move, Extend Brand to Health Center," *SSSBJ*, 1 April 2013, 4.
21. Ibid.
22. K.L. Keller, *Strategic Brand Management: Building, Measuring and Managing Brand Equity* (Upper Saddle River, NJ: Prentice Hall, 1998), 50–51.
23. Aaker, *Managing Brand Equity,* 19.
24. Greg Bishop, "Texas A&M Hushes the Heisman Hype Over Manziel," *New York Times*, 14 November 2012, www.nytimes.com/2012/11/15/sports/ncaafootball/texas–am–hushes–the–heisman–hypeover–johnny–manziel.html?pagewanted=1&_r=0.
25. Keller, *Strategic Brand Management,* 93.
26. *NBA Teams: Chicago Bulls Records Year by Year*, NBAUniverse.com, www.nbauniverse.com/teams/records_chicago_bulls.htm.
27. "Bulls Top NBA Attendance Over the Past Decade," Bulls.com, www.nba.com/bulls/news/bullstopnbaattendance_091028.html.
28. Kevin Ding, "Ron Artest Wins NBA's 2010–11 Citizenship Award," *Orange County Register*, 26 April 2011, www.ocregister.com/articles/artest–437789–award–lakers.html.
29. Michael Sokolove, "Follow Me," *New York Times*, 5 February 2006, www.nytimes.com/2006/02/05/magazine/05coachk_96_101__116_117_.html?pagewanted=all.
30. D. Katz, *Just Do It: The Nike Spirit in the Corporate World* (Holbrook, MA: Adams, 1994), 7.
31. G.W. Prince, "Give Them Their Dew: Credit Pepsi for Marketing a Mountain of a Brand," *Beverage World,* 54 (January 1998): 54–60.
32. For more on this topic, see James M. Gladden and Richard Wolfe, "Sponsorship and Image Matching: The Case

of Intercollegiate Athletics," *International Journal of Sports Marketing and Sponsorship,* 3 (1) (2001): 71–98.

33. "Gatorade Cuts Ties With Woods," ESPN.com, 26 February 2010, http://espn.go.com/espn/print?id=4950137&type=story.
34. www.drivepetty.com.
35. Georgina Robinson, "How a Bet Triggered the Petko Dance," *Sydney Morning Herald*, 24 January 2011, www.smh.com.au/sport/tennis/how–a–bettriggered–the–petko–dance–20110124–1a1rb.html.
36. G. Bruce Knight, "Big Players in Charity," *Wall Street Journal*, 28 April 200, http://online.wsj.com/article/SB117771735737385480.html.
37. Eric Fisher and John Ourand, "MLB Clubs Look to Follow Dodgers," *SSSBJ*, 1 April 2013, p. 1.
38. Michael Smith and John Ourand, "Oklahoma Will See $7 Million a Year From TV Deal," *SSSBJ*, 17 September 2012, 10.
39. Ibid.
40. Jesse Baker and Matthew Thomson, *The Ultimate Fighting Championships (UFC): The Evolution of a Sport*, Richard Ivey School of Business, University of Western Ontario, 16 June 2010, 4.
41. Bill King, "UFC's Global Ambitions," *SSSBJ*, 11 June 2012, 15.
42. Tripp Mickle, "Ford–Alli Deal Steers 'Octane Academy'to NBC," *SSSBJ*, 3 December 2012, 15.
43. Christopher Botta, "Canadiens Join All–Access Crowd With '24CH,' " *SSSBJ*, 4 February 2013, 5.
44. John Lombardo, "NBA Youth Push Includes Branded Website," *SSSBJ*, 31 January 2011, 11.
45. Tripp Mickle, "USA Swimming Cheers on Fans With New Program," *SSSBJ*, 24 October 2011, 10.
46. Daniel Kaplan, "New England Patriots: Going Long Online," *SSSBJ*, 1 April 2013, 28.
47. Ibid.
48. Ibid.
49. Michael Smith, "Coke Zero Drinks Up Bama Win," *SSSBJ*, 14 January 2013, 6.
50. Ibid.
51. Tripp Mickle, "Digital Theme Dominates All–Star Activation," *SSSBJ*, 11 February 2013, 4.

第八章　销售与服务

学习目标：

- 定义什么是销售；
- 了解体育商业中使用的各种销售方法；
- 分析与体育产业相关的定价技巧和策略；
- 研究二级市场在体育销售中的影响和作用；
- 探索收益管理和终身价值的概念；
- 展示与销售过程相关的保留客户和服务活动的重要性和影响。

第一任销售教练：克努特·罗克尼（Knute Rockne）

罗克尼作为销售人员的影响力不容小觑。罗克尼是一位教练，他曾经使圣母大学在NCAA中脱颖而出，并为其爱尔兰战士队建立了国家级强队的声誉。罗克尼成功地说服圣母大学建立了一个拥有57 000个座位的体育场，并于1930年开放。在这里，我们分享一些罗克尼的思想和实践，供当今的销售经理使用，以帮助他们选拔、培训、激励和发展各自的销售团队。我们希望罗克尼关于销售的思想和话语对这些销售经理们制定营销战术有指导作用，根据罗克尼的说法："在我看来，使橄榄球队成功的同类思想也可以应用在其他任何组织中，尤其应用在销售组织中，可以取得成功。"下面是罗克尼结合其足球执教方式及其在斯蒂庞克汽车公司做销售经理的工作方式而形成的哲学。

- "你必须具备与周围人合作的能力。"销售经理像教练一样，总是在寻找人才，然后必须勤奋工作，以使这些才华横溢的人们一起努力并遵循比赛计划。
- "成功的人具有坚持不懈的能力——坚韧且追求卓越的能力。"销售人员在销售生涯中成功的概率不到5%。鉴于他们在绝大部分情况（95%或以上）会面对失败，因此毅力对于他们的长远发展和销售职业生涯至关重要。
- "竞争应该是使你感到兴奋的挑战。"与他人竞争和追求目标的快感是销售文化的重要组成部分。为此，销售经理需要采用短期和长期的竞争形式，以激励并提供众多竞争和成功的机会。
- "销售经理是每个销售人员潜在价值的受托人。其工作是投入足够的时间和精力来培训员工，以便最大限度地发挥每个人的价值。"尽管不时地引入销售培训师是一个好主意，且能够为销售人员提供另一种思考的角度，但是出色的销售经理会为每个员工制订个人发展计划，并几乎每天都与这些员工一起工作，帮助他们充分发挥潜能。
- "销售经理的工作是要知道他的员工每天在哪里以及在做什么。"销售经理必须出现在工作场所中，而不是坐在办公室里指挥监督。他不仅需要了解部门的目标和销售数字，还需要了解销售团队每个成员的目标和销售数字。

- “销售取决于强大的功底。销售经理必须了解成功所必须解决的障碍。”在销售经理确定成功所需的实践和基本技能之后，他或她必须以个性化的方式对销售团队的每个成员的技能进行检查。
- “我有一个控制计划，或者用橄榄球术语来说，就是一个比赛图表。这张图表告诉我们想知道的关于以往比赛发生的一切，并展示了每个成员的个人表现中可以改善的地方。”销售经理使用销售图表、通话记录和潜在客户评分以及通话量、通话时长和销售量与通话量之比来确定如何提高每个销售团队成员的绩效。在罗克尼的销售世界中，基础知识的准备、实践和实力是预测成功的最佳方法。
- “管理者必须愿意将团队学习和工作分解为各个单元并理解每个人。他必须了解每个人的思想，并知晓每个人的生活状态。”要了解某个人，销售经理不仅要了解他的工作专业，而且需要了解他的日常生活。这人正在离婚吗？她怀孕了吗？这会影响他/她的表现吗？获得成功的最佳途径是消除成功路上的一切障碍。
- “一直以来，对于像橄榄球队这样具有竞争性的团队，我们坚持并强调的事可以用一个词来表达：干劲。”在罗克尼的世界中，干劲代表着目标、热情和毅力。尽管我们已经研究了毅力，但目标和热情也需要一些解释。

罗克尼是一位做事非常有条理的、专注、鼓舞人心的领导者，他创建了一个能够实现效率最大化的系统，并在橄榄球场和特许经营商店的实践中得到了检验。每个销售经理都需要这种从一而终的指导方法，才能让销售管理变得更为高效。

销售是任何体育组织的命脉。无论销售对象是门票、媒体权利、公司合作伙伴关系、数字资产、广告、VIP 座席、商品，还是销售存量的任何其他组成部分或产品，销售均占收入的大部分（如果不是全部的话）。

圣地亚哥教区前执行官、国家体育论坛创始人罗恩·西弗表示：“在客户掏钱付款前，一切都是浮云。”[1]不幸的是，“销售”或“销售员”这两个词汇通常会让人联想到小商小贩的形象——用狡猾和巧舌如簧的方式说服客户购买他们可能不想要或不需要的产品，而这些产品的价格有时高到令人无法承受。在《华尔街》（*Wall Street*）《抢钱大作战》（*Boiler Room*）和《拜金一族》（*Glengary Glen Ross*）等好莱坞电影中都描绘了这种类型的销售人员和销售组织。

在本章中，我们试图通过探索体育产业中采用的各种销售方法来改变上述观念，区分以产品为导向和以客户为导向的销售方式，并研究售后概念，或售后应该采取什么措施以确保销售对于卖方（体育组织）和买方（体育消费者）而言都是双赢的局面。强调关系营销（建立关于价值增长的长期关系）和生命周期价值（消费者对组织的价值随时间变化的真实度量，即关系的长度、深度和广度）能够展现销售过程对体育组织的价值以及体育产业中销售方法的专业性。

正如我们在本书前面所讨论的那样，体育营销与其他行业的营销在许多方面都有所不同，其中之一是情感。在体育中，销售过程可能涉及情感因素，这可能是（但通常不是）每天在全球范围内进行的大多数销售活动的一部分。这种情感因素可能是动力，也可能是阻力，这通常取决于当时公众对体育产品的看法。与 2007 年的数据进行比较后，我们发现 MLB 的芝加哥小熊队和芝加哥白袜队之间的获胜率和上座率没有太大变化。2012 年 9 月 9 日，芝加哥小熊队以 88%的上座率整体排名第 7 位，平均每场比赛 36 343 人，到 9 月 9 日为止的总上座数为 2 471,238 人。小熊队以 53–86 的战绩（胜 – 负）在全国联赛中排名第五。他们的同城对手，第一名芝加哥白袜队，创下了 75–63 的纪录，但其总上座率（59.9%）排名第 20，平均每场比赛 24 326 人，到 9 月 9 日为止的总上座数是 1 678,558 人，或者说，尽管球队在战绩方面更好，但还是少了 792 680 名粉丝。为什么会这样呢？小熊队，在历史上被称为“可爱的失败者”，他们在瑞格利球场（Wrigley Field）比赛。球迷们的许多体验都始于瑞格利球场附近的娱乐区（Wrigley ville）。白袜队则没有这样的区域。就消费者的情感体验而言，即使球队比赛成绩较差，深厚的情感纽带、瑞格利球场的旅游吸引力以及当地居民的传统习俗也能够吸引观众到现场观赛。

本章介绍体育产业最常用的销售策略和技巧。我们将在门票销售和赞助销售的背景下，通过案例和体育组织专家及从业人员的见解来阐述这些策略。

第一节　媒体、赞助商和粉丝之间的关系以及销售过程

图 8.1 描绘了媒体（现在的定义包括所有形式的社交媒体、互联网以及传统印刷媒体和电子媒体）、赞助商和粉丝之间的重要关系。这种关系本质上是共生的，因为这三个要素相互补充，共同创造了吸引更多粉丝的条件。

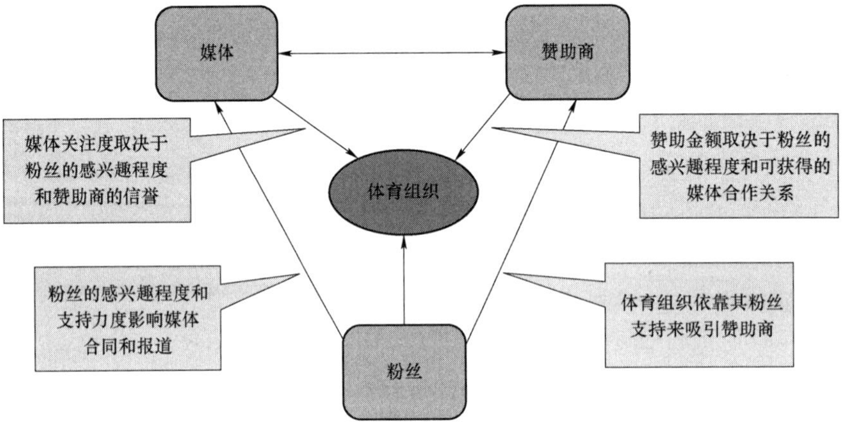

图 8.1　媒体、赞助商、粉丝之间的关系

各种形式的媒体根据粉丝对体育的兴趣进行报道并发表评论。媒体会受到上座率、网站访问率和关注者人数、Twitter 内容和活动、Facebook 点赞数和活动等的影响。媒体还受到某项体育运动或某一体育组织及其赞助商的信誉的影响——赞助商有多少人、他们投入了多少以及他们是谁。赞助商的投资主要针对关注体育赛事的目标市场，无论是在现场观赛还是通过电视、网络和移动设备观赛。粉丝越多，赞助商、产品、媒体和粉丝（目标市场）之间的互动机会就越多。粉丝及其对组织的支持是吸引赞助商的主要原因，而粉丝的支持、兴趣和支出水平会影响媒体的兴趣、报道范围以及最终的版权费用合同。

棒球名人堂的成员约吉 • 贝拉（Yogi Berra）曾经说过：“没人会去现场看比赛，那里太拥挤了。”约吉 • 贝拉以其独特的风格抓住了所有活动营销者的目标——建立初始人群，因为人群会吸引更多人群。赛事或场地必须是吸引人的地方。人群很重要，因为它为媒体决策者

和内容创建者提供了值得媒体报道和关注的可信度。媒体的报道和关注可为赞助商创造价值，赞助商可基于每次曝光来调整成本。人群越大，赞助商获得的曝光度和价值就越高。用许多体育营销人员的话说，目标是“把座位填满”。这一目标是通过门票销售来实现的。

在家还是在现场看比赛

NFL 似乎不如美国其他五大体育联盟或全球其他体育组织那么重视“把座位填满”的目标。nbcsports.com 的迈克·弗洛里奥（Mike Florio）称，尽管电视观众数量空前增长，但 NFL 比赛的现场观众人数自 2007 年达到历史最高水平以后便一直下降，并于 2011 年跌至最低点，当时的入场人数为 16 562,706。与 2007 年的历史新高（17 345,205）相比，下降了 4.5%。[2]尽管上座率略有下降，但 NFL 仍然活跃在你的客厅、移动设备或你希望收听广播的任何地方。尼尔森公司（Nielsen Company）数据显示，2011 年，NFL 常规赛观看者超过了 2 亿，平均每场比赛观看人数为 1 750 万，在秋季播出的 25 个观看次数最多的电视节目中占 23 个。《NBC 周日橄榄球之夜》（*NBC Sunday Night Football*）节目连续第二年成为收视率最高的黄金时段节目，平均每次节目有 2 150 万观众。[3]

第二节　什么是销售？

销售是营销过程中产生收入的要素。从严格意义上讲，销售是将商品和服务从生产者手中转移到使用者手中的过程。[4]销售通常涉及客户询问，以评估客户需求并找到匹配的产品。销售人员需要具备倾听技巧，以了解潜在客户的需求和欲望以及可能存在的顾虑或异议。该过程通常要应用一定的沟通技巧，其中包括说服技巧，并且可能需要印刷品、音频、视频、网站、技术辅助工具和适当抽样来支持——设计并使用这些内容或辅助工具，来推广品牌或产品，让客户认为产品是有必要购买的、符合其需求的、让人满意且值得考虑的。

在本节中，我们通过参考一位著名体育营销人员的思想和营销观念来定义和解释销售，已故的马克·麦科马克，他是一位作家，同时也是国际管理集团（IMG）的创始人和董事长。在马克·麦科马克去世时，IMG 已是世界领先的体育营销和运动员管理组织了。正如麦科马克解释的那样，销售包括：

- 识别客户；
- 接触客户；
- 提高客户对产品或服务的认识和兴趣；
- 说服客户根据该兴趣采取行动。[5]

我们也可以将销售解释为客户表现：客户购买产品就是其消费行为的表现。[6]在体育领域中，有四个主要因素影响客户表现：

● **质量**。产品或服务的表现如何？考虑一下 2011—2012 年度 NBA 冠军迈阿密热火队的明星力量，再考虑一下 NFL 球队匹兹堡钢铁者队、达拉斯牛仔队和绿湾包装工队的追随者，以及获得 27 届世界大赛冠军的纽约洋基队。

● **数量**。产品售出的数量是多少？小型计划、弹性计划和其他较小的门票组合是否为消费者提供了多种购买选择？

● **时间**。消费者有时间进行消费吗？例如，家务活、工作日程、兴趣爱好、其他兴趣和日常生活可能导致消费者没有时间消费。例如，要使购买高尔夫会员物有所值，潜在的购买者必须每周抽出时间来打一次球。

● **成本**。成本不仅与总成本有关，而且还与付款计划和购买到的价值等方面有关。许多健身俱乐部都将会费作为每天的成本：你每天的健康不值 74 美分吗？

在许多情况下，还有第五个考虑因素，即社会观念：这很酷吗？我的朋友和同事对此怎么看？这会让他们对我的看法有所不同吗？这个因素难在弄清楚如何使产品变得更酷，这是“我们这个时代的紧迫问题”。[7]不幸的是，酷的概念无法被创造和控制。

能否让客户购买并留住客户，将决定销售人员或销售组织能否成功及其未来是否光明。

一、好的销售人员需要具备哪些素质?

销售人员的才能是天生的还是后天培养出来的？有关于此的辩论已经进行了数百年之久。在专家看来，天生的销售人员只是一个神话。销售人员是后天培养的，而不是天生的，因为对于某些人而言，提升销售技能不是一件难事。[8]人们通常会通过发展良好的聆听技能，与陌生人自如交谈并在目的明确的情况下培养进取的心态来学习获得成功所需的技能。这些素质通常是通过经验和模仿来学习和发展的；随着时间的流逝，它们形成成功销售人员的另一个关键要素——信心。马克·麦科马克希望其体育营销公司的销售人员能够具备以下素质：

- 相信产品；
- 相信自己；
- 接触到很多人（销售电话数量）；
- 准时；
- 倾听客户的声音（但要意识到客户告诉你的并不一定是他想要的）；
- 幽默感；
- 不断尝试；
- 说服每个人购买；
- 售后跟进与售前保持相同的积极性；
- 具有常识。[9]

值得注意的是，以上列举的素质遗漏了一项，即准备。作家兼顾问杰弗里·吉托默（Jeffrey Gitomer）将这项准备工作定义为“访问潜在客户的网站，打印出几个重要的页面，阅读并做笔记，以便可以对潜在客户开展业务时提出很好的问题”。[10]

我们认为菲尼克斯太阳队的销售与服务副总裁杰夫·亚内洛（Jeff Ianello）是最善于培养销售人才的领导之一。长期以来，太阳队培养出了大量优秀的销售经理，因此我们请亚内洛与我们分享过他对培养人才的看法。

二、什么是良好的以销售为导向的组织结构?

组织的结构和类型是决定销售部门的工作是否成功以及工作效果如何的关键因素。销售的组织结构包括以下内容：

● 组织中的汇报结构（你向谁报告，即你的直属上司）。

● 在销售过程中不可或缺的部门之间的关系。例如，在任何与售票有关的组织中，票务经理和售票部门之间的关系至关重要，因为可能存在优惠和激励措施，随后还有换购之类的优惠。同样，由于消息、广告、向上销售机会和实施问题，门票销售与市场营销、公司合作伙伴以及比赛日运营之间的关系都至关重要。图 8.2 展示了 NBA 球队的票务销售和服务部门的组织结构图。

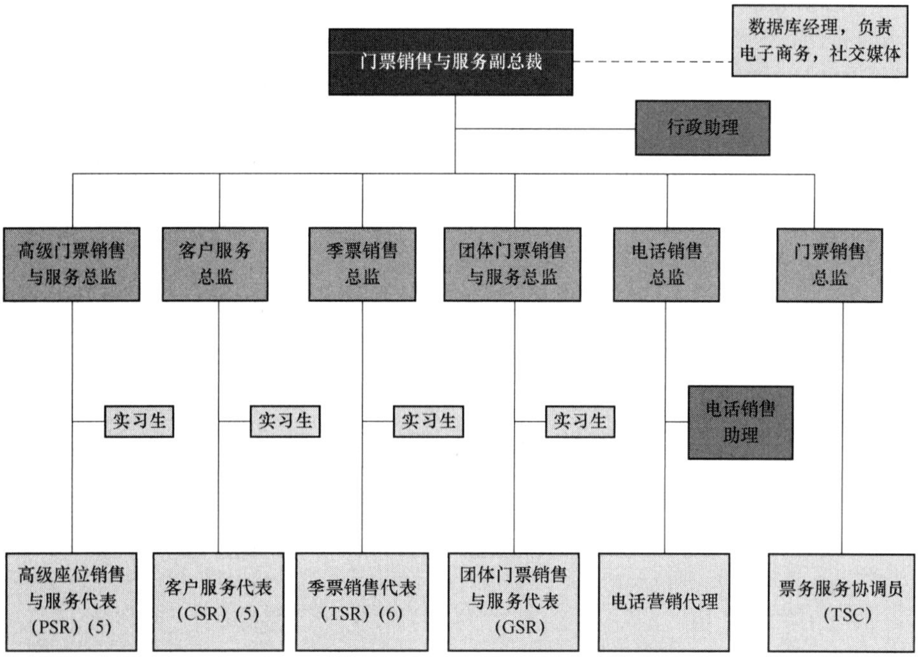

注释：

1. 每 500 个高级座位配备一名高级座位销售与服务代表（PSR）。
2. 每 750 个季票客户配备一名客户服务代表（CSR）。
3. 新季票销售收入每新增 500,000 美元，配备一名季票销售代表（TSR）。
4. 每 500, 000 美元团体业务（新的业务和续订业务）配备一名团体票销售与服务代表（GSR）。
5. 在许多球队的组织结构中，门票销售总监也可以担任票务运营总监。
6. 票务服务协调员（TSC）负责建立季票和团体账户、处理付款、打印和交付门票。TSC的数量取决于球馆票务人员提供的支持程度。
7. 该职位取决于数据库的结构。可能不一定具有直接报告职能。这些职位直接向营销副总裁报告，或者直接向业务战略副总裁报告。

图 8.2　NBA 组织结构图

● 在销售过程中使用的有关支持材料（例如，手册、直邮、在线报价、广告、比赛公告、网站页面的开发和设计）的组织类型或理念。

● 部门内的销售开发流程。大多数销售部门的人员都是从入门级销售职位开始工作的。在体育领域，这种入门级职位一般是电话营销或内部销售工作，并根据销售人员的表现进行提拔。典型的销售开发流程始于电话营销，并为团体销售或季票销售带来机会。这些机会可能会导致溢价销售或企业销售行为的发生，且通常涉及企业合作伙伴关系和豪华套房等其他高价产品的销售。根据体育销售顾问杰克·米尔克（Jack Mielke）的说法，组织应建立独立的部门来进行门票和赞助销售，并将门票销售分为季票、团体票、公司团票和电话销售门票。[11]尽管美国的体育大联盟通常采用这种模式，但其结构显然取决于组织的规模和范围。我们认为这种结构最为合理，因为该结构有助于挖掘并培养特定领域的专家。

● 确定销售人员的组成和薪酬结构。在此过程中，组织将确定专职销售人员和兼职销售人员的数量（如果有的话）、外部销售服务的使用（通常是电话营销中心，例如 Aspire Group 或 IMG 学院），以及销售人员获得报酬的方式。薪酬通常是由工资和佣金（占销售收入的百分比）组成，有时还包括奖金。佣金的比例因下列因素而不同：工资与佣金的比例是多少？正在销售哪些产品？该笔交易是新顾客消费的还是老顾客续订的？

发展核心能力

NBA 电话营销和业务运营副总裁　杰夫·亚内洛

我一直很喜欢去健身房。从高中时代起，我主要进行力量训练，且经常会略过拉伸以及与核心训练或有氧运动相关的内容。直到大约五年前，在我挥杆打高尔夫时，我受伤了。在大约两个星期的时间里，我一直都待在保护架上疗养。听了朋友的建议，我预约了一个理疗师。结果显而易见：缺乏核心力量和柔韧性导致我受了伤，而现在没有任何其他方法。在此之前我还很庆幸没有受伤，但最终我还是因此受了伤。

在回顾过去一年领导销售和服务部门时，我不禁从这一教训中汲取经验。我承担了更多识别新项目以及尝试改善当前项目的工作任务。

我们应该有哪些类型的门票计划？我们如何获得更多的团体销售经验？我们应该举办哪些活动，创意活动应包含哪些内容？我们应该选择哪些供应商来帮助支持我们新的可变定价和动态定价？价格应该是多少？

这些都是需要回答的重要问题，但是当前最重要的流程是保持强大的核心业务执行力。我们必须记住的是，如果我提到的销售哲学是一种能够轻松售出场馆内 90%门票的灵丹妙药，那么我们就不需要销售和服务人员了。如果没有合适的人员配置以及精英培训和发展计划的支持，就不可能拥有一支能够最大限度提供各种服务并努力进行营销的员工队伍。这是一切伟大成就的核心，是其余一切最大化的前提。四管齐下的基本方法如下：

1. 雇用有能力的人

一切都从这里开始。如果你没有聘请有用人才，那么培训和发展计划都将是无稽之谈。在雇用或提拔体育销售和服务代表时，请寻找具有以下特质的人：

- 态度端正；
- 职业道德良好；
- 具有可训练性；
- 具有领导力；
- 对行业（体育和销售）忠诚。

你在哪里找到这些人？

- 与重点大学建立合作关系。
- 始终为你的入门级销售计划面试候选人（每周一到两次电话面试）。
- 不要错过简历！每一封简历都应当仔细阅读！或者至少邀请那些符合你制定的基本标准的人。我经常会想起第一次与尼克·巴拉格（Nic Barlage）进行的电话面试，当时就提到了菲尼克斯入门级的销售职位。尼克对我的电话面试邀请感到惊讶，因为他已经在线申请了团队的其他六项入门级工作，但从未得到任何面试机会。后来尼克成为我们的顶级销售人员之一，现在是克利夫兰骑士队的销售与服务副总裁，他是我们行业中一颗冉冉升起的新星。

- 利用你的行业人脉来寻找人才。你永远都不知道谁正在寻找他们职业生涯中的进步空间。你可能会找到一位超级巨星。

2. 通过外部顾问进行销售培训

培训项目可能是任何销售和服务预算中最不应该被削减的一件事，但经常莫名其妙地第一个被砍掉。我们中许多人的销售经验都不足，其中三到五年的销售经验是最为普遍的。显然，销售人员需要更多的指导和学习。

传达你想要传达的信息，可能会带来突破。对你来说，提高推荐率或安排面试的效率有什么价值？你是否有可以追踪这些方面历史转化率的数据？如果是这样，你可以通过将培训课程后一个月的成果与该历史记录进行比较来衡量培训的效果。增量将是你用来验证未来投资的投资回报率。

"只需要为该培训付费一次，就可以让受到培训后的销售人员产出数十万美元的收益。"这通常是销售经理的误解。他们希望每位销售代表都高质量完成培训，并且在几个月内的销售额爆发式增长。实际上，一位出色的培训师可能只会对少数几个销售代表产生重大影响。这些销售代表渴望突破，并从培训中得到相关的销售技能。这一突破带来了更多的销售人员，他们从而渴望了解更多有关出色的销售技术和策略的知识。这是伟大的销售文化起源和传播的过程！

3. 创建并启动强大的内部指导和发展计划

我职业生涯中最重要的转折点之一就是聘请了基思•罗森（Keith Rosen）为销售经理和我展开销售指导课程。罗森是《指导销售人员成为销售冠军》（*Coaching Sales People Into Sales Champions*）的作者，他教导人们如何通过创造新的学习和成长机会，让销售们成为职业生涯的掌舵者，从而更有效地与团队进行沟通。这些教导促成了巨大的职业成功、更健康的销售文化以及更多的个人幸福。

- 坚持练习。（正如我曾经做过的那样，大多数都被称为角色扮演。根据一位培训师的提示，我们已经改变了这种说法。"练习"一词具有更积极的含义，即大多数人可以从过去的练习经验中获得丰硕的成果。）每周应至少练习三到五次。我更喜欢互动自然产生，以便你可以判断哪些销售代表真正想要磨炼他们的技能。

- 通过拜访观察和销售代表反馈的推荐，传达强大的信息技巧。把推荐作为教学和支持的优先选择。我们发现，被推荐次数较多的销售人员的业绩表现是其他销售人员的四倍。

- 为销售代表创造机会促进学习。如果销售代表感觉到自己是项目或业务的一部分，那么这就有助于帮助销售代表获得其专业发展所需的重要技能。我们的新业务经理戴夫•鲍德温（Dave Baldwin）已经正式确定了我们的管理发展计划。我们从一组申请人中选择两个或三个当前的销售和服务代表。这些销售代表在我们的入门级计划中被分配到了一组。组员每周见几次面，以回顾每周在电话和会面中的学习情况。他们还带领团队以读书会形式开展培训。小组负责人在经理不在场时轮流在会议期间进行管理。此过程有助于确定未来的部门负责人。

4. 通过观察将自己注入销售过程

没有观察，就不可能知道你投入的培训（时间和金钱）是否有效。我总是对大量的销售和服务人员感到惊讶，他们没有自己的时间做任何事情来提高自己的水平，他们不读书，不练习，也不寻求销售经理的帮助。而通过观察，再加上辅导，才能使销售代表自我学习和练习成为可能。我们发现，聆听销售代表打电话并在通话期间观察他们的办公状况是有帮助的，观察他们在面谈中的表现也是如此。记录通话并准备一份工作表，以供销售代表在观察后和经理对话之前填写，这有助于双方在讨论之前进行反思。观察的另外两个好处可能是：

- 你是专家，而不是销售代表。你在流程中提供的帮助越多，他们的业绩表现就会越好。
- 确定最有潜力的销售代表并在战略上给予指导。

就像人的身体一样，如果销售部门的核心力量薄弱，那么其他部门再优秀，也无法实现绩效最大化。

三、哪种销售导向结构更合理?

图 8.3 描绘了职业体育俱乐部中营销部门的组织结构，特别是票务销售部门的结构及其与营销部门的合作情况。

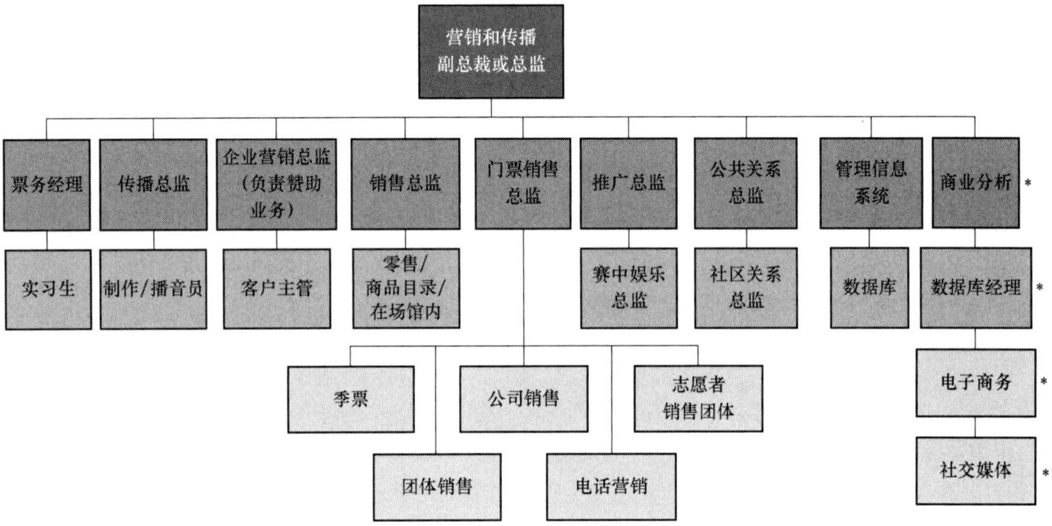

*也可以向首席财务官、CRO 或业务战略副总裁报告。

图 8.3 票务销售部门如何融入体育营销

正如我们前面提到的，票务销售与售票部门之间的关系至关重要，而其他一些关系（例如，基于数据的营销与票务销售之间的关系）也十分重要。由于基于数据的营销或客户关系管理（CRM）的实践需向销售部门提供数据库的目标细分以用作销售线索（通过某种行动或活动表明对产品有兴趣或有购买能力的潜在客户姓名）或用于开展营销活动，例如电子邮件营销或纸质邮件营销（尽管在体育中这种情况已越来越少见），因此基于数据的营销部门与票务销售之间的关系也显得十分重要。与之类似的关系也是必要的，例如，将门票作为赞助商权益提供给赞助商，或提供给社区关系人员以供他们使用，还可以提供给促销部门和社交媒体协调员以协助其促销活动。

四、我应该销售什么?

销售清单是指销售人员可以通过本章所述的销售方法进行市场营销、促销、制定套餐并出售的所有可用产品和服务。表 8.1 对体育营销行业内可用的销售清单进行了分类。

表 8.1　清单——我应该销售什么？

冠名权	电子内容可售清单	标牌可售清单	印刷品可售清单	门票附加资源
体育场馆	电视	得分、数据矩阵和信息栏	赛事安排	球场、冰场或操场的使用时间
训练器材	广播	字幕	媒体手册	训练营
球队	网页	地板、场地、冰面	新闻通讯	专属粉丝通道和互动区
	网络新闻	奖牌	门票背面	充当球童的机会
		中央大厅	门票信封	
		空中飞艇	分数牌，名册	
		闸机	传真	
		LED 显示屏		
门票及款待可售清单	**促销清单**	**社区活动项目**	**其他可售清单**	
VIP 停车位	高级服务	学校集会	粉丝梦幻训练营	
场馆俱乐部	地面推广	训练营	休赛期旅行、和运动员一同旅行	
季票	钻石视觉（或相似品牌）	颁奖晚宴	公路旅行	
俱乐部座席、套房、永久席位许可证	竞赛	欢迎晚宴		
团体票	赛前赛后娱乐活动	高尔夫赛事		
派对、特殊活动				

第三节　直接基于数据的体育营销

根据直销行业协会的说法，直销的定义是“一种可寻址沟通的交互式过程，它使用一种或多种广告媒体在任何地点实现可测量的销售、零售或慈善捐助。通过在数据库中对这项活动进行分析，以发展营销人员、客户、潜在客户和捐赠者之间的持续互利关系”。[12]直销市场协会统计，在 2009 年，直销费用为 1 493 亿美元。[13] 2012 年，商业组织和非营利组织在直销上花费了 1 685 亿美元，占美国所有广告支出的 52.7%。[14]

简而言之，数据库营销涉及收集有关过去、当前和潜在消费者的信息。该信息可以从会员信息记录、过去的购买者名单、信用卡收据、竞赛等内容中生成。然后，组织将清洗数据以提高准确性，避免重复记录，并将信息编译到数据库或 CRM 系统中。他们可以根据组织的意图以及与意图相关的目标市场的适用性，根据过去的购买行为、人口统计细分或其他因素来创建营销活动。随着体育商业分析和调查的广受认同和发展，数据库经理与分析主管或副总裁紧密合作。他们对这些数据进行分析、定位和打包，以帮助销售团队集中精力去寻找客户并进行销售拜访。无论体育组织使用哪种销售方法或过程，都必须使用某种类型的数据库来生成潜在的客户线索。[15] 表 8.2 说明了如何生成售票数据库以及如何使用数据。

表 8.2 票务数据库的构建和使用示例

购票者类型	购票渠道	使用
季票持有者	票务软件	续订、升级、附加票、季后赛票、永久席位许可证、特许商品、特殊活动、粉丝梦幻训练营、青少年训练营
联名账户持有人（共享季票）	通常未在应用程序中列出——由季票持有人提供以换取奖励（额外机票、礼品）	新季票、部分赛季计划、额外的个人比赛票、季后赛票、永久席位许可证、商品，特别活动、粉丝梦幻训练营、青少年训练营
公司	商会、供应商清单、邓白氏公司（D&B）、票务申请	季票、俱乐部座位、豪华套房、永久席位许可证、赞助、团体、附加票、季后赛票
部分季票持有人(门票数计划少于整个赛季总数)	票务软件	升级、续签、附加票、季后赛票、商品、特别活动、粉丝梦幻训练营、青少年训练营
团体（一般定义为 20 人或以上）	团队组长名单、团队观赛调查、竞赛参与者	部分赛季计划、团体手册、团体负责人套餐、个人比赛门票、商品、促销时间表、特别活动、粉丝梦幻训练营、青少年训练营
预售票购买者（从运动队或内部票务部门购买的票）	信用卡、门票表格	部分赛季计划、促销时间表、单次比赛门票小册子、季后赛门票、商品、特别活动、粉丝梦幻训练营、青少年训练营
电话销售客户	特玛捷票务（Ticketmaster）或其他手机门票软件	部分赛季计划、促销时间表、单次比赛门票小册子、季后赛门票、商品、特别活动、粉丝梦幻训练营、青少年训练营
商场顾客（体育场馆以外的商店，例如百货商店、杂货店）	销售点记录(记录提供给团队的销售凭证)、比赛条目	部分赛季计划、促销时间表、单次比赛门票小册子、季后赛门票、商品、特别活动、粉丝梦幻训练营、青少年训练营
比赛日现场购票者	没有固定形式——可以使用临时售票亭、自助售票机或者其他形式	部分赛季计划、促销时间表、单次比赛门票小册子、季后赛门票、商品、特别活动、粉丝梦幻训练营、青少年训练营
抽奖或竞赛参与者	报名表格	与其他渠道合并——促销时间表、单次比赛门票手册、商品、特别活动
潜在客户	网站购票	介绍性优惠、欢迎礼包、调查信息

长期以来，每个组织都认为最好的做法是尝试保护购买其产品或服务的每个人的信息安全。无纸化门票和其他形式的电子门票技术使这一目标更容易实现。一种名为 Flash Seats 的产品采用无纸售票系统，旨在识别和提供场馆内每个人的联系信息。

数据库管理也是该过程的关键要素。应测试数据库中的每个组或细分市场，并评估其对某些任务的响应能力——票务计划、电话推销、线上优惠、电子营销活动以及通过社交媒体渠道的特价优惠。还应当对响应性进行衡量，以测试投资回报率（ROI）或目标回报率（ROO），并应记录在案，以提高未来工作的有效性和针对性。

潜在客户评分（识别潜在购买的可能性和支出金额）正成为一种高效的管理工具。潜在客户评分旨在确定最有可能购买的潜在客户，也可以根据该销售人员的成功经验和潜在客户的资格来确定最佳的销售人员来进行销售活动。创旗体育（Turnkey Sports）创建了一个名为勘探者（Prospector）的潜在客户评分系统。以下补充材料说明了如何使用这种程序，以及采用这种方法可以带来什么好处。

夏洛特山猫队潜在客户评分计划

夏洛特山猫队采用创旗体育勘探者系统（由创旗智能系统构建的潜在客户评分系统）来确定NBA 2010—2011年赛季的销售潜在客户。在整个赛季中，“优质潜在客户”（即勘探者给予4星和5星评级的个人）的购买率比评级较低的潜在客户（1~3星）高出200%以上。最重要的是，创旗确定的最佳潜在客户（即获得5星评级的潜在客户）的购买率是1星级和2星级的潜在客户的三倍以上。

为了提高销售人员的效率，山猫队选择使用创旗智能系统的勘探者评分系统对所有潜在客户进行评估和优先级排序。应山猫队的要求，创旗创建了一个自定义评分模型，以帮助其确定整个赛季或半赛季门票计划的潜在客户。最终，山猫队收集了近20 000个潜在客户（即截止到对其评估前，未持有任何一种门票的个人）作为其对外销售工作的一部分。所有潜在客户均由Prospector处理，然后根据他们获得的分数，由山猫队按优先级排序。这些线索要么来自球队的夜间票务信息，要么是从其他渠道（演唱会购票者、在场馆大厅收集的姓名等）导入的潜在客户列表。

在2010—2011年常规赛结束时，山猫队复盘了与勘探者评分系统潜在客户相关的销售额，以确定潜在客户评分系统的成功之处。如图8.4所示，山猫队发现“优质潜在客户”（即勘探者给予4星和5星评级的客户）的成交率比其他评级较低的潜在客户（1~3星）高出200%以上，而最佳潜在客户（5星级）的成交率则比其他评级较低的潜在客户（1~3星）高出三倍以上。

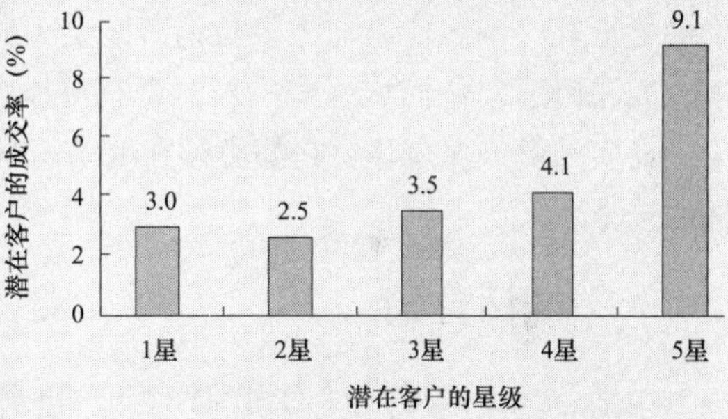

图8.4 不同星级客户成交率统计

有效分析导入的潜在客户信息及其购买可能性在帮助山猫队针对潜在客户进行分销并有效地确定电话销售的优先次序方面发挥着至关重要的作用。尽管优质潜在客户仅占所有潜在客户的25%，但他们的成交率比其他潜在客户的成交率多一倍，显然推动了销售。

最佳潜在客户（5星）尽管仅占所有潜在客户的9%，但他们的高成交率却彰显了其价值，并巩固了山猫队的理念，即最好的潜在客户应优先于评级较低的潜在客户。

当被问及俱乐部的直接营销工作时，山猫队门票销售和数据库营销副总裁弗拉维尔·汉普斯滕（Flavil Hampsten）指出，确定哪些潜在客户值得投入其销售团队的大部分资源，是一个挑战。“在以往的电子邮件活动中，我们可能会向10万个人发送同一封电子邮件，但是我们知道我们的销售代表不可能致电10万个人进行跟进，”汉普斯滕说，“充其量，我们可以致电15 000个潜在客户。作为山猫队的主要分销商，一个棘手的问题是‘我要把10万个潜在客户中的哪15 000个安排给销售代表来联系？’由于你的销售代表实际上可以电话联系的潜在客户数量有限，因此你需要创建某种层次结构来确定哪些潜在客户会收到这些联系。”汉普斯滕随后强调了勘探者平台在帮助其团队确定必须每天联系的潜在客户的优先次序方面的重要性。汉普斯滕说：“创旗体育的勘探者评分模型帮助我们确定了哪些潜在客户可以使我们的销售代表获得最大的成功销售机会。”“利用这些信息，我们将在营销活动中优先分配最佳5星级潜在客户。”

第四节 体育中采用的典型销售方法

成功销售的关键在于拥有每个人都想要、可以买得起并且考虑到消费产品所需时间（比赛数量）的产品。一套完整的营销方案总有适合每个人的活动内容。迈阿密热火队的球迷可以穿着500美元的皮夹克或10美元的T恤。纽约洋基队的球迷可以坐在看台、豪华套房中，甚至可以坐在本垒板后面的牛排馆里观看比赛。换言之，俱乐部或零售商必须意识到，消费者对产品的需求存在价格差异。从业人员和顾问的经验告诉我们，整体套餐营销是必要的，不仅是因为价格，还因为时间和粉丝的兴趣及其参与的深度和广度。

由于支付能力、对产品或服务的兴趣以及产品的可用性各不相同，因此用于销售这些产品或服务的方法也必须有所不同。一个成功的体育组织将采用多种销售方法。而且，体育组织内部要出售的产品或服务的级别和类型各不相同，因此向消费者阐明并使其相信产品价值的销售方式也不尽相同，采用适合的方法去销售特定类型（数量）的体育产品时才会更有效。因此。在本节中，我们将研究体育产业中最常用的销售方法。

与衣食住行不同，体育不是生活的必需品。这是一种欲望，而不是需要。因此，价值比价格更重要。请记住，与大多数消费购买不同，体育购买要求消费者不仅投入金钱，还要投入时间和情感。他们从这些投入中可获得什么价值？因此，销售不能只依靠低价格，而是无论产品多昂贵或多奢侈，它都必须在ROI、ROO和ROE（情感回报）方面为消费者提供最合适的选择。

一、电话营销

电话营销（或通常称为内部销售）可以定义为一种营销方法，“将电信技术用作经过精心计划、组织和管理的营销计划的一部分，该计划的主要特色是使用人员销售以及非面对面的接触。”[17]通过电话进行的电话推销可用于补充、支持或替代直接销售人员。电话推销可以是单向处理消费者来电，作为对促销活动、营销目录、电子邮件或其他原因来电的答复。

体育组织研究如何扩展电话的功能，使其能够提供信息并带来收益。为了满足粉丝了解体育团队和运动员信息的愿望并增加赞助收入（表现为赞助商支付的价格，或者是通过企业与消费者共享的收入），一些团队正在提供每天24小时的电话互动服务。

在电话营销过程中，网站也以多种方式发挥着不可或缺的作用：

- 在球队网页链接上提出问题，并由运动队的负责人回答；
- 网页上的链接可以立即将访客与售票处的人联系起来；
- 网站上的应用程序，例如Virtual View和其他集成应用程序，可帮助消费者看到可视化座位的位置，并提供其他可以在线或通过电话与销售代表讨论的机会。

电话营销也可以是二维的，可作为一种外向型的工具来寻找客户、跟踪潜在客户、研究潜在客户、吸引现有客户回购或扩大业务量，或者安排预约，将潜在客户邀请到营业场所，以了解更多产品信息，或者有机会体验产品。全球行业分析师公司（Global Industry Analysts, Inc.）在 2010 年开展的一项研究中预测，到 2015 年，仅美国的电话销售收入就将达到 155 亿美元。这一增长是由先进的电信技术的出现以及直效广告的日益普及所驱动的。[18]另外，在直销协会开展的一项研究中，有 27.1%的受访者选择电话营销作为企业对企业销售中最重要的直销活动。[19]（译者注：原版书出版于 2014 年，因此这里描述的是预测情况。）

电话营销：内部替代方案

俄克拉荷马州立大学销售与市场营销副总监　亚当·豪卡普（Adam Haukap）

我于 2007 年秋天来到俄克拉荷马州，在来这里之前我做出了聘请内部销售团队的决定，这个决定是当时管理者的明智决定之一，因为俄克拉荷马州立大学即将进入粉丝人数和收入空前增长的时期。利用这种增长的能力是拥有内部销售团队的最大优势之一。内部拥有销售团队具有许多优势，包括联系校友、控制消息、内部部门供应的灵活性。最重要的是，不需要分享收益。

我们从一个不起眼的起点开始——八个兼职学生挤在一个小售票房里。后来，我们开始处理所有票务销售、票务营销、季票套餐、客户服务以及所有来电业务。我们的部门由七名全职成员（客户总监助理、分析经理、销售协调员以及 4 名全职客服代表）以及 10～15 名每周只做 20～30 小时销售工作的学生组成。

我喜欢我们开发的内部销售模式，因为可以与校友和粉丝联系。大多数持季票的人都是校友，他们曾经以学生的身份在这里度过了校园时光，因此我们可以重新进入他们的生活中。我们的销售代表是学生，他们可能与电话客户住在同一个宿舍或上相同的课。将校友发展成为潜在客户，这种方式出乎意料的成功。我们拥有了电话销售曾经不具备但正努力发展的即时联系功能。我们还与整个校园的部门保持着良好的合作关系。无论是与招生部门合作以提供团体折扣票来帮助学校招募学生，还是与校友会计划一场公路赛或草地比赛等相关活动，我们在校园内的良好合作关系都是互惠互利的。我们努力改善学校的体育氛围，也完全能控制信息的发布。我们专注于橄榄球创收，但也可以灵活出售其他体育项目的门票。如果我们雇用新的棒球教练，或者女子篮球队参加 WNIT 冠军赛，或者举办全国摔跤比赛，我们可以立即转移营销重点。销售部门与整个体育部门完全整合在一起，这种组织结构使我们不仅可以处理季票销售，还可以处理年度资金捐赠。由于我们亲自负责礼宾服务，而不是转交给其他业务部门，因此客户服务得到了改善。这种安排有助于我们向粉丝传达连续一致的信息。我们的重点是——为粉丝提供最佳的体验和客户服务。我们着眼于创收，但是更重视与客户保持长期的关系。第三方协议是有期限的，因此其目标可能与整个部门的长期目标不符。我不担心信息传递混乱的问题。最重要的是，我们的收益不用共享。聘请一家专业的公司并同意与他们分成，这对于大学体育部某些方面的运营或许是有益的。票务销售对体育组织整体的良好运转至关重要，以俄克拉荷马州立体育学院为例，内部销售是最好的模式。

经常有人问我，我们部门的投资回报率是多少。我很关注投资回报率，但我对此有不同的见解。比起短期收益，长期回报是我关注的重点。我们很难衡量今天提供的优质客户服务对于未来的收入将意味着什么。我们人员会流动，但是我们的信息会保持一致。拥有一个灵活的内部销售部门并与粉丝建立联系，才使俄克拉巴马州立大学的体育得以在大十二联盟中保持领先地位。

电话营销允许按户类型进行更多的专业化营销，并更好地关注能带来高收益的客户，为提高销售人员的业绩提供了巨大的可能性。电话营销在销售支持方面也很有价值——安排电话推销和交货时间、进行调查、检查客户状态以及提供客户服务。长期以来，体育组织（特别是职业体育特许经营团队）一直采用电话营销的方法。电话营销的优势最终说服了大学体育部门，电话营销因此在大学体育部门内部或通过外部供应商而得到了应用。

尽管大多数职业体育特许经营团队都有内部销售活动，但大学体育部门的设置有所不同。正如我们在本章中了解到的那样，Aspire 集团和其他外包组织在提供外包销售服务方面非常有效。尽管如此，一些体育部门仍然选择自主开展活动，因为他们希望控制信息的传递以及与客户的互动。亚当·豪卡普（曾在职业体育界工作，现在担任俄克拉荷马州立大学的体育部门副主任）解释了他选择内部销售的原因。

（一）电话营销的流程

电话营销包括培训销售人员要遵循脚本、成为有效的倾听者、辨别影响销售的因素（如果有的话），以及按照原始报价或修改报价（通过向上销售或向下销售）来完成销售流程以更好地满足消费者的需求。此过程可能如下所示：

1. 通话前制订计划

- 查看客户信息，包括潜在客户的评分（如果有的话）；
- 计划通话目标；
- 做好心理准备——为通话做好适当的心理准备。

2. 准备开场、做好定位

- 确定你是谁，你代表谁；
- 确定通话目的；
- 激起对方的购买兴趣；
- 建立融洽关系；
- 连接（通过秘书或接待员）到最终决策者。

3. 收集数据

- 利用从前期调查和研究中获得的知识；
- 从关于实践和兴趣的一般性问题转向具体问题；
- 确定个人或业务需求。

4. 制订解决方案

- 根据特定客户需求定制沟通内容；
- 深入探讨解决方案的可行性；
- 收集数据以进行成本效益分析；
- 为客户提供成熟的建议或可行的方案。

5. 介绍解决方案

- 再次确认客户的需求并获得客户的认可；
- 简明扼要地提出建议；
- 向客户描述收益（ROI、ROE 和 ROO）。

6. 准备结束语

- 确定时间——何时结束，或者如果致电是为了预约会面，请确定会面的日期和时间；
- 接收客户发出的接受或购买的信号；

- 处理异议；
- 使用结束技巧。

7. 总结

- 讨论下一步，尤其是实施问题；
- 感谢客户的选择；
- 确定客户的忠诚度；
- 持续跟进客户的后续行动；
- 要求反馈。

（二）电话营销流程的应用

为了解该流程如何进行，我们设想以下场景。简·米塞利（Jane Micelli）是职业棒球队哥谭蝙蝠侠（Gotham Batmen）雇用的电话推销员，该棒球队在 2013 年常规赛后有资格参加季后赛，但没有获得冠军。现已为简提供了潜在客户列表，这些潜在客户源于在过去一个赛季中使用信用卡购买了一场或多场比赛门票的人。简的目标是为 2014 赛季销售 40 场、20 场或 10 场比赛的部分门票。这是她首次有机会销售票务套餐，该套餐共有六张门票，每个月有一场比赛的门票，共六个月。以下是简遵循的步骤：

1. 通话前制订计划。简研究了玛丽·斯图尔特（Mary Stuart）的档案，玛丽·斯图尔特是一位律师，她在上个赛季购买了四场比赛的门票。简注意到斯图尔特女士为四场比赛中的每一场都购买了两张门票，分别在 6～8 月和 9 月到现场观赛。简研究了她的信息并拨打了电话。

2. 准备开场、做好定位。“你好，我叫简·米塞利（Jane Micelli），我是从中西部分区冠军队哥谭蝙蝠侠队打来的。请问您是玛丽·斯图尔特女士吗？晚上好，斯图尔特女士。我是哥谭蝙蝠侠队的工作人员，首先感谢您在过去一个赛季对球队的关注和支持。希望您拥有一段美好的回忆，并希望借此机会与您谈谈即将到来的赛季。很高兴我们能在去年进入季后赛，但这只是我们迈向‘为哥谭人民赢得冠军’这一终极目标的一步。由于去年的精彩表现、明年的良好前景以及扩大的球队阵容，我们预计下个赛季的门票将更加抢手。我们希望确保曾向我们提供支持的粉丝可以在公开售票之前有机会选择更好的观赛位置。您有几分钟听我介绍吗？”

3. 收集数据。“根据我们的记录，您上个赛季购买了门票去看企鹅队、谜语队、小丑队和猫队的比赛。请问这些信息是对的吗？您观看过其他比赛吗？您会到现场观看季后赛吗？您是为了娱乐消遣，还是出于工作才观看这些比赛的？您是否总是和同一个人一起观赛？”

4. 制订解决方案。“我们设计了一些票务计划，考虑到您的需求，这些套餐中所包含的比赛场次要少于我们传统的全赛季票务套餐，数量从 40 场到 6 场不等，即使只购买了 6 场比赛的套票，您也有机会先于普通观众购买季后赛门票，我知道这对您很重要。我们还知道，这些比赛对像您这样的商务人士来说很重要，因为它可以让您在有趣且轻松的环境中接待客户并进行商务洽谈。您是否有兴趣考虑下个赛季的 6 场比赛门票套餐？”（根据上一步选择提供的比赛数量。）

5. 介绍解决方案。“哥谭蝙蝠侠队专为商务人士设计了一个新的门票销售计划。该计划每月提供一场比赛的高级座位门票，包括餐饮、会议空间以及在三个不同时间段内提供晚餐座位的机会。它还保证您可以买到至少一场季后赛的门票。这样能够满足您的需求吗？”

6. 准备结束语。“我敢肯定，这个每个月一场比赛的门票计划能够满足您的需求，并且更符合您当前的购票习惯且更加方便。我可以为您预定两场重要比赛的计划，并安排一个时间来选择您的座位吗？如果您不方便选择座位，现在就可以使用我们的座位查找器（可以在线访问）进行选择。我现在可以为您提供帮助。这样可以吗？”

7. 总结。“感谢您抽出宝贵的时间在线选择您的座位。我相信您会对您的座位感到满意。如果在这个赛季有需要我们提供帮助的地方，请联系我或托马斯•费根（Thomas Fagan），我们是您的客户代表。托马斯将在接下来的 48 小时内与您联系，以进一步说明您的权益。最后一个问题：您的公司或行业内有其他人打算购买类似的门票销售计划吗？”

（三）电话营销的外包

几乎所有重点的大学体育项目都会将多媒体运营权、市场销售权、特许商标权和图像权、冠名权、商品销售以及特许权销售等外包出去。票务外包销售是一种逻辑上的演变，这种演变源于过去外包的成功经验、高校助推所产生的财务和竞争压力、2008 年经济危机带来的挑战，以及高校无法或不愿意雇佣更多的员工并实施奖金和佣金的薪酬制度（这种薪资制度在销售公司或营销公司中比较常见，但是与大学所采用的薪酬模式完全不同）。

自 2009 年以来，NCAA 精英级橄榄球分区的 124 所学校（2013—2014 年度）中，有超过三分之一的学校已经制订了电话营销计划，这些计划可以自行开展，也可以外包给供应商。尽管许多外部供应商都提供此类服务，但该领域的两个主要参与者是总部位于亚特兰大的 Aspire 集团和 IMG 学院。Aspire 集团由前 NBA 和 MLB 高级管理人员兼大学体育部总监伯尼•马林博士领导。作为市场营销和媒体权益销售的外包公司，IMG 学院在许多高校中具有强大的影响力和悠久的外包历史。最近，其业务扩展到了门票销售。IMG 学院高级副校长马克•戴尔（Mark Dyer）表示：“多年来，这些大学几乎像军备竞赛一样在较量谁拥有最多的观众席位以及谁的上座率更高”“情况已经发生了改变……全国大多数学校的橄榄球或篮球座位需求与座位容量都存在问题。”[20]

Aspire 集团的比尔•费根（Bill Fagan）负责集团的粉丝关系管理中心，包括最初的佐治亚理工学院，该中心是 Aspire 集团的销售活动中心。费根说明了团队的设置：12～14 名员工是赚佣金的，每人每天从佐治亚理工学院的相关数据库中选出 80～100 个联系人，并向他们开展电话销售，还要接受销售经理的培训和监督。销售团队向这些联系人征求销售建议和新的潜在客户信息。Aspire 集团在 2011 年一年内为佐治亚理工学院创造了 270 万美元的总销售额，因此双方的协议期限延长至 2013 年。费根继续说：“如果你（体育部门）可以在内部完成销售任务，我们鼓励你这样做。但是，并非所有人都可以。（学校）没有核心能力或专业技能来建立销售部门，而且由于大学的规定或州的法规，许多学校无法向其销售顾问支付佣金，因此他们不能像我们一样灵活地雇用和解雇员工。”[21]

票务销售外包的趋势还会持续下去，跟随这种趋势不仅要靠上述的两个重要参与者，而且还要靠较小的组织以及各级联盟的职业运动队来实现，他们在淡季通过自己的销售部门出售大学或其他体育和娱乐场所的门票。

二、直接邮件营销

当你看到这个标题时，我们知道你的第一反应是："在当今时代？在社交媒体如此流行的时候？"答案是肯定的。根据戴尔·伯克比勒（Dale Berkebile）所说，如果你遵循一个简单的规则：了解目标受众，直接邮件就会像以往一样有效。[22] Salesforce.com（一个在线客户关系管理平台）和其他 CRM（客户关系管理）系统应该能够提供客户或捐赠者的相关购买或捐赠历史，以及他们的预期利益和行为方式。

像电话营销和其他形式的直接营销一样，直接邮件营销也具有明显的特征和优势：

● **针对性**。直接邮件能够吸引那些可测量、可触达、规模足够大的消费者群体，从而确保销量（或筹款额度）。

● **个性化**。邮件消息不仅可以根据消费者姓名和其他人口统计特征进行个性化设置，还可以根据消费者的生活方式兴趣和以往的行为（橄榄球迷、校友、衍生品购买者、相关活动参与者等）进行个性化设计。

● **可测量**。因为每封邮件都要求采取某种类型的行动或反馈，所以选择直接邮件的组织能够衡量营销工作的有效性。

● **可测试**。因为有效性是可以衡量的，所以营销人员可以对报价、格式、价格、条款等进行精确的比较。

● **灵活性**。邮件的大小、颜色、时间、形状和格式，几乎没有任何限制（除了成本）。而且，营销人员能够自己确定邮寄日期和预计到达的时间。

与其他方法一样，直接邮件也有局限性。因为它不涉及任何个人接触（如在个人销售中面对面交流或在电话销售中聆听），所以没有机会解释该计划和要约，也无法回复客户的异议，甚至无法回答问题。因此，发送者必须向顾客解释清楚所发送信息的内容，包括要约本身，，以便目标接收者可以清楚地理解它。

在制定直接邮件要约时，体育营销人员应考虑以下几点：

● **将要提供的产品与其他产品区分开**。换句话说，在将门票手册邮寄给目标受众时，每个门票套餐选项是否与其他套餐明显区分开了？收信人是否可以轻松评估每个选项的优势，然后根据介绍做出决定并采取相应行动？

● **提供不同的产品选择以适应消费者对价格的考虑、时间限制条件以及目标市场能力**。几十年来，这种有时被称为"好、更好、最好的方法"，是西尔斯（Sears）目录营销的重要组成部分。西尔斯的方法是在目录中列出具有不同功能的三个项目，并且价格随功能数量的增加而上涨。然后（按升序和功能顺序）将每个项目描述为好的选择、更好的选择或最佳选择。高尔夫史密斯商店是一家专门从事高尔夫设备和服装销售的直邮销售商，业务范围涉及从预算有限的工厂清仓特惠产品到最新的先进设备（购买者根据指导致电该公司以获取后者的最新定价）。从其最近的一份产品目录中以及官网页面）来看，新产品的价格从低至 49.99 美元到高至 399 美元不等。[23]

● **提供一系列有吸引力的排他性权利。**自 20 世纪 90 年代以来，体育营销人员就呼吁消费者“加入他们的行列”，参与各种直接邮件会员计划。他们根据会员资格（例如由国家棒球名人堂和博物馆、特殊奥林匹克体育会及其他机构提供的会员资格）的不同级别，会收取不同的会费，并赋予其一系列不同的权益，如出版物、入场特权、特级物品、特殊使用权和参加特定级别的活动。

● **使用折扣、销售、退款、优惠券、优质产品和其他激励措施来提高要约的感知价值。**直接邮件营销试图驱动消费者的行为，而在购买交易中达成交易的感觉通常是购买行为的催化剂。这些交易可以采用多种形式。给客户优惠最流行的形式是如果订单金额超过一定金额，则消费者可以享受免费送货服务或获得一定比例的折扣，例如，若订单金额超过 100 美元，则消费者可以享受 10 美元或 15 美元的折扣。虽然这种方式在服装营销中很普遍，但是运动队也经常将其用于自己的专卖商品。同样，体育零售商可能会提供某些优惠条件来驱动消费者购买商品或吸引新买家。

● **提供灵活付款或延期付款条件。**一些消费者可能对购买商品并在更方便的时间付款这种方式很感兴趣。[24]这种销售做法在美国很普遍，付款计划已成为体育产业的固定模式，尤其是对于季票这类高价商品来说。一些职业体育队允许季票购买者延期支付。NFL 坦帕湾海盗队为季票提供了付款计划，该计划将付款期限延长了整整 12 个月。海盗队官网声明：“在收集了现有的季票持有者和俱乐部成员的意见之后，海盗队为 2013 赛季的季票创建了一个可在 12 个月内付款的新选项，从而满足球迷对付款灵活性的需求。星期五，球队向所有老会员邮寄了该计划的说明，邀请他们立即享受该福利。各会员可以通过填写并退回邮件底部的回执部分来做出选择。”[25]

萨顿博士最喜欢的直邮促销

回到前文所述的针对直邮引入的关键营销概念（即了解你的目标受众），岛式风格的服装品牌汤米·巴哈马（Tommy Bahama）发起了直邮广告活动，促使我在很多场合下进行消费。直接邮件以节日贺卡的形式出现，包含一张价值 50 美元的礼品卡。该礼品卡最有趣的是它没有使用门槛。实际上，不消费也可以使用这张礼品卡。这个无消费限制的礼品卡驱使我去汤米·巴哈马的零售商店或餐厅购物，并将其用作现金。如果我买了一件 48 美元的 T 恤，我直接给他们礼品卡就可以了。（要在网上使用该卡，最低消费为 100 美元，因此客户必须花 50 美元才能使用这个免费的 50 美元，不过这仍然是一项激励消费的措施）。它的效果如何？我已经获得三张这样的卡，每次我的花费从未少于 200 美元。我认为这是有效的直接邮件活动。我感到很高兴，并且因为公司知道我的购物习惯，所以他们的优惠条件能够刺激我继续在他们的店铺里消费——在这个地方，我感受到了他们对我的赞赏和重视。

● **提供退款保证。**这种方式允许消费者（全款）购买产品并且至少消费一部分。因特定原因或在某些情况下无特定原因而对产品不满意的消费者，可以退还产品并获全额退款。NBA 菲尼克斯太阳队总裁贾森·罗利（Jason Rowley）表示，无论球队是赢是输，在感受了现场的氛围之后，如果球迷对比赛感到不满意，可以选择退票。[26]新泽西网队的长期体育主管约翰·斯波斯特拉首创了这种方式。他甚至规定：“如果你不喜欢我的领带或发型，可以要求退款。”[27]事实证明这两种保证都有效，因为它们不仅出售了门票、刺激消费者尝试购买了产品，而且在当地、地区甚至全国范围内被广泛宣传。

全方位娱乐数据库营销公司（Full House Entertainment Database Marketing）创始人罗恩·孔托尔诺（Ron Contorno）表示，成功进行直接邮件营销的关键在于对潜在客户进行准确定位的能力。全方位娱乐数据库营销公司分析了众多运动队和场馆的客户数据库。访问客户数据可以消除对潜在客户的猜测。孔托尔诺的公司提供了一种被称为“现有粉丝资料报告”的产品，该产品可以对组织的业务和消费者账户进行全面分析，并为全赛季票购买者、部分赛季票购买者、团购票购买者和高级座位购买者分别生成报告。该研究使企业可以通过进一步渗透到业务细分和消费者人口统计数据中来确定行之有效的买家，从而更有效地锁定客户。[28]

三、电子邮件营销

电子邮件营销在经历了许多蜕变后，已成为人们信任已久的更广泛的数字营销手段之一。这些手段专注于对大多数企业而言最重要的事情——赚钱。新兴企业的发展具有战略意义，并且在接受电子邮件营销方面不断发展。营销自动化、云营销平台、数字信息和 CRM（消费者管理系统）都是传递电子邮件的方法。在此领域中成功并获得可观投资回报的公司包括 ExactTarget 公司、Pardot 公司、Eloqua 公司、HubSpot 公司和 Infusionsoft 公司（这些公司均为美国自动化营销公司）。这些公司都采用了经过验证的技术平台，旨在说服客户增加购买频率，并将潜在客户变成现实客户。[29]

我们还应该承认，电子邮件营销也是移动营销。总体而言，2012 年上半年在移动设备（智能手机或平板电脑）上打开的电子邮件数量增长了 36%。[30]新内容、新技术和精湛的测试可以使营销在移动领域取得很大的成就。除了了解受众以外，为移动设备使用者制定活动也至关重要。是否在正确的设备上显示正确的消息可能会影响消费者在读取、点击和购买的选择上的差异。[31]

（一）电子邮件要约

Eloqua 的客户包括迈阿密热火队、波士顿棕熊队、金州勇士队和其他许多职业体育运动队和场馆，他们采用各种各样的工具和电子邮件营销活动，旨在通过高度针对性的优惠来吸引粉丝并将其转化为购买者。Eloqua 公司提供了一个名为全明星（All Star）的平台，可以提供以下我们认为是电子邮件营销基本要求的功能，在直接邮件营销活动中，也非常需要包括许多下述内容（但并非全部）：

- 粉丝简介和网页浏览追踪；
- 粉丝的获取、增补和清理；
- 粉丝细分；
- 粉丝（潜在）评分；
- 一对一的个性化设置；
- 活动和转化指标；
- 细分市场分析；

● 实时、多渠道营销。[32]

新奥尔良黄蜂队（自 2013—2014 赛季起更名为鹈鹕队）被出售给奥尔良圣徒队老板汤姆 • 本森（Tom Benson）是有最有趣的电子邮件营销和销售活动之一。营销团队向球迷发送电子邮件，球迷可从邮件中的链接进入该球队的网站（www.nba.com/hornets/NOLAIMIN.html?source=release），点击“我加入”图标并浏览几个购票选项，以表明对黄蜂队的支持。

该营销活动的特色是将新月城的标志和粉丝联系在一起，每个标志都传达着一个信息，即居住在新奥尔良并成为黄蜂队粉丝是一项成就不能半途而废。公开声明“我支持”的著名居民包括州长博比 • 金达尔（Bobby Jindal）、市长米奇 • 兰德里欧（Mitch Landrieu）、政治评论员詹姆斯 • 卡维尔（James Carville）、大主教格雷戈里 • 艾蒙德（Gregory Aymond）、爵士音乐家杰里米 • 达文波特（Jeremy Davenport）。

球迷通过加入黄蜂队的粉丝团并购买 2011—2012 赛季的季票来表示对球队的支持并传递了一种信念：“我支持。”季票套餐允许球迷购买两张季票，并在票源充足时允许球迷免费获得两张门票。或者球迷可以为任何其他座位支付首期付款，并免费获得所有 4 月份的常规赛主场比赛门票。购买 2011—2012 赛季的季票也锁定了 2011—2012 季后赛的优先购票权。[34]

（二）电子邮件（和直接邮件）不仅仅是要约

仅靠电子邮件或直接邮件的要约来启动销售过程的组织并不了解关系营销。正如我们在本章稍后讨论的那样，销售工作的长期目标是与消费者建立持久和深厚的关系。如果只在组织更新时或目标是销售更多产品时让消费者获取信息，那么这种关系将永远无法加强或扩展。采用电子邮件和直接邮件这两种渠道的定期交流可以通过以下几种方式来增加销售机会：

● 通过提供一种常规的沟通方式让消费者接受信息（通过信件、时事通信、视频和其他方式共享内容，可能使接收者感兴趣并足以使接收者通过社交媒体与更多人共享内容）；

● 通过问卷、调查、聊天室和其他方式征求意见、建议和反馈，以创建双向对话；

● 通过年度报告展示企业的可信度，并扩展消费者的认知；

● 通过感谢函，感谢消费者过去的支持并希望其继续提供支持；

● 通过邀请消费者及其家人或组织的成员参与其可能感兴趣的特殊活动。

向客户提供组织的年度报告只是球队保持粉丝与球队之间沟通畅通的一种方式。与利益相关者共享年度报告的概念在过去 20 年来以不同的形式出现过。技术一直是该领域的巨大创新者，因为现在可以提供电子年度报告，这不仅绿色环保、节省开支，而且视频和音频元素的加入让报告更加生动。因此，年度报告不仅信息丰富，还能提供多维度的有趣体验，同时还包含可通过电子邮件和社交媒体渠道共享的内容。

年度报告旨在使股东和各种感兴趣的公众了解经营团队、组织、机构或竞选活动的情况，通常包含以下内容：

● 企业所有人的来信（也可以是视频）；

● 赛季概述以及对下一个赛季的预估（团队或产品的发展方向）；

● 慈善活动的概览，理想情况下包括球员的参与情况，这是这部分最常被查看和分享的内容类型；

- 阐释（和列出）成为季票持有者、捐助者或类似角色所能享受的福利；
- 球员致谢粉丝的感谢信和留言；
- 上一赛季中亮点活动的视频或照片；
- 过去一年举办的各种特别活动中利益相关者的视频或照片；
- 赞助商或团队的感谢信。

此类邮件或电子邮件的目的是维护利益相关者的知情权及其特殊地位。年度报告可以采用打印文档的形式，也可以在 DVD 或闪存驱动器上生成，但是最好的方法可能是通过电子邮件发送链接，以便该消息可以利用所有可用的技术并产生更多维的感觉，使内容栩栩如生。有关此类年度报告的绝佳示例，请访问 http:// pittsburgh.pirates.mlb.com/pit/community/report_ flip.jsp，以查看《2012 年匹兹堡海盗社区报告》。

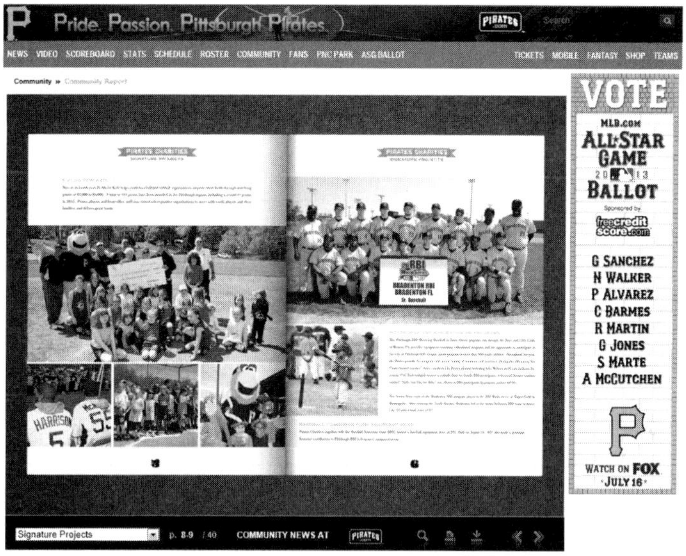

匹兹堡海盗队的网站提供了一个传达社区关系规划的优秀互动示例

四、人员推销

“面对面的销售是一种说服的艺术，使用可习得的销售技巧说服客户完成交易，并应用基本规则向潜在客户或客户表明你有他或她需要的产品。”[34]尽管比电话营销、直接邮件营销和电子邮件营销的成本更高，但人员推销更有效，因为它可以使卖方和潜在客户进行对话。在体育产业的大多数情况下，个人推销是在卖方的营业地点进行的，因为这样方便样品展示、产品对比，以及进行其他买卖双方之间的互动并充分利用手头的资产说服客户购买产品。发展和维持一支强大的销售队伍可能是促销组合中最昂贵的要素之一，而这种销售队伍的管理和驱动需要经验丰富、天赋出色的销售经理，他们具有出色的观察、沟通和激励能力。如果遵循表 8.3 中概括的一些简单规则，则销售人员的投资回报（ROI）可能会很不错。

人员推销涉及数据营销、关系营销和收益销售的集成，从而与消费者进行有效沟通。因为本文之前已经讨论了数据营销，所以我们将讨论其他两种方式，以评估每种方式对人员推销过程的贡献和重要性。

表 8.3　有效的人员推销准则

准则	理由
采用基于数据的营销	发现对产品有浓厚兴趣和购买能力的潜在客户。在条件允许时，对潜在客户进行评级
遵循 LIBK 规则——让人们知道你在销售产品并知道你在销售什么产品[35]	为自己所做的事和销售的产品感到骄傲和自豪
克服销售障碍	熟悉最常见的拒绝购买产品的理由或销售障碍，完善产品，向顾客讲述那些和他们持有相同异议的人最终喜欢该产品的事例
通过成为有效的倾听者以及陈述你的情况来管理对话[36]	消费者希望被倾听；他们希望诉求得到肯定
采用咨询式销售	针对消费者的各种需求，提出可能的解决方案
围绕你的产品、服务以及你自身的优势构建你和客户的世界[37]	客户想知道产品的优点；解释产品的缺点会削弱他们对销售人员的信任
为消费者匹配合适的产品	好的销售应该能够满足消费者的需求、符合消费者的预算，并与其生活方式相称
始终跟进[38]	在销售期间和售后表现出相同的热情；销售不会在第一次销售后就结束

（一）关系营销

帕尔马蒂尔（Palmatier）将关系营销（RM）定义为识别、开发、维护和终止关系交易以提高绩效的过程。[39]我们认为，这种绩效对供应商和客户都有好处，并且除了提高绩效之外，关系营销的目标是扩展关系。关系营销意味着寻找将客户整合到公司中的方法，以建立和维持公司与客户之间的关系。[40]关系营销专家格朗鲁斯（Gronroos）认为成功且富有成效的关系营销主要需要三个条件：

- 客户对服务有持续的需求。
- 客户可自行选择服务提供商。
- 提供替代服务供应商。[41]

体育市场能够满足上述条件，很适合开展关系营销。通常，进行体育消费的人是高度参与的消费者，他们希望与运动队、赛事或品牌产品建立长期联系。在竞争激烈的体育市场中，每种体育产品或服务都包括许多供应商（不一定是同一种体育类型，而是作为体育娱乐选择），从而使消费者可以有多种选择。[42]例如，客户对运动鞋品牌进行搜索，发现仅制造商就有 78 种选择，而这还没考虑具体型号。[43]因此，与客户建立关系对于将其发展为回头客来说至关重要。

（二）利益销售

利益销售包括创造新的利益，以抵消与体育产品或服务相关的负面影响。[44]例如，对于那些因未来几个月行程不能确定而无法执行票务计划的消费者而言，利益销售可能就是答案。利益销售的概念已在体育产业中创造了新产品，例如灵活门票机制。这是宾夕法尼亚州立大学棒球队针对经常无法在特定日期到现场观赛的潜在消费者开发的一种产品。灵活门票包含以 10 张门票价格出售的 12 场比赛的观赛券。观赛券没有日期或特定的座位位置，仅有价格类别，消费者可以提前兑换心仪场次的比赛门票，甚至可以在比赛当天根据票务余量兑换门票。购买者可以自由使用门票——在一场比赛中使用一次、两次或多次，直到用完所有的观赛券。这对于消费者而言是有利的，因为观赛券不受时间限制，并且在某些情况下，为刺激消费者购买灵活门票计划（Flex Book），会额外赠送他们一场比赛的观赛券。对组织而言，这样做的好处是票已预售，因此，填补席位不取决于球队的表现、天气或任何其他因素。唯一的局限是这种优惠券不能保证入场；能否兑换将取决于比赛的上座率以及是否是热门比赛，例如开幕日和演唱会当天的比赛。另外，双方实力相当的个别比赛场次的优惠券数量也会受到限制。

宾夕法尼亚州立大学的 Spikes 队是圣路易斯红雀队的小联盟附属球队，以下是他们提供的灵活门票计划：[45]

- 每个灵活门票套餐包含 12 张未标注日期的凭证，售价为 10 张门票的价格。消费者可以根据可用性将凭证兑换为任何常规赛季主场比赛的门票。
- 该计划的价格实惠，物超所值。
- 它提供了极大的灵活性。消费者可以在一场比赛中一次性使用完这 12 张凭证，也可以分开使用观看 12 场不同的比赛。
- 消费者可以提前或在比赛当天亲自到卢布拉诺公园售票处将凭证兑换成门票。
- 每张凭证都包含一张优惠券，消费者可在任何州立大学或米尔斯堡的麦当劳使用（每个计划包含 12 张优惠券）。
- 还包括 1 张可以免费兑换高尔夫球比赛门票的优惠券。

当这三种方法（数据营销、关系营销和利益销售）被整合到人员销售活动中，并形成与销售人员的个性和经验相结合的销售风格，其结果将非常有效。

结合样品、试用和招待日等概念，人员推销会更加有效，尤其是在体育产业的某些领域，例如健身俱乐部、体育用品销售以及高端职业体育座席的销售，诸如俱乐部座席、包厢以及豪华派对套房等。提供样品、试用和开放日旨在让消费者体验产品。苹果公司设计的“测试驱动器”是有史以来最具创新性的试用程序之一，它于 1984 年推出了 Macintosh（现在被称为 Mac 或 iMac）计算机。[46]消费者可以在选定的零售商处选择一款 Macintosh，留下信用卡押金就可以将计算机带回家进行试用。

人员推销通过告知消费者他们正在经历的事情以及他们即将获得的利益来完善这种体验。例如，健身行业支持在专业指导和关注下开设体验课。在试课之后，销售人员会采访潜在消费者的体验感受。访谈的主题通常包括体育锻炼的方式、健身目标、健康的重要性和定期体育锻炼的必要性，这些都与潜在客户刚刚体验过的设施、设备及接触的员工有关。

诸如克利夫兰印第安人队、纽约大都会队、匹兹堡海盗队和奥兰多魔术队这样的职业运动队经常使用“招待会”的概念，有时也被称为“选座活动”。招待活动通常在季前赛进行（天气是影响北方棒球队的一个独特因素），包括参观体育场、歌手试镜和诸如吉祥物、训练营和亲笔签名等娱乐活动。最重要的是，作为潜在的消费者，与会人员有机会坐在待出售的座位上。举办方通常会用气球或传单来指定可用的座位，以便潜在客户可以了解当前的座位并体

篮球赛迷你门票计划，例如堪萨斯州立大学计划，是吸引球迷购买门票的另一种方式。其迷你计划包括一张与堪萨斯大学进行的州内对战赛的门票。

验该座位的视野情况。待潜在消费者就座后（表明其对该座位有点感兴趣），销售人员便开始做自我介绍，通常还会展示当天的特价座，以开启人员推销的过程。

人们普遍误认为，人员推销不过就是买卖双方之间的口头互动。请记住："行动胜于雄辩。"消费者通常将组织采取行动或未采取行动解释为他们未来可能期望的证据。因此，酒店管理、员工互动以及信息查询的处理方式是人员推销过程的关键要素。

人员推销是团体销售等特定类型门票销售的理想选择，但在销售套房、包厢和带有俱乐部便利设施的场边座席等高级座位时，这种方式是最合适的，因为所有类型的高级座位都有重要的款待和娱乐功能且观赛视野极佳，这都是消费者需要体验和考虑高级座位的重要因素。由于人员推销往往开始于邀请目标消费者在高级座位上观看一场比赛，因此对这种特定类型的产品而言，人员销售就成为一种体验型销售方式，消费者可以参观并体验产品。参观赛事通常包括向购买者说明情况，带购买者参观，以及向购买者介绍其他服务（例如，食物情况和如何加入俱乐部）的介绍。同样，企业合作关系销售及其相关拜访最适合运用人员推销的方法。

五、体育产品和服务的促销方法创新

鉴于体育的独特性，我们在体育产品的销售中才变得富有想象力。以下是一些其他注意事项：

● **教育粉丝群。**150 年前阿尔伯特 · G.斯伯丁（Albert G. Spalding）发现，如果人们了解他的产品（当时是棒球装备），知道如何使用产品并清楚自身能够从中受益，他们将更有可能参与比赛对其产品产生需求。[47] 职业运动队，尤其是橄榄球队和冰球队，也采取了类似的方法：开设了橄榄球 101 和冰球 101 等课程，通过简化并解释比赛术语，为球迷讲解比赛规则、球队采用的策略、不同赛事的细微差别及比赛的复杂性。NFL 田纳西巨人队在其官网（www.titansonline.com/fans/kidzone/ football–101.html）上有一个内容丰富的"橄榄球 101"模块，而 About.com 门户网站提供了有关"橄榄球 101"的基本指南。[48] 球队还应当提供训练营和示范以帮助完善这一教育过程。开展教育活动以增强对产品的理解并促使粉丝对产品产生需求（而这些通常是在销售过程中解决的问题）被定义为教育销售（Edu-selling）。[49]

● **记住对产品进行组合包装。**促销活动（会在第十章中进行讨论）可以有效地促进特定的比赛、活动或具体时间段的销售。当时的新泽西网队（现为布鲁克林篮网队）开展的一项促销活动之所以有意义，是因为该活动能够吸引新的顾客前来体验并对其门票销售产生了巨大影响。网队为新泽西州的公司提供了一个包含三场比赛的演说家门票套餐，目的是促进公司客户的消费。作为作家和励志演说家，卢·霍尔茨（Lou Holtz）、汤姆·彼得斯（Tom Peters）和哈维·麦基（Harvey Mackay）将分别在三场网队的比赛前发表一个小时的演讲。演讲时间定在网队与 NBA 中表现不佳的球队之间周日晚上的比赛前，比赛的门票都因该计划而售罄了。[50]

● **记住娱乐是件好事。**电影《美梦成真》中有一句名言讲到，“如果建造它，它们就会来”。现在，这句话体现了对建立新体育场馆的重视和依赖。新体育场馆不仅产生了新的收入来源，而且还提升了用户体验和娱乐水平，这些对于现场观众的观赛体验至关重要。从 20 世纪 40 年代开始，从比尔·维克的赠品和促销活动直至今天他的儿子迈克（Mike）经营的小联盟棒球队，球队的口号一直都是“如果感到有趣，他们就会再来”。维克相信，要吸引球迷，球队不能仅仅依靠过去的战绩，还要出售美好的体验和获胜的可能性。通过宣传明星球员、对观赛体验（清洁和舒适）的理解以及对娱乐的承诺，维克家族创造了各级别赛事的现场观赛人数的记录。维克开发的主要活动，如免费赠送球棒、焰火之夜、特殊主题之夜和音乐会等，不仅在棒球赛事中，而且在各级别的职业体育赛事中都已变得很常见。[51]

● **优惠券不仅适用于杂货和快餐。**关于参加体育赛事最常见的抱怨之一是费用，尤其是对于家庭而言。富有创造性的门票套餐可以满足人们对经济实惠的家庭娱乐活动的需求。许多职业（大联盟和小联盟）的和业余（包括学院和大学）的体育组织都已经制定并实施了家庭门票策略，通常包括四张门票、停车券和茶点。现在的四口之家已经不像二三十年前刚开始使用这种套餐的时候那么多了，因此，以每人 11 美元的价格或原四人套餐 25%的价格提供按人数收费的套餐或许更合适。这样就能吸引更多家庭参与，且单亲家庭也能够意识到他们也是这种套餐的受众。这种套餐的包容性更强，销量会更好。一些组织选择提供纪念品（例如帽子、T 恤或球队其他新奇物品），而其他组织则选择提供赞助商产品的优惠券。例如，一些组织向客户推荐去赞助商的饭店或比萨连锁店享用食物，而不是直接在球场上提供食物，这样的安排可以很好地推广赞助商的营业地点。

坦帕湾海盗队（**Tampa Bay Buccaneers**）的球星文森特·杰克逊（**Vincent Jackson**）及其基金会“**83** 号行动中的杰克逊”，与坦帕湾闪电队（**Tampa Bay Lightning**）合作，为军队提供“士兵之夜”闪电队专座的特价团体票。杰克逊购买并赠予麦克迪尔空军基地的军人 **2000** 张门票供其观赛

● **记住团体销售的盈利能力和影响。**如前所述，体育消费者通常不会单独观看体育赛事。研究表明，只有不到2%的粉丝独自前往现场观赛。对于某些粉丝而言，社交互动决定了他们对活动的享受程度，而对于另一些粉丝而言，社交因素可能是他们参加此次活动的唯一原因。由于这些原因，体育组织应尽一切努力吸引大型团体（25 人及以上）前来观赛并出售大型团体套票，每张票的折扣从 \$1 到 \$5 不等，具体取决于团体规模的大小和门票的零售价。特殊的座位区、菜单和用餐选项（从正式的晚餐到野餐）都是吸引团体观赛者的有效手段。这些团体可以是少年棒球联盟球队、球探、教堂合唱团、员工、军队和大学生以及任何人数达到或超过最低要求的组织。

（一）利用体育资产进行销售（第一部分）

新泽西网队历史上最成功的销售活动之一是在 2005—2006 赛季之前实施的影响者计划。网队首席执行官布雷特 • 约马克（Brett Yormark）用其标志性营销手段在第一年就创造了超过 100 万美元的新赛季门票销售收入，并且成为各个联盟中许多职业运动队效仿的最佳实践。[52]该计划建立在保持沟通、热情好客、明星力量、面对面销售的基础之上，当然还有主办方的知名度和实际影响力。该计划首先让当前的季票持有人在家中或其他地点（例如，商业区或乡村俱乐部）接待 30 个左右的朋友或商业伙伴，这些人都不是季票持有者。此时，网队（或采用此策略的其他任何球队）接管，提供招待和餐饮服务以及娱乐活动（吉祥物、舞者表演），另外教练代表或现役或退役球员也会出席。业务方面通常由球队领导出席。在某些情况下，球队老板会在市场和销售人员的陪同下出席，先介绍球队概况，然后再进行销售。

波士顿大学体育部的一封电子邮件，其中包含其网站的链接，通过该链接可在黑色星期五和星期一销售期间购买特价门票。

这种影响者营销形式（当时很新颖）最初与名人和运动员代言有关，现在已成为社交媒体的重要组成部分，因为以前的消费者或用户的信任、体验、非隶属关系和第一手知识可以决定餐馆、音乐、电影、服装、设备以及几乎任何你能想到的东西的财务状况。影响者营销是一种现代营销和公共关系手段，营销人员以寻求信息的潜在客户为目标。这些有影响力的人有助于提高消费者认知并影响其购买决策，而这些消费者都是那些咨询过他们专业知识、阅读过他们博客、在论坛中与他们交谈过，或在行业活动中聆听过他们演讲的人。[53]在体育界，其他季票持有者、公司合作伙伴、包厢票持有者等都被视为有影响力的人。他们的观点，无论是正面的还是负面的，都可以影响潜在消费者的决策过程。

（二）利用体育资产进行销售（第二部分）

重复消费业务的目标是让消费者拥有愉快的体验和长久的积极回忆，这不仅能够鼓励消费者再次参加，还能通过消费者向其朋友和同事进行二次传播。最好的方法之一是让消费者与赛事之间建立某种个人联系，让他们对观赛经历印象深刻。团体销售（在本章前面曾讨论过）是理想的销售目标，我们可以让他们拥有共同的回忆并将这些故事讲给更多人听。体育资产有多种形式——名誉队长、球童、队歌演唱者、中场表演者以及其他各种形式。许多职业运动队都提供其啦啦队举办的舞蹈训练营，这是团体票套餐的一部分。门票价格通常包括白天与舞者在一起训练，在当晚比赛中场休息时与啦啦队共同表演，这也是运动队可销售的体育资产。棒球队、冰球队和篮球队出售团体票的另一种方法是为两个高中（也可以是小学、初中等）队提供在球队的棒球场、冰场或篮球场上比赛的机会。根据不同的体育项目，这种比赛通常称为“橄榄球场之梦”“冰球场之梦”或“篮球场之梦”。售出的这些资产可以成为买方的另一种资产。许多球队为其所在社区中的组织提供了筹集资金的机会。与慈善活动结合不仅可以让女子篮球队卖出足够多的门票，还可以获得一部分收益。

六、网络营销

网站可以用作独立的销售工具，也可以作为交互式销售方法的一部分，该方法可以通过其他技术手段使网站内容生动，或者配备一名电话营销人员以协助销售。将网站开发为销售工具的趋势是通过使用技术和交互式视频组件使访问过程变得尽可能简单，并使访问者可以查看所有可选的座位情况，进而对其进行比较、询价和在线购买。许多运动队添加了实时聊天按钮，方便有任何疑问或问题的访客与销售人员交谈。采用各种定价技术的团队和组织都能够创建网页，并在网页上清楚地说明购票流程并允许访问者购买门票。

受参赛对手或比赛日期的影响，金州勇士队使用了动态定价方案，球队的门票价格根据需求而变化，而网站方便客户在动态定价法则下进行浏览和购买。当访客单击他希望观看的比赛时，会弹出比赛场地的价格地图。然后，访客可以在线下单，或选择与团队销售代表通话并交流。

在过去的三个赛季中，黄蜂队是职业运动队使用交互式网络销售方法的最佳案例之一。Chanel 1 Media 为黄蜂队提供了该方法。客户收到含有网站链接的电子邮件；进入网站后，客户需输入他喜欢的球衣号码和自己的电话号码；输入信息后，客户可观看黄蜂队教练和总经理谈论客户对球队的重要性的视频；视频结束时，客户的电话响了，致电者是黄蜂队的销售代表；销售代表会提供不同的门票购买计划。这种方法集合了电子邮件、网站和电话营销的功能，以吸引客户的注意力，促使客户采取行动，并可能将其转发给朋友和同事。然后，这种病毒式推荐过程为黄蜂队或消息和内容的发起者确定了其他潜在客户。

七、总销售清单计划："俱乐部三明治"

在 NBA 球队营销和业务运营部门的工作期间，球队一直在询问应该提供哪种类型的完整销售计划，以实现均衡的门票销售。为了阐述我们的观点，我们创建了"俱乐部三明治"（如图 8.5 所示）。"俱乐部三明治"模型的目的是确保平衡，从而最大限度地减少用户对任何一个购票环节的依赖。该模型可确保用户始终处于购买频率的任意级别（请参见第十章）。NBA 2011—2012 赛季的总冠军迈阿密热火队原本可以将 2012—2013 赛季的全部门票按季票出售，但从上一个夺冠赛季（2006）中吸取教训后，球队主席艾瑞克·伍尔沃思（Eric Woolworth）重新制定了票务计划，包括小型计划票、团体票和可用于购买单场比赛的有限预售票。伍尔沃思表示："获得观赛机会对于建立长期的粉丝群至关重要，即使我们的需求水平达到前所未有的高度，通过各种购买渠道（而不仅仅是出售季票）来扩大粉丝群也很重要。"[54]

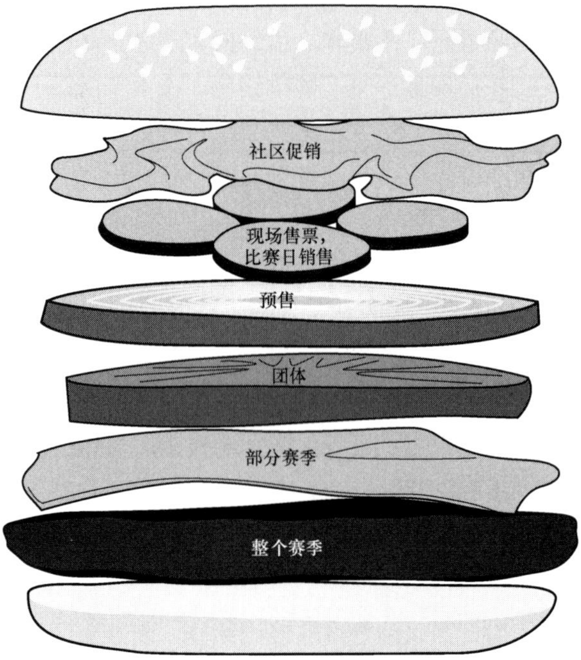

图 8.5 有效的门票销售计划——"俱乐部三明治"的组成部分

在该"俱乐部三明治"模式中，"肉"（我们向素食主义者道歉）或主菜是全季票持有者。因为这一类人观看比赛的比例最高，所以它是"俱乐部三明治"中最重要的成分，但是就像在任何好的三明治中一样，它可以辅以多种其他成分。部分计划（需要一定程度的预先承诺和购买大量门票）和团体（涉及大量门票）是三明治中第二个最重要的组成部分。该三明治构造的最后部分由可根据个人喜好进行选择的"调味品"构成。有些体育组织倾向于多味组合而有些组织却由于选择有限而高度依赖某一种佐料。调味品包括预售票（通过内部电话营销、网络销售和社交媒体销售，包括高朋团购网站、Facebook 和 Twitter 的优惠）、现场购票和比赛日购票以及通过社区关系项目和活动发放的免费票。因为俱乐部三明治的风味会随所添加的配料类型和数量或这些配料组合的不同而变化，所以组织的利润率也将随之变化（例如，季票持有者太少，团购或促销过多）。我们推荐按照以下比例来制作美味且有益的"俱乐部三明治"：

- 季票量（全赛季和所有部分赛季计划）：50%～65%*；
- 预售（电话营销、网络和社交媒体营销）：15%～25%；
- 团购：10%～25%；
- 比赛日销售量和现场销售量：5%。

*由于 NFL 和大学橄榄球队的计划比赛次数明显减少，因此实际食用的肉饼部分应该占三明治的 80%或更多。

因为运动队表现可能会对俱乐部三明治的构成产生重大影响，所以我们已经根据运动队表现确定了部分座位销售和保留活动。表 8.4 说明了与运动队表现相关的情景销售因素。

表 8.4 与运动队表现相关的情境销售因素

表现不佳或总输球的运动队	处于上升期的运动队	成功的运动队
增加员工以销售座位存量	增加员工以利用感知来增加座位存量的销售	因座位存量不足而裁员
增加折扣以吸引买家	使用折扣创造超额销售机会	不提供折扣
添加门票计划选项——适用于每个粉丝的计划	提供多种门票计划选项，但导致计划的成本更高	提供很少的门票计划、可能只有全赛季和半赛季的选择
注重团队销售以增加销量、提供各种折扣	将门票全部销售给团体客户、通过强制购买次要的比赛来增加吸引力、提供有限的折扣	限制团队座位存量、无折扣
高度重视销售培训和销售竞赛	高度重视销售培训和销售竞赛	将销售培训或销售竞赛的重点放在提高客户价值上
提供付款计划	提供付款计划	提供全额付款的激励措施
增加促销之夜和赠品	使用促销之夜作为高峰售票期以销售目标比赛的门票	使用高级赠品的目的在于激活赞助商权益，而不是吸引观众前来观赛

第五节 定价基础

对于体育组织来说，了解定价的基础（无论是门票、商品还是豪华套房）是至关重要的。例如，知道如何为“俱乐部三明治”的每个部分定价是很重要的，因为消费三明治不同部分的人们需求不同。

营销人员必须认识到需要定价的多种产品元素。在体育界，这些要素包括以下内容：

- 耐用品或非耐用品（设备或服装）；
- 门票；
- 会员资格；
- 每日使用费（场次、开球时间、缆车票等）；
- 优惠（食品、纪念品）；
- 内容（杂志、有线电视、卫星电视、体育应用软件、视频等）；
- 公司实体的权限（授权空间、标识、冠名权、激活平台、横幅广告、网络链接）；
- 图像（徽标、照片、LED 标牌）；

- 款待；
- 高级座位；
- 排他性合作；
- 广告时间和曝光。

这些要素根据一系列变量来定价，包括位置、时间、唯一性、需求、质量、数量和期望值。

价格是营销组合中的关键要素，原因有很多。第一，价格可以随时改变。第二，在某些市场条件下（特别是发生弹性需求的情况下），价格是最有效的工具之一。第三，价格是高度可见的；因此价格的变动很容易被察觉，从而可能会改变消费者感知。第四，消费者时刻关注价格，而价格往往是消费者购买的关键性决定因素。

数据的可用性对制定价格策略有着重要的影响。在下面的补充材料中，利·卡斯特金（Leigh Castergine）解释了她就设定票价向球队老板提出建议时所考虑的因素。

定价的注意事项和策略

纽约大都会队门票销售和服务高级副总裁 利·卡斯特金

你还记得当时汽油只是……吗？回到我的那个年代，你可以买点牛奶……！看看我 1980 年票根上的价格！

尽管多年来许多产品类别的价格都发生了重大变化，但我们的行业是独一无二的，因为近年来，价格不仅受到通货膨胀的影响，还受到整体定价策略重大变化的影响。当我第一次开始售票时，定价策略很简单。根据位置，我们给较低级别的票种定一个价格，给较高级别的票种定三个价格。如果客户购买了 25 张或更多的票，我们还会有特殊的团体票价格。仅仅过了十年，一些职业球队就有了 40 多个价格类别。价格因不同计划而异。例如，全季赛套票、半季赛套票、10 场比赛组合套票，25～100 人的团体票，100～1 000 人的团体票，1 000 人及其以上的团体票以及通过像高朋这类团购网站购买的特殊促销折扣票。现在，随着动态定价的引入，一个既定赛事的票价可以是无限的。了解这些后，是不是已经不知所措了呢？

职业运动队将定价策略的趋势与球员收购策略的变化进行了比较。随着技术的进步，产生了更多的数据。但是，我们该如何处理这些新数据和信息呢？迈克尔·刘易斯（Michael Lewis）在《点球成金》（*Moneyball*）中解释了棒球俱乐部（尤其是奥克兰 A 队）如何通过上垒率（而不是传统的球探）等指标来确定球员成功的可能性，从而改变其战略。在业务方面，我们可以访问票务数据，例如：

- 购票时间；
- 票价；
- 该票是否已在二级市场上被转售，转售票的价格是多少；
- 粉丝购买门票的地点（网络、售货亭、电话、运动队商店、二级市场）；
- 就人口统计信息而言，购票者是谁。

这些数据可以帮助我们探索以下主题：

- 基于天气预报，每日门票销售量的变化；
- 其他促销赠品对比赛上座率的影响；
- 粉丝座位偏好和价格敏感性。

正如棒球运营人员尽量利用其数据进行分析以在赛场上呈现更好的产品一样，票务运营团队也使用他们的数据来最大限度地增加收入和扩大粉丝群。

当我获得经济学学位并开始为费城 76 人队售票时，我无法想象自己把所有的时间都花在学习供给政策、二级市场、回归分析和黏性定价上。当时，大多数门票价格是由资深销售人员和票房经理确定的，而门票销售总目标由高级经理或老板决定。很多时候，他们会估算本赛季将售出的座位数，然后将其除以给定的预算数。在获得了平均票价之后，他们根据自己的直觉来决定是否需要提高整体票价或至少提高某些类别门票的价格。

在这种策略下，只有两种增加票务收入的方法：

- 出售更多门票；
- 在赛季开始之前提高价格。

棘手的是，如果组织在赛季开始之前就制定好所有价格，那么他们可能会浪费很多钱或预测过度。

旧的定价模式存在一些缺陷。首先，如果不使用我们可以访问的数据，那么很难准确预测已售出的门票数量。其次，由于价格类别很少，因此很难评估粉丝的偏好。我们都知道，玻璃上方和本垒板正后方的中心是最佳位置，旧模型建议根据座位的保有期来确定座位优先级。但是我们不知道什么因素更能刺激我们的购票者——是他们的座位位置还是他们支付的价格。价格类别很少的情况下他们缺乏选择。

旧定价模式的最大缺陷是灵活性不足。我最喜欢从事体育工作的原因之一（尽管它也可能是最糟糕的部分）在于赛事结果的不可预测性。我们无法控制我们的产品。有时候，我们有城里最炙手可热的球队，而有时候，我们连门票都送不出去。尽管我们可以通过焰火和赛后音乐会等特殊促销活动来刺激需求，但是创造需求却非常困难。因此，我们需要让需求最大化，尤其是在特定的时候售出席位，让收入最大化。

借助像Qcue票务网站这样的公司，我们现在可以轻松转化所有的可访问数据。巴里·卡恩（Barry Kahn）的公司帮助球队了解其销售数据，更重要的是，它通过更灵活的解决方案，为球队提供了一个实现销售和收入最大化的平台。灵活性不仅重要，而且至关重要！二级市场和StubHub等网站为粉丝提供了一个门票交易市场，价格由卖方决定。在四月某个寒冷的星期二，一场大都会队对阵亚特兰大队的比赛肯定不会以几个月前的价格出售。因此，为了适应二级市场的价格和消费者需求，越来越多的球队开始转向Qcue票务网站，以期在门票方面获得优化定价和整个赛季中的动态定价。

随着定价决策更趋向于以分析为基础，门票销售人员也在不断进步。我们的票务运营和分析高级总监之前从未在体育界工作过一天。他拥有数学学士学位、工程硕士学位和MBA学位。以前这些职位都是由一直从事票务工作的人员担任的。如今，多数大联盟球队都有独立的报告和分析部门，负责制定价格并帮助销售经理和销售代表出售更多门票。我在大学期间学到的所有经济学术语现在都已成为电话会议和日常定价讨论的一部分。

对新定价策略的快速回顾通常始于对当前赛季的分析。我们关注的因素包括续订率、账户使用期限和新增销售额等。使用以前赛季的数据进行回归分析有助于预测未来的销售。然后，根据我们从Qcue票务网站获得的反馈，在赛季开始前的最后三个月确定最初的季票价格。

但是，战略的真正转变是转向单场赛事的动态定价。Qcue票务网站的平台将获取我们提供的所有数据，并运行算法。这些算法每天针对我们所售出的每场比赛的每个价格类别提供定价建议。这意味着我们可以看到，当上一场比赛中投手完成了一个无安打，下一场比赛的观赛需求就会增加，因而可以调整价格以满足需求。另一方面，对于销量不佳的比赛，我们可以朝相反的方向调整门票价格，以鼓励寻求更高价值的买家。

简而言之，门票定价已经变得不再简单。

正如总经理们一直在寻找可以帮助他们识别出未来全明星球员的衡量指标一样，票务主管必须分析数据并适应新技术，以便可以卖出更多门票并使得收益最大化，同时为年轻家庭和粉丝提供负担得起的选择。

一、价格、成本和成本指数

任何定价情况下的核心问题都是成本、价值和目标。客户满意度可以表示为：

$$满意=收益-成本$$

成本是等式中最明显、最引人注目的部分。对于参加体育赛事的消费者来说，门票价格并不代表前来观赛的实际成本，还包括旅行、停车或公共交通、特许商品和纪念品等的费用。根据购买方式，该票可能还包含服务费或手续费。营销人员的价格意识和消费者的成本意识之间的差异适用于大多数体育运动，例如高尔夫、保龄球、狩猎、钓鱼、滑雪、网球等。例如，除了每天收取的场地费外，高尔夫的实际成本还包括以下任何一项或全部项目的费用：

- 高尔夫球杆（购买或租赁）；
- 鞋类；
- 高尔夫球袋；
- 高尔夫球；
- 高尔夫手套；
- 课程；
- 手推车租赁（有时包含在场地费中，以提高价值）；
- 往返球场的交通；
- 住宿（如果是度假村）；
- 食物和饮料；
- 小费。

高尔夫球手（滑雪者、网球运动员或体育爱好者）也可能会为特定的需求因素（例如位置、季节性、球场难度、声誉和美学吸引力）而支付一系列的费用。显然，营销人员必须从消费者的角度评估总成本，这通常包括由三到四个不同供应商定价的要素。[55]

在团体运动领域中，这种总成本方法最初得到了业内时事通讯领先者——《团队营销报告》的认可和支持。在过去的 19 年中，《团队营销报告》持续跟踪 MLB、NBA、NFL 和 NHL 中每支球队的球迷成本指数（FCI）。一家四口的球迷成本指数包含以下价格要素（和相关费用）：

- 两张成人均价票；
- 两张儿童均价票（如果有）；
- 四杯软饮料；
- 两小瓶啤酒；
- 四个热狗；
- 两个项目；
- 停车费；
- 两个成人尺寸的帽子。[56]

（在 2013 年时，作者认为四口之家的概念并不能提供最佳的衡量工具；该指数最好被分解为成人成本和儿童成本。作者也不认为一个家庭会购买两个套餐。他们更有可能购买并共享一个套餐。尽管我们希望看到《团队营销报告》重新审视其公式，但它仍然是体育产业公认的衡量标准。）

例如，2012 年，NFL 的平均球迷成本指数为 443.93 美元，比上年增长 3.9%。达拉斯牛仔队的球迷成本指数最高，为 634.78 美元，但门票价格仅排名第五。他们的停车费用高达

75 美元，几乎是门票价格排名第二的球队的两倍。杰克逊维尔美洲虎队的球迷成本指数最低，为 342.70 美元，但其门票价格不是最低的。门票价格最低的是克利夫兰布朗队，为 54.20 美元。[57]

总体而言，以球迷成本指数衡量，MLB（棒球）的成本要低得多，2013 年的平均球迷成本指数为 207.88 美元。波士顿红袜队的球迷成本指数最高，为 336.99 美元，同时他们的票价也最高，为 53.38 美元。亚利桑那响尾蛇队的球迷成本指数最低，为 122.53 美元，但圣地亚哥教士队的门票价格最低，为 15.99 美元。[58]

如今，球迷成本指数已被《华尔街日报》和《今日美国》等出版物广泛传播，对粉丝和营销人员而言，这是一项有价值的服务，即使该指数的发布引发了高票价球队纷纷对此进行批评和辩解，以及低票价球队发布一系列新闻稿，展示球队排名，并暗示该市场的球迷获得了很好的优惠。

二、收益管理和定价策略

有效的销售组织会不时地采用各种定价策略，以确保范围最广的潜在消费者可以购买该产品，尤其是门票。这个整体概念通常被称为收益管理，它不仅包括定价，还包括门票套餐的设计，以确保产品销售的收益最高。在下面的补充材料中，我们专注于收益管理，因为它与纯定价计划有关。然后我们将在套餐组合和促销活动方面探索收益管理。

体育组织的收益管理

纽约大都会大学执行副总裁/首席风险官　卢·戴佩里（Lou DePaoli）

在过去的 20 多年中，收益管理和收入管理已经成为大多数行业普遍采用的一种战略性增长收入的方式。收益管理最简单的形式如下：了解适用于你现有座位存量的特定供求曲线，并知道如何为产品找到合适的价格，以便你可以在合适的时间将其卖给合适的客户，以最大限度地提高收益。在实际行动中运用该概念最著名的例子就是航空公司。例如，两个人从纽约到芝加哥的航班上座位彼此相邻，但他们的机票价格可能会非常不同。为什么？航空公司采用了基于许多变量（主要是供求关系）的复杂算法，以确定此时如何为产品定价，从而在考虑运营成本的基础上实现整个航班的收入最大化。

与航空公司类似，体育组织正在实施收益管理，以增加体育场馆的收入，同时还设法保持客户负担得起的现场娱乐选择。与航空公司客户不同，体育迷可以有多种选择来与自己喜欢的体育团队进行互动且无须去现场观赛，例如坐在沙发上观看巨型高清电视转播，通过个人智能设备观看或收听广播。因此，球队和联盟意识到需要在可用座位存量和该座位存量的定价之间保持适当的平衡，以管理品牌认知度。如果收取的门票价格过高，他们的空位可能会损害需求感知并抑制未来的销售。如果收取的门票价格过低，他们可能入不敷出，最终导致销售量减少。因此，找到定价和座位存量之间的适当平衡对于体育组织来说至关重要。为确保体育组织成功进行收益管理，我建议采取以下步骤。

- **组织认同**。整个组织需要了解他们的供应、需求和对需求的感知都处于不断变化的状态。组织需要灵活应变以适应不断变化的市场条件。上个赛季或 10 年前行得通的策略可能不适用于下一个赛季或从现在开始的三个赛季。几十年来，体育市场中的定价都是由组织内的一小部分人做出的，而数据很少作为决策时的输入信息。通常，有人会建议将每张门票的价格提高 X 美元，或将价格提高 X%，因为他们试图根据假定的出席人数目标来设定。在过去的十年中，组织已经认识到，与票务库存相关的不良收益管理会在未来几年造成灾难性的后果。

● **了解你的市场**。在一个市场或运动项目中可能有效的方法在你的市场或运动项目中可能无效。尽管你所在的联盟或市场中的某个球队可能以某种方式成功地完成了收益管理，但对你而言，相同的策略可能并不适用。你可以从同行那里学到很多东西，也可以从市场中了解到一些内容，但是你需要意识到这些决定如何影响你的品牌。成功的收益管理绝对不是万能的方法，也就是说，你需要了解联盟中的同行、市场中的其他球队、其他娱乐方式的一般成本等，以提供相关的背景信息。

● **数据、数据和更多的数据**。我最喜欢的一句话是“你永远不会觉得数据太多”，尤其是在收益管理领域。收集尽可能多的数据（甚至详细到单个座位级别），然后查看销售率、收益率、存留率、座位的销售时间和销售渠道、购买座位的人口统计数据等。这些数据将提供每个级别的席位的供应、需求和价格的基本信息，还可以转变为你的一级市场销售的热图。

● **了解二级市场**。二级市场（或转售市场）一直存在，但这是一个地下业务，许多球队和球迷并不一定愿意承认其存在或参与其中。互联网的出现更便于球迷和票务经销商之间建立联系，从而在二级市场上轻松交易。2012 年，二级市场的交易额已达 150 亿美元。从二级市场获得与一级市场相同的销售信息是另一个有价值的数据点，你应该将其添加到对座位逐个进行销售的分析中。二级市场数据有助于提高票价，但详细的分析至关重要。结合一级市场的数据，对二级市场进行正确的分析，能够为体育组织提供更好的定价策略。

● **了解背后的意义**。体育组织需要了解的与有效收益管理相关的一项内容是，供求关系通常以超出理论预期的方式影响定价。有时需求过高导致价格飙升，因为球迷们愿意为参加特定的比赛或活动（例如，世界大赛、超级碗、大师赛）付出任何代价。但是当这发生在球队或联盟中时，我们经常会想：“我们是否因定价过低而错失了收入更高的机会？”有人对此表示认同，然而事实并非如此：当需求大幅下降时，收益管理模型显示门票的价格也应大幅下降。那时，组织需要研究降价的影响以及他们想要解决与降价有关的主要问题的方式。例如，如果一个球队门票定价比预期水平低 20%，那么他们需要增加 25%的销售量才能达到收支平衡。但是这种情况通常不会发生，因为在需求大幅下降之后，人们对门票的需求为零，再低的价格也无法吸引人们去购票。

● **记住粉丝**。收益管理和其他策略都是理论上的。你需要让粉丝参与并接受这些策略，但这并不是一件容易的事。请记住，有效的收益管理的目标是在定价和销量之间找到适当的平衡，以增加销量和收入。如果这种平衡被打破，那么收益管理的效果很可能会大大降低，并可能对你的整个品牌产生负面影响。当价格变动时，建议使用正确的信息，包括清晰简洁的措辞和关键数据点。

随着体育组织开始越来越关注收益管理，三种不同的定价策略出现了——溢价定价、可变定价和动态定价。这些概念都不是新概念，但是现在它们已被组织广泛使用并被粉丝所接受了。以下是每种策略如何影响收益管理的简要概述：

● **溢价定价**。这种方法用于具有高需求的赛事（大多数 MLB 俱乐部的开幕日、大学橄榄球比赛中的对抗赛等）。由于这些赛事门票会立即售罄，因此价格会根据需求上涨。根据这些特定赛事具有更高需求的理论，定价将高于赛程中的其他比赛。尽管本赛季可能会有所变化，从而对需求产生负面或正面影响，但这些赛事的价格总是最高的。

● **可变定价**。此策略根据对手、比赛、在赛季中所处的阶段、开赛日期等因素采用不同的价格尺度。例如，一支球队可能在 MLB 赛季中采用三个级别的比赛定价。“金牌”赛事的价格最高，可能包括开幕日、与宿敌的对决、最后一个周末以及跨联盟对决。“银牌”赛事的价格第二高，包括在 6 月、7 月和 8 月的某些周末进行的需求高于平均水平的比赛。“铜牌”赛事是本赛季需求最低的赛事，通常是在本赛季初的工作日比赛。与溢价定价一样，这些比赛的价格都是固定的，因此，即使在赛季中因某些变化而对需求产生负面或正面影响，票价也无法进行调整。

● **动态定价**。动态定价是最新的定价策略，这种定价策略近些年比较常用。这种方法允许根据该比赛的需求在一定的基础上（每日、每小时等）更改门票价格。这种方法正是二级市场的运作方式。越来越多的组织正在实施动态定价，因为它可以根据赛季的变化、需求的变化提高和降低价格。如果球队处于火爆状态且需求增加，那么价格也会攀升，从而产生更多收入。风险是可能发生相反的情况，如果需求急剧下降，则定价将向下调整，从而可能产生低于预期的收入。体育组织在实施和执行动态定价时需要谨慎，因为当需求稳定或增长时，体育组织有潜力推动增加收入；但如果需求减少，则可能严重损害收入。因此，目前整个体育产业都在使用各种动态定价模型。

在所有条件相同的情况下，了解并将收益管理最大化的组织将比其同行表现更佳。

第六节　二级票务市场

体育组织面临的最大挑战之一是二级市场门票的可获得性和便利性，其价格通常低于赛事主办方的官方票价。福里斯特研究公司（Forrester Research）副总裁兼首席分析师苏萨里塔·马尔普鲁（Sucharita Mulpuru）估计，二级票务市场每年创造的价值为 30 亿美元。在 StubHub 等票务网站上购买的门票数量一直在稳定增长。[59]我们可以发现，现在的二级市场不仅包括 StubHub，而且还包括 TicketLiquidator.com、TicketNetwork.com、TicketsNow.com、Vividseats.com、SeatGeek.com、TicketCity.com、TicketZoom.com、EventTickets Center.com、GoTickets.com 和 ScoreBig.com 等其他供应商，这些供应商已成为消费者的主要门票购买市场。[60]为什么会如此？简单来说，对于基于价格的消费者决策而言，二级票务市场提供的各种价格通常都低于运动队提供的价格。运动队或体育组织必须支付工资、举办比赛、维护体育场馆以及支持与粉丝体验有关的费用，因此运动队的业务成本较高。而二级票务市场则没有这些成本，因为转售商是从先前购买门票但不打算去现场观看比赛的消费者手中获取门票的（另外，在某些情况下，有意或无意地直接从运动队购买门票）。

二级市场长期以来一直存在。过去我们用 “黄牛” 来称呼它。“黄牛” 最初是指在需求量大的比赛和特殊活动中低价买入并高价卖出门票的人。黄牛只想通过买卖获取盈利，而并不关心比赛门票是否售罄或者某场比赛的热度高低。与之前不同的是，主要市场和整个体育联盟认可了二级市场。他们通过与二级市场来源（尤其是 StubHub，其母公司为易趣公司）签署赞助协议，使得从运动队以外的渠道购买门票的方式合法化。实际上，体育组织授予了二级市场唯一缺乏的东西——被公认为可靠的购票来源。我们可能还会发现，赞助协议为联盟及其球队提供了一种至少可从一个售后市场中获利的方法，因为粉丝们已经习惯性地在线上线下进行门票交易。

FanSnap 票务公司首席执行官（前 StubHub 首席营销官）迈克·简斯（Mike Janes）表示：“粉丝们从票务市场中受益，并获得了选择权，即他们在想要购票的时候就可以购买到所需数量的门票。这是关键，因为运动队需要与其他娱乐活动竞争，以吸引粉丝的注意力并让他们消费。”[61] StubHub 网站确定了其主要合作伙伴的团队和组织（MLB.com、EPSN、费城飞人队、华盛顿红皮队、OutsideLands 音乐节、旧金山巨人队、得克萨斯大学、亚拉巴马大学和南加州大学）并列出了与他们已签署工作协议的体育团队和组织等所有合作伙伴的名单。[62]

但是，实际问题比二级市场出售门票这一事实要复杂得多。许多季票持有者在购买门票时都知道自己不会全部参与票务所包含的所有比赛。因此，他们是否有机会转售他们的门票以抵消成本，并且在某些情况下能够以高于其支付的价格转售门票，这可能是他们决定购买季票的关键因素。所有通过特玛捷票务出售门票的体育团队和组织都为季票持有者提供了一个特殊的网页，允许他们在网站中在线出售他们的门票。这笔钱将首先记入他们的季票账户中。该活动鼓励卖家将资金用于购买明年的季票，但他们也可以在赛季结束时要求返还这些资金。因此，售票选择权对于季票持有者有切实的好处。

体育业务分析师达伦·罗维尔（Darren Rovell）在为 CNBC 撰写的 2010 年专栏中预测了季票的消亡（你可以在 www.cnbc.com/id/39152141 上阅读该文章）。尽管我们认为总会有人对季票感兴趣，但我们并不认为将来的季票会包含所有比赛。鉴于定制门票的意愿增长以及二级票务市场售票能力的提升，我们倾向于认同罗维尔的观点，原因有以下几点：

（1）互联网和市场竞争已使定制成为当之无愧的王者，无论二级市场经销商的位置在哪、与职业运动队及体育和娱乐场所的距离远近消费者都能够接触到他们。

（2）人们更愿意以较高的价格购买他们所期望或需要的商品，从而不必处理试图转售或赠送不需要的门票的问题。

（3）二级市场卖家可以提供来自同一市场中每个运动队或娱乐场所的比赛或活动的套餐，使消费者无须选择多个票务计划即可享受各种体育和娱乐体验。这在套房和其他高级席位的选择方面，也变得越来越普遍。

（4）包装的灵活性也已经出现。虽然一些创新型体育组织允许观众采用更灵活的购票方式，让其在整个赛季都能够根据需求选择不同价格和位置的座席，但是这种方式已在二级市场盛行多年并且非常成功。

比较一下：大家都知道，如果你去比萨店，购买整块比萨比按照买方喜好定制的多口味比萨的价格要低。在当前市场中，自定义（如汉堡王所说的“按我的方式做”）似乎很重要。

NBA 和特捷玛票务为球迷创建了一个集中的在线门户网站，旨在为球迷提供 NBA 门票一站式购买服务，因为该网站将球队的主要和次要的门票销售选项整合到一起。用户将跳转到一个页面，该页面包含每个球队的所有可用票务选项，包括辅助票务清单。特捷玛票务首席运营官贾里德·史密斯（Jared Smith）表示：“我们的目标是创造一种能向粉丝呈现所有安全、可信赖的票务选项的完整视图。”[63]

二级票务组织与体育组织的关系将如何发展？也许是一场战斗。正如我们所说，StubHub 票务公司是 MLB 的官方二级票务合作伙伴。但是，两支大型球队——纽约洋基队和洛杉矶天使队选择退出 MLB 先进媒体（MLBAM）和 StubHub 票务公司之间的 5 年续约合同。洋基队和天使队于 2013 和 2014 赛季选择与特捷玛票务合作。芝加哥小熊队于 2013 赛季加入了 StubHub 票务公司，但不确定 2014 赛季是否还会合作。与竞争对手巨头特捷玛票务一起开发转售市场，可以解决长期以来一直困扰 StubHub 票务公司及其母公司易趣的最低转售价格问题。[64] 特捷玛票务和 StubHub 票务公司之间的这场战斗将在未来持续上演。

第七节　售后营销、终身价值及留住客户的重要性

售后营销这一术语是指，当完成所有市场营销工作、消费者完成购买活动、潜在客户变成客户后营销人员与客户之间的关系。这种关系转变的支持和可持续的关系。通过客户终身价值（CLTV）概念我们能够更好地理解这种新关系的重要性。客户终身价值被定义为预期收益（如毛利率）的现值减去与客户相关的债务（如服务和沟通的直接成本）。[65]客户终身价值的计算公式，可以帮助营销经理得出与指定客户长期关系相关的美元价值，揭示这种关系随时间推移而变化的成本和净值。[66]因此，就价值而言，我们不应该将季票持有者视为每年一次性支出 4 000 美元的人，而应将其视为现在每年至少可以花费 4000 美元的人。此外，他们还可能支付价格上涨、停车费以及每年在优惠、停车、商品和其他可能的费用支出，在 20 年内的花费可能超过 10 万美元。

显然，客户对组织的价值取决于客户的类型（赞助商、公司客户、个人客户）、他们为组织带来的收入与服务成本的关系以及预计他们与组织合作的时间。客户价值越高，员工就必须付出越多的努力来留住客户。[67]图 8.6 说明了如何调节客户的价值。

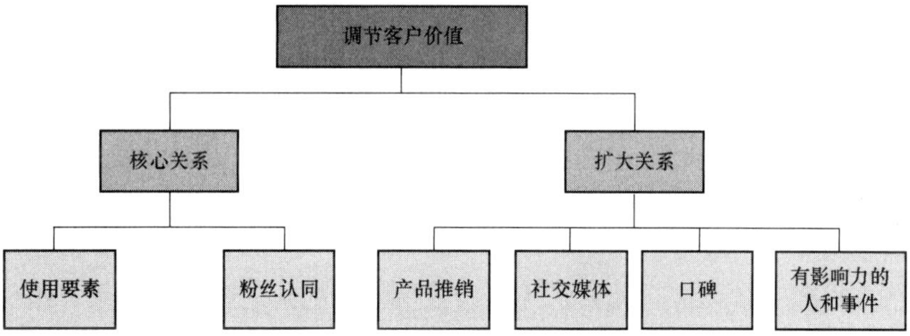

图 8.6　组织调节客户价值的多种途径

显然，考虑到客户的潜在终身价值时，销售完成后必须进行某些活动，以确保客户续约并维持长久的关系，使其成为回头客。旧金山巨人队前商业事务高级副总裁帕特·加拉格尔（Pat Gallagher）概括了球迷的顾客价值，制定了倒置的组织结构图（图 8.7），并向巨人队的工作人员阐明了球迷到底有多重要。

体育组织应制订客户服务和保留计划，至少包括以下内容：

- 提供定制或个性化的客户联络计划和待遇方案；
- 定期进行客户满意度调查或审查；
- 为首选客户创建并赞助特殊活动或事件；
- 维护当前客户和“叛逃”客户的数据库；
- 为会员创建具有特殊内容和功能的网站；
- 制作新闻稿并定期发布；

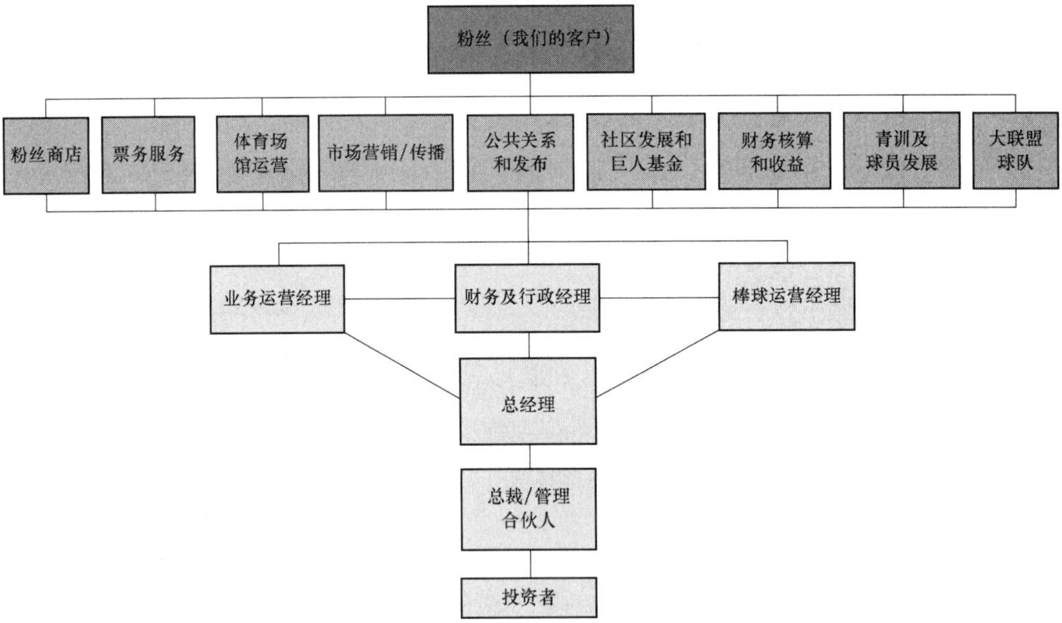

图 8.7　体现粉丝重要性的倒置组织结构图

- 制定观赛频率激励计划；
- 召开利益相关者会议或午餐会以收集反馈；
- 创建仅限会员参加的特别活动，以示感谢；
- 向客户提供对运动队和其他组织资产的特殊访问权。[68]

为证明其会员价值而进行的活动应该是该类客户所独有的。职业体育组织常见的做法是聘请专业团队来沟通和建立客户关系，并尽可能保留或更新这些客户关系。纽约大都会队为其季票持有者创建了一个称为“Amazin's Mets Perks”的计划。续购的季票持有者有资格参加这些活动，既可以简单地参与击球练习，也可以参与独家活动：与大都会名人堂球员汤姆·西弗（Tom Seaver）一起参加品酒会并获得一瓶他自家葡萄园生产的签名葡萄酒；或者，客户还可以在万圣节期间与大都会队球迷喜爱的吉祥物 Met 先生一起玩耍。球队的目标是通过有趣的体验和独有的活动来展示大都会队季票持有者所享有的价值。

花旗球场（Citi Field）的汤姆·西弗举办的品酒活动很好地说明了组织如何增加粉丝参与的价值并帮助留住客户

不管组织在服务客户方面有多成功，总有人会因为某种原因不再购买，从而终止双方的关系。研究表明，客户忠诚度的建立是基于消费者对品牌的信心、诚信、自豪和热情以及他们对所购买产品的满意、效用和享受等方面的感受。[69]离开组织的客户通常被称为“叛逃者”，因为实际上他们会叛逃到另一个产品或品牌处。客户叛逃对于组织而言，代价是昂贵的，不仅因为该组织失去了他们潜在的终身价值，而且因为更换客户在时间和资源上成本都很高。有人估计，更换客户的成本比为现有客户提供服务的成本高出 5 倍。[70]为了防止客户流失，同时吸引新客户，职业运动队和其他组织将客户视为会员并为其开发相应的权益。圣迭戈教士队发明了一种方法，该方法将在补充材料中予以说明。

职业运动队如何使会员资格更有意义

比尔·萨顿，南佛罗里达大学体育与娱乐业务管理 MBA 创始主任

“会员有特权”是美国运通卡的指导性核心原则。消费者支付会员年费，作为交换，他或她有权通过在“会员里程计划”中的消费来赚取积分。会员可以用积分购买各种产品和体验，如度假、高尔夫球杆、电子产品、独特的打高尔夫体验和驾驶体验、餐饮和旅行。会员可以决定对他们来说最重要的权益并采取相应行动（通过消费）以获取这些权益。这不仅仅是一个忠诚计划，因为会员需要支付会员费，而且与大多数忠诚计划不同的是，客户权益更多样化、更有吸引力，这一切都取决于客户的个人兴趣。

在过去的 20 年中，职业体育的忠诚度计划取得了不同程度的成功。有的运动队之所以失败，通常是因为缺乏高质量的激励措施或者是因为获得重要奖励的所需积分在积累时对消费者付出的时间和金钱要求过多。这些活动大部分都是免费的，因此注册人数很多，但实际参与的人数却很少。

一段时间以来，欧洲的职业运动队，特别是职业足球队，将其支持者称为订户或会员。权益水平通常与购票金额有关，在某些情况下，还与订户或会员与俱乐部之间关系的时间长短有关。在美国，尤其是在 MLS，这种方法也开始盛行。圣迭戈教士队的特定概念和实践引起了我的注意。

教士队发起了一项新的会员计划。该计划第一阶段的重点是季票持有者，他们购买了门票套餐后便有资格成为会员。第二阶段将集中于 2013 赛季之前的普通门票销售。潜在的新会员可以免费注册成为会员，然后可以通过购买 21 场比赛、41 场比赛和整个赛季的门票分别升级为蓝、黄金和白金级别的会员。（将购票视为会费）。

蓝、黄金和白金级别的会员选择最适合自己的会员类型（狂热会员、社交会员、商务会员或家庭会员）。随着会员级别的提高，他们的权益也会增加。这不是基于积分的忠诚度计划，而是旨在使粉丝拥有更多归属感的会员计划,该计划可以根据粉丝个人兴趣和与球队和组织之间的关系类型而提供相应的利益和机会。

例如，商务会员可以选择参加教士队高尔夫锦标赛并带上客户；家庭会员可以选择在佩德罗公园举行生日聚会或过夜露营；狂热会员可以选择参加教士队的客场比赛或独家签名会。在所有这些情况下，选择权均属于该会员。

教士队总裁汤姆·加芬克尔（Tom Garfinkel）表示：“会员计划是我们一直在努力做的事情，我们很高兴最终能在 2013 年推出该计划。”“它从一些核心主题入手。首先是我们需要更多地了解粉丝心理并为粉丝建立归属感。成为一名粉丝是感性的而非理性的选择，但是我们一直设法以理性的方式将其推向市场。其次，我们需要创造在二级市场上无法转移的权益，并创造更多的理由使人们成为季票持有者。最后，我们需要全年与粉丝建立更多的直接联系，将更多重要的信息传递给他们。”

票务销售和会员服务高级总监杰里米·沃尔斯（Jeremy Walls）认为，迄今为止该计划取得了巨大成功，并透露了统计数据：

● “会员收入”同比增长了75%（“会员收入”是俱乐部指定的季票收入）;

● 会员续约率比去年同期增长了44%;

● 与去年相比，全套（白金）计划增加了110%，折半（黄金）计划增加了100%，而21场比赛（蓝色）计划减少了36%，这表明会员权益促使客户对自己的会员级别进行升级。

在粉丝们将大量的钱花在二级票务市场上的时候，季票或任何票务计划都需要提供更多的服务，而不是仅仅坐下观看棒球比赛。教士队倡导的会员制概念（NBA 和 MLS 的某些俱乐部也正在开发），提供了一种有意义的尝试。球队通过会员制尝试与会员建立12个月的联系，就像乡村俱乐部、市民俱乐部，甚至一座教堂一样。目前这些仅仅是初步尝试。

沃尔斯说：“这只是会员资格 1.0。”“我们可以在此基础上利用技术获得新的想法和收益。将来，它可能包括企业合作伙伴、社区倡议、公园内比赛、即时座位升级、优惠、商品、球迷之间的交流、音乐会等非棒球赛事的权益……未来的可能性会越来越多。”

会员资格既有特权也有回报，但也许因为它是在体育领域中，归属于某个粉丝社群可能是最美好的事情。

资料来源：经许可，转载自 B. Sutton, 2012, “How one franchise is making membership more meaningful,” Street & Smith's SportsBusiness Journal pg. 11.

也许不是每个人都能成为会员，但是用布兰彻（Blanchard）和鲍尔斯（Bowles）的话来说，每个人都可以成为“狂热粉丝”——对产品感到兴奋和满意的消费者，他们不仅保持忠诚，而且还能通过口碑和社交媒体（包括博客、推特和共享内容）来帮助组织吸引新客户。[71]

其中一些体验产品不必仅限于会员，也可以将其卖给普通粉丝，用于商业目的、特殊场合，或者作为特别的礼物送给那些很难买到这种产品或已经拥有一切的粉丝。NFL 的达拉斯牛仔队通过与社交商务网站 LivingSocial 达成新协议，销售以下体验产品：

● 在选秀时进入 NFL 牛仔队的房间；

● 有机会加入达拉斯牛仔啦啦队；

● 参加啦啦队合影；

● 担任球队的记者；

● 参与达拉斯牛仔队的官方合影。[72]

体育消费者如何成为狂热粉丝？考虑到体育的情感本质，体育消费者对体育产品的情感比其他消费者对其他产品的情感更加丰富。体育消费者的情感更强烈，情绪起伏更大、更明显。由于体育营销人员无法控制产品的构成或性能，因此他们必须积极努力确保客户对产品延伸及体验相关的满意度，这通常涉及高水平的互动和服务。所有体育组织都应制订一个客户服务和保留计划，以留住现有客户，并与这些客户保持联系，通过其整体服务质量和对客户利益的保障来吸引新客户。保留客户必须要努力提高客户所购买产品的使用率和满意度。尽管这看起来很简单（从很多方面来说都是如此），但是在购买与情感有关的体育产品时，客户的主观性可能会使再次购买的决定变得复杂。因此，解决该问题的总体方法是改善粉丝体验。这个目标显然是教士队的重点，教士队通过对门票购买及使用方式的细分实现了这一目标。但是，这种方法对每年仅参与一次特殊活动的客户奏效吗？该组织能否在一年中的其他时间创造体验来增加客户观赛的次数？肯塔基州德比大赛、印第安纳波利斯 500 英里大奖赛和名人堂周末聚会都面临着这一挑战。所有这些场馆都有旺季，但是他们需要在淡季设法吸引客户参加其他宣传和推广较少的赛事活动。

赛马运动由于各种原因而导致受欢迎程度大减，包括来自其他运动项目的竞争、消费者转向其他形式的赌博，以及有限的媒体报道和电视宣传。当一匹马有可能成为“三冠王”赛事的获胜者时，媒体似乎就开始关注和进行炒作了，而当这种传奇结束时，消费者的热度也就消失了。但是，大多数赛马场没有获得系列赛“三冠王”的机会，甚至有些赛马场在整个赛季中只有一场比赛。那么赛马行业需要采取什么措施来增强客户体验呢？罗德内尔·沃克曼（Rodnell Workman）是麦迪逊广场花园和 NFL 的前高管，于 2012 年被任命为纽约赛马协会（New York Racing Association）的第一任首席营销官。沃克曼希望将大众对于“赛马就是赌博”的刻板印象改变成赛马“为年轻人及其家庭提供娱乐选择”：“当你要去看电影、逛公园或做任何其他事情时，我们希望赛马能成为人们的讨论话题，因此我们需要改变赛马的展示方式。”[73]

赛马场也开始注重销售。在过去，幻想体育出现之前，赛马被定位为人们可以同时观看和下注的唯一体育项目。赛马特有的赔率和各种下注组合（每日双打、三连胜等）可能会使初次参加者感到困惑，导致他们可能选择不参加下注，甚至也可能选择离开。因此，论坛、教程和在线应用程序可以帮助参加者更轻松地下注，从而改善粉丝体验。

促销和特惠价格也可以用来增强粉丝体验。除了简化投注信息外，位于肯塔基州列克星敦的 Keeneland 赛马场还举办了大学日活动，提供免费的 T 恤衫和赢得 10 000 美元奖学金的机会及其他活动，吸引了近 5 000 名学生。[74]该活动通过吸引新客户并允许他们参加这项活动，试图使赛马成为消费者娱乐组合的一部分（尽管重点是娱乐以及餐饮销售，但主要花销仍在赌博上，这一点我们并不赞同）。

技术也是提升粉丝现场体验感的有效方式。某些体育赛事，尤其是 NFL，正面临着客户倾向于在家观看的挑战。家庭影院、高清电视、3D 技术、DirecTV 之类的供应商能够提供订阅服务，这些服务以低于赛事季票的价格提供所有比赛直播，这给现场观赛带来了挑战。表 8.5 列出了一些创新技术，这些创新技术可以提升粉丝在体育场馆的现场体验感。

表 8.5 增强粉丝现场体验的技术[75]

增强体验的技术	说明	技术应用者
粉丝视角	提供访问电视节目（如 NFL 红区、幻想体育比赛数据等）的场内手持设备	12 支 NFL 球队、迈阿密大学和密歇根大学；海豚老板斯蒂芬·罗斯（Stephen Ross）
Yinzcam	一款允许粉丝看回放、查看实时统计数据、VOD 内容和 NFL 红区（NFL RedZone）的智能手机应用程序	许多 NFL 和 NHL 球队
增强现实移动应用程序（Thermopylae）	一款名为“在我身边”的移动应用程序，可将粉丝与场地相连接	美国网球公开赛、温布尔登网球锦标赛、拉斯维加斯摩托车赛
MLB At Bat 授权应用软件	允许球迷从座位上订购食物和用信用卡支付，并提供独家视频集锦	MLB 场地
指挥中心触摸屏设备	允许体育团队的工作人员追踪对粉丝产生影响的比赛日运营的各个方面	纽约喷气机队

续表

增强体验的技术	说明	技术应用者
大型体育场馆LED显示屏	使观众看得更清楚并及时更新信息	达拉斯牛仔队、坦帕湾闪电队、印第安纳步行者队、休斯敦火箭队、夏洛特赛车场、得克萨斯大学
互联网协议电视（IPTV）	同时出现在每个电视监视器和 LED 显示屏上的综合消息和标牌	奥兰多魔术队

资料来源：经许可，转载自 GMR Marketing, 2010, GMR white paper emerging technology is constantly enhancing the in-stadium experience (Milwaukee, Wisconsin). ©GMR Marketing LLC 版权所有。

本章小结

销售是营销过程中的创收要素。市场营销就是沟通，因此销售过程涉及高水平的双向沟通，销售人员必须能够倾听消费者、对消费者进行评估并与之有效沟通。大多数组织的销售人员可以充当销售特定类型产品的专家。但在小型组织中，销售人员必须充当销售通才，能够销售所有类型的产品。无论销售团队的规模大小，销售培训和销售人员的开发是销售成功最关键的因素。

定价是销售过程中至关重要的部分。在任何指定的时间范围内，市场上提供的体育和娱乐产品种类繁多，因此如果消费者认为价格过高或套餐内容过于丰富，他们会寻找符合自身需求的购买方案。他们可以从二级市场购买、以折扣价在线购买，或从其他来源购买合适的产品，也可以以团体的形式和他人共享产品的所有权。

由于在销售过程中投入了大量的精力和时间，体育组织必须制订计划和提供相应的利益以长期保留现有客户。考虑每个消费者的客户终身价值（LTV）非常重要。它涉及通过提供特殊的利益和更多与粉丝相关的内容来扩展买卖双方的关系。在本书的前几版中，我们一直强调将购买者安置在自动扶梯上并提高其购买频率以向上移动的重要性。当前体育和娱乐可选项目的增加、娱乐业的竞争以及全球经济的不断恶化使我们明白，考虑到客户终身价值，在自动扶梯上留住客户，让他们感到舒适并降低其减少购买频率或终止关系的可能性，这与提升客户在自动扶梯上的位置（增加购买频率）同等重要。

课后活动

1. 找出你认可的体育营销领域的领导者。获取此人的简历或个人资料（通常可在公司或组织网站上获得）。此人目前的职位或从过去的活动中如何反映其销售经验？

2. 采访体育部门、健身机构或职业体育组织的体育营销负责人，并询问此人的职责及工作中用于销售活动的时间占比。他（她）采用了哪种销售方法？他（她）如何培训销售人员？他（她）是如何着手开展此业务的？

3. 评估你的职业规划。你设想的工作是否包含销售部分？你需要做哪些准备才能获得这个职位？开始收集类似职位的人员名册。当你开始求职时，可以使用此名册来收集信息和建议。

4. 拜访你所在地区的小型企业、体育部门或小联盟职业体育运动队。根据人均支出和组织提供的各种票务计划相关价格来计算季票持有者的终身价值。

5. 研究非体育公司如何使用售后营销。这些做法如何应用于体育组织？

注释

1. R. Burton and R.Y. Cornilles, "Emerging Theory in Team Sport Sales: Selling Tickets in a More Competitive Arena," *SMQ*, 7 (1) (1998): 33.
2. Mike Florio, 8 July 2012, http://profootballtalk.nbcsports.com/2012/07/08/after–peaking–in–2007–nfl–attendance–steadily–has–declined/.
3. Michael Bean, 5 January 2012, www.behindthesteelcurtain.com/2012/1/5/2684753/nfl–tv–ratings–2011.
4. T. Hopkins, *Selling for Dummies* (Foster City, CA: IDG Books Worldwide, 1995), 9.
5. M. McCormack, *On Selling* (West Hollywood, CA: Dove Books, 1996), 7.
6. P. Honebein, *Strategies for Effective Customer Education* (Lincolnwood, IL: NTC Business Books, 1997), 25.
7. N. Kerner and G. Pressman, *Chasing Cool* (New York: Atria, 2007), xi.
8. N.J. Stephens, *Streetwise Customer–Focused Selling* (Holbrook, MA: Adams Media, 1998), 4.
9. McCormack, *On Selling*, 9–10.
10. J. Gittomer, *The Little Red Book of Selling* (Austin, TX: Bard Press), 47.
11. J. Mielke, "Specialization Through Departmentalization," *That's the Ticket*, 1 (1) (May 1997): 5.
12. http://smallbusiness.chron.com/definition–consumer–direct–marketing–3477.html.
13. Ibid.
14. http://thedma.org/2013/04/30/dma–releases–2013–statistical–fact–book.
15. For an excellent discussion of the importance of building a database that has withstood the test of time and clear–cut examples of how this has been accomplished in professional sports, see J. Spoelstra, *How to Sell the Last Seat in the House* (Portland, OR: SRO Partners, 1991), 72–94.
16. http://intel.turnkeyse.com/2011/04/22/charlotte–bobcats–lead–scoring/.
17. B. Stone and J. Wyman, *Successful Telemarketing: Opportunities and Techniques for Increasing Sales and Profits* (Lincolnwood, IL: NTC Business Books, 1986), 6.
18. *US Telemarketing Revenues to Reach $15.5 Billion by 2015*, www.prweb.com/releases/telemarketing/business_to_business/prweb4247074.htm.
19. Compiled from a study by the Direct Marketing Association, April 2005.
20. Steve Berkowitz, "Marketers Reshape How College Teams Sell Tickets," *USA Today*, 5 August 2011, http://usatoday30.usatoday.com/sports/college/2011–08–05–college–outsourcing–sportsticket–sales_n.htm.
21. Ibid.
22. www.getbrandwise.com/branding–blog/bid/54291/Does–Direct–Mail–still–work–in–adigital–age.
23. Golfsmith International, Golfsmith Store catalog, Austin, TX, December 2012, and www.golfsmith.com/ps/search/drivers?Nao=20&N=1462&Ntk=All.
24. Susan K. Jones, *Creative Strategy in Direct and Interactive Marketing* (Raycom, 2011), 101.
25. www.buccaneers.com/news/article–1/A–New–Way–to–Pay–Season–Pass–Members–Get–12–Month–Option/5328ed51–ce49–409e–b922–cf–1c4688f097.
26. www.usatoday.com/story/sports/2012/11/30/nba–phoenix–suns–dallas–mavericks–money–back–guarantee/1738463/.

27. Jon Spoelstra, *Ice to the Eskimos* (New York: HarperCollins, 1997), 173.
28. www.fillthehouse.com/about.php.
29. Simms Jenkins, www.clickz.com/clickz/column/2235299/why–your–brand–needs–emailsmarts–more–than–ever–in–2013.
30. Simms Jenkins, www.clickz.com/clickz/column/2238571/the–2–most–important–thingsfor–email–marketers–in–2013.
31. Ibid.
32. http://media.eloqua.com/documents/All–Star–Datasheet.pdf.
33. www.nba.com/hornets/news/hornets_launch_campaign_asking_2011_03_14.html.
34. B. Breighner, *Face–to–Face Selling* (Indianapolis, IN: Park Avenue, 1995), x.
35. Spoelstra, *Ice to the Eskimos*, 146–151.
36. K. Daley, *Socratic Selling* (New York: McGraw–Hill, 1996), 5–6.
37. G.A Michaelson and S.W. Michaelson, *Sun Tzu: Strategies for Selling* (New York: McGraw–Hill, 2004), 75.
38. J. Lehman, *The Sales Manager's Mentor* (Seattle, WA: Mentor Press, 2006), 227.
39. R.W. Palmatier, *Relationship Marketing* (Cambridge, MA: Marketing Science Institute 2008), 3.
40. R. McKenna, *Relationship Marketing: Successful Strategies for the Age of the Consumer* (Reading, MA: Addison–Wesley, 1991), 4.
41. C. Gronroos, *Service Management and Marketing: Managing Moments of Truth in Service* (New York: Lexington Books, 1990).
42. D. Shani, "A Framework for Implementing Relationship Marketing in the Sport Industry," *SMQ*, 6 (2) (1997): 9–15.
43. http://dir.yahoo.com/business_and_economy/shopping_and_services/apparel/footwear/athletic_shoes/brand_names/?b=60.
44. Burton and Cornilles, "Emerging Theory," 29–37.
45. http://www.milb.com/content/page.jsp?ymd=20090409&content_id=40998078&fext=.jsp&vkey=news_t1174&sid=t1174.
46. www.youtube.com/watch?v=wgxurmQSLsc.
47. For an excellent study of how to create a market, see P. Levine, *A.G. Spalding and the Rise of Baseball* (New York: Oxford Press, 1985).
48. http://football.about.com/cs/football101/a/bl_football101.htm.
49. W.A. Sutton, A. Lachowetz, and J.S. Clark, "Eduselling: The Role of Customer Education in Selling to Corporate Clients in the Sport Industry," *International Journal of Sports Marketing and Sponsorship*, 2 (2) (June/July 2000): 145–158.
50. Spoelstra, *Ice to the Eskimos*, 91–93.
51. For an enjoyable read and examples of how to sell, see B. Veeck and E. Linn, *Veeck As in Wreck* (New York: Putnam's, 1962). Mike Veeck's successful exploits with the St. Paul Saints is chronicled in S. Perlstein, *Rebel Baseball: The Summer the Game was Returned to the Fans* (New York: Holt, 1994). Mike Veeck has also written a book about his philosophy, *Fun is Good*, Mike Veeck and Pete Williams (Emmaus, PA: Rodale Books), 2005.
52. G. Boeck, "Winning Friends and Influencing Ticket Buyers," *USA Today*, 13 September 2005, 3C.
53. http://labs.openviewpartners.com/influencer–marketing–defined/.
54. Telephone conversation with Eric Woolworth, President, Miami Heat, Miami, FL, 8 January 2013.
55. "Getting to the First Tee," *SSSBJ*, 4 (10) (May 1998), 20.

56. www.teammarketing.com/btSubscriptions/fancostindex/index.

57. www.fancostexperience.com/pages/fcx/blog_pdfs/entry0000018_pdf000.pdf.

58. www.fancostexperience.com/.

59. www.sportsbusinessdaily.com/Daily/Issues/2011/01/Jan–17/Facilities/Secondary–tix.aspx.

60. W. Sutton, "Sutton Impact: A New Approach to Ticketing: Ticket Market Could Find Fortune in FAME," *SSSBJ*, 14 (26) (October 24–30): 22.

61. www.forbes.com/sites/mikeozani–an/2011/08/05/stubhub–dominates–the–secondary–ticket–market.

62. www.stubhub.com/about–us.

63. J. Lombardo and E. Fisher, "Deal Will Create NBA Portal on Ticketmaster," *SSSBJ*, 15 (18) (20–26August 2012): 1, 31.

64. E. Fisher, "StubHub Won't Surrender MLB Opt–Outs," *SSSBJ*, 15 (35) (17–23 December, 2012): 1, 3.

65. F.R. Dwyer, "Customer Lifetime Valuation to Support Marketing Decision Making," *Journal of Direct Marketing*, 3 (Autumn, 1989): 8–15.

66. http://hbsp.harvard.edu/multimedia/flashtools/cltv/index.html. This source provides a conceptual overview, a sample problem, and a tool.

67. M.A. McDonald and G.R. Milne, "A Conceptual Framework for Evaluating Marketing Relationships in Professional Sport Franchises," *SMQ*, 6(2) (1997): 27–32.

68. Created based on materials from T. Vavra, *Aftermarketing* (New York: Irwin, 1987), 25.

69. http://businessjournal.gallup.com/content/745/constant–customer.aspx#1.

70. Forum Consulting, Boston, MA, Customer Service Institute, Silver Springs, MD.

71. K. Blanchard and S. Bowles, *Raving Fans* (New York: Morrow, 1993).

72. D. Kaplan, "Cowboys Sell 'Experiences' on Living–Social," *SSSBJ*, 15 (19) (27 August–2 September): 3.

73. L. Mullen, "Tracks Focus on Improving the Fan Experience," *SSSBJ*, 15 (28) (29 October–4 November 2012): 18.

74. Ibid.

75. B. Gainor, *Emerging Technology Is Constantly Enhancing the In–Stadium Experience*, GMR White Paper (Milwaukee, WI: GMR Marketing, 2010).

第九章 赞助、合作伙伴关系和激活作用

学习目标：

- 说明体育资产与合作伙伴之间的关系；
- 阐明赞助商和体育资产之间匹配的重要性及排他原则的应用；
- 理解公司和体育实体运用赞助的动机和理由；
- 了解赞助激活的重要性在于吸引目标市场，赋予品牌活力。

赞助的未来：全面整合？

虽然在过去三年里，佳得乐（Gatorade）在诸如NBA Ballers、NBA 2K和NBA Live之类的流行视频游戏中成功整合了体育场馆标识，但其并不满足于此，因而加大了赌注：使产品变为场上比赛的一部分。

佳得乐与媒体代理商宏盟集团（Omnicom Group）旗下的OMD和2K Sports合作，为NBA 2K9打造了一款名为"佳得乐口渴表"的游戏。它提醒用户，游戏角色正在脱水，需要替补并需要一瓶佳得乐补充水分。

OMD游戏总监达里奥·拉西蒂（Dario Raciti）表示，产品整合之所以奏效，是因为它将佳得乐的补水功能直接绑定到了"运动员的真实体验"中，为游戏玩家的体验增添了现实意义。他在电子邮件中说："游戏玩家一直在寻找体育游戏中最真实的体验，(我们)认为此功能有助于使游戏玩法令人回味并更具真实性。""整合的目的是使所有要素协同工作，以增强游戏的真实感，并用佳得乐将口渴与性能和获胜的关键因素联系在一起。"

游戏角色坐在板凳上补水后，可以重新进入游戏中。游戏角色如果需要补水但没有喝佳得乐，就会出现疲劳和呆滞的迹象。拉西蒂先生说，这种"微妙而有影响力的方式"所具有的真实性引起了18~34岁男性目标受众的共鸣。

"佳得乐口渴表"配有能量饮料的常用品牌元素，包括标识、冷却器和长凳后面的杯子。

根据品牌调查，佳得乐在该游戏上的花费虽不到100万美元，却获得了可观的投资回报。大多数游戏玩家（82%）能准确说出该品牌出现的特定位置。70%的玩家能够回想起品牌在游戏中出现过并表示喜欢将品牌作为游戏体验的一部分。对于佳得乐而言，更重要的是，整合对游戏玩家向熟人推荐产品的意愿产生了积极影响。[1]

资料来源：经许可，转载自M. Bush, 2009, "Gatorade really gets into the game with thirst meter," Ad Age. Available: http://adage.com/article/media/gaming-platforms-festival-media-gatorade/136640/

在本章中，我们研究赞助的整合性。赞助活动比其他推广活动更具综合性，包含各种营销组合要素。尽管许多营销组合要素都可独立运行（例如，开放日、门票折扣、社区关系计划），但赞助通常涉及营销组合中的两个或多个要素，为赞助商提供品牌联想、认可、价值、曝光和激活机会，以帮助他们实现营销目标。赞助不仅指体育组织与公司之间的资助协议，还包括政府部门以及基金会和信托机构的财政拨款和援助。鉴于赞助是全球范围内营销活动的主要形式，本章将主要关注合作伙伴的赞助方式。而且，就当前全球经济而言，赞助将持续在体育产业中占据重要地位。

第一节　什么是赞助?

考虑以下活动和实体：第一资本杯（Capital One Bowl）、雪碧 NBA 全明星投票、奥兰多魔术队的安利竞技场、美泰生产的穿着俄克拉荷马州立大学和其他大学体育项目啦啦队服装的芭比娃娃，以及通用汽车公司为雪佛兰花费 5.59 亿美元购买的曼联球衣赞助。[2]它们的共同点是什么？它们代表了在体育和生活方式营销中已司空见惯的促销许可协议的类型。促销许可是一个涵盖赞助的总括性术语，但是赞助，在许多情况下被称为企业合作伙伴关系，已成为全世界公认的术语。因此，在本章和全文中，“赞助”一词是指获得与产品、个人、组织、团队、联盟或赛事（在本章中，所有类型的体育实体将被称为体育资产或娱乐资产）之间的紧密联系或直接关联的权利，以得到与这种密切关系或关联有关的利益。赞助商利用这种关系实现其促销目标或促进并支持其更广泛的营销目标。这种关系产生的权利可能包括零售机会、购买媒体时间、冠名权［在活动或设施名称中使用赞助商名称，例如联邦快递杯（FedEx Cup）、斯台普斯中心（Staples Center）、托斯蒂多滋嘉年华碗（Tostitos Fiesta Bowl）］、竞赛或抽奖、代言、将标志置于制服上、款待、网站访问权限或其他关联或好处。尽管赞助协议是为参与方量身定制的，但以下条款和利益是此类协议中最常见的要素：

- 使用标志、名称、商标和图形表示的权利，表示购买者（或支持者）与体育资产的联系，该权利可用于广告、促销、宣传或其他交流活动；
- 产品或服务类别中的排他性关联权；
- 活动、场地或设施的冠名权；
- 使用与体育资产或娱乐资产相关联的各种名称或短语的权利，例如官方赞助商、官方供应商、官方产品或由×××独家呈现；
- 获得服务的权利（产品使用权或产品独家使用权）或在演出中、赛事中或设施上使用赞助商产品或服务的权利；
- 与赞助协议一起使用的某些促销活动的权利，例如竞赛、广告活动、以销售为导向的活动等；
- 体育组织的媒体资产权利，包括转播权和网络权，以及将社交媒体平台与体育资产平台关联的机会。

赞助包括一系列与沟通过程相关的各种活动，这些过程旨在通过体育、娱乐和其他形式的生活方式营销向目标受众传递信息。用于体育和特殊活动赞助的金额以及赞助的数量急剧增长（表 9.1）。

表 9.1　按资产类型划分的北美赞助支出

资产类型	2011 年支出/亿美元	2012 年支出/亿美元	比 2011 年增加（%）	2013 年支出（预计）/亿美元	比 2012 年增加（预计）(%)
体育	123.8	130.1	5.1	137.9	6.0
娱乐	18.5	19.3	4.3	20.3	5.1
慈善	16.8	17	1.2	17.8	4.8
艺术	8.69	8.91	2.5	9.20	3.3
节日、展会和年度活动	8.04	8.25	2.6	8.49	2.9
协会和会员组织	5.32	5.5	3.4	5.72	4.0

资料来源：经许可，转载自 IEG, “2013 sponsorship outlook: Spending increase is double-edged sword,” IEG Sponsorship Report, Jan. 7.

（由于该报告是 2013 年 1 月发布的，所以表中最后两列都是预计值。）

第二节　营销组合中的赞助

如前所述，营销组合包括五大类变量：产品、价格、促销、渠道（包括分销）和公共关系。营销人员的任务是在不断变化的环境中控制这些变量，以满足目标市场的需求（图 9.1）。

作为营销组合的关键组成部分，促销通常被称为沟通组合（图 9.2）。[3]与其他促销活动（通常是独立的）相比，赞助活动因包含多种营销组合要素而更为完整。

如第十章所述，促销的作用是告知和说服消费者，从而影响其购买决策。促销或沟通组合的要素传统上被认为是广告、人员推销、宣传、定位和销售促进。赞助协议中包含了部分或全部的这些要素组合（图 9.3）。

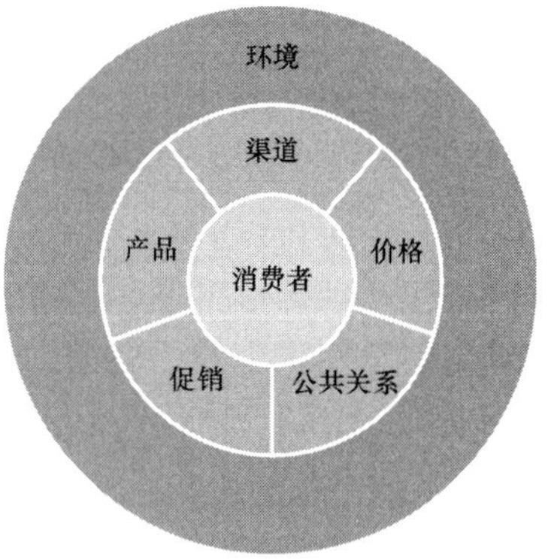

图 9.1　营销组合要素

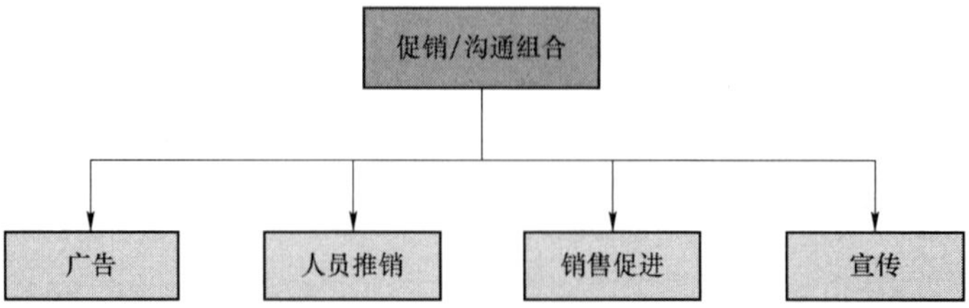

图 9.2　传统的促销/沟通组合

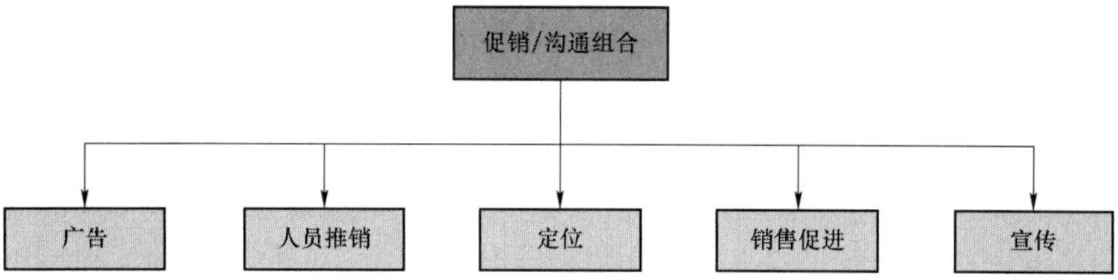

图 9.3　更广泛的促销/沟通组合

款待是一项结合了人员推销、定位和促销的赞助活动。款待机会是赞助资产或赞助权益的一种形式，通常与诸如奥运会、世界杯、超级碗、NBA 全明星周末、代托纳 500 赛车（Daytona 500）等顶级赛事以及主要表演艺术家的巡回演唱会等有关。款待可以被定义为体育资产或娱乐资产向赞助商提供专用座位区的门票、住宿、交通、现场特殊活动以及与该活动或赛事相关的特殊活动和游览服务。赞助商又可以利用这些资产或权益来招待客户，回馈那些长期支持公司或购买量大的最佳客户，或吸引新的潜在客户。这种互惠互利不仅将赞助商定位为具有影响力和权力的个人或实体，而且还是一种人员推销方式，因为赞助商可以通过与主要客户和潜在客户进行面对面的交流来开展活动。通过向现有客户和潜在客户宣传公司，款待这种赞助形式也起到一定的促销作用。

赞助权益和赞助关系也可以用于广告和销售活动。例如，桂冠达机油（Quaker State Motor Oil）可能利用与 NASCAR 的关系进行全国性推广，其中包括以下促销要素以及从赞助关系中获得的权益：

- 抽奖赢取代托纳 500 汽车大赛的免费双人旅行；
- NASCAR 网站促销活动，进入网站即可获得优惠；
- 提供款待服务，包括与理查德·佩蒂见面的机会；
- 提供赛道广告；
- 提供电视广告；
- 在零售点陈列 NASCAR 标志和理查德·佩蒂的图像。

因此，赞助商有机会在与体育或娱乐资产的任何赞助关系中对促销或沟通组合的众多要素进行整合。

赞助商为促进或激活其赞助关系而产生的费用，通常指授予赞助商关系和使用该关系权利的许可费或合作费用。赞助激活通常是指通过多种方式使品牌与目标市场进行互动，从而使品牌焕发活力。IEG 将赞助激活定义为“公司为增强赞助效果而进行的营销活动。为进行赞助激活而产生的费用超过了支付给被赞助方的权利费”。有时赞助激活也被称为杠杆激活。[4]

例如，雪碧是 NBA 的赞助商和官方合作伙伴。雪碧（通过其母公司可口可乐）每年向 NBA 支付一笔费用，以换取与 NBA 的合作关系并获得某些权益，这些权益包括但不限于以下各项：

- 软饮料类别中的类别排他权（由于雪碧是合作伙伴，因此没有直接竞争者；不属于可口可乐产品系列的软饮料产品不能获得任何赞助或促销权）；
- 使用 NBA 注册商标和官方产品名称（“雪碧是 NBA 全明星赛的官方软饮料”）；

● NBA 全明星周末期间的首选门票套餐和款待机会；

● 有权在店内和网上进行促销，并有权在零售点陈列 NBA 标志和已签约的 NBA 球员图像；

● 有权开展与 NBA 全明星周末相关的全国性推广活动和竞赛，例如 NBA 全明星投票。

因此，在 NBA 合作伙伴雪碧进行年度全明星投票促销活动期间，球迷们会在 NBA 球场、网上以及通过各种零售店投票选出他们最喜欢的 NBA 球员。除了支付成为 NBA 合作伙伴的许可费，雪碧还承担了与激活该促销活动相关的所有费用。

通过盛大的场面开展营销：庇西特拉图公司和古老的赞助艺术

当我们听到一家大公司在体育场馆、赛事、运动队或联盟投资数百万时，我们应该意识到，通过体育进行营销不是从现代才开始的。该策略可以追溯到古希腊和罗马时代。诚然，他们当时没有今天我们所想到的公司或企业。但是，对许多商业实体而言，提升企业形象或赢得消费者忠诚是激烈竞争的价值所在。其中包括一系列被称为暴君的政治人物——希腊人用“暴君”这个词来指称那些通过非法或违宪手段控制城市和国家的人。正如历史学家唐·凯尔（Don Kyle）所写的那样，暴君需要通过获得广泛的民众青睐来证明并加强其政权。他们最喜欢的方式之一是举办体育节。

雅典的庇西特拉图（Peisistratus）就是这样一位暴君，他在公元前 561～527 年之间在雅典发动了三场政变。他需要获得广泛支持以抵抗所有拥有权力的贵族家族的反击。他的主要策略是举办新的大泛雅典娜节（Great Panathenaic Festival），其中包括赛马、赛跑、拳击和其他比赛。这个节日在场馆、行政管理、神圣的祭祀和奖品上的投资，使雅典娜和整个城邦的地位提高了，超过了倍受尊崇古老部落。当然，领导人的声誉也提高了。也许这是解释亚里士多德后来写下这句话的部分原因：“男人们经常说庇西特拉图的暴政是克洛诺斯的黄金时代。”

在古代，类似的场面很常见：暴君赞助节日，并利用奥运会和其他比赛的胜利来提高声誉，特别是如果他们可以雇用到像品达（Pindar）这样的诗人来写纪念诗或胜利颂歌，他们的声誉会更高。公元前 532 年，为巩固其政权，庇西特拉图采取了进一步措施，当时他与一位流亡的雅典人西门（Cimon）进行交易，后者刚刚赢得了第二届奥林匹克四马战车比赛。庇西特拉图允许西门返回家园，而西门则允许庇西特拉图宣布为官方胜利者。没有什么能像奥运会的胜利一样能如此为庇西特拉图的简历增光添彩。像庞培（Pompey）、克拉苏斯（Crassus）这样的罗马强者以及几乎所有的统治者都采用了类似的策略来赢得并维持越来越多的罗马暴民的青睐。罗马讽刺作家朱文诺（Juvenal）用一组词概括了这一切——面包与马戏。

一些场馆同某些思想一样经受了时间的考验。2010 年 8 月，意大利文化部宣布，正在寻求有关特殊赞助和特殊场馆（罗马斗兽场）的冠名权方案。罗马斗兽场建成于公元前 80 年，目前每年仍可吸引 500 万游客，但 4 700 万美元的门票收入不足以保护该建筑免遭破坏。到 2010 年，只有 35%的建筑向游客开放。其三年期预算削减 2.33 亿美元，意大利文化部正在寻找 3 300 万美元的赞助金来资助修复工作。彭博新闻社列出了赞助收益，包括“广告权”“享受私人导游的权利”、在票证上附赞助公司名称和徽标的权利，以及“修复过程的独家拍摄权”。而且幸运的是，在建筑周围设立的广告牌高度被限定在 8.2 英尺（约 2.5 米）以下。经过几个月的谈判，罗马与 Tod's 奢侈鞋品牌的创始人迭戈·德拉·瓦勒（Diego Della Valle）达成了交易。德拉·瓦勒先生为消除公众顾虑，宣布说：“我不会把 Tod's 的鞋子放在罗马斗兽场上。”双方对赞助权益激活的活动做出了限制。

因此，当你看到有关明尼苏达州 Xcel 能源中心的故事时，观看 NASCAR 比赛发现车上贴着劳氏或百思买（Best Buy）的标牌时，或者听托斯蒂多滋（Tostitos）的首席执行官颁发奖杯时，可以想一想庇西特拉图及其通过体育成功营销的方式。[5]

第三节　赞助的增长

正如关于古代暴君的补充材料所示，长久以来体育赛事一直吸引着赞助商。但是，在过去的半个世纪中，有几个因素促成了体育赞助的爆炸性增长。与营销相关的文献表明，一些赞助的出现和增长与烟草和酒精饮料广告的禁令相关。[6] 20 世纪 70 年代，烟草和酒精饮料制造商开始被迫寻找直接广告渠道之外的产品促销方式。1971 年反烟草力量在禁止香烟广告方面取得了胜利，导致烟草公司不得不将其庞大的广告影响力（和预算）转向体育赞助。[7] IEG 赞助报告指出，1997 年，烟草公司在体育赞助上花费了 1.95 亿美元，其中 95%花在了赛车领域，约占该体育细分领域总赞助收入的 20%。[8]但是，在过去的 30 年中，烟草业的格局发生了翻天覆地的变化。最后一家参与赛车赞助的大型烟草公司罗杰雷诺兹（Reynolds）离开了 NASCAR。美国食品及药物管理局（FDA）通过了一项于 2010 年 6 月生效的新法规，该法规规定禁止在任何体育赛事中出现卷烟和无烟烟草的赞助。因此，烟草业已经从体育的赞助者和支持者发展成为毒瘤（从字面上看），并被禁止赞助体育活动。[9]

广告预算庞大的公司逐渐发现，印刷和电子媒体中存在过多的“噪声”。一个普通人每天会收到 3500 多条推销信息，或每 90 分钟收到 250 条广告和推送信息。而 250 条广告或推送信息只能收到一条回复，也就是说，无论内容设计如何精细，营销机会仅有 1/250。因此，这种营销方式产生影响的机会很小，更不用说影响购买决策过程了。[10]

此外，广告成本，特别是电视节目和活动的广告成本继续上升。由于技术的进步、支付能力的提升以及可得性的提高，人们更愿意在各类媒介上投放体育类广告。尼尔森全球广告观察列出了 2011 年至 2012 年的媒体广告支出增长情况：[11]

- 互联网广告增长 7.2%；
- 广播广告增长 6.6%；
- 电影院广告增长 5.9%；
- 户外广告增长 4.7%；
- 电视广告增长 3.1%；
- 报纸广告增长 1.6%；
- 杂志广告增长 1.3%。

NFL2004 年超级碗的 30 秒广告费用为 230 万美元；2013 年超级碗 XLVII 的 30 秒广告费用为 350 万美元。自 2001 年以来，超级碗广告价格上涨了 60%以上。为什么超级碗的广告如此昂贵？从以下 2011 年超级碗 XLV 的数据中可以得出结论：

- 46%的美国家庭收看超级碗。
- 该比赛吸引了 1.11 亿观众。
- 除了电视收视率外，大众汽车公司的达斯·维达（Darth Vader）在 Youtube 上的广告有 4 800 万次点击量（还在继续增长）。
- 达斯·维达广告为大众汽车公司创造了 1 亿美元的宣传价值。

● 58%的消费者认为，超级碗广告比普通电视广告更令人难忘。[12]

因此，通过开发体育赞助的沟通渠道，企业发现他们可以在成本低于广告宣传的情况下（不包括超级碗）实现更高的曝光率。

表 9.2 显示了按类别划分的广告支出，表 9.3 显示了按品牌划分的前 20 名体育广告主。

表 9.2　按类别划分的广告支出

细分市场	2010 年（%）	2009 年（%）	2008 年（%）	2007 年（%）
汽车	23.80	20.00	21.90	23.00
电信	11.90	10.40	10.80	11.60
比萨等快餐服务	9.60	10.70	9.90	8.60
啤酒	7.50	9.00	7.50	8.40
保险	6.00	5.70	5.30	5.40
电影	5.00	4.50	4.40	3.20
信用卡	3.10	2.90	6.50	3.80
金融	3.00	1.50	1.00	1.00
软饮料	2.20	1.80	2.40	2.20
药品	2.00	3.70	2.60	2.70

资料来源：经许可，转载自 D. Broughton, 2011, "Sports ad spending roars back," *Smith & Street SportsBusiness Journal,* 14(3): 1.

表 9.3　前 20 名的体育广告主

2010 年排名（2009 年排名）	公司或品牌	2010 年体育广告支出	2010 年广告支出总额	专门用于体育的广告支出占比（%）	体育广告支出变化（与 2009 年相比）（%）	体育广告支出变化（与 2008 年相比）（%）
1 (7)	AT&T 移动	$366 313,812	$1 129,589 500	32.40	102.80	37.20
2 (1)	安海斯－布希	$356 205,906	$440 676,094	80.80	14.40	8.70
3 (3)	威瑞森	$340 529,688	$1 134,530 125	30.00	38.10	45.90
4 (2)	福特	$304 976,281	$1 026,098 032	29.70	22.70	69.90
5 (5)	丰田	$240 029,368	$983 938,875	34.40	18.00	8.0
6 (10)	雪佛兰	$238 965,192	$758 333,376	31.50	43.40	3.70
7 (8)	盖可	$216 789,219	$544 623,000	39.80	27.20	58.90
8 (4)	米勒康胜	$214 447,797	$284 931,469	75.30	−5.40	94.80
9 (11)	麦当劳	$202 887,766	$721 521,000	28.10	30.20	18.40
10 (6)	雪碧	$179 083,297	$512 211,688	35.00	−10.60	−3.50
11 (9)	DirecTV	$175 414,641	$381 546,125	46.00	4.20	14.30
12 (25)	日产	$160 993,935	$400 248,382	40.20	105.90	−0.10
13 (24)	可口可乐	$144 664,359	$227 839,172	63.50	77.80	19.90
14 (16)	华纳兄弟	$138 607,172	$537 765,438	25.80	25.30	99.60
15 (13)	西南航空	$131 300,672	$180 044,609	72.90	2.00	−0.60
16 (14)	国家农场	$129 327,820	$392 475,125	33.00	11.10	14.90

续表

2010 年排名（2009 年排名）	公司或品牌	2010 年体育广告支出	2010 年广告支出总额	专门用于体育的广告支出占比（%）	体育广告支出变化（与 2009 年相比）（%）	体育广告支出变化（与 2008 年相比）（%）
17 (35)	NFL	$125 642,688	$138 397,391	90.80	−3.40	−2.50
18 (18)	赛百味	$125 315,508	$432 709,188	29.00	26.70	21.80
19 (17)	雷克萨斯	$124 981,059	$273 876,320	45.60	21.70	67.80
20 (15)	塔可贝尔	$119 644,273	$387 067,312	30.90	5.40	17.00

资料来源：经许可，转载自 D. Broughton, 2011, "Sports ad spending roars back," *Smith & Street SportsBusiness Journal,* 14(3): 1.

1984 年的洛杉矶奥运会是历史上首次由民间承办的奥运会，并且是通过体育进行企业赞助和促销授权的里程碑。1984 年的奥运会赞助商获得了广泛的媒体曝光，并在一定程度上树立了良好的形象，奥运会为洛杉矶奥林匹克组织委员会（LAOOC）带来了利润。LAOOC 总裁皮特•尤伯罗斯（Peter Ueberroth）为避免混乱和重复，确保类别排他性，将奥运会赞助商的数量限制为 30 个，从而开启了企业赞助奥运会的梦想。[13]因此，在相同赞助成本增加的情况下，尤伯罗斯能够提高赞助价值。尤伯罗斯证明，随着成本的增加，后继权益的价值也会增加，由于体育资产（奥运会）与赞助商（30 家赞助企业）之间互利双赢，因此赞助实际上就达成了一种合作关系。诸如 1984 年奥运会和其他互惠关系之类的经验促成了“合作伙伴”一词的出现，这表明赞助可以是一种合作关系，希望获得利益的公司可以与体育资产协作，以创造出理想的结果。在新场馆寻找新合作伙伴以及奥兰多魔术队的“社区冠军计划”能够有效控制合作伙伴的数量，并为该级别的合作伙伴提供更多曝光和参与机会。

1984 年奥运会之后，随着公众和体育管理机构越来越多地接受体育商业化，促销授权和赞助协议激增。图 9.4 显示了从 2009—2012 年的赞助、广告和销售促进活动的情况。表 9.4 描述了 2011—2013 年期间全球的赞助支出。

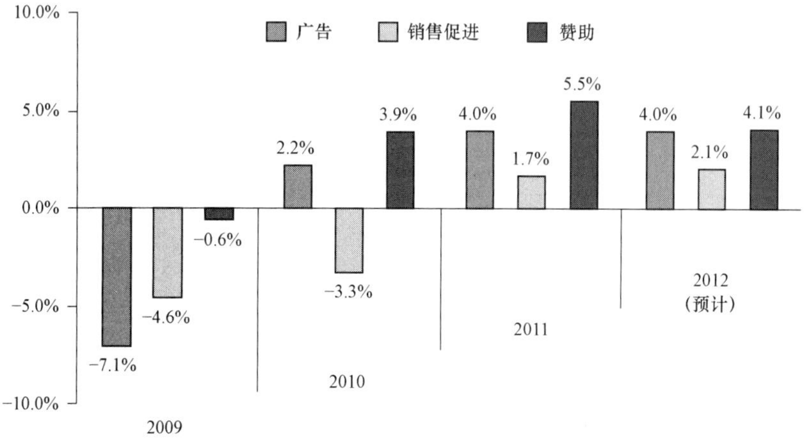

图 9.4 广告、销售促进和赞助的年增长率

数据来源为 IEG, "2013 sponsorship outlook: Spending increase is double–edged sword," *IEG Sponsorship Report,* Jan. 7.

表 9.4 全球不同区域的赞助支出

	2011 年支出/亿美元	2012 年支出/亿美元	比 2011 年增加（%）	2013 年支出（预计）/亿美元	比 2012 年增加（预计）（%）
欧洲	135	141	4.7	145	2.8
亚太地区	112	120	6.7	126	5
中美洲和南美洲	37	39	5.6	40	2.6
所有其他国家/地区	21	22	5.1	23	4.5

资料来源：经许可，转载自 IEG, “2013 sponsorship outlook: Spending increase is double-edged sword,” *IEG Sponsorship Report*, Jan. 7.

（由于该报告是 2013 年 1 月发布的，所以表中最后两列都是预计值）

由于赞助的有效性得到证实，所以赞助成本增加了。此外，营销成本的经济效益越来越受到关注，管理者必须能够证明其营销投资（包括赞助）的合理性。[14] 为了加强对赛事活动及其成本的控制，财力雄厚的公司创办并拥有了自己的体育赛事。普罗舍夫（ProServ）创始人唐纳德·戴尔（Donald Dell）和已故的 IMG 创始人马克·麦科马克（Mark McCormack）于 20 世纪 60 年代和 70 年代率先提出了这种做法，他们试图为客户创造机会。1997 年，耐克宣布推出耐克体育娱乐部，该部门旨在发起和管理耐克自己的赛事活动。耐克体育娱乐部当时的经理伊恩·B.坎贝尔（Ian B. Campbell）表示：“资产收购的成本更高。球员和球队比六个月前价值更高。我认为，如果你打算在世界任何地方投资一名运动员或一支球队，你必须从品牌的整体角度证明你所做的一切，并确保该方案的完整性。如果你自己可以做，为什么还要冒着失败的风险委托给第三方呢？”[15]

在线赞助

根据《国际营销报告》发布的最新报告，赞助激活正在发生改变。这项发表在《通过体育推动业务发展 第 3 部分 激活和案例研究》中的研究结果表明赞助已经开始向数字和体验激活转变。报告作者西蒙·赖恩斯（Simon Rines）表示：“过去，赞助是通过传统的营销准则来激活的，例如广告、公关、促销、招待会和商品。新报告分析了欧洲许多主要赞助商的案例，研究表明赞助行为朝着在线激活和现场活动迈进了一步。”

“鉴于近年来全球都在向互联网发展，一些研究结果是能够预见的。但是赞助商对使用新媒体的态度很有意思，即他们可以看到传统媒体正在衰落，因此必须转而使用新媒体来激活赞助权益。然而他们并不仅仅是寻求获得第三方网站的曝光，而是开始控制媒体导向。现在许多重要的赞助商都创建了自己的网站，以获得最大限度的投资回报。”

赖恩斯指出，这不仅意味着赞助商有自己的网站，也表明激活过程变得更加复杂：“我们看到主题网站的兴起。例如，英国的赞助商卡尔兰啤酒（Carling）为周日足球联赛创建了一个社交网站。业余玩家可以建立自己的球队并发布新闻、比分、视频、图片和评论。它与该品牌对职业足球的赞助没有直接联系，但是赞助使它拥有了这种媒体的信誉。”

“这个案例研究令人印象深刻的是，该品牌随后通过体验式和病毒式营销来进一步激活赞助。他们利用公共广播系统、烟火、围墙板和歌手演唱，为周日的联赛增添了一种魅力，仅此一项就引发了大量新闻报道。但是重要的部分是他们在 YouTube 和 Metacafe 等视频共享网站以及男性生活方式杂志《*Loaded*》等相关媒体拥有的网站上发布的视频获得了成千上万的播放量，这有助于增加网站流量和点击量。尽管没有任何官方授权，目前卡尔兰啤酒拥有英国周日足球联赛（Sunday league football）的部分所有权，甚至成了联赛机构本身的代名词。”

报告中的案例研究表明，其他赞助商通过使用网络产生了巨大的影响，其中包括可口可乐。可口可乐利用该公司与英格兰足球联赛的赞助关系开展促销活动，促使大量球迷浏览可口可乐公司的网站。该报告还显示，现场观赛正变得越来越重要。

赖恩斯说："寻求通过现场交流来激活的赞助计划的数量肯定有所增加。""在报告中，发生这种情况的案例研究千差万别，但其中包括政府为减少摩托车事故而开展的体育活动，三星在切尔西设立了球迷表演区，以及包括儿童教练在内的企业社会责任计划。而最具创造力的赞助激活的是安联在机场和全球城市中心灵活利用自己对慕尼黑俱乐部的冠名权。"[17]

资料来源：经许可，转载自 W. D'Orio, 1997, "Just doing It," Promo, 10(4): 38.

这种所有权和控制源的理念是 NBC 和清晰频道户外广告公司（Clear Channel）与公司合作伙伴激浪功能饮料在 2005 年一起创办并推出激浪极限运动巡回赛的主要动力，而 ESPN 和美国第一资本金融公司（Capital One）在每年 12 月联合推出 ESPN–第一资本杯周。[16]

体育赞助增长的其他因素主要与新体育产品创造的额外赞助机会有关，例如：

● 随着大学的体育联盟扩大了自己的网络，区域体育网络和由职业体育联盟（如 NBA TV 和 NFL Network）创建的网络取得了成功，越来越多的电视频道也开始重视体育节目。

● 技术发展允许人们随时随地通过手机、平板电脑和其他设备观看体育节目，不再局限于通过电视或特定时间以传统方式观看体育。

● 新兴体育产品出现了，例如综合格斗，以及从其他国家/地区引进的节目，例如通过卫星或有线电视供应商或线上资源进行转播的英超联赛和板球比赛。

● 以体育为主题的电子游戏和幻想体育吸引了更多的受众观看体育节目和内容。

● 体育全球化，即从一个国家进出口体育节目和内容，包括在国外举行表演赛和常规赛，其目的是为了在电视和网络上吸引追随者。

第四节　体育赞助必须提供什么

在 20 世纪 70 年代，体育营销通常既可以服务于高管人员的个人利益，也可以作为慈善捐助和支持的工具。但是从 20 世纪 80 年代开始，体育营销已成为一种实践，内容包括认真的研究、大量的投资以及与公司目标相关的战略举措。显然，自 2008 年以来我们开启了真正的全球经济化时代，一个国家发生的事情可能严重影响其他国家的金融和经济前景。在结构和支出方面，赞助受到全球经济及其所产生的问题的严重影响。支出的审查比以往任何时候都严格，不仅公司自身会审查，而且媒体以及某些情况下政府部门也会审查。[18] ROI（投资回报率）、ROO（目标回报率）和 ROE（净资产收益率）引起了人们对赞助投资预期的问责制和衡量标准的广泛关注。在这十年的经济动荡中，体育或娱乐业可以为潜在的赞助商提供什么赞助依据和好处？

在体育或娱乐营销方面，公司试图从消费者的生活方式入手来接触其目标消费者。据哈南（Hanan）所说，"生活方式"营销是一种策略，它根据市场最有意义的、反复出现的态度和活动模式来把握市场的概念，然后量身定制产品及其促销策略以适应这些模式。[19] 企业营销高管发现，无论其公司规模大小，将销售信息与休闲活动相关联是一种可靠且迅速的信息传递方式。其基本原理是，休闲是一种有说服力的环境，通过该环境可以将销售信息与目标消费者联系起来。公司或产品与赛事或活动的关联也很重要，因为体育赛事具有良好的公众接受度和很高的粉丝关注度，并且所有形式的媒体报道都有其新闻价值。通过与赛事或活动建立联系，公司可以分享赛事本身的信誉和赛事目的，同时向更放松和可能更容易接受的消费者传递信息。

另外，某些赛事使营销人员可以触及特定的细分市场，例如重度用户、股东和投资者，或在人口统计学、心理或地理上已被细分为重要的特定群体。康之选品牌（Healthy Choice）成为美国滑雪队的官方营养顾问，这是该公司进行的首项体育赞助活动。赞助的理由是“为体育团队提供建议可以向消费者展示我们的强大实力，使消费者对我们的信息有更深入的了解。运动员这一群体年轻且重要，他们不愿意在营养或口味上做出妥协，因此赞助对我们的消费者来说是一个令人兴奋的信息。”[20]

另一个例子是奥迪（Audi）公司，该公司与马术比赛、滑雪比赛和帆船赛都签署了赞助协议，因为他们在前期研究中得知，这些体育项目的参与者和追随者是奥迪的典型目标群。[21]

第五节　企业目标

并非每家公司都有耐克、阿迪达斯或苹果的资源和全球影响力。因此，赞助或其他促销许可活动的每种方法都应考虑以下事实：很难用统一或明确的方式对公司目标进行分类。在制定赞助目标时，公司经常会有许多重叠且相互作用的目标。根据米纳汉（Meenaghan）的说法，赞助的目标范围从承担社会责任到与广告相关的商业目标。[22] 学术著作、实践经验以及有关促销授权和赞助的研究结果表明，在决策过程中，单一的企业目标无法决定企业是否应当考虑进行赞助，以及如果进行赞助应选择哪个赞助对象。欧文、阿西马科普洛斯（Asimakopoulos）和萨顿进行的一项研究表明，公司形象及其与目标市场的契合度是制订赞助计划的最重要标准。[23]图 9.5 是赞助商根据公司目标筛选潜在赞助机会的工具。

根据研究，以下目标通常会影响签订体育赞助协议的决定：

- 提高公众对公司、产品和/或服务的认识；
- 改变或改善公众对公司的看法；
- 识别公司的特定细分市场；
- 使公司进入社区或关键地理细分市场；
- 在决策者之间建立商誉；
- 创造媒体效益；
- 实现销售目标；
- 展示独特的产品功能、技术或优势；
- 通过联合或排他性创造相对竞争者优势；
- 在款待和娱乐方面获得独特的机会；
- 安全可靠的授权或显而易见的命名权。

标准	WT	−4	−3	−2	−1	0	1	2	3	4	Total
预算考虑因素											
支付能力											
成本效益											
管理问题											
赛事概况											
组织委员会情况											
媒体保障											
法律地位											
监管政策											
运动员的合作											
管理机构情况											
营销机构简介											
形象定位											
产品与运动项目的形象契合度											
产品功能匹配											
形象与目标市场相匹配											
市场定位											
直接受众											
• 人口契合度											
• 规模											
• 粉丝关联强度											
扩展的媒体报道											
• 全国报道											
• 当地报道											
扩展的观众信息											
人口契合度											
规模											
公共关系											
酒店住宿											
社区领导出席											
客户出席											
员工的体育运动知识											
赛事销售与零售搭配											
新客户机会											
促销机会											
促销许可											
辅助性广告											
使用广告牌的机会											
竞争考虑因素											
竞争利益											
埋伏营销的规避											
赞助情况											
冠名赞助商											
主要赞助商											
排他性											
知名程度											
长期合作											
备选赞助											
联合赞助商											
实物供应商											
赞助类型											
运动队											
联盟或冠军队											
赛事											
设施											
总计											

图 9.5　修订后的体育赞助方案评价模型（WT=权重）

表 9.5 显示了 2011 年进行的 IEG/绩效研究结果，企业决策者在对潜在赞助机会做出决策时需要考虑的目标按其重要性进行了排序。

每一个目标都可以通过多种方式实现。他们应为赞助商提供货币形式的 ROI 或根据目标或目的衡量 ROO 或 ROE；也就是说，赞助是否达到了预期的目标？在以下部分中，我们将说明各种目标的含义及其重要性，并举例说明在体育赞助的背景下如何使用和实现目标。图 9.6 中所示的赞助范式的简单模型说明了体育资产及其赞助商期待的赞助收益。双方都有其自身需要履行的义务，也可获得相应的权益。

表 9.5　决策者按重要性对公司目标进行排序

目标	排序	重要性百分比评级（%）
创建知名度或可见度	1	68
提高品牌忠诚度	2	65
改变或强化形象	3	53
促进零售商或经销商的交易	4	53
刺激销售或试用	5	43
展示社区或社会责任	6	40
产品抽样、产品陈列和展示	7	34
招待客户或潜在客户	8	33
获得现场销售权	9	17

数据来源为 *11th Annual IEG/performance research decision makers survey,* 2011, (Newport, Rhode Island: Performance Research), 31–32.

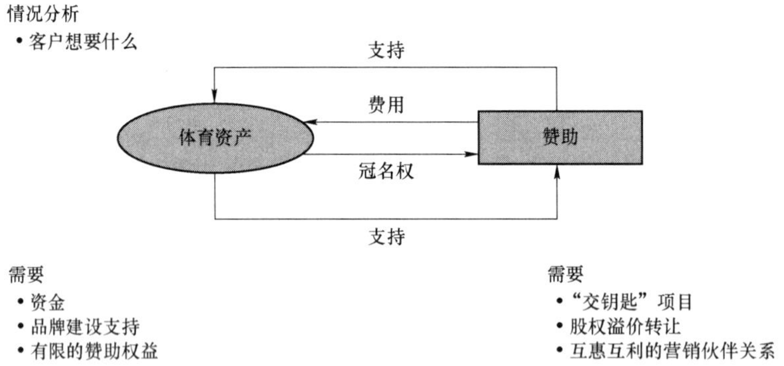

图 9.6　赞助范例

一、提高知名度

赞助通常是为了提高知名度，或让公众了解公司的能力或其产品和服务的好处。总部位于中国的计算机硬件和电子产品跨国公司联想（Lenovo）最近签约成为 NFL 的官方电脑供应商。联想北美市场执行董事戴维 • 雷宾（David Rabin）解释了签订这项赞助协议的原因：“我们（联想）是科技界最大的品牌之一，但很多人仍然没有听说过，所以我们选择了一个像 NFL

这样强大的品牌并与之合作。”[24]

二、影响公众认知

由于赞助可提供形象联想或形象传递的机会，因此作为一种营销传播工具，其对企业具有吸引力。选择具有特定属性的体育项目或赛事可以帮助公司获得理想的形象，从而强化或改变消费者对公司或其产品的看法。当公司与体育项目或赛事有实际或逻辑联系时，选择难度就会降低。当公司的目标群体与体育项目或赛事的目标群体之间存在关联，公司的期望形象与体育项目或赛事的形象之间存在关联，以及被推广的产品特征和有助于推广产品的体育实体的信誉之间存在关联时，有效赞助协议的潜力最大。为了营造去餐厅能够有像去体育场一样的感觉，布法罗鸡翅烧烤（Buffalo Wild Wings）餐厅和曾在亚利桑那州坦佩市举办的 Insight.com 碗赛之间达成赞助协议。新的赞助使这家连锁店比以往更紧密地与体育联系在一起，还采用了标语“鸡翅、啤酒和运动（Wings，Beer and Sports）”。[25]

三、建立与特定细分市场的联系

事实证明，选择与目标相符的赞助协议对许多赞助商是有益的。例如，之前提到的 NFL 和联想集团的赞助协议之所以能够完成，很大程度上是因为 NFL 可以为联想提供满足年龄和性别条件的潜在客户。联想集团高级副总裁兼北美区总裁戴维•施莫克（David Schmook）表示：“随着我们继续扩大在美国的业务，18～35 岁年龄段的用户是我们的重点客户对象，NFL 的力量和影响力可以帮助我们接触到这部分客户。”[26]

与特定目标市场相关联的另一个例子是 2012 年可口可乐对伦敦奥运会的赞助。可口可乐的全球营销团队决定开展针对青少年的奥林匹克营销活动，促使该公司的北美部门针对母亲群体制定一个互补的营销策略。该公司之所以重视母亲群体是因为，相比大多数体育赛事，奥运会吸引了更多的女性观众。2008 年北京奥运会的观众中，有 49%是 18 岁以上的女性，其中很多是妈妈。体育和娱乐营销合作伙伴关系北美区域高级副总裁莎伦•拜尔斯（Sharon Byers）表示：“美国的妈妈是家庭消费的决策者，我们希望继续通过妈妈来宣传公司促进健康、积极生活的理念。”抽奖是重要活动之一，妈妈们可以利用可口可乐奖励积分，获得让奥运跨栏运动员戴维•奥利弗（David Oliver）参观孩子学校的机会。[27]

四、参与社区活动

在对社区产生直接影响方面，赞助比其他任何促销手段都更有潜力。在这种情况下，赞助通常采用公共关系或社区关系的形式，其目的通常是将公司定位为对社区关注并感兴趣的公民，而且愿意回馈社区。公司可以通过体育赞助向特定社区、地区或其他受公司目标影响的地理区域提供赞助，从而将社区关系作为目标。通过许可或赞助活动，公司展示了其对当地问题的认识，以影响潜在的客户以及当地的社会和政府机构。在某些情况下，公司合作伙伴会为存在财务危机的赛事提供财务或其他支持。例如，一家公司可以帮助处于危机中的当地俱乐部或支持覆盖大范围地理区域的校际体育项目。有证据表明支持促销计划可以增加公司对社区的参与度。米纳汉（Meenaghan）引用了一项调查，其中 72%的受访者认为商业公司应该赞助更多的此类活动。认为企业应该赞助体育活动的受访者占37%，赞助儿童活动的占17%，赞助老年人活动的占11%，还有7%的受访者认为企业应赞助慈善事业。[28]

五、建立商誉

体育能够提供一个良好的、轻松的人际交往环境，从而引导或影响业务的达成。近年来，现有客户之间的市场份额竞争以及新客户和市场份额增长（尤其是国际市场）之间的竞争一直很激烈。能够为关键客户提供娱乐、门票和款待等独特机会的公司被视为潜在的良好商业伙伴，他们能够持续提供优质服务。例如，旅行者保险公司（Travelers Insurance Company）是著名的高尔夫大师赛的赞助商。该公司的企业广告和促销总监指出："该赛事是一项高级盛会，从人口统计学和心理学角度来讲，该赛事都与我们的目标非常匹配。"在高尔夫大师赛比赛期间，每天都会有一群来自美国各地的精英飞往活动现场。正如总监所言："业内有很多高尔夫爱好者，我们的许多经纪人都在高尔夫球场开展业务。当你将这两个因素结合在一起时，从商业角度来看，高尔夫大师锦标赛就很有意义。"[29]

在2012年10月在麦迪逊广场花园举行的12-12-12音乐会是建立商誉的一个很好的例子。这场音乐会是为了给桑迪飓风的受害者募捐，桑迪飓风摧毁了纽约和新泽西的许多社区。大通（Chase）捐赠了大约1 000万美元的现金并提供服务，例如提供办公空间和帮助举办音乐会，其中包括滚石乐队、"谁人"乐队（The Who）、布鲁斯·斯普林斯廷（Bruce Springsteen）和保罗·麦卡特尼（Paul McCartney）爵士等。除了参与与音乐会有关的活动外，大通还制定了一项员工援助计划，免除了90天的所有抵押贷款相关的费用，并为受影响的客户提供90天的抵押贷款费用延期。在音乐会的国际转播中，大通员工及其志愿者的工作被评为公共事业的典范。

这张宣传海报有助于传播大通（Chase）为飓风桑迪的受害者举办慈善音乐会的消息

六、创造媒体收益

媒体收益包括产品或赛事推广活动的广告和宣传费用。媒体收益通常等于ROI，并以产生的印象数和这些印象的来源来衡量。印象数是指观众（电视）、听众（广播）、读者（所有印刷形式）、单次访问和重复访问者（网站）、页面浏览量（网站）以及接触广告或促销信息的成员和活动（社交媒体网站）的数量。广告或促销消息可以是实际广告，但通常是在电视报道期间出现的标识或标志，或者在网站上的报纸照片或图像中显而易见的标识或标志。例如，在赛车比赛中，赛车手经常戴着带有赞助商名称的帽子，并可能在新闻发布会、采访或会议期间更换帽子，为赞助商提高曝光度并加深观众的品牌印象。这些印象的来源对赞助商很重要。《纽约时报》的照片具有很高的价值，因为《纽约时报》不仅拥有庞大的订阅量和发行量，而且还是一家全球性报纸，在网络上拥有大量订阅者。稍后，我们将探讨一些公司选择旨在创造媒体收益的赞助活动的方法。

2010 年盖可保险公司将与奥兰多魔术队近 10 年的合作伙伴关系提升为社区级别冠军。作为社区关系冠军的一部分，盖可获得了一个停车场的冠名权益，该停车场位于 4 号州际公路旁，与安利中心相邻。出售奥兰多市的停车场的冠名权为该市带来了收入来源。作为合作伙伴关系的另一部分，盖可保险公司被指定为奥兰多魔术队的官方汽车保险商。从 2012—2013 赛季开始，盖可保险公司得以使用安利中心内的数字标牌套餐，出现在魔术队的官方网站 OrlandoMagic.com 上、比赛日节目单的印刷广告中以及比赛的广播中。在整个赛季中，盖可保险公司参与了大量促销活动，例如赠品和中场赞助。[30]

七、展示独特的产品功能、技术或优势

近年来，越来越多的公司成为特定体育资产的赞助商，从而获得促销独特的产品功能或技术创新与应用的机会。在诸如 NASCAR 这样技术含量高的体育赛事中，这类赞助商一直很常见，但这一概念也在冰球、篮球和高尔夫等传统体育赛事领域得到了普遍应用。

位于佛罗里达州和墨尔本的哈里斯技术公司成为奥兰多魔术队社区合作伙伴的赢家，能够在奥兰多魔术队和 2012 NBA 全明星赛的比赛中实时展示其技术。哈里斯在他们的网站上对该技术进行了定位。

> 通过配备 800 多个转播设备的先进控制室，可以将高质量的转播视频传输到复杂的视频面板上。确保设备之间的互操作性可降低系统复杂性，减少停机时间。控制室功能的增强意味着员工效率的提高和培训时间的缩短。更先进的算法和更短的转换时间可以满足各种活动和赞助商的需求，改善粉丝的观赛体验。
>
> 由哈里斯技术提供支持的世界上最先进的高清转播中心，将使数百名记者和媒体关注并报道奥兰多 NBA 全明星赛的现场直播，包括视频、静态图像、语音和数据，并在全球范围内进行转播。我们认为，目前没有其他转播中心可以匹配这种高清和重放功能。[31]

在其他体育团队参观奥兰多魔术队时，哈里斯向他们展示了该公司的技术能力。

八、实现销售目标

营销的最终目标是增加市场份额，特别是增加销量和增强最终盈利能力。赞助以及沟通组合的其他要素通常被视为能够影响潜在消费者购买意愿的要素。从这个意义上讲，赞助作为一个多重阶段、多重影响的过程，在购买中构成了重要的刺激因素，但它也能够以更直接的方式影响销售。宝马在适合高端受众的赞助活动中投入了大量资金。从詹姆士·邦德出演的 007 电影到与健身和帆船相关的赛事活动，宝马通过赞助来实现其营销和销售目标。例如，为了应对快速增长的购买或租赁高档汽车的女性细分市场，宝马与丹斯金（Danskin）（美国女性专业舞蹈运动服装品牌）铁人三项系列赛签订了赞助协议。作为财务回报，宝马获得了可观的媒体收益，这些收益被用于当地经销商的推广，因为他们的主要营销目标是以吸引富

裕女性光临从而增加展厅的客流量。事实证明，该计划非常成功。在当地一个市场里，铁人三项系列赛参与者中有25%到访了该市场的宝马经销商。[32]

作为赞助或许可协议的收益，销售目标还可以与产品使用相关。与诸如游轮公司之类的实体或诸如游乐园或竞技场之类的场所的赞助关系或许可协议可能要求在设施中举办的所有赛事或大型聚会上使用特定产品或产品系列。一个明显的例子就是 NHL 的科罗拉多雪崩队（Avalanche）和 NBA 的掘金队（Nuggets）的主场——丹佛的百事可乐中心。尽管可口可乐以几个百分点的优势赢得了市场份额，但是销售软饮料的超市一直是可口可乐和百事可乐的战场。但是，在公园和娱乐设施、剧院、游轮以及体育赛事和场所的竞争中，可口可乐无疑是赢家。可口可乐的战略是签署赞助和许可协议，以确保产品的排他性。可口可乐全球合作伙伴和体验营销副总裁斯科特·麦丘恩（Scott McCune）表示："我们2010年的年度报告指出，FIFA世界杯在第二、三季度推动了我们的业务发展，我非常希望2012年年度报告显示（伦敦）奥运会也会推动我们的业务。"[33]

以销售为导向的赞助协议的另一个成功案例是伦敦奥运会，即宝马的促销活动"为美国队加油"，该活动帮助该公司销售了6 000多辆新车。促销活动包括特殊的试驾机会、每试驾一次向美国奥委会捐款 10 美元，以及购买新车会有 1 000 美元津贴。促销活动期间产生了26 535 次试驾，其中宝马成功销售了 6 633 辆新车，相当于约 25%的购买转换率。宝马"为美国队加油"计划的平均新车售价为 63 251 美元，创造了超过 1.5 亿美元的收入。[34]

九、开发独家赞助商

在某些情况下，尤其是在赞助费用较高或合同期限较长的情况下，产品或类别的独家赞助对于许可或赞助协议必不可少。自2007年经济低迷以来，独家赞助因为成本原因并没有像过去那样普遍。作为体育赞助大户，啤酒行业已经摆脱了排他性。啤酒公司通过确保标识所在区域足够醒目或购买场地内醒目的酒吧区域的冠名权，使得他们的啤酒成为场馆中最显眼的啤酒品牌。

对于坚持独家经营权的赞助商，特别是那些软饮料、信用卡、银行以及某些汽车赞助商，独家经营权条款规定，该特定类别的赞助商将是整个体育场馆中该类别唯一的品牌，或者根据协议条款，通过任何媒体转播或网站的同类赞助商也只能有该品牌。由于赞助协议中规定了赞助范围和赞助数量级，因此保证了冠名权协议的排他性，例如安利公司对奥兰多魔术队主场的冠名赞助，以及英超联赛各球队与赞助商的球衣冠名权交易。如前所述，排他性赞助的关键好处是提供巨大机会以推动增量销售，同时又使

阿森纳与阿联酋航空之间的赞助关系，以及体育场的冠名权交易，毫无疑问使阿联酋成为阿森纳的首选航空公司

竞争者无法与潜在购买者互动。这种竞争限制可以提高营销信息促进销售的能力，并可能影响赞助者和竞争者的获利能力。鉴于强烈的情感依恋，排他性使得营销人员可以将品牌或产品定位为支持赛事或特定团队（例如，PNC 为匹兹堡海盗队官方银行），同时暗示竞争对手的产品不会这样做，鼓励消费者响应和支持自家产品。

在与 NCAA 的企业合作伙伴协议中，纳贝斯克公司（Nabisco）被授予类别独家权。纳贝斯克的产品被 NCAA 定为其联盟的官方产品——包括曲奇、薄脆饼干和饼干。Nabisco 可以按自己的意愿促销这些商品，同时防止与上述任何类型产品的任何竞争对手与 NCAA 建立联系。例如，在每年 3 月和 4 月举行的 NCAA 篮球锦标赛期间，纳贝斯克作为 NCAA 合作伙伴关系的一部分，提供了“三月疯狂零食篮”，并重点介绍了趣多多、奥利奥以及卡夫、乐之、焙朗和小麦薄脆的所有饼干品种，这是纳贝斯克与 NCAA 合作所享有的部分权益。NCAA 及其篮球比赛为纳贝斯克提供了在饼干类别中进行独家宣传和推广的机会。

十、获得款待和娱乐机会

尽管款待和娱乐与前所述的许多其他概念有关，但是这一方式值得单独研究。款待和娱乐在赞助和促销许可计划中起着至关重要的作用，它能够为赞助商创造独特的利益和机会，而这种利益和机会往往在一般市场中无法获得。此类机会可能包括奥运会、世界杯、温布尔登网球锦标赛、超级碗、NBA 全明星周末之旅以及不向公众开放的现场招待和特殊活动。这种招待会、娱乐和访问对赞助商发展新客户，维护 VIP 客户是有价值的。美国电话电报公司（亚特兰大勇士队，大西洋海岸会议和 NASCAR Nextel 杯团队的赞助商）的广告副总裁威廉姆·佩特（William Pate）表示：“商务人士在闲暇时比在工作时更愿意接受信息。”[35]

款待的机会已成为大学体育项目赞助协议的条款之一，该协议将一票难求的黄金位置以及帐篷、餐饮和其他便利设施打包在一起。美国和国外的职业高尔夫和网球巡回赛，以及 NASCAR 和职业体育团体项目，都制定了类似的款待计划。此类项目通常是销售全球体育场馆豪华套房和包厢的基础。成功使用款待计划的关键是确保招待会是独特的、排他的，并且仅作为全面赞助协议的条款之一。

合作伙伴用款待福利来奖励自己的工作人员，当作比赛或抽奖的奖品，吸引潜在的新客户，或者促使他们的客户增加产品使用或消费、续订协议或签订新协议。例如，威瑞森电信公司（Verizon）提供的 NFL 之家就是很好的例子，它不仅可以发展首选客户，而且还可以发展潜在客户。NFL 之家向订阅用户收费以提供特殊观赛服务和商业机会。公司合作伙伴可以接待特殊客户，同时将他们的产品或服务介绍给高端客户。餐厅的特别座位、与球员会面和游戏室都是在新奥尔良 NFL 超级碗 XLVII 包厢可获得的权益的一部分。作为赞助商，威瑞森还设有一个品牌充电站和产品演示厅。[36]

十一、保障冠名权

有兴趣购买场馆或活动（例如巡回演唱会、赛车比赛和碗赛等）的冠名权的公司在考虑赞助可能性时会有一个衡量赞助价值的议程。该议程通常包括下列各项要素，并按照成本和各要素对组织的重要性进行排序：

- 报道或曝光次数；
- 地方、区域、国家和国际媒体报道的机会；
- 税收考虑；
- 品牌排他性和品牌建设；
- 公共关系、社区参与和支持；
- 款待及相关设施；
- 激活平台——赞助和促销活动。

红牛（Red Bull）是一家总部位于奥地利的体育和能量饮料制造商，正在美国寻找独特的体育营销地位，它收购了当时处于上升期的 MLS 的纽约—新泽西大都会明星队（NY–NJ Metro Stars），并将其重命名为红牛队（Red Bulls），以便在提到球队时可以出现其产品名。《团队营销报告》的创始人和前编辑艾伦·弗里德曼表示："冠名权是当前市场上最昂贵的体育营销投资，是'付款即可获得曝光'交易中最划算的一笔钱，也是公司营销手段中最没有得到充分利用的促销资产之一。"[37]选择进行冠名赞助的公司必须制订战略计划，以利用机会和财务资源来支持交易并激活品牌。银行业就是利用赞助协议中的冠名权获益的行业之一。在过去十年中，银行在冠名权交易中处于领先地位，因为冠名体育场馆不仅能够传达银行成功且管理完善的精通投资的形象，还传达了永久性概念，因为银行长期以来一直是冠名赞助的主力军。[38]

冠名权在 NASCAR 中备受关注。在传统赛车比赛中，公司通常起着重要作用。如果公司赞助赛车比赛，则公司名称将被合并到比赛名称中。例如，百事可乐的一种软饮料产品激浪功能饮料赞助了达灵顿南方 500 比赛。因此，该比赛被称为激浪达灵顿南方 500 比赛。如果公司成为赛车队的赞助商，则该公司的名称或品牌将与车队名称一起使用。例如，丰田拥有一支赛车队，并且是 NASCAR 的斯普林特杯系列赛的重要参与者。尽管斯普林特杯是该系列赛的冠名赞助商，但丰田和其他一些汽车制造商以及其他寻求曝光度的知名企业也赞助了自己的赛车队，并将公司名称或品牌名称显示在赛车的显著位置。在体育咨询公司 Repucom 专为《体育商业周刊》和《体育商业日报》进行的研究中，丰田在 2012 年 NASCAR 系列赛期间为媒体创造的价值为 35 078 828.39 美元。[39]表 9.6 说明了 NASCAR 赛表现最好的品牌及其媒体价值。

表 9.6　2012 年 NASCAR 斯普林特杯系列赛的十大赞助品牌

排名	品牌	媒体价值/美元
1	纳斯卡	115 934,858
2	纳斯卡普林斯特杯系列赛	58 149,159
3	雪佛兰	51 974,922
4	斯普林特	45 785,775
5	丰田	35 078,828
6	劳氏	28 354,112
7	5 小时能量	23 251,148
8	3M	22 657,734
9	联邦快递	22 517,359
10	代托纳 500	21 552,997
总和	所有品牌	12.1 亿

第六节　赞助激活

赞助激活（通常被称为参与式营销或体验式营销）是成功达成赞助协议的关键要素之一，因为它通过在目标市场和品牌希望促销的产品之间建立一个互动平台，使品牌焕发活力。公司寻找并利用独特的、有创意的方式，以期在公司与赛事或组织之间建立关联，这一过程通常被称为激活。IEG 首席洞察官勒萨·乌克曼（Lesa Ukman）表示："赞助可以建立品牌资产，提升销售和股东价值，但主要是通过激活赞助活动来实现的。"[40]沃瑟曼传媒集团赞助副总裁马特·威尔克斯特罗姆（Matt Wilkstrom）说："如今，许多品牌在激活赞助上的支出是赞助费的两到三倍。与所有广告一样，赞助企业需要对赞助资金的投资回报进行严格审查。你必须在激活合作伙伴关系上全力发挥创造力，同建立它们时一样。"[41]

赞助激活轮（图 9.7）说明了可用于赞助活动宣传与沟通的多种平台。社交媒体的重要性和费用支出都在增加，并且由于覆盖面广、适用性强和成本低的优势，社交媒体将继续成为主要的平台。

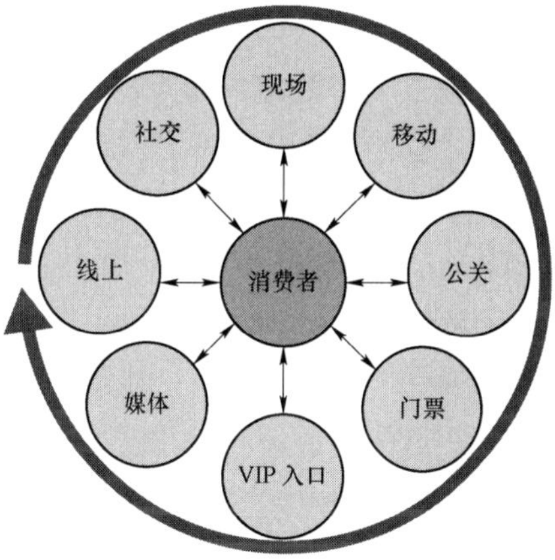

图 9.7　赞助激活轮展示了可以进行激活的各种平台

资料来源：经许可，转载自 T. Hughes, 2013, "How to increase fan engagement in sponsorship activation through social media," *The Migala Report*.

也许最有趣的赞助活动之一就是陶氏化学公司在全球范围内赞助奥运会。多年来，奥运会的赞助商更多的是可口可乐等消费品（CPG）公司。陶氏化学更像是一家 B2B 公司，然而他们通过展示自己的能力和产品，从实用的角度来寻求赞助。

陶氏化学已于 2010 年 7 月正式成为奥林匹克全球合作伙伴（TOP 计划）和 2020 年奥林匹克运动的官方化学公司。陶氏化学拥有 5 000 多种产品，在全球 36 个国家/地区生产。化工企业与奥运会之间的契合点可能不易被看到，但是我们只需要看一下奥林匹克主体育场就可以看到这种合作的智慧所在。

2012 年伦敦奥运会体育场的外部采用了包裹结构。外部包裹物由 306 块单独的面板组成，每个面板高 25 米，宽 2.5 米。围板由 50 多种颜色组成，并且带有奥运会的官方颜色。而该面板就是由陶氏公司生产的，陶氏公司按照建筑师的意图完成了体育场的建造，并使之成为伦敦奥运会的视觉焦点。

此外，陶氏产品遍布整个奥林匹克公园。陶氏的黏合剂将橡胶颗粒黏合在伦敦奥林匹克体育场的著名跑道上。该解决方案为跑者提供了硬度和弹性的完美平衡，为短跑运动员和长跑运动员确保了跑道表面的安全。我们可以在奥林匹克公园周围的奥林匹克场馆中找到陶氏公司提供的屋顶和地板，以及整个伦敦用于电线和电缆安装的材料，以确保在奥运会期间及以后进行高效和高质量的通信。此外，陶氏公司还为30多个奥运场馆提供了3 600个垃圾箱和回收箱。[42]

激活策略的最大风险显然发生在实施阶段。实施计划不够周密或资源不足会导致精心设计的消费者互动促销活动变成一场闹剧，进而引发来自各方面的负面媒体报道，对活动失望的参与者也会在社交媒体表达不满。百事可乐与纽约洋基队的激活计划就没有达到预期。参加百事可乐赞助推广活动的洋基队球迷在排了几个小时的队后发现门票少于承诺的数量时并不太高兴，因而高呼“百事可乐糟透了！百事可乐糟透了！”激动的人群打开了百事可乐瓶，将饮料倒在要分发的物品上，警察赶赴现场维持了秩序。在视频中，一个愤怒的球迷大喊：“喝可口可乐！”百事可乐在《纽约邮报》上说：“我们要做的就是让球迷成为庆祝活动的一部分，所以才免费赠送洋基队门票和百事可乐产品，但我们把这场活动搞砸了。”[43]为了将损失降到最低，百事可乐增加了门票数量并将活动延长了一天，但正如他们所说的，由于视频和社交媒体的内容持久存在，该事件的损失很难弥补。

一、通过社交媒体激活

由于重视赞助商与目标市场的互动，企业长期以来一直将体育视为吸引最狂热追随者的有效途径。然而，静态的广告牌早已过时，电视广告效果不理想且难以触及目标受众。营销人员尤其是体育营销人员，希望能够充分利用粉丝与他们所追随的运动员、运动队和联赛之间的情感依恋。

显然，社交媒体已经成为品牌和体育团队关注的焦点，他们希望通过社交媒体创建全面整合的粉丝激活的方式。ESBL社交媒体公司（该公司是一家致力于帮助客户扩展社交媒体指标并将其转换为收入的公司）的首席运营官杰夫·韦纳（Jeff Weiner）认为，社交媒体与互联网、电视、广播和报纸（美国第一份报纸出现在1721年）是18世纪以来逐渐形成的多媒体的五个最重要的方面。[44] Facebook页面、Twitter订阅源、位置应用程序和移动平台似乎都是为体育迷的痴迷和闲聊而定制的。这些工具使他们有更多机会接触他们所关注的联赛、运动队和运动员，同时，与天各一方的网友建立虚拟世界的友情，与彼此共享热情。这种热情正是品牌想要利用的。[45]

帮助赞助商通过社交媒体发挥作用的提示

在此，业内人士提供了一些技巧和最佳实践方法，以帮助赞助商通过Facebook和其他社交媒体平台激活赞助。

- 尽量减少商业化。尽管这一点似乎很明显，但在将赞助商纳入社交媒体推广中时，赞助权益持有方应避免硬性的销售信息，而应该将自身相关信息整合到增强粉丝体验的内容中。“对我们来说，重要的事并非传达硬性的销售信息。我们希望自然融合，使粉丝们获得优质的内容，而不仅仅是销售宣传。”NBA菲尼克斯太阳队数字副总裁杰拉米·麦克皮克（Jeramie McPeek）说。
- 限制赞助商信息的出现频率。除了淡化赞助商的销售宣传外，赞助权益持有方还需要对赞助商主题信息的数量设置上限。例如，NBA波士顿凯尔特人队计划每月举办的赞助商促销活动不超过五次。“这是一种平衡行为。你想帮助公司吸引观众，但又不希望‘信息轰炸’观众。”凯尔特人队的企业合作伙伴和业务发展副总裁特德·道尔顿（Ted Dalton）说。在更微观的层面上，NBA 菲尼克斯太阳队试图将其 Facebook 网站上以赞助商为主题的消息的数量限制为每天一两个。它还尝试将以球队为主题的帖子的数量限制在每天三到四篇。

- 提供消费者参与的机会。麦克皮克说："包括问卷调查、民意测验和其他吸引消费者参与的机会在内的促销活动比没有促销活动更有效。我们尝试在每个帖子中都提出一个问题，以激励粉丝发表评论。"[49]

如何利用这种热情？

- 在 2012 年伦敦奥运会期间，麦当劳利用游泳奖牌获得者达拉·托里斯（Dara Torres）在一个名为"比赛冠军"的品牌网站上宣传运动和饮食均衡。
- 新英格兰爱国者队的 300 万 Facebook 粉丝可以加入由 JetBlue 赞助的 Facebook 页面上的线上旅行野餐活动。
- 衬衫制造商范·霍森（Van Heusen）赞助了球迷对足球名人堂的在线选择投票活动。[46]
- Foxwoods Casino 将注册竞赛移至波士顿凯尔特人队的 Facebook 页面上，注册人数增加了 7 倍。[47]
- 普瑞纳公司（Purina）希望通过圣路易公羊队（St. Louis Rams）为现有的游戏内促销活动建立知名度，因此在其 Facebook 网站上推出了普瑞纳宠物周大赛。促销活动给那些穿着团队装备与宠物合影并发布到网站上的活动参与者分发门票和宠物粮食大礼包。该促销活动由雀巢普瑞纳宠物护理公司赞助。[48]

MLB 球迷洞

社交媒体激活的最佳用途之一是 MLB 的球迷洞。球迷洞已成为球迷洞成员在推特上分享他们所创建内容的虚拟目的地和现实目的地，球迷洞的成员也是在社交媒体上筛选出来的。体育明星（媒体以及现任役和前棒球运动员）访问 MLB 球迷洞，并帮助在 Twitter、Facebook、Pinterest 和 MLB 上创建网络共享的内容。通常新闻会优先选择通过 MLB 球迷洞进行传播，然后才能被传播给其他传统媒体。

从体育资产的视角看赞助激活：赞助激活案例

奥兰多魔术队的合作伙伴关系激活副总裁 凯瑟琳·卡尔森（Catherine Carlson）

在过去十年中，赞助格局发生了巨大变化。精明的赞助商不再只是在竞技场或体育馆中放置标牌或在公司包厢中招待客户了。他们有建立合作伙伴关系的具体目标，并期望获得更大的赞助投资回报。下一代企业合作伙伴客户经理需要专注于激活赞助，而不仅仅是广告和品牌印象。

奥兰多魔术队的赞助收入显著增长的关键在于创建了赞助商名单。这些赞助商既有需要活动激活的赞助商，又有直接的广告商。如果你的赞助商是激活者，那么它们就可以真正融入你的品牌中，并且提高续签合同的概率。如果他们只是广告商，他们总是可以随时将其广告费用转移到其他媒介上。

以下是奥兰多魔术队如何与一个国际汽车品牌和一家受当地美式墨西哥料理启发的餐厅合作，创建全面整合的赞助商激活平台并提供赞助结果的两个示例。从这两个例子可以看出，起亚和蒂华纳餐厅（Tijuana Flats）都了解强大的激活平台可以拓展他们的业务。能够将自己的品牌与粉丝联系起来的赞助商最终会带来更高的投资回报率，并且更有可能成为长期合作伙伴。

起亚汽车：伟大的催化剂

起亚是赞助商激活的领导者。他们是NBA的赞助商，并通过与15支NBA球队交易（包括奥兰多魔术队）为他们的平台提供支持。在奥兰多的安利中心，起亚创造了一个独一无二的赞助商平台，所有球迷在球场内部都可以看到一个汽车展示台，被称为起亚汽车展台。起亚利用这一展台开展各种市场促销活动。在最成功的促销活动中，一项名为"Kia Drive for Five"的活动中，购买或租赁起亚汽车的客户可获得五份魔术队比赛的双人门票，其中包括在起亚汽车露台上举行的一场比赛。起亚利用他们所有赞助资产，包括转播、数字广告、网站横幅广告和节目广告来支持此次促销活动。起亚将此次促销活动当作当地经销商的折扣促销手段。在促销期间，售出了300多辆新车。品牌印象对起亚很重要，诸如"Kia Drive for Five"这种整合的市场推广方案能够起作用有以下几个原因：

- 通过车辆和门票销售为起亚和奥兰多魔术队带来收入。
- 吸引消费者前往当地的起亚经销商处，并让消费者得以接触他们也许未曾考虑过的品牌。
- 为起亚新车主提供在起亚汽车展台观看比赛的机会，起亚汽车展台是魔术队球迷在安利中心内最被认可的赞助空间，从而扩展了起亚的购车体验。
- 在起亚汽车和奥兰多魔术队之间建立品牌联系。
- 由于起亚的客户都可以体验奥兰多魔术队的比赛，因此可以吸引新的魔术队球迷。

起亚已经将传统的赞助资产，例如标牌、汽车展示和媒体转变为营销平台，从而推动其业务发展。起亚理解了赞助激活的力量。

蒂华纳餐厅3分球促销活动：社交媒体、指标和研究的使用

奥兰多魔术队和蒂华纳餐厅（这是一家本地新开的美式墨西哥料理餐厅）利用场内促销活动创建了一个营销平台，每当魔术队在主场比赛中的三分球数量达到10个或以上时，魔术队球迷就可以在比赛结束后第二天在蒂华纳餐厅免费获得炸玉米饼。球场内的数字标牌、有线广播系统公告、社交媒体、因出现球队吉祥物而爆红的视频，以及店内购买点标牌都展示了这次简单的促销活动。此次促销的主要目标是将餐厅的流量分流到佛罗里达州的32家店中，并促进粉丝互动（在球场内、商店内以及通过社交媒体）。结果显然是可以衡量的：

- 平均而言，有4%～6%的观赛者参与了蒂华纳餐厅3分球促销活动；
- 在球场和社交媒体上以球队吉祥物为特色的火爆视频使回头率飙升了50%；
- 在16场比赛中兑现了约12 100张门票存根；
- 每位顾客在蒂华纳餐厅的平均增量支出约为6.50美元；
- 此次促销在16天内为蒂华纳餐厅带来了超过$ 78 000的增量收入。

蒂华纳餐厅通过与魔术师队的合作进一步了解了参与促销活动的粉丝。蒂华纳餐厅保留了所有兑换成免费炸玉米饼的票根。票证被扫描到魔术队客户关系管理（CRM）系统中。与票证关联的电子邮件地址被列出并被发送了电子调查表，旨在进一步了解魔术队球迷与蒂华纳餐厅促销活动的消费者的行为。调查结果提供了更多数据来证实赞助激活的价值：

- 推动了新客户业务发展：26%的票证兑换者表示这是他们第一次访问蒂华纳餐厅。
- 增加了商店流量：66%的票证兑换者表示，如果没有3分球促销活动，他们将不会在同一周连续进入蒂华纳餐厅。
- 提高了品牌忠诚度：85%首次在蒂华纳餐厅兑换炸玉米饼的人表示，由于3分球促销活动，他们将来有可能再次来此餐厅用餐（占被调查者总人数的72%）。

蒂华纳餐厅通过分析调查结果，使赞助激活更上一层楼，从而更好地了解其消费者的行为，提供有价值的信息，以改善宣传活动。

二、评估并确保赞助效果

在过去的20年中，企业的可靠度和责任感有所增加，这反映在赞助测量的增长、业务分析的增长以及在体育产业中由数据驱动的赞助决策的增加。市场营销的艺术（技术和直觉）已发展为市场营销的艺术（经验）和科学（数据驱动型商业决策）。全球经济下滑和公司行为不当导致公众缺乏信任，所有商业决策都要求公司问责并承担财务责任。在20世纪以前，大多数与赞助相关的研究都集中在印象的测量上。尽管印象仍然是任何赞助测量计划的关键组成部分，但它现在仅是评估的一部分。现在的评估重点是受众的人口统计数据及市场投资回报率，或者至少是目标回报率？评估还着重于印象传达的内容，消息是否被传达并且是否得到有效传达和理解？

美国银行喜欢棒球和投资回报率（ROI）

2009年是赞助投资的黑暗时期，不仅体育相关产业如此，其他产业也是如此。但是，美国银行则不这样认为。尽管从纳税人的问题资产救助计划基金（TARP funds）中拿出4500万美元用于体育支出的行为引发了铺天盖地的负面报道，但美国银行仍与10个MLB球队签订了赞助协议，其中包括备受瞩目的洋基队、道奇队和红袜队。除了与NFL、NASCAR、高尔夫和奥林匹克委员会达成众多协议外，它还正式赞助了23个小联盟球队和少年棒球联合会。美国银行为何对体育赞助青睐有加？因为其管理层认为体育赞助能赚钱。

美国银行负责全球赞助营销的高级副总裁雷•贝德纳（Ray Bednar）说："赞助就是将粉丝的热情与我们的产品和服务联系起来。"美国银行声称，它在体育上花费1美元可带来10美元的收入和3美元的净收入。在美国，有超过10%的B-A支票账户是通过运动队和联盟打上体育品牌标签的。自2002年以来，该银行已经筹集了180亿美元的债务和私募股权用于体育场馆的建设和翻新；13家公司在22个官方赞助上投资。其他任何一个行业的赞助商数量都不超过6个。

贝德纳说："对于我们来说，在客户所在的地方工作很有意义。" 那也意味着知道什么时候该传达信息。考虑到所赞助的五大运动项目几乎覆盖了银行所有的潜在客户群，该银行一般会拒绝长曲棍球等体育组织的要约。精准而深入的赞助合作要比无定位的广撒网好。当然，向前迈进的最大风险是长期经济萧条导致的上座率下降。当民众对现场观赛的普遍兴趣下降时，赞助的价值也会下降。丹佛体育赞助顾问查克•科斯蒂根（Chuck Costigan）表示："如果你没有吸引到观众的注意力，促销就没有任何意义。"[50]

本章前述的奥兰多魔术队凯瑟琳•卡尔森所说的方法在体育产业中正变得越来越普遍——体育实体与赞助商之间建立战略性的积极合作关系，以确保实现目标，激活与交付商定的平台，并且每个月或每个季度都有机会进行调整。有效激活是有效性的关键要素。因此，越来越多的体育组织正在其企业伙伴关系计划中设立职位，而这些职位没有新业务发展（销售增长）的职责要求。这些激活者仅专注于现有客户及其营销平台而不是出售标识。因此，通过专注于创建有效的营销和促销激活机会，每一个企业合作伙伴都得到了更多的关注，从而维系更多的公司赞助商，增加现有合作伙伴的投入，并且实现新的业务增长，因为卖方仅专注于创造新的商机，而激活者则专注于兑现承诺并建立合作关系。希望该模型在未来几十年继续发展完善。

但是，成为赞助商的动机除了吸引关注外，还涉及许多方面，记录赞助动机并实现这些目标对赞助商至关重要。衡量赞助价值或ROI时，赞助商通常会评估以下做法：

（一）IEG赞助报告中有关衡量效果的内容[51]

● 有86%的受访公司表示，他们对有效赞助的需求有所增加。

● 有44%的受访公司仅仅在当时或事后花费1%或更少的资金用于衡量赞助效果，而32%的受访公司则根本没做什么。

● 衡量赞助商ROI时最常考虑的因素如下：

——品牌知名度，83%；

——产品或服务知名度，82%；

——品牌态度，86%；

——对与赞助相关的促销和广告的回应，74%；

——产品或服务销售额，81%；

——产生的媒体曝光，77%；

——产生的品牌搜索，56%。

是印象生成的数据，还是印象创建的数据？

当在世界体育大会上发言并被问及印象时，朱莉·罗姆（Julie Roehm）（当时克莱斯勒、道奇和吉普的市场传播总监）回答说："告诉我道奇给人的印象是什么，而不是我们为道奇打造了多少印象。"[52]

罗姆女士提出了一个有趣的观点。也许我们一直以来都过于看重营销活动吸引了多少消费者的关注，而没有尝试去理解那些吸引消费者的活动向他们传递了什么信息。如果我们不仅限于创造一些可见的东西，而是想要给消费者留下持久、深刻的印象，那么在做计划时可以参考以下思路。

● 赞助关系是否适合赞助商及其产品或服务以及体育资产？（想想激浪，红牛、斯酷凯蒂、动作体育。）

● 该活动是否能通过多个锚点和接触点（包括心、思维、世代）创造出一种印象，例如非常成功的万事达卡"无价活动"和MLN以及盖可保险公司的多样化活动？

● 它足够新鲜、独特并且能够脱颖而出吗？

● 赞助商产品或服务的形象与体育资产形象之间的联系是否互助互利，例如起亚与NBA？

● 诸如MMA、UFC和MLS之类的体育资产正在不断上升吗？

● 还有哪些企业合作伙伴品牌加入了这项业务？

● 体育资产是否雇用了专门负责该项目的激活专家？

第七节　赞助的销售

在确定团队、组织或活动的赞助者并开始执行赞助流程之前，体育实体应制定有关如何开展销售活动的战略规划过程。战略规划步骤应包括以下内容：

● 列出待售赞助项目的完整清单。

● 根据每次印象成本（如果涉及媒体）和实施与潜在赞助商目标相关的激活平台的成本，为每个项目制定价格。

● 对在市场和类似市场中出售的赞助进行研究；根据过去的行为来确定可能感兴趣的潜在客户。

● 确定各套餐的价格，并在合适的情况下为内容更丰富的套餐打折。

● 请记住要计算赞助的实际成本，其中可能包括以下任何一项或全部的成本：门票（票面价值）、促销（赠品、运输、执行和人工成本）、印刷品和销售点、网页开发、社交媒体活动标牌和配套广告（包括制作、设计和布局）以及组织将承担的其他激活费用。

● 制定销售策略。哪一个类别设置独家赞助机会呢？是否需要先出售诸如创始合伙人之类的级别的赞助关系呢？每个类别的目标是什么？

● 从前三个产品和服务类别开始启动八步销售过程（请参阅以下部分），然后是接下来的三个类别，依此类推。首先出售最好的项目。

● 类别和潜在赞助者的出现顺序至关重要：大类别优先，主要的国家级赞助者优先，容易终止赞助关系的优先。在获得增长势头后，利用知名赞助商的认可来吸引其他赞助商，并利用这些承诺来巩固其他关系。

● 同时与竞争对手（可口可乐和百事可乐，百威和米勒康胜，维萨卡、万事达卡和美国运通）谈判，以确保在比较期内做出决定。

● 请记住，所有赞助决策者都应相互了解并经常交流；不要夸大，也不要做特殊的让步和附带交易。

一、八步赞助程序

组织同意并实施了战略规划过程后，便可以启动销售流程。销售流程的成功取决于对战略规划过程原则的遵守。

（一）研究类别，然后研究该类别中的顶级潜在客户。了解他们的业务状况、员工人数、公司前景、去年的财务状况等。还应研究公司的新闻或网络报道，赞成或反对的声音等。

（二）安排与目标类别内的品牌赞助决策者的会议，仅在决策者在场时开会，不要接受无决定权人员的拒绝。

（三）在第一次会议上，花 80%的时间聆听，仅在必要时说话。要在会上观察和学习。潜在客户目前的营销费用花在了哪里？效果如何？什么方面不起作用？公司赞助或支持哪些其他体育组织或赛事？对于这些合作关系，公司喜欢还是不喜欢？公司在客户娱乐方面的前景如何？公司关注员工的福利和士气吗？

（四）首次会议最后以一个声明结束：你需要在会后仔细思考是否合适，并将在下一次会议时提出解决方案。请在离开前商议下一次的会议时间，并尽量安排在首次会议后的两周内。

（五）创建营销合作伙伴建议。给潜在客户一些独特的东西（创意名称、宣传元素或所有权）。练习咨询式销售。例如，你可能会说：“这里有一些可能对你有用的东西。让我们回顾一下。”然后从激活团队获取有关时间、成本和其他变量的信息。

（六）将提案作为草稿提交，你将很乐意对其进行修改以满足对方的需求。定制提案比通用的提案更有可能成功。这与你必须出售的产品无关；这是关于客户有兴趣购买的东西——

商业解决方案。

（七）就最终交易进行谈判并签署协议。在合适的时机完成交易；确保最终签署的交易已经就可交付成果、付款条件以及共同商定的时间表达成一致。

（八）将客户介绍给激活团队。

二、合作赞助机会

合作赞助协议是两个或多个公司合作伙伴或组织联合起来，共同签订赞助或许可协议。考虑到经济环境以及 B to B 和 B to C 市场的兴趣，合作赞助在当今的市场中是可行的。这些协议执行以下操作：

● 允许公司（或同一公司的部门）分担赞助的总费用。

● 允许在同一公司架构内促销多个产品线或品牌（具有不同的组织预算线）[百事可乐和菲多利公司（Frito-Lay）或百胜品牌]。

● 使公司能够利用现有的有效业务关系（麦当劳和可口可乐）。

● 使有实力的新公司或小公司能够利用较大或较成熟的公司的实力和地位，以获得赞助并在竞争中处于优势地位。

● 在考虑未来机会时，允许对关系进行测试。

● 创建传递机会，通常涉及同意赞助的连锁杂货店，并将部分或全部成本（和收益）传递给其门店的产品供应商。

潜在客户：发起赞助销售流程的关键步骤

麦迪逊广场花园体育部 贾里德·舍恩菲尔德（Jared Schoenfeld）

寻找潜在客户是利用所有可用资源来找到客户线索，并最终建立新的业务合作伙伴关系。在我第一年担任菲尼克斯太阳队 Legacy Partners 有限责任公司的销售顾问时，我就认识到好的勘探极具价值。在凤凰城过马路时（当然，这是正确的方式），我为了避开一辆正在行驶的工程车辆而躲闪。我很震惊并记下了该工程公司的电话号码，目的是举报这个不负责任的驾驶员。但当我冷静之后，我意识到手中握的是潜在的线索。两个月后，我将 45 000 美元的高级套票卖给了这家建筑公司的首席执行官。每当我在赛场上见到他和他的儿子时，我都会提醒自己，我必须时刻睁大眼睛并竖起耳朵，并将所有事物都视为商业线索。

在出去搜寻本地建筑公司之前，让我们先回顾一下为了增加业务你每天都应该做的一些调查工作。首先，阅读报纸、杂志以及有关商业和市场的所有出版物很重要。这将使你了解各个行业的人员、业务和趋势。更关键的是，它使你能够确定谁在花钱。看看谁在花钱的一种好方法是订阅一份出版物，上面会显示谁在签署新的商业租赁合同，这意味着该公司处于上升期（www.therealdeal.com 是一个很好的例子）。设置电子邮件自动通知和你已锁定目标公司的 Google 提醒，以随时了解有关其活动的最新消息。还可以利用研究报告来了解更多有关当前客户的信息，从而确定并瞄准其他志趣相投并希望建立合作伙伴关系的企业。请注意，即使上午 9 点至下午 5 点的标准工作时间是与潜在客户联系的最佳时机，但并非所有调研都应在该时间段内进行。

寻找潜在客户的另一个巨大因素是人脉关系：会议、座谈会，当然还有你自己团队的网络，都是扩大你的人脉关系并创造潜在客户的绝佳机会。在与潜在的合作伙伴握手之前，确保得到他们的商业名片，然后在第二天进行跟进！像领英（LinkedIn）这样的社交网站使得这类工作变得异常容易。领英允许你查找有关人员的背景信息，你可以将其用作谈话要点以增进关系。此外，你可以找到试图与之交谈的人共有的朋友和关系，从而提高信誉。与某人会面时，你必须清楚第一印象极为重要。你的着装、微笑和交谈的方式很重要，所以请做好准备！

引荐是我最喜欢的寻找潜在客户的方式，因为引荐反映你与引荐客户之间的良好关系。所有引荐都从以下基本规则开始：你必须提出要求！与生活中的许多事情一样，如果你放任自己，那么你将永远没有机会获得回报。首先，要求你当前的客户进行引荐；如果你帮助他们发展了业务，那么他们应该很高兴向你介绍他们的联系人，因为他们看到了价值。有时，你会与一家公司建立良好的关系，而无须成为他们的合作伙伴。在这种情况下，你应该询问他们是否认识其他任何让你感兴趣的公司。然后，询问他们是否可以为你引荐。你必须和引荐人强调，你不打算立即向他们进行推销，而只是建立关系，看看是否有合适的条件来帮助他们发展业务。

我的体育业务或入门级销售培训都没有教我如何辨别道路上的施工车辆并对其进行推销。在花时间研究上述策略时，你将在变得知识渊博的同时建立自己的知识网络。但是，直到你开始善于观察和总结，你才真正掌握了寻找潜在客户的方法。不要害怕使用非常规的方法来识别潜在的本地企业。请记住，始终保持可以为任何公司创建定制合作伙伴关系的信心，这是找到潜在客户的秘诀！

让我告诉你一个故事

作为一个社会人，我们每天都受到成千上万条消息和信息的轰炸。互联网和社交媒体爆炸式发展，没人知道接下来会发生什么。桑迪飓风袭击该地区后，2012 年纽约马拉松赛的取消在很大程度上是由于人们对赛事仍将举行表示不满。这其中的一些恶意是针对马拉松赞助商的。

在大多数情况下，事件的发生取决于消息与收件人的相关性，而在其他时候则是时机，有时取决于信息呈现的方式（可以通过有趣和引人入胜的方式来完成）。

在任何情况下，赞助商将信息发送给潜在客户并促使他们采取行动的最有效方法是建立一个激活平台或留下让人印象深刻的故事。赞助商必须更注意在观众身上留下难忘的印象，而不是计算观众、读者、参会者和访问者产生的印象数。重点不再只是印象数，而是该印象的质量和影响，以及该印象的来源和持续性。它是否足以打动人们从而在推特上转发呢？赞助商必须找到能给人留下深刻印象的平台，并讲述一个故事，使品牌变得活跃，并以有意义的方式进行讲述和重述。

讲故事是耐克等公司的基本手段。耐克公司前全球体育营销副总裁亚当•赫尔芬特（Adam Helfant）表示："在耐克公司，我们专注于创造意义……我们通过讲故事创造意义。"[53]

我们为什么需要故事，为什么故事有效？故事作用如下：

- 娱乐我们；
- 鼓舞我们；
- 通知我们；
- 说服我们；
- 激励我们；
- 吸引我们。

体育因其普遍的吸引力、情感上的联系、联想和非文字的性质，而成为一个独特有效的营销平台，赞助商可以利用其定位产品和服务，并创造印象、经历和记忆，这些都可以成为故事的来源。万事达卡（MasterCard）经典的"无价体育"创造了使消费者产生共鸣的小插曲，因为这些广告情节将情感注入体育和体育经历中，引起了体育人的强烈共鸣，广告中呈现的故事也或多或少讲述着他们自己的感受、情感、记忆和相关经历。

你的产品或服务是否有故事可以讲？你有客户推荐吗？你是否使用运动员作为代言人以引起人们对产品的关注，并从他们的经历和故事中建立起情感桥梁，从而为你的品牌创造意义？作为癌症幸存者的兰斯•阿姆斯特朗（Lance Armstrong）和他的坚强活下去基金会（Livestrong Foundation）的故事和情感联系是如此强烈，阿姆斯特朗和他的公司合伙人耐克（Nike）也因此免受了数年的兴奋剂和欺诈指控，直到 2012 年他的丑闻才最终被媒体曝光。

2011 年 NBA 全明星赛和灌篮高手大赛为 NBA 合作伙伴起亚提供了一个制造深刻印象的好机会。此次促销活动通过社交媒体和 YouTube 实现了激活。

布莱克·格里芬（Blake Griffin）跳过汽车赢得灌篮大赛冠军时，他不仅在娱乐我们，同时也在促进汽车销售。这次扣篮活动筹划了数周（有广告商要说服，有合同要谈判），格里芬的“起亚跃进”帮助汽车公司吸引的观众比任何商业广告都多。

有可能你并没有注意到或没有听到 TNT 工作人员的推销——格里芬跳跃的汽车是 NBA 官方的起亚远航牌汽车。格里芬公司的人必须让汽车制造商同意这个计划，然后他们必须说服扣篮大赛的赞助商雪碧同意这个计划。

起亚很喜欢这个主意，最终实现了双赢。格里芬赢得了比赛（以及一些额外的广告费用），该汽车制造商则获得了消费者对其汽车的数百万次浏览量。

根据汽车信息在线资源 Edmunds.com 的一项调查，该产品的展示效果很好。消费者表示，他们考虑在周日（灌篮之后的第二天）购买起亚的可能性要比普通周日高出 20%，而考虑购买起亚远航的可能性要高出一倍。

“这是最明智的产品植入类型，”Edmunds.com 的高级分析师卡尔·布劳尔（Karl Brauer）说，“如果它突兀且让人不悦，那么这就不是一个好的营销思路；但如果它能够巧妙地与篮球场融为一体，则是一个好的营销方法。”

不过，产品的位置并不是完全独立的。花了几分钟才把一辆大型汽车推到篮球场上。相机捕捉到了汽车前门上贴着的大号雪碧贴纸（这是饮料公司愿意让起亚进行此次如此出色的展示的原因之一）。

而且，无论是作为产品布局的一部分，还是仅仅由于起亚对 NBA 的赞助，TNT 转播工作人员都争先恐后地为汽车公司宣传：查尔斯·巴克利（Charles Barkley）不断重复说：“这是一辆好看的汽车。”而厄尼·约翰逊（Ernie Johnson）补充说：“你知道这有什么乐趣？他还跳过了 NBA 的官方用车——起亚远航。”

无论如何，这种盛大的活动显然是一次营销上的成功（另外，还让每个在家观看的人都兴奋不已）。

那些认为道具会破坏扣篮大赛完整性的人在看到格里芬扣篮的财务影响后也开始慢慢接受这种道具营销方式。

创建自己的故事

实际上，赞助商创建一个故事并使其成为建立情感纽带的令人信服的信息，需要五个步骤。

1. 确定目标。今年你必须完成哪些基本任务？你想传达给客户和潜在客户什么信息？

2. 确定适用于实现目标的资产。你可以使用哪些潜在的体育或娱乐资产来实现自己的目标？比赛、球员、演唱会、转播或电视节目，还是大众倡议？

3. 考虑各种平台以实现期望的目标。你可以使用哪些交流论坛来向目标市场传达信息？

4. 设计一个引人入胜的激活平台。你将如何使你的信息更生动？目标市场将如何与你的产品或服务进行交互？

5. 创建一个讲述故事的传递系统。在审查了所有可能的激活平台和通信媒体之后，选择一个最有利于创建故事并且每个听过故事的人都能够传播这个故事的平台。

已故的比尔·维克是美国体育营销的先驱者之一，他是创造有趣、创新和引人入胜的促销活动的大师。维克的主要考虑因素之一是拥有独特的激活平台，该平台可以使人们向亲朋好友讲述自己的经历。正因如此，无论维克走到哪儿都能创造上座率传奇，也就不足为奇了。

第八节　赞助中的道德问题

随着赞助范围的扩大和影响力的增强，体育组织已经高度依赖赞助收入来赚取利润、获得新设备或平衡其收益。在某些情况下，这种对收入的依赖引起了外部各方的审查，甚至引起了参与赞助协议的一方或双方的后悔或猜测。在过去的十年中，我们看到了围绕明星运动员（包括泰格·伍兹、迈克尔·费尔普斯和兰斯·阿姆斯特朗）作为公司代表和发言人的角色而引发的重大反响和媒体报道。泰格·伍兹的驾驶事故和不忠行为导致他的许多公司合作伙伴与这位高尔夫巨星分道扬镳。泰格豪雅（Tag Heuer）、吉列（Gillette）、佳得乐（Gatorade）、埃森哲（Accenture）、美国电话电报（AT&T）和高尔夫文摘（Golf Digest）在2011年与伍兹解约，这引发了一场关于运动员是否有道德义务在赛场内外遵守某种行为准则以保障赞助商最大利益的争论。

商业赌博提供商（CGP）最近通过体育赞助加强了其产品和服务的推广。因此，赌博产品和服务现在可以通过体育媒体转播获得观众的广泛关注。由于某些体育赛事的主流吸引力，电视观众和球迷群体可能包括年轻人、危险人群和问题赌徒。由于赌博与健康活动的结合以及赌博正常化程度的提高以及直接营销可能会暗示他们参与赌博或增加赌博频率，因此，由CGP赞助的体育活动会促进潜在的危险行为，并可能加剧赌博引发的公共卫生问题。认识到这种营销形式的潜在有害影响，政府和私人组织已对烟草公司的体育赞助行为采取了监管措施。随后，公众对包括酒精、垃圾食品和赌博在内的不健康产品赞助体育活动进行了质疑。很少有人研究这些问题，我们对体育赞助安排给社会带来的影响知之甚少。因此，这方面需要进行研究，为那些关于适当监管体育赞助活动的审慎决策提供信息。[54]

本章小结

尽管有充分的理由支持签订赞助协议，但成功赞助的关键是产生ROI，这通常归因于赞助协议的激活方式。简而言之，你为赞助对象做了什么？你创建了哪些类型的营销平台来吸引目标市场并实现你的营销目标？如果不能适当激活以吸引目标市场，那么绝佳的赞助机会可能无效。

赞助和许可协议应始终定位为合伙关系。伙伴关系意味着在谈判、义务、利益、增长和信任方面存在互惠互利的关系，通常被称为双赢关系。[55]例如，耐克在营销活动中经常被指责为埋伏营销，这是保护性的协议和关系。耐克从未使用“赞助商”一词，而是“合作伙伴”一词，认为“赞助商”一词并未考虑合作伙伴为满足每个合作伙伴的需求和目标而合作的重要性。

为了证明赞助成本增加是合理的，赞助商需要从各个角度计算ROI、ROO或ROE。无论寻求何种类型的回报，回报都应包含以下一项或多项权益：媒体和曝光、销售机会、增强印象、与目标市场的有效沟通、款待机会和品牌定位。

签订赞助协议的理由因组织的规模、使命、愿景、地理范围、目标市场和资源而异。无论组织的具体情况如何，所有赞助决策均应基于机会与组织及其优先级之间的匹配度，以及赞助机会如何帮助实现组织目标。

课后活动

1. 联系当地体育公司的销售部门，收集其中一家公司的账户信息。团队如何使用各种平台来实现赞助激活？

2. 在 24 小时内，追踪你接触到的销售信息数量。在一天结束时，你还记得哪些？为什么？

3. 举例说明一家参与体育营销并将商誉与促销活动联系在一起的公司，他们成功了吗？为什么？

4. 想一想你曾在体育娱乐活动中获得款待福利的时候。他们做得好的方面有哪些？他们可以添加或改善哪些环节？

5. 在通过社交媒体激活时，公司应该牢记哪两件事？

6. 列出寻找潜在赞助商的各种方法。

7. 在赞助商的激活平台上讲故事的重要性是什么？

8. 选择一家公司，创建一个赞助激活平台。在整个活动中使用讲故事的方法。

注释

1. http://adage.com/article/media/gaming–platforms–festival–media–gatorade/136640/.
2. www. reuters.com/article/2012/08/04/us–soccer–manchesterunited–jerseys–idUSBRE8730KV20120804.
3. J.Meehaghan, *Commercial Sponsorship* (West Yorkshire, England: MCB University Press, 1984).
4. www.cfmarketinginc.com/what–is–sponsorship–activation/.
5. For an excellent introduction to ancient athletics and sport, see Donald G. Kyle, *Sport and Spectacle in the Ancient World* (Malden, MA: Blackwell, 2007), 83, 157, 171, quotation on 83. Herodotus tells the story of Cimon and Peisistratus in his *Histories*, VI, 103. Aristotle's quotation is in *Athenian Constitution*, XVI, 7–8. For the Colosseum, see Flavia Rotondi, "Cash–Poor Italy to Sell Ad Space at Colosseum," *Boston Globe*, 7 August 2010, A–5; "Rome Colosseum Repair to Be Funded by Tods Shoe Firm," *BBC News Europe*, 21 January 2011, www.bbc.co.uk/news/world–europe–12256813.
6. J. Meenaghan, *Commercial Sponsorship* (West Yorkshire, England: MCB University Press, 1984).
7. S.A. Wichmann and D.R. Martin, "Sport and Tobacco—the Smoke Has Yet to Clear," *Physician and Sports Medicine*, 19 (11) (1991): 125–131.
8. N. Meyers and L. Clarke, "No Trouble Foreseen in Finding Sponsors." *USA Today*, 23 June 1997, 3B.
9. http://sportsbusinessdigest.com/2010/06/ending–an–era–tobacco–sponsorship–in–nascar/.
10. http://weare2020.com/2020/the–humbling–truthabout–how–people–respond–to–marketing–andwhy–it–means–making–magic–is–not–a–luxury–itsa–commercial–imperative/.
11. www.nielsen.com/us/en/newswire/2012/worldwide–internet–ad–spend–grows–more–thanother–media–in–first–half–of–2012.html.
12. http://theweek.com/article/index/222982/therising–cost–of–super–bowl–commercials–by–thenumbers.
13. P. Ueberroth, *Made in America* (New York: Morrow, 1985), 61.
14. P.C. Verhoef and P.S.H. Leeflang, "Understanding the Marketing Department's Influence Within the Firm," *Journal of Marketing*, 73(2) (2009): 14–37.

15. W. D'Orio, "Just Doing It," *Promo*, 10 (4) (March 1997): 38.
16. L. Ukman, notes from Sponsorship Trends Workshop, Chicago, 2000.
17. Reprinted in its entirety from www.imrpublications.com/newsdetails.aspx?nid=22.
18. Sutton, W.A., "Sutton Impact: Proposed Legislation Has Sports Business in Crosshairs," *SSSBJ*, 15(16) (2–6 August 2012): 11.
19. M. Hanan, *Life–Styled Marketing* (New York: AMACOM Books, 1980), 2–3.
20. "Healthy Choice Creates Integrated Promotions Around Ski Team Deal," *IEG Sponsorship Report*, 16(16) (18 August 1997): 1–3.
21. D. Wilber, "Linking Sports and Sponsors," *Journal of Business Strategy* (July–August 1998): 8–10.
22. J. Meenaghan, *Commercial Sponsorship*.
23. R.L. Irwin, M. Asimakopoulos, and W.A. Sutton, "A Model for Screening Sponsorship Opportunities," *Journal of Promotional Management*, 2 (3–4)(1994): 53–69.
24. T. Lefton, "Lenovo Signing on as NFL's Official PC Supplier," *SSSBJ*, 15 (14) (23–29 July 2012): 1, 37.
25. T. Lefton, "Bowl Takes a Walk on the Wild Wing Side," *SSSBJ*, 15 (14) (23–29 July 2012): 8.
26. T. Lefton, "Lenovo Signing on as NFL's Official PC Supplier," *SSSBJ*, 15 (14) (23–29 July 2012): 1, 37.
27. T. Mickle, "Coke Joins Olympic Sponsors Targeting Moms," *SSSBJ*, 15 (13) (16–22 July 2012): 37.
28. J. Meenaghan, *Commercial Sponsorship*.
29. J. Carlucci, "Linking Sport Sponsorships to the Trade," *Marketing Communications*, November–December 1995, 1–2.
30. E. Rivera, www.magicbasketball.net/2010/08/30/geico–joins–orlando–magic–and–amway–center–as–'champions–of–the–community'–partner/.
31. http://harris.com/sites/amwaycenter/tour.aspx.
32. A.L. Schreiber, *Lifestyle and Event Marketing* (New York: McGraw–Hill, 1994), 140.
33. T. Mickle, "Coke's London Legacy: Higher Sales," *SSSBJ*, 15 (35) (17–23 December 2012): 1, 40.
34. T. Mickle, "BMW: USOC Deal Drives Strong Sales," *SSSBJ*, 15 (31) (19–25 November 2012): 1, 38.
35. S. Lainson, "Client Entertainment," *Sports News You Can Use* (1997), 12, 1–3, slainson@sportstrust.com.
36. T. Lefton, "NFL House Bound for New Orleans," *SSSBJ*, 15 (36) (7–13 January 2013): 4.
37. A. Friedman, "Naming Rights May Be Bargain for Companies Going National," *SSSBJ*, 1 (3) (1998): 8.
38. N. Lieberman, "Banking on Sports: Industry Aims to Score Big With the Consumers," *SSSBJ*, 7 (29)(22–28 November 2004): 19–21.
39. D. Broughton, "Higher Ad Rates Lift NASCAR Exposure Value," *SSSBJ*, 15 (36) (7–13 January 2013): 9.
40. www.sponsorship.com/About–IEG/Sponsorship–Blogs/Lesa–Ikman/july–2011/Sponsorship–Success–Depends–on–Activation.aspx.
41. S. Feil, "The Social Side of Sponsorship: Sports Marketers Take Aim at Activating Fan Engagement," www.adweek.com/sa–article/social–side–sponsorship–137844.
42. John Bevilaqua, www.examiner.com/article/activating–sponsorship, 6 August 2012.
43. http://nypost.com/2009/04/16/yankee–ticket–giveaway–goes–awry/.
44. J. Weiner, "Organizations Dismiss Social Media as Fad at Their Own Risk," *SSSBJ*, 15 (13) (16–22 July 2012): 33.
45. S. Feil, "The Social Side of Sponsorship: Sports Marketers Take Aim at Activating Fan Engagement," www.adweek.com/sa–article/social–side–sponsorship–137844.
46. Compiled from S. Feil, "The Social Side of Sponsorship." 47. www.sponsorship.com/IEG/files/9e/9ef94c06–70ad–4fb0–b555–a26a17eb4827.pdf.

47. Ibid.
48. Sponsors Rely Less on Ads, Signage, 2012 Sponsorship Decision Makers Survey, IEG, Chicago (1May 2012).
49. www.forbes.com/2009/07/07/banking–marketing–advertising–business–sports–boa.html.
50. www.sponsorship.com/iegsr.aspx.
51. N. Lieberman, "Cultivating an Organic Approach," *SSSBJ*, 7 (44) (14–20 March 2005): 8.
52. Phone interview with Adam Helfant, 15 September 2005.
53. http://content.usatoday.com/communities/gameon/post/2011/08/tiger–woods–losing–another–corporate–sponsor–tag–heuer–spilt–partways–amicable/1#.UQSy8qXUNMM; http://epubs.scu.edu.au/cgi/viewcontent.cgi?article=1573&context=tourism_pubs&–seiredir=1&referer=http%3A%2F%2Fwww.google.com%2Furl%3Fsa%3Dt%26rct%3Dj%26q%3Dethical%2520issues%2520in%2520sport%2520sponsorship%26source%3Dweb%26cd%3D7%26ved%3D–0CGYQFjAG%26url%3Dhttp%253A%252F%252Fepubs.scu.edu.au%252Fcgi%252Fviewcontent.cgi%253Farticle%253D1573%2526context%253Dtourism_pubs%26ei%3Dv60EUeW4FYSy9gTWrYCYBA%26usg%3DAFQjCNEWRIKTK4tKY_97pz–TLCeZghD5_Bw%26sig2%3DCpBb3zx2Zk–S00tX8AMsn A%26bvm%3Dbv.41524429%2Cd.eWU#search=%22ethical%20issues%20sport%20sponsorship%22.
54. http://neoskosmos.com/news/en/cashstrapped–greek–soccer–team–rescued–by–brothel.
55. W.A. Sutton and M.A. McDonald, "Building a Partnership," *Athletic Management*, 10 (4) (1998): 16–19.

第十章　促销和付费媒体

学习目标：

● 认识营销组合中各种形式的促销的复杂性；

● 通过历史背景理解促销及其在体育中的重要性，并思考该历史背景在媒体和赞助关系的影响下是如何演变的。

● 识别并区分促销的组成要素以及各要素的优势和局限性；

● 了解价格和非价格促销策略的重要性及其在销售过程中影响买方行为的方式；

● 认识旨在扩大现有消费群体并增加消费频率的有效促销活动具备的主要特征。

每个人仍然喜爱人偶摆件

在本书的第二版中，我们肯定了豆豆娃（Beanie Babies）的收藏价值和人们对它的兴趣。在第三版中，我们将球员人偶摆件列为最受欢迎的促销产品。尽管 T 恤赠品数量大幅增加，但 MLB 球员人偶摆件仍然是最受欢迎的赠品。MLB 的 26 支球队在整个赛季的 94 个促销日中赠送给球迷约 227 万个球员人偶摆件。这一数字与 2011 年赠送数量相比，大幅增加了 25%，这是自 2008 年发放数量首次达到巅峰以来发放球员人偶摆件数量最多的一个赛季。

为什么球员人偶摆件这么受欢迎？密尔沃基酿酒人队首席运营官里克·施莱辛格（Rick Schlesinger）表示："球员人偶摆件是球迷到现场观赛的驱动力和球队的重要品牌标识。他们具有很高的感知价值和收藏价值，并且对每个人群都有吸引力。"人偶摆件可以用来纪念昔日英雄（贝比·鲁斯）、流行文化偶像（猫王和米老鼠）、球队吉祥物、球队粉丝、广播名人以及各种难忘瞬间。

这种趋势会延续吗？种种迹象表明，它的未来发展趋势将受多种因素影响。根据订购的数量，每件物品的估计成本在 3～3.50 美元之间。赞助商愿意花钱把自己的名称或商标印在公认的收藏品上，因为该收藏品可在人们的桌子或梳妆台上或"私人空间"里陈列多年。可制作成人偶摆件的人物数不胜数，既有真实人物也有虚构人物。我最喜欢的人偶摆件之一是电影《大联盟》（*Major League*）中的里克·沃恩（Rick Vaughn），或更准确地说是"坏小子"（Wild Thing），这是几年前在克利夫兰观赛时收到的一个赠品。[1]

T 恤衫和烟花之夜也很受欢迎——T 恤衫实用、耐穿且成本低，而烟花受欢迎则是因为其成本高、独特且不易被复制。

本章主要关注广告和促销的前提条件。体育传播及其内在要素（媒体关系、公共关系、社区关系）将在第十一章中进行深入探讨。第八章详细讨论了人员推销等销售过程。在本章中，我们将首先讨论这些基本活动如何应用于促销，然后再考虑其吸引消费者走上自动扶梯，促使消费者沿自动扶梯不断上行并提高参与度的潜力。

第一节　促销的概述

促销是体育营销组合要素之一，它可以说包罗万象。促销是指激发消费者兴趣、提高消费者认知并促进消费者购买的各种活动。促销包含营销人员用以传达产品、地点和价格信息的工具。更重要的是，促销是在消费者心中进行产品及其形象定位的关键要素。促销的重点在于销售产品，没有销售，公司将无法长期运营。尽管销售不等于营销，但销售是营销的重要组成部分。

市场营销术语——促销，包含以下形式的营销活动：

- **广告**：所有通过媒体传达的非个人的（非针对个人的）、明确的、付费的信息。
- **人员推销**：卖方有机会与消费者进行面谈并说服消费者的展示。
- **宣传**：受益人未付费或无法控制或影响的任何形式的媒体曝光。
- **销售促进**：包括陈列、贸易展览、抽签、优惠券、特惠品、表演以及其他吸引或促进消费的活动。

为了取得成功，促销工作应遵循 AIDA 方法。也就是说，此类工作应包括以下步骤：

A：提高知名度（Awareness）；

I：引起兴趣（Interest）；

D：唤起欲望（Desire）；

A：采取行动（Action）。

当我们想到“促销”一词时，我们会联想维克家族，包括已故的名人堂老板和发起人比尔·维克以及他的儿子，小职业球队联盟的老板和经理人迈克·维克。在整章中，我们都会提到维克家族，迈克在 NBA 比赛展示研讨会上提出的“促销”的概念是我们最认同的含义之一。当被问及“促销”一词对他意味着什么时，迈克回答说，要想促销有效，企业可能不得不改变其组织文化。迈克在白板上写下组成“促销（promotions）”的字母，以下是他的说法：[2]

P =人员、宣传、价格、计划和激情（people, publicity, price, planning, passion）；

R =相关性、奖励、风险、研究和反应（relevant, reward, risk, research, reaction）；

O =机会、创意和组织（opportunity, originality, and organization）；

M =动机、动力、金钱和媒介（motivation, momentum, money, and media）；

O =雄心勃勃（outrageous）；

T =尝试（try）；

I=创新、倡导、激励、创意和想象力（innovate, initiate, incite, idea, imagination）；

O =过量投放（overdeliver）；

N =永不拒绝（never say no）；

S =微笑、振作起来、服务（smile, shake it up, service）。

要真正理解“促销（promotion）”一词中“p”的含义，请思考以上所列出的概念，并在学习本章的同时不断思考。

第二节 广 告

与所有形式的促销一样，广告的核心是有效沟通，即广告是沟通交流的过程，并且会与任何其他沟通交流过程一样遇到相同的问题。广告中的主要问题是感知失真，当消息的接收者对消息的理解与发送者的意图不同时，就会发生感知失真。这种现象可能会导致接收者对广告消息产生误解，从而可能妨碍营销人员达到其广告目标。因此，就广告和其他促销活动而言，体育营销人员必须在感知即现实的原则下运作。换句话说，体育营销人员必须确保该消息具有针对性、明确且具体，以便接收者理解。如果没有达到预期效果，那么体育营销人员将不得不努力解决并纠正误解，因为一旦误解成为现实，消费者就很难按我们的期望去采取行动。

多功能体育健身俱乐部已经认识到与目标市场沟通的重要性，其目标市场是对相同的东西（例如，更好的外表、社交互动、健身训练、健康和娱乐）感兴趣的人群，但他们的训练强度、忠诚度、健身方式和时间各不相同。因此，广告绝不能仅限于传递“拥有健美身材的人运动出汗以燃烧脂肪”的信息。对于那些未受过训练和容易退出的人而言，这些信息表明健身运动存在太多的痛苦并需要专心致志。健身行业一直在努力进行各种广告战，以展示集健身、社交互动、成就感、娱乐性、归属感以及外表和健康于一体的行业形象。感知失真无法消除，但是若注重信息构建，营销人员可以减少感知失真程度。

一、广告应该实现什么？

根据巴特拉（Batra）、迈尔斯（Myers）和阿克（Aaker）的说法，广告信息可以对接收者或目标受众产生各种影响。[3]广告信息可以创立知名度，传达有关属性和利益的信息、建立或改变形象或个性，将品牌与感觉和情感联系起来，建立规范的群体并促成行为的改变。体育广告的目标都大抵相似。体育中常见的新闻稿和新闻发布会都是用来宣布新发展情况的，例如人事变动、产品创新、即将举办的促销活动、特殊事件和活动，甚至发布新的或具有新闻价值的信息。

补充材料是凤凰城水星队、WNBA 和诺顿公司（LifeLock）的新闻稿。这些新闻具有多种用途，包括：

- 介绍并解释凤凰城水星队、WNBA 和诺顿公司之间的新关系；
- 讨论建立合作关系的理由；
- 确定这种合作关系会带来的结果；
- 定义各方角色；
- 详细说明伙伴关系的潜在意义；
- 提供联系方式以供感兴趣的各方跟进。

凤凰城水星队与诺顿公司合作开辟新天地，推出 WNBA 首个球队球衣品牌

创新的多年合作伙伴关系包括所有 WNBA 季票持有者的球员球衣权利和诺顿会员资格

纽约——凤凰城水星队总裁兼首席运营官杰伊·帕里（Jay Parry）和诺顿公司首席执行官托德·戴维斯（Todd Davis）在纽约市 NBA 商店召开的新闻发布会上宣布，凤凰城水星队和诺顿公司已建立了多年的合作伙伴关系，并推出 WNBA 或 NBA 史上首个球衣品牌。诺顿公司是防止身份盗用的网络安全行业领导者。

贯穿 2011 年创新联盟的工作亮点是，凤凰城水星队球员的球衣和热身服的正面都印有诺顿公司的名称。WNBA 在休赛期决定为其球队和赞助商提供独特的赞助机会之后，水星队和诺顿公司率先签署了这样的协议。

作为颇受欢迎的合作伙伴，诺顿公司还将为联盟最忠实的球迷带来巨大的利益，即向每位 WNBA 球队的季票持有者提供为期一年的免费会员资格，每份价值 110 美元。此外，所有粉丝都可以享受特别优惠——以折扣价格加入会员即可为一名 16 岁及以下的直系亲属免费获取会员资格。

戴维斯说："我很高兴诺顿公司与凤凰城水星队和 WNBA 合作。""这种合作使我们成为第一个以独特的、开创性的方式支持球队和联盟的组织。对诺顿而言，与 WNBA 结盟能够自然而然地触达那些忠实而热情的球迷群体。"

NBA 总裁戴维·斯特恩表示："与诺顿公司的开创性合作代表了 WNBA 下一步重要的发展方向。""我们确信诺顿公司与水星队和 WNBA 的联盟将加速该公司的发展，而这项交易为所有 WNBA 球队与其他公司合作提供了一个蓝图。"

"诺顿公司和凤凰城水星队在各自的领域中都是占据领导地位的组织，我们愿意为促进社区、粉丝和 WNBA 的共同发展而调整我们的使命，"帕里说。"这种伙伴关系将超越比赛本身，将为诺顿公司、水星队和 WNBA 的持续繁荣发展提供更多机会。"

除了球员球衣冠名权外，该合作伙伴关系的权益还包括球场上的服装、场馆内广告牌、标识，以及在 PhoenixMercury.com 官网上的曝光，包括所有社交媒体和电子营销活动。此次合作还针对被忽视的女孩市场，推出了诺顿安全区篮球和生活指导项目。

WNBA 主席唐娜·奥伦德（Donna Orender）表示："WNBA 自成立以来就一直在重新定义体育格局，而与诺顿公司的合作符合联盟的创新思维。WNBA 的标志性地位将会继续激励着世界各地的年轻人，我们很高兴与诺顿公司合作。"

水星队后卫兼三届 WNBA 全明星球员黛安娜·陶乐西（Diana Taurasi）强调了 WNBA 球员和球迷对联盟支持者的感激。"我和所有 WNBA 球员都感谢诺顿公司相信我们的梦想，"陶乐西说，"我为穿着赞助球衣而感到自豪，这种伟大的新伙伴关系认可了我们比赛的价值以及球迷们不可思议的力量。"

WNBA 将于 6 月 6 日星期六开启第 13 季比赛。凤凰城水星队将在主场迎战圣安东尼奥银星队，门票起价仅为 10 美元。如需有关票务信息，请致电（602）252-WNBA 或访问 phoenixmercury.com。

关于凤凰城水星队

凤凰城水星队是 WNBA 最初的八支球队之一，将于 6 月 6 日星期六对阵圣安东尼奥银星队，迎来第 13 个赛季。上个赛季，水星队成为 WNBA 史上第一支连续三个赛季得分最高的球队。这支球队在全明星黛安娜·陶乐西和卡皮·庞德塞特（Cappie Pondexter）带领下，于 2007 年获得了该州的第一个职业篮球冠军。2008 年，她们包揽联盟得分排名前两名，这是 WNBA 史上首次由同一支队伍的成员斩获联盟得分第一、第二名。最近，凤凰城水星队入选亚利桑那共和报（*Arizona Republic*）评出的女性最佳工作场所前 20 名。

关于诺顿公司

诺顿公司是一家防止身份盗用的消费者网络安全服务公司，为消费者提供隐私保护和监控，以防用户成为下一个受害者。为了打击网络犯罪，诺顿公司（www.lifelock.com）与执法部门合作，对消费者开展网络安全教育，开发行业领先的服务/产品，并为其会员提供相应网络服务。

关于 WNBA

WNBA 是一项独特的全球性体育资产，它将竞技、体育精神和娱乐价值与其象征着社会变革、成就和多样化的地位完美结合。WNBA 由 13 支球队组成，是世界上最成功的女子职业团体体育联盟。对联盟而言，第 12 个常规赛季具有历史性意义，其上座率、收视率、网站流量以及商品销量均有所增加。2009 年 WNBA 赛季将于 6 月 6 日在 ABC 揭晓。

通过 WNBA 关怀计划，WNBA 致力于创建旨在提高所有人生活质量的项目，特别强调促进健康的生活方式和积极的身体形象，提高预防乳腺疾病的意识和妇女的健康意识，支持青年和家庭发展的项目，并专注于教育。有关 WNBA 的更多信息，请登录 www.wnba.com。

资料来源：经许可，转载自 GMR Marketing, 2010, GMR white paper emerging technology is constantly enhancing the in-stadium experience (Milwaukee, Wisconsin). ©GMR Marketing LLC 版权所有。

尽管新闻稿被认为是宣传而非广告，但促销内容及其呈现方式通常会模糊广告与其他形式的促销（有偿或无偿）之间的界限。

二、广告传播的过程

图 10.1 显示了广告传播系统的巴特拉、迈尔斯和阿克模型。广告传播始终涉及感知过程和模型中显示的四个元素——信息源、消息、通信渠道和接收者（请注意，接收者也可以通过与朋友或同伴交谈而成为信息源，通常称为口碑传播）。[4]

- **信息源**——可以定义为信息的发起者。在广告环境中，尤其是在体育运动广告中有几种常见的信息源。例如，NBA 在传播其宣传语“奇迹在此发生（Where Amazing Happens）”时就是广告的信息源。参加 2013 年 NBA 季后赛的球队金州勇士队也可以成为他们自己的广告信息来源；他们现在使用的宣传语是“我们是勇士（We Are Warriors）”。
- **信息**——可以定义为信息的内容和执行。实际上，信息是接收者所感知到的事实。

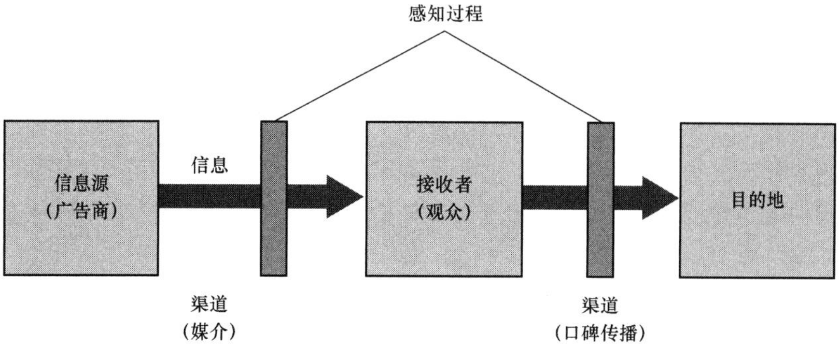

图 10.1 广告沟通系统的巴特拉、迈尔斯和阿克模型

转载自 R. Batra, J. Myers, and D.A. Aaker, 1996, *Advertising management,* 5th ed. (Upper Saddle River, NJ: Prentice–Hall), 47. 经 Rajeen Batra 许可。

● **渠道**——指一种或多种媒介（例如网站、社交媒体、广播、电视、报纸、杂志、固定或可移动的广告牌）、售点陈列、标牌、标志的放置处（如记分板、仪表板、冰场、赛车、制服和服装、帽子、赠品、比赛程序）、虚拟标牌和特殊活动。装有 DVD 的 T 恤（DVtees）和印有洋基队标志的帽子是当今体育和娱乐营销人员采用新渠道的绝佳示例。

● **接收者**——通常指消息的目标市场，即目标受众。与任何目标市场一样，接收者（或听众）通常具有特定人口、心理或行为特征。在体育营销的背景下，这些特征可能包括所拥有的门票类型、邮政编码、历史购买记录、家庭中的儿童、校友身份、人口统计细分以及社交媒体记录。

DVtees 是一种接触千禧一代的有趣且有效的方式

● **目的地**——在许多情况下，接收者不是消息传播的目的地，因为接收者可能会通过口口相传或人际接触继续传播消息，从而成为信息来源。这个过程在体育运动中尤为普遍，由于它在社会上的重要意义和地位，体育比其他话题能够引发受众更多的兴趣和媒体报道。麦肯锡公司（McKinsey＆Co.）调查显示，口碑是 20%～50%的购买决策的主要影响因素，并且其影响力可能会增加；数字革命的范围已经扩大，其发展也在加速，因此口口相传不再是亲密的一对一的交流行为。[5]如今，随着人们可以在线发布产品评价并通过社交网络传播意见，口碑传播也以一对多的方式运作。一些客户甚至创建网站或博客来赞美或批评品牌。[6]

第三节　体育广告媒体

我们已经研究了广告传播模型以及广告希望实现的目标。体育组织必须决定在广告活动中使用哪种媒体形式。在以下内容中，我们将研究体育行业常用的或特有的各种广告媒体。

每种媒体形式都有其自己的优缺点。

一、广告牌

广告牌包括以下几种可识别赞助商的电子或印刷广告信息或标识的形式：横幅、路灯灯箱、广告牌（固定的或可移动的）、记分牌、仪表板或冰场计分板、带有LED显示屏的电子留言板和海报。广告牌还包括使人印象深刻的信息。例如，冰上和场内信息、场边滚动信息、场上标识以及虚拟显示屏上的信息（叠加在空白的体育场馆墙壁和运动场上，但在电视上可见）。

LED广告牌：使你的信息更生动

费城76人队首席运营官　克里斯·赫克（Chris Heck）

简单来说，LED广告牌是在体育场馆里可以连续显示的、可移动的、变化的、动态的图形图像，从而为观众提供普通和特定的广告或视觉娱乐。LED广告牌是提高市场知名度和吸引赞助商的强大工具。场馆经理、公司发言人和体育展示总监希望LED广告牌能在与客户沟通时创造出令人惊叹的广告效果。LED广告牌可以展现出清晰的图像、鲜艳的色彩和逼真的画面，使其在信息爆炸时代依然可以吸引体育迷和音乐会观众的注意。LED广告牌可以与声音相结合，以多维的呈现方式将信息传递给观众。

与静态和滚动广告牌相比，LED广告牌具有许多优势，即：

- 更高的分辨率和清晰度；
- 更具有动感；
- 有动画；
- 有声音；
- 便捷——可以通过简单编程进行更新，而无须付出高昂的生产成本，也不会有信息延迟；
- 灵活——尺寸和形状多样；
- 实时变更；
- 信息生命周期——可以根据需要进行频繁更新；
- 库存增加——无须存储空间。

LED广告牌的最大优势也许在于它允许场馆、组织或球队可以根据时间而非空间来销售广告。因此，每个广告购买者的信息都处于重要位置，并且可以根据购买者的期望尽可能多地曝光。

虚拟广告是由实时视频插入系统（L–VIS）实现的，这一专有技术可以中断广播源并将电子图像实时插入任何视频流中。[7]该工具最终可能会创建两个显示屏收益流，一个是现场观，另一个是电视机前的观众。例如，加拿大的现场观众可能正在看摩森（Molson，加拿大啤酒生产商）的显示屏，而在美国观看同一比赛的电视观众可能正在观看虚拟的显示屏，它们将图像转换为康胜啤酒（Coors）。

广告牌的定义还扩展到放置标识的位置，这在赛车比赛（所有类型）中最常见，如赛车、赛车手制服，还有职业高尔夫球手的帽子和衬衫以及职业网球选手的帽子、头带和球拍。在某些情况下，赞助商的名称就是球队的名称，例如意大利篮球界米兰的阿玛尼牛仔队。

尽管广告牌传达的是信息，但它不是口头的、编好的或一致的信息。广告牌传达的信息应被更准确地描述为一种印象。信息的接收和行动是基于接收者对发送者的认知和感受。由于美国（以及全球大多数国家）的广告信息（广告信息和印象的数量）纷杂，目标受众已经产生了免疫力，观众们已经习惯于各种广告信息，导致新的广告信息毫不显眼。由于体育营销人员越来越依赖赞助商带来的广告收入，而赞助商期望与目标受众交流，因此营销人员不得不为这些广告信息寻找新的想法、创意和展示位置。多项研究表明，创造性的展示位置可以提高受众对广告信息的识别和接受度。斯托拉尔（Stotlar）和约翰逊（Johnson）认为，将广告信息作为比赛的一部分要比放在其他位置更为有效，例如放在计分员桌子上或前面。[8]波普（Pope）和沃格斯（Voges）发现，汽车制造商可以通过现场展示车辆和设备标志来有效地实现提高产品知名度的目标。[9]

在体育场馆展示公司名和商标可能会提高产品知名度和消费者忠诚度。[10]消费者对赞助商产品和服务的消费潜力在我们寻求体育广告的创造力和独创性方面起着关键作用。2006年2月，在休斯敦举行的NBA全明星赛上，丰田汽车利用自己的独特优势，成为第一个拥有全明星场地冠名权的合作伙伴——NBA休斯敦火箭队主场休斯敦丰田中心。丰田公司能够利用二月份的全明星周末作为举办全国性抽奖活动、推出新车型以及赞助全明星赛等各种活动的展示舞台。此外，丰田公司在丰田中心设立了一个永久性汽车展区，名为坦途专区（Tundra Zone）。起亚效仿丰田的做法，继丰田之后成为NBA的官方车辆合作商，并在2012年NBA全明星赛的主场，奥兰多安利中心，设立了类似的永久产品展示区。

在NCAA橄榄球赛事以及好事达糖碗（Allstate Sugar Bowl）比赛中，好事达的射门得分网和场馆内其他广告牌都十分显眼

广告牌通常是整合赞助方案的要素之一。对于某些公司而言，这可能是赞助中最重要的元素，而对于其他公司而言，它只是增值部分（即不是核心利益，而是次要利益）。例如，好事达保险公司（Allstate Insurance）签署了一项重要协议后成为2005年冠军碗系列赛的赞助商。赞助协议的一部分是通过射门得分网这样的显示屏进行广告呈现。这一重大的营销妙招仅仅是好事达与2005年美国大学橄榄球碗冠军系列赛达成的全面赞助合作的一部分。自协议签订以来，好事达一直在大学橄榄球领域占据重要的地位。除了创新性的球门柱显示屏，好事达还为球迷举办一项全国性促销活动，名为射门区域精彩之旅（Field Goal Fan-tastic Tour），幸运球迷有机会免费获得一次BCS观赛之旅。此外，该公司还策划了一个新的大学橄榄球主题的电视广告活动，以及其他旨在吸引全国橄榄球迷到现场观赛的活动。[12]

二、代言

布鲁克斯（Brooks）和哈里斯（Harris）结合麦克拉肯（McCracken）和弗里德曼（Friedman）的著作，将明星运动员代言人定义为利用自己的名声帮助公司销售或提高公司、产品或品牌形象的运动员（表 10.1）。[13] 根据麦克拉肯的说法，明星运动员可以采用一种或多种产品代言形式：①显性模式（我为产品代言）；②隐性模式（我使用此产品）；③命令模式（你应该使用此产品）；④共同展示模式（运动员和产品仅在某些场合共同出现）。[14]

表 10.1　2012 年顶级运动员的代言收入

运动员	运动项目	代言费（百万美元）
菲尔·米克尔森	高尔夫	57.0
泰格·伍兹	高尔夫	54.5
勒布朗·詹姆斯	篮球	33.0
科比·布赖恩特	篮球	28.0
小戴尔·厄恩哈特	赛车	24.0
德里克·罗斯	篮球	18.2
杰夫·戈登	赛车	18.0
托尼·斯图尔特	赛车	15.4
吉米·约翰逊	赛车	14.7
佩顿·曼宁	橄榄球	130

数据来源：M. McKnight, 2013, “Fortunate 50: The highest−earning American athletes,” *SI.com.* Available: http://sportsillustrated.cnn.com/specials/ fortunate50−2012/index.html?iid=EL。

伯特·休格（Burt Sugar）提出，最早有记录的现代运动员利用自身姓名代言体育产品的实例出现在 1905 年 9 月 1 日。当时，最早进入棒球名人堂的球星之一，匹兹堡海盗队球员霍纳斯·瓦格纳（Honus Wagner）允许 J.F. Hillerich & Son 公司在路易斯维尔·斯拉格（Louisville Slugger）棒球棒上印有他的名字，获得了 75 美元酬金。不久之后，泰·科布（Ty Cobb）和贝比·鲁斯（Babe Ruth）等运动员也开始有偿为产品代言。[15]

职业橄榄球、篮球、棒球、高尔夫球、网球和赛车运动的日渐普及造就了大量体育名人。品牌识别已成为广告商将其产品与体育紧密联系的主要原因之一；在某些情况下，粉丝与赞助商之间的关系似乎同粉丝与该运动项目之间的关系一样密切。迈克尔·乔丹推广了耐克的 Air Jordan 品牌，最终还创建了自己的品牌（与耐克一起），被称为乔丹品牌（Jordan Brand）。该公司乔丹品牌年收入超过 10 亿美元，并且在市场中占据主导地位。在美国，每售出四双篮球鞋就有三双是乔丹品牌，而在售价超过 100 美元的篮球鞋中乔丹品牌占比 86.5%。该品牌在整个美国鞋类市场中的份额为 10.8%，是其竞争对手阿迪达斯市场份额的两倍多，这使其成为美国第二大鞋类品牌（仅次于其母公司耐克）。[16]

代言人的选择应始终基于产品或服务及其目标市场。选择可能在特定目标市场中受欢迎的代言人的方法之一是使用 Q 评分。Q 评分是公认的行业标准，可用来衡量个性、人物、特许商品、节目和品牌对消费者的吸引力。[17]回到迈克尔·乔丹的示例，自 1987 年以来，每一年乔丹都获得最高的 Q 评分。唯一的例外是在 1990 年。当时乔·蒙塔纳（Joe Montana）获得了最高的 Q 评分（泰格·伍兹曾在 2008 年 Q 评分高于乔丹）。Q 评分公司执行副总裁亨利·谢弗（Henry Schafer）说："乔丹是独一无二的，因为他能够与其消费群体保持这种情感联系超过 25 年。"[18]

兰斯·阿姆斯特朗（Lance Armstrong）是另一个极端。这位曾经在美国乃至全球最受赞赏的运动员和代言人，当承认自己在整个自行车生涯中作弊并采取各种掩护行为以保护自己的成就和声誉后，在赞助商、Livestrong 抗癌基金会以及数以百万计购买了著名的黄色 Livestrong 手环的消费者眼中，他就是个无赖。2013 年 4 月下旬，阿姆斯特朗和他的声誉又一次遭受了致命性的打击，当时美国邮政局对阿姆斯特朗提起诉讼，试图收回他们从 1998 年到 2004 年为赞助所支付的近 4 000 万美元。尽管阿姆斯特朗的 Q 评分反映出超过四分之一的受访者对他持否定态度，但人们对他的态度仍然比对泰格·伍兹更加积极（泰格·伍兹的 Q 评分中有 43%的受访者对他持否定态度）。[19]阿姆斯特朗在短时间内失去了以耐克为首的各种代言机会。在耐克结束了与阿姆斯特朗持续了十多年的互利互惠关系后，Trek 自行车公司（Trek Bicycles）、吉罗公司（Giro）、FRS 公司、美国毒刺（Honey Stinger）、24 小时健身（24 Hour Fitness）、安海斯–布希公司旗下的米狮龙特酿品牌（Anheuser–Busch（Michelob Ultra）、无线电屋（RadioShack）和欧克利公司（Oakley）都相继与其终止商业合作。耐克迅速采取行动，显然担心这个前代言人可能会损害其品牌声誉（和收益），但也不想疏远癌症幸存者和 Livestrong 理念的信奉者，因此他们发表了以下声明：

> 由于确凿的证据已经表明兰斯·阿姆斯特朗服用兴奋剂并误导了耐克十几年，我们非常遗憾地与他终止了合同。耐克绝不容忍以任何方式使用非法药物来提高成绩的行为。耐克将继续支持 Livestrong 计划，以团结、激励并帮助受癌症影响的人们。[20]

另一个有趣的代言现象是知名说唱歌手与各种品牌酒之间的关系，它采用了麦克拉肯先前描述的四种模式。在说唱中提及烈性酒或毒品并不新鲜。匹兹堡大学和达特茅斯大学发布的一项研究发现，美国青少年每听一小时音乐，就会在说唱、R&B 和嘻哈歌词中听到超过三个关于酒精品牌的词汇。长期以来，品牌联想一直是表演者地位的象征。但是皮特布尔（Pitbull）和肖恩·库姆斯（Sean Combs）、卢达克里斯（Ludacris）、史努比狗（Snoop Dogg）等同时代的人（或物）已经将其提升了一个水平。他们不仅在谈论他们喜欢的产品，还在谈论他们销售的产品。皮特布尔已将他的最新视频变成隐晦的沃利广告，因为他在沃利中拥有股份。他是有商业头脑的说唱歌手中最炙手可热的一员，"爆破瓶"（popping bottles）一词为他带来了巨大的财富，使他成为酒类产品代言人，并为自己创收。皮特布尔说："沃利让我有机会拥有我真正信任的品牌。"今年三月，他成为低热量水果和融合风味伏特加酒系列的股东之一。"这就是我加入沃利的原因。它有市场需求，每个人都想要拥有它。"[21]

这种关系可以称为追溯性代言，因为普里马克（Primack）、努佐（Nuzzo）、赖斯（Rice）和萨金特（Sargent）认为，歌词中大多数品牌名称似乎都是广告公司主动提供的，并且不需要付费。但是他们指出，付费广告和品牌推荐之间的界限是模糊的，因为在含有其产品名称的歌曲流行起来后，广告公司已开始通过产品、赞助或代言交易来回馈艺人了。[22]

那么，企业应如何将使用名人作为代言人的风险降到最低？一种方法显然是通过奖金、股票期权将他们的报酬与产品销售挂钩。创新艺人经纪公司（CAA Sports）代言负责人洛厄尔·特劳布（Lowell Traub）表示："我看到的一个趋势是，运动员愿意承担更多的风险，并有可能在交易中放弃部分现金，具体取决于是否可以获得股票或初创公司的私人股份。我将其称为 50 美分现象。"[23]特劳布指的是说唱歌手 50 美分（50 cent）从酷乐仕（Glaceau）维生素水中获得的股权，这是代言协议的一部分。当可口可乐在 2007 年以 40 亿美元的价格收购维生素水时，这位说唱歌手获得了数百万美元的收入（估计在 6 000 万到 1 亿美元之间）。[24]

退役运动员是比现役运动员更安全的选择。我们已经讨论了迈克尔·乔丹退役十多年后的影响力。专家史蒂夫·罗斯纳（Steve Rosner）提出了这样的观点："运动员退役后的活动很重要。因此，与 40 岁可靠的人一起合作比较安全。"退役的运动员更安全，他们的信誉良好，与产品或服务的关联性较强，因为"他们都在我们的关注下成长，当 ESPN 的出现以及一些运动鞋公司的投资改变了消费者对运动员的看法时，他们的代言业务就开始蓬勃发展。"[25]显然，2013 年丹尼斯·罗德曼（Dennis Rodman）在其朝鲜之旅中被爆出酗酒丑闻这一事件表明，并非所有的退役运动员都是无风险的。

一些体育营销人员采用非传统的方法来控制其代言人的形象，即选用已经逝世的名人。根据最近的一项估计，已故名人的市场赞助规模每年约为 8 亿美元，并且正在快速增长。[26]除安全因素外，已故名人受欢迎的原因之一是广告商可以充分利用怀旧之情，让观众回顾曾经花了很多时间在电视上观看经典节目时的情感，这种情感在婴儿潮一代中尤为明显。[27]体育营销人员也接受了这种策略。杰基·鲁宾逊（Jackie Robinson）出现在 Wheaties 麦片的包装盒和纪念版可口可乐瓶上，当时的一些著名运动员曾在 1997 年耐克的一则商业广告中以录像的形式向其致敬。鲁宾逊去世 25 年多之后，预计其遗产将新增数百万美元的代言费。[28]

这种广告和代言形式在体育运动中会变得越来越流行吗？这个问题很难回答。人们热衷于在娱乐领域使用更具有流行文化吸引力的已故名人。玛丽莲·梦露（Marilyn Monroe）和埃尔维斯·普雷斯利（Elvis Presley）一直是很受欢迎的代言人，部分原因是其在电影和电视中留下的视频。因此，尽管我们可能希望看到贝比·鲁斯，特德·威廉斯或罗伯托·克莱门特，但我们预测总有一天我们会选择披头士乐队（Beatles）、迈克尔·杰克逊（Michael Jackson）或戴安娜王妃（Princess Diana）当作代言人。

三、印刷媒体

印刷媒体是一个宽泛的概念，用于指代报纸、杂志、宣传册、海报、秩序册、售点陈列、直邮邮件和所有其他形式的印刷附属品。在所有形式的印刷媒体中，报纸（尽管印刷媒体正在衰退）具有几个明显的优势。报纸具有即时性，在多数情况下，报纸每天都会发行。比赛日、会员促销或特殊促销广告可以在报纸上发布，而无须提前通知。同时，报纸的广告费用

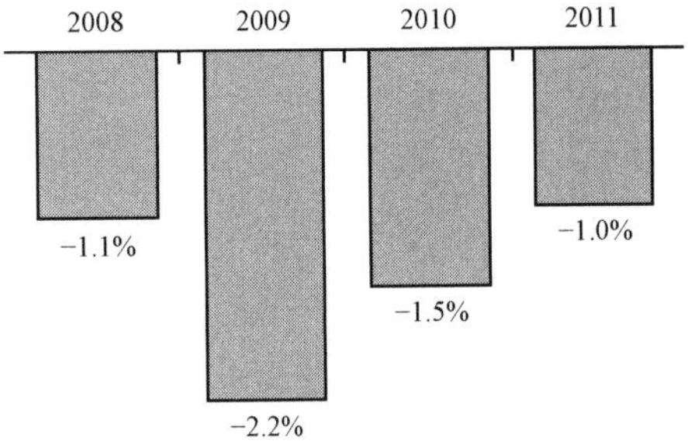

图 10.2　2018—2011 年间所有印刷发行量均有下降

注：该发行量的数据每年进行审计，数据收集时期是当年后 6 个月，截止日期为当年 12 月 31 日。

资料来源：经许可，转载自 K.E. Matsa, T. Rosenstiel, and P. Moore, 2011, "Pew Research Center's project for excellence in journalism," The State of the News Media. Available: http://www.nacda.com/nacda/nacda－men－toring－institute.html

低于电视等大多数电子媒体，广告不仅可以放置在体育或商业版块中，还可以放置在生活方式版块、特殊周末插页中等。尽管杂志具有高印刷质量和色彩还原的优势，但它们通常每周或每月才出版一次。人们也可以在网络上获取电子版。如图 10.2 所示，近年来印刷发行量（报纸、杂志等）每年都在下降，由此可以预见印刷广告在广告预算中所占的百分比正在下降，其中大部分被重新分配给网站广告和其他的电子营销形式。

海报的受欢迎程度也在下降，但是它们有独特的优势（即控制程度），因为组织可以确定何时何地分发它们。海报经费也可以自给自足，因为组织可以出售海报上的广告空间，以支付印刷和材料费用。高中和大学体育项目（以及一些小联盟体育组织）会使用这种广告形式来公布各个运动队的日程安排、即将举办的促销活动和特殊活动。尽管这种形式的促销可以给赞助商留下印象并带来零售机会，但主要的局限性在于，海报是直接接触销售区域，受限于区域的吸引力和流量的影响。海报可能还会被人们批判不环保，会产生大量垃圾。

赛事手册是否可以快速产生利益取决于信息的及时性和唯一性以及出版物的收藏价值，它们可能会非常有利可图。这种手册本身附有照片、故事和统计数据，可以促进组织或活动的进行，并充当出色的公关工具。

海报和秩序册也可能是售点广告（POP）的一部分——促销活动是在购买时发生的。零售商多年来一直依靠 POP 促销活动。现在零售商必须与互联网竞争消费者的冲动性购买，这给店内销售环境带来更大的压力，还增加了对售点广告媒体、材料和技术的创新性需求。例如，体育用品商店可以通过商店优惠券活动给予即时折扣，以鼓励顾客购买特定品牌或运动鞋等产品。售点广告通常被称为提醒广告。提醒广告具有多种功效，可以强化品牌的认知度，从而增加消费者将品牌列入购物清单或对其产生冲动购买行为的可能性。此外，它可以在售点强化全国性广告活动的关键要素。[31]

多年来，赛程小册子是很多运动队一直使用并将持续使用的核心印刷品。它的主要功能是以便宜且方便的形式传达球队的赛程信息（比赛时间、对手和日期）。赛程小册子还列出了即将到来的赛季的促销活动和赠品游戏，并提供了联系方式和购票说明。赛程小册子还可以作为创收工具，因为它通常涉及一个或多个合作伙伴的商标（可能还有报价），由他们来承担该日程表的印刷和生产成本（可能还有许可费）。近来，另一种印刷产品是磁性球队赛程，其用途与赛程小册子相同，但通常在开幕日作为高档礼品分发出去以推广赛季活动。

直邮广告在体育行业中应用广泛。它的主要优点是，它仅接触组织想要联系的人员，从而最大限度地减少了向对内容不感兴趣的人传递消息的成本。组织经常通过直接邮件来宣传季票、部分票务计划和单场比赛门票。一种常见的销售方法是从信用卡购买者中培养潜在客户，并将票务计划手册等直邮给持卡者。由于目标受众已经表现出对该产品的熟悉程度和兴趣，因此直邮活动的针对性较强。根据数据记录中包含的信息，可以将直接邮件以电子邮件的形式发送给目标客户，或者可以在发送电子邮件后给客户打电话。

在设计任何印刷材料或电子广告活动时，体育营销人员应考虑以下准则：

● 标题必须吸引目标读者，并提供奖励以鼓励他们继续阅读。

● 由于大多数阅读平面广告的人只阅读标题，因此标题和视觉要素必须相辅相成，还要清楚地讲述宣传内容，这样只看标题和视觉要素而无须阅读任何文字正文就可以得到信息。

● 正文应详细、具体，并呼应标题，具有可读性和趣味性。[32]

● 读者应该知道下一步是什么，因此在明确呼吁读者采取行动的同时，还应说明读者该如何消费。

研究表明，人们以图像和口头形式表达信息时，会更好地回忆信息。[33]因此，体育营销人员应使用精心设计的图像来传达信息。广告应描述促销物品或翻新的场馆、允许吃东西的座位、高级服务、设施租赁空间以及类似的物品和概念。此外，广告里还应包含照片、设计效果图，并在可能的情况下提供网站链接以获取更多视觉效果和信息。

四、电子媒介

在本部分中，我们会讨论广播、电视、记分牌、LED 显示屏（先前已讨论过）和公共广播系统。无论是在现场还是在家中观看或收听，或者无论是在车里，还是通过计算机或平板电脑、智能手机等移动设备上收看，所有这些媒介对于接触当今的目标客户来说都是至关重要的。记分牌和 LED 显示屏虽然投资很大，但其创建信息的成本较低，并且它们可以结合动画、视频和声音来传递更完整且更吸引人的消息。它们是进入目标市场的一种经济有效的方式，因为它们在赛场一出现，就激起了潜在消费者对产品的兴趣和购买欲望。记分牌和公共广播系统可以发挥各种功能，它们销售存货，比如发布公告；为公司合作伙伴发布消息和展示标志；提供有关即将举行的比赛、其他场地活动、特别活动和促销活动的信息；甚至做一些简单的事情，例如为现场观赛的团队提供呈现机会，以鼓励他们再次到现场看比赛，并使其他观众意识到来现场看比赛可以获得机会和利益。

（一）广播

广播提供的音频消息功能强大且价格相对便宜。MLB 球队为整个赛季的广告活动提供 30 秒的广告位，价格合理。例如，匹兹堡海盗队以 350 美元的价格提供了 30 秒的广告位。[34]

播音员自由地广播优质内容，再辅以适当的背景音或音乐，可以将我们带到比赛或场地中。广播激发想象力，让我们听到信息，同时让我们的大脑根据记忆和期望或想象来创建画面。因为每个广播电台（和类型）都有自己的受众，所以体育组织可以选择与其目标市场兼容的形式。

在美国这样的种族多元化国家，广播允许体育组织以英语以外的其他语言播出并发布广告。广播使组织（尤其是位于纽约、佛罗里达、得克萨斯州、亚利桑那州和加利福尼亚州的组织）可以自选语言与粉丝联系。即使是位于明尼苏达州最北端的球队，也可以提供 50 场比赛的西班牙语广播节目表。[35]母语非英语的人数量持续增长。洛杉矶道奇队就是个很好的例子，它是第一支用西班牙语广播的 MLB 球队。从图 10.3 可以看出，道奇队充分利用早先使用西班牙语进行广播的优势，其母语为西班牙语的粉丝数量也在增加。

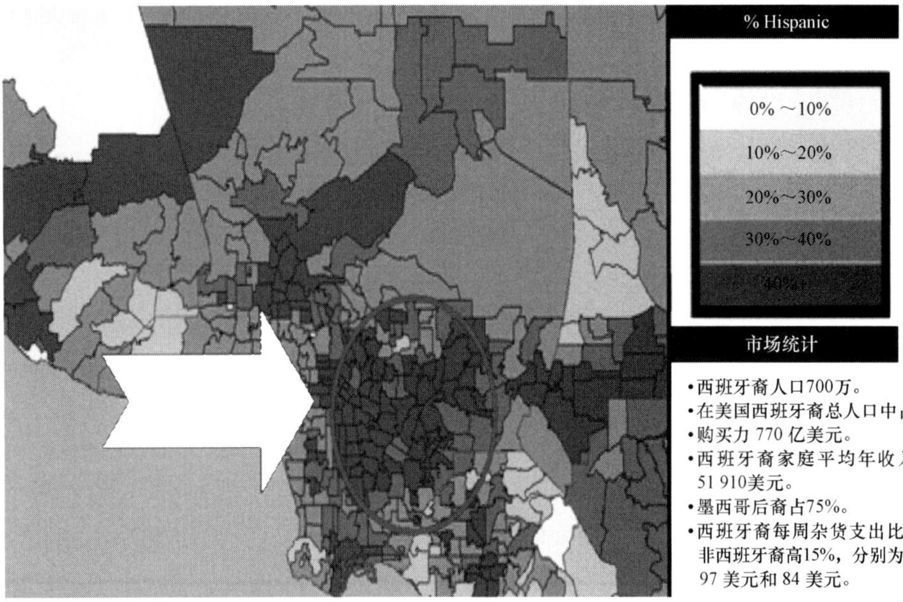

图 10.3　洛杉矶的西班牙裔粉丝人口统计数据

- 道奇队每个赛季吸引超过 100 万西班牙裔球迷。
- 道奇队的球迷中近一半（42%）是西班牙裔球迷。
- 在西班牙裔现场观众中，女性占 40%。
- 每年将近一半（48%）的西班牙球迷观看三场或更多场道奇队比赛。
- 在道奇队的西班牙裔现场观众中，有 55%的人年龄介于 18～34 岁之间。
- 道奇队的西班牙裔现场观众平均年龄为 33 岁（非西班牙裔现场观众平均年龄为 43 岁）。
- 道奇队的西班牙裔现场观众的平均家庭年收入为 61 220 美元，比拉美裔的平均水平（50 490 美元）高 21%。
- 在道奇队的西班牙裔现场观众中，有 44%的人拥有自己的房产。[36]

图 10.4 显示了洛杉矶的西班牙裔支出以及相比于其他主要大城市西班牙裔支出所占的比例。

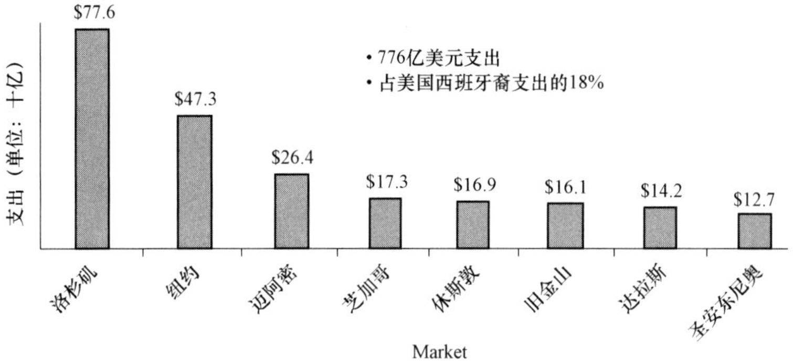

图 10.4　美国主要大城市市场

资料来源：战略研究公司（*Strategy Research Corporation*）2003 年发布的《美国西班牙裔市场报告》。

你知道吗？

- 西班牙裔球迷群体是道奇球场中最年轻的人群。
- 道奇队的西班牙裔球迷认为自己是狂热的球迷，比所有其他种族的球迷更加忠诚。
- 道奇队的西班牙裔球迷在食物和饮料上的花费比任何其他种族都多。
- 几乎所有（96%）西班牙裔球迷在比赛时都会购买食物，每人花费约 18.65 美元。
- 道奇队的西班牙裔球迷在纪念品商品购买上的支出比任何其他种族的球迷都多。

资料来源：JD Powers & Associates 公司 2012 年研究报告。

互联网（流媒体）广播和订阅广播是在互联网上传输的音频服务。互联网广播涉及的流媒体向听众提供无法暂停或重放的连续音频流，这与传统广播媒体非常相似。在这方面，它与按需提供文件服务不同。互联网广播也不同于播客，后者需要下载而前者不需要。许多互联网广播服务与相应的传统（地面）无线电台或广播相关联，而仅限互联网的广播电台则与之无关。当前，有 300 多个互联网广播电台涉及体育主题或内容。[38]这些内容大部分都是免费的，并在各种国家电台（如 ESPN）和地方电台（如 The Fan family）中都能找到。。另一个领域是卫星广播提供商 Sirius / XM 提供的订阅广播（在许多情况下也可通过电视收听）。这些提供商不仅可以提供许多免费的互联网广播网站，还可以提供 MLB、NASCAR、NBA、NFL、NHL 以及部分美国之外的职业足球组织的高级付费套餐。这类广播（电视）节目的流行源于消费者可以随时随地在各种移动平台上收听（观看）节目（请参阅补充材料“MLB At Bat”，其中对广播和电视产品进行了阐释）。

适用于 iPhone 和 iPod Touch 的 MLB At Bat

直播棒球的第一来源，MLB.com At Bat 是 MLB 的官方应用程序。

At Bat 13 的新功能：

- At Bat 13 订户可在多个平台访问相关音频（可通过有效的 MLB.com 账户转移到 Mac 或电脑上）；
- At Bat 13 普遍适用于多种设备，可在 iPhone，iPad 和受支持的 Android 手机和平板电脑上访问；
- 重新设计了各个球队的页面；
- 更新了新闻栏目界面；
- 提供了经典赛事库；

- 重新设计了导航；
- 其他推送通知选项；
- 可用实时视频的隐藏式字幕。

At Bat 13 上的已有功能：

- 免费观看每日 MLB.TV 比赛，或访问你的 MLB.TV 高级订阅，观看付费比赛；
- 使用 Live Look-Ins 观看每场比赛的精彩瞬间；
- MLB.TV 高级订户可以按需访问和观看 2013 赛季以来每场比赛的录像；
- 收听主场和客场比赛的广播；
- 回看比赛视频高光时刻；
- 重新设计的比赛日球场实景，包括来自所有 30 个 MLB 球场的逼真球场渲染图；
- 比赛集锦；
- 最新新闻、排名、赛程、名册和统计数据；
- 在 Bat 的主屏幕上自定义显示指定收藏的球队；
- 增加视频库存量，可以根据播放器、球队或关键字进行搜索；
- 个性化设置比赛开始、比赛结束以及精彩视频集锦的推送通知。

At Bat 提供了几种订阅方式来访问 At Bat 13：

- 整个 2013 赛季的年费为$ 19.99；
- 每月费用$ 2.99。

要求：可兼容 iPhone 型号：3GS、4、4S、5；iPod Touch：第 3、4、5 代；iPad。需要 iOS 5.0 或更高版本。

（二）播客

播客是由广播演变而来，可以被视为广播的互补品及其覆盖范围的延伸，或者是争夺注意力以及听众或观众的一种形式。播客是一种数字媒体，通常由一系列广播、视频、PDF 或电子书文件组成，可以网络联合订阅和下载，或者在线传输到计算机或移动设备上。理查德 • 贝里（Richard Berry）认为，播客既是融合音频、网络和便携式媒体播放器的融媒体，又是一种突破性技术，它让广播行业中的一些人重新思考了关于受众、消费、生产和分销的既定做法和先入之见。这种颠覆性的想法主要是因为没有人拥有，可以免费聆听并自由创建内容的技术播客与传统媒体及其内容制作方法的模式不同。它是一种横向媒体形式，生产者就是消费者，消费者也可以成为生产者，且彼此可以对话。[39]播客在体育直播节目中并不常用，但在评论、体育主题的脱口秀节目以及比实际比赛内容的保质期更长的节目类型中更为有效。

（三）电视

尽管与电视相比，广播有其优势（其中最显著的优势是成本低），但电视的广告覆盖面和向大众传达广告商产品或服务属性的能力无可匹敌。电视已在较短的时间内（不到 90 年）从三个国家电视台（ABC、CBS 和 NBC）和公共广播系统（PBS）发展到四个主要网络（包括 FOX）和数百个高度细分的频道，遍布全国的有线电视和卫星电视（以及一些国际节目）。NBA 是第一个推出专属电视频道的职业体育组织，随后 NFL 和 MLB 也加入其中。现在还有高尔夫频道和赛车频道，选择范围还会不断扩大。西部山区联盟（2006 年首次推出）、十大联盟（Big 10）和太平洋十二校联盟（Pac-12）都有了专属电视频道，美国东南联盟（SEC）

不久后也将拥有专属频道。而得克萨斯大学是唯一拥有专属电视频道的大学机构。

电视的覆盖面最广，并同时传达了视音效果。消费者不仅可以观看阿尔伯特·普荷斯（Albert Pujols）漂亮的本垒打，看到球迷们形成的人浪，还可以听到击球的声音和观众的欢呼声。高清播放、慢动作回放、各种摄像机角度以及 3D 播放增强了观赛体验。其结果是电视收视率飙升，并在全美尤其是在 NFL 广受欢迎。NBA 可能是全球范围内最受欢迎的美国体育联盟。NBA 与 212 个国家/地区签订了以 42 种语言制作的电视协议。[40]

由于技术和自由不受束缚，观看直播电视节目的人变少了，进而导致定时收看的观众数量也下降了，广播网络开始依赖诸如颁奖晚会、奥运会和体育赛事等大型活动。NFL 在电视上受欢迎吗？

- 自 2010 年 9 月以来，美国国家橄榄球联赛已连续三个赛季打破电视收视率纪录，凭借 55 的收视率拿下收视第一。
- 在这三年中，至少有 2 000 万现场观众收看过 247 个节目，其中 136 个是 NFL 比赛。
- 在此期间，平均每 4 000 万观众观看的所有电视节目中，有 92%是 NFL 比赛。[41]

显然，对于希望利用体育实现其营销目标并最终销售其产品或服务的公司和企业来说，重大体育赛事及其吸引观众的能力是非常重要的。但如表 10.2 所示，由于电视观众人数最多，因此电视广告的成本就很高，可能超出许多潜在广告商的预算。

表 10.2　2011 年精选体育直播节目中 30 秒广告的平均价格

美国体育赛事	时长 30 秒广告的价格（百万美元）
超级碗	3.1
AFC 和 NFC 锦标赛	1.3
NCAA 篮球锦标赛	1.24
大学橄榄球 BCS 冠军比赛	0.75
MLB 全明星赛	0.575
NBA 总决赛	0.435
MLB 世界系列赛	0.421

数据来源：“Average price of a 30-second TV commercial during major sporting events in the United States in 2011 (in 1 000 U.S. dollars),” *Statistica*。

正如一个故事可以有多种讲述方式一样，音频和视觉元素结合起来可以制作多种类型的电视广告。电视广告可以包含以下结构类型：

- **故事情节**——讲故事，该信息包括开头、中间和结尾。
- **问题和解决方案**——向观众展示要解决的问题，以及采用赞助商产品解决该问题的方案。
- **年表**——通过一系列相关场景传递消息；事实和赛事按发生时间的顺序排列依次呈现。
- **特殊效果**——通过采用某些特殊技巧（例如，特殊的音乐或绘画技巧）来提高观众观看广告后的记忆力。

● **见证**——通过口碑做广告；街上知名或不知名人士为产品的价值作证。

● **讽刺**——幽默风趣地指出人类的弱点。这种形式通常采用夸张的风格，如滑稽的模仿秀。

● **代言人**——使用出镜播音员，尝试进行个人销售、私下销售或推销。

● **演示**——使用某种物理设备或体验元素来演示产品的有效性、价值和吸引力。

● **悬念**——与“故事情节方法”的一样，也是讲故事，但要将高水平的戏剧性融入故事中，增强好奇心和悬念，一直到故事结尾。

● **展现事实**——从需要做出决定的人或需要解决方案的情况开始。然后展示了该方案如何解决问题的。

● **类比**——不是直接介绍有关产品的信息，而是通过与其他事物进行比较来传达信息。

● **幻想**——采用漫画或特效，围绕产品和产品使用创建幻想。

● **个性**——依靠演员而不是播音员来传递信息。演员扮演的角色会谈论产品、对产品功能予以反馈或展示产品用途或享受该产品。[42]

利用电视转播进行销售

纽约大都会大学执行副总裁/首席风险官卢·戴佩里（Lou DePaoli）

在过去 10 到 15 年左右的时间里，大多数职业运动队就已经开始在电视上播放大部分（就算不是全部）的比赛了。以前，许多球队认为在电视上播放比赛特别是主场比赛，会影响上座率，因为球迷会在家看球而不会去购买门票。随着时间的流逝，球队转变理念，将电视和广播转播的比赛视为能够使观众产生额外兴趣的三小时广告，从而促使媒体对更多赛事进行转播。这种理念上的转变使得组织将赛事转播视为其产品的促销渠道。不幸的是，没有多少球队能够充分利用该窗口期来增加收入。

幸运的是，球队在电视上播放大多数比赛已成为惯例。但是，许多球队都在消极等待，并希望比赛本身能够让粉丝更加投入并最终购买门票、商品等。我个人的观点是，如果球迷愿意花 3 个小时的时间来现场观赛，那么我们就需要利用这段时间向那些球迷推销产品，并让他们离开沙发进入体育场馆。球队采取积极的方法来提高球迷的参与度，可以创造更多的收入。

球队及其转播权持有者最大的担忧之一就是过于激进并破坏播放的完整性。球队的营销人员希望利用高质量的电视转播来为组织创造收入。收入来自转播中的广告出售，观众对门票和商品的购买以及慈善捐赠等。诚然，这个方法不错，但是大多数组织目前还不够积极。球队需要考虑每场比赛的广告收入，也需要考虑观众购买门票和商品以及捐款而产生的收入。球队的赛事不应该在所有媒体上转播（目前有些球队就是如此），也不应该只关注门票和商品等销售收入（目前没有球队这么做）；相反，必须在两种收入之间权衡，寻求收入最大化。

讨论引发了一个问题，在电视转播与门票和商品等销售之间的最佳平衡点是什么？答案实际上取决于球队当前在票务和赞助需求、营销观念和可用的体育资产方面的现状。不管某些组织怎么想，门票、赞助、商品、食品和饮料、社区活动、门票候补清单、俱乐部会员资格、套房或其他项目等都可为组织创收。其中，关键是要保持转播的专业性，同时又不要将其变成三个小时的信息广告。

以下是将转播用作销售工具的几种方法：

● **插播**。插播是增加电视广播收入的基本要素。每种运动都有不同的比赛节奏（例如，冰球比赛速度很快，但是棒球在比赛期间会由于界外球、球棒断裂或更换投手等频繁中断比赛），这将决定有多少可以使用的插播次数和时间。一个简单的例子是：“嘿，球迷们，别忘了纽约大都会队将从周五晚上开始参加三场系列赛。你一定不想错过国联东区（NL East）主要球队之间的对抗赛吧！通过访问 teamwebsite.com 或致电 555–5555 可以获得门票。”广播公司应当在一个列表上列出每场比赛中有机会进行广播的时刻。

● **电视广告**。在转播期间播放电视广告听起来很简单，但并非每个球队都利用自己的转播时间来播放广告。这里的关键是要确保广告能够提高收入。运动员或吉祥物应在现场发挥作用：(1) 给予他们在赛场外露面的机会，并表明他们是与观众一样的普通人；(2) 在比赛中将赛事与活动联系起来。

● **图像**。电视提供了大量在屏幕上显示图像的机会，如突出显示即将到来的比赛、优惠活动、促销或令观众感兴趣的活动。图像可以是在屏幕底部、得分框上的单独出现，也可以在任意位置以运行文本的形式出现。图像的一些新用途是在屏幕的右下角显示特定的社交媒体主题标签，并在播放比赛时在其中显示全动态的小型广告。主要的电视网络都在积极使用这两种方法来提醒观众其他节目和当前节目即将播出的剧集，或者为该节目或特定剧集产生社交媒体声量。运动队现在也开始使用其中的一些方法了。

● **仅限电视播放的特价商品或促销**。如前所述，如果观众选择留出三小时的个人时间来观看电视转播的比赛，为什么不向他们推销呢？尤其是为什么不给他们特别的激励，以购买仅在观看电视播放中有效的门票、商品等呢？或者，球队可以根据电视播放中发生的情况进行促销，例如，为粉丝提供未来比赛的折扣门票，该折扣取决于球队的得分或他们投出的三分球数。例如，匹兹堡海盗队在与费城人队的三场比赛中，每一次得分，球迷可以从球场的特定席位中节省 1 美元。在费城人队的系列赛中，每次海盗队得分时，都会出现一张彩票图表，显示到目前为止的总节省额。在系列赛结束时，计算总折扣。

● **战略性地使用摄像机镜头**。与转播权持有人保持良好关系对帮助双方创造收入非常重要。转播权持有人负责转播比赛，球队需要与转播权持有人合作以开发出新颖的方式来展示体育场馆内的区域，或者提供幕后花絮来了解赛事中发生的情况。以下是两个简单的示例：

○ 球队在播放期间展示了一个新的聚会区。而且，他们会对该区域进行直播，并向球迷展示美好的画面，或者他们从该位置播出了整个比赛。漫游摄像机（或可能拍摄的镜头）可能会拍到粉丝在吃一些很美味的食物，吉祥物在会场上与粉丝互动，前球员为粉丝亲笔签名，或者观众在互动中玩得很开心的场景。这种演示向粉丝们展示了现场观赛的绝佳特别体验，鼓励观众到现场观赛。

前面仅是几个有助于将电视转播变成销售工具的方式，新形式层出不穷。球队及其所有人需要共同努力，以制作高质量的电视节目，为双方带来收益。

（四）广告牌、飞艇、公共汽车和 40 英尺高（约 12 米高）的奶牛

放置在可移动广告牌、移动拖车、公共汽车或其特殊促销平台上的户外广告可以提供高可见度的信息，具体可见程度取决于放置的位置、持续的时间以及信息的独特性和外观。价格则因位置、数量和协议期限而异，但是与其他广告形式（如电视）相比，这种形式的广告成本较低。固定的广告牌可以长时间放置在原位，反复曝光，从而增强信息的展示效果。

安装在拖车上并驶过观众聚集区的广告牌在节日、全明星赛、NASCAR 冠军赛等大型赛事中已变得司空见惯了。可移动广告牌有双重目的。基本目的是让人们关注赛事和广告商的信息，二是将广告展示给更多的人，因为广告牌可以在整个城市范围内以及人流密集地区移动。

飞艇和挂在小型飞机上的广告横幅也是户外广告的流行形式。百威、固特异和富士等公司都有非常醒目的飞艇，可用于体育赛事中。小型飞艇已成为美国各地竞技场的标配。2012 年以前奥兰多魔术队比赛中使用的飞艇由 T.G. Lee 乳制品公司赞助，该公司使用飞艇空投优惠券，每张优惠券可在参与活动的零售商处购买一加仑牛奶。2012 年，一架看起来像西南航空喷气式飞机的飞艇取代了原来的飞艇。

福乐鸡及其代理商理查兹集团（Richards Group）创造了更独特的户外广告形式。该集团

负责人斯坦·理查兹（Stan Richards）表示："如果几年前有客户问我他们是否可以通过户外广告牌产生广告影响，我可能会说不。那是当时的传统思维。在从事广告工作的这些年里，我不断从媒体人士那里听说，如果你想让广告有效果，你必须要增加曝光度，如果要做电视广告，人们必须在两周内观看三次，或者一些其他类似的想法。福乐鸡的奶牛彻底改变了我对广告运作方式的看法。我现在知道，如果你有 1 美元的广告预算，那么就把这 1 美元一次性地花在广告上，如果效果足够好，就会产生影响。"[43]

用塞思·戈丁（Seth Godin）的话说，户外广告如果具有"紫牛"式的吸引力，那么它就可以发挥作用。换句话说，它突出吗？它独特吗？人们会记住它并谈论它吗？

第四节　促销概念与实践

本章的其余部分将涉及体育产业中的促销概念和实践。美国历史上一些最伟大的促销活动都与体育和娱乐活动有关。菲尼亚斯·泰勒·巴纳姆（P.T. Barnum）、阿尔伯特·斯伯丁（Albert Spalding）、C.C. 派尔（C.C. Pyle）、特克斯·里卡德（Tex Rickard）（参见下方补充材料）、阿贝·萨珀斯坦（Abe Saperstein）、鲁布·福斯特（Rube Foster）、J.W. 威尔金森（J.W. Wilkinson）、内德·艾里什（Ned Irish）、比尔·维克（Bill Veeck）、查理·芬利（Charlie Finley）、沃尔特·迪斯尼（Walt Disney）、伊芙·克尼维尔（Evel Knievel）、唐·金（Don King）、迈克·维克（Mike Veeck）、麦当娜（Madonna）、文斯·麦克马洪（Vince McMahon）、霍华德·斯特恩（Howard Stern）、爱丽丝·库珀（Alice Cooper）、丹尼斯·罗德曼（Dennis Rodman）、杰里·琼斯（Jerry Jones）和雷迪·嘎嘎（Lady Gaga）都是一些富有想象力的人，并以创造性的方式促销产品（或自身）。更多有关促销发展的观点，请参见补充材料"体育和娱乐领域促销活动时间表（1858—2013 年）"。

百万美元之门：特克斯·里卡德和体育促销

东康涅狄格州立大学教育与职业研究学院，运动与休闲管理助理教授阿里·德·王尔德（Ari de Wilde）博士，路易斯安那州立大学体育管理研究生项目协调员、助理教授查德·塞弗里德（Chad Seifried）博士

乔治·"特克斯"·里卡德（George "Tex" Rickard）（照片的右边）是 20 世纪初期体育促销大王之一。他通过促销活动塑造观念的能力非常出色。里卡德运用具体而有针对性的策略来建立积极的公共关系。最终，这让里卡德能够将他在 20 世纪 20 年代中期为建造一座新的麦迪逊广场花园而开发的社会资本货币化。以下四个例子彰显了里卡德的成就。

● **场边座位**。豪华座椅并非始于特克斯·里卡德，但他确实通过其位置和各种便利设施设计了拳击场座椅的结构，并满足了观众对座椅舒适度的需求。以前，拳击场和体育场馆是临时的木质结构，通常是黑社会骗子、赌徒和黑帮的地盘。从本质上讲，与观看百老汇演出不同，观看拳击比赛以及其他体育赛事可能很危险。里卡德致力于改变人们对体育赛事的看法和观赛体验，使之成为一个融合了不同阶层的节日之夜。无论是新建的还是以前的麦迪逊广场花园，里卡德在建设体育场馆时都采用永久性砖瓦结构。他聘请威利·斯蒂尔曼（Willie Stillman）作为首席引座员，斯蒂尔曼花了好几个月培训了大量员工。体育记者保罗·加利科（Paul Gallico）回忆说："门票上标明了入口、过道、区域和座位号……特派警察和警卫随时待命，

以保护安全和维持秩序。”公布了他的工作人员安排后，里卡德能够卖出两张票，此前他和其他人都只能卖出去一张。

● **百万富翁**。保罗·加里科在回忆里卡德的文章中指出了里卡德将运动员打造成百万富翁的重要性。在里卡德之前，公众和媒体都对体育奖项很感兴趣，但里卡德却将这种兴趣变成全国性痴迷。他引导媒体将运动员不仅视为身体力量的象征，而且视为财富的象征。在20世纪20年代，没有哪位运动员比杰克·登普西（Jack Dempsey）和吉恩·滕尼（Gene Tunney）更能体现这一点，他们参加了那个时代规模最大的两个赛事。加里科说道：“运动员对百万美元资产的控制权一直处于危险之中，随时可能易手，而且暴力程度相当高。”当时，每个人都知道约翰·洛克菲勒（John D. Rocke-feller）和卡内基（Carnegies）身价百万，但是直到里卡德将运动员推到公众面前，人们才了解运动员的价值。为此，尽管他的门票是用纸做的，但感觉却像钱，门票的背面是金色的。为了宣传新麦迪逊广场花园的融资需求，里卡德还宣传其投资者是“六百位百万富翁”。

● **善与恶**。里卡德开发的最有效的营销工具之一是将体育比赛描述为善与恶的较量。在冰球和拳击比赛中，里卡德将拳击手和球队描述为民族、族裔或种族而战斗。1926 年，在费城著名的吉恩·滕尼对阵杰克·登普西的比赛中，里卡德将这种战术用到了极致。了解了《纽约先驱报》和《泰晤士报》等报纸所面临的困境，他提供了一些花絮或故事梗概，绝望的报纸记者们从这些带有阶级或种族以及善与恶的故事中汲取灵感取得了成果。正如历史学家布鲁斯·埃文森（Bruce Evensen）在描述登普西与腾尼决斗中所指出的那样，读者被告知“他们两个是‘现代角斗士’，一个是‘穴居人’，另一个是‘学生’，他们测试的是‘暴力’和‘大脑’的极限。”

● **缴纳什一税**。里卡德非常关注报纸记者如何描述他的冒险行为，以至于他不仅仅形成了强大的保护机制，还设立了一个非法基金以支付某些记者的费用。正如一些同时代人和历史学家所言，里卡德和其他工作人员支付给特约体育记者的报酬最高可达 4 000 美元。报纸出版商几乎没在意这件事，他们很高兴有人给他们的记者付钱。看到体育写作领域的迅速发展和激烈竞争，里卡德抓住了这个机会。此外，他有效地利用了公共关系，利用公众对财富、阶级和社会地位的迷恋来实现自己的目标。这样，他改变了主流体育运动的面貌。[44]

体育和娱乐领域促销活动时间表（1858—2013 年）

年代	事件
19 世纪 50 年代	球迷付费观看了纽约市两支球队在皇后区的时尚机架球场进行的棒球比赛。这场比赛是已知的第一个需要球迷付费入场的体育比赛（入场费为 50 美分）。现场观赛人数的记录从 1 500 到 10 000 人不等。 哈佛大学和耶鲁大学参加了首届校际体育比赛。这项赛事在新罕布什尔州举行，由一家铁路公司赞助，目的是向潜在的粉丝宣传其路线以及一条新的度假路线。

续表

年代	事件
19 世纪 80 年代	阿尔伯特·*G*·斯伯丁（Albert G. Spalding）出版了具有指导意义的《斯伯丁棒球指南》(*Spalding Baseball Guide*)，为其产品的创建及市场扩张立下了汗马功劳。斯伯丁的棒球成为美国国家联盟的"官方用球"，并开始通过斯伯丁目录和零售商进行推广。 圣路易斯大亨克里斯·冯·德·阿赫（Chris von der Ahe）领导创建了美国协会（American Association, AA），该协会是美国国家联盟的竞争对手。AA 推出了更便宜的门票（25 美分，而美国国家联盟则为 50 美分）和啤酒。美国国家联盟的老板们对"啤酒球联盟"和冯·德·阿赫使用娱乐元素和特殊的促销手段嗤之以鼻。
20 世纪 00 年代	得分统计表提供了一个途径，让粉丝们可以查看得分、统计数据以及自己喜欢的运动员和运动队的详细信息。现在，粉丝可以通过先进的技术 24 小时全天候访问所需的信息。 霍纳斯·瓦格纳（Honus Wagner）成为第一个以自己名字为产品（Louisville Slugger 球棒）代言的运动员（酬金为 75 美元）。 道布尔迪传奇［阿布纳·道布尔迪（Abner Doubleday）发明了棒球］的创立是为了将棒球作为一项独特的美国运动进行定位和推广。 泰·科布（Ty Cobb）和霍纳斯·瓦格纳将可口可乐宣传为"伟大国民运动的伟大民族饮料"。 公牛德拉姆（Bull Durham，烟草公司)开始购买外场广告牌，并向在比赛中用球击中广告牌的球员提供奖品。结果，使用体育场馆广告牌来宣传产品的情况有所增加。
20 世纪 10 年代	开发了电影胶片上录制声音的技术。 特克斯·里卡德（Tex Rickard）在拳击比赛中创造了奇观。 查尔默斯汽车公司向 MLB 击球冠军捐赠了一辆汽车，这是第一个为宣传产品而颁发的体育奖项。
20 世纪 20 年代	第一场通过广播播放的体育赛事是在匹兹堡著名的 KDKA 电台进行的无决胜权的拳击比赛。广播使体育迷能够在客厅收听（通过音频）自己喜欢的赛事。 威廉·维克（William Veeck）开始在电台播放芝加哥小熊队的比赛，以宣传这项运动。 吉恩·萨拉曾（Gene Sarazen）与威尔逊体育用品公司签署了一份代言协议，该协议成为体育史上运行时间最长的代言协议。最初的协议是每年 6 000 美元，相当于差旅费。每两年合同更新一次，直到 1999 年 5 月萨拉曾去世。 固特异轮胎橡胶公司制造了朝圣者号，这是第一艘飞越体育比赛现场上空的飞艇。 可口可乐与奥运会合作，至今仍是赞助商。 当克里斯蒂·沃尔什（Christy Walsh）代表贝比·鲁斯（Babe Ruth）时，体育经纪人作为推广者的角色开始不断展现。 里德·格兰奇（Red Grange）和"现收现付"派尔（Pyle）联手利用格兰奇的超级巨星地位来推广新的 NFL 并增加可信度。

续表

年代	事件
20 世纪 30 年代	卢·格里克（Lou Gehrig）成为第一位出现在麦片包装盒上的运动员。 NFL 在 1936 年 2 月 8 日举行了第一届职业体育选秀。随后其他大联盟也采用了相同的策略。 福特汉姆（Fordham）和韦恩斯堡（Waynesburg，位于宾夕法尼亚州）学院之间的比赛是第一场电视转播的大学橄榄球比赛。第一台电视售出。 NFL 首场电视转播比赛发生在 1939 年 10 月 22 日。[45]有 1 000 户家庭收看了该场比赛。费城老鹰队以 23–14 负于布鲁克林道奇队。 黑人联盟的堪萨斯城君主队发明了一种便携式照明系统，该系统使他们不仅可以在晚上和暴风雨中打比赛，还可以在美国各城市巡回比赛。这一理念非常成功，以至于六年来，君主队不愿意加入黑人国家联盟，而是更愿意巡回比赛。 夜间棒球是在辛辛那提被引入大联盟中的。 内德·艾里什（Ned Irish）在麦迪逊广场花园荣获大学篮球双料冠军，迎来了纽约篮球的黄金时代，但在 20 世纪 50 年代因赌博丑闻而告终。
20 世纪 40 年代	之所以成立全美女子职业棒球联盟，是因为许多美国棒球大联盟的运动员在第二次世界大战期间在军队服役。 贝比·迪德里克森·札哈里亚斯（Babe Didrikson Zaharias）以每年 10 万美元的价格与威尔逊体育用品公司签约，这是女性的第一次重要代言。 当切斯特菲尔德香烟（Chesterfield）标志被展示在棒球公园记分板上时，烟草业开始更多地参与棒球运动。“h”被点亮表示命中，“e”被点亮表示未命中。 世界系列赛首次在全国范围内进行电视转播。
20 世纪 50 年代	NBC 首次直播了东西两海岸间的体育赛事，即杜克大学和匹兹堡大学之间的橄榄球比赛。 罗德里克·麦克马洪[Roderick McMahon，文斯（Vince）的祖父，众所周知的名字是杰斯（Jess）]和雷蒙德·托茨·蒙特（Raymond “Toots” Mondt）创建了国会摔跤公司（CWC）。CWC 于 1953 年加入全国摔跤联盟，并成立世界摔跤联盟（World Wrestling Federation）。在世界野生动物基金会（World Wildlife Fund，WWF）提起诉讼后，该公司于 2002 年 5 月日更名为 WWE。 《体育画报》首次发行。 加利福尼亚州阿纳海姆市的迪斯尼乐园开业。该主题公园耗资 1 700 万美元建成。 比尔·维克（Bill Veeck）率先推出了击球日，后来又设立了许多赠品日，如今这些已成为棒球促销活动的一部分。
20 世纪 60 年代	第一个区域性主题公园，六旗乐园，在得克萨斯州开业。 阿斯托洛体育场（Astrodome），与第一个人造草皮 Astroturf 同时亮相。 菲尔·奈特（Phil Knight）开设了蓝丝带体育公司。1972 年更名为耐克。 1967 年 1 月 15 日，绿湾包装工队和堪萨斯城酋长队之间进行了第一场超级碗比赛。当时，该比赛被称为世界冠军赛，后来被更名为超级碗。该项目的成功加上《体育广播法》的出台，促成了 NFL 和 AFL 的合并，并使 NFL 成为美国真正的全国性娱乐活动。 国际营销集团（IMG）由马克·麦科马克（Mark McCormack）创立，他最初是阿诺德·帕尔默（Arnold Palmer）的经纪人。IMG 成为世界上最大的体育营销机构。 纽约喷气机队和 AFL 签下乔·纳马思（Joe Namath），再次证明了超级巨星的信誉和吸引力可以促进并巩固新兴联盟的发展。

续表

年代	事件
20 世纪 70 年代	MLB 开始尝试定制独一无二的制服。其他运动项目也随之效仿，现在几乎每项运动都从流行的制服变化中获利。 沃尔特·迪斯尼世界度假区于 1971 年 10 月 1 日开业。最初，魔幻王国是唯一的主题公园，但此后迪斯尼又增加了未来世界主题乐园（1982）、迪斯尼好莱坞影城（1989）和迪斯尼动物王国（1998）。 美国颁布《教育法第九篇修正案》，规定男女有权享有平等的受教育机会。 瑞琪食品每年为布法罗比尔足球场的冠名权支付 6 万美元。 1975 年 10 月 1 日，一场穆罕默德·阿里（Muhammad Ali）和乔·弗雷泽（Joe Frazier）之间的拳击比赛在马尼拉举行，这场比赛成为第一个按次收费的体育比赛，并被转播到 276 个闭路电视点。 纽约洋基队的吉姆·布顿（Jim Bouton）所著的《第四球》（Ball Four）出版，这是第一本将运动员描绘成具有实际问题和真实行为的真实人物的书。 ESPN 作为首个全天 24 小时播放节目的体育电视网络开始播出。 米勒清啤利用过去的体育人物（其中 34 人）开展了一项全国性广告活动，这是体育广告史上最大阵容。
20 世纪 80 年代	迈克尔·杰克逊的《颤栗》（*Thriller*）专辑销量达到 2 000 万。 任天堂家庭娱乐系统问世。 耐克与迈克尔·乔丹（Michael Jordan）签订五年期 250 万美元的合同，并为他设计了第一双鞋 Air Jordan。这笔交易为勒布朗·詹姆斯（LeBron James）、德里克·罗斯（Derrick Rose）、科比·布赖恩特（Kobe Bryant）等人未来的代言和围绕运动鞋的促销活动铺平了道路。耐克和迈克尔·乔丹彻底改变了运动鞋的格局。 《约翰·马登橄榄球》（*John Madden Football*）游戏于 1988 年发布。Madden NFL 已成为首屈一指的体育视频游戏，并证明了体育视频游戏推广的盈利能力。 第一届大学橄榄球比赛出售了其冠名权，即当时的 USF&G Sugar Bowl。 彼得·尤伯罗思（Peter Ueberroth）组织的 1984 年洛杉矶奥运会在商业上的成功证明，企业赞助可以使奥运会成为一项有利可图的事业。
20 世纪 90 年代	推出了体育直播视频。如今，粉丝几乎可以在任何地方看到喜爱的运动和运动队。该媒体成为一个流行的宣传推广平台。 自 1993 年第一届 UFC 比赛举办之后，综合格斗已成为全球风靡的运动。 UFC 已实现了 MMA 产业化，创建了国际赛事和真人秀节目。 NFL 推出周日门票，球迷无论身在何处，都可以追随自己家乡的球队。 世界美式橄榄球联盟（后来更名为 NFL 欧洲联盟）的首秀就是利用欧洲人对美式体育运动的兴趣，同时也为电视转播和商品销售提供机会。 福克斯公司通过购买 NFL 赛事的电视转播权和播出时间表来推广自己的节目，从而成为第四家全国广播网络。一个区域性体育网络联合体——福克斯体育网迅速跟进。 ESPN 于 1994 年 4 月 12 日在纽约市宣布，第一届极限运动会将于 1995 年 6 月在罗德岛举行。1996 年 1 月，极限运动会的名称就已经正式改为 X Games。更名原因是为了增加品牌推广机会，且更容易向国际受众进行翻译。 棒球的跨联盟比赛开始于 1997 年，为洋基队与大都会队、A 队与巨人队以及小熊队与白袜队等竞争对手带来了新的令人兴奋的竞争机会。 女子职业团体运动从篮球运动（NBA 和 WNBA）开始，其次是垒球和足球。

续表

年代	事件
20 世纪 90 年代	提供了 DirecTV 家庭卫星电视服务以及 NFL 周日门票等套餐，该套餐使观众不仅可以跟随他们喜爱的球队，而且无论他们住在哪里，都可以观看每支球队和每场比赛。随后，MLB、NHL、MLS、EPL 和 NCAA 等赛事也紧随其后。 1997 年 1 月随着 Commissioner.com 和 RotoNews.com 的推出，幻想体育世界开始呈爆发式增长。幻想体育现在是一项价值数十亿美元的业务。 在全明星赛和超级碗的主办方市场上，通过创建互动粉丝节，对该市场的粉丝进行草根营销。随后有 MLB 粉丝节、NFL 体验、NBA 的即兴表演和在 Hoop City 球场开展的各类活动。 除了高清电视的热潮之外，粉丝们还能够记录比赛（用 DVR），从而确保他们不会错过任何动作，并为观看比赛设定了新标准。
21 世纪 00 年代	姚明成为有史以来第一位没有在美国大学打过篮球比赛而被选为第一顺位进入 NBA 的国际球员。当火箭队在 2002 年选择他时，球探认为他有可能进入名人堂的原因是他的身高。他将 NBA 与中国和全世界的观众联系在一起。 从 2003 年到 2006 年，在线扑克以及 ESPN 世界扑克系列赛的转播开始兴起。德州扑克迷住了美国人，还引起了轰动。 人偶摆件被重新推出。这些人偶摆件让全国的体育场馆爆满。 促销活动出现了新的变化，例如，达拉斯小牛队的漫画书等出版物。漫画书的宣传将运动员定位为超级英雄。 ABC、NBC、CBS 和 ESPN 都推出了高清电视节目。NFL 开赛现场的免费演唱会让人们为即将到来的赛季而感到兴奋，并向在美军服役的许多美国人致敬。 类固醇和其他有助于提高成绩的药物使人们对记录的真实性和作为代言人的运动员产生怀疑。 NBA 在拉斯维加斯举办了全明星赛，这使其成为第一个进入拉斯维加斯市场的大联盟。 复古商品的重新推出。NBA 的硬木经典收藏品和 MLB 的古柏镇收藏品为在线销售和零售市场注入了活力。 LED 广告牌取代了传统的静态广告牌，赞助商可以使信息传递更具有视觉冲击力和动感。 手机增加了体育信息和广播的便携性。 NBA 率先推出了第一个专用的体育网络，随后是 NFL 网络和 MLB 网络。 兰斯·阿姆斯特朗（Lance Armstrong）及其基金会发起了 Livestrong 活动，以支持癌症研究。该倡议在整个活动周期中筹集了超过 3 亿美元，全球各地的人们都佩戴 Livestrong 腕带。 YouTube 进军体育界。粉丝现在可以随时上传和观看体育内容，还可以无限期观看剪辑和精彩集锦。 Facebook 开始向全球用户开放，Twitter 也大受欢迎。两者都引发对体育和娱乐领域的空前关注。粉丝们在 Twitter 上关注并登录 Facebook，以获取独家照片、八卦以及更新的比赛信息。社交媒体不断地改变着体育和促销活动。 StubHub 成立，二级票务市场应运而生。 第一个大学联盟网络，BIG TEN 网络，首次亮相。 纽约大都会队和花旗集团达成每年 2 000 万美元的场地冠名权协议，这在当时是规模最大的一笔交易。
21 世纪 10 年代	勒布朗·詹姆斯在 2010 年的 ESPN 直播节目《决定》创下了有线电视观看纪录，并开创了球员在自由球员时期联手打造冠军球队的新时代。詹姆斯成为体育界两极分化的人物，永远改变了 NBA。 林疯狂变成了赞助商的梦想。林书豪带领尼克斯队取得连胜之后，他的表现让人疯狂。他是 NBA 首个华裔美籍球员。林疯狂被《时代》杂志评为 100 位最具影响力人物之一。

续表

年代	事件
21 世纪 10 年代	可能体育界最轰动的新闻就是兰斯·阿姆斯特朗被终身禁赛了，他因承认服用兴奋剂而被剥夺七项环法自行车赛冠军头衔。 《狮子王》超越了《歌剧魅影》，成为百老汇票房最高的演出。 NFL 红区频道开通，对幻想足球参与者大有帮助。 迪斯尼以 40.5 亿美元的价格收购了卢卡斯影业公司（Lucasfilm Ltd.）及其《星球大战》和《印第安纳琼斯》的版权。 艺人 Jay-Z 与 CAA 共同创立了体育明星经纪公司 Roc Nation Sports。 MLB 首次推出 MLB At Bat 移动应用程序。 得克萨斯大学的第一个大学体育项目专属频道——长角牛频道首次亮相。 太平洋十二校联盟（Pac-12）、大十二联盟（Big 12）、东南体育联盟（SEC）频道开始运作。 七所天主教学校离开了大东联盟，但保留了名称，组成了以篮球为主要运动项目的大型大学篮球联盟。 曼联与雪佛兰达成了为期 7 年的协议，并从中获得 5.59 亿美元的球衣赞助。

数据来源：G.E. White, 1996, Creating the national pastime: Baseball transforms itself 1903–1953 (Princeton, NJ: Princeton University Press); Sugar 1978; and various media sources。

一、标志性赛事

根据里奇（Ritchie）的定义，标志性赛事是一项持续时间有限的重大的一次性赛事（或每年重复举办的赛事），其主要目的是在短期、长期或两者兼具的时间段内提高旅游目的地的知名度、吸引力和盈利能力。此类赛事的成功来自其独特性、地位或适时性，以引起人们的兴趣和注意。[46]

标志性赛事不仅有助于推广赛事举办地，还可以推广赛事活动以及与赛事相关或者负责举办赛事的组织。成功的标志性赛事还可以使目的地更具吸引力，或使其有资格或适合举办其他类似的标志性赛事。在过去的三十年中，得克萨斯州圣安东尼奥市举办了一些标志性赛事，例如 NBA 全明星周末（比赛和相关活动于周五至周日举行）、NCAA 男女四强赛、阿拉莫碗（Alamo Bowl）橄榄球赛、泛美运动会和达拉斯牛仔队训练营。每项赛事的成功举办及其办赛经验都有助于该城市吸引到新赛事。

2012 年，爱尔兰都柏林主办了圣母大学与美国海军学院的橄榄球比赛，以及主赛事前的四场美国高中橄榄球比赛。整个爱尔兰共有 36 000 名游客来到现场，此举扩大了该标志性赛事的影响。活动的成功举办是都柏林未来能否举办 NFL 赛事的关键因素。

许多联盟、运动队和其他与体育有关的组织都在创建标志性赛事或特殊赛事，并向感兴趣的受众宣传推广。NBA、NFL 和 NHL 在欧洲举办过表演赛和常规赛，NBA 在亚洲也举办过比赛。英超联赛（EPL）的球队在美国举办过比赛，以宣传他们的品牌，增加美国人对足球运动的兴趣（以及提高电视收视率和商品销售量），并将足球定位为一项全球性运动。MLB 在亚洲也举办过比赛，并且出于同样的原因创办了世界棒球经典赛。这些赛事活动以及碗赛、锦标赛和其他以年为周期举办的赛事均出于促销目的而开展，旨在实现以下目标：

- 向公众宣传主办机构；
- 宣传赞助商及其产品；
- 为赞助商和其他有影响力的人创造独特的款待机会；
- 促进运动项目的发展；
- 将赛事宣传转为创收机会；
- 吸引大量媒体的关注和报道；
- 有助于其未来能够举办标志性赛事并能吸引旅游业及其他领域的投资。

二、互联网站点、网页、博客等

随着技术的不断发展，尤其是媒体相关技术的发展，粉丝也有机会关注自己喜欢的运动、联赛、运动队和运动员了。技术的进步和发展还为不再生活在童年时代居住地附近的体育迷，或不继续生活在最喜欢运动队附近的粉丝提供了维持甚至增加其归属感的机会。互联网站点，包括网站、聊天室、博客、各种形式的社交媒体、运动队或粉丝运营的相关网站、在线幻想体育联赛，甚至在线赌博网站等促销工具，能够满足这些需求。十年前大家不易获得的信息，现在的互联网站点都能让你在以内容为中心的、用户友好的环境中获取它，这促进了体育组织的发展。体育组织管理这些信息以满足消费者需求，让消费者可以便捷地访问这些信息。更重要的是消费者不仅可以观看内容，还可以为自己关注的人创建和生产内容。运动员或参与者也可以这样做，因为他们出于某种原因需要建立一些对他们来说重要的关系来为自己创造更多价值。因此，在 2014 年，任何拥有智能手机的人都可以成为内容创建者和媒体提供者，进而成为促销的催化剂。

三、销售促进

销售促进是任何体育组织营销策略的重要组成部分，可以采用价格导向或非价格导向策略。通常，非价格导向的销售促进包括特殊活动、赠品和其他有形奖励措施，而价格导向的销售促进则涉及折扣、特殊定价和增值概念，例如无限供应食物的席位或其他与价格相关的方法。尽管研究表明许多粉丝都喜欢价格折扣，但如果粉丝们对此产生依赖，那么价格促销就可能会很危险。二级市场卖家（例如 StubHub 和 Score Big）通常每天提供打折票，对于精打细算的粉丝来说，这里就是一级市场。因此，许多组织将其与价格相关的促销活动限制在诸如家庭之夜之类的概念上，或者为目标群体提供折扣，例如流行的“士兵座椅”促销活动。

无论如何，在使用旨在销售特定比赛或活动门票的促销策略时，必须让忠实顾客（购买季票或其他票务计划并被称为季票持有者、会员或订阅者）免受促销活动的伤害。这些会员或持票者应获得与促销中的折扣或项目价值相当的优惠。组织应在赛季开始前主动向这些团体发表声明，例如在门票随附的信件中、在其个人客户代表的电子邮件中、在粉丝论坛或市民大会上，或者三种方式都采用。这些消息需要说明该运动队在即将到来的赛季中开发并提供特殊的促销和折扣。同时应当传达给季票持有者一个基本观念：我们这样做的原因是想尝试增加球迷规模，保证体育场馆在特殊场合座无虚席，同时确保无论家庭收入高低或规模大小，每个球迷都有机会到现场观赛。解决该问题的方法之一是为每位季票持有者提供特定数量的代金券或优惠券，允许其在一年内用于商品购买或特许经营摊位的消费，以抵消计划中促销活动的影响。该方法不仅可以最大限度地减少潜在的投诉量，而且可以在季票持有者之间建立商誉，这样他们可以成为大使并传播有关该组织如何对待他们的信息。塞思·戈丁（Seth Godin）认为，他们现在有"要讲的故事"，并且可以面对面通过社交媒体或在博客上发文与粉丝分享这些故事。[47]

涉及增值要素的概念和想法可以有效地促进门票销售。

但是，这些策略在最高水平的职业体育中已得变得不那么普遍了，因为可变定价和动态定价可以让这些比赛的门票价格变得更高，以弥补成本或将特定比赛的收入最大化。

当依靠赞助商帮助支付促销费用或提供收入来源时，组织必须意识到促销需要为所有人（包括粉丝、赞助商和组织）服务。表 10.3 列出了 2012 赛季参与 MLB 促销活动最频繁的企业赞助商。

表 10.3　2012 年赞助商参与 MLB 的促销天数

排名	品牌	球队数量	促销天数
1	可口可乐	7	69
2	雪佛兰	11	47
3	百事可乐	9	44
4	米勒康胜	7	38
5	安海斯 – 布希	8	28
6（并列）	AT&T	5	23
6（并列）	MLB 电视网	23	23
8（并列）	钥匙银行	2	19
8（并列）	国家农场	2	19
10（并列）	超无限（康卡斯特子公司）	4	18
10（并列）	梅杰	2	18

资料来源：经许可，转载自 from D. Broughton, 2012, "Everybody loves bobbleheads," *Smith & Street SportsBusiness Journal* 15(3): 9。

不幸的是，组织很容易被促销的精神冲昏头脑。降价促销、竞赛、赞助、抽奖、假日销售、特殊活动、开放参观日等往往在开始时很少考虑到长期预期结果，尤其是在体育领域。关于棒球队在本赛季可能举办的一系列促销活动的调查表明，促销活动的设计应考虑逆向计划的概念。逆向计划是指组织需要确定开展促销活动的结果。换句话说，他们需要确定想要实现的长期目标，然后制订战略性规划，这些规划举措和活动有助于实现特定目标。

价格促销涉及提供与购买的产品或服务有关的某种类型的折扣、返现或其他经济激励措施。唐纳德·则卡迪（Donald Ziccardi）表示："促销策略已成为渴望迅速增加客户群的公司的权宜之计，他们进行促销活动以适应经济波动、时尚趋势、赛程变化和天气情况，而不考虑整体营销计划及其目标。但是，这会对公司的形象和客户产生长期影响。首先，促销活动会削弱广告效果，而不是加强广告效果。其次，客户可能习惯于仅在有促销活动时才消费。

降价或全店折扣可能会带来巨大的销售增长，但第二天（促销活动结束后）该公司可能会遭受巨大的损失。”[48]

例如，杰西潘尼（JCPenney）公司勇敢地尝试将每周的折扣活动改为每日低价销售，但惨遭失败。该零售商恢复了每周折扣，以提振其低迷的股价并重新挽回顾客。[49]

这种负面影响也存在于体育中，就是一般情况下刚结束促销活动的赛事上座率较低。如果促销活动只不过是促使人们去观看某一场比赛而没有引发更浓的观赛兴趣，那它就没有达到效果。此模式表明，粉丝是“拣樱桃者”（指对价格最为敏感且挑剔的，专拣打折的东西购买的一类消费者），只有在提供促销或奖励措施时才到现场观看比赛。在这种情况下，除非促销活动由体育组织以外的其他人赞助，否则促销的价值很小。

如前所述，非价格促销包括赠品、烟火之夜、音乐会等。表 10.4 列出了球队最常用的非价格促销活动。已故的比尔·维克是克利夫兰印第安人队、圣路易斯布朗队和芝加哥白袜队（两次）的老板，他是非价格促销活动的大师。比尔·维克是“击球日”的创始者，他意识到通过实施特殊主题日（例如，女士日和优等生日）来吸引新粉丝的重要性。维克使用烟花、邀请艺人巡回表演、赠送兰花和其他赠品，并奉行一种促销理念：“每天都是狂欢节，每个粉丝都是国王（或女王）。”[50]维克认识到有必要营销除核心产品以外的其他产品，他还意识到体育组织不能总是保证自己的队伍获胜，但必须每天提供娱乐气氛。因此，他率先在体育运动中开展非价格促销活动，以安抚那些可能因运动队无法赢得比赛而伤心的粉丝，并保持他们对现场观赛的兴趣。由于团体销售对象中体育迷与非体育迷数量一样的多，因此促销非核心产品是团体销售的关键。

表 10.4　2012 年 MLB 非价格促销（赠品）榜单

排名	类别	球队数量	促销天数
1	人偶挂件	26	94
2	T 恤	24	79
3	帽子	28	69
4	背包/包	26	50
5	赛程磁贴	29	46
6	照片	12	43
7	玩具	22	37
8	海报	15	33
9（并列）	纪念衫	17	31
9（并列）	零售折扣券	17	31

资料来源：经许可，转载自 from D. Broughton, 2012, “Everybody loves bobbleheads,” *Smith & Street SportsBusiness Journal* 15(3): 9。

关于赠品日，存在一个很明显的问题是，提供附加项目或促销活动（例如，1 美元热狗之夜）可能会阻碍纪念品或特许商品销售。营销人员必须衡量这些赠品创造了多少销售额以及它们可能抵消了多少销售额。因此，为了避免对纪念品销售产生不利影响，帽子日提供的帽子赠品应该与体育场馆商店里出售的帽子不一样。举例来说，堪萨斯城皇家队、匹兹堡海盗队和底特律老虎队等许多 MLB 球队在 20 世纪 30 年代至 60 年代初的促销日，如黑人文化遗产日或非裔美国人文化遗产日，向在其城市打过比赛的黑人联盟球队致敬。在这些比赛中，两支球队都穿着历史上这些球队的队服，以纪念那些黑人联盟的球队，而与球员们戴着的类似的纪念帽通常是球迷们的赠品。此促销是不蚕食商品销售的一个很好的例子，因为这些帽子通常不会在赛场的商店中出售。同时，可以借此机会出售纪念球衣或 T 恤衫。例如，“1 美元热狗之夜”是棒球比赛中的主要促销活动（通货膨胀和不断上升的成本使该活动从“10 美分热狗之夜”升级为“1 美元热狗之夜”）。这项促销活动（像大多数非价格促销活动一样）通常由赞助商承担，在大多数情况下，这项费用是由体育场馆特许经营商及其热狗供应商共同承担。尽管俱乐部在出售热狗方面亏了钱，但出席人数增加，加上停车费、苏打水和啤酒等相关特许销售，足以弥补损失。

人偶摆件作为赠品流行的原因之一是它们通常不作为纪念品出售。2012 年，MLB 的 26 个球队合计分发了 227 万个人偶摆件，比 2011 年分发的人偶摆件数量增加了 25%。[51]表 10.5 显示了 MLB 在 2012 赛季最常举办的赛事促销活动。

表 10.5　2012 年 MLB 促销（活动或主题）榜单

排名	类别	球队数量	促销天数
1	烟花	22	186
2	节日和音乐会	16	166
3	门票折扣	9	164
4	优惠折扣	13	127
5	签名	6	125
6	家庭日	10	103
7	跑垒	16	100
8	大学之夜	10	76
9	向球队历史致敬	21	73
10	儿童日	16	67

资料来源：经许可，转载自 from D. Broughton, 2012, “Everybody loves bobbleheads,” *Smith & Street SportsBusiness Journal* 15(3): 9。

时间安排是体育组织促销计划中的另一个关键要素。时间安排的概念包括星期几、对手、开始时间和月份（有时称为季节时间）。体育营销人员必须根据赛事吸引力的大小来安排促销活动。比赛时间是周末而不是工作日，一个能够吸引球迷到客场观赛的具有深厚传统的对手（纽约洋基队、匹兹堡钢人队、洛杉矶湖人队、底特律红翼队），或者对手拥有被人们议论纷纷的运动员［华盛顿国民队的斯蒂芬 • 斯特拉斯堡（Stephen Strasburg）和布赖斯 • 哈珀（Bryce Harper）］等，这些都可以看作更大的吸引力，能够吸引大量媒体的关注和社交媒体的热议。

赛程安排：南佛罗里达大学（USF）橄榄球 2013 赛季的比赛促销规划矩阵

大学的体育营销专业人士在体育赛事的促销活动中经常面临两难境地。一方面，教练希望每场主场比赛都能得到促销；另一方面，赞助商希望与那些在整个赛季中产生最多印象并吸引最多媒体报道的促销活动相关联。比赛促销规划矩阵（图 10.5）可以帮助体育营销人员识别那些可能从促销活动中受益并实现可观上座率的比赛，以及其他可能因促销活动而售罄或获得上座率大幅提升的比赛。比赛促销规划矩阵主要考虑两个因素。矩阵的左列显示了第一个因素——比赛日期和时间，即比赛计划在一周内举行的时间。矩阵的顶行显示了第二个因素——对手。这些因素根据以下条件，分为有利因素和不利因素：

- **比赛日期和时间**。有利的比赛日是指那些能够提供最佳机会以吸引潜在观众的比赛日期和开始时间。经验表明，周末（周五、周六和周日）是吸引大批粉丝的最佳时间。接下来依次是星期四、星期三、星期二和星期一。就大学体育而言，电视网络和区域体育网络（RSN）的发展，尤其是新的大学联盟网络及其对体育节目的无限需求，使得传统的大学橄榄球赛程安排从原来的星期六扩展到现在几乎涵盖了一周中的每一天（星期日和星期一除外），而星期日和星期一的时间段长期以来一直由 NFL 主导。不利的比赛日是指那些最不可能吸引观众的日子。在上述情况下，首先是星期二，然后是星期三和星期四。但是，如果有机会在晚上比赛并能够在电视上转播，或者避开与本地区的老牌球队比赛的场次，可能被认为是更有利的比赛日。

		对手	
		有利因素	不利因素
比赛日	有利因素	FF （迈阿密大学，路易斯维尔大学）	FU （麦克尼斯大学，佛罗里达大西洋大学，辛辛那提大学，孟菲斯大学，南方卫理公会大学）
比赛日	不利因素	UF （无）	UU （无）

图 10.5　比赛促销规划矩阵

- **对手**。确定对手是有利还是不利因素不一定基于对手的输赢记录。有利的对手可能是一所历史悠久的学校，因此其学校名称成为代名词，例如，圣母大学（Notre Dame）。当地竞争者、拥有著名球员的球队、创纪录的对手或球员或者在有吸引力的市场中拥有强大追随者的球队都是要考虑的因素。

既然我们已经确定了比赛日和对手的类型，我们就可以建立矩阵。有利的比赛日和有利的对手将被指定为 F，不利的比赛日和不利的对手将被指定为 U。请分析 2013 年南佛罗里达大学橄榄球赛程安排（如表 10.6 所示）。

表 10.6　2013 年南佛罗里达大学橄榄球赛程安排

日期	时间	对手
8 月 31 日	周六，晚 7 点	麦克尼斯州立大学
9 月 14 日	周六，晚 7 点	佛罗里达大西洋大学
9 月 28 日	周六，待定	迈阿密大学
10 月 5 日	周六，待定	辛辛那提大学
10 月 26 日	周六，待定	路易斯维尔大学
11 月 16 日	周六，待定	孟菲斯大学
11 月 23 日	周六，待定	南方卫理公会大学

虽然比赛日期和比赛开始的时间可能会影响比赛日是否是有利的评估，但这个具体的赛程安排表上

的比赛日没有差异，都被认为是有利的。例如，对阵麦克尼斯州立大学的首场比赛对南佛罗里达大学来说是一场有利的比赛，因为这场比赛不仅是本赛季的开幕战，也是南佛罗里达大学新任教练威利·塔格特（Willie Taggart）的首次亮相，他是一位与当地有着密切联系且备受推崇和关注的教练，这个因素改变了对不甚了解的对手的预期U评级。

在评估有利与不利的对手时，一种有用的方法是通过分析前面讨论的条件来权衡对手的利弊。因此，正面形象比负面形象多的对手将获得正面评级。例如，迈阿密大学将根据以下条件获得F评级：

- 迈阿密大学橄榄球队是公认的国家级水平球队；
- 迈阿密大学是佛罗里达州橄榄球运动水平很高的三大高校之一；
- 迈阿密大学在全州都有粉丝群；
- 迈阿密大学在坦帕-彼得斯堡地区拥有重要的校友资源；
- 南佛罗里达大学橄榄球队可能在该比赛中比对手打得更好。

另一方面，孟菲斯大学将根据以下条件获得U评级：

- 人们认为孟菲斯大学不是以橄榄球为特色的学校；
- 孟菲斯大学的球迷不太热衷于前往客场支持自己的球队；
- 孟菲斯大学不太可能出现在坦帕地区的电视上；
- 孟菲斯大学不被视为是竞争对手。

将比赛日期和时间以及对手分为有利或不利因素之后，放入矩阵的相应框中。标有FF的比赛，表示同时具备有利的时间和有利的对手，可能不需要什么促销帮助，但如果组织遵循峰顶理论（即利用大量观众关注比赛的最佳机会进行促销，或者将标有FF的比赛门票售罄），最好的方法是确保资源的获得并投入体育资产进行促销，以最大限度地提高上座率。同样，标有UU的比赛将需要辅以最多的促销活动，但是在某些情况下UU比赛会因投资回报率较低而被忽略。南佛罗里达大学橄榄球2013赛季的赛程中不包括任何UU比赛。这些比赛的评分如下：

- FF——迈阿密（先前分析过）和路易斯维尔（Louisville），后者是在全国范围内认可度较高且排名靠前的球队，是大东联盟的上届冠军，并且有海斯曼奖杯候选人特迪·布里奇沃特（Teddy Bridgewater）；这两场可能被安排在星期六晚上比赛。
- FU——所有剩余的比赛。尽管比赛都是在星期六进行，但对手普遍表现平平。如果USF赢得这些比赛，这些比赛可能会变成FF。

第五节　促销的组成部分

使用促销的正确方法是设计并实施平衡且富有创意的促销活动。有效的促销活动是在适当的时间开展适当类型的活动，并能够吸引目标市场受众。[52]我们将在本节中简要描述一些活动并举例说明。

一、主题

在开发主题或创意内容时，营销人员需要提出并回答许多问题才能制定有效的创意策略。表10.7列出了要提出的问题，并说明了提出这些问题的原因。尽管创意策略的制定似乎是广告而非促销的职能，但促销计划每年都应该不断进行创意开发。

表 10.7　开发创意时要提的问题

问题	理由
客户想要什么？	确定目标市场，了解他们的想法和缘由，了解他们的价值，并记录他们的购买习惯。
我们的产品适合消费者吗？	消费者是否了解产品？消费者对产品的期望与实际产品有何不同？
竞争将如何影响我们的目标？	了解和理解竞争者及其运作方式和目标。消费者认为的竞争对手是谁？
竞争性消费者利益有哪些？	消费者期望从品牌中获得什么利益？期待从组织中获得什么？必须明确说明对消费者的利益。
营销传播如何使消费者相信该利益？	说服性沟通必须温和、巧妙、令人信服地使消费者相信产品及其带来的利益是值得的，并且优于市场上的同类产品。
品牌的个性应该是什么？	个性应当赋予品牌生命和灵魂，从而使得消费者能够轻易识别出品牌并将其与竞争对手区分开来。
消费者如何定义产品？	产品在消费者心中定位如何？消费者认为某产品最好是先入为主的认知所导致吗？是因为该产品更现代吗？是因为该产品更耐用或更持久吗？是因为该产品更有趣吗？
沟通和行动的主要目标是什么？	为获取信息，消费者应该采取什么行动？我们期望消费者打电话咨询产品信息吗？还是直接去零售商那里了解产品信息？
应使用哪些接触点（介质）接触消费者？	触达目标市场的最佳沟通策略是什么？直接邮寄？电视？电话？开放日？还是社交媒体？

资料来源：经许可，转载自 D.E Shultz, S.I. Tannenbaum, and A. Allison, 1996, *Essentials of advertising strategy*, 3rd ed. (Lincolnwood IL: NTC Business Books)。麦格劳－希尔公司版权所有。

最有效的营销主题是简短、简单且易于理解的。可口可乐的主题“永远是真实的东西（Always the Real Things）”传递的信息就很简单——其他产品都没有这么真实。相反，它只是对真实事物的一种模仿，并没有那么真。耐克的标志性主题“想做就做（Just Do It）”以及过去十年中使用的另一个主题“我能行（I Can）”旨在适用于任何一个场景、任何一种运动水平和目标市场。穿着这些鞋子，消费者可以做他或她选择的任何活动，或者根本不做任何活动，只是将其作为一种时尚或穿着舒适的鞋子。“想做就做”并不意味着某些运动、赛事甚至运动员比其他运动、赛事或运动员更有价值，而是强调参与，不暗示竞争激烈，不轻视低调的娱乐活动。消费者通过从事一些对个人有意义和有益的事情来选择他或她想要做的任何事情。

只要有可能，主题就应利用产品或市场的独特性。NHL 喷气机队在 1997 年从温尼伯迁至凤凰城时，将其队名改为郊狼队，这与凤凰城周围的沙漠环境更加吻合。队伍名称和主场位置的改变为新的凤凰城为新球队提供了一个利用新主场特点的营销主题——“体验沙漠中最酷的比赛”。[53]2011 年，当 NHL 亚特兰大球队经营权迁至温尼伯后，该球队又重新更名为温尼伯喷气机队。

在选择主题或队名时，营销人员应尝试确保该主题不会被消极反对。一些球队（此处未提及以防止尴尬）使用了一个创造性的主题，暗示了一定程度的积极表现。尽管此类主题并不能直接促进获胜，但“We Will”之类的主题的感知和隐含含义也能够被轻松操控，尤其是在社交媒体领域，它比传统媒体形式的限制要少得多。例如，我们可能会看到诸如“我们将无法满足你的期望”，“我们不会进入季后赛”，甚至“不值得我们为入场观赛付出的代价”这样的变体。

二、产品试样

引入新产品并鼓励消费者试用和购买的有效方法是向公众分发样品。该方法在止痛药、关节药、节食辅助剂的销售方面特别有用，这些产品利用网站和媒体免费提供为期两周的样品，其中许多产品是以退役运动员为主来宣传这些产品对健康有益。这种试样的好处在于，客户没有风险，制造商或供应商也有机会将产品交给潜在客户。当不涉及任何费用（节省运输和手续费）时，人们几乎可以尝试任何东西。佳得乐长期以来一直强调并实施试样计划。佳得乐在美国和加拿大各地的数千个体育场馆和赛事中都有摊位，并在那里使用试样来测试消费者对新口味的反应。佳得乐在马拉松、铁人三项、新一波耐力运动（如最强泥人国际障碍挑战赛）、沙滩赛事（如排球比赛）以及其他潜在消费者活跃、容易口渴和需要补充水分的场景中具有较高的影响力。当试样与优惠券结合使用时，可以有效促进销售并直接提高 ROI 或 ROE。

三、开放日

开放日类似于产品样品的免费试用活动，但它的目的是吸引观众前往诸如基督教青年会（YMCA）或健身俱乐部之类的场馆设施，以鼓励人们参加体育和健身活动，或者参观职业运动队（或大学）的体育场馆，组织活动方会介绍可用座位的位置，并允许潜在客户观看表演赛或练习赛，届时将促进门票套票的销售。

健身俱乐部意识到，准会员需要先体验设施设备及课程，然后再决定是否购买会员。这种体验通常采取免费体验或试用会员资格的形式（通常为一周），并提供指导、个人评估和咨询服务。许多基督教青年会和健身俱乐部定期安排为期一天或一周的开放日活动，在此期间，准会员不仅可以试用设施设备，而且还可以体验各种项目——瑜伽课、私人教练、育儿、体育联赛甚至社交活动。实际上，开放日相当于汽车销售时的汽车试驾活动。

在观赏性体育方面，职业运动队和大学运动队举行开放日活动，让粉丝和潜在粉丝可以看到更多比赛幕后的内容。当天的活动可能包括：带人参观更衣室、与退役或现役运动员会面、与吉祥物和啦啦队互动、参加篮球训练营或获得击球练习的机会，当然还有机会评估即将到来的赛季的座位库存和票务计划。

四、优惠券、代金券和优惠码

优惠券、代金券和优惠码是常用的且被人们广泛接受的，但是它们必须适合组织的形象和风格。在某些情况下，优惠券或优惠码可能有损组织形象，并可能暗示现有销售业绩不佳，尤其是在组织历来从未提供过优惠券或优惠码的情况下。

优惠券（有时也被称为代金券）通常是纸质的（许多互联网优惠券必须下载并在实体店

购买时出示使用)，这也是我们在第八章中讨论的直邮行业的主要内容。技术还提供了将优惠券转用到门票或会员卡上的机会。尽管优惠券仍然很受欢迎，但优惠码（尤其是可以在线购买的商品优惠码）由于使用方便以及供应商能够轻松、实时地进行信息更改而变得越来越流行。

一种流行的报纸型优惠券或代金券，也可以通过价格代码在线提供，这是统一价格的“家庭之夜”套餐促销活动。这个套餐通常一次性提供四张门票、四份软饮料、四个热狗（或其他优惠项目)，或许还有停车位，套餐内容取决于组织的级别（大联盟、小联盟或大学)、公司提供的优惠项目以及赞助支持的金额，总费用通常在 49 美元到 99 美元之间。此优惠的食物部分或许更容易在场馆外使用，因此食物券可以在比赛前后或比赛一周内的某个时间在赞助 QSR（快速餐饮服务）处兑换。无论如何，这种以价值为导向的促销活动旨在吸引原本可能无法观看比赛的家庭。我们从不否认这种以价值为导向的促销方式有其局限性，因为它的包容性可能不够，因而有效性相对较低。我们建议保留相同的家庭目标以扩大关注范围，但要注明费用为每个人 15 美元，或占促销费用的 25%。我们认为该计划会变得更好，原因如下：

- 单亲家庭或有共同监护权的家庭数量继续增加。通过基于四人家庭的促销活动，该组织无意中排除了单亲家庭，因为他们不符合四人家庭套餐的范围。
- 促销活动还排除了可能有两个以上孩子的大家庭或者规模更大的家庭，如祖父母也住在家中，或虽然不住在家中但也希望参与家庭活动。因此，提供四个人的促销报价可能会使许多潜在客户无法享受该促销活动。

电视已竭尽所能地满足现代家庭的多种需求，体育也应当变得更具包容性。

五、比赛和抽奖

比赛和抽奖活动可以增加促销组合的魅力、兴奋、幻想、想象力和乐趣。尽管大多数体育消费者并不期望赢得比赛，但这种有趣的促销策略为粉丝提供了赢得比赛或观看其他人参加比赛的机会。这种吸引力在诸如《幸存者》《美国偶像》《极速前进》和《美国之声》等真人秀节目的成功中体现得淋漓尽致。

六、附加项目和赠品

组织使用附加项目来吸引新消费者并鼓励现有消费者增加购买频率。附加项目也可以被定义为赛事以外的东西，例如，音乐会、焰火表演或类似活动。正如我们在第八章中讨论的那样，对这些活动收取费用以弥补成本并从新增需求中获利，这种情况变得越来越普遍。

如前所述，MLB 匹兹堡海盗队使用两种类型的附加项目。在赠品方面，海盗队设计了星期五 T 恤（其他 MLB 球队也使用此促销活动，但可能安排在一周的其他几天进行)。海盗队选择了星期五，通过在一周中的重要日子开展促销活动以创造高峰时段。最初，海盗队为现场观看比赛的每个人都提供了一件 T 恤衫，但为了降低成本，该组织已将每个星期五的 T 恤衫数量减少至 25 000 件，但成本依然很高。不同的赞助商每个赛季要承担 13 次或 14 次的球衣成本。海盗队业务运营前副总裁卢·戴佩里（现为纽约大都会队的执行副总裁兼首席风险官）说："自 2009 年我们开始促销以来，星期五的上座率增长了 60.4%（从 20 052 人增加到 32 161 人）。虽然并不是所有的增加都可以归功于附加项目，但我们的分析表明，仅附加项目就促成了 30%的上座率增长。"[54]

海盗队还创造了 SkyBlast 的概念，这是在星期六晚上举办的一场赛后音乐会和烟花秀。此促销活动可以被描述为"顶峰"，如果比赛是跨联盟比赛或与另一个有吸引力的对手对战，则该促销是"峰顶中的顶峰"。戴佩里指出："自从我们将活动移至周六晚上并将它们分散到三四个月（原定于周四至周六）以来，14 场比赛门票均已售罄。我们在促销日的平均上座数为 37 612 人，而我们在促销之前的平均上座数为 25 142 人。"[55]

海盗队在促销时期内并没有赢得比赛，这种促销策略有强大的吸引力。战绩表现不会削弱促销的效果（在 2013 年棒球赛季之前，海盗队已经有 20 年没有赢过球了）。

尽管由比尔·维克开创的棒球纪念日被公认为是赠品促销手段的首例，但奥克兰 A 公司在 20 世纪 80 年代初发起的促销活动对赠品产生了重大影响。组织开始从主题上进行思考，并试图增加多个比赛的上座率。A 公司推出了一项名为"制服年"的促销活动，该活动通过向目标市场的成员（14 岁以下的人及其父母或其他成人和青少年）发放不同的服装赠品（由阿迪达斯赞助）来鼓励消费者参加多个指定（六场）比赛。例如一场比赛赠帽子，一场比赛赠球衣，另一场比赛赠腕带等。[58]这项促销针对的是目标市场，旨在提高上座率，该方法与下面介绍的"自动扶梯"频率相关。

第六节　最终目标：保留并提升消费者在自动扶梯上的位置

推广体育运动的最终目标是吸引消费者，提高消费者认知和兴趣，并促进消费。在推出新的体育产品或服务时，营销人员只能花费大部分精力吸引首批（新）消费者。过去，体育营销人员将大部分精力和资源用于大众媒体广告，以便把信息传递给大众市场，这是可以理解的。但是，在产品呈现发展势头后，许多营销人员却忘记改变方法，仍然以为面对的是新消费者。互联网已经极大地改变了最初的做法，因为互联网允许市场营销人员以一种更有针对性和更具成本效益的方式触达目标受众。

但是，数据一致表明，体育组织越成熟，新消费者对总上座率或参与人数的影响就越小。这种情况不仅体现在新消费者占现有消费者的百分比上，而且体现在新消费者与现有消费者的出席频率的对比上。新消费者的影响通常是微乎其微且短暂的，例如，一支运动队在某赛季获得冠军时就会出现跟风效应。尽管冠军争夺战通常会吸引许多新粉丝，但出席人数中现有消费者或核心参与者的增加决定了体育组织的长期生存能力。

体育促销的明智方法是吸引消费者，并逐步提升他们的参与度和忠诚度。曾任棒球营销主管的费城人队现任老板，比尔·贾尔斯称这种促销方法为阶梯法（图 10.6）。营销人员尝试将粉丝向上移动，以使轻度用户成为中度用户，甚至是重度用户。[57]

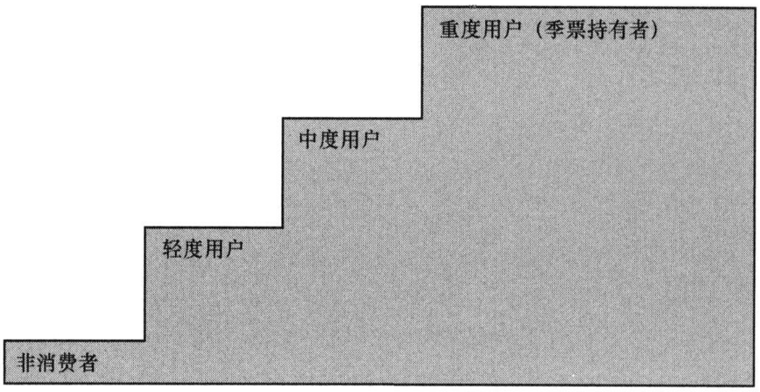

图 10.6 体育营销的阶梯法

资料来源：经许可，转载自 B. Mullin, 2000, International marketing: A more effective way to sell sport. *In Successful sports marketing*, 2nd ed. (Durham, NC: Carolina Academic Press), 161。

一、阶梯与自动扶梯

尽管阶梯与自动扶梯的概念相似，并且具有良好的基础，但它也有局限性。首先，它假定过程中的每个步骤都需要经历一个独特的甚至可能是艰难的过程。其次，阶梯意味着所有轻度用户都在同一台阶上。从上座率分布来看，这两个假设都不成立。体育消费者的上座率或参与率在从 1～N 的范围内连续分布，其中 N 是消费者可以参加的活动、游戏或竞赛的最大数量（或他们可以消费产品的天数）。职业体育中的 N 差异很大。例如，MLB 在主场没有表演赛，其常规赛有 81 场主场比赛，如果球队获得参赛资格，他们就有可能在季后赛中参加更多的比赛。NBA 和 NHL 常规赛中有 41 场主场比赛，通常有 4 场季前赛或表演赛，如果球队有资格，还可以参加其他季后赛。NFL 常规赛中有 8 场主场比赛，通常有 2 场季前赛，还有机会参加季后赛。MLS 有 17 场主场比赛，但俱乐部可以选择增加的与来自世界各地的球队友谊赛和表演赛。他们也可以参加国家级或地区级的巡回赛。由于各球队的实力和影响力存在差异，NCAA 每支球队将有 5 到 8 场主场比赛不等。其他体育产业细分市场的 N 值也有很大差异，例如，佛蒙特州滑雪胜地通常可以开放 200 天以上（取决于天气），基督教青年会或健身俱乐部可以开放 360 天等。实际上，自动扶梯更好地代表了频率分布，它有许多似乎相互重叠的台阶。重度与轻度用户之间的过渡以及轻度与中度用户之间的过渡只需要一场附加比赛，或者是再去一次高尔夫球场或滑雪场。

消费者在新进入现有消费者的行列之前需要经历几个阶段。比尔·贾尔斯使用通用术语“非消费者”，但非消费者有几种形式。研究表明，多达 50%的自以为是体育迷的人从未到现场观看过比赛。[58]因此，我们可以构建四级的非消费者层级结构：

● **不知情的非消费者**——不知道特定体育产品的存在，因此不参加或不参与。

● **知情的非消费者**——知道某体育产品，但选择不参加或不参与。据推测，该产品或体验不能为其提供特定利益，或者该消费者不需要这种类型的产品，或者参与的金钱成本超出了消费者的承受能力范围。

● **媒体消费者**——知道体育产品，但不直接消费（通过体育组织购买），而是通过媒体间接消费。这种消费不仅限于观赏型体育比赛，而且存在于接受媒体曝光的参与性体育比赛中。有线和卫星订阅节目可以通过提供几乎每支球队的每一场比赛来增强这种体验，费用通常低于 250 美元。这类节目对观众在自动扶梯模型上增加消费频率产生负面影响，但也为收视率起到积极效果。因为向有线和卫星供应商提供节目的联盟是按用户付费的，所以有些人可能将其视为直接消费。

● **被误导的非消费者**——知道某产品并希望直接消费，但因为被误导而没有消费。错误信息通常与费用、门票供应、参与机会或安全问题有关。通常，错误信息的来源是亲朋好友的口口相传。被误导的消费者通常会通过媒体间接消费产品。

图 10.7 显示了具有这些较低消费水平的自动扶梯模型。将消费者推上自动扶梯更高处的促销努力和费用通常比将非消费者推上自动扶梯开始直接消费所需的费用要少得多。更重要的是，除非现有客户的兴趣或需求已经得到满足，否则现有消费者的反应可能要比不了解或不感兴趣的公众的反应大得多。

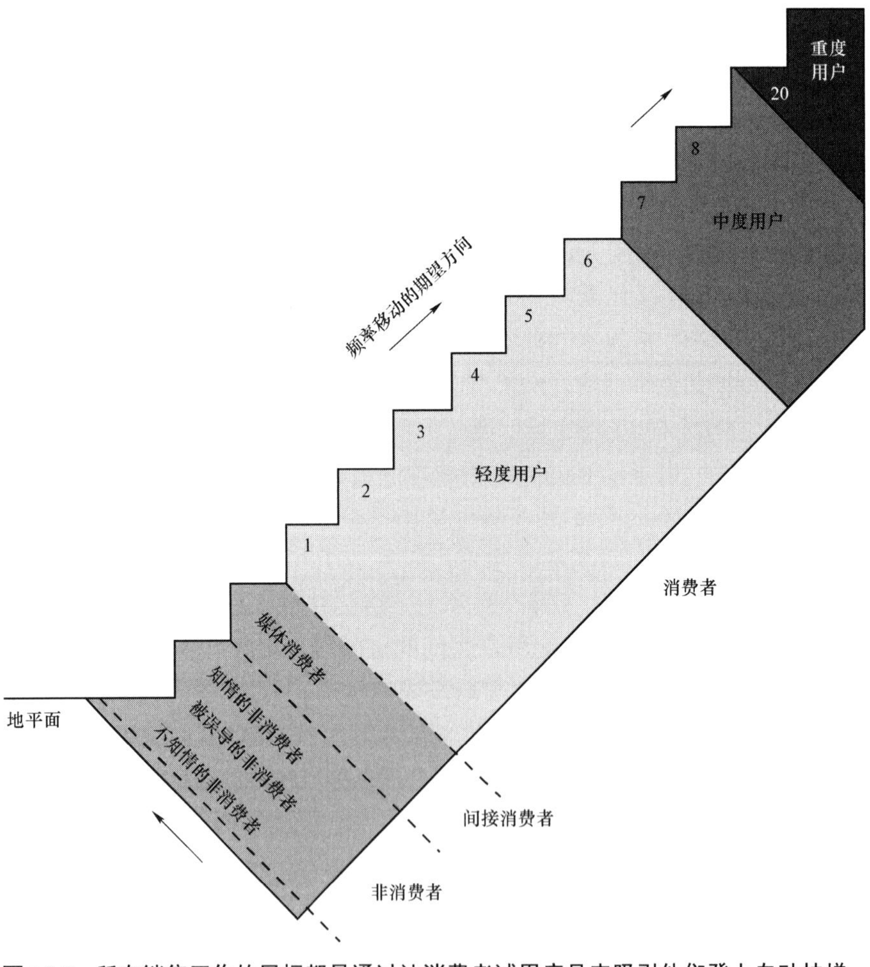

图 10.7 所有销售工作的目标都是通过让消费者试用产品来吸引他们登上自动扶梯。下一个目标是通过增加购买频率将消费者提升到自动扶梯更高的位置上

图 10.8 所示的频率自动扶梯显示了消费者的上座水平。随着消费者向自动扶梯上移，总上座率和组织盈利能力都在增加。其目标不仅是吸引新的消费者，使他们走上自动扶梯，而且要使已经在自动扶梯上的消费者通过增加出席次数而上升到更高的位置。图 10.8 清楚地表明，如果每个赛季消费者能够从原来到现场观赛一次提高到两次或多次，那么上座率就会大大增加，体育组织财务状况也会发生显著变化。

众所周知，现有的满意客户是组织的最佳销售力量，这为以现有客户为目标的方法提供了进一步的支持。对于体育行业的大多数细分市场而言，现有客户的推荐是转化潜在客户的绝佳来源。营销人员在保持当前客户的积极性和满意度方面关系重大。确实，促销工作应首先侧重于将现有客户提升到自动扶梯的更高处。

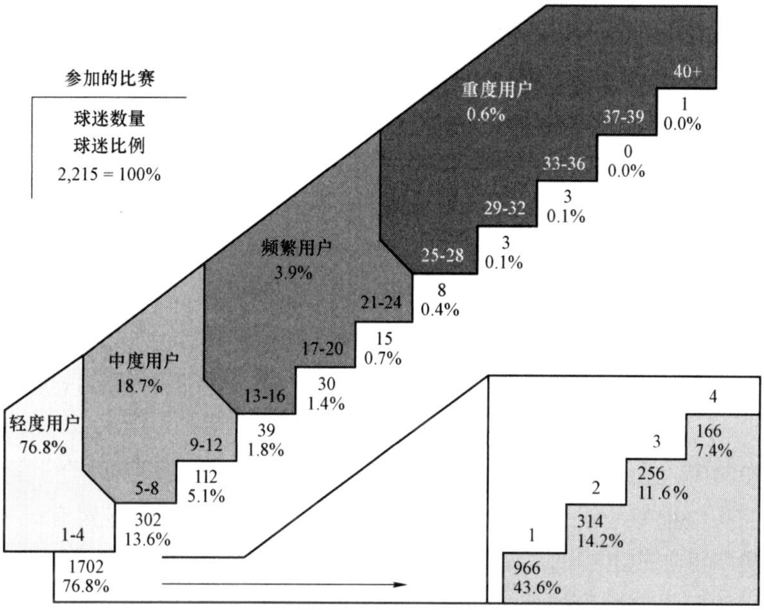

图 10.8　频率自动扶梯，该图显示的是一支拥有季后赛资格的 NBA 球队的球迷上座率分析。（所有数字均已四舍五入）

二、促销计划模型

显然，无论是售卖新产品，为产品开辟新市场还是进入新的组织，营销人员可能会面临独特的挑战，有时也会具有独特优势。除此之外，复杂的营销活动既针对现有消费者又针对潜在消费者，更多地关注活动当前的作用。图 10.9 展现了促销进度计划模型，即此类活动的框架。

为了使营销更加有效，必须安排和指导促销活动。类似于赠品、全包服务套餐、折扣、烟火表演、音乐会和其他娱乐形式的促销活动吸引了观众，但吸引的观众数量有限。制定促销策略时必须考虑到所有参与者：初次参与者、带孩子的父母、注重价格或寻求价值的参与者、部分计划持票者和小型计划购买者、团体参与者、季票持有者（个人）和公司客户，以及未参与任何计划或套餐但可能正在寻找社交或娱乐体验的参与者。

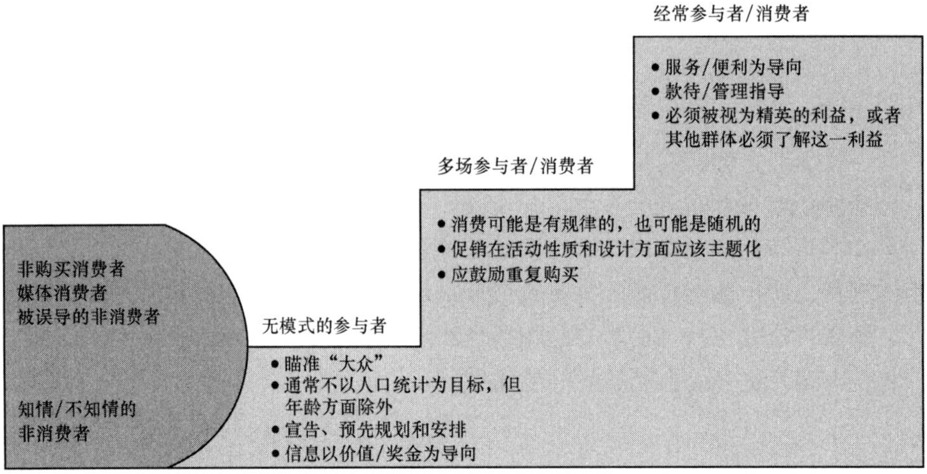

图 10.9　促销进度计划模型

（一）级别 1：无模式的参与者或轻度用户

处于第一层的消费者可能被归类为没有固定观赛模式的消费者，如首次观赛者、有免费门票者、自发观赛者、社交媒体关注者、讨价还价者、赠品收藏家和易趣交易者，把球场当作景点去参观的人（例如，芬威球场）等。这些人去观看比赛是因为受到各种因素的激励，其中包括对手、天气、星期几、赠品、特别活动和折扣、运动队表现，以及与朋友、同事或亲戚进行社交互动的机会。对运动的兴趣、与体育场的距离以及财务状况不一定是其消费的影响因素。

无模式的参与者（大多数是轻度用户）似乎是所有消费者中最容易登上自动扶梯的人。鉴于该类用户的参与频率最低（每年仅参加 1-2 次），他们在频率上显然有最大的提升空间。那些采用增加频率计划的组织的经验表明，大多数轻度用户确实如此，尽管对有些消费者而言，无论你提供的服务或付出的努力如何，都无法改变其消费习惯。成功增加轻度用户频率的活动也有效地吸引了非消费者参加。

（二）级别 2：多场参与者或中度用户

多场参与者可归为观看运动队 10%～30% 的主场比赛或在空闲时间参加 10%～30% 的活动的消费者。多场参与者可能是微型计划或部分计划的购买者。消费者可能出于各种原因而没有自己的购票计划。有些人可能不知道有这类促销计划；有些人或许知道这类计划，但不了解从该计划中可获得的权益；有的人因时间有限或另有工作安排，无法在固定时间内到场观赛。对另一些人而言，由于球场座位充足、无须提前做出购买承诺就能在二级市场上以较低的价格买到门票或者该地区黄金球场不多因而不值得买票观赛。此时，一些消费者认识到供大于求的情况。

若要增加（或稳定）这些消费者的出席或参与频率，则相应的计划应使用菜单选项或会员活动来吸引消费者兴趣、展现其价值和好处，并说服消费者购买。这种方法要求在不同的价位上提供多种不同利益的选项、提供灵活的方案，或在消费者有事无法参加时为其提供替代方案。

（三）级别 3：经常参与者或重度用户

经常参与者包括全季和半季票计划持有者、俱乐部座位购买者以及各种高级座位持有者包括包厢和套房所有者。就参与程度而言，该级别包括乡村俱乐部和私人俱乐部的正式高尔夫或网球会员、健身中心会员、滑雪胜地的季票持有者、主题公园的年票持有者等。针对该级别的促销策略必须包括为轻型和中型用户提供的所有利益和激励措施，以及被认为象征着具有吸引力和精英地位的高级特权（此特权不适用于较低级别的消费者）。此类策略通常强调客户服务、款待、舒适、便利、位置、优先级、增加的沟通、互动以及最重要的访问权。访问权可以定义为：专门适用于该人群参与特殊活动的权利、优先于普通用户购买未包括在其计划中的演出和活动门票的权利、与运动员见面的权利以及其他低级别消费者不具备的权利。这种方法不仅可以说服中度用户成为重度用户，而且可以保留重度用户并减少降级的可能性（将参与程度降低到一个较低的水平，或者完全掉下自动扶梯）。需要向轻度和中度用户宣传成为重度用户的好处，以便他们了解自动扶梯向上的价值和好处。组织应当让消费者清楚：如果轻中度用户保持当前水平，他们将错失其独特的利益和机会。

组织必须注重开发计划，从而将客户吸引到各个层次，而又不会蚕食更高层次的消费者。

（四）叛逃者——沿自动扶梯下行甚至离开

无论所提供的产品或服务如何，一些消费者总会认为自己购买过度或忠诚过度。当他们对运动队的表现不满意、失去共同观赛的同伴，以及因二级市场上票源充足而导致门票持有者无法将手中的门票转售甚至赠送出去等情况发生时，消费者也可能因此而降低忠诚度或完全放弃某产品或服务。

由于 2008 年经济的不景气、运动队表现的下滑、越来越多的体育和娱乐选项争夺消费者的注意力（以及金钱和时间）以及二级票务市场的强劲增长，我们只想简单地维持消费者目前的忠诚度（当前在自动扶梯上的位置），甚至仅仅是保证消费者参与（仍在自动扶梯上）而非试图提高其参与程度（沿自动扶梯上升）。体育运动具有周期性，即运动队竞技水平高时热度很高，一段时间后可能会经历重建期，这一时期运动队不再被视为人们娱乐的优先选项，生存能力比较低。因此，当运动队处于低谷时期，是否应该允许消费者降低忠诚但仍留在自动扶梯上，以期当运动队表现提高时消费者会重新提高到原来的忠诚水平？我们是否满足于仅仅维持一群消费者停留在自动扶梯的位置上，既不上升也不下降？我们在第八章中对终身价值（LTV）的解释表明，以较低的年支出留住客户要优于完全失去客户并尝试在另一时间重新获得客户或完全替换现有客户。

第七节　整合的促销模型

尽管销售门票并获得收入是大多数促销活动的主要组成部分，但有一些平台可以提高充分整合的促销活动的价值和影响力。

作为营销平台：

- 为将来的应用建立奠定基础，建立品牌；
- 创建一个每年都能创造权益或价值的环境；
- 制定可在未来平台和活动中效仿的蓝图；
- 通过草根营销活动和埋伏营销活动及其推广，在媒体的体育版块内外引起市场轰动；
- 通过互联网和社交媒体渠道创建内容和对话。

作为收益平台：

- 开发销售平台，以增加门票、赞助和转播的销售额以及网络营销节目和数量；
- 提高上座率，进而影响并增加辅助收入来源，例如，停车、款待、设施租赁、食品和饮料销售以及商品销售；
- 为交叉推广其他体育场馆的赛事或创建由体育团队发起的一系列自主赛事提供销售基地。

作为娱乐平台：

- 创造令人难忘的体验，让粉丝重回赛场；
- 提供转播和互联网的新机会和新功能；
- 加强情感联系并建立体育产品与粉丝或购买者之间的联系。

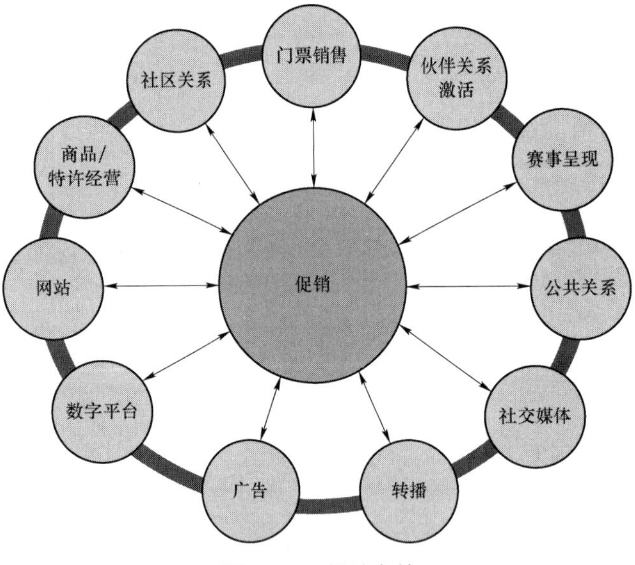

图 10.10　促销车轮

注：该模型由赫什（Hersh）、马林（Mullin）和萨顿（Sutton）于 2000 年首次提出；2013 年由萨顿（Sutton）进行了修改。

由于这些原因，将促销活动视为车轮的中心可能有利于开展工作。车轮的辐条代表了体育组织的各个部门，它们可以加强和完善促销计划并充分利用各种平台提供的机会（图 10.10）。

从车轮的中心开始，促销就是焦点。它应该有相应的目的和目标、主要和次要的战略及战术，并尽可能地吸引目标受众。例如，从 2006 年 NBA 总决赛开始（并在 2013 年之前被许多 NBA 球队效仿，例如蓝色的俄克拉荷马城雷霆队和金色的金州勇士队），迈阿密热火队为 NBA 季后赛创造了一个促销概念“白色热火队（White Hot）”，并将其带入了总决赛。“白色热火队”指的是球队的打法和比赛气氛——所有座位都被白色覆盖，啦啦队穿着白色服装，并且球队推出了一系列“白色热火队”商品。

解决车轮上每根辐条的问题，可以深入了解整合促销模型如何成功规划以及各种促销组合的可能性。

本章小结

促销是体育营销中的常用术语。大多数情况下，促销包括广告、人员推销、宣传和销售促进。促销的核心是沟通——体育组织或体育资产试图接触到其受众。促销活动要想有效，除了使用恰当的沟通渠道外，还必须能够穿透混乱的市场，告知和说服信息的目标接收者，并针对接收者采取某种行动。通过各种媒介和渠道发布广告以及通过代言进行人员推销，这些形式随着技术的进步在不断演变。这种演变一直在继续，并将通过网络营销、街头营销和社交媒体以更加多样化的方式继续发展，我们会评估所有这些促销方式向适当人群传递信息的有效性以及采用有意义的方式吸引该人群参与的能力。

促销活动是吸引新消费者并增加现有消费者（参与、购买、出席）频率的重要策略。在确定如何实施此类活动时，逆向计划过程（了解组织希望通过促销实现的目标）是必不可少的。

促销活动可以采取以价格为导向的形式（例如，打折和套餐），也可以采取非价格的形式（例如，赠品和特殊活动），它们是吸引消费者并增加其频率、消费金额或数量的重要组成部分。消费者自动扶梯的理论表明，促销方案应该是连续的，以确保轻、中、重度用户之间的平衡。

因为重复消费的顾客是体育组织的命脉，所以花大量的时间和金钱来吸引一次性顾客的策略值得怀疑。即使赞助商承担了赠品的费用，营销人员也必须考虑在吸引顾客方面所花费的资源（人员、时间和广告），有些消费者可能只不过是“拣樱桃者”。显然，任何策略都应包括吸引非用户的尝试，但不应忽视目前处于自动扶梯上的任何群体，因为这些人通常是各类产品的主要消费群体。最终，每个组织都必须确定其促销策略中的理想平衡点。策略包括付费媒体广告、人员推销、公共关系和销售促进等要素的某种组合。然而，成功的促销策略能够识别出消费者在自动扶梯上的移动趋势。关键是要将他们保留在自动扶梯舒适的位置上，这样他们就不会离开自动扶梯，我们可以使其客户终身价值最大化。

整合各类促销工具并拥有各种与消费者的连接点和沟通渠道，这样的促销活动更有可能吸引那些对促销优惠感兴趣并采取行动的受众。

付费媒体取决于所使用的渠道，具有可控性、针对性、成本效益和效率。并非所有组织都有资源广泛使用付费媒体来进行宣传，他们可能不得不依靠其他形式的媒体来宣传其目标和目的，而这些媒体可能难以控制。

课后活动

1. 采访你所在学校的 15～20 名学生，明确联系他们的最有效方式（即传达信息）。之后，明确学校体育部门应该如何尝试与学生（无论校内还是校外）就现场观赛进行沟通。

2. 使用与活动 1 相同的受众群体，确定价格或非价格促销活动是否会更有效地吸引大学生现场观赛（请注意，如果学生可以免费现场观看所有体育比赛，那么这一方法可能在你的学校里没有意义）。

3. 连续两周观看电视并写广告日志，并根据本章讨论的电视广告结构列表对你看到的每个广告进行分类。哪种类型的商业广告最流行？哪种类型的商业广告最有效？为什么？

4. 列举一个广告传播系统的实例。然后创建自己的示例，说明如何将信息发送给期望的目标受众。

5. 列出吸引你参加活动的促销清单。这些促销为何使得活动具有吸引力？

注释

1. Compiled from 2013 Major League Baseball team websites and David Broughton, “Everybody Loves Bobbleheads,” SSSBJ, 12–18 November 2012, 9.
2. Mike Veeck address at the National Basketball Association Game Presentation Workshop, Seacaucus, NJ, 23 September 2003.
3. R. Batra, J.G. Myers, and D.A. Aaker, *Advertising Management*, 5th ed. (Upper Saddle River, NJ: Prentice Hall, 1996), 47.
4. Ibid., 45.
5. www.mckinsey.com/insights/marketing_sales/a_new_way_to_measure_word–of–mouth_marketing.
6. Ibid.
7. *Media Musing: The Ad That Wasn't There: Is Virtual Advertising Deceptive?* www.smccd.net/accounts/brownm/resources_med.html.
8. D.Stotlar and D. Johnson, “Assessing the Impact and Effectiveness of Stadium Advertising on Sports Spectators, *Journal of Sport Management*, 3 (July 1989): 14–20.
9. N.K. Pope and K.E. Voges, “Sponsorship Evaluation: Does It Match the Motive and the Mechanism?” *SMQ*, 3 (4) (1994): 37–45.
10. D.M. Turco, “The Effects of Courtside Advertising on Product Recognition and Attitude Change,” *SMQ*, 5 (4) (1996): 11–15.
11. J. Lombardo, “Toyota Making Most of Unusual Combination,” *SSSBJ*, 9–15 January 2006, 5.
12. www.allstatenewsroom.com/channels/News–Releases/releases/allstate–nets–deal–withcollege–football–stadiums.
13. C. Brooks and K. Harris, “Celebrity Athlete Endorsement: An Overview of the Key Theoretical Issues,” *SMQ*, 7 (2) (1998): 34–44. See also H. Friedman and L. Friedman, “Endorser Effectiveness by Product Type,” *Journal of Advertising Research*, 19 (5) (1979): 63–71; and G. McCracken, “Who is the Celebrity Endorser? Cultural Foundations of the Endorsement Process,” *Journal of Consumer Research*, 19 (December 1989): 310–321.
14. McCracken, “Who is the Celebrity Endorser?”
15. B. Sugar, *Hit the Sign and Win a Free Suit of Clothes From Harry Finkelstein* (Chicago: Contemporary Books, 1978), 327–329.
16. www.brandextract.com/blog/2012/02/14/jordan–brand–is–losing–its–luster/.
17. www.qscores.com/Web/Sports–Personalities.aspx.
18. http://sports.yahoo.com/news/michael–jordanstill–earns–80–million–175222679––nba.html.
19. www.nypost.com/p/news/business/lance_is_now_at_rear_of_zt2jPAFqtcT8FIewp430ML.
20. http://nikeinc.com/news/nike–statement–onlance–armstrong.
21. articles.latimes.com/2011/nov/25/entertainment/la–et–hip–hop–drinks–20111125. Also see www.upmc.com/media/newsreleases/2011/pages/pitt–study–finds–us–kids–heavily–exposedto–alcohol–brands–in–music.aspx.
22. Primack, Nuzzo, Rice, and Sargent, www.primack.net/professional/articles/r039addiction2011.pdf.

23. E. Spanberg, "Athletes Tie Endorsements to Equity Stakes in Upstart Companies," *SSSBJ*, 1–7 October 2012, 19.
24. Ibid.
25. B. King, "Retired but Still in the Game," *SSSBJ*, 9–15 October 2000, 27.
26. S. Kroft, L.F. Devine, and J. MacDonald, "A Living for the Dead," *60 Minutes*, CBS (2009), www.cbsnews.com/stories/2010/06/19/60minutes/main6598800.shtml.
27. D. Gellene, "Outlived by Fame and Fortunes. Dead Celebrities as Pitchmen? Advertisers See Them as 'a Safe Bet,'" *Los Angeles Times*, 11 September 1997, D4.
28. S. Wollenberg, "Jackie Robinson a Celebrity Endorser Again," *Marketing News*, 28 April 1997, 1.
29. http://stateofthemedia.org/2012/magazines–are–hopes–for–tablets–overdone/magazines–by–the–numbers.
30. http://suite101.com/article/pointofpurchaseadvertising–trends–a192487.
31. Batra, Meyers, and Aaker, 94–95.
32. Ibid., 425.
33. M.J. Houston, T.L. Childers, and S.E. Heckler, "Picture–Word Consistency and the Elaborative Process of Advertisements," *Journal of Marketing Research*, 24 (December 1987): 359–369.
34. Phone conversation with Lou DePaoli, EVP Pittsburgh Pirates, 28 April 2013.
35. http://minnesota.twins.mlb.com/news/article.jsp?ymd=20130204&content_id=41382892&vkey=pr_min&c_id=min.
36. U.S. Census Bureau, *SRC Blue Book 2002*, Geoscape International.
37. http://losangeles.dodgers.mlb.com/la/sponsorship/hispanic_marketing/index.jsp.
38. http://streamingradioguide.com/streaming–radio.php?format=3.
39. Berry, R., "Will the iPod Kill the Radio Star? Profiling Podcasting as Radio," *Convergence: the International Journal of Research Into New Media Technologies*, 12 (2) (2006): 143–162.
40. www.nba.com/news/international_tv_deals_renewed_021112.html.
41. www.breitbart.com/Breitbart–Sports/2013/01/30/Football–television–ratings.
42. Bara, Meyers, and Aaker, 438.
43. S. Robinson and S. Richards, *The Power of Cow* (Chick–Fil–A published employee book, 2010).
44. B.J. Evensen, *When Dempsey Fought Tunney: Heroes, Hokum, and Storytelling in the Jazz Age* (Knoxville: University of Tennessee Press, 1996), quotation at 83; Paul Gallico, *The Golden People* (Garden City, NY: Doubleday, 1965), quotations at 180, 184, 186, and 191; Bruce Kidd, *The Struggle for Canadian Sport* (Toronto: University of Toronto Press, 1996), quotation at 219; J. Kofoed, "The Master of Ballyhoo," *North American Review*, 227 (March 1929): 282–286; "Madison Square Garden," *Fortune Magazine*, November 1935, 88–108, quotations at 91 and 102; Grantland Rice, "Boxing for a Million Dollars," *American Review of Reviews*, 74 (October 1926), 416–420.
45. http://bleacherreport.com/articles/276454–october–22nd–1939–the–first–nflgame–is–televised.
46. J.R.B. Ritchie, "Assessing the Impact of Hallmark Events: Conceptual and Research Issues," *Journal of Travel Research*, 3 (1) (1984): 2–11.
47. S. Godin, *All Marketers Are Liars* (*Tell Stories*) (New York: Penguin, 2009).
48. D. Ziccardi, *Masterminding the Store* (New York: Wiley, 1997), 212–235.
49. Brad Tuttle, "JC Penney Reintroduces Fake Prices (and Lots of Coupons too, of Course)," http://business.time.com/2013/05/02/jc–penney–reintroducesfake–prices–and–lots–of–coupons–too–of–course/.
50. B. Veeck and E. Linn, *Veeck as in Wreck* (New York: Putnam's, 1962), 104–118.
51. D. Broughton, "Everybody Loves Bobbleheads," *SSSBJ*, 12–18 November 2012, 9.
52. Ziccardi, *Masterminding the Store*, 215–235.

53. Phoenix Coyotes 1997 season–ticket brochure.

54. E–mail correspondence with Lou DePaoli, Pittsburgh Pirates, May 17, 2013.

55. Ibid.

56. L. Berling–Manual, “Family Fun Comes to the Forefront,” *Ad Age*, 2 August 1984, 11.

57. B. Giles, “Special Effects Needed to Attract New Fans,” *Athletic Purchasing and Facilities*, October 1980, 16–18.

58. C. Rees, “Does Sport Marketing Need a New Offense?” *Marketing and Media Decisions*, February 1981, 66–67, 126–132.

第十一章　公共关系

学习目标：

- 了解公共关系及其在营销组合中的作用；
- 认识有效的社区关系规划对产品定位和有效营销工作的重要性；
- 了解媒体的作用、报道范围和影响力，以及如何将媒体作用与公众和社区关系规划结合起来，以改变人们的看法并影响公众舆论和支持。

公共关系、媒体报道和黄金时段电视节目

如何展示迈克尔·费尔普斯对奥林匹克历史的追逐

对体育迷而言，体育赛事最大的魅力之一就是见证运动员和运动队达到运动巅峰、打破纪录，并取得历史性的成就。这些运动员创造的纪录及取得的标志性成就，都在体育史上留下了浓墨重彩的一笔。在2008年的北京奥运会上，美国游泳名将迈克尔·费尔普斯（Michael Phelps）包揽八枚金牌并七破世界纪录，这一举世瞩目的成绩不仅创造了历史，也促成了一场出色的公共关系活动。

2004年雅典奥运会中，费尔普斯因收获八枚奖牌（包括六枚金牌）而家喻户晓，仅差一枚金牌就追平马克·斯皮茨（Mark Spitz）在1972年慕尼黑奥运会上创下的单届奥运会七枚金牌的纪录。随着2008年北京奥运会的临近，媒体聚焦于费尔普斯第二次尝试书写奥林匹克历史或打破斯皮茨单次奥运会获七枚金牌纪录的故事，他的巨星地位和在泳坛的声望都在不断提高。这些都是2008年北京奥运会之前新闻报道的焦点，引发了国内外媒体的高度关注，并登上了世界新闻头条。报道内容涵盖了人物简介、新闻特辑、生活方式等主题；报道的媒体有诸如包括《纽约时报》(*New York Times*)《今日美国》(*USA Today*)《体育画报》(*Sports Illustrated*)《男性月刊》(*Men's Journal*)《时尚》(*Vogue*)、ESPN的《体育中心》(*Sports Center*)、NBC的《晚间新闻》(*Nightly News*)、NBC的《今日秀》(*Today Show*)、中国中央电视台（CCTV）、英国广播公司（BBC）和欧洲体育台（EuroSport）。费尔普斯的公共关系和营销焦点不仅仅是他追平单次奥运会获七枚金牌的纪录，还包括记录打平后他将从赞助商之一速比涛（Speedo）获得的100万美元奖金（本章后续有相关介绍）。2008年北京奥运会前的公共关系闪电战让人们对费尔普斯的挑战产生了期待和关注，并为新闻报道提供了丰富、引人入胜的故事情节，吸引了体育迷和公众的想象力，提高了公众对奥运会的兴趣和潜在的电视观众收看节目的欲望。

2005年年中，NBC的体育与奥林匹克节目（Sports and Olympics）主席迪克·埃伯索尔与国际奥委会（IOC）最终达成协议，将2008年北京奥运会游泳与体操项目的比赛时间从晚上改到上午的美国全国广播公司（NBC）黄金时段直播。[1]

对于费尔普斯和NBC而言，北京奥运会比赛直播时间的变化是具有战略意义的，这一机会如黄金般珍贵——NBC能够接触到尽可能多的观众，从而进一步扩大奥运会报道的覆盖范围并丰富费尔普斯的故事情节。费尔普斯一直是奥运会媒体关注的焦点，在北京奥运会的第一周内即成为众多媒体平台新闻报道的榜首，为公众创造了茶余饭后的谈资，同时也引起了更多的关注。

奥林匹克运动会是全球独一无二的体育、文化和娱乐盛宴。奥运会超越了体育的范畴，吸引了各类观众，包括普通的体育迷和那些通常不看体育比赛的观众。体育和电视节目是最好的共享体验，费尔普斯对斯皮茨纪录的追逐充分说明了这一点，即全世界的观众都聚集在电视机旁沉浸在炫目的比赛中。费尔普斯是奥运会的传奇人物，也是占据全球头版头条的新闻人物，他每一次激动人心的胜利都使这个故事更加吸引人，也使他更加接近世界纪录。他的追求是一部每晚上演的体育连续剧，剧情中充斥着占绝对优势的比赛、竞争、世界纪录和精彩瞬间的照片。

尼尔森媒体研究公司（Nielsen Media Research）的资料显示，费尔普斯史诗般的表现使NBC的奥运报道吸引了2.15亿观众收看，成为当时美国历史上赛事收视率之最（尼尔森媒体研究公司的数据显示，NBC在2012年伦敦奥运会的电视报道创造了新的纪录，观众达到了2.194亿[2]）。纽约时报指出，NBC周六黄金时段播出的节目报道了费尔普斯获得的第八枚，也是他2008年奥运会的最后一枚金牌，而这也是该网络18年来收视率最好的周六节目。尼尔森媒体研究公司的数据显示，在周六晚11点到11点30分美国游泳队收获混合泳金牌时，有3 390万观众观看了比赛。[3]赛前媒体的空前关注与大量的公共关系活动、精明的营销以及精心策划的电视宣传活动相结合，引发了观众的巨大期望，并激发了观众对费尔普斯北京奥运会比赛成绩的好奇心。在国际舞台的巨大压力下以及国际新闻界的极大关注之下，创纪录的收视率见证了费尔普斯的历史佳绩，帮助费尔普斯成为体育名人和奥林匹克偶像。

积极的公共关系对提升组织、机构、品牌、运动员或体育名人的形象和理念至关重要。公共关系，通常被称为PR（Public Relations），是用于扩大良好营销传播计划的工具，其价值和用途不可小觑。在当今的即时信息社会中，媒体和公众舆论持续主导着我们对周围世界的认知，包括体育产业。公共关系会影响市场中的各种组成部分，包括媒体和公众。在体育领域中，公共关系可使商业计划受益、创造营销机会、促进电视收看、销售门票和商品、打造个人运动员或个性的身份及认同、树立品牌知名度并促进社区推广计划。公共关系是在当地社区或更大范围的体育领域内定位体育组织或运动员的有效机制。在体育界，有效的公共关系活动以及能够积极推动正面的故事情节、活动和倡议发展的从业人员至关重要。这些公共关系从业人员还必须在危机时期发挥作用，维护声誉或减轻损害。公共关系部门是组织与外界沟通的渠道，包括充当与媒体沟通的首席联络人。现代24小时/7天（全天候）的新闻周期强调速度和强度。媒体覆盖面广、报道速度快、资讯具有即时性，这使得公共关系专业人士能够利用机会，让运动员和组织取得突破并产生有意义的积极影响。公共关系人员在推广运动员、组织和品牌时，必须是强有力且充满激情的倡导者，但他们也必须能够对负面新闻、错误报道和各种危机做出快速反应。

在此部分，我们讨论了体育营销人员可以采用各种各样的方式，包括广告和促销，来有效地完成组织及其体育产品在市场中的定位。但是，如果该组织没有良好的公共关系战略，这些努力就可能受到破坏，变得无效。在本章中，我们将探讨公共关系在体育领域中的作用，这里的公共关系主要包括社区关系和媒体关系，但也可以包括社交媒体和数字媒体的应用。

第一节 什么是公共关系？

在 2011—2012 年度，美国公共关系协会（PRSA）发起了一场使公共关系定义现代化的运动。该组织对公共关系的新定义是“在组织与公众之间建立互利关系的战略沟通过程”[4]。克拉克 • L. 凯伍德（Clarke L. Caywood）认为，公共关系是通过管理组织所有的沟通联系，建立和保护组织的声誉，对组织与（新的或者持久的）利益相关者（包括客户）之间的关系进行利益整合的过程。”[5]最后，戈沃尼（Govoni）、恩格（Eng）和加尔珀（Galper）强调了在信息可信度方面，发布者与受众之间的关系。他们将公共关系定义为在无赞助的框架内，一种建立积极的公司或产品形象的多层次交流方式。该定义重点在于对非赞助的重视。他们认为，非赞助行为“增强了信息的可信度，使公司披上了来源可靠的外衣，让观众将其视为代言人或媒介”。[6]

就体育营销而言，我们将公共关系定义为：

一种交互式营销传播策略，旨在创建各种媒介，将组织的理念、目标和目的传达给特定的公众群体，以建立一种基于理解、兴趣和支持的关系。

这种传播策略可以采用举办活动和正式沟通的形式，可能涉及运动员、团队管理人员、广播人员、教练组、吉祥物和其他周边产品、赞助商、以及组织内其他关键的组成部分。

公共关系是一项管理职能，因为它反映了高层管理部门制订的政策和计划。公共关系系统评估了公众对组织及组织的产品的态度，因此公共关系依赖于有效的和最新的营销信息系统。公共关系识别公众兴趣的影响要素；这种消费者或市场化的视角将公共关系与新闻代理、和解议程和广告区别开。公共关系通常涉及特定的宣传计划和策略的实施，这些策略与市场战略相协调，旨在改变或增强消费者的观念、态度或认知水平。该职能的目的在于被公众理解和接受。最后，在许多情况下，消息源，或更准确地说，被感知到的消息源将使消息或操作过程更具有可信度。下面的补充材料详细介绍了体育活动公共关系人员的角色、职责和战略职能。

公共关系专业人员的角色

凯西 • 康纳斯（Kathy Connors），KMC 咨询公司创始人和主管

公共关系的职能是向外部（包括向新闻界）传达组织信息，而公共关系专业人员则是双方之间的联络人。由于媒体、博客和社交媒体对话无处不在，现代新闻世界 24/7（全天候）持续运转，因而需要更多称职的公共关系和媒体关系专家。与其他行业一样，体育行业的公共关系人员需要了解如何代表其组织或客户与各种媒体、外部媒介和联系人进行有效沟通。公共关系人员的主要职责是以代表的身份面向媒体和外界发言。媒体采访或新闻发布会中的发言人也可以是指定的高管、行政人员、教练或者运动员等。

公共关系人员计划和执行媒体议程和奖励活动；为运动员、教练和管理人员安排访谈；向媒体兜售

故事；回答媒体提问；发布新闻稿、统计信息、媒体指南、新闻资料、照片以及其他有用的推广信息和内容。此外，公共关系人员还确定并安排教练、球员和管理人员的媒体发布会；安排广播和电视媒体行程；主持媒体简报会、新闻发布会和更正式的公共关系活动。公共关系人员的最终目标是，通过在媒体中积极寻求和提供尽可能多的有利机会，为他们的客户树立最积极的形象。公共关系人员还必须尽可能有效且专业地管理棘手或负面的新闻。

最成功的组织会将公共关系与广告、市场营销、销售、赞助、社区关系和社交媒体工作完全整合，使所有对外信息都反映出相同的主题。组织或运动员的管理团队在这些领域之间的协同作用对于在外部沟通中呈现一致形象至关重要。

公共关系人员应具备以下特征：正直可靠，承诺及时为媒体提供服务，书面和口头交流技巧出色以及具备在规定期限内完成工作的能力。优秀的公共关系专业人员应在实践中采用以下技能：

- **建立关系**。与新闻界建立并维持良好工作关系是在公共和媒体关系方面取得成功的基础。即使记者或媒体做了负面报道，公共关系人员也应设法与该记者或媒体维持良好的工作关系，并始终保持沟通畅通。在为内部组织客户服务时，建立关系同样重要。内部同事、高管和客户必须了解宣传的价值并乐意参与其中。信任可能是在任何领域（包括公共关系）建立有效工作关系最重要的因素。成熟的公共关系人员应该是公司、组织或管理团队中值得信赖和尊重的成员，并且是媒体的宝贵资源。

- **沟通**。显然，公共关系中最重要的技能之一是有效沟通。应保证内部和外部沟通最清晰、简洁、及时和有效。公共关系人员应以最佳和最清晰的方式制作包含必要信息的材料。如前所述，建立和维持良好的人际工作关系很重要，但是当交换常规和基本信息时，公共关系人员必须充分利用科技和电子邮件在截止日期前高效完成任务。电子邮件是一种很有用的工具，并已成为商业界（包括公共关系人员和媒体之间）的主要交流方式，但是也建议进行电话沟通或偶尔的面对面交流以维持人际关系。公共关系发言人应牢记，在各种形式的现场交流中，他们都是代表组织或客户在发言。

- **制订公共关系计划**。大型公共关系项目应该设有全面的计划以阐明宣传策略。该计划应按时间顺序详细说明如何实现宣传活动的目标。在制订计划时，公共关系人员应考虑所发布消息的时间线和截止日期，确定有效发布消息的媒介，并留出足够的时间以确保按时发布。例如，如果目标是增加品牌、运动员、联赛或组织在特定人群中的知名度，公共关系人员应制订有针对性的计划，以使特定群体可以接触到相应内容。必须同时进行多任务管理和故事设置，充分利用所有大型和小型媒体机会。每个环节对整体战略都很重要，尤其是现在，因为社交媒体影响着每个内容平台、媒体印象和故事设置。

- **采取平衡和战略性的方法**。在评估每日和每周的媒体请求以及公共关系计划的目标和媒体目标时，公共关系人员需要采取一种平衡的战略方针。他们需要评估收到的媒体请求，并主动抓住可以获取最大利益的机会。应该充分利用传统和数字媒体以及社交媒体进行宣传并平衡使用各种媒介——包括纸质报纸和杂志、电视、广播、数字、网站、博客和社交媒体——还要认识到获得一系列国际、国家、地区和本地的宣传机会的价值。

- **进行宣传**。在制订计划或确定好首要的故事情节后，公共关系人员需要积极主动地讲故事。他们应该清楚自己在向谁做宣传——不仅要选准适当的记者，还要迎合特定的出版商或机构。他们必须意识到最终期限，并且要充分考虑报道的时间。公共关系人员应避免向记者推销对媒体、报道主体或报道类型毫无意义的新闻。

- **报道管理**。媒体关系中最重要的技能之一是能够在故事完成时进行报道管理。常规的新闻和设置通常只需要基本的采访协调和采访后的跟进技巧。管理报道的艺术通常是为了管理需要深入的部分或者在主要媒体上报道的部分。这部分的基调和精神通常是在一开始就建立好的。通过在记者进行采访（这应该是公共关系人员积极参与的部分）或收集素材时与其保持沟通，公共关系人员可以了解报道的走向。通过保持参与此过程，公共关系人员可以纠正错误，提出适当的建议，强调要点，或者了解报道的基调，或了解报道的焦点是否发生了变化。

- **管理预期**。运动员希望登上《体育画报》，而企业高管希望登上《华尔街日报》。公共关系人员的作用是向这些媒体宣传，并努力创造有影响力的媒体机会。对积极宣传定位的预期管理也很重要。公共关系人员不能控制或保证成功推介或新闻投放的结果，但他们可以尝试预测媒体市场中的潜在机会。

- **媒体培训和谈话要点。**成为合格的发言人并能自如地与媒体打交道，这种技能是无价的。帮助运动员和管理人员在这方面取得成功是公共关系人员的重要职责。媒体培训和模拟采访是帮助人们为接受媒体采访和公众问答做准备的有效练习方法。在这些媒体培训课程中，公共关系人员可以提供指导，提出改进建议和实用的技巧，并在媒体采访后提供有关采访的持续反馈。谈话要点是媒体培训和公共关系实战练习中的有用资源，有助于受访者准备好问题的答案、组织思想，并在与媒体交流时抓住必要信息。谈话要点文件应当包括针对特定主题可能提出的每个问题而精心设计的清晰回复。在处理棘手或者复杂问题时，建议列出谈话要点，因为这样可以帮助发言人专注于需要传递的信息。
- **危机管理。**并非所有公共关系都是正面的，且负面的新闻报道也越来越多。处理负面新闻是一项特殊技能。显然，应对措施取决于负面新闻或危机所涉及问题的性质和范围。被动反应的第一步是制订计划以回应媒体和公众。快速有效的反应将有助于最大限度地减少损失，理想情况下会缩短报道的生命周期——这是危机管理的目标。社交媒体和其他媒体在网络上进行快速报道的能力使这些情况变得更加难以处理，因为报道周期随时开始。公共关系人员需要认识到媒体有多么期待得到回复，但是在他们找到适当的、经过深思熟虑的战略性回应前，不应该发布官方声明。

在体育界，公共关系通常被认为是宣传或媒体关系的代名词。许多人已经形成了这种认知，因为公共关系主管通常会以讲故事和提供信息（传记、统计或促销）的方式来代表客户向媒体进行宣传，以增加体育组织的媒体曝光度。有效的公共关系计划（媒体关系和社区关系）通常可以获得宣传和曝光机会，例如新闻报道、文章、访谈和其他活动。但是，由于这种宣传途径不是付费媒体，因此结果是不可控的，也不能保证报道全是正面的。媒体关系是公共关系职能的一个重要组成部分，并且可能是更重要的职能，因为媒体报道数量大且对体育和整个社会影响巨大。但是，在影响销售、产生积极的公众情绪以及与社区建立长期关系和联系方面，社区关系与媒体关系至少是同等重要的。社区关系有助于运动员或体育组织与他们工作和比赛的社区之间建立持久的联系。它还提供了潜在的媒体机会，并有机会将运动员和体育组织定位为能够产生深远影响的优秀公民群体。体育吸引了大批忠实观众，这个大平台可以利用可见的媒介来传递信息。体育公共关系人员应以有辨识度的体育名人为载体，创造能够在社区中放大个人或组织信息的媒体机会。

一、媒体关系

舆论是社会上最强大的力量之一，媒体关系旨在通过大众媒体来形成和塑造有利的舆论。媒体关系（通过口头或其他方式与新闻媒体进行沟通）也必须在舆论与商业策略之间取得平衡。根据其在组织中的角色，媒体关系会采用以下一种或多种策略：被动式、主动式或互动式。[7]

参与被动式媒体关系的人只是回复询问。他们回应媒体和其他平台提出的问题、疑问和请求。在体育行业中，此类请求可能涉及采访、出场、亲笔签名、照片、传记，以及球员、教练或高管的简介。除了这些简单的请求外，还包括对组织策略或业务活动等的声明或对这些事件的回应。

在主动式媒体关系中，发起人是体育组织而不是外部平台。公共关系人员会联系媒体，咨询可发布的宣传和特色创意。他们主动向预选的观众发布选手的简历、媒体指南、赛事记录、精彩瞬间、奖励传单、促销材料或视频片段。下文是 1907 年，斯伯丁兄弟公司（Spalding & Bros.）的 R.J.赫拉韦尔（R.J. Hellawell）和业余体育联盟的推动者詹姆斯 • E.沙利文（James E. Sullivan）的通信。詹姆斯 • E.沙利文的职务是斯伯丁旗下美国体育出版公司的总裁。赫拉韦尔在信中写道："我们应该在报纸上刊登一些文章，来赞扬和讲述（橄榄球）事故的减少。我们可以通过采访主教练、教练和橄榄球界的其他知名人士来安排这些。当然，这会让采访更可信。毫无疑问，您已经想到了一些方案，可能比我的提议更好，但我真的认为，我们应该尽一切可能提高人们对橄榄球的热情。"[8]

尽管媒体关系总是被动的，但主要的媒体活动应是积极主动的——主动提供信息并进行宣传以增强认知。补充材料讲述了波士顿凯尔特人队是如何采用主动的沟通方式的。

内部沟通的价值

内部沟通是告知、培养和与利益相关者建立关系的有效途径。赞助商和门票持有者是每个球队的关键利益相关者。与体育的情感性质决定了这些利益相关者与组织的紧密联系。如果他们因不知情或因受到媒体、社交媒介等第三方影响而不支持球队的决定时，这种联系就会被削弱。而凯尔特人将利益相关者视为内部人员，认为他们应该是组织中最先得知情报的人，这最大限度地降低了发生上述情况的风险。凯尔特人在 2003 年 12 月 16 日给所有电子新闻订阅者发送了下述邮件，以告知他们当时的交易还未完成。[9]

发件人：丹尼 • 安杰（Danny Ainge）[dainge@enews.celtics.com]
发送时间：12/16/2003 04:47 PM
收件人：
主题：凯尔特人队：交易警报

亲爱的 Lou，

如您所知，我们昨天与克利夫兰交易了里基 • 戴维斯（Ricky Davis）、克里斯 • 米姆（Chris Mihm）、迈克尔 • 斯图尔特（Michael Stewart），以及埃里克 • 威廉斯（Eric Williams）、托尼 • 巴蒂（Tony Battie）和凯德里克 • 布朗（Kedrick Brown）的第二轮选秀权。我们希望能够在今天晚些时候结束体检时完成交易。

我认为这种交易无论短期还是长期对我们来说都有帮助。在短期内，我们会夺得更多的分数和篮板。从长远来看，我们有了很多运动能力强的年轻运动员。里德总跟我说，要在胜利的时候做交易。虽然今年夏天和赛季初交易没有成功，但我相信托尼和埃里克在本赛季开始时的表现会促使交易达成。

昨晚我在机场接里基，并与他交谈了一个小时。他很高兴成为波士顿凯尔特人队的一员。我们谈到了凯尔特人队的传统、吉姆 • 奥布里恩（Jim O'Brien）的职业道德和期望，以及波士顿与大多数城市的不同之处。里基是一个很有才华的年轻人。上赛季他场均得分 20 分，并抢到 5 个篮板和近 5 次助攻。即使他现在是一名普通球员，但我相信，24 岁的他才刚刚开始发挥才能，很有可能成为全明星级别的球员。昨天我与保罗谈到了这笔交易。夏天的时候，保罗曾与里基一起在洛杉矶工作，他非常了解里基，也很高兴能与里基成为队友。与保罗一起上场时，里基将辅助保罗，因为里基将防守对方最好的进攻边锋。

24 岁的克里斯·米姆，身体曾出过状况，但现已恢复，而且球打得很好。他身高 7 英尺（约 2.13 米），体重 265 磅，体格强壮，投篮能力很强。他是一个比我们现有运动员都优秀的篮板手，并且每分钟的篮板数排名第五。我相信克里斯的未来价值将比昨天的交易价格要高得多。我认为戴维斯和米姆都处在事业发展的好时机，可以说他们的“未来预期价值”是很高的。

迈克尔·斯图尔特在几个组织中都是奇怪的人。他与马克·布朗特（Mark Blount）是同一类型的运动员，很有个性。他没有进攻意识，但可以抢篮板和盖帽。

正如我所说，这些运动员将在今天进行体检，我们希望最终达成交易，让他们上场，并让他们适应我们的体系。感谢您一直以来对波士顿凯尔特人队的关注和支持。

真诚的

丹尼·安杰

篮球运营执行总监

互动式媒体关系包括与媒体建立互利关系，并在各种问题上协助媒体。此功能与关系营销紧密相关，并且侧重于建立长期关系，而不是为了实现短期的公共关系目标。尽管这些短期公共关系目标很重要，但它们只是为了促进关系，且是媒体关系计划的重要组成部分。在互动式媒体关系中，任何一方都可以发起活动，希望另一方能够合作，因为这样做符合其最大利益。

二、社区关系

社区关系一度被视为善后活动，或是可筹资的预算项目，但现已成为体育组织营销工作中不可或缺的一部分。社区关系计划和慈善计划已成为体育组织（尤其是职业体育组织）用来实施推广计划的一项策略，用以实现与增进公众认知、获得公众认可并接受相关的企业公共关系目标。[10]

社区关系计划通常采用以下三种方式之一实施——由运动员、体育团队或联盟发起。近年来，体育组织已经认识到社区关系计划的重要性，并增加员工来执行这些计划，或是在现有人员的职位描述中增加社区关系责任。

运动员是社区关系计划中不可或缺的一部分。几乎所有社区关系计划和大多数慈善计划都有运动员参与的因素，因为运动员会吸引赞助商、媒体兴趣和新闻报道以获得资金，还会吸引粉丝参与或观看比赛。

社区关系计划是媒体关系计划的补充，其目标是提高消费者和公众的认知水平。除了通过提高曝光度来提升知名度以外，社区关系计划也尝试建立友好关系。尽管都是为组织宣传，但媒体关系会产生更好的即时效果。另外，社区关系计划通常具有吸引更多粉丝之类的长期目标。社区关系计划和慈善活动的最大好处之一是，能够让粉丝和社区居民以不同的视角看待运动员和组织，并人性化地与粉丝和社区居民互动，让运动员和体育名人更接地气。尽管粉丝们已经与他们所支持的运动队和运动员建立了情感联系，但是这些社区活动和外展计划提供了另一种视角来建立有益的人际关系。社区关系计划的长期价值和有效性可以用商誉和曝光度，以及粉丝量来衡量。粉丝能提升门票销量、电视收视率、商品销量，还会吸引赞助商。通过社区关系计划发展粉丝是建立粉丝识别的关键要素，即消费者与体育组织之间建立情感联系，正如我们之前讨论过的“口碑广告”，这种联系是具有长期价值的（例如门票销售、广播收视率、商品销售、正面评价）。[11]

职业体育组织可能会将某场比赛策划为社区之夜，并专门针对此目标市场策划营销活动。这个概念非常成功，一些职业运动队将社区定义为族裔群体，为其设立主题日，安排特殊的食物、音乐和出场球员（当某个运动员与此社区有类似族裔背景时）。

社区关系也可以采取企业慈善的形式。像销售、促销、广告、营销和赞助活动一样，企业慈善事业目的是在利益相关者的心中对公司进行定位。但与那些运营预算中的专项活动不同的是，公司慈善活动由公司承担。[12]例如，麦当劳和可口可乐利用慈善活动将自己定位为社区的好邻居，员工和其他企业需配合他们，为选定的受益者作出贡献。

在 2005—2006 年 NBA 赛季开始前不久，总裁戴维·斯特恩宣布了一个新的、影响深远的 NBA 社区推广平台，并称之为 NBA 关怀计划（NBA Cares）。该计划将 NBA 关怀计划（NBA Cares）作为 NBA 所有社区活动的总称，其中包括：儿童教练、NBA 和 WNBA 的 FIT 项目、NBA 绿色篮球、无界篮球、起亚社区援助。

此外，NBA 关怀计划的 NBA 国际社区外展活动与众多国际认证的青年服务组织合作，如联合国儿童基金会（UNICEF）、美国儿童识字组织（RIF）、美国男孩女孩俱乐部（Boys and Girls Clubs of America，课后项目组织）、美国红十字会（American Red Cross）、全球艾滋病商业联盟（Global Business Coalition on HIV/AIDS）、美国儿童组织（KaBOOM）、国际仁人家园（Habitat for Humanity International）、特奥会（Special Olympics）、许愿基金会（the Make-A-Wish Foundation）等。[13] 斯特恩说：“NBA 关怀计划是这样一个平台：在未来的五年内，运动员和球队可筹集并向慈善机构捐赠 1 亿美元，向全球社区提供超过一百万小时的志愿服务，建设 100 多个教育和体育设施供儿童学习玩耍。[14] 自 2005 年 10 月成立以来，“NBA 及其团队已通过 NBA 关怀计划在全球各地的社区为慈善事业筹集了超过 2.2 亿美元，提供了超过 250 万小时的志愿服务，并建立了 810 多个供儿童和其家庭居住、学习和生活的地方”。[15] NBA 关怀计划为联盟的赞助商和转播平台提供了一个额外的平台，使他们能够加入 NBA 的这些慈善社区和慈善计划的机会。

这项承诺可能产生什么结果呢？回馈基金（Giving Back Fund）的总裁兼创始人马克·波利克（Marc Pollick）说，这是一个全国性的非营利组织，致力于帮助运动员和演艺人员创建和管理具有重大影响力的慈善事业。根据波利克的说法：“体育运动拥有忠实的粉丝群，粉丝可以无限地访问任何媒体，这对其公司赞助商有很大的说服力。这也许是最有力的工具：成为行为榜样（即拥有变革性的持久力，跨越所有社会阶层和边界的社会意识行为）的机会，甚至是责任。在我们的社会中，还有什么其他行业将这种回馈变得这么酷呢？如果 NBA 说给予是很酷的，那么它就成为一种自我实现的预言。一旦粉丝们都认可了这种理念，那将有无限可能。”[16]

在 2005 赛季期间，PGA 巡回赛、冠军巡回赛和全国巡回赛参加了“驾驭十亿”运动，这项为期一年的运动着重于完成 10 亿美元的慈善捐赠，这一目标在该赛季晚期得以实现。[17] 自 1938 年的棕榈滩邀请赛完成了 10 000 美元的慈善捐款以来，PGA 巡回赛、冠军巡回赛和 Web.com 次级巡回赛等比赛为当地社区累计贡献超过 17 亿美元。[18] 2010 年，PGA 巡回赛启动了名为“在一起，一切皆有可能”的慈善平台，旨在“提高人们对比赛、赞助商、球员和志愿者杰出慈善工作的认识，并为巡回赛的球迷和公众提供一种支持这些事业的方式”。[19] PGA 巡回赛及其球员支持了 3 000 多个慈善机构，包括青年和儿童、志愿服务、军事、卫生和医疗、比赛发展、环境、教育和领导、救灾和社区等地方和国家组织，例如美国许愿基金会（Make–A–Wish Foundation of America）、美巡赛“小鸟勇者”活动（Birdies for the Brave）、圣裘德儿童研究医院（St. Jude Children’s Research Hospital）、美国青少年高尔夫组织（the First Tee）和埃文斯学者基金会（the Evans Scholars Foundation）等。[20] 2011 年，总裁蒂姆・芬臣在宣布与电视合作伙伴签订新一轮为期十年的转播合同时表示，新的电视协议让 PGA 巡回赛有十年的时间提升其慈善捐赠能力，这体现了慈善捐赠对 PGA 巡回赛的重要性。芬臣表示：“我们有信心，到 2014 年慈善捐款将达到 20 亿美元，到结束时有望达到 30 亿美元。从过去到现在一直如此，我们的发展取决于与形象良好的运动员、赞助商、忠实的粉丝和锦标赛之间独特的合作伙伴关系。”[21]

PGA 巡回赛妻子协会的成员准备分发食品库中的物品。这是慈善活动旨在帮助当地社区的一个例子

PGA 巡回赛的慈善活动很好地说明了体育组织、运动员和赛事是如何通过回馈社会对社会产生有意义的影响并为当地社区作出积极贡献的。2012 年皇冠假日邀请赛期间，在 PGA 巡回赛妻子协会活动的举办地沃思堡市，罗纳德・麦克唐纳大厦董事会主席鲍勃・洛曼（Bob Lohman）对《高尔夫世界》（*Golf World*）说：“没有运动能像高尔夫那样回馈人们。我们处在经济困难时期，慈善组织十分感谢高尔夫运动的慷慨解囊。”[22]

许多活动可以为组织带来商誉和收入。长期和短期利益都来自平衡的战略性社区关系或慈善宣传计划。接下来的三个例子分别是奥兰多魔术队的青年基金会、毕马威慈善切杆活动（KPMG Chip4Charity），与菲尔・米克尔森（Phil Mickelson）以及纽约洋基队的“希望周”活动。这些例子展示了团队和运动员是如何共同努力回馈社区并为社区和慈善组织做出积极贡献的。

（一）奥兰多魔术队的青年基金会

奥兰多魔术队使用了一种基础方法来建立社区关系。奥兰多魔术队的青少年基金会（OMYF）成立于 1988 年，旨在筹集资金和提高社区知名度，以帮助佛罗里达州中部儿童克服许多身体、情感和社会方面的困难。奥兰多魔术队的青少年基金会是 RDV 体育团队慈善机构的一部分，该组织是代表该公司三个职业运动队的非营利性私人基金会。

在超过 22 年的捐赠中，奥兰多魔术队的青少年基金会影响了超过 100 万名儿童。通过私人捐款、筹款活动和捐款，已筹集到 1 700 多万美元，并分发给了支持奥兰多魔术队青少年基金会使命的非营利组织。这是魔术队的球员、教练、员工和德沃斯（DeVos）家族，以及季票持有者、企业赞助商、粉丝和社区共同努力的结果。

除了从合作伙伴罗伯特·R. 麦考密克论坛基金会（Robert R. McCormick Tribune Foundation）收到 50 美分的匹配，奥兰多魔术队的青少年基金会将每笔捐款 100%回馈社区，并产生更大的影响。这是个双赢组合。

奥兰多魔术队的青少年基金会筹款活动和计划包括 Black Tie＆Tennies 慈善晚会以及奥兰多魔术队的青少年基金会高尔夫锦标赛。[23]

（二）毕马威慈善切杆活动与菲尔·米克尔森

2012 年 10 月 15 日，PGA 巡回赛球星菲尔·米克尔森参加了毕马威慈善切杆活动，该活动在高通球场举办丹佛野马队与圣地亚哥闪电队的周一夜橄榄球赛（Monday Night Football game）中场休息时进行。圣地亚哥本地人米克尔森与他的官方帽子赞助商毕马威会计师事务所合作以支持毕马威的“青年扫盲行动”。毕马威慈善切杆活动为米克尔森提供了一次 100 码射门的机会，成功后毕马威会为“第一书籍”慈善机构（First Book）捐赠 100 万美元。“第一书籍”是与毕马威合作的非营利组织，旨在为有需要的儿童提供新书。[24] 尽管米克尔森并没有实现一百万美元的目标，但毕马威仍向“第一书籍”捐赠了 5 万美元用以购买 2 万本儿童读物，同时用以纪念米克尔森达到了另一个 100 码毕马威慈善切杆活动的目标。[25] PGA 巡回赛最受欢迎的球员之一、周一晚上 ESPN 转播的橄榄球比赛和向慈善机构捐款高达 100 万美元的机会，这种完美的组合是 NFL 和高尔夫媒体之间进行交叉推广的一种创新且十分有效的方式，同时还提高了公众对其他国家和地方媒体的关注。毕马威慈善切杆活动是一个充分整合了企业体育营销活动的例子，包含了赞助商、公共关系、慈善和社区关系各种元素，这些活动通过引起人们对毕马威与米克尔森合作、毕马威青年扫盲计划和“第一书籍”的关注和认识，实现了公共关系目标。补充材料中的新闻稿对比赛进行了详细介绍。

菲尔·米克尔森将在 10 月 15 日野马对战闪电的比赛中场休息时举办的毕马威慈善切杆活动中亮相

PGA 巡回赛明星将在周一晚上的橄榄球比赛中努力为毕马威的青年扫盲行动提供 100 万美元的善款

PGA 巡回赛明星菲尔·米克尔森的官方帽子赞助商毕马威今日宣布，10 月 15 日晚，米克尔森将在高通体育场圣地亚哥闪电队与丹佛野马队的橄榄球比赛中场休息时进行射门挑战。这场 100 码射门的赌约是为慈善机构“第一书籍”筹集高达 100 万美元的善款。该机构是一家非营利机构，旨在为有需要的儿童提供新书。米克尔森将从一端进行射门，而另一端则摆放着不同的目标，包括绿色区域（价值5万美金和2万本书）、三环区域（最外环价值10万美元和4万本书）和靶心（价值100万美元和40万本书）。

2012年3月毕马威的扫盲计划、米克尔森和“第一书籍”合作制订了毕马威的“蓝色图书（Blue for Books）”计划。该计划鼓励高尔夫球迷在PhilsBlueHat.com上购买米克尔森正版蓝色毕马威巡回赛的帽子。

毕马威将所得款项全部捐赠给“第一书籍”，每售出一顶帽子，“第一书籍”将为孩子提供三本书。米克尔森的毕马威慈善切杆活动是“蓝色图书”广告系列的重要组成部分。

毕马威会计师事务所董事长兼首席执行官约翰·维迈耶（John Veihmeyer）表示：“慈善切杆活动的计划非常令人兴奋，这将为青年扫盲工作作出重要贡献。我们制订了‘蓝色图书’计划，为了让菲尔的粉丝戴上帽子，同时也来支持毕马威的‘识字家庭’（KFFL）活动。”“我们了解到儿童识字最大的障碍就是缺少图书。毕马威和菲尔竭尽所能地帮助贫困儿童开始美好的生活。”

米克尔森说：“我的妻子艾米和我深感扫盲和教育对当今青年的未来成功至关重要。我为参加‘蓝色图书’广告系列而感到非常自豪。当我得知每购买一个蓝色帽子都将为需要的孩子提供三本新书时，我十分高兴。”

加入米克尔森的比赛，你将成为“蓝帽子带你去哪儿”竞赛的获胜者（将于10月9日宣布）。这场竞赛是“蓝色图书”计划中交互式社交媒体的延伸。如果您需要了解详细信息，请参阅米克尔森的Twitter（@MickelsonHat）或访问网站PhilsBlueHat.com。

毕马威的“识字家庭”活动是五年前其与“第一书籍”合作发起的，该活动由毕马威合作伙伴和公司各部门的专业人员执行。迄今为止，毕马威已向全国各地社区的儿童捐赠了200多万本书。毕马威除了为“识字家庭”筹集资金外，还招募了志愿者家庭，包括伴侣、配偶、雇员、实习生和校友以及家人和朋友，组织了参观教室、为孩子们读书，以及为低收入儿童提供新书等活动。对于很多家庭而言，这是他们全家拥有的第一本书。

关于毕马威会计师事务所简介

毕马威会计师事务所是审计、税务和咨询公司（www.kpmg.com/us），是毕马威国际合作组织（“毕马威国际”）旗下的美国分公司。毕马威国际旗下公司遍布152个国家和地区，拥有145 000名员工，其中包括8 000多名合作伙伴。

经毕马威会计师事务所许可转载。参见：

http://www.kpmg.com/US/en/IssuesAndInsights/ArticlesPublications/Press–Releases/Pages/Phil–Mickelson–Participating–In–KPMG–Chip4Charity–At–Halftime–Of–Broncos–Vs–Chargers–Game–Oct–15.aspx.

说再见和表达赞赏——沟通如何将球员、球队、粉丝和社区联系起来

对组织、高管和球员来说，球员的离开，无论是通过球员交易还是球员自由选择，都是体育业务的一部分。尽管这些交易既是常规性的，也是可预见的，但当球员对组织的成功和社区产生重大影响时，这种交易对于球员、球队和球迷来说仍然是很难接受的。因此，以最佳方式处理球员的转会十分重要。

一些球员会借此机会在当地报纸上刊登感谢信，感谢球迷们在社区活动中所给予的支持。组织同样也会使用报刊来感谢球员在加盟期间为组织和社区作出的贡献。从公共关系和社区关系的角度而言，这些声明是十分有效的。球员可以表达个性化的积极信息，表明并纪念其与团队、球迷和该城市相处的美好时光。

雷·艾伦（Ray Allen）在2011—2012赛季休赛期间离开波士顿凯尔特人队，加入了迈阿密热火队，并在《波士顿环球报》上刊登了整版声明，内容如下：[29]

亲爱的凯尔特人队的球迷们，

在过去的五年中，我和我的家人以波士顿为家，我们感到很自豪。我们喜欢住在这个城市，成为凯尔特人队大家庭的一员，也成为您社区的一部分。我将永远珍藏这些记忆。我衷心感谢波士顿带给我的难忘旅程。

雷·艾伦#20

波士顿凯尔特人队在2012—2013赛季休赛期将保罗·皮尔斯（Paul Pierce）和凯文·加内特转会到布鲁克林篮网队时，凯尔特人队也在《波士顿环球报》上刊登了整版声明，感谢皮尔斯和加内特。加内特曾带领凯尔特人队拿到2008年NBA冠军，这是该球队自1986年以来的第一个NBA冠军。声明中包含以下信息：[30]

感谢你

感谢你的真心

感谢你的激情

感谢你的付出

感谢你负伤奋战

感谢你为了绿营流血流汗

感谢你向传统致敬

感谢你令我们难忘

感谢你让凯尔特人重登桂冠

感谢你永远是凯尔特人17号

在这些情况下，共享有意义的社交媒体信息也成为一种积极的公共关系和社区关系的扩展工具。皮尔斯在波士顿度过了整个职业生涯，离开时他在Twitter和他新开通的Instagram上发布了一系列带有"感谢波士顿"标签的照片以示感谢。其中一张照片包含以下信息：[31]

感谢你波士顿。波士顿是我过去十五年的家。我们一起经历了一切。我对你们的支持深表感激，波士顿将永远是我的一部分。

尽管对于球迷来说，看到他们最喜欢的球员离开或加入新团队是一件很难受的事，但是球员和组织也要通过传统或社交媒体平台与社区分享自己的感受，表达祝愿、感激、赞赏和离别之情。

（三）纽约洋基队希望周

2009年，纽约洋基队推出了“希望周”，这是整个组织范围的社区外展活动，涉及洋基队的球员、教练、工作人员和赞助商。希望周（HOPE，全称是Helping Others Persevere and Excel，意为“帮助他人坚持不懈和精益求精”）的精神是：“善意行为带来的不仅仅是希望和鼓励。”[26]希望周活动让纽约洋基队有机会对个人或组织的优秀工作以及其他有价值的事情进行宣传，并获得公众关注。为表彰获奖者在社区工作中作出的突出贡献，洋基队邀请希望周获奖者在比赛当日参观洋基体育场，参加击球练习、开球仪式，并与洋基队球员交换球队阵容卡片等赛前和现场活动。2012年，洋基队在举办希望周的五天之内向五位获奖者分别捐款1万美元。在2010年和2011年的“希望周”结束时，洋基队和史坦布瑞纳家族荣获“总统志愿服务奖”，以“表彰和赞赏他们固守国家的行为和通过志愿服务做出的贡献”。该奖项是由总统公民服务委员会，和国家与社区服务公司共同授予的。[27] 帮助创建“希望周”的纽约洋基队通讯总监贾森·齐洛（Jason Zillo）评论道：“我们有这样一个平台，我们就要使用它……在许多情况下，事情很简单，只是打开支票簿而已。但是让其他人知道有人一直在奉献是一件很有价值的事情。”[28]

第二节　体育营销组合中的公共关系

公共关系是体育营销战略和有效的体育赞助激活计划的重要组成部分。体育营销策略的目标之一是在运动员、运动队、联盟或体育组织与其赞助商之间建立品牌关联。媒体曝光有助于提高赞助商知名度和展示营销伙伴间的联系，能够利用公共关系机会突出现有营销关系的运动员和团队，并向赞助商表明他们是很有价值的合作伙伴。营销人员和公共关系人员应积极协作，为有赞助的赛事创造有创意的、有效的公共关系和媒体机会，以建立和扩大品牌关联和知名度。

许多赞助商都乐于在与运动员和体育组织的营销合作中加入社区或慈善元素。于赞助商而言，支持某一运动员的基金会或体育组织的慈善倡议是扩展慈善活动并建立更有意义的合作关系的好方法。运动员、运动队、赞助商以及慈善或社区推动计划的结合可以在本地和全国范围内创造独特的媒体机会。

奥林匹克超级巨星、游泳运动员迈克尔·费尔普斯的长期赞助商速比涛（Speedo）以及迈克尔·费尔普斯基金会的创立就是一个很好的例证。费尔普斯在 2008 年北京奥运会上创造了单次奥运会获八枚金牌的纪录，并因打破马克·斯皮茨在 1972 年慕尼黑奥运会上单次奥运会获七枚金牌的记录而从 Speedo 处赢得了 100 万美元的奖金。2008 年 9 月 2 日，费尔普斯在 NBC 的“今日秀”（*Today Show*）上现身并宣布他将用这笔奖金设立迈克尔·费尔普斯基金会，为水安全和青年游泳项目提供资金。[32] 速比涛在北美的持牌方，沃纳科公司（Warnaco）的总裁兼首席执行官约瑟夫·格罗梅克（Joseph Gromek）向费尔普斯提供了 100 万美元奖金，沃纳科公司和速比涛国际（Speedo International）又宣布向迈克尔·费尔普斯基金会额外捐款 20 万美元，以纪念费尔普斯在北京奥运会的纪录。[33] 费尔普斯力求打破斯皮茨的纪录和赢得 100 万美元速比涛奖金的报道引起了媒体对 2004 年和 2008 年奥运会的大量关注。费尔普斯的佳绩不仅为他本人和速比涛带来了大量的关注，还促成了迈克尔·费尔普斯基金会的启动。

第三节　数字时代的体育公共关系

互联网彻底改变了我们的交流方式以及人们消费媒体内容的方式。传统媒体仍然是体育新闻的主要来源，但是人们从社交和数字媒体平台也可以获取相关信息和新闻。全球体育行业的运动员、联赛、运动队和组织已经开始使用博客、网站、Twitter 和 Facebook 等社交和数字媒体平台，并以此为推广工具来联系粉丝和公众（详见第十二章：体育社交媒体）。社交和数字媒体平台上的直接交互有助于组织保持与粉丝联系、共享信息和内容、培养新粉丝并引发公共兴趣，这是公共关系战略及其工作职能的延伸。数字和社交媒体还为运动员、教练、运动队、联赛、高管和赞助商提供了个人平台，可以直接发布新闻、分享信息和意见、展示自己、描述慈善计划以及促进营销合作伙伴关系，而不再需要依赖传统媒体上的新闻报道。补充材料描述了如何将博客用作公共关系平台，并展示了达拉斯小牛队老板马克·库班是如何在个人博客上分享意见的。

塑造和影响舆论：博客的作用

博客是一种线上舆论，可采用以下任何一种或所有形式：

收集意见；

随机评论；

点评和评论；

提出建议或应该规避的事情。

体育和娱乐活动永远充斥着各种评论，博客已成为这些评论活动的重要组成部分，因为博客可以使体育组织、运动员、演艺人员或任何人与利益相关者或粉丝建立联系。电视剧《犯罪现场调查：迈阿密》（*CSI: Miami*），的执行故事编辑兼博主科里·米勒（Corey Miller）表示："在节目与粉丝之间建立联系可以使你更紧密地参与到你正关注的产品中。"[34]

达拉斯小牛队的老板马克·库班是体育和娱乐领域最多产的博主之一。在他的网站 www.blogmaverick.com 上，库班坦率地谈论了体育和商业等各种话题。他用自己的博客与粉丝和公众互动，公众可以因此而获悉职业球队老板的意见、经验和观点。2013 年 5 月，库班在博客上发布了一项活动，邀请球迷为小牛队设计队服。这种邀约有益于吸引球迷参与新制服的设计项目。库班的博客如下：[35]

帮助小牛队设计下一件制服！

2013 年 5 月 13 日

如果我们拥有独一无二的原创设计，小牛队将重制 2015—2016 赛季的队服。想出创意的最好方法是什么呢？那就是由你们来提出方案。因此，我们邀请你们来设计队服的样式和颜色。

您知道 NBA 队服的样子。您知道现在和过去的小牛队的颜色是什么。我们希望在球队标志的基础上提出一些新的想法，至少要与我们当前的配色保持一致。告诉我们您想到了什么！

如何参加这个活动呢？您可以直接在此博客上发布您的想法、图片、图形、视频、照片。是的，我们希望每个人都能看到。史蒂夫·乔布斯说："将一切进行重组。"队服制作更是如此。因此，我们希望每个帖子都对其他想法和帖子有更多启发。

您的设计将用于何处？在您发布消息的那一刻，小牛队就会使用。如果您介意小牛队使用您的设计，请不要发布。如果您认为小牛队使用您的设计是件值得炫耀的事，请尽情发布。

如果我们真的很喜欢您和您的设计，我们可以为您提供免费门票。就算我们没有使用您的设计，您的设计也会出现在这个网站上，被浏览的次数会越来越多。如果您的设计与其他设计接近（如果不是完全相同），而出于某种原因我们选择了其他设计，那很遗憾。

如果我们没有选择任何设计，包括您的设计，那么我们就不会选择任何设计。生活就是这样。让我们继续前行。

您将有机会将您的设计放到达拉斯小牛队和 NBA 里，这是多好的炫耀机会。

本次活动将持续到五月的最后一天。

让我们看看你们能想到什么。

经许可，从马克·库班转载。

交互技术对企业有很多好处。这些即时、直接的沟通使粉丝、门票持有者、赞助商和业务合作伙伴等各种成员受益，但是组织必须认识到媒体和公众都在时刻关注着社交和数字媒体。Twitter、Facebook 帖子、网站消息、博客或视频帖子都是发言人与公众进行正式公开交流的方式。

在数字时代，体育公共关系人员应该勤于观察采访且必须监视和审阅与他们合作的运动员、高管和教练的所有公开评论。公共关系人员必须时刻关注社交媒体网站和组织、个人（高管）在网站上发布的文字、照片或视频帖子。在数字时代，在社交媒体上、博客上或传统媒体上发布或制作的有争议的、不适当的或负面的评论或照片的传播速度相当快，这对运动员、团队、联赛或组织的负面影响也会越来越大。就像对传统媒体的报道做出回应一样，公共关系人员必须协助扭转在这些平台上遇到的负面情况，并代表个人或团队进行回应，或帮助个人做出合适的回复。

第四节　公共关系职能

本节将介绍公共关系职能，并概述每种职能在体育界的应用；目的是阐述公共关系的各种作用以及其价值。为此，我们将按以下顺序进行：

- （向消费者、股东、供应商、竞争对手、政府机构和公众）提供信息和基本沟通；
- 通过组织宣传来塑造或提升形象；
- 促进社区关系（已讨论过）；
- 促进员工关系；
- 教育，以获得政治或民众对组织议程的支持；
- 招聘和发展业务；
- 推出新产品或改革产品；
- 获得反馈和回应；
- 应对危机。[36]

一、告知与沟通

公共关系部门负责与消费者、股东、供应商、竞争对手、政府机构、媒体和公众进行沟通。显然，这是公共关系职能的一个部分，这部分最容易被公众理解，也最频繁地被使用。告知和沟通是公共关系的标志。这项职能包括向公众或特定群体（校友、体育专栏作家、报纸、电子媒体、网站和博客）编辑、展示和宣传产品或组织信息。例如，除了编辑并向媒体提供促销、统计信息和资料外，该部门还负责人员配置并协助统计人员。公共关系部门还向电视和电台制作人员以及广播人员提供比赛转播的统计数据以及球员和球队的背景资料。公共关系部门的告知和沟通职能也有助于与组织的基层支持保持联系。

沟通职能还涉及发布计划、传单、销售支持材料和手册，与特殊利益团体（例如，棒球作家协会）合作以确保信息的准确性，维护并定期更新网站，为数字媒体平台开发视频和文字内容，促进社交媒体功能，以及答复公众的邮件和其他问询。尽管告知和沟通仅是制订和管理有效的公共关系计划必不可少的职能之一，但是组织通常会将资源和精力几乎完全分配给它而放弃有战略意义的、合理的全盘计划。

体育组织敏锐地意识到，良好的社区关系计划可以带来积极的认知，并最终带来经济或其他利益。例如，在校际体育活动中，社区关系通常以家乡英雄的故事形式，由大学的媒体关系人员向当地媒体发布。根据前体育信息总监兼获奖者霍华德·戴维斯（Howard Davis）的说法，体现家乡特色是体育新闻办公室最重要的职能之一。[37] 该信息之所以重要，有以下几个原因：①它为运动员的故乡和大学所在地的居民创造了一个共同点；②它可以促使该地区居民参加大学体育竞赛或者申请入学；③它可以协助体育部门从该城镇或地区招募未来的运动员。家乡特色是能够同时实现媒体关系功能和社区关系功能的有效途径。对于大学体育的公共关系人员和体育各方面的媒体关系人员而言，加强和维持与家乡的联系都至关重要。

图 11.1 说明了一个大学媒体关系总监必须沟通和互动的各种公众对象。

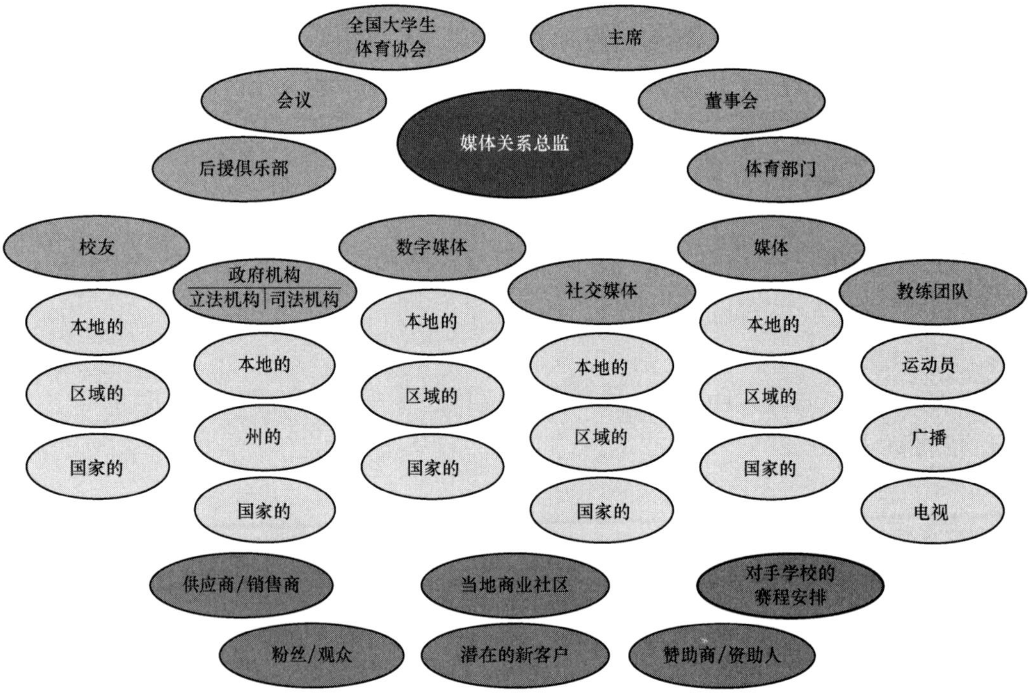

图 11.1　高效的媒体关系总监多方公共关系示意图

二、塑造和提升形象

形象的塑造和提升是一项复杂的职能，组织试图通过它向公众证明其产品制作精良、服务一流且对行业至关重要，而且证明组织本身是一个负责任的“公民”并能够为社会做贡献。公司、机构、运动队、联盟和人员都可以参与这项工作。形象的塑造和提升与营销紧密相关，因为在这一过程中，公共关系人员与营销人员需要共同合作以推出新的节目、主题、活动、销售方法和促销方案。

麦当劳与奥运会的关系就是一个很好的例子，品牌可以利用体育来帮助企业塑造和提升形象。麦当劳与奥运会建立的长期合作关系最早可以追溯到 1968 年，当时美国运动员想念家乡的食物，该公司就向法国格勒诺布尔的美国运动员空运了汉堡。1996 年，麦当劳成为百年奥运的合作伙伴，并且在亚特兰大奥运村经营了首家品牌餐厅。自 1996 年以来，麦当劳就一直是奥运会的官方餐厅。1998 年长野奥运会，麦当劳第一次成为 TOP 赞助商（奥林匹克合作伙伴 TOP 计划），这使该公司可以在全球范围内激活赞助活动。[38]

尽管有人批判麦当劳赞助奥运会以及奥林匹克运动与快餐相结合的行为，但麦当劳通过创建各种健康饮食和积极的生活方式，努力消除负面的观念和媒体关注。在 2012 年伦敦奥运会前夕，《纽约时报》的斯图尔特•埃利奥特（Stuart Elliott）表示，麦当劳“将利用即将到来的 2012 年夏季奥运会赞助商身份，努力将自己打造成为关注营养和健康的食品供应商，尤其是在儿童营养方面。除了努力提高其营养价值，麦当劳还打算利用这一身份来宣传其在环境和可持续发展等领域所做出的努力”。[39]

在 2012 年伦敦奥运会上，麦当劳制定了麦当劳奥运冠军员工团队和“实战奥运赢冠军”等独特的全球激活策略，以推广其品牌和员工，并鼓励儿童选择健康的饮食和生活方式。麦当劳的奥运冠军员工团队计划在 2002 年盐湖城奥运会上首次亮相。在 2012 年伦敦奥运会上，2 000 名最优秀的经理和工作人员组成史上规模最大的奥运会团队，为来自世界各地的运动员、媒体、教练和粉丝提供服务。[40] 麦当劳“实战奥运赢冠军”活动通过当地麦当劳的活动流程从世界各地的孩子中选拔出前往伦敦参加奥运会的孩子。麦当劳全球首席品牌官凯文•纽厄尔（Kevin Newell）谈到该活动时说：“麦当劳奥运会比赛冠军活动将有史以来第一次让孩子们与运动员一起在奥运场馆中巡演和比赛。对于我们的冠军来说，这将是一个难忘的、鼓舞人心的时刻，他们在参加奥运会的同时，还能够观看麦当劳厨师的表演，参观奥运村专属就餐区，参观伦敦的文化景点并结交新朋友。”[41]

奥运会赞助使麦当劳能够与知名的奥林匹克运动员建立合作伙伴关系，有助于其在世界范围内推广麦当劳的品牌、产品和理念。美国游泳选手达拉•托里斯曾参与五届奥运会，也曾担任 2012 年伦敦麦当劳“实战奥运赢冠军”活动的全球大使。托里斯在新闻发布会上说：“我希望给儿童和家庭的生活带来积极的改变，所以我今天加入麦当劳是一件很自然的事情，在未来的岁月里，我们会激励那些快乐和活跃的孩子们。通过麦当劳新的‘实战奥运赢冠军’活动，我们可以让数百万人了解均衡食物选择的好处，并为世界各地的孩子们提供参赛机会。”[42]

麦当劳赞助奥运的策略帮助公司树立了品牌，还在全球范围展示了其产品和员工，并通过营销、广告和公共关系活动提升了公司形象。

三、促进员工关系

大多数公司都意识到，管理层与员工之间的开放式流动是必不可少的——不仅是为了鼓舞士气，而且还使员工（通常是公众与组织联系和沟通的第一线员工）能够进行积极且良好的互动。1986 年《体育画报》刊登的体育民意调查《米勒淡啤关于美国人对体育态度的报告》（the Miller Lite Report on American Attitudes Toward Sport）中记载，由于广泛的公众兴趣和体育参与，体育组织的所有员工都应了解管理层在各种问题上的立场。[43] 运动员就属于这类员工，大多数大学和职业球队都为球员提供有关公开演讲和与媒体打交道的正式培训。

对于其他非球员员工，组织可以使用多种有效工具将信息从管理层传播给员工，反之亦然。这些工具包括员工内部通信、手册和解释组织政策的文件，持续的员工入职培训计划，在职培训计划和研讨会，以及定期安排的电子邮件，员工会议和特殊主题的午餐会。奥兰多魔术队的高级执行副总裁、才华横溢的作家和励志演讲者帕特·威廉斯（Pat Williams）是奥兰多魔术计划“魔术大学”的参与者之一。这个持续的计划旨在教育和告知所有员工奥兰多魔术队的目标、宗旨和职能。威廉斯认为：“共享和开放消除了团队内部的障碍和差异，这样就没有内部圈子和外部圈子的说法。没人被孤立在外，所有人都在一起。如果有人感到自己处在外部圈子中，或者认为自己是替补人员，他们很快会开始陷入低迷并感到无能为力，那么你就会失去会对团队成就有价值的贡献者。”[44]

球员缺乏信息就会变成替补球员。因此，体育组织必须确保每个人都了解情况并感觉到自己是团队的一部分。

四、获得政治或民众支持

显然，公共关系的重要职能之一是教育和告知。提供信息未必等同于教育，公共关系中定义的教育包括培养理解力，能够理解信息并在适当的背景下运用信息。

面对一系列的负面新闻，逐渐增加的来自媒体、粉丝和前队员的压力，2009 年 10 月国会听证会的审查，以及 NFL 前运动员提起的诉讼，NFL 加强并提高了对运动员健康和安全问题的关注。脑震荡、与橄榄球有关的头部创伤和脑损伤，这些对曾经和当前的 NFL 运动员的身体健康有影响的疾病已经被列为联盟的首要关注点。为了回应这些批评，NFL 越来越积极地改进其诊断和治疗脑震荡的政策和方法，并提高运动员和公众对运动员安全问题的认识。NFL 和美国国家橄榄球联盟球员协会（NFLPA）在 2011 年的集体谈判协议（CBA）中达成一致，在为期 10 年的集体谈判协议内，两个组织将投入超过 1 亿美元进行医学研究（主要是针对脑损伤的研究）。[45]

NFL 发布了《2012 年秋季健康与安全报告》，这是 NFL 第一份详细介绍联盟在橄榄球健康与安全方面所做的努力的报告。该报告概述了 NFL 运动员健康与安全计划的主要支柱：

- 健康与安全文化；
- 倡导；
- 安全守则；
- 研究；
- 装备。[46]

除了宣传在运动中促进健康和安全的文化以及更改规则以提高安全性之外，NFL 还推出了各种合作、研究计划、教育平台和交流推广活动，以定期更新运动员安全计划的进展。

NFL 意识到它对体育格局以及所有级别的橄榄球赛事的影响（尤其是青少年橄榄球），因此一直积极为当前和未来的运动员提高安全保证，并且发挥其领导作用以提高总体的运动安全性。NFL 在脑震荡和脑外伤的研究和教育方面遥遥领先。2012 年 9 月，美国国立卫生研究院基金会（FNIH）宣布，NFL 同意捐赠 3 000 万美元“以支持对运动员和普通大众的严重疾病的研究”，[47]这是联盟 92 年以来历史上最大的慈善捐赠。NFL 总裁罗杰·古德尔（Roger Goodell）说：“我们的目标是与最优秀的科学家积极合作，更多地了解大脑和脑部损伤问题，从而保证我们运动员和公众的安全。”“如果我们可以更多地了解大脑，我们不仅可以使橄榄球运动更安全，还可以使其他运动和其他生活领域更安全。”[48]

五、招聘和发展业务

由于校际体育项目特别是知名度较高的 I 组项目，需要不间断地招募新运动员，因此公共关系人员有大量的机会去施展他们的技能。在这种情况下，公共关系的职能主要涉及形象的构建（和重建）和完善，要给潜在的学生运动员有效地描绘大学生活，这些潜在的学生运动员想要确保他们对大学教育和体育运动体验方面的愿景与他们对招生访问期间形成的印象相吻合。因此，公共关系的职能是确保解答所有问题，很好地描绘学校设施，帮助教练和教员准备好要回答的问题和要提供的信息，所呈现的形象符合会议和 NCAA 的规章制度，好心的校友和协助者要了解什么可以做、什么不能做，并使未来的学生运动员了解到学校能提供的娱乐、文化和成长机会以及教育福利和体育方面的承诺。

公共关系人员（媒体关系人员、招聘协调员、机构公共关系官员）可以借助各种平台来完成这些工作。主要媒介是人员推销（详见第八章），包括面试官与潜在学生运动员在学生家里、所在高中，或大学校园中进行的一对一讨论。

在访问校园之前，以及访问期间或之后的许多情况下，潜在的学生运动员可能会收到各种向他们展示学院、运动项目和学校提供的各种机会的小册子和印刷材料。这种印刷材料通常会用视频和其他多媒体演示来辅助，以使学生可以看到这些机会和可能性。自 20 世纪 70 年代中期以来，这些多媒体演示有时会采用一种幻想或假设分析的方法来冲击情感。例如，让潜在的学生运动员坐在野外的房屋或体育场内观看或收听一段提前设定好的未来他在州立大学所取得的成绩的视频或广播。另一种方法是播放大学及其传奇体育项目的电影。这些影片描述了大学的传统和地位，通常以著名的校友和过去的运动员为主角，促使潜在学生运动员做出正确的决定。

“招募”一词不仅限于校际体育运动，还可以指代以下任何一项：

- 在职业层面上，指让人信服的选秀权以及自由球员与某球队签约，促进社区发展，并在财政一揽子计划之外提供的各种奖励。在类似的职业体育背景下，对那些力求与未来和当前的职业运动员、教练、高管和广播人物签订代理协议的人而言，招聘需要详细描述经纪人、财务顾问、市场营销和公共关系代表的职责。
- 城市和体育委员为吸引职业特许经营、业余体育赛事和特别活动所做的努力。
- 体育营销机构努力确保赞助来源的可靠度以及公司在产品、概念、运动员和赛事方面的参与度。

为寻求商机，公共关系计划通过向潜在企业合作伙伴告知产品、赛事或运动员的历史和传统，或者有助于签订财务协议的案例，来帮助组织吸引赞助商。稍加研究就能够找出最有影响力的信息。这个过程可能涉及检查人口统计因素、计算印象数和这些印象的价值，并与其他团队进行比较。支持业务计划的公共关系和媒体推广可以通过提高品牌知名度和忠诚度、捐赠、注册和商品销售或吸引新客户，来帮助推动和创造新的商机，并带来附加值。

六、推出新产品或创新

如果希望新产品（或服务）或产品创新能引起公众的兴趣并赢得市场份额，就必须开展有效的公共关系活动，以确保目标市场中的人们可以了解产品和产品的收益，最重要的是了解产品对他们的重要性以及这个产品如何成为他们生活的一部分。介绍和推出 WNBA 的公共关系活动就是一个很好的例子。

根据市场顾问艾·里斯（Al Ries）和杰克·特劳特（Jack Trout）的说法，深入人心最简单的办法就是先入为主，成为第一。如果一个组织不能成为第一，它就必须找到某种方法进行定位，以超越那些已经占先的产品。[49] 现在已经解散的东南亚职业篮球联盟（ABL）之前比 WNBA 提前一个赛季进军女子职业篮球，签约的明星球员明显比 WNBA 第一年签的多。WNBA 并不是第一，但为什么 WNBA 被认为是两个联盟中更成功和更可能长久发展的联盟（已被事实证明）呢？原因很简单。NBA 的成立早于美国篮球联赛，WNBA 能够利用 NBA 的知名度和品牌资产来介绍自己并开展营销活动。NBA 品牌提供了一个可通过电视和纸媒进行宣传和推广的渠道，并通过所有者和赞助商提供了一个帮助其营销的途径。当时的 NBA 营销主管里克·韦尔茨（Rick Welts）说："在签约所有 80 名球员之前，WNBA 还吸引了两个电视网（NBC，ESPN）和美国女性综艺电视台（Lifetime）和强大的公司赞助商阵容为其营销。在美国体育史上，没有哪个联盟首次亮相《魅力》（*Glamour*）和《悦己》（*Self*）杂志就伴随着如此大量光鲜的广告。"[50]

WNBA 的发起和最终成功提供了一个如何使用现有平台（赛场、团队、所有者、电视合同、赞助和广播）发布新产品的案例研究；该案例还说明了即使组织的产品没有第一时间被引入，也可以利用媒体和公共关系来捕获公众的想象力。

七、产生和收集反馈

在战略规划的过程，以及确定组织政策和程序的接受度和有效性中，反馈至关重要。公共关系人员在监测公众对产品、概念和实践的兴趣、接受度或抗拒度方面起着不可或缺的作用。公共关系人员负责收集与组织相关的公众态度、经济指标、消费者偏好和行为以及政治和社会事件的相关数据。反馈可以通过邀约（调查或民意调查）产生；在无正式邀约的情况下，也可以通过调查公众对过去报道的反应而产生（主动的和不知情的信件或电话）。

以 NCAA 的发展为例。近年来，NCAA 征集了对运动员招募、保留、学习成绩和毕业率等的各种反馈，与美国教育法第九篇修正案（Title IX）和性别平等问题有关的反馈，以及其他各种问题的反馈。很多时候，NCAA 通过这些反馈来监测项目进度并评估公众的看法，并在必要的时候进行改革或修改法规。尽管大多数反馈都是正面的，但有些反馈也是负面的批评。因此，NCAA 开始改变校际体育的结构。最显著的变化是成立了校长理事会并将权力移交给校长，提高了学生运动员的学习成绩标准，减少了奖学金，增加了女性的机会，减少了某些运动项目的教练（全职和兼职）人数，举办了全国橄榄球锦标赛，重新设计了装备（棒球），以及明确了学生运动员在学年间就业的权利。有些变化引起了积极的反响，但有一些变化则引发了批评，甚至还有一些惹了官司。尽管 NCAA 征求了一些反馈意见，但有一些反馈源自系统内缺乏对实践的关注和控制。当抗议声和兴趣达到临界点时，这些反馈便触发了改革。

八、应对危机

公共关系专业人员所扮演的最明显角色之一就是应对危机并减少损失。这种危机通常会引发铺天盖地的新闻报道并受到媒体和大众的监督，公共关系部门及其专业人士的言行往往见诸新闻，有时也会引起与突发事件同样的关注度。在某些情况下，这些负面影响是短期的，但这些危机也可能引起重大的长期影响。参与危机处理的公共关系人员必须制定战略对策，最大限度地缓解危机，并尽可能地减少持久损失。在应对危机时，公共关系人员必须与合适的团队（高管、行政人员和法律顾问）紧密合作，以协调媒体策略和公众反应。

体育领域不可能规避所有问题。近年来发生了一些危机或丑闻。以下是一些示例：

- **2013 年美国生源论抗老化中心（Biogenesis）性能增强药物（PED）丑闻**：《迈阿密新时报》（*the Miami New Times*）2013 年 1 月刊登了一份报告，称美国生源论抗老化中心向 MLB 的多名球员提供禁药。美国生源论抗老化中心是安东尼·（托尼）·博施［Anthony（Tony）Bosch］在迈阿密经营的一家诊所。这使 MLB 再次受到 PED 丑闻的影响。[51] 突发新闻的报道产生了一系列的负面影响并再次引发了与 PED 有关的公共关系危机，在此之前，诸如马克·麦圭尔（Mark McGwire）之类的明星曾使用类固醇、2007 年米切尔报告中详述的 PED 的广泛使用以及 2005 年国会听证会（如下所述）等问题使得该联盟深受其害。由于这些事件，自 2004 年以来，MLB 一直推行类固醇和 PED 强制检测计划以有效遏制药物的滥用。MLB 对美国生源论抗老化中心进行了调查，导致 2013 年夏季许多违反联合药物预防和治疗计划的球员被迫长期停赛。最尴尬的是，被停赛的球员中有两人曾是最有价值的球员（MVP）。来自密尔瓦基酿酒人队的瑞安·布朗（Ryan Braun）曾是 2011 年国家联盟的 MVP，在 2013 年的剩余赛季被停赛。纽约洋基队的三届 MVP 亚历克斯·罗德里格斯（Alex Rodriguez）被停赛 211 场（包括 2013 季后赛和整个 2014 赛季）。[52] 布朗在 2011 年针对 PED 停赛 50 场的惩罚成功提出上诉，并于 2013 年接受诉讼结果并停赛 65 场。罗德里格斯通过仲裁提出上诉（并在仲裁裁决后撤销上诉）。仲裁员弗雷德里克·霍洛威茨（Fredric Horowitz）裁定罗德里格斯的整个 2014 赛季（包括季后赛）禁赛，但同时也将最初的 211 场禁赛减少到 162 场。罗德里格斯停赛是有史以来对非法使用 PED 的棒球运动员为期最长的处罚。[53]

密尔瓦基酿酒人队的瑞安·布朗是陷入 2013 年美国生源论抗老化中心 PED 丑闻中的 MLB 球员之一

- **2005—2006 年棒球界的类固醇丑闻**。类固醇问题与棒球记录的神圣性和公平竞争问题有关，电子媒体和纸媒已经对此进行了调查，他们花费大量时间和资源去报道国会听证会，讨论新的谈判惩罚措施，包括对惯犯终身禁赛，并检查了某些涉嫌违规者的身份，特别是曾撰写过回忆录《Juiced》的乔斯·坎塞科（Jose Canseco），巴里·邦兹（Barry Bonds），马克·麦圭尔、萨米·索萨（Sammy Sosa）和拉斐尔·帕梅洛（Rafael Palmeiro）。诸如棒球之类的传统运动在很大程度上是由历史成就和记录来衡量的。如果这些记录被视为是可疑的，那么粉丝将无法依靠这些重大记录来判断选手的出色表现。

- **NFL 新英格兰爱国者队的选秀以及克里斯琴·彼得（Christian Peter）的解雇**。彼得曾在内布拉斯加大学有着复杂的过去（因涉嫌非法侵入、扰乱治安以及三级性侵犯而被逮捕八次），爱国者队在 1996 年 NFL 第五轮选秀中将其选中。媒体对其行为进行批判，球迷也打电话抗议他的名字出现在爱国者队的名册上，最终，彼得被球队抛弃，球队声称没有彻底调查过他的背景（不过，彼得反驳了这一点）。[54]

第五节　体育、电视和娱乐对体育公共关系的影响

在早期，人们都是通过比赛了解运动员和体育名人的，因此早期的故事通常侧重于运动员的成就、赛场上的运动英雄事迹以及比赛回顾。已故的詹姆斯·米切纳（James Michener）说："体育运动，尤其是棒球（在其职业化生涯的初级阶段）之所以繁荣，是因为日报和周报对其进行了大量的免费宣传。"[55] 米歇纳解释说，这些报道，本来是需要付费的，但因其娱乐价值而免费，因为有体育信息的报纸销量更多，从而发行量更大，广告费也更高。

随着体育运动变得越来越流行和主流化，报道媒介包括报纸、广播、电视，以及现在的互联网，它吸引了更多的观众，并越来越被视为一种娱乐盛事。随着体育的发展，媒体的关注点不仅仅是体育新闻，这给体育公共关系人员带来了巨大的利益和挑战。

电视报道在现代体育产业的发展中起了变革性作用。电视促进了媒体对体育运动的关注，并推动了体育运动、参赛运动员以及赛事转播公司进入娱乐业。美国广播公司（ABC）创立于 1970 年"星期一橄榄球之夜"，ESPN 于 1979 年作为首家全体育电视网络被推出，二者在推动体育产业发展和提高体育媒体关注度方面都发挥了重要作用。"星期一橄榄球之夜"和 ESPN 都为体育运动提供了新的文化关联性，加深了在社会中的受欢迎程度，激发了体育运动作为一种娱乐工具的持续兴起和发展。

"星期一橄榄球之夜"将 NFL 的比赛带入黄金时段，并帮助推动联盟越来越受欢迎。比尔·冈瑟（Bill Gunther）和马克·卡特（Marc Carter）通过其执行制作人鲁恩·阿利奇（Roone Arledge）的设想，记录了"星期一橄榄球之夜"的发展历程，阿利奇坚信这个节目将和橄榄球一样有娱乐性。无论人们是否关心比赛，这个节目将是一个人们都会观看的精彩表演，并且对男性和女性都有吸引力。[56] 2002 年阿利奇去世后，NBC 时任体育主席迪克·埃伯索尔评价道："鲁恩是那个时代唯一敢把体育节目放在黄金时段播放的电视主管。"埃伯索尔认为，这种做法促进了体育行业的发展："如果没有鲁恩，运动员能赚到的所有钱以及体育领域的所有收益都将无法实现。"[57] ［1970 年至 2005 年，ABC 播出了"星期一橄榄球之夜"；从 2006

年赛季开始，该赛事改为由 ESPN 转播。ABC 和 ESPN 均为沃尔特·迪斯尼公司所有。]

黄金时段的电视节目阵容中体育运动不断增加，这与阿利奇标志性的理念——“近距离和个性化”——相结合，将相对不知名的奥林匹克运动员介绍给美国电视观众，并使其家喻户晓，对未来的媒体和电视报道产生了持久影响。电视不仅使参加比赛的运动员成为明星，而且使诸如霍华德·科塞尔（Howard Cosell）、吉姆·麦凯（Jim McKay）、艾尔·迈克尔斯（Al Michaels）、鲍勃·科斯塔斯（Bob Costas）、乔·巴克（Joe Buck）和克里斯·伯曼（Chris Berman）等体育节目主持人声名远扬。媒体开始报道体育名人，公众渴望了解他们最喜欢的运动员和体育名人的场外生活。讲故事已成为媒体和公共关系专业人员用来宣传运动员和吸引公众（特别是那些吸引非铁粉的普通体育迷）注意力必不可少的技能。事实证明，这种信息维度的增加十分有效，即通过培养个人对运动的浓厚兴趣并增强个人与运动的联系来发展体育观众，这些维度均超出了单个运动员的比赛成绩、知名度、明星身份或冠军头衔。

ESPN 创建于 1979 年，是第一个全体育电视网络，每天 24 小时、每周 7 天播放体育节目。ESPN 的非凡成就表明，全体育网络不仅可以生存，而且可以蓬勃发展。正如《彭博商业周刊》（*Bloomberg Businessweek*）所述，ESPN 彻底改变了体育电视格局，并使其成为“美国历史上最赚钱的电视网络之一”。[58] ESPN 的旗舰新闻节目《体育中心》（*Sports Center*）为体育要闻和新闻提供了一个每日播放的全国性电视平台，并由此改变了人们的体育消费方式。《今日美国》（*USA Today*）报道说：“通过多次播出《体育中心》新闻节目和看似没完没了的现场活动，ESPN 改变了人们接受体育运动的方式。”正如 ESPN 的资深主持人鲍勃·利（Bob Ley）所说：“在 ESPN 之前，您每周仅能看两天体育节目。”[59] ESPN 已经成长为一家电视台，正如 2012 年《彭博商业周刊》所述：“该公司通过数十个 ESPN 品牌的电视、网络和移动平台转播了美国一半以上的体育直播节目，同时也塑造了联盟、运动队和运动员的包装、推广、营销和大众消费方式。”[60]

除了播放体育赛事外，ESPN 还通过各种电视网络、广播网络和 ESPN.com 官方网站提供完整的节目和内容，用于报道体育中有关每日新闻的讨论和辩论。电视节目，例如 *Sports Center*、*First Take*、*Around the Horn*、*Pardon the Interruption*（*PTI*）和 *Outside the Lines*（*OTL*）；广播节目如 Mike and Mike 等；以及通过网络平台提供的许多其他节目和内容，都应该受到公共关系人员的日常关注。

在 ESPN 证明了这种专门的体育节目的可行性之后，NBC 体育网、CBS 体育网、福克斯体育（FOX Sports）以及其他国家、地区和地方媒体纷纷开始了体育脱口秀和新闻节目。HBO 电视网的 *Real Sports*、ESPN 的 *E:60* 和 Showtime 最近首次推出的《体育 60 分钟》（*60 Minutes Sports*）都在播放体育新闻、特辑和调查报道节目。国家和地方体育脱口秀电台不断播出讨论、评论、见解和批评，主持人也在讨论体育头条和相关议题。

公共关系人员可以通过这些节目对运动员、教练、高管和广播员的采访来推广他们的团队、成就、即将举办的赛事、营销合作关系和慈善活动，并展示他们的个性以增加曝光度。有关 ESPN 以及其他国家、地区和地方电视广播电台节目的讨论和评论会影响体育迷的观点和公众舆论。媒体之间的互动非常重要。

鉴于体育运动所产生的兴趣水平，当今的体育娱乐格局给体育公共关系人员带来了广泛的机会和诸多挑战。运动员和体育的新闻报道出现在各类纸媒、电子和数字平台中，内容涵盖了一般新闻以及体育、商业和生活方式等各类话题。其主题包括商业利益和营销合作、慈善和社区关系计划、运动员对政治或社会问题的看法，以及体育名人的个人生活细节。那些出现在《体育画报》《体育中心》里的运动员也会出现在《任务》和《走进好莱坞》等杂志和节目中。

对运动员和体育名人的广泛报道增加了他们出现在黄金时段真人秀电视节目中的机会，例如 ABC 的《与星共舞》；还出现在黄金时段、白天或深夜的电视娱乐节目或脱口秀节目中；甚至出演自己的真人秀节目。这些娱乐电视节目可能带来正面的媒体曝光，并增加营销、广告和商业机会。但是曝光可能会引起额外的媒体审查，这可能需要引起公共关系人员的注意。

粉丝和媒体希望可以进行幕后访问和获取详细信息，而互联网和社交媒体上触手可及的大量信息使这种需求更加复杂化。媒体关注将体育运动娱乐化，为运动员带来名声、财富和声誉，同时也带来了麻烦和争议。新闻报道记录了赛场上运动员的成就和成功，但场外个人问题和缺点（例如，性格问题、药物滥用、财务问题）也会被记录在案。当今的媒体既有能力放大和颂扬正面新闻，又有能力揭露和扩散负面新闻。骇人听闻的、消极的新闻报道，以及对场外话题和个人生活越来越关注的趋势，使运动员、组织和公共关系人员在与媒体打交道或接受采访时更加谨慎。

公共关系人员在提供战略咨询意见方面发挥着重要作用，以帮助运动员和组织应对多样化的媒体环境。这要求互动和访问内容相关，在困难和危机时期这种互动可能会变得很棘手。体育公共关系专业人员的最终目标是通过努力创造最大的正面曝光量来平衡可获得的广泛的媒体机会，同时避免数字时代的严格审查和媒体报道中可能出现的潜在陷阱。

本章小结

公共关系是营销的重要组成部分，也是组织与媒体和各种公众进行互动的主要工具。媒体格局不断变化，技术将影响媒体行业的未来发展。尽管媒体和平台可能会发生变化，但公共关系部门及其公共关系人员的核心职责仍围绕着市场定位和体育组织良好形象的提升而展开。为了使公共关系有效，公共关系专家必须对需求和情况做出反应和回应，并以一种综合的、主动的方法积极发起和发展媒体关系和社区关系工作。这种方法应着眼于短期和长期目标，并注意建立和促进这些关系。这些活动和公共关系职能通常在制订、实施和管理组织战略计划中发挥着不可或缺的作用。

公共关系计划业务范围很广，包括形象的塑造和提升、教育工作、业务开发、内容开发、招聘、危机应对及社区关系。社区关系工作可以采取多种形式，可以由运动员发起，可以与运动队或机构相关，也可以由联盟或管理机构发起。这些计划必须有合理的组织资源或得到公司或慈善机构的支持，以确保其寿命和赞助组织的信誉。

在体育活动中，运动员在社区关系计划的成功中起着不可或缺的作用，因为他们可以吸引媒体的关注和报道，赢得公司或慈善机构的支持，并吸引更多参与者和受益者。

最后，尽管媒体会宣传故事，也可能会受到不同视角或不同观点的影响，但它们永远不会受到公共关系部门的控制。因此，公共关系专业人员必须跟与其体育产业相关的各种公众建立互惠互利的关系。同样，如果公共关系计划不仅具有反应性，还具有主动性、创造性以及良好的整合性，那么这些公众将得到最好的服务。

课后活动

1. 开展信息采访，并访问你们学校的体育信息或媒体关系机构。在你的采访中，讨论反应性、主动性和整合性媒体关系的概念，以及机构在每种方法上花费的时间。确定该媒体关系设置中每个功能的示例。

2. 创建为期 30 天的日志。该日志的重点是通过研究与体育有关的媒体渠道（例如，《今日美国》、ESPN.com、《体育画报》）来识别需要公共关系响应或控制损害的体育危机。是否有某些问题更为频繁地出现？某些组织更擅长处理危机吗？你认为处理危机的策略是否有效？

3. 在阅读与体育有关的媒体和商业出版物时，确定一个包括赞助商、营销合作伙伴、社区关系或慈善故事情节在内的完全整合的公共关系工作安排的例子，评估该内容以及营销、赞助或慈善元素的呈现方式。

4. 在体育公共关系人员的角色中，哪些角色和职能最常见（几乎每天都有）？哪些活动仅偶尔发生？

5. 假设你是 WNBA 凤凰水星队的社区关系总监。确定你应定期与之沟通的各种公众人物。

注释

1. Bill Carter, “On TV, Timing Is Everything at the Olympics,” *New York Times*, 24 August 2008, www.nytimes.com/2008/08/25/sports/olympics/25nbc.html.
2. “London Olympics on NBC Is Most–Watched Television Event in U.S. History,” NBC Sports Group press release, 13 August 2012, http://nbcsportsgrouppressbox.com/2012/08/14/ondon–olympics–on–nbc–is–most–watched–television–event–in–u–s–history.
3. Bill Carter and Richard Sandomir, “A Surprise Winner at the Olympics in Beijing: NBC,” *New York Times*, 17 August 2008, www.nytimes.com/2008/08/18/sports/olympics/18nbc.html.
4. *Public Relations Defined: A Modern Definition for the New Era of Public Relations*, Public Relations Society of America website, 11 April 2012, http://prdefinition.prsa.org/.
5. C.L. Caywood, “Twenty–First Century Public Relations,” in *The Handbook of Strategic Public Relations and Integrated Communications,* ed. C.L. Caywood (New York: McGraw–Hill, 1997), ix.
6. M. Govoni, R. Eng, and M. Galper, *Promotional Management* (Upper Saddle River, NJ: Prentice Hall, 1986), 15–16.
7. M.P. Gonring, “Global and Local Media Relations,” in Caywood, *The Handbook of Strategic Public Relations,* 63.
8. R.J. Hellawell, letter to J.E. Sullivan, 14 February 1907, c/o American Sports Publishing.
9. D. Ainge, *Celtics Beat: Trade Alert*, 23 December 2003, dainge@enews.celtics.com.
10. R.L. Irwin and W.A. Sutton, Roles, *Responsibilities and Effectiveness of Urban Community Relations Programs Within Professional Sport Franchises*, presented at Sport in the City: An International Symposium on Cultural, Economic, and Political Considerations, Memphis, TN, 10 November 1996.
11. W.A. Sutton, M.A. McDonald, G.R. Milne, and J. Cimperman, “Creating and Fostering Fan Identification in

Professional Sports," *SMQ,* 6 (1) (1997): 15.

12. J.A. Koten, "The Strategic Uses of Corporate Philanthropy," in Caywood, *The Handbook of Strategic Public Relations,* 150.
13. *NBA Cares—Community Programs/Partners*, National Basketball Association website, www.nba.com/cares/.
14. *2005–2006 NBA Community Report*, 2006, New York, 2.
15. *NBA Cares—Mission*, National Basketball Association website, www.nba.com/cares/.
16. M. Pollick, "Stern, NBA Make Doing Well by Doing Good Contagious," *SSSBJ*, 6–12 March 2006, 29.
17. "PGA Tour Reaches $1 Billion Milestone in Charitable Giving as Tournaments Benefit Charities and Communities Across the Country; Goal Set to Reach Next Billion in 10 Years," Wyndham Championship press release, 31 October 2005, www.wyndhamchampionship.com/pga–tour–reaches–1–billion–milestone–in–charitable–giving–as–tournaments–benefit–charities–andcommunities–across–the–country–goal–set–tor each–next–billion–in–10–years.
18. "CBS Sports Special to Highlight Charity on Tour," PGA Tour press release, 27 July 2012, www.pgatour.com/company/2012/07/27/barclays.html.
19. "PGA Tour Announces 2009 Charity Total," PGA Tour press release, 25 January 2010, http://together.pgatour.com/stories/pga–tours–final–charity.html.
20. *Causes We Support*, PGA Tour website, http://together.pgatour.com/causes.
21. "PGA Tour Broadcast Rights Secured Over Next Decade," PGA Tour press release, 1 September 2011, www.pgatour.com/company/2011/09/01/Broadcastannouncement.html.
22. Ron Sirak, "These Gals Are Good," *Golf World*, 10 Sept 2012, www.golfdigest.com/golf–toursnews/2012–09/gwar–pga–tour–wives–charity#ixzz2HhWitljF.
23. *The Magic Touch*, Orlando Magic Youth Foundation brochure, Orlando Magic, 1997, and OMYF Community Spotlight: Orlando Health Foundation, 4 June 2012, www.nba.com/magic/news/cohen_omyf_060412.html.
24. "Phil Mickelson Participating in KPMG Chip–4Charity at Halftime of Broncos vs. Chargers Game on Oct. 15," KPMG press release, 4 October 2012 www.kpmg.com/US/en/IssuesAndInsights/ArticlesPublications/Press–Releases/Pages/Phil–Mickelson–Participating–In–KPMG–Chip–4Charity–At–Halftime–Of–Broncos–Vs–Chargers–Game–Oct–15.aspx.
25. *Phil Mickelson's KPMG Chip4Charity During Chargers–Broncos Game Nets $50 000 for Charity*, PGA Tour website, 16 October 2012, http://together.pgatour.com/stories/2012–stories/october/phil–mickelsons–kpmg–chip4charity.html.
26. New York Yankees website, *Yankees in the Community*, http://newyork.yankees.mlb.com/nyy/community/hope_index.jsp.
27. Ibid.
28. Kevin Baxter, "Major League Baseball Teams Step Up to Give Back," *Los Angeles Times*, 13 August 2011, http://articles.latimes.com/2011/aug/13/sports/la–sp–0814–baxter–20110814.
29. Matt Pepin, "Ray Allen Thanks Celtics Fans With Ad in Boston Globe," *Boston.com*, 15 July 2012, http://www.boston.com/sports/basketball/celtics/extras/celtics_blog/2012/07/ray_allen_thank.html.
30. Matt Pepin, "Celtics Thanks Paul Pierce, KG With Full–Page Ad in Globe," *Boston.com*, 12 July 2013, www.boston.com/sports/basketball/celtics/extras/celtics_blog/2013/07/celtics_thank_paul_pierce_kg_with_full–page_ad_in_globe.html.
31. Instagram.com, Paul Pierce Instagram account, 16 July 2013, http://instagram.com/p/b11/TObwOgU/#.
32. Bob Considine, "Phelps to Use $1 Million Bonus to Start Charity," *Today.com*, 2 Sept 2008 http://today.msnbc.msn.com/id/26506320/ns/today–today_news/t/phelps–use–million–bonusstart–charity/#.UOT6c3dP–

NY.
33. "Michael Phelps Launches Foundation, Donates Speedo $1 Million Bonus to Charity, Olympic Gold Medalist Embarks on Eight-City Tour," Speedo/Michael Phelps Foundation press release, 2 September 2008, www.warnaco.com/content/speedousa.com/20080902/20080902_mp.html.
34. A. Oldenburg, "TV Goes to Blogs," *USA Today* (5 April 2006), 1D.
35. M. Cuban, *Help the Mavs Design Our Next Uniform!* www.blogmaverick.com, 13 May 2013, http://blogmaverick.com/2013/05/13/help-the-mavsdesign-our-next-uniform/.
36. Compiled from D. Ziccardi, *Masterminding the Store* (New York: Wiley, 1997), 254-259; and D. Wilcox, P. Ault, and W. Agee, *Public Relations: Strategies and Tactics* (Philadelphia: Random House, 1986).
37. H.M. Davis, *Basic Concepts of Sports Information*, 2nd ed. (East Longmeadow, MA: Jeste, 1996), 15.
38. *McDonald's Olympic Games Fact Sheet*, McDonald's corporate website www.aboutmcdonalds.com/mcd/newsroom/electronic_press_kits/mcdonalds_olympic_sponsorship_renewal/fact_sheets.html.
39. Stuart Elliott, "McDonald's Uses Olympics for Its Own Balancing Act," *New York Times*, 20 July 2011, http://mediadecoder.blogs.nytimes.com/2011/07/20/mcdonalds-uses-olympics-forits-own-balancing-act/.
40. *McDonald's Olympic Games Fact Sheet*, McDonald's corporate website, www.aboutmcdonalds.com/content/dam/AboutMcDonalds/Newsroom/Electronic%20Press%20Kits/Olympic%20Renewal/McDonalds%20Olympic%20History%20Fact%20Sheet%20-%20_1-6-12_FINAL.pdf.
41. "McDonald's Unveils Sponsorship Plans for London 2012 Olympic Games," McDonald's press release, 20 July 2011, www.aboutmcdonalds.com/mcd/newsroom/electronic_press_kits/mcdonalds_london_2012_olympic_summer_games.html?page=1#.
42. Ibid.
43. For an examination of America's interest in both participation and spectatorship, see Research and Forecasts, Inc., *Miller Lite Report on American Attitudes Toward Sport* (New York: Miller Brewing Co., 1983); and Lieberman Research Inc., *Sports Illustrated Sports Poll '86* (New York: Sports Illustrated, 1986). Proprietary studies such as those published by American Sports Demographics of Dallas, TX, can be obtained for a fee.
44. P. Williams, *The Magic of Teamwork* (Nashville, TN: Thomas Nelson, 1997), 159.
45. Mark Maske, "NFL Donating $30 Million to NIH for Brain Injury Research," *Washington Post*, 5 Sept 2012, www.washingtonpost.com/blogs/football-insider/wp/2012/09/05/nfl-donating-30-million-to-nih-for-brain-injury-research/.
46. *NFL Releases First Report on Football Health and Safety Issues*, NFL Evolution.com, 16 October 2012, www.nflevolution.com/wordpress/wp-content/uploads/2012/10/FINAL-NFL-Fall-2012-Health-Safety-Report.pdf.
47. *NIH Applauds $30 Million Donation From NFL*, NFL Evolution.com, 5 September 2012, www.nflevolution.com/article/NIH-applauds-30-million-donation-from-NFL?ref=1354.
48. Mark Maske, "NFL Donating $30 Million to NIH for Brain Injury Research," *Washington Post*, 5 Sept 2012, www.washingtonpost.com/blogs/football-insider/wp/2012/09/05/nfl-donating-30-million-to-nih-for-brain-injury-research/.
49. A. Ries and J. Trout, *Positioning: The Battle for Your Mind* (New York: McGraw-Hill, 1986), 19-27.
50. R. Thurow, "Full Court Press: Women's NBA Pins Hopes on Clean Play and Hard Marketing," *Wall Street Journal,* 12 June 1997, A1, A8.
51. "Tony Bosch and Biogenesis: MLB Steroid Scandal," Miami New Times.com, Special Reports http://www.miaminewtimes.com/specialReports/tony-bosch-and-biogenesis-mlb-steroidscandal-3698782/.
52. Paul Hagen, "A-Rod gets ban through 2014; 12 get 50 games," MLB.com, 6, August, 2013, http://mlb.

mlb.com/news/article.jsp?ymd=20130805&content_id=55953176&vkey=news_mlb&c_id=mlb.

53. Ken Davidoff, "A–Rod suspended for the entire 2014 season," NYPost.com, 11 January 2014, http://nypost.com/2014/01/11/a–rod–slammedwith–162–game–suspension/.

54. "Timeline of Jerry Sandusky Sex Abuse Case: State Files Suit Over Related NCAA Sanctions," www.Pennlive.com, 2 January 2013, www.pennlive.com/midstate/index.ssf/2013/01/timeline_of_sandusky_sex_abuse.html.

55. "Executive Committee to gradually restore Penn State scholarships," National Collegiate Athletic Association (NCAA) Website, 24, September, 2013, http://www.ncaa.org/wps/wcm/connect/public/NCAA/Resources/Latest+News/2013/September/Executive+Committee+to+gradually+restore+Penn+State+scholarships.

56. C. Reidy, "Reebok Kicks Itself Over Name With Bad Fit," *Boston Globe,* 20 February 1997, A–1, A–16.

57. R. Martzke, "Wright: 'Lesbians Hurt Women's Golf,' " *USA Today,* 12 May 1995, C1.

58. P. King, "Patriot Games: New England Fumbled When It Drafted Christian Peter and Tried to Recover by Cutting Him Loose," *Sports Illustrated,* 6 May 1996, 32–33.

59. J.A. Michener, *Sports in America* (New York: Random House, 1976), 355.

60. M. Gunther and M. Carter, *Monday Night Mayhem* (New York: Morrow, 1988), 34.

61. Bill Carter, "Roone Arledge, 71, a Force in TV Sports and News, Dies," *New York Times*, 6 December 2002, www.nytimes.com/2002/12/06/business/roone–arledge–71–a–force–in–tv–sportsand–news–dies.html?pagewanted=all&src=pm.

62. Karl Taro Greenfeld, "ESPN: Everywhere Sports Profit Network," *Bloomberg Businessweek.com*, 30 August 2012, www.businessweek.com/articles/2012–08–30/espn–everywhere–sports–profit–network.

63. Rudy Martzke and Reid Cherner, "After 25 Years, ESPN Still Channels How to View Sports," *USA Today*, 17 August 2004, http://usatoday30.usatoday.com/sports/2004–08–17–espn–25–years_x.htm.

64. Karl Taro Greenfeld, "ESPN: Everywhere Sports Profit Network," *Bloomberg Businessweek.com*, 30 August 2012, www.businessweek.com/articles/2012–08–30/espn–everywhere–sports–profit–network.

第十二章 体育社交媒体

柯尔斯滕·科里奥（Kirsten Corio）

学习目标：

- 研究体育营销中常用的社交媒体内容及其策略的类型；
- 理解将社交媒体规划和方案整合到市场营销传播组合中的必要性；
- 了解如何从体育组织的社交媒体内容（如 Facebook）中培养关注者并获得投资回报；
- 理解传统营销概念（如触达度、广度、市场细分、印象）在社交媒体环境中的作用；
- 了解如何利用社交媒体技术设计销售活动并追踪结果；
- 探讨赞助的作用以及通过社交媒体提供的赞助机会的类型及其局限性。

我们不确定为什么他们称它为树洞，因为它除了……

2011 赛季 MLB 在纽约建立了球迷树洞，它是第一个将棒球和音乐、流行文化、媒体、交互技术和艺术融合在一起的空间。MLB 球迷树洞的规模不断扩大和发展，既可举办球迷活动、音乐会、MLB 球员和明星的粉丝见面会，又可供“树洞居民”（Cave Dwellers）一边观看 MLB 赛事，一边通过视频、博客和社交媒体同步在线记录自己体验。这样的场景听起来并不像一个树洞，对吧？也许它更像一个信息集散地，就像 NHL 新泽西恶魔队为球迷开发的“指挥中心”。

2011 年，恶魔队设计“指挥中心”的目的是通过 Facebook 和 Twitter 增加球队社交媒体的关注度。想要实现这个目标，必须为球队的球迷提供一个可以对球队品牌发表意见、分享故事和想法的论坛。有一群恶魔队的忠实粉丝专门负责转发和管理粉丝创作的内容。

俄勒冈大学是第一个设立大学体育社交媒体控制中心的学校。这个控制中心被命名为 Quack Cave，该网站由精通社交媒体使用方法的学生管理。他们根据话题标签来审核和管理来自 Twitter 和 Instagram 的粉丝内容。参与者也会管理、传播这些内容，并与粉丝互动从而创作新的内容。

在这些树洞类的创新项目中，也许最大的球迷树洞是新近更名的 AT&T 体育场（原为牛仔体育场），也被称为杰瑞的世界（Jerry's World）甚至死亡之星球场（Death Star）。据估计，达拉斯牛仔队的冠名权交易每年价值高达 1 800 万美元。AT&T 全球营销官凯茜·库格林（Cathy Coughlin）表示：作为交易的一部分，该公司已经“将其 4G 网络容量增加了一倍，给体育场内、广场和停车场中的用户提供便利，并且公司正在努力使 WiFi 容量翻倍，以保障体育场内所有移动互联网用户的正常使用”。同时，她表示，AT&T 还“通过提供地图和导航功能来强化牛仔队移动应用的功能，以提升比赛日的球迷体验”。

这种活动的意义是什么？如果这种活动持续下去意味着什么？

- 由粉丝帮助创建和管理用户生成内容，有助于在体育组织与粉丝之间建立更紧密的关系。
- 粉丝有强烈的愿望，甚至可能需要在大部分时间里与运动队、其他粉丝以及外界保持联系。
- 这种联系是有成本的，但对营销人员而言这也是一个机会，即可以开始学习如何获得收益。[1]

社交媒体的快速发展为体育行业带来了大量的粉丝和关注者。人们会骄傲地宣告自己对球队的忠诚，并要求与自己最喜欢的球队直接交流。这个发展趋势代表着球队和球迷之间沟通方式的巨大转变，但是对那些成长于数字和社交媒体时代的人来说，这个转变并不明显。

在广泛使用 Facebook 之前，运动队会花大量的精力建立电子邮件选择性加入的数据库，以获得当时被认为是一对一的交互式沟通。运动队聘请了多位全职邮件营销经理，设计了广告单元和注册表格，以最大限度地吸引粉丝加入，同时部署了基层营销人员，通过精心设计的调查来吸引粉丝参与。然后，他们从现有数据库中将选择加入的邮件删除，创建个性化电子邮件，提供有价值的优惠，并尽其所能确保不会触发用户退订操作。通过这些努力，2012 年运动队数据库中平均有 20 万电子邮件选择加入。[2]相比之下，职业运动队的平均 Facebook 粉丝数超过了一百万。[3]

尽管相对于其他品牌而言，体育资产更容易吸引粉丝和追随者，但是打造有吸引力的形象既是一门艺术，也是一门科学。较早在美国主流社交平台如 Facebook 和 Twitter 上出现的体育品牌相对于竞争者更具优势。将社交媒体整合运用于营销的体育品牌比没有运用社交媒体的品牌吸引了更多关注者。真正深耕于社交媒体的体育品牌比其他品牌更能吸引粉丝深度参与。

毫不意外的是，社交媒体上巨大的粉丝数量引起了那些想要触达粉丝群体的行业高级管理者和营销人员的极大关注，但这必须保持谨慎的平衡。尽管社交媒体使得粉丝非常容易点赞、关注以及实时追踪最喜欢的球队发布的内容，但也让粉丝取消关注甚至退出变得容易。社交媒体尚未被证实有类似于其他数字营销策略的效果。近期一个关于 NBA 的研究表明，电子邮件在促进门票销售方面的效果是社交媒体的 40 倍。[4]

尽管作为直接营销渠道的社交媒体尚未被证实和电子邮件具有相同的效果，但体育社交媒体依然有许多价值：

- 体育社交媒体建立了能够实时互动的粉丝群体。
- 体育社交媒体以粉丝喜欢的方式提高粉丝参与度。粉丝们获得了更多的联结、实时信息、突发新闻、特别优惠和有趣的内容。体育组织和运动员能够带动更多的品牌和内容消费：比如网站浏览量、视频浏览量、文章、照片、抽奖、比赛、游戏等。最终，体育社交媒体能够创造更多的终身粉丝。
- 体育社交媒体的传播是病毒式的。从前，运动队需要精心制订战略计划和奖励措施来引导人们将电子邮件转发给朋友。现在，分享、点赞、评论在每一条内容中随处可见。
- 体育社交媒体推动了那些促进业务发展的商业行为。包括成为粉丝、门票销售、现场观赛、增加品牌消费、商品销售，以及与合作品牌之间更多的互动。

- 人们不仅仅想与品牌在社交媒体上互动，还希望购买品牌产品。参考下列数据：
  - 超过一半（52%）的美国人每周至少在 Facebook 上消耗一个小时。[5]
  - 35 岁以下的人群中，有 56%的人在 Facebook 上与他们最喜欢的品牌互动。
  - 人们在 Facebook 上给品牌点赞的原因有两个：一是他们是该品牌的消费者（58%），另一个是他们想要获得折扣和优惠（57%）。
  - 大部分的消费者（56%）表示他们在 Facebook 里成为一个品牌的粉丝后，会更有意愿将品牌推荐给自己的朋友。

体育社交媒体营销是一门不断发展的学科，它涉及体育商业的所有领域，因此它也需要复杂的方法。本章将探讨在体育社交媒体管理中最有效的方法。

凯尔特人队如何从 Facebook 收集数据并获得投资回报？

彼得•斯特林格（Peter Stringer）波士顿凯尔特人队数字营销高级经理

在社交媒体中，每个人关注到的第一个指标是粉丝专页累积的点赞次数。拥有上百万关注人数的品牌常被称赞拥有优秀的社交媒体运营经验。想要利用好 Facebook，除了建立一个巨大的粉丝群体外，还有更多可以做的事。

除了 Facebook 提供的基本数据分析之外,你实际上对 Facebook 粉丝群有什么了解？不太了解？更有可能的是，你对此并没有任何了解。

好消息是，并不是只有你不了解，绝大多数营销人员只知道他们需要花时间和精力运营 Facebook，但他们并不知道应该从哪里开始，或者不愿意投入财力。上百万个不同的与 Facebook 相似的公司正试图在社交媒体淘金热潮中获得财富，但你不能仅靠着向一家运营供应商投入 30 000 美元，就期望能取得良好的结果。

很少有营销人员在 Facebook 上做文章。但是你应该获取粉丝姓名、所在城市、州、邮编、电话号码和生日等信息。在 Facebook 里，有许多隐藏的营销数据。你要做的就是向你的粉丝提出要求，并给他们一个令人信服的理由，让他们同意给你相关信息。

事实上，2012 年波士顿凯尔特人队就已经拥有北美运动队中第二大的 Facebook 粉丝群——670 万人。如果我们对这些粉丝一无所知，那么这样庞大的粉丝数对我们来说就没有什么价值。

如果你没有收集到有意义的粉丝数据，那么你就没有机会通过 Facebook 来产生投资回报。Facebook 商务是新生事物，我们需要面对一个现实：你的品牌中可能没有一款产品可以通过 Facebook 进行有效的销售，尤其是门票早已售罄或定价过高的运动队。那么你如何利用 Facebook 的粉丝获利呢？方法有很多，最直接的方法是，收集粉丝数据，然后在 Facebook 的范围之外与他们联系。

尽管大家围绕社交媒体进行大肆宣传，但指向性明确的电子邮件仍然是数字营销中无可争议的最佳方法。这就是 Facebook 应用程序和整合营销计划能够共同发挥作用的地方。对波士顿凯尔特人队来说，我们于 2009 年 10 月上线的 Facebook 应用程序“凯尔特人三分球”（Celtics 3-Point Play）是一次成功的创举，在 NBA 球队和职业体育营销中尚属首次。自从它诞生以来，这一概念已被少数其他球队模仿，他们也意识到从自己 Facebook 粉丝页面挖掘数据的价值。

“凯尔特人三分球”的游戏操作方法非常简单。每场比赛前，球迷挑选 3 位自己喜欢的球员并预测他们在这场比赛中的数据表现。系统会根据球迷预测的准确率来给予相应的分数。每期得分最高的玩家将获得凯尔特人队下一场主场比赛的门票，整个赛季的最高分玩家将获得凯尔特人队在季后赛中的所有主场比赛的门票。

在“凯尔特人三分球”游戏中，挑选球员只需要1分钟，所以球迷可以非常快速地完成这个游戏。这是我们策略中最重要的一部分，因为我们的目标是识别出那些以前可能没有买过票的临时球迷，他们代表着获取客户的方向。球迷每次参与游戏比赛都有机会获胜，而只要他们参与一次，我们就能收集他们的数据。

这听起来很简单，但是你可千万别被糊弄了。尽管这个游戏对于球迷来说很容易上手，但事实证明，同一个球迷要想赢得多次游戏比赛极具挑战性。即使对于那些因为了解换人方式和平均篮板个数而拥有明显竞争优势的铁杆球迷来说也是如此。

这个游戏表面上看起来很简单，但在表象之下却非常复杂。三分球游戏是一个复杂的客户定制数据库应用程序。你不能简单地从那些过去几个月一直在骚扰你的网络供应商手中购买一些通用数据和服务来开发这样复杂的游戏。你需要找到合法的技术合作伙伴，然后投入时间和精力来实现你的目标。我们利用整个休赛期来策划和开发这款游戏，认真挖掘了很多细节，比如积分系统、球迷和朋友的对战方式以及其他的重要功能。

我们的工作一直持续到NBA赛季开幕之夜，在发布之后甚至还出现了一些小错误。我们开发游戏的合作伙伴安索帕北美公司（Isobar North America） 在整个过程中提供了详细的技术专业知识。很多公司的营销部门没有这样的能力，所以只能将这部分工作外包出去。毫无疑问，你需要具备这种水平的专业知识才能执行类似的项目。如今，每个营销项目都是一个技术项目，而技术项目都比较昂贵。你将不得不在短期投入大量资金以追逐Facebook的长期投资回报。

谈到ROI，Facebook粉丝的价值到底是什么？这是一个真正存在的问题：数据库中粉丝的终身价值是多少？他会在购买赛事门票和商品上花费多少钱？我认为这些数据指标用来衡量投资回报信息量更大，更加重要。经过2个赛季在全数字营销渠道推广三分球游戏，我们的数据库里增加了85 000个Facebook的粉丝。此外，我们仅在一个赛季里就向Facebook粉丝出售了超过130,000美元的门票。这些消费者有一部分在参与游戏之前就已经在我们的数据库里了，但这证明了重要的一点：我们的粉丝是我们的客户，而且其中的大多数尚未被识别出来。这对我们的ROI来说意味什么？

更重要的一点是，Facebook里应用程序的运行模式和《美梦成真》不太一样。如果你只是创建这款游戏，粉丝并不会主动参加，除非你对该游戏进行大力推广和促销。有记录表明，Facebook里的粉丝在给你的主页点赞后，很少再返回主页。而关于Facebook的小秘密揭示：你的粉丝很有可能从来都没有浏览过你的主页，他们只是在朋友的主页或自己的动态消息共享帖子中看到了你的商标。所以如果想要让你的粉丝参与到你主页上的游戏应用，你需要尽你所能，利用Facebook、网站、电子邮件、Twitter等平台将链接分享到每一个地方。同时，你还需要确保你的游戏有病毒式传播的功效，能够允许参与者将其分享给自己的朋友并邀请他们接受挑战。

Facebook上拥有巨大的可能性，但归根到底，它也只是众多营销渠道之一。或许它是你所拥有的最大渠道，但也只是一个组成部分而已。所有的渠道都是围绕着你的数据库来发挥作用的。Facebook、网站、Twitter、赛事报名表，以及其他你可以控制的数字营销平台都应该用于引导粉丝进入你的核心营销数据库。

虽然我们已经有了这样的成功案例，但我也不敢称自己完全精通Facebook营销。扎克伯格（Zucherberg）和他的朋友们不断地改变规则，今天正确的路径在明天可能就不再正确。每一个品牌都有自己的不同需求，但我们通过将一个基本且周全的策略应用到Facebook的实践中，已经能够解决社交媒体最大的谜团之一了。

注：本案例研究的一个版本于2012年春季在《斯特里特&史密斯体育商业杂志》上发表。作者彼得对本出版物进行了修订并增添了更多细节。

联系人：彼得·斯特林格，波士顿凯尔特人队数字营销高级经理@Peterstringer

联系网站：www.peterstringer.com

资料来源：经许可，部分转载自 P. Stringer, 2012, “Moving beyond like: How one team monetized Facebook base,” *Street & Smith's SportBusiness Journal*, Feb. 27. Additional text written by Peter Stringer.

第一节 什么是社交媒体

社交媒体是使用户能够与朋友、粉丝、运动员、社会名人、媒体和品牌进行实时数字交互的平台。Facebook 和 Twitter 是目前最知名的社交媒体平台，其他平台如 Pinterest、Instagram、Vine、Tumblr、Google+也在快速发展中，而且每天都会出现新的平台。

第二节 建立受众群

体育行业本身就能够吸引很多粉丝，但其依然非常努力地吸引更多粉丝。在比赛中获胜会对吸引粉丝有所帮助，但这并不是建立受众群的唯一方式。尽早地加入新的社交媒体平台会有利于组织拥有先占优势。

NBA 是第一个加入 Facebook 和 Twitter 的职业联盟，现在有 2 750 万粉丝和关注者。[6] 随后加入 Fecebook 和 Twitter 的 NFL 拥有 1 410 万粉丝。奥兰多魔术队是最早加入 Twitter 的 NBA 球队之一，现有 110 万粉丝，而较晚加入的迈阿密海豚队只有 27.7 万粉丝。

除了成为受欢迎的品牌并努力争取赢得比赛以外，体育组织还需要使用经过实践检验的方法和品牌营销技巧来建立最大的受众群体。

一、在比赛和活动中

粉丝在赛事中具有天然的社交属性。他们与其他粉丝互动，支持同一支队伍。赛场周围的广告标志可以提醒粉丝关注并追踪运动队动态。运动队可以利用有线广播、LED 广告牌、广告大屏、标牌、门票背面以及赛场内的很多其他空间来吸引更多的粉丝和关注者。

某些球队已经变得更有野心了。波士顿凯尔特人队是第一支在赛场上将 Twitter 链接放在官网（Cletics.com）旁边的 NBA 球队。密西西比州立大学将话题标签#HAILSTATE 画在球场的得分区。密歇根大学沿用了这一理念，将话题标签#GOBLUE 印在球场上，这是由 Twitter 发起的抽奖活动。新泽西恶魔队建立了一个数字交互区域，该区域提供 iPad 租赁服务，以此吸引人们在此处停留并登录球队的 Facebook 和 Twitter 主页，进入抽奖界面（具体内容见以下案例）。很多球队，包括纽约喷气机队和华盛顿红人队，在球场的公共区域都设立了 Twitter 的广告牌，从而在比赛过程中实时显示与队伍相关的 Twitter 内容。

新泽西恶魔队的数字区域

威廉·卡拉菲洛（William Carafello）曾任新泽西恶魔队的营销总监

对新泽西恶魔队和保诚中心来说，在球场设置数字区域是吸引人们参与数字互动和收集数据的独特方法。数字区域坐落在保诚中心的中央大厅，粉丝们可以在比赛期间通过在这里参与交互游戏和抽奖、租用 iPad、登录社交媒体来和恶魔队的品牌进行互动。设立数字区域的初始目标是用独特的内容吸引更多的粉丝参与，从而提升队伍在比赛期间的数据收集能力。

数字区域的内容

- **网络连接** 粉丝们被鼓励使用数字区域的任意一台电脑，浏览他们最喜欢的冰球队伍，并在社交媒体上发布相关内容或者在 Facebook 上为最喜欢的队伍点赞。
- **广播节目** 在比赛开始之前，粉丝们可以在数字区域听到为比赛预热的广播节目直播，还可以在这里通过广播与球队进行互动。
- **线下见面会** 在比赛的间歇期，数字区域提供了多种消遣方式来吸引粉丝的注意力。恶魔队的数字媒体志愿者——“恶魔将军”组织了粉丝线下见面会。活动内容包括创造互相交流的机会、讨论比赛进展或者为群组拍摄合影。在精心挑选的特殊比赛中，还会安排校友选手、明星、从事慈善事业的人，或者其他嘉宾的现场采访。
- **充电站** 数字区域安装了非常多的插座，粉丝可以在中场休息时来这里给移动设备充电，从而可以在比赛期间持续参与到社交媒体的互动中。
- **租用 iPad** 粉丝可以在数字区域租用安装了游戏和应用程序的 iPad。iPad 里面的内容包括《冰与火》应用程序（链接到恶魔队的比赛表现报道）和 NHL 的游戏中心。

数据收集

- **首场比赛证书** 第一次来到现场观赛的粉丝能够获得一份证书，用作纪念他们第一次来保诚中心看冰球比赛。这份全彩色的证书包括传奇守门员马丁·布罗德（Martin Brodeur）的传真版亲笔签名。粉丝必须提供一个电子邮箱地址才能得到这份证书。
- **粉丝照片** 粉丝可以穿着超大号的冰球装备，坐在现场布置的假禁区座席和朋友一起拍照。这些照片会被发送到粉丝的电子邮箱中，因此粉丝也必须提供电子邮箱地址。
- **赠品和比赛** 粉丝提供一些个人基础信息就可以获得转动幸运转盘的机会。幸运转盘的奖品包括贴纸、T 恤和帽子。粉丝还可以参与比赛来争取更大的奖励，比如下一场比赛的门票、驾驶浇冰车的机会或者是观众席的豪华包厢。

二、在转播中

在比赛转播期间，职业运动队通常可以利用各种资产来促进团队的发展，包括社交媒体参与。

- **比赛期间。**比赛中的转播内容由解说提供。在转播中最常用于吸引粉丝参与社交媒体互动的策略主要包括有奖参与、抽奖和互动游戏。迈阿密热火队专注于吸引粉丝从他们的社交频道收看播放的节目，从而大幅提升了其自身的收视率（详情见本章案例：利用社交媒体来提升电视收视率）。
- **赛后。**赛后新闻发布会和数据分析节目是鼓励粉丝在社交媒体上参与讨论的好机会。分析师和播音员可以鼓励观众在 Facebook 和 Twitter 上关注运动队，在发帖子时带上特殊的话题。
- **使比赛得以延续。**许多球队会在比赛的某个瞬间拍摄 360 度全方位的照片，然后让现场的粉丝在图中标注自己，在 Facebook 和 Twitter 上与朋友分享。这样的方式能够让比赛在数字世界中延续。其中，NCAA 的四强决赛、密歇根大学、威斯康星大学、AFL、纽约尼克斯队、纽约游骑兵队都提供了这样的照片，并通过这样的方式引发了 3.7 万个社交话题、内容分享以及用户提供的电子邮件地址。

密西西比州立大学体育场内的#HAILSTATE 标志让粉丝联想到斗牛犬的 Twitter 账户

三、线上直接数字营销

整个网站和直销中的提醒和号召性用语，包括电子邮件实时通信、移动应用程序、移动短消息服务更新以及直邮上的标签等形式，都有助于将运动队或体育资产的数据库中的人发展为社交受众。通过 Facebook 可以简化竞赛、抽奖、电子邮件新闻通迅和 SMS 平台的登录方式，提高用户的转化率。当波特兰开拓者队修改了他们的电子邮件新闻通讯的选项，允许人们通过 Facebook 进行注册之后，近 40%的注册者选择了该选项。[9]

四、广告

广告虽然尚未像其他营销策略那样被广泛使用，但付费广告或机构广告可以在 Facebook 和 Twitter 上吸引更多的受众参与。付费广告可以采取以下形式：按照一定的时间线在 Facebook 上发布的付费广告，用于推广的付费推文，外部网站或户外媒体（例如广告牌）。机构广告包括网站上的横幅广告、比赛场边的标牌、广播和比赛中的阅读资料。举个例子，纽约尼克斯队的 Facebook 账号在一个月内增加了超过 4 万名粉丝，原因是采用了以下策略：他们发布了特别的视频内容，通过 Facebook 页面上的应用程序吸引更多互动和参与，并用 Facebook 上的付费广告刺激人们转发和点赞。由于这些活动都是在休赛期和自由交易期间举办的，因此，球队对于这一结果很满意并决定投入更多资源以优化其 Facebook 营销活动。现在，尼克斯队拥有 400 万 Facebook 粉丝，在 NBA 球队中排名第五。[10]

五、优化分享的内容

当朋友们分享了好的内容，他们中会有人关注这个内容的生产者或是为其点赞。该方法在直销活动中被称为“告诉朋友营销（TAF）”，社交媒体上的内容是为了与朋友分享而发布的。使用 Facebook 的开放图谱插件使内容具有病毒式的传播性。无论是在网站还是 Facebook 上，当人们点赞、分享或者评论一个故事或视频时，这个内容就已经在他们的朋友网络中得到了认可。现在，大多数内容网站都使用醒目的图标来鼓励用户评论并分享内容，因此体育组织应该利用好这类工具。因为 Facebook 经常更新他们的插件和应用程序界面，营销人员需要登录他们的网站以了解更新情况，便于更好地利用最新最好的机会。（网址是：

http://developers.facebook.com）

大家开始重视识别运动队社交媒体账号的粉丝中有影响力的人并对他们进行激励和奖赏。粉丝之间也存在差别，只有少数人会拥有庞大的社交网络，有很多追随者和极高关注度。让这些人分享内容可以成倍地提高影响力。

萨克拉门托国王队与 Klout 公司进行合作。该公司根据社交媒体用户对特定主题的影响力来对其进行评级，找出了与萨克拉门托国王队相关的 25 位影响力人物，并邀请他们到现场参加活动。每个有影响力的博主都有成千上万的关注者，他们经常发布与国王队相关的推文。国王队为他们提供了额外的机会来参与球员见面会和赛前欢迎会，还为他们提供视角更好的座席票，以及坐在场边观赛和参与场上互动的机会。通过这一系列活动，该球队获得了 600 万次的曝光，实际触达了 26 万个用户，[11] 99%的内容都是积极的。每支球队都可以通过定期举办 Twitter 活动（尤其是季票持有者的活动）来识别自己的球迷中影响力最大的人。

在体育行业中利用有影响力的人不是一个新概念。出售季票的团队已经了解到，在具有关键影响力的人物（季票持有者）家中举办小型影响者活动可以带来巨大的投资回报率。

六、细分受众

在社交媒体领域有一个值得思考的问题，组织是否需要根据不同的受众群体来建立不同的 Facebook 主页和 Twitter 账户。一些球队做了测试，他们为季票持有者开通专属的 Facebook 主页和 Twitter 账户，提供定制化内容。夏洛特山猫队专为新粉丝开了一个 Facebook 账户。有针对性的账户可能会有效吸引用户，但是它也需要额外的时间、资源、内容、访问权限以及互动。如果球队人手不足，那么更应该将资源投放在最大的平台上，才能触达最多的受众。

第三节　吸引粉丝

吸引受众参与社交媒体需要巧妙的平衡。受众呈病毒式增长与现有受众对内容的参与程度直接相关。如果粉丝和关注者喜欢他们读到和看到的内容，那么他们会分享这些内容，而不会对其毫无反应。在社交媒体上应注重表述的真实性，注重倾听、学习、优化以及信息的传递。

一、真实的表述

社交媒体上的表述方式应该像一个真实存在的人一样，而不是像一个网站。社交媒体的表述应该有一些个性的交谈语调，但也不能够矫枉过正（详见本章第六节“规避隐患”）。如果社交媒体的表述缺乏真实性，会导致人们失去兴趣甚至疏远它。

不同平台的粉丝群体各不相同，每一个平台的粉丝都希望听到独特的声音。通过调查不同平台的粉丝，体育组织可以很快地掌握粉丝的期望。

二、倾听

社交媒体能够让品牌和体育资产以前所未有的方式实时了解到消费者的品牌认知以及对赛事和新闻的反应。现在有多种工具可用于对特定主题下粉丝和关注者的情绪进行管理和聚合。人们在讨论未决交易吗？他们喜欢昨天晚上的比赛吗？他们喜欢球场边的食物摊吗？他们讨厌啤酒吗？社交媒体上的倾听能够得到即时的、修正和放大的反应。通过社交媒体，组织再也不用等到赛季中期通过粉丝调查才能了解到人们对运动队、票价或观赛体验的看法。

三、学习

社交媒体的即时性可以使运营者实时了解到哪些方法是有效的。每天更新 10 条内容会太多吗？有照片的更新内容会比没有照片的内容吸引到更多的粉丝吗？附有链接的推文会比没有链接的推文获得更多的点击和转发次数吗？通过使用 Facebook 洞察指标、Twitter 分析、Bit.ly（一个提供网址缩略的服务站点）、互随社交（Hootsuite）和其他类似的工具，体育团队可以快速学习掌握定量研究方法，进行数据迭代和优化。简单而言，对数字受众的快速调查可以定性回答其中的很多问题。

NBA 华盛顿奇才队和波士顿凯尔特人队通过调查他们的 Twitter 关注者和 Facebook 粉丝，了解他们的内容偏好、时间偏好和更新频率偏好。根据调查结果，球队在比赛日更加频繁地发帖，并定期链接到球员和联盟的账户。包含照片、视频、民意调查、提问以及爆炸性突发新闻的帖子似乎能够获得最高的参与度。一项研究分析了大联盟所有球队的 3200 条 Facebook 帖子，结果显示：评论最多的帖子中有三分之二都有链接或照片或视频内容。[12] 这表明，来自给定页面具有更多互动和参与的帖子更有可能是通过不断变化的 Facebook 新闻订阅源算法获得的。与特定类型帖子的互动水平可能会因属性和个性而有所不同，一个强大的测试计划可以很快揭示粉丝最常参与的内容。

四、优化

测试是优化的重要步骤。很多要素都可以进行测试，比如：

- 发布内容的时间；
- 目标受众（在 Facebook 上）；
- 发布内容的类型；
- 调查；
- 投票；
- 问题；
- 链接。

在某个市场上、对某一种运动项目、某一个俱乐部甚至某一个平台上有效的内容未必是万能的。NBA 发现，在 Facebook 帖子中包含链接、问题和照片的内容可以提高受众参与度。

社交媒体的活力非常重要，Facebook 的新闻订阅源算法在不停地改变，受众也在转变，内容可能也在变化，这进一步强调了进行严格测试的必要性。

五、传递

社交媒体中最优秀的团队不只局限于传递粉丝想要看到的内容，还应为粉丝提供额外的独一无二的体验。举个例子，旧金山巨人队在 Twitter 上与赞助商美国维珍航空公司共同打造了比赛期间的寻宝游戏。这个游戏的玩法是：球队发布带有#FlyTheBeard 标签［以纪念投手布赖恩·威尔逊（Brian Wilson）的胡须］的推文，为粉丝提供在球场上可以找到美国维珍航空公司服务员的线索（服务员都有胡须）的机会。找到线索的球迷可以获得奖品及赢得免费机票的机会。

在社交媒体上进行内容传递的顶级品牌，无论是否属于体育领域，都表现出组织承诺。他们意识到社交媒体的重要性，所以从操作层面开始便投入了大量的人力并使用很多软件工具。他们大多都是新平台的早期使用者和领军者，将社会情感转化为推动品牌忠诚度的实际行动。下列是在社交媒体中名列前茅的品牌：[13]

（1）星巴克（Starbucks）；

（2）可口可乐（Coca-Cola）；

（3）戴尔（Dell）；

（4）扎珀斯（Zappos）；

（5）福特（Ford）。

可口可乐主页在 Facebook 上有超过 7 700 万点赞。大约有 100 万人在谈论可口可乐。[14]可口可乐公司鼓励员工公开参与讨论并鼓励他们充满责任感地代表公司发言（在社交媒体上维护形象）。他们的网页上有这样一段话：

“我们认识到参与线上沟通交流的重要性，尽可能确保我们以正确的方式参与线上社交媒体。这些线上社交媒体准则旨在帮助我们的员工参与营销和传播这一新领域，代表我们的公司并分享我们品牌乐观积极的精神。”

戴尔公司开设了六个官方 Twitter 账号来回答并解决售后问题、发布突发新闻。福特公司可能是所有汽车品牌中最重视社交媒体的品牌。他们创办了嘉年华活动，邀请 100 位粉丝免费试驾，同时在福特社交账户上让这些试驾者评论该产品，福特对他们的评价内容没有做任何筛选。2011 年，福特在 Facebook 发布了新款车型——探索者 Explorer。[16]福特的社交媒体负责人在 Twitter 上有超过 102 000 个关注者。扎珀斯因其 CEO 所打造的企业文化而闻名。作为畅销书《传递幸福》的作者，托尼·谢（Tony Hsieh）在 Twitter 上拥有 280 万关注者。扎珀斯有一半的员工都有 Twitter 账户。所有员工都被鼓励在社交媒体上提供即时的、真实的、有创造力的服务。

那么，体育资产的高管团队对待社交媒体的态度是否与这些企业的经理们一样呢？尽管许多体育团队行动缓慢或采用的方法保守（请参阅本章第六节“规避隐患”），但是有些体育团队早期就已开始投入大量时间和精力来积极地理解并使用社交媒体。

NBA 的迈阿密热火队在 2010 年就成立了致力于社交媒体运营的全职工作组。他们采取了以下的方法：① 在组织内部选出对社交媒体感兴趣的工作人员并创建委员会，由他们率先来研究社交媒体，并用头脑风暴法选出最适合热火队采用的方法。② 从委员会中筛选出最适合全职参与社交媒体运营工作的候选人。③ 建立新的社交媒体运营团队，归俱乐部主席管辖。该球队的高知名度使他们能够执行创造性的策略，从而以前所未有的方式和独家机会回馈粉丝。

正因迈阿密热火队的社交媒体团队已经与篮球运营方面的业务融为一体，他们才便于获得相关新闻并通过社交渠道发布。同时，社交媒体也成了第一个报道球队签约、伤病、阵容的渠道，这些内容提升了他们在 Twitter 粉丝中的信誉度。现在，随队记者们也知道球队会率先发布这些新闻，他们也会关注球队官方的社交媒体账号。

热火队一直在倾听球迷的声音，了解什么样的内容能够吸引到更多的关注，并及时调整他们的策略。他们了解到粉丝喜欢看球员在训练之后的聊天内容，因此现在每次训练之后他们都会拍摄视频并快速发布，每个视频的观看次数达到了 10,000~20,000 次。

第四节　驱动行为

每一个有自己喜欢的运动队、俱乐部或联赛的忠实观众都是诱人的财富。如何将门票卖给粉丝？如何提高他们现场观赛的频率？如何通过他们来推动赞助商的业务发展？如何让他们分享给自己的朋友？如何获得他们关于观赛体验的反馈？他们是否花更多时间去浏览官网和观看视频？一个能够平衡独特内容、突发新闻、可靠内部信息和社区意识的方法确实能够激发这些行为。迈阿密热火队已经证实了集中精力通过社交媒体进行调整是有效的。他们在实施激活策略之前和之后均测量了用户的评分，并看到了改善（详见利用社交媒体的补充材料）。密歇根大学在 Facebook 上向粉丝预售门票，为粉丝提供了实际价值，之后，他们的门票销售业绩与往年同期相比增长显著（详见密歇根大学橄榄球赛门票的补充材料）。新西兰橄榄球世界杯通过建立大型社群，实现销售门票和生产有价值的内容之间的平衡，这为球迷和组织者创造了双赢局面（详见橄榄球世界杯的补充材料）。

赞助商非常渴望通过体育资产在以下方面获得曝光机会：独特的创意内容、抽奖活动或可以让社交媒体粉丝积极感知到的赞助体验，提高赞助商自身的社交媒体关注度是企业的共同目标。克利夫兰骑士队在 Cavaliers.com 上的广告横幅和 Facebook 帖子中向粉丝宣传通过游戏赢得比赛门票的机会，其赞助合作伙伴 Sugardale 热狗公司因此而增加了 86%的粉丝。这种类型的营销活动是双赢的，粉丝得到了免费观赛的机会，赞助商也获得了更多的曝光和粉丝。

华盛顿红人队是在数字媒体内容和交叉赞助领域最具创新能力的体育资产之一。2010 年下半年，华盛顿红人队联合球队门户网站、Foursquare 公司和球队赞助商政府员工保险公司（Geico）共同发起了一个大型抽奖活动。盖可保险公司非常希望能够建立起自己的社交媒体，同时与更多新鲜、富有创造力的内容产生联系。尽管当时的 Foursquare 公司还处于起步阶段，用户数量相对较少，但是仍有着广阔的前景。华盛顿红人队为奖励那些在联邦快递球场（FedEx Field）账户下签到的粉丝或其他参与平台的粉丝，提供抽奖以赢得比赛门票和奖品的机会。这个活动使得每场比赛都有数千名粉丝在社交媒体上签到打卡，提高了粉丝参与度，让盖可保险公司在新平台上获得更大的影响力，并将其定位为一家具有前瞻性的公司。

利用社交媒体来提高电视收视率

珍妮弗·托拜厄斯（Jennifer Tobias），前迈阿密热火队互动营销和新媒体总监

2011—2012 赛季，我们面临着将迈阿密热火队在 Facebook 和 Twitter 上的粉丝们转化为电视转播观众的挑战。和其他 NBA 球队不同的是，热火队有自己的当地转播商——太阳体育，它面临着与全国转播商 ESPN 以及 TNT 的竞争。在因为停摆而缩减为 66 场比赛的赛季中，太阳体育对 54 场比赛进行了转播，其中包括与全国转播商进行的多次正面交锋（表 12.1）。回顾上一年的收视率，太阳体育证明了地方转播商与全国广播电视转播商之间的差异。

表 12.1　2010—2011 赛季太阳体育与 ESPN/TNT 之间收视率比较

赛事	ESPN/TNT	太阳体育
10 月 29 日 热火队（主场）vs.奥兰多	9.28ESPN	3.47
11 月 17 日 热火队（主场）vs.凤凰城	4.39ESPN	3.30
11 月 24 日 热火队（客场）vs.奥兰多	5.23ESPN	2.16
12 月 10 日 热火队（客场）vs.金州	6.49ESPN	2.73
12 月 17 日 热火队（客场）vs.纽约尼克斯	4.85ESPN	3.93
1 月 13 日 热火队（客场）vs.丹佛	3.01TNT	2.65
2 月 27 日 热火队（主场）vs.纽约尼克斯	6.83ESPN	3.21
3 月 4 日 热火队（客场）vs.圣安东尼奥	3.04ESPN	2.89
3 月 14 日 热火队（主场）vs.圣安东尼奥	4.65ESPN	4.66
3 月 16 日 热火队（主场）vs.俄克拉荷马城	4.00ESPN	3.72
4 月 6 日 热火队（主场）vs.密尔沃基	2.28ESPN	3.16

进入新的赛季，我们看到了利用 Facebook 和 Twitter 粉丝群来提高当地比赛转播收视率的巨大潜力。我们想要给粉丝和观众一个新的理由来收看当地电视台的转播。通过与电视转播商的执行董事及内容创作者的合作，我们多管齐下，整合社交媒体。这包括打造一个专属于比赛直播的 Twitter 话题标签，推出一项每周一次的转播活动——太阳体育 Facebook 周五日（Sun Sports Facebook Fridays），同时每周还在 Twitter 上举办投票活动。

被选中的 Twitter 话题标签#HEATLive（见以下图片）是基于太阳体育在赛前和赛后的节目中已经建立的品牌来设定的。我们的主要目标是让更多人讨论并参与转播互动，且最终产生更大的吸引力。话题标

签向观众和粉丝们传达了一种微妙而有效的信息，即我们知道并感激他们的关注，同时也为他们提供了参与转播互动的机会。使用话题标签还提供了衡量促销成功与否的度量工具。

在每个周五的比赛日，我们都会主办周五日活动。设立这个主题日的目的是通过一系列互动活动、比赛、独特内容来推广我们的转播并吸引更多观众。我们还充分利用转播团队工作人员的个性，打造专属的节目来帮助粉丝建立与转播内容之间的紧密联系。Youtube 上由热火队边线记者贾森·杰克逊（Jason Jackson）主持的名为“某某城市怎么了？”的视频系列——为我们的客场比赛提供了旁观者视角。为了满足那些想要看到更专业的篮球讨论的球迷，我们安排热火队的解说员埃里克·里德（Eric Reid）和托尼·菲奥伦蒂诺（Tony Fiorentino）在热火队 Facebook 主页上进行直播。诸如此类的策略证明，在粉丝和转播之间建立起专属的关系是非常重要的。我们还创办了许多有奖观赛的推广活动，让粉丝有机会通过在 Facebook 上回复转播中出现的特殊线索来赢取门票、热火队的装备和亲笔签名的纪念品。这些独特的内容和活动将比赛转播和热火队的 Facebook 主页紧密联系在了一起。我们的目标是利用我们已经积累起来的人气来吸引人们观看赛事直播，而不仅仅是增加 Facebook 主页上的点赞数量。简单来说，如果粉丝认为他们有机会赢得一些奖品，或者希望他们的问题能在直播中得到解答，那么他们就更有可能会收看转播。

迈阿密热火队供图

举办每周一次的民意调查看起来很适合太阳体育。我们在前几个赛季中通过短信进行了民意调查，但结果令人失望。我们知道 Twitter 为我们提供了重塑转播的机会。Twitter 的民意调查将在星期五的转播中成为大规模社会融合的一部分。在电视转播期间和通过迈阿密热火队的 Twitter 账户进行调查，促使更多的 Twitter 粉丝参与活动并收看当地电视转播以查看调查结果。

从 1 月 27 日开始，在尝试了一个赛季的社交媒体运营后，我们的努力有了回报。Twitter 上的话题标签#HEATLive 在整个赛季被使用超过了 3.5 万次，话题参与人数超过 600 万。每周的 Twitter 民意调查也很成功。在 2010—2011 赛季，太阳体育通过发送短信来进行调查，平均每个问题收到了 150 份回答。而在 2011—2012 赛季，太阳体育通过 Twitter 进行调查，平均每个问题收到了 400 份回答。我们的 Facebook 周五日也在宣传转播节目的同时成功吸引了更多的粉丝。在热火 Facebook 主页上举办的字幕比赛平均每场参赛人数超过 2500 人。为了提高互动性而打造的视频系列“某某城市怎么了？”在整个赛季中该系列视频的累积观看次数超过 1.6 万次。

除了在社交媒体上获得成功，我们还发现，当地转播商在和全国转播商的比拼中获得了惊人的结果。在本赛季最后十场比赛中，太阳体育转播的九场比赛的收视率超过了全国转播商。（表 12.2）。

表 12.2　2011—2012 赛季太阳体育与 ESPN/TNT 之间收视率比较

赛事	ESPN/TNT	太阳体育
1 月 11 日 热火队（客场）vs.洛杉矶快船	3.70ESPN	3.56
1 月 12 日 热火队（客场）vs.丹佛	4.36ESPN	2.88
1 月 27 日 热火队（主场）vs.纽约尼克斯	3.80ESPN	6.07（周五电视节目）

续表

赛事	ESPN/TNT	太阳体育
2月12日 热火队（客场）vs.亚特兰大	3.10ESPN	5.07
3月1日 热火队（客场）vs.波特兰	4.84TNT	3.63
3月14日 热火队（客场）vs.芝加哥	4.80ESPN	5.63
3月16日 热火队（客场）vs.费城	1.97ESPN	4.27（周五电视节目）
3月18日 热火队（主场）vs.奥兰多	3.23ESPN	6.09
3月25日 热火队（客场）vs.俄克拉荷马城	5.59ESPN	5.86
4月4日 热火队（主场）vs.俄克拉荷马城	3.71ESPN2	8.52
4月10日 热火队（主场）vs. 波士顿	4.09ESPN	6.54
4月12日 热火队（客场）vs.芝加哥	5.45TNT	6.51
4月24日 热火队（客场）vs.波士顿	2.93TNT	5.00

一切并非偶然，这个趋势从我们开始运作赛季新媒体计划的那个夜晚（1月27日）就发生转变了。那场比赛是我们策划打造的第一个 Facebook 周五日，那时候其他转播商吸引粉丝参与的能力比我们强很多。我们的收视率胜利也并非微不足道，因为在某些情况下，我们的收视率是全国收视率的 2 倍。尽管很多同类节目都不会选择在周五播出，但星期五的转播使我们能够用一种新方式吸引粉丝，而且比以往任何时候都更有意义。粉丝想要关注我们是因为我们让自己变得真实可触且能够进行互动。当粉丝可以选择时，他们选择了我们。

经过总结我们发现，转播 2011—2012 常规赛期间的 54 场比赛的收视率同比增长了 32%，如表 12.3 所示。2011—2012 赛季所有比赛的赛前节目播放量总计增长了 29%（此前赛季只有主场比赛才有赛前节目）。甚至赛后节目的收视率都有 8%的增长。

表 12.3　太阳体育在 NBA 2010—2011 赛季和 2011—2012 赛季的收视率　（%）

赛事	赛前	比赛	赛后
2011—2012　NBA 赛季的平均收视率（54 场比赛）	1.23	6.50	2.47
2010—2011　NBA 赛季的平均收视率（70 场比赛）	0.95	4.92	2.26

根据 2011—2012 赛季社交媒体运营所取得的成效，我们将继续利用我们的社交媒体资产来支持当地比赛转播。在未来，我们会在现有成功的基础上实时监控结果并整合新的激活方式。

密歇根大学通过在 Facebook 上预售橄榄球赛门票建立了受众群体并获得了投资收益

密歇根大学体育部数字营销经理，乔丹·马勒（Jordan Maleh）

在密歇根大学橄榄球 2011 赛季开始前，学校体育部史无前例地为球队的 Facebook 粉丝提供优先购买球队比赛门票的机会。在 2011 年的 Facebook 预售活动中，主场比赛门票包括西密歇根大学、东密歇根大学、圣迭戈州立大学、明尼苏达大学、普渡大学、内布拉斯加州大学（不包括与圣母大学和俄亥俄州立大学的比赛）。2012 年的预售活动以密歇根大学橄榄球家庭套餐（四张门票、四件应援 T 恤、四个热狗、四杯饮料和四个小游戏）为主，对手包括空军大学、马萨诸塞州立大学、伊利诺伊大学、西北大学和艾奥瓦大学（不包括密歇根州立大学）。

由密歇根州立大学的乔丹·马勒提供图

为了激活每次预售活动，密歇根大学体育部应用了Paciolan公司打造的Pac社交媒体平台并由伙伴传媒（Buddy Media）提供业务支持。该平台是一个内容系统，它允许用户通过一系列应用程序模板为Facebook页面构建应用程序和选项卡。作为平台的订阅方，密歇根大学体育部能通过平台来定制Facebook主页内容，包括抽奖、比赛、民意调查和游戏。密歇根大学橄榄球队Facebook预售采用了“粉丝入门”的概念，粉丝需要通过为主页点赞才能解锁内容。欢迎界面将引导没有点赞的球迷点赞并为他们呈现预售链接。在粉丝为主页点赞之后，界面会自动刷新，出现一张照片来展示预售的流程（见右图）。点击该图片后，粉丝将直接进入预售促销活动中，这里的门票按全价出售（$75~$85）。

Facebook预售活动的结果非常明显：

2011赛季

- 售出723张门票，收入$53 805；
- 主页点赞数：大约7 000次；
- 时间期限：7月11日—8月18日。

2012赛季

- 售出1 901张门票，收入$142 575；
- 主页点赞数：7 535次；
- 时间期限：7月16日—7月31日。

2011年橄榄球世界杯：通过Facebook来吸引粉丝

2011年新西兰橄榄球世界杯市场营销高级经理，沙恩·哈蒙（Shane Harmon）

这部分内容主要展示2011年新西兰橄榄球世界杯使用Facebook来吸引400万新西兰人和13万全球橄榄球粉丝的方法。橄榄球世界杯是橄榄球联盟的全球顶级赛事，每四年举办一次。自1987年第一次举办以来，这项赛事呈现指数级增长。新西兰是传奇球队全黑队（All Blacks）的家乡，被国际橄榄球协会选为2011年世界杯的主办国。“2011新西兰橄榄球”（Rugby New Zealand 2011）被任命为当地的组委会。门票收入是组委会的唯一收入来源（转播收入、赞助收益和其他商业收益均归国际橄榄球协会所有）。

根据国际标准，橄榄球世界杯是一项大型赛事。按照新西兰的标准，赛事规模的确有些过大。赛事组委会的目标是售出价值超过2亿美元的门票（48场比赛），达成这个目标需要150万球迷到现场观赛，而新西兰全国总人口仅400万。赛事的预算比新西兰曾经举办的所有赛事大11倍。新西兰政府是赛事组委会的成员之一，主要负责为体育场馆升级改建、一系列节庆活动和遗产计划提供大量资金，因此赛事组委会非常迫切地想要吸引国际球迷来到现场。此外，由于营销预算有限，组委会很难在国际市场上开展传统的线上活动。

2009年，营销和传播部总经理沙恩·哈蒙和网络传播项目经理克莱尔·沃尔芬森（Clare Wolfensohn）开始布局社交媒体，通过在Facebook、Twitter、YouTube和Flickr上建立自身形象来直面多重挑战。两个主要的驱动因素如下。

第一个驱动力是创建充满活力、高度参与和持续存在的互动社区。哈蒙说：“很少有赛事的营销遗产可以一直延续。首先，我们希望为自己的赛事建立一个互动社区，同时也希望吸引忠实观众，希望他们能够在未来继续关注橄榄球世界杯。”赛事组委会研究了温哥华冬奥会在社交媒体营销上的杰作。哈蒙说：

"温哥华冬奥会是大型赛事利用社交媒体的开创者，虽然他们的 Facebook 主页是围绕 2010 年温哥华冬奥会建立的，但直到现在他们依然有超过 100 万的粉丝。然而索契冬奥会就没有这么大的影响力。"

经过深思熟虑，赛事组委会决定在所有平台上注册"橄榄球世界杯"时都不标注 2011 这个年份。这个决定具有重要的意义，因为它使新西兰组委会有机会将其拥有 170 万粉丝的互动社区管理权转交给 2015 年英格兰组委会。

第二个驱动力是利用社交平台售票。"我们的营销预算非常有限，只允许我们在国内开展纸媒、电视和广播营销。"哈蒙说，"但是为了让 2011 年橄榄球世界杯在经济和情感上取得真正的成功，我们必须吸引来自世界各地的数千名球迷。"2009 年 9 月，在距离赛事还有 2 年时，橄榄球世界杯团队在 Facebook 上发起了营销活动，包括创建 Facebook 主页、设计多款应用程序、推出广告宣传活动。广告活动主要在英国、爱尔兰、澳大利亚、法国、南非和美国等开展，活动关键词是橄榄球。组委会还使用好友关系定位功能，这个功能使信息传递给了现有粉丝的 1.25 亿个朋友。针对新西兰境内的粉丝，2011 赛事组委会通过购买 Facebook 的高级应用建立了众多的信息覆盖区，保证 24 小时内所有新西兰人都能在 Facebook 上看到相关页面。这个信息覆盖区的目的是建立一个稳定的新西兰粉丝群体，毕竟最终新西兰人会购买超过 70%的赛事门票。在初步建立好粉丝群体后，赛事组委会开始利用丰富的内容，如视频、照片和民意调查等，来运营粉丝主页。比如，国际橄榄球协会向球迷开放了丰富的过往赛事视频集锦。

2010 年 3 月（距离赛事开始还有 18 个月），组委会开始准备售票。这时，他们已经拥有了 40 万高度活跃的 Facebook 粉丝。橄榄球世界杯的门票营销活动分为四个阶段：① 球场和球队套票；② 单场比赛门票；③ 半决赛和决赛门票；④ 赛前 2 个月的最后一次营销。在每个阶段，组委会都加强了 Facebook 主页的影响力。他们在 Facebook 主页创建了有趣且能够吸引粉丝购买门票的应用程序。在每一个营销阶段开始的时候，应用程序如"World's Biggest Scrum"、粉丝个性测试、击球小游戏等都内置了呼吁粉丝购票的内容。成千上万的粉丝参与游戏，每个游戏都直接链接到了购票网站。通过这些应用程序，组委会高效地建立了属于自己的媒体通道，利用其宣传自己的商业信息。同时，组委会还发现点赞数量大幅增加。更有意义的是，Facebook 直接为购票网站带来了巨大的流量。

在 2011 年橄榄球世界杯结束时，这个团队已经建立了关于使用社交媒体推动商业成果的新标准。结果如下：

- 一个拥有 150 万粉丝的 Facebook 社区，是全世界独立赛事中最大的社群。
- 门票销售额高达 2.69 亿新西兰元（6 亿美元），提前三天超过了预期。
- 在为售票网站引流方面，Facebook 仅次于 Google，位居第二。
- 赛事吸引了 13.3 万国际观众前往新西兰观赛（最初这一目标是 6 万）。众多国际观众的到来创造了 7.5 亿新西兰元的经济收益。
- 2011 橄榄球世界杯在 2011 年体育商业数字体育大奖中荣获"最佳赛事奖"。

欲知更多信息，请点击下方链接了解 2011 年橄榄球世界杯案例：

www.scribd.com/doc/97475056/Rugby-World-Cup-Facebook-Ad-Case-Study

第五节 社交媒体平台

我们需要出现在多少个社交媒体平台上？这个问题经常被体育界的社交媒体运营人员问到。其他的问题随之而来：面对如此多的平台，我们应该如何平衡我们的内容和关注重点？应该优先关注哪一个平台？大多数团队都会将精力集中在活跃用户数量最多的平台，如 Facebook 和 Twitter。在此之后的其他平台包括 Google+、Instagram、Foursuqare、Tumblr、

Pinterest、Socialcam 以及每天都会出现的很多新的平台。

图 12.1　众多社交媒体平台及相关企业一览图

资料来源：经许可转载自 LUMA Partners LLC，2012 年。

Facebook 是社交媒体平台空间里最强大的平台。截至 2013 年 6 月 30 日，Facebook 已经有 11.5 亿活跃用户。[18]几乎每一个体育组织都加入了 Facebook 的阵营中。Twitter 没有向外界公布用户总数，但根据报道，截至 2012 年 3 月，Twitter 已经拥有 1.4 亿活跃用户。[19]同样的，几乎所有体育组织都加入了 Twitter。

Google+拥有 1.7 亿的用户基础，但还尚未像 Facebook 和 Twitter 一样公布其参与人数。尽管 3/4 的顶级品牌都拥有 Google+主页，但他们的关注度和相关参与度远远落后于 Facebook 和 Twitter。[20]举个例子，当 Lady Gaga 在 Facebook 和 Google+同时发布同样的内容，在 Facebook 可以得到 13 万多点赞量，而在 Google+只能获得 570 个赞。但是在 Google+上建立品牌主页有助于提升搜索效果。在用户搜索时，拥有 Google+主页的品牌会比其他品牌更频繁地出现在搜索结果中。[21]经过改进的优质搜索引擎始终是网站的理想选择。谷歌环聊（Google+'s Hangout）是一项独特的产品，与其他平台不同的是，环聊能够支持 10 人以内的群组视频聊天。线上活动还可以通过环聊进行直播。明尼苏达森林狼队曾经安排队员布兰登 • 罗伊（Brandon Roy）在谷歌环聊上直播，与粉丝进行线上互动。NFL 最近开始与 Google+合作，将谷歌环聊视频应用于其幻想橄榄球游戏平台，从而在整个赛季里实现虚拟选秀和聊天功能。

Instagram 是一个照片编辑和分享的应用程序，它在 2012 年 4 月被 Facebook 以 10 亿美元的价格收购。Instagram 每月活跃用户超过 1 亿。[22] 波士顿凯尔特人队（在 Instagram 上有 492,000 名粉丝）等体育组织越来越多地使用该平台分享幕后照片，让粉丝能够深入了解职业运动员的日常生活。Foursquare 是一款基于地理位置定位签到的应用程序，目前已经发展到 4 000 万用户。[23] Foursquare 不再只是告诉别人你在哪里，而是更强调基于你现在的位置提供内容让用户可以探索更加丰富的体验。人们总是喜欢告诉朋友自己在现场观看体育比赛，所以即使 Foursquare 并没有其他平台那么多的用户，也应该能够自然地保持粉丝的活跃度。拥有 1.3 亿用户的 Tumblr 为用户提供其他平台的混合功能，但它更加重视提供丰富的、即时的、只在事发当天对人们有吸引力的内容。[24] Tumblr 还有照片博客——the SI Photo blog。NHL 球队波士顿棕熊队、洛杉矶国王队和 NBA 都开通了 Tumblr 博客，他们在博客里提供精美的、具有深度的独家内容。Pinterest 拥有 2 500 万用户，它的受众以女性为主。现在判断 Pinterest 的利基市场还为时过早，一些早期的研究表明 Pinterest 具有强烈的电子商务销售倾向，当然这一切还有待观察。

如今，Mashable、MediaNeedle 和 Social Media Today 等网站创建的信息图表完美地展示了数以百计的其他社交平台，中国还有微博和腾讯等行业巨头。除了主要的社交媒体平台，一个全面为社交媒体提供辅助和集成解决方案的行业已经兴起。体育组织必须仔细评估不同平台和不同内容所能提供的机会（具体内容见补充材料）。

评估新平台

NBA 市场营销高级副总裁，梅利莎·罗森塔尔·布伦纳（Melissa Rosenthal Brenner）

作为拥有最多粉丝和关注者的体育大联盟，NBA 可能比任何其他类型的公司受到新技术公司的青睐都多。我们简化了审核流程，重点关注三个部分：设计、实用性和条款。

- **设计。**当我们在评估一个新的社交媒体平台时，希望找到简单美观的设计、轻松上手的使用方法以及较低的使用壁垒。美观的设计能够吸引用户的注意，提高参与度，直到用户意识到自己花费在该平台上的时间比想象中更多。
- **实用性。**NBA 力求在以下几个方面寻求清晰的认识：如何使用新的平台？新的平台将如何与已有的内容平台进行兼容？新的平台如何能够扩展 NBA 的触达范围？以及新的平台如何建立新的独特受众群？
- **条款。**很多平台都包含标准条款和条件（点击同意协议），用户在注册主页和账户之前都需要点击同意这一条款要求。这样的协议通常不能够对内容和知识产权提供任何保护。他们可能不符合相关的规则或准则。体育资产应将平台条款提交给法律顾问来进行审核。因为他们可能仅仅通过创建一个账户就放弃了赞助机会、知识产权使用等宝贵的权利。大多数情况下，在新兴的社交媒体平台上发布体育内容给平台带来的价值和收益往往比给体育组织自身带来的价值和收益更多。社交媒体平台的开发者通常愿意为体育组织提供单独协议来代替点击同意协议条款（是指用户必须点击“我同意”按钮或同等的标签才能访问所提供的软件或服务。这些界面通常被称为“点击通过协议”）。

管理众多的平台非常困难。体育组织能够像章鱼一样多管齐下吗？如果要运营所有平台，需要多少工作人员？在所有平台上都发布相同的内容吗？体育组织如何保证在每一个平台都用正确的方式讲述最重要的好故事？知名品牌的社交媒体运营团队通常由 10 个及以上的工作人员组成，负责制定整体策略、内容组合及负责客户服务。扎珀斯单独组建了一个 10 人的团队来负责社交媒体上的客户服务。[25] 体育联盟的社交媒体团队通常规模较小，而运动队的社交媒体团队规模更小，全职工作人员平均不超过两人。

许多知名品牌已经开始与社交媒体管理（SMM）平台如 Buddy Media、Wildfire、Vitrue 等合作，以寻求平台帮助其管理社交媒体发布和内容开发。这些平台负责安排内容发布日程、拥有丰富的内容和应用程序开发功能以及一流的数据分析能力。NFL 自 2010 年起一直和 Buddy Media 合作，为联盟中所有的球队提供这些功能。

无论体育组织是否使用社交媒体管理工具，管理不同平台都需要平衡内容以及深度了解不同平台关注者的特质。为了保证内容、故事情节和优惠信息的一致性，建议组织每日召开内容会议。在这个会议中，负责不同平台（比如，电子邮件、网站、社交媒体、短消息服务、电视、广播）内容发布的工作人员要快速讨论前一天的重要新闻（比如，交易、比赛结果、高光集锦），然后形成统一叙事。为个别平台所构思的独特内容也可以在会议中进行审议和批准。会议结束后，每个平台的负责人再将正确的内容按时发布到对应的平台以吸引更多的参与者。

第六节　规避隐患

体育组织如何跟踪所有访问其账户的用户？他们应当如何避免被黑客攻击？他们应该允许用户评论所有内容或者允许用户随意发表言论吗？个人滥用社交媒体有时会导致被停职甚至被解雇。例如，吉尔伯特・戈特弗里德（Gilbert Gottfried）曾因为在 Twitter 上发表了与 2011 年日本海啸相关的不当内容而被美国家庭人寿保险公司（Aflac）解雇。罗兰・马丁（Roland Martin）曾因发表了一篇与 2012 年超级碗广告有关的歧视同性恋的推文而被美国有线电视新闻网（CNN）解约。希腊运动员帕拉斯凯维・帕帕克里斯托（Paraskevi Papachristou）因为在 Twitter 上发表了对非洲移民的挑衅言论而被禁止参加 2012 年伦敦奥运会。体育组织必须要有在社交媒体上保护品牌的策略，以防在公众面前犯错。

为了规避社交媒体隐患，体育组织、运动员和明星应该注意以下几项基本准则。

- **管理账户访问权限。**通常情况下，每个体育团队、联赛或运动员在社交媒体上的官方账号都有多个人负责管理并发布信息。请阅读补充材料“规避社交媒体隐患：来自 NBA 的三条小贴士”来了解更多关于管理账户访问权限的内容。

规避社交媒体隐患：来自 NBA 的三条小贴士

NBA 市场营销高级副总裁，梅利莎・罗森塔尔・布伦纳（Melissa Rosenthal Brenner）

1. 了解谁可以登录官方账户。在一个拥有众多平台的庞大组织里，很多人都有权限可以登录账户并发布内容。社交媒体经理必须清楚了解谁可以登录到哪一个平台。

2. 经常改密码并将其复杂化。如今负责运营社交媒体账号的员工通常是年轻的媒体和数字原生代。他们通常是初级员工或实习生，任期并不长。必须经常更改账户密码，并且将其复杂化以至于无法通过猜测被破解。

3. 制定明确的书面规则，明确可讨论和不可讨论的内容。关于电子邮件的旧建议也适用于社交媒体：如果您不在新闻发布会上公布，则不要通过电子邮件发送或发布。当然，球迷们并不是因为想整天阅读新闻稿和预先批准的声明而关注球队；他们想要的是真实的、幕后的内容和新闻，以及他们无法在其他任何地方获取的信息。因此，对社交媒体运营团队而言，应以书面形式在能够发布内容的每个人员的办公桌上张贴明确的指南，内容包括可以（和不可以）评论的事件类型以及可以通过社交媒体提供的新闻类型。

● **区分个人和官方账户**。许多社交媒体管理工具都可以在不同账户之间切换，这导致许多工作人员误用官方账号来发布私人信息。比如，微软的推特账户似乎侮辱了保守派政治学者安·库尔特（Ann Coulter）。克林顿政府的劳工部长。现任加州大学伯克利分校公共政策教授的罗伯特·赖克（Robert Reich）发推文说："我将到纽约看我 4 岁的孙女，也将与安·库尔特及其他人一起参加 ABC 的《本周》节目。我更希望和孙女待在一起。"微软公司的 Twitter 账号回复道："@RBReich，您孙女的说话水准和对政策的见解比安·库尔特高明多了。"很快，微软官方删除了这条 Twitter。Politico 网站报道说，微软公司声明这条 Twitter 不是公司的官方立场。微软的一位新闻发言人告诉 Politico："管理公司 Twitter 账户的员工在周六早上转发这条内容时，误以为自己是在使用个人账户。他当时就意识到了自己的错误，并且及时删掉了相关内容。我们会尽力保证今后不再犯相同的错误。"[27]这只是无数混淆使用官方账号和个人账号的案例之一。体育组织必须要据此严格要求那些在社交媒体上对外发布信息的员工。

图 12.2 （a）红十字会在 Twitter 上的失误推文；（b）红十字会对此事的回应

● **保留删除的权利但要谨慎**。尽管已经发布和更新的内容能够很轻松地被删除，但通常在删除之前就已经被人截图并四处传播。犯错误很尴尬，但被人发现后极力掩盖错误更是致命的错误。许多运动员都曾删除过不当内容，但是在他们删除之前，诸如 Mashable（互联网新闻博客）、Deadspin（体育类博客）、Funny Athlete Tweets（社交平台上有趣的运动员推文）等网站已经用他们发布的内容大做文章。

● **为自己的过错承担责任**　犯了错误的组织或个人必须诚实面对其粉丝和关注者并解决问题。当红十字会的一名员工不小心从官方账户而不是他的个人账户发布了与喝啤酒有关的推文时，红十字会立刻承认了自己的错误。红十字会处理失误的方式给人留下了深刻的印象，角鲨头啤酒企业随后鼓励他们的粉丝和关注者向红十字会捐款，于是那天红十字会收到了很多捐款。[28]

第七节　发挥运动员和人才的效用

社交媒体为粉丝提供了一个能够直接听到运动员和明星心声的绝妙机会。粉丝们不需要再等待官方采访、新闻发布会或是博客文章。一些运动员在社交媒体上的粉丝甚至超过了他们所效力的运动队。这种情况对运动队来说具有双重效应。如果这些拥有巨大影响力的运动员能将运动队放在优先位置，更广泛地参与运动队的活动，并且不在社交媒体上让自己、团队以及队友难堪，那么他们在扩大品牌粉丝规模方面具有巨大价值。

mcuban 图由马克·库班提供

今晚对阵大黄蜂的比赛还有一些5美元的单人票！直到比赛开始前30分钟都可以在球场售票处购买！其他区域的门票也有很多的折扣！

11月15日

图 12.3　所有者和球员可以通过在个人社交媒体上发布内容来帮助售票

同时，社交媒体为运动员个体提供了发展个人品牌的机会，提升他们对潜在赞助商的吸引力，也让他们退役之后的前景更加光明。来看看 2012 年伦敦奥运会对运动员个体的影响。女子体操全能金牌得主加比·道格拉斯（Gabby Douglas）在奥运会后新增 55 万 Facebook 粉丝和 60 万 Twitter 粉丝。迈克尔·费尔普斯在奥运会期间新增 Twitter 关注者超过 100 万。这些数据对想要获得更高辨识度和关注度的品牌来说非常具有吸引力。终极格斗冠军赛（UFC）认为，运动员的社交媒体参与对提升一个运动项目的粉丝黏性有着重要作用。因此，UFC 创建了一个奖金体系，奖励在社交媒体上最活跃、最有影响力的运动员。（见下面的补充材料）

UFC 对季度 Twitter 激励计划的获奖者予以奖励

埃米·乔·马丁　数字版权公司（Digital Royalty）

UFC 主席达纳·怀特（Dana White）和 UFC 长期以来一直支持运动员使用社交媒体平台。怀特相信，社交媒体平台是一个吸引粉丝和建立运动员存在感的理想渠道。UFC Twitter 激励计划于 2011 年 5 月在 UFC 运动员峰会上启动，每个季度会奖励 12 位在 Twitter 上积极发布具有创造性内容的运动员。截至 2011 年 6 月 1 日，运动员们根据关注者数量被归入 4 个组别。每个组别颁发了 3 个奖项：本季度末关注者总数最多、本季度关注者增幅最大以及发布内容最有创意。运动员的关注者数据由社交媒体品牌管理公司——数字版权公司来追踪。最佳创意奖由运动员、粉丝、UFC 工作人员和数字版权公司来提名，最终由 UFC 主席达纳·怀特来决定获奖者。每位获奖者可获得 5 000 美元的奖金，以下是获奖名单：

关注者最多奖：

- 安德森·席尔瓦（Anderson Silva），UFC 重量级冠军，关注人数：604 511；
- 米诺塔罗·诺盖拉（Minotauro Nogueira）关注人数：176 852；
- 德米安·马娅（Demian Maia）关注人数：69 752；
- 克里斯·赛博格（Cris Cyborg）女子轻量级冠军 关注人数：12 252；

关注者增幅最大奖：

- 保罗·蒂亚戈（Paulo Thiago）：301%；
- 米诺塔罗·诺盖拉（Minotauro Nogueira）：290%；
- 德米安·马娅（Demian Maia）：157%；
- 安德森·席尔瓦（Anderson Silva）：106.5%。

最佳创意奖：

- 福里斯特·格里芬（Forrest Griffin）：从TUF（UFC旗下真人秀）的表现到畅销书，格里芬一直以他独特且幽默的声音而受到推崇。他在Twitter上发布的信息虽然不多，但非常有他本人的特点。在获得最佳创意奖后，他写道："讽刺：在推特上发现我因发推文而获奖。""当UFC说最有创意时，显然是说我的言论逻辑不清，总是夸夸其谈。"
- 乔·劳佐（Joe Lauzon）：劳佐使用了多平台的方法来挖掘MMA的媒体资料，他在征得UFC同意后发布了自己将与梅尔文·吉拉德（Melvin Guillard）在第136期UFC中对决的消息。他在自己发布的内容中解释了参与这场比赛的原因和他对结果的预测（后来证明他的预测是正确的）并附上了链接。
- 本森·亨德森（Benson Henderson）：亨德森在Twitter上对UFC第133期赛前发布会进行了直播，给自己的粉丝创造了参与到以前只有媒体才有权限参与的活动的机会。在直播中，他回答粉丝们的提问，使他们完全融入该活动中。
- 约瑟夫·贝纳维德斯（Joseph Benavidez）：贝纳维德斯在Twitter上发起了一个投票来让粉丝为自己取一个昵称，其结果将在贝纳维德斯八月份的比赛中由UFC主持人布鲁斯·巴菲尔（Bruce Buffer）公布。这个活动收到了1 000次转发和250个提议。

由于UFC 8月的比赛在里约举行，因此巴西的运动员们在受欢迎程度上获得了很多优势。获得最多关注者和增幅最大的两个奖项全是巴西运动员。

运动员、所有者和有才能的人能够帮助他们的队伍和媒体部门实现经营目标。当马克·库班（美国最知名的投资人之一，拥有达拉斯独行侠队、木兰影业、陆标院线在内的众多资产。）发布推文说部分比赛仍有便宜的单张门票在售，半小时内售出了50张门票。一些NFL的俱乐部在售票时也会寻求球员的帮助。通过让球员在个人Twitter上发表内容来售票，以此规避转播管制。

由于人们希望直接听取有才能的人、运动员和名人的意见，因此将这些人才整合到体育资产社交媒体的工作中至关重要。过去三年，金州勇士队坚持举行推特日来作为他们年度媒体日的延伸。在推特日这一天，运动员们有机会坐下来登录各自的社交媒体账户，在自己的官方账号里发帖，直接与粉丝进行沟通。通过为粉丝提供真实的价值，球队从中收获了利益，同时也向球员证明，这样的方式能够增加他们个人的热度。

本章小结

社交媒体正逐渐成为体育营销不可或缺的一部分。它能够影响体育商业的方方面面：门票销售、营销、赞助、数字化、社群关系、比赛呈现、转播运营以及消费者服务。能够正确理解和利用社交媒体的体育资产会比那些不具备这项能力的体育资产更有优势。目前体育产业对可熟练使用社交媒体技能的人才需求量很大，这些人面对的挑战是如何将社交媒体流量转化成商业成果。

课后活动

1. 社交媒体在体育营销中变得越来越有价值的原因是什么？

2. 社交媒体是否曾促使你去购买你原本不会买的产品？社交媒体平台的哪些方面支持了你的购买决策？

3. 访问本文前面提到的社交媒体领域中前五大品牌之一的社交媒体页面。哪些因素使它们与你在社交媒体上看到的其他公司品牌不同？

4. 社交媒体团队在发布内容时应秉承哪些原则？而运动员在使用社交媒体时又应该持有哪些准则？

5. 假设你被聘为一个职业运动队的社交媒体协调员，你的首要任务是通过运动队的社交媒体平台对下个赛季的季票销售进行促销。请创建并描述你的促销计划，解释该计划将如何增加季票销售。

注释

1. Material assembled from: http://mlb.mlb.com/fancave/about.jsp#fbid=UOaZOUA_6Md http://www.postano.com/blog/how–social–media–is–changing–sports–marketing.
   http://www.sportsbusinessdaily.com/Daily/Issues/2013/07/26/Facilities/ATT–Stadium.aspx.
2. 2012 NBA Team Digital Report, published to NBA teams by the NBA's Team Marketing and Business Operations.
3. www.sportsfangraph.com; North American professional sports teams only.
4. 2012 NBA Team Digital Report, published to NBA teams by the NBA's Team Marketing and Business Operations.
5. 2011 Chadwick Martin Bailey Consumer Pulse.
6. Facebook.com., NBA's number of likes as of June 27, 2013.
7. Twitter.com., Orlando Magic and Miami Dolphins number of followers as of June 27, 2013.
8. Jordan Maleh, director, digital marketing, Michigan Athletics Department.
9. Stat from Portland Trailblazers' then senior director of digital, Dan Harbison.
10. Facebook. The New York Knicks had 3.7million likes as of June 27, 2013.
11. Sacramento Kings, Mitch Germann, former VP of marketing and communications.
12. NBA study, December 2010.
13. State of Corporate Social Media, Useful social media, www.usefulsocialmedia.com.
14. Facebook's "Talking about" metric measures user–initiated activity related to a Facebook page, including posting to a page's wall, "liking," commenting, sharing a page post or content on the page, answering a question posed to fans, mentioning a page, "liking" or sharing a deal, or checking in at the page's place.
15. www.thecoca–colacompany.com/socialmedia/.
16. www.forbes.com/sites/shelisrael/2012/05/29/social–media–thought–leader–fords–scott–montypart–1.
17. www.socialmediaexaminer.com/washingtonredskins–kick–off–foursquare–to–reward–loyalfans/.
18. Facebook, *Facebook Reports Second Quarter 2013 Results*, 24 July 2013, http://investor.fb.com/releasedetail.cfm?ReleaseID=780093.
19. http://blog.twitter.com/2012/03/twitter–turnssix.html.
20. Bright Edge SocialShare, *Tracking Social Adoption and Trends*, February 2012, http://info.brightedge.com/rs/brightedge/images/BrightEdge_SocialShare_February_2012.pdf.

21. Ibid.
22. Instagram, http://blog.instagram.com/post/44078783561/100–million.
23. Foursquare, https://foursquare.com/about/.
24. Mashable, Tumblr cofounder Kevin Systrom, http://mashable.com/2013/06/20/instagram–130–million–users/.
25. Social Media for Customer Service Summit 2011; Scott Klein and Marlene Kanagusuku.
26. Major league 2012 digital staff survey.
27. Read more at www.politico.com/news/stories/0912/81577.html.
28. www.buzzfeed.com/mjs538/red–cross–employeeaccidentally–tweets–from–the–of.

第十三章　核心产品和延伸产品的分销

学习目标：

- 了解与营销过程相关的分销和 5Ps 中的渠道应用；
- 了解与体育相关的场所理论；
- 认识场馆和设施在体育营销中的重要性；
- 了解营销渠道的要素及其在门票和零售产品中的应用。

一流的冰球体验已被移至户外

2012 年 2 月，NHL 和密歇根大学宣布达成一项交易，联盟将支付 300 万美元租借密歇根体育场，租期为 2013 年 1 月冬季经典赛（底特律红翼队对阵多伦多枫叶队）举办日期前后 6 周左右。密歇根大学将因此而获得一笔可观的收入，否则这个场地在冬季就闲置了。为了赚钱，NHL 希望以高价向球迷出售 11 万多张门票。对许多人来说可能不愿意在冰上观看比赛，但有些球迷很乐意一边挨冻一边观看比赛并为此支付高价球票，当然还要假设球迷在现场不会喝醉（现场可以销售酒水）。NHL 希望出售的产品以及球迷希望购买的产品，是一种特殊的，甚至可能是独一无二的体验，即在一个不寻常的地方看冰球比赛。[1]

尽管 2013 年冬季经典赛是劳工停摆事件的受害者，但是只要有需求，密歇根体育场就会举办冰球比赛。NHL 于 2008 年开始在 NFL 的布法罗体育场进行室外比赛。在这次冒险中，NHL 并不是潮流的引领者。早在 1910 年，哈佛大学就曾在著名的橄榄球场中举办过冰球比赛。二战前后，欧洲俱乐部都在橄榄球场打过比赛。2001 年密歇根大学与密歇根州立大学在斯巴达体育场（Spartan Stadium）进行冰球比赛，创造了 74 544 人的上座记录。该纪录在 2010 年被打破，当时在德国足球场举行的 IIHF 世界冠军锦标赛吸引了 77 803 名球迷。2011 年 12 月，密歇根大学对阵密歇根州立大学的冰球比赛再次打破该记录，观赛人数达 113 411 人。

门票销售只是这些安排中的一部分。所有冰球从业者都在尝试进行产品分销，为赛事体验寻求更大的平台。更重要的战略是最大限度地提高产品在体育场馆里和媒体上的曝光率——这是体育界最关键的玩法之一。ESPN 始于 1979 年，最初是一家有线电视网络，其品牌已通过多种媒介进行延伸，包括广播、餐厅、网站、手机应用程序、杂志和视频游戏。2009 年，该公司（归迪斯尼所有）接管了位于佛罗里达州奥兰多市的迪斯尼体育中心，该中心可举办多项体育赛事。WWS 曾承办过亚特兰大勇士队的春季训练、青少年和大学生全国足球锦标赛、哈林环球旅行者和其他团体的春季训练。迪斯尼全球体育高级副总裁指出，将名称从迪斯尼体育大世界更改为ESPN体育大世界的原因很简单。新名称将ESPN品牌带入了一个220英亩（约90公顷）的场地，吸引了数百万年轻运动员，他们构成了“ESPN的未来之道”。ESPN并不是在等待这一群体来认识品牌，而是主动去触达潜在群体。[2]

第十章、第十一章和第十二章研究了印刷品、转播、社交媒体和互联网平台作为营销策略关键要素的使用。在本章中，我们将讨论与体育产品有效分销相关的其他方面——核心赛事及其延伸。首先，我们了解一下体育设施及其位置、布局和形象。接下来，我们考虑与体育相关的其他类型的分销渠道，包括商品和服装的零售分销。最后，在概述了有效门票分销的特征后，我们分析讨论产品分销的要素。

第一节　核心产品和延伸产品的渠道

在前面的示例中，NHL和ESPN采用的策略适用于任何级别的体育组织。他们通过尽可能多的渠道，将其产品或品牌的分销范围扩大到尽可能多的切实有效的销售点。青年足球俱乐部或高中体育项目的主管必须按照相同的思路考虑，是否要在小学开设体验营和营地，是否需要开发电子通信或使用当地的有线电视频道来传达有关运动队选拔赛的信息。有效的营销需要深思熟虑的分销策略。

在许多方面，渠道（或分销）决策可能是营销人员最重要的抉择，因为它们具有长期影响，而且通常比产品、价格、促销和公共关系决策更难更改。简单思考一下典型的体育运动团队需要分销的产品的要素范畴：

- 现场比赛本身；
- 赛后统计；
- 运动员和教练的个人形象；
- 现场活动门票；
- 优惠；
- 商品、服装和纪念品。

这些要素需要综合战略的支持和资产的长期投入。以赛事本身为例，在竞争激烈的市场中，像NHL这样的大多数体育管理机构都希望通过将赛事引入新市场以寻求发展。但是，此类策略不仅限于一流的联盟和预算充足的情况。高中、小型学院和俱乐部也可以使用以下策略。

- **在新市场中安排比赛**。MLB、NFL、NHL、NASCAR和NBA多年来都安排了国际表演赛和巡回赛。在过去十年中，英超联赛和其他足球队定期在北美开展巡回表演赛。举例来说，2012年，切尔西、利物浦和热刺队在他们的休赛期到美国职业足球大联盟（MLS）的场地进行比赛。许多美国大学运动队在边远地区（有时被称为外围市场）进行一年一次或两年一次的“主场”比赛。在19世纪80年代，耶鲁大学和普林斯顿大学开始在曼哈顿举办橄榄球比赛，以吸引更多的人群购买门票并扩大粉丝群。这一传统在大学体育中一直延续。例如，新罕布什尔大学男子冰球比赛在距离校园约 30 英里（约 50 公里）的曼彻斯特威瑞森中心举办 1～2 场主场赛，目的是开拓更广阔的市场并满足其市场需求。在 2011 年 11 月 11 日，美国退伍军人节当天，密歇根州立大学和北卡罗来纳大学在卡尔文森号航母的飞行甲板上开启了该赛季的第一场 NCAA 男子篮球比赛。在 8 111 名观众中，头号粉丝是美国总统巴拉克·奥巴马。这样的主场之外的活动安排不必限于大型活动。2012 年，北卡罗来纳州柏油脚跟队的总教练拉里·费多拉（Larry Fedora）决定在夏洛特州的一所高中进行春季训练。尽管他们必须就 NCAA 规则进行谈判，加上一次闪电般短暂的罢工，训练提前结束了，但此举还是成功的。广告助理科里·霍利迪（Corey Holliday）认为一个不同的球迷群体“一起去观看柏油脚跟队训练，带亲笔签名回家，度过一段美好的时光。”正如资深的体育主管安迪·多利希（Andy Dolich）最近写的那样，转换场馆的冒险经营是该行业的热点。在非主场场馆举办赛事具有很强的吸引力，但是也有一些注意事项，包括安全、服务、天气和粉丝习惯等问题。[3]

● **主动触达消费者**。在即时全球图像和数据集的时代，人们可以随时随地获取体育活动相关信息。但是没有什么内容能同活生生的人一样受到观众喜爱。明星运动员巡回赛在过去 150 年引起了体育迷的狂热追捧。在 19 世纪，拳击手、板球俱乐部和棒球队在铁路和轮船上进行了宣传阵势强大的巡回赛，将其运动技能带到遥远的市场。而且新市场并不一定是遥不可及的。许多体育团队在休赛期或赛季前都会将由运动员、教练和其他人员组成的“大篷车”在方圆几百英里的范围内进行巡回展示。精心的设计使这些开发新市场的旅程看起来与众不同，如特殊的亮相方式、见面会或签名会均使明星运动员可以与观众交流。看到明星运动员是一回事，与他握手或带着他的亲笔签名回家是另一回事。在过去的十年中，许多职业运动队都举办了粉丝见面会。例如，2008 年 7 月，芝加哥黑鹰队在芝加哥希尔顿酒店举行了一场研讨会和签名会，共有 10 000 多名粉丝与运动员、解说员和工作人员一起参加。这是一种老式的支持者集会的变体。[4]

从基本的比赛知识到运动队专属商品，任何完善的营销计划都应考虑体育产品所有关键内容的精心分销。

第二节　体育与场所理论

我们可以说体育与快餐没什么两样，关键在于“位置、位置、位置”。因为核心体育产品是生产和消费同时进行的服务产品，所以该产品所处的位置应使其曝光率实现最大化。1995 年，职业壁球协会（PSA）在纽约中央车站举行了纽约冠军锦标赛，大约有 20 000 名通勤者看见了这一活动。用一位顶尖球员的话来说：“那群人比以往看过现场的总人数还多。”该话语反映出这场比赛强大的曝光能力。像这场比赛一样，能在游客旅行经过的中心位置建造出一个单向玻璃面的壁球场需要付出很大努力。但是，这些努力都有回报。然而，许多运动所需的地形或地理因素较难控制，例如山区、海滩或河流，因此这些地区无法保证高的曝光水平。连麦当劳或西夫韦的运营都无法摆脱这样的限制。但是，正如我们在第六章中讨论的那样，可以利用媒体分销、DVD 或在线流媒体视频、特许商品和服装，以创造性的方式扩展赛事或活动的核心体验，而这正是 PSA 和其他体育资产发展其运动项目的方式。[5]

位置对于每个体育消费者（无论是参与者还是观众）的体验都至关重要。在马萨诸塞州大学，曲棍球场位于校园中央附近。男子长曲棍球队获得了学生的大力支持。大型比赛的观赛人数数以千计。相比之下，棒球队在偏僻的地方打球，即使他们的棒球队未来可以获得赛扬奖（Cy Young Award）那里的观众也很少会超过几百人！但二者观众的区别不仅仅是与校园中心的距离远近的问题。长曲棍球的外野部分被一排长长的草丛包围，是为那些想在温暖的春日阳光下找个地方的学生准备的。在那完美的斜坡上，他们可以放松、做俯卧撑、为主队加油，甚至可以翻看一本书。绿草如茵的路堤使这个曲棍球球场成为校园生活特殊元素集合中的一部分。

场所集合的概念（由地理学家提出的术语）对从事核心赛事的体育营销人员而言非常重要。他们必须认识到可以增强或减弱场地和周围环境吸引力的因素。以波士顿历史悠久的芬威球场为例，它是北美为数不多真正被人珍视的体育场馆之一。芬威球场的场所集合包括以下元素：

● **自然景观**。在芬威球场周围，你既可以在肯莫尔广场（Kenmore Square）体验到城市的繁华，也能在后湾小塘（Back Bay Fens）感受到乡村的宁静，这是弗雷德里克·劳·奥姆斯特德（Frederick Law Olmsted）“翡翠项链”绿地广场设计项目的第一个公园。

● **人造景观**。芬威球场上有两处值得注意的人造景观：公园内的绿色怪物（左墙）和外面的巨型霓虹灯 CITGO 标牌。

● **历史和回忆**。特德·威廉斯的雕像伫立在公园内，如同 MLB 公园众多人物雕像一样欢迎球迷的到来。尽管芬威球场充满了回忆，如 1941 年特德·威廉斯 0.406 的平均击球率，但没有比卡尔顿·菲斯克 1975 年在世界大赛中赢得本垒打更令人难忘的历史了。

● **思想意识**。芬威球场可能不会让人想起严肃的政治或社会意识形态，但它让人们产生了一种观念（无论正确与否），即像芬威球场这样简单且古朴的棒球场在某种程度上能提供更好的比赛。

芬威球场是美国体育界的标志性“场地”

● **体验**。正如棒球记者彼得·甘蒙斯（Peter Gammons）所说：“球迷们知道棒球的灵魂是它的气氛——视觉、嗅觉、声音和比赛的感觉。”

● **美学**。除绿色怪物外，芬威球场外场周围还有不规则的设计。各种各样的角落和缝隙不仅看起来很有趣，而且还给球场参观者带来了小小的挑战，同时也取悦了主场球迷。

● **问题**。芬威球场存在很多问题，包括交通拥堵、停车位有限、价格昂贵，而且有太多的座位被支撑柱挡住了视线。

截至 2012 年，芬威棒球场的容量为 37 496 人，座位数在 MLB 中排名倒数第四。尽管这种紧凑型座位可能会增加它的魅力，但在竞争激烈且无工资帽的 MLB 世界中，特别是当“邪恶帝国”可以让新洋基体育场坐满 50 291 名球迷时，这成了一个沉重的负担。目前的红袜队老板在 2001 年为球队支付了 6.6 亿美元，他们需要从芬威球场获取更多的收入，或者需要建造一个新公园(以前的老板已经宣布打算这样做了)。他们选择了创新之路并且在珍妮特•玛丽•史密斯（Janet Marie Smith）的领导下，他们谨慎且富有想象力地进行了革新，珍妮特 • 玛丽 • 史密斯也在巴尔的摩、亚特兰大和洛杉矶表演过自己的“魔术”。在波士顿，史密斯在先前描述的核心场所元素的基础上精心构建。这些改进包括特德 • 威廉斯的雕像，以及绿色怪物上方和右上方的新座位，还包括一个大厅和特许经营区域。红袜队不仅将棒球带入了公园的神圣草地，还在此定期举行摇滚音乐会、青年活动和冰球比赛。所有这些都会改变芬威球场的整体风格，但红袜队及周边居民都谨慎乐观地认为，球场的未来会更加光明。每个场地和场馆都有类似的集合要素。因此，举办奥运会这样的重大赛事既充满了争议又很有趣。体育场所对观众的影响是不可避免的。[6]

第三节　场地设施

场地设施是任何体育场所集合的核心元素。作为营销组合的重要组成部分，它包括许多影响活动吸引力的因素，——如可达性、其他与交通相关的问题、设计和布局、便利设施和人员等。[7]

一、外部可达性和触达范围

大多数体育营销人员和顾问相信“位置、位置、位置”学派的思想。对于大多数体育产品而言，只要产品需求旺盛且获得积极的宣传报道，通过媒体报道获得的高知名度通常可以克服鲜有人问津的问题。尽管如此，大部分顾客会期待居住在距离体育场地一个小时车程的范围内。开车时长增加，前来观看赛事的频率便会随之降低。与拥有 81 场比赛的棒球季票持有人相比，橄榄球球迷和 NASCAR 车迷对开车时长的容忍度更高。按照这些原则，将比赛场地置于市场区域的外围，会增加竞争，也会给消费者带来不便。

可达性会影响设施触达范围的大小。过去，场馆主管仅绘制同心圆来定义触达范围，通常以 5 英里（约 8 公里）的间隔进行绘制，仿佛距离决定了市场。图 13.1 说明了基于行驶时长或旅行时长绘制触达范围的现代方法。在多功能设施中，触达范围会因不同事件而出现变化。请注意，触达范围沿主要干道和交通系统拉长，从而更精确地反映了相同的行驶时长。

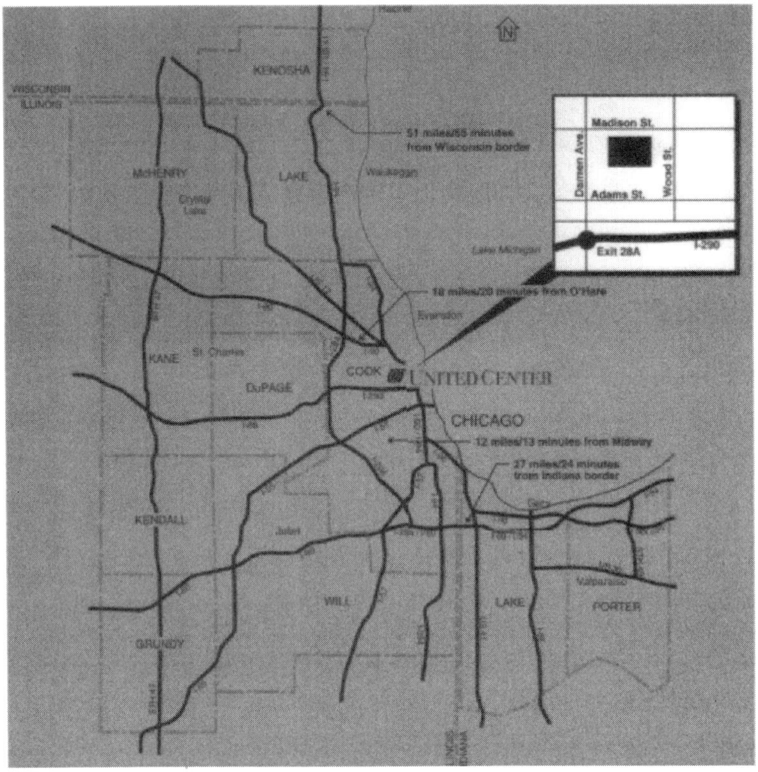

图 13.1　标有行驶时间和里程的联合中心球场区域地图

由联合中心球场提供。

尽管体育产业触达范围的动态变化需要更严格的消费者研究，但是以下因素也是至关重要的：

- **人口统计特征**。自由时间随收入、职业和生命周期的阶段的变化而变化。
- **事件的持续时间和频率**。如前所述，相比每周两次的活动（如打网球），大多数人会因一次罕见的活动（如喜欢的艺术家举办的音乐会）而容忍更长的旅行时长。
- **情感承诺**。父母要花几个小时看孩子玩耍；高中球队的球迷可能永远不会离开城镇。
- **质量感知**。触达范围通常会因大型比赛或大牌明星而扩大。

在寻找新场地并进行市场可行性研究时，组织有时会评估场地在各细分市场中的吸引力。对开车时长的新认识是打开美国南方市场的关键。例如，马克斯・米勒曼（Max Muhleman）在北卡罗来纳州夏洛特市的一家专营店中出售 NBA 门票，这表明有 500 万人居住在距拟定场地两小时的车程内，而愿意为 NBA 级别的赛事花费的最长时长被认为是两个小时。同样，比尔・弗朗斯（“Big Bill” France）通过扩大 NASCAR 比赛场地的触达范围（观众到达比赛场地的行驶时长）来扩大这一赛事的影响力。弗朗斯的长期助理吉姆・福斯特（Jim Foster）回忆起比尔在去亚拉巴马州旅行时说道［当时，比尔正为在塔拉迪加（Talladega）修建铁轨进行谈判］：“阿拉巴马州似乎在偏僻的地方，但如果您在塔拉迪加周围画一个 300 英里（约 500 公里）的圆圈，这个圈正是赛车迷们的所在地——他们可以在一天之内开车来观赛，再开车回家。圈内有 2 800 万人。”通过覆盖竞争场地设施的触达范围，还可以确定竞争领域，甚至确定场地设施成功的可能性。[8]

营销人员应当分析一个多功能场馆可举办的各种赛事的触达范围，并据此调整该场馆的赛事安排以覆盖所有细分市场的需求。他们还可以直接根据触达范围对推广媒体进行细分。尽管在马萨诸塞州斯普林菲尔德市政中心，白雪溜冰团（the Ice Capades）的表演赛和职业摔跤比赛的触达范围大不相同，但二者使用的宣传媒介却极为相似。

在不同的时间和日期安排事件时，关于触达范围的分析会发生变化。许多体育营销人员都会将他们的赛程安排在每一天的同一时段。但是，在设置开始时间时，场地设施经理应考虑行程准备时间。市场是否主要由在城市工作并居住在城镇的郊区居民组成？还是这些人试图通勤回家然后返回活动现场？市场主要是由城市居民组成吗？还是以上两者的结合？

二、停车场

凤凰城野狼队的位置

凤凰城野狼队于 1996 年进入美国西南部，这是 NHL 在新市场开拓比赛战略的一部分。故事的另一面是这是一家拥有悠久历史的俱乐部，之前名为温尼伯喷气机队，是世界冰球协会（1972）的最初成员之一，并在 1979 年成为 NHL 的成员。然而到 1990 年代初期，喷气机队（在过去 15 年中曾连续 11 次打入 NHL 季后赛）在疲软的市场（尤其是电视市场）中受挫。因此，球队转移到了凤凰城人口众多的地区。在同一时期， NHL 在阿纳海姆（Anaheim）、达拉斯（Dallas），坦帕（Tampa）和罗利（Raleigh）为球队重新选址，这一系列行动被统称为南方战略。

野狼队的第一个主场位于市中心的美国西部体育馆（凤凰城太阳队的主场），该建筑可追溯到 NBA 的早期扩张计划。正如后来的故事所说，尽管野狼队不被看好，但他们进入了季后赛还取得了成功。然而，2003 年，该球队搬到了格伦代尔以西 20 英里（约为 32 公里）的一个新场馆，该球馆据说更受球迷欢迎。不幸的是，这一举动和球场选址都是基于对住房和商业建筑黄金时期的预测。2007—2008 年的地产泡沫破裂严重打击了格伦代尔。到 2012 年 1 月，主要评级机构降低了该市的债券评级。更糟糕的是，球队在转变主场后的头五个赛季就失去了季后赛资格。上座率呈螺旋式下降，平均每场比赛观众数量不到 12 000 人，仅占球场容量的三分之二。

许多专家认为，球队的低谷期已经过去，他们预计将搬到魁北克。体育管理教授乔丹·科布里茨（Jordan Kobritz）同意许多人的观点：“球队在签约搬到格伦代尔的那天就注定了失败……野狼队自抵达之时就遭到了两次打击。”2012 年，野狼队在冰上反弹，赢得了分区冠军并晋级决赛。他们在 2013 年又失去了进入季后赛的资格。尽管换了新的老板，但他们未来的主场选址似乎仍然没有确定。[9]

场地应提供充足的停车位。体育场馆的运营经验表明，在可以使用公共交通的环境中，每四个座位应配备一个停车位。例如，在 1998 年，旧金山巨人队决定在当时新的太平洋贝尔球场（Pac Bell Park)（现为 AT&T 球场）只安排了 13 个工作日的比赛，原因主要是停车位有限。巨人队估计，每场比赛上座有 42 000 个观众，则需要 12 000 至 13 000 个停车位。这相当于停车空间对座位的比率约为 1:3.3。巨人队只有 5 000 个停车位，对公共交通运输的依赖程度超过了正常水平。[10]

停车是球迷体验中最令人困扰的方面之一。正如一位老球迷所说，球迷“想轻松进场，轻松出行，而且他们不喜欢为此付费。”出于这一原因，在可能的情况下，体育场馆应该控制停车位，这样可以控制价格（和收入）以及停车位人员，他们是整个场馆形象塑造过程中的关键部分。2010 年 Turnkey 进行了一次球迷民意测验，该调查发现球迷最大的停车困扰是比赛结束后（按顺序）离开的时间长、停车费用高、场地附近的空车位少以及组织不力。更糟糕的是，有 65%的受访者表示，交通堵塞和进场延迟会导致他们不愿意再参加类似的活动。[11]

业界已通过多种方式做出回应：

● 在线预订和付款系统。例如，停车场运营商 Click and Park 或 Standard Parking，可处理体育场馆停车点的管理问题。

● 空闲车位预订服务商。例如，芝加哥的 ParkWhiz，可与独立停车场合作。

● 使用无线条形码读取器读取消费者在门口刷卡进入时提供的预订代码，从而使之更快地进入停车场。

● 引导标志可帮助顾客从停车场到达场馆。正如一位高管所言：“如果您不能从停车场看到场馆，那么即使您只有 10 分钟的路程，从心理上讲，你可能会认为是一段 6 小时的步行距离。”他继续说道：“您开始考虑沿途可能发生的所有事情。”

● 冠名品牌专属停车场，例如，迈阿密马林鱼队主场所在地大西洋银行中心体育馆的雷克萨斯停车场，有 250 个仅供雷克萨斯车主使用的停车位。

即便许多停车问题似乎无法解决，但仍有一些可以巧妙补救的办法。[12]

三、周边地区

除了停车以外，场馆还可以通过多种方式与其周围环境建立联系。

● **设计**。新建或翻新的场馆必须符合当地的景观美学。正如一位城市棒球场设计研究者总结的那样：“球场必须建立在周围建筑的特征之上。否则与城市整体风格相比，该球场就显得很突兀。”巴尔的摩、代顿、克利夫兰、匹兹堡和路易斯维尔的新球场与各自城市的总体发展计划紧密结合。无论这些场馆是否会产生预估的助推经济的作用，它们都将的确有助于提升其社区的美感——这虽然不算成就，但也不是理所当然的事情。巴尔的摩金莺球场通过外部旧建筑和小巷的融合引领了球场内超现代特色。匹兹堡球场是为了与附近的桥梁和建筑物融为一体而建造的。[13]

● **政治**。体育场地设施从未受到所有人的欢迎，尤其是附近的居民，他们不关心自己是否容易获得观赛的机会，而更关心定期涌入的成群体育迷、汽车和通常不守规矩的行为。任何体育组织都不应在没有与邻居进行明确商讨的情况下修建自己的场馆。在 20 世纪 90 年代初期，波士顿学院宣布扩建橄榄球场的计划时遭到了抗议。当地居民声称学校违反了承诺的设施扩建禁令。在短时间内，波士顿学院面临新的立法和监管障碍，以及巨大的敌意，而这些敌意原本通过明确对话可以提早避免的。[14]

● **安全感**。体育场地设施周围的直接环境是决定到场频率的极其重要的因素。当设施位于客户认为不安全的区域时，销售会受到影响。环境还可以决定到场方式。

四、设计与布局

对于消费者满意度来说设计和布局至关重要。场地设施设计在以下几个方面很重要。

● **易于进场、退场和场内移动，尽量缩短到达任何地方的线路长度。**正如前面关于停车的讨论指出，没有什么事情比排长队更能使如今的消费者感到沮丧了，特别是当他们计划离开的时候。还有什么是比等待停车然后等待进入场馆更糟糕的呢？或许是排长队离场。在所有场所中，一个主要目标是最大限度地减少瓶颈并最大限度增加人群流量。对排队（排队等候）的研究表明，人们预期的排队时长会比实际时长平均增加三分之一。正如一个故事所报道的那样："在所有其他条件都相同的情况下，等待时长在预期之内的人比等待时长超出预期的人更快乐。"最好的设计会考虑消费者从到达（或到达场馆的旅行）到离开并安全回家的人群流量。好的设计使人和汽车都具有良好的流动性。大厅的任何位置对于这个关系式都是至关重要的。正如一个权威机构所指出的那样："如今，建筑师、团队所有者和供应商认为，大厅对于任何场所来说，都如同循环系统对人体一样重要。"科学地解决排队体验，体育营销人员遵循这一点便会做得很好。[15]

● **为身体残疾的消费者提供通道和观赛便利。**向残障人士提供的服务应符合法律要求，例如《美国残障人士法案》（ADA）在体育场馆设计中的一些关键要求包括：

- ○ 一半的入口必须有无障碍通道。
- ○ 轮椅必须占总座位数的百分之一；无障碍座位必须设立在普通座位中间，而不能单独设在一边；必须提供陪伴座位。
- ○ 无扶手的过道座位数量必须占到轮椅座位总数的百分之一。
- ○ 观看视线必须与周围座位的视线相当。

一些较老的体育场变化缓慢。密歇根大学的场馆被司法部和美国瘫痪退伍军人组织起诉，因为该体育场可容纳 108 000 人，但只有 90 个轮椅座位。2007 年达成的和解协议将轮椅座位数增加到 900 个。无障碍性不仅仅是一个法律或道德问题，由于人口老龄化以及促进身体残疾人士拥有更加积极生活方式的技术的出现，场馆设计应考虑到这个不断增长的重要市场的需求。[16]

● **餐饮服务、酒吧、小卖部和洗手间的位置和设计以及充足的便利设施，以减少排队。**鉴于女性体育迷的数量越来越多，体育场馆将不得不为女性提供额外的设施。西雅图塞菲科球场（Safeco Field）的设计师进行的一项研究发现，女性在洗手间平均花费 3 分钟，而男性大约花 82 秒。男女双方的漫长等待改变了体育场设计中固定装置的比率。例如，《国际排水管道规范》包括以下有关体育馆的准则：

○ 女性洗手间与前 1 500 位女性使用者比例为 1∶40；与超过 1 500 的女性使用者比例为 1∶60。

○ 男性洗手间与前 1 500 名男性使用者比例为 1∶75；与超过 1 500 的男性使用者比例为 1∶120。

上面的数据可能会因当地法规、粉丝人口统计学、中场休息的次数和场馆区域的不同而有所不同（VIP 会提供更多设施）。这些设施应清洁并维护良好，并应尽可能置于靠近消费者的地方。[17]

● **灵活使用还是专场专用。**在过去的十年中，职业运动队已从多功能场馆转为单一用途的场馆设施。一个主要的原因是使粉丝的视线最佳化，亲密感最大化。许多人认为，棒球赛在可容纳 7 万名橄榄球迷的海绵状体育场中举办难以让观众产生好的体验。这一点同样适用于足球。MLS 在大多数球队所在的城市都建立了新的专用球场。然而，很少有学校或大学可以负担得起专用场地。灵活性取决于预算的多少和空间的大小。此外，这类场馆设施必须预测消费者兴趣的变化。

● **美学。**与任何建筑一样，体育场馆设施的设计需要形式、比例、颜色和光线的融合才能吸引人。媒体将注意力集中在数百万美元的场馆上，例如布鲁克林的新巴克莱中心（NBA 网队的主场）。在许多情况下，赞助商正投入数百万美元来创建有吸引力的交互式“权益展示区域”。但是，即使是预算少的场馆，也可以利用在重大事件中使用的概念来增强其吸引力。例如，许多学校和学院在原本单调的入口、大厅和体育馆中使用色彩鲜艳的新标识和标志而变得富有吸引力。新罕布什尔大学通过大量的喷绘、标牌、海报、图像以及所有走廊墙壁上挂出的体育团队照片，在体育馆、橄榄球场和室内运动场中营造了一种充满活力的氛围。总的来说，一笔很小的投资就能极大地改变爱好者的审美体验，不仅对于球迷来说，而且对于将这个地方称为家的运动员和教练来说更为重要。营销人员应该关注《体育商业》（*Athletic Business*）（该行业阅读最广泛的商业杂志之一）每年颁发的“建筑展示奖”，及时了解各个层面的体育场馆设计文献。（www.athleticbusiness.com）[18]

五、体育比赛、盛大的场面和节日

历史资料告诉我们，人类倾向于在体育比赛中加入各种场面和节日（图 13.2 ）。历史上，人们一直被鼓励观看体育比赛。在拳击比赛中，他们在运动员周围围成一圈——此圈因此被称为拳击台。传统体育场馆是用木头、石头或混凝土建造的正式场地，创造了将比赛与观众分隔开的门槛。但是，人们并不仅仅局限于观看比赛。一个关于节日的框架在观众层之外形成的。在奥林匹亚之类的古老场所，人们在比赛区域外相互交流、享受美食、欣赏音乐表演、聆听诗人吟诗。现代场馆以特殊的区域、大型大厅和中庭供卖方贩卖商品的形式反映了这些古老的习俗。在某些体育场中，大厅设置和节日框架的布置与座位区域分开。在波士顿的 TD 花园球场中，那些前往购买专卖品的球迷必须通过隧道重新进入看台。在其他场所，观众在大厅可以直接看到活动情况。金莺球场就是一个例

长期的优惠活动使球场永远人流如潮

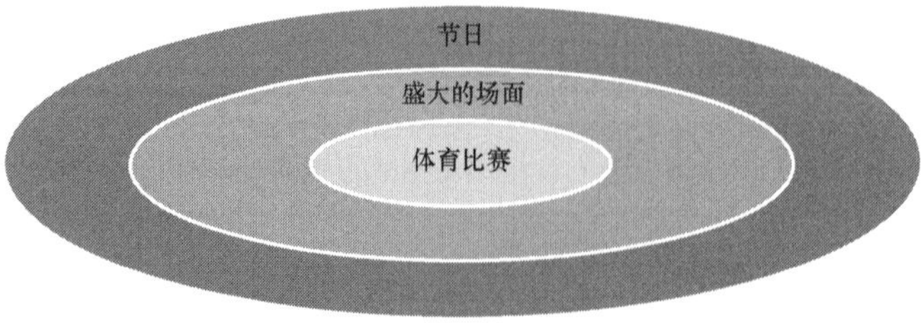

图 13.2　体育的标准框架

子。同样，缅因州波特兰市的哈德洛克球场（Hadlock Field）在球场右侧外沿提供了一个集体野餐区。在这里球场将节日体验和精彩表演合为一体。[19]

设计师们一直在努力创造融合观众体验和节日氛围的主题区域。改建后的麦迪逊广场花园是其中一项巧妙开发的例子。场馆内架起了几座天桥，不仅为球迷们提供了行走和交流的空间，而且还为溜冰场或球场上的新奇的观赛角度提供了空间。正如《纽约邮报》报道的那样，这座桥是对一些球迷抱怨的回应，这些球迷抱怨缺乏大厅空间，较高座位上的视线不佳。[20]

美式足球具有将三个框架融合为单一体验的悠久传统。早在 19 世纪 90 年代，曼哈顿就曾在耶鲁大学和普林斯顿大学之间举办过“大型赛事”，像理查德·哈丁·戴维斯（Richard Harding Davis）等专题作家在国家级杂志上对此进行过报道。曼哈顿球场（Manhattan Field）挤满 3 万名观众，他们演唱歌曲，高喊欢呼，这种方式现在在北美已经基本消失了（但在世界一流的足球场内依然存在）。然而，规模更大的表演是在比赛之前的赛场外举行，在比赛开始前数小时，游行队伍在第五大道上骑马巡游，戴维斯称之为“数英里的花车游行”——教练们被彩绘成黄色或蓝色，年轻男女在各种毛制品中混战；色彩斑斓的旗子在空中摇曳。正如戴维斯总结说：“如今，这项赛事的体育特色已被淹没在社会关注中。”没有什么活动会比密西西比大学的赛前活动更为鲜活。密西西比大学赛前聚会在格罗夫公园举行，红色和蓝色的帐篷驻扎在木兰树林中，各个年龄段的球迷们穿着优雅，端着装有薄荷酒的银色杯子四处庆祝。正如他们所说：“我们的比赛可能不会赢，但我们的聚会将永远会赢。”西雅图的一些人对赫斯基港（舰队中的舰船到达的终点）有同样的感觉，这些船队停靠在赫斯基体育场边缘的华盛顿湖岸。华盛顿大学的一名体育相关领导（船舶系经理）协助完成此过程。节日的最新趋势之一是赞助船尾的促销活动，例如田纳西大学尼兰德（Neyland）在体育场外的车尾野餐比赛（Food City Tailgater）。优胜者将获得免费的购物券和 SEC 锦标赛门票。[21]

一个多世纪以前，理查德·哈丁·戴维斯捕捉到了一种现象，该现象现已成为营销的重要组成部分——管理三个框架，使节日和观众体验与比赛本身保持平衡。做到这一点并不容易。人们在观众体验的框架中想要食物和饮料（节日元素）。但是他们不希望供应商挡住他们的视线。他们也不想让酒鬼喝啤酒。各大联盟希望增强观众体验，但他们不希望球员跑入看台，而且他们会限制影响比赛的庆祝活动。

但是，有时对框架进行改变是有意义的。在 NHL 中，哥伦布蓝夹克队在大厅里放了一个比赛装置。它是一种被称为“大冰球”（Big Hockey）的古老桌面推拉游戏，其中微小的塑料球员由操纵杆控制。但是这场比赛非常庞大，以至于每个球迷只能控制一个杠杆。即使在比赛中，球迷们也排队等候参与这个游戏。当球迷们在等待参与游戏时，蓝夹克队希望他们也关注电视屏幕上真正的冰球比赛。将球迷们从现场比赛中拉开始终是一场赌博，但是对框架的这种争夺是有道理的。“他们正在与年轻人建立联系，”菲尼克斯狼队的总裁肖恩·亨特（Shawn Hunter）说，“在那个舞台上，球迷们为冰球而疯狂。球迷开发是每个人的头等大事。”有效的框架管理还有许多其他示例。巨人队的记分牌目前在现场比赛的中场休息时播放单独的画面（例如，联赛或球队集锦）。或者，他们在比赛中创建游戏，例如，飞点有限责任公司（Flying Spot，Inc.）开发了在交互式屏幕上的拔河比赛。在此游戏中，球迷专区大声欢呼会“拖拽”屏幕移动。[22]

六、配套设施：向体育购物中心汇聚

在 2012 年有关新迈阿密马林鱼棒球场的文章中，《体育画报》作家汤姆•维尔杜奇（Tom Verducci）写道，它的两个“防弹水族箱”、青柠龙虾卷、可伸缩盖和“250 万美元的霓虹色鱼和火烈鸟镶嵌的表演艺术作品，超出了中场墙”。他声称，这与一个世纪前在波士顿开业的简约风格相去甚远。“芬威的建筑师们不热衷于娱乐。”“这些配套设施在 1912 年时是足够的，但在此时就显得不足了。棒球场是一个主题公园，一个美术馆，一个电视演播室，一个购物中心，一座小城。”当然，维尔杜奇未提及一个世纪前波士顿人对旧亨廷顿大道和新芬威球场的比较。从木材到混凝土、钢材和砖的转变具有里程碑意义。当地媒体大力宣传此次升级。在 1912 年这个“宽敞”与奢华的景点中，前排有 95 个私人包厢，每个包厢可容纳 4 人，每个赛季的售价为 250 美元。场地设施会随着时间而改变。[23]

但是，不仅仅是建筑专业，顶级的大学项目也能感受到建设更新、更大、更友好的设施的紧迫性。2012 年，得克萨斯州北达拉斯郊区艾伦市（人口 87 000）开建了一个全新的耗资 6 000 万美元的高中足球场，《今日美国报》报道称：“该球场占地 72 英亩，配有高清屏幕，可为 18 000 多名观众提供免费的 Wi–Fi 服务。”可以肯定的是，艾伦是一个富裕的城市。但是这里的居民听起来和其他地方的普通球迷没什么两样。他们对 1976 年建成的能容纳 7 000 个永久座位和 7 000 个临时座位的老体育场感到不满意。粉丝们“尤其抱怨特许摊位和洗手间需要排长队”。许多小型学院也感受到了同样要求进行翻新或新建的压力。长期以来一直属于 III 级曲棍球联赛强队的鲍登学院（Bowdoin College）于 2009 年开设了新的西德尼•J.沃森（Sidney J. Watson）场馆，以其名人堂教练的名字命名。就像竞争对手米德尔伯里学院的溜冰场一样，“西德尼”拥有 3 000 个席位，周围环绕着宽敞的大厅，这让球迷们在比赛前、比赛中和比赛后都能感到轻松自如。[24]

当今的体育消费者为与家人一起参加一项活动而付出了数百美元，他们期望一系列的便利设施从而增强他们的观赏体验和节日体验。长凳座位、烹饪好的热狗、油印的节目单和仅显示得分的记分板，都无法满足以上需求。因此，大型场馆推出了一系列便利设施作为回应，其中许多设施旨在提供所谓的技术惊喜。以下是一些示例。

- **连接性**。Y 世代（即千禧一代）现在已经开始养家糊口了，作为粉丝，他们的成长伴随着通信技术的突破。他们希望看到酒店、度假村和运动场馆的最新消息。在 20 世纪 90 年代后期，预计下一个流行趋势将是连接有小型计算机屏幕的智能座椅，粉丝（以高价出售）可以从各个角度请求回放、检查规则、调出统计数据以及订购食物或商品。但是智能座椅的成本非常高，因此很少被开发。今天的粉丝想要无线网络。正如一位高管承诺的那样：“我们不会有 80 个热点或 111 个热点（用于无线连接）。我们有一个覆盖整个竞技场的无线网络。”[25]
- **更昂贵的大屏幕、电子信息中心和音响系统**。如今，当体育场馆管理者考虑到球迷的舒适度时，他们的顾虑已经远远超出了视线、座椅靠背和暖气扇等旧观念。圣保罗的 Xcel 能源中心为 NHL 比赛提供了 18 064 个座位，并设有四个座位层、四个单独的大厅和一个记者席。如场馆的网站所述，中央记分板支持四个 9 英尺×16 英尺（约 2.7m×4.9m）的视频板，并通过全彩 LED（发光二极管）显示器进行动画处理。各个区域的标牌上有一些更显眼的显示屏，环绕套件层和两个较高层。这些可提供几乎全彩的连续动画、图形和剪辑后的视频。有时，专注于实际的比赛反而会有困难。[26]

● **高档食品和饮料**。多年来，豪华套房的顾客一直在吃虾和鱼子酱。套房顾客每场比赛在食品和饮料方面支付的费用是普通球迷的四倍以上；用体育场馆术语来说，这是上限。但是，如果要求高的人想要阿尔萨斯面条配上袋鼠肉片，那并不意味着普通民众会满足于吃同样普通的热狗。在美国市场上，体育场馆通常会在摊位、售货亭和美食街增加食品种类的供应，包括这一代人前所未闻的产品——菲利芝士牛排、墨西哥胡椒汽水、蛋包饭、厨师沙拉、法式薄饼、北卡罗来纳州风味烧烤、低热量的卷饼、微酿、甜茶、百加得的冰锐、卡卡圈坊（Krispy Kreme）的甜甜圈、自制巧克力和手工冰激凌。当然，在支付账单后，一些父母可能更愿意回到过去。

● **高度接触的设施**。技术不能解决所有问题，特别是对于需要育儿的家庭。佛罗里达黑豹队和其他团队拥有时尚的场地空间为儿童活动提供场地，并与教育培训赞助商保持联系，后者为孩子们创建了儿童俱乐部。草根计划虽然缺乏 NHL 团队的实力，但它们可以为同类服务调整空间。[27]

七、重新配置：从套房到包含全部费用的俱乐部座席再到特殊区域

二十年前，俱乐部座席已成为大型场馆的标配。俱乐部席位的概念设计明确，旨在为高档消费者提供介于豪华套房和最佳包厢或普通季票座位之间的产品。像包厢一样，俱乐部座席既与人群隔离又不完全独立，且本赛季只能购买一个座位。与套房一样，俱乐部座席提供以下独特的服务：

- 特殊停车特权；
- 包含就餐的俱乐部会员资格；
- 比赛期间的等待服务（允许顾客拨打特殊号码或网上下订单）；
- 特别活动的邀请。

如今，场馆甚至将套房与俱乐部座席合并。在许多市场中，经济衰退后，豪华套房及其长期租赁就失去了 20 世纪 80 年代的光彩，就像 2000 年和 2008 年一样。一些运动队和体育场馆并没有为空套房烦恼，而是变得富有创意。首先是坦帕湾闪电队和冰宫竞技场（现为圣彼得时代论坛冰球馆），他们拆除了一部分套房，对其进行了翻新，并创建了一个名为 XO 俱乐部的特殊 B2B 网络区域。该计划允许企业购买与就餐区、休息室甚至雪茄房相邻区域的会员资格绑定的单个俱乐部座席，所有这些座席都具有完美的观赛视角。该俱乐部的网站邀请潜在客户“加入娱乐行业唯一提供自助餐、啤酒、葡萄酒和 VIP 停车位全包服务的会员制俱乐部”。为何企业将体验套房限制在 12 个人以内？XO 俱乐部将网络扩展到数百人，并且从一开始就大受欢迎。此后，其他运动队和体育场馆也将套房和俱乐部座席进行了类似的合并。[28]

其他赞助商和品牌空间，也被称为权利区，陆续出现。XO 俱乐部绝非局外人。在过去的二十年中，许多其他赞助商和场馆赋予“分区”一词新的含义。他们翻新或建造了新的空间，并将该特殊区域与特定的赞助商联系在一起。赞助商有权控制该区域（因此被命名为权利区）中的球迷体验。达拉斯美国航空中心的 TXU 电力区就是一个很好的例子。在那里，孩

子（和父母）可以玩一个互动游戏，将拍打声与能源使用信息结合在一起。米勒淡啤（Miller Lite）在芝加哥赛道和其他 NASCAR 场地开发了派对区。可口可乐长期以来一直都是空间控制的领导者。它在芬威球场的可口可乐角就是一个例子。多年以来，大学橄榄球项目已经开发了光线不足的末端区空间，将其打造成特殊的球迷区、儿童区和家庭区并投入使用，新的变化是为赞助商提供相匹配的空间。[29]

克利夫兰印第安人队的高级副总裁维克·格雷盖茨（Vic Gregaits）提出了创造性利用空间的底线："我们希望保持空间活跃并为客户增加价值。"几乎每个级别的体育场馆都具有可以重新配置或"重新分区"的空间。成功往往不是钱的问题，而是远见卓识和辛勤工作的问题。[30]

八、人员

在体育场馆中工作的人可能是保护场馆形象并最终取得成功的主要力量。工作人员的态度直接影响消费者的满意度，因为这些工作人员是消费者接触的主要人员（在许多情况下，也是唯一的人员）。但是，这类非管理人员通常是体育场馆员工中接受培训最少的人员，活动人员几乎都是兼职。顾客遇到一个冷漠甚至粗暴的引座员的频率有多高？太频繁了。所有这些都是不应该发生的，尤其是当专业贸易协会，（如国际场地管理者协会（IAVM）），提供涉及人群管理、食品服务和紧急情况管理等一系列主题的在线视频培训课程时。俱乐部、学校、大学和青年项目都在场馆举办活动，其中一些活动吸引了数万名顾客。对此类活动的工作人员进行培训已不再是件奢侈的事情，而是一项基本要求。斯坦福大学每年从八月就开始对员工进行广泛的培训，为所有带薪参加项目的全职和兼职的客户服务人员提供为时四小时的培训计划。同样重要的是，斯坦福大学编写了一份涵盖内容广泛的客户服务手册，该手册有助于确保工作人员与消费者的互动方式保持一致。[31]

工作人员是所有赛事活动的关键组成部分

第四节　营销渠道

尽管体育场馆是分销核心体育产品的主要要素，但场所概念还包括其他方面，如营销人员分发产品的各种渠道。渠道只是为了将产品交付给消费者而连接在一起的组织集合或结构。渠道系统通常会因公司分销网络中的产品线或销售地区而异。渠道系统可能很复杂；他们可能会转移和分享职能，这在体育营销中很常见。标准产品渠道包括以下内容：

- 制造商（M）；
- 批发商（W）和经销商（J）；
- 零售商（R）；
- 消费者（C）。

传统耐用品的渠道如下所示：

$$M\rightarrow W\rightarrow J\rightarrow R\rightarrow C$$

互联网和直邮已经重塑了设备和服装销售的传统渠道。消费者无须经过批发商或零售商，即可在网上找到制造商的网站，查看在线目录并直接邮购订购。在体育营销渠道日益复杂的情况下，两种类型的系统通常并行运行，有时会覆盖同一消费者。以一支职业运动队为例。它拥有现场售票处和售票亭这样的传统渠道：

$$M\leftrightarrow C$$

但是它也可以通过电视播放赛事，将其传播给更广泛的受众，因此渠道如下所示：

$$M\leftrightarrow C=\text{赛事}\rightarrow\text{媒体}\rightarrow C$$

如果现场用户使用家用 DVR 录制比赛，那么他将既是渠道的开始也是渠道的结束。随着球队使用网站、社交媒体和无线网络来重新播放节目集锦，并直接销售团队商品和门票，渠道闭环变得更加复杂。

任何体育组织都在考虑产品分销渠道，必须至少同时权衡四个因素：

- 专业知识；
- 成本；
- 控制；
- 适应性。

营销人员必须不断监控其营销渠道的价值。例如，互联网是一把双刃剑。尽管互联网销售无疑为消费者提供了更多的访问和控制权，但零售商意识到，节省的成本并不总是如预期的那样高。尽管互联网可能会减少销售人员的工资，但它也迫使零售商增加分销仓库（以及所有相关的人工成本）。将任何直播活动放在媒体平台上都有利弊。总之，没有简单的公式可以用来确定最佳的营销渠道。这是一种持续的平衡行为。[32]

一、零售业务

尽管互联网兴起，传统零售店仍然是体育营销渠道的重要组成部分。19 世纪，随着企业家们识别出那些可以支持其业务的城市人口并提升他们对垂钓、板球、棒球、狩猎和其他活动的兴趣，体育用品专卖店迅速增长。当今的大型公司，例如运动权威公司（Sports Authority），的前身很复杂，包括五金商店和零售连锁店，例如西尔斯（Sears）和蒙哥马利・沃德百货公司（Montgomery Ward）。但是，今天的体育市场也出现了一些新的变化，尤其是团队、俱乐部和理事机构在渠道零售方面的发展。[33]

在某种程度上，大学体育项目引领了潮流。密歇根大学是最早意识到特许商品价值的大学之一。密歇根大学从 20 世纪 70 年代以来就开设了一系列零售店，包括密歇根体育场、克里斯勒体育场、约斯特冰场、网球场和田径场、高尔夫球场以及售票处的纪念品商店等，提供各种各样新颖的纪念品。密歇根大学还与高中的支持者俱乐部和啦啦队组织建立了合作伙伴关系，这些组织出售密歇根大学的纪念品，并将其作为他们自己筹款工作的一部分。最终，密歇根大学有效利用直接邮寄的方式，将清单上的产品销售给季票持有者和其他目标客户。这些做法现在已成为标准。[34]

职业运动队长期以来一直在体育场馆大厅里经营专卖店，但这些销售点的功能通常只是出售产品；相比之下，NBA 在曼哈顿开设的零售店不仅是售卖产品，而且是 NBA 实行其更广泛的品牌策略和分销策略的一部分。如其网站所述，该商店“可以举办篮球盛会，为公司活动、鸡尾酒会、晚宴等活动提供独特的场景。”NBA 商店显然是其广泛分销战略的一部分，该战略包括品牌电视节目、品牌商品和品牌粉丝体验。在过去的十年中，数十个职业球队开设了场外零售专卖店，只不过有半数球队都没能成功。互联网商店是当前的首选商店（请参阅新泽西恶魔队商店的补充材料）。同时，许多体育团队都重新定义了商店的概念。例如，圣地亚哥充电器队在高通体育场周围的各个区域设立了一系列便携式信息亭。正如一篇文章所解释的那样，信息亭的主题是“将充电器队的粉丝群按照细分市场和产品线进行划分”，其中包括儿童、女性、球员和教练。[35]

团队特许商品：团队需要将其售罄

路易斯安那百年学院体育管理助理教授、1990—2011 年新泽西恶魔队商品高级总监　戴夫·佩里科内（Dave Perricone）

体育是独特的商业。纽约大都会队副总裁在一家非体育公司工作了 13 年，他这样说：“以前，我能够控制产品，可以按照自己的意愿设计产品。但在这里，产品每天都在变化，你必须快速适应这些变化。”这一声明在体育用品领域也是如此。众所周知，时代已经改变，我们必须学会适应。在过去几年中，商品已发生变化。从球星玩偶到枕头宠物，特许商品经理必须着眼于新趋势会如何发展，并设法驾驭它。虽然我在过去十年中赢过两次史丹利杯冠军的新泽西恶魔队工作过，但这种经历并不能解决所有的商品销售问题。不过这也确实说明了一件事：要在任何组织中拥有成功的部门，你都需要以团队的形式运作。以下是有助于使我们在特许商品方面获得成功的因素。

像体育团队总经理一样思考

我学到的一点是，您可以将特许商品经理的工作与职业球队总经理的工作进行比较。但在这种情况下，你的产品（帽子、球衣、T 恤等）便是您的球员。特许商品经理希望每件商品都有最好的业绩。例如，如果你将产品投放市场后销售情况良好，你可能希望追加订单并顺势而为。但是，最终你要做出的决定与老球员要获得丰厚报酬时必须做出的选择类似。你会再投资还是放弃老球员？整体阵容中也会出现类似的问题。临近赛季结束时，各种物品的订单销售一空。现在是时候像优秀的总经理那样思考了。你会重新订购哪些商品（续签），放弃哪些商品（终止合同），以及购买哪些商品（签约自由球员），所有这些都着眼于获得明年的最佳阵容。

产品

特许商品经理必须检查每个产品。对于产品的好坏，每个人都有不同的看法，最后，唯一重要的是消费者的意见。即使商品经理喜欢某个特定的产品，也必须基于对组织最有利的考虑来做出决定。魔鬼队的一些研究方法包括：

- 回顾我们联盟以及其他联盟的球队都在销售什么产品；
- 与所有在联盟内销售产品的被授权方保持联系；

● 参观当地的购物中心，看看商店在卖什么，购物者在买什么。

员工

员工是任何组织成功的关键。虽然在冰上我们球队有边锋和中锋，但我们把员工按照客户服务人员、拣货人员和包装人员来划分。客户服务人员的职责包括接电话订单并将订单录入计算机内。拣货人员和包装人员从货架上拣货，按订单打包，然后将装运信息输入计算机的物流系统。

客户服务员工必须了解我们的产品并熟悉计算机软件程序。我们不希望在客户下单时员工把顾客晾在一边去研究程序怎么使用。员工与客户交谈的方式可以决定该客户是否下订单。我们不希望我们的员工在电话中催促客户，也不希望以任何方式对客户无礼。不礼貌的做法可能会导致客户不愿下订单，更重要的是，他们会口口相传，指责我们的操作不专业。与恶魔队营销的各个方面一样，我们不想做出公司无法兑现的承诺。

产品交付

不久之前，大多数团队都提供目录并将其作为销售商品的一种方式。目录是去商店购买产品的替代方法。2007 年 10 月，新泽西恶魔队搬入了新泽西州纽瓦克的保诚中心。因为竞技场在主要售票处附近设有球队商店，转移到新场地带来了销售方面的变化。这个位置可以引起路过商店的球迷的注意。

到现场观赛的粉丝可能会在浏览商店里的商品时做出冲动购买决定。球队特许商店的主要优势之一是，客户可以在大约一个小时内拿到为其定制的球衣，而通过目录进行订购，则需要四个星期。

大多数团队出于多种原因取消了制作目录。制作目录（包括版面设计、印刷和邮寄）的成本很高，完成目录的时间可能要几个月。使用互联网或特许经营商店可以节省这些费用。

NHL 管理球队特许商品的网站，但是允许每个球队在其球队商店主页上放置物品。互联网为体育商品销售带来了许多好处。首先，互联网的便利性使得球迷不进入场馆也能买到商品。其次，如果某商品售罄或买不到，商家可以上架其他产品来替代。这种频繁、快速更换商品的功能可有效防止球迷抱怨无货可买。这是团队不再制作商品目录的另一个主要原因。想象一下，当你下了一个邮购订单并焦急地等待产品到达时，结果只是收到一封信，指出该订单由于产品已售罄而无法完成，你会有多难过。互联网有助于让粉丝开心。再次，如果某产品卖不出去，团队可以降低价格或将其从在线商店中删除。最后，团队可以创建特价商品，例如每周的特价商品、持票者的专属商品和度假商品。

评估

像任何总经理一样，特许商品经理必须不断评估产品和性能。进行评估时，尤其是当商店所剩库存过多时，应思考以下问题：

● 产品是否适合目标市场？

● 价格是否过高？

● 其他零售商对同一产品的定价是多少？

● 某种产品仅售出了几种规格吗？

创造性思考

总经理必须思考如何改善团队。跳出现有框架思考并尝试创建一些新想法：

● **自动贩卖机**。美国第一台 NFL 品牌的自动贩卖机将销售各种形式的明尼苏达维京人队的比赛用具，包括球队的迷你橄榄球和 T 恤。正如维京人队首席营销官史蒂夫·拉克鲁瓦（Steve LaCroix）所说，“随着自动贩卖机在机场和其他国家的普及，我们应当在美国购物中心与球迷一起测试这一概念。”

● **会员资格**。纽约红牛队推出了一种会员卡，可以用来在比赛中购买商品。持卡人可以购买只有会员才能享有的专属特制商品。这让持卡人感到自己很重要，因为团队给予了他们特殊的待遇。

● **特别活动**。举行选秀聚会等特别活动是减少旧库存的理想方法。特许商品经理应仔细检查不要进入下一季的存货，并以较低的价格出售。团队必须记住，存货架上的产品不会带来任何收益。

无论我们销售的是 1 美元的商品还是高价商品，都要对商店进行有效管理，这需要组织内部和外部人员紧密合作。当客户满意并且我们很好地管理了库存时，对我们来说，就如同赢得斯坦利杯一样。

随着2007年爱国者广场（Patriot Place）的开业，新英格兰爱国者队将整个零售概念提升到一个新水平，爱国者广场是一个700英亩（约280公顷）的购物和娱乐中心，毗邻吉列体育场。除了可以在高端购物中心或画廊看到的零售商店和餐厅之外，爱国者广场还设有医疗保健设施，电影院，集餐厅、体育酒吧、夜总会于一体的哥伦比亚广播公司（CBS）现场，以及组合名人堂和零售店的爱国者广场大厅。后两个场所距体育场最近，遵循了悠久的建筑框架，从节日到观赛体验再到比赛本身。[36]

爱国者广场的卓越之处在于将品牌和授权商品与大型赛事的粉丝体验融合在一起。即使规模较小，也可以被复制到任何地方。当一切顺利时，消费者不会简单地购买衬衫、帽子或一双鞋，或者吃一顿美餐，而是会了解球队或联盟的更多相关信息，了解打球或教学的小窍门，观看比赛，并带更多的帽子回到家中——他们会更加投入。高中运动员部门主任或足球俱乐部经理可以按照类似的思路思考。网络和有线电视并不会消除对草根教育和草根英雄的需求。

二、门票分销

2012年8月，NBA和特玛捷票务（Ticketmaster）宣布了一项协议，其中特玛捷票务将创建“一个集中的球迷在线门户网站，旨在成为所有NBA门票的一站式购物网站”。访问其主队网站的球迷将被定向引导到特玛捷票务——NBA主页，该主页将显示每个团队的所有可用票务选项，包括一级和二级门票市场。该门户网站会使球迷的生活更加轻松，它也将为NBA带来巨大的附加值，因为它为购票者提供了大量的汇总数据。NBA与其他顶级联赛一起开发了新的门票分销系统。[37]

门票分销是体育营销渠道瞬息万变的一个很好的例子。一段时间以来，消费者已经不再在球场门口购买门票了，至少对于大联盟球队那些来自郊区（或更远地方的）且对门票需求很高的球迷而言是这样的。在过去十年中，许多俱乐部都经历了从售票亭销售向互联网销售的巨大转变。一些俱乐部的互联网门票销售量占门票销售总量的比例由10%上升到80%，甚至更多。2008年，大学橄榄球第Ⅰ级别联赛46%的季票持有者在线更新了门票。2011年，这一比例高达51.5%。新的电子技术更有助于票务分销，这主要是因为计算机化的票务消除了重复票务、存货过多和选择数量有限的问题，而这些问题在早期一直困扰着线下票务。对于那些喜欢现场购票或取票的人来说，新的售票亭（例如，机场的售票亭）可供轻松选择和现场打印，运动队和体育场馆可以节省售票员的工资，用于安保和优惠活动等其他领域。互联网站点对管理二级市场（即原始购买者转售门票）也至关重要。在智能手机时代，人们可以通过手机应用程序购买电子门票。每个消费者都可以成为虚拟的售票亭。[38]

技术还扩展了门票分销的目标。例如，2005年，马里兰大学开始利用票务分销提升学生对该校橄榄球队和篮球队的忠诚度。任何注册过（并支付体育费用）的学生都可以在安全的网站上申请并打印橄榄球和男子篮球的门票。在这两种运动中，门票的数量通常不足以满足学生的需求，因此门票是通过抽签分配的，抽签结果由多种因素共同决定，包括从过去的到场记录中获得的忠诚度积分（由基于赛场的扫描系统确定）。校方通过学生的个人账户可以执行多项任务，包括：

- 跟踪他们的到场观赛历史；

● 查看他们的忠诚度积分总数；
● 打印可用的票证；
● 取消先前申请的票。

最后一项功能至关重要，如果学生不能到场，但没有在比赛开始前一天取消门票，他们就会失去忠诚度积分。但延迟取消仍比直接缺席要好一些：如果在一个橄榄球赛季缺席 2 次（或整个上学期间缺席 5 次），或一个篮球赛季缺席 3 次（或整个上学期间缺席 8 次），将永远失去获得门票的机会！[39]

如同任何营销渠道的决策一样，在专业知识、成本、控制和适应性这些因素之间寻求平衡是必要的。在过去的几十年中，除了票房之外，还出现了各种各样的分销计划。现在我们简要介绍这些系统。

● **与其他消费品零售店合作。**门票分销通常与新的赞助商和新的促销活动并驾齐驱。例如，在 20 世纪 90 年代后期，MLB 的旧金山巨人队与雪佛龙建立了为期 10 年的合作伙伴关系，雪佛龙的公司总部就在当地。这项估值为 1 500 万到 2 000 万美元的交易的其中一项包括雪佛龙在加油站出售巨人队的比赛门票。几年前，克利夫兰伐木工队与俄亥俄州东北部的汉堡王店达成了一项交易，球队举行两次汉堡王之夜，汉堡王每次购买 15 000 张门票。想要获得两场比赛门票的球迷必须在汉堡王门店里购买门票，这使汉堡王可以创建许多促销套餐来增加门店的客流量。这些交易中有许多包括在目标零售店（如杂货店）开设售票柜台，这可以为其他形式的赞助提供杠杆作用。例如，1998 年，得克萨斯巡游者队在得克萨斯州北部的 60 家克罗格超市建立了由 ETM 娱乐网提供的电子信息亭。巡游者队球迷可以使用信用卡购买适合自己的比赛门票。现场能够打印纸质票。2004 年，新奥尔良圣徒队与田纳西州杰克逊和亚拉巴马州莫比尔的小型棒球队签了票务分销协议。2009 年，迈阿密海豚队与球队的“官方食品商店”达菲（Duffy's）建立了合作关系。粉丝可以在达菲的 24 家餐厅内购买套餐，包括用餐、门票和乘车游览。该球队希望到 2011 年能售出 10 000 个至 12 000 个套餐。高中和小型学院运动队可以利用这种方法，尤其是大部分或全部门票均为一般入场券时，可以从中获利。与本地或外地市场零售商合作，特别是在体育用品或服装方面，是增加销售的好方法。这样的计划可能对促进季后赛门票销售特别有效。在棒球等体育项目中，零售店仍然是门票销售的关键组成部分。正如一位高管所说：“仍然有很多人想要感受从实体店买票的体验，零售就是这样。这是支持整个票务操作的好方法。”在高科技世界中，人与人之间的交流仍然占有一席之地。[40]

● **与票务公司合作。**票务销售要想超越简单的售票亭就意味着要与票务公司建立合作伙伴关系。1968 年，Ticketron 票务公司利用网络为各种赛事售票开辟了新世界。最终，美国票务市场由特玛捷票务（该公司于 1991 年收购 Ticketron，并于 2000 年吞并了 ETM）、Tickets.com（吞并了 BASS 票务公司）、Paciolan 公司、CyberSeats 公司、选票系统公司以及其他一些公司主导。StubHub 在美国的二级票务市场中占有重要地位。网络售票商 Viagogo[由 StubHub 联合创始人埃里克·贝克 （Eric Baker ）创立] 与英超联赛和欧洲联赛达成合作。各票务公司的服务范围、公司的票务系统与其客户（体育团队或体育场馆）的整合程度以及相关成本费用都存在差异。任何合作伙伴关系都需要解决以下问题：消费者能够在自己的计算机上、自助服务终端或自动取款机和票务机（ATTM）上打印票证，通过特殊应用程序将无纸票证传输到智能手机，支付交易费，以及消费者能够退回或转售门票。[41]

● **电话系统。**在 20 世纪 90 年代末，波士顿红袜队开始使用 NEXT 票务系统，该系统是一种自助式的信用卡电话订票系统，旨在替代特玛捷票务。与特玛捷票务不同的是，NEXT 系统在门票上没有标记自己的品牌。例如，以红袜队为例，消费者似乎正在直接与红袜队进行交易（即使它是完全自动化的），并且购买的是红袜队的现有门票库存。此外，没有$ 6 的附加费。NEXT 系统一次可以处理 400 个呼叫，并且可以在一个小时内卖出 75 000 张门票，这对于人类来说是不可能的。[42]

● **选定公司的费用扣除。**一段时间以来，大学一直将持季票员工的费用直接从其工资中扣除，从而最大限度地简化了获取和支付的过程。随着电子银行系统的扩展，这种可能性已扩展到使用电子工资单的任何公司员工。在 20 世纪 90 年代初期，美国冰球联盟的汉密尔顿加人冰球队（Hamilton Canucks）与汉密尔顿市合作，通过工资单扣除费用为该市的 6 000 名公职人员提供了季票。城市之所以对此感兴趣，是因为球队在某城市的冰场中打球，会将一部分门票和特许权收入返还给该城市。[43]

● **巡游售票亭。**2009 年，洛杉矶道奇队开始使用一辆道奇卡车进行巡游，这辆卡车看起来像是漫游在洛杉矶许多社区街道上的无数卡车中一辆普通的车。但是这辆卡车卖的是门票，而不是汉堡或炸玉米饼。正如特里·莱夫顿所报道的那样，这辆卡车“旨在让道奇队在购物区、公园和节日活动中占有一席之地，为道奇队的门票提供一种更简便的冲动购买方式”。这辆高科技卡车配备了卫星和无线连接、计算机和打印机。尽管道奇队在过去五年中每年售出门票超过 300 万张，但他们并没有休息，特别是在经济疲软的情况下。此外，该球队曾期待这种售票车能有助于增加其在亚裔和西班牙裔市场的存在感。[44]

● **送票上门。**有时计算机无法解决问题。2004 年秋天，鲍尔州立大学的橄榄球面临着严重的售票压力。NCAA 规则（由于放宽）要求所有第 Ⅰ-A 级别的项目在主场比赛中平均有 15 000 名球迷出席。为了达到这个目的，体育部副主任马特·沃尔弗特（Matt Wolfert）提出了一个针对教职员工的新颖门票分销系统。在星期二的门票活动上，他承诺将在接到任何电话订单后的 30 分钟内亲手送票，否则门票将免费。沃尔弗特（Wolfert）开着 SUV 在校园里送票。他的送货上门计划额外销售了 250 张门票。[45]

三、二级票务市场

第八章详细介绍了二级市场销售，但在此我们提醒读者，对于任何控制入口、预留座位的场馆以及全季或半季票计划的体育资产来说，管理二级销售至关重要，而且在重大时刻的风险也很高。由于各种原因，一些持票者希望或需要取消门票。无论是在易趣网、克雷格利表网站（Craigslist）还是其他网站上，互联网都是一个合理的选择。

2000 年，旧金山巨人队是首批为季票持有者推出电子票务交换的球队。通过使用巨人队的双重比赛门票窗口（位于 www.sfgiants.com），季票持有者可以以高于票面价值的任何价格出售门票。价格由季票持有者决定。票价中增加了 10%的便利费。球迷们用信用卡购买了门票，然后通过邮件或在赛场里接收。该系统之所以有效，是因为巨人队使用了电子旋转闸门。当季票持有者放弃门票时，原始条形码会失效，新门票便被分配新条形码。从某种意义上说，该系统是合法的倒票，但它允许巨人队控制交易。在比赛开始之前，还有更多在线门票可供公众购买。最重要的是，它使季票持有者感到高兴。巨人队的首席运营官拉里·贝尔（Larry Baer）对新系统持乐观态度："由于这个计划，我们认为明年将看到90%的续约。"[46]

StubHub 迅速进入了二级票务市场领域，粉丝们也抓住了这个机会。二级票务市场在不断发展。例如，在 2011 年 7 月亚特兰大勇士队在赛前的五天内，有 500 多人使用 StubHub 出售了 2 000 张门票，总价为 48 801 美元。正如《体育商业期刊》指出的那样："每 10 张票中有 9 张的价格比在 Braves.com 上的价格还要低。"特玛捷票务和 NBA 开发了上述系统。StubHub 和 Paciolan 也为美国的一些大学开发了类似的系统。Viagogo 在 25 个欧洲国家/地区拥有网站（使用当地语言）。正如 Paciolan 首席执行官戴夫·巴特勒（Dave Butler）所说："我一直告诉总裁或广告主，无论有没有您，二级市场都会存在。"最后，正如一位运动队的副总监所说："这与收入无关，而与客户服务有关。" Viagogo 执行官爱德华·帕金森（Edward Parkinson）更形象地表示："以前您不得不在易趣网、Gumtree 或街头拐角处碰碰运气，如果您通过 Viagogo 购买门票，则可以保证得到已支付的门票并准时送到比赛现场。"卖家和买家在新的分销渠道中均可受益。[47]

四、保持创新

如前面的示例所示，营销人员必须在计划和实施新的分销渠道时运用创造力。紧跟最新技术并保持开放的心态，这对成功至关重要。例如，当我们出版本书的上一版本（2007 年版）时，智能手机的概念相对较新。这个词在十年前才被手机制造商爱立信（Ericsson）创造出来。2008 年，手机市场中仅有 20%是可以上网冲浪的智能手机。如本章及前几章所述，该数字正在上升，其影响是巨大的。营销人员必须不断思考并保持行动迅速。正如 NFL 数字媒体高级副总裁布赖恩·罗拉普（Brian Rolapp）所说："任何人自称知道世界的发展动向，都是在向你撒谎。因此，你需要保持灵活性。"消费者现在可以使用智能手机搜索及购买门票，导航至比赛场地，查找预留的停车位，查找特殊的旋转门，查找座位，订购食物，查看球员和球队统计数据以及观看回放。但那可能仅仅是个开始。[48]

网景公司（Netscape）的创始人马克·安德烈森（Marc Andreesen）在 2011 年的《华尔街日报》上发表了一篇文章，探讨了专业软件和应用程序如何改变和颠覆所有行业，包括金融行业、出版行业、摄影行业、汽车行业。像柯达这样的老牌公司就是因为未能跟上步伐才遭遇厄运的。安德烈森曾预测，医疗保健和教育将成为"基于软件的根本性转型"的下一个目标，或许他应该把体育也加进去。营销人员可以在多个平台和渠道之间以无穷无尽的方式分发体育产品要素。在无线传输到智能手机应用程序的情况下，需要考虑的关键问题包括：

- 选择什么样的应用程序和产品要素？是音频、视频、比赛直播、赛事集锦、体育场馆的地图、幻想游戏、采访还是统计数据？
- 应用哪一种系统？苹果系统还是安卓系统？
- 有哪些运营商：是威瑞森独家提供？还是所有运营商都可以？
- 价格是多少？

- 赞助商有哪些?

技术变革在持续进行，并不断影响着产品分销。[49]

有时，前进意味着回头思考。包括波士顿红袜队在内的许多 MLB 球队都尝试过在地区电影院放映比赛。红袜队意识到有必要将公共棒球比赛的体验扩展到票已售罄的芬威球场之外。对大多数粉丝来说，电视和广播已经非常熟悉了，但有些人想在一个大型场地与其他人一起观看比赛。2004 年，红袜队通过与选定的地区电影院合作，对几场比赛进行实况高清视频放映，满足了这一需求。在一些剧院，摊贩们卖啤酒和热狗，在第七局比赛中，一些歌迷唱着“带我去参加球类比赛”，还有一些人在大声欢呼。门票价格在 5～10 美元之间。一位粉丝说:“如果你想带家人去芬威球场看球，就得申请一笔小额贷款。但这里提供给你一个机会，让你拥有与在球场看球相似的感觉。”听起来不错。[50]

具有讽刺意味的是，这种方法重复了一个世纪前的分销工作，当时企业家使用电报报道来制作客场比赛的“现场”剧场活动效果。球迷们付费去剧院观看。在那里舞台经理会宣布详细的实况电报报道，并在一个大板子上移动人物，传达一种粗略的球场感。但是，无论是通过电报还是高清视频信号传达，剧院体验都是一种集体体验。它培养了粉丝群体。正如《体育管理杂志》(Journal of Sport Management) 报道的那样，一些科学证据支持了这一观点。研究人员在一场比赛中对 188 名这种剧场棒球粉丝进行焦点小组访谈和问卷调查。他们得出的结论是，粉丝们认为“电影院提供了真实的环境”，并且对于某些观众来说，“电影院的体验比球场的体验更好”[51]。

以下是营销人员需要不断思考的一些简单问题:

- 谁是我的消费者，他们的需求是什么?
- 我的消费者在哪里?
- 我的产品及其延伸产品是什么?
- 有哪些媒介，尤其是采用新技术的媒介可供分销使用?

第五节 产品——渠道矩阵

最终，营销人员希望确保高效利用所有可用的分销渠道。新技术并不局限于顶级职业运动队和联赛。学校、大学和俱乐部已经成功地运用公共有线频道和网络广播将其活动传播给更多的观众。新媒体、无线和数字产品也在各个层面创造了机会。在数字和无线时代，不仅仅只有大联盟在扩大分销。当然，很少有球队具有红袜队的吸引力和力量。但是任何人都可以富有思考和想象力。产品–渠道矩阵是一个有价值的分析工具(表 13.1)，它有助于将产品陈列和分销渠道概念化。一个大学体育项目矩阵可先从这种简单的形式开始。每行代表一个产品要素(比赛、球员、教练)，每列代表一个分销渠道(场地、媒体)。

表 13.1　产品 – 渠道矩阵

产品	渠道					
	体育场馆	传统媒体	新媒体	零售商	民间团体	外部市场
赛事	比赛	发行物、电视、广播、互联网	适用于手机、平板电脑的 Gamecast 应用程序；用户在 YouTube 上创建内容的标签	商场大屏幕的比赛集锦	精彩电影、赛前动员大会	主场比赛安排在偏远城市；在大屏幕上播放体育比赛
球员、教练	签名活动	广播、电视和互联网博客上的教练角	iTunes 上的播客；Youtube 上的小型训练营	训练营、球星签名卡	关于无烟酒生活的演讲	训练营、新闻发布会
门票	售票处	与媒体、互联网进行交易	Facebook、Twitter 的促销活动	赛程安排、海报、电子票务查询机	团体销售	团体销售
商品	场馆大厅	本地有线频道、直邮、互联网	Facebook、Twitter 的促销活动	特许经营网点	筹款人	特许经营网点

该矩阵仅用表格的形式对当前或计划产品的分销进行了解释。在此示例中，除了比赛本身以外，还有许多渠道可以“分销”球员和教练。他们在赛后举办签名会，提供训练营并与附近或外地市场的公民团体进行会谈。教练还可以通过广播、电视、互联网聊天室或播客中的教练角节目进行“分销”。营销人员可以利用他们的想象力和创造力，考虑如何最好地填充该矩阵的每个部分。

本章小结

尽管体育营销中的场所功能与消费品营销中的分销功能极为相似，但它在体育营销五要素中的重要性不应该被低估。体育中的场所始于各种元素的集合，包括场地、设施及其周围环境。场地设施的位置对于大多数体育商业的成功至关重要。同样重要的是体育场馆的形象和运营方式，它们受到物理设计、便利设施和场地工作人员态度的影响。核心产品及延伸产品必须通过包括零售店和媒体在内的营销渠道进行分销。体育产品的营销渠道仅受预算和想象力的限制，但我们可以通过使用产品 – 渠道矩阵来图解说明其可能性。

课后活动

1. 应用场所理论分析你最喜欢的体育场馆（借鉴本章中对芬威球场的分析）。该场所集合中最重要的要素是什么？在设计或促销中可以强调哪些要素？

2. 从可达性、流量、触达范围、停车、美学、人员配备、安全性、环境、设计和布局以及便利设施等方面分析本地的某一体育场地设施。你将如何改善这些方面？

注释

1. “NHL to Pay Michigan $3M,” *SSSBJ*, 13 – 19 February 2012, 8; http://en.wikipedia.org/wiki/The_Big_Chill_at_the_Big_House.

2. Reuters, “Disney to Rebrand Sports Complex as ESPN,” www.sports – city.org/news_details.php?news_id=

9925&idCategory=146.
3. Greg Bishop, "Playing Games Out of Place," *New York Times*, 25 July 2011, D1; Greg Bishop, "Season Tips Off in Location Unlike Any Other," *New York Times*, 12 November 2011, D3. UNC story in Mike Phelps, "New Paths Ahead," *Athletic Management* (August–September 2012, 30–32.
4. Tripp Mickle, "NHL Teams Flock to Convention," *SSSBJ*, 31 August 2009, 8; Andy Dolich, "How Valuable is a Variable–Venue Venture?" *SSSBJ*, 16 January 2012, 24.
5. J. Fraiberg, "A Racket at Rush Hour," *Sports Illustrated*, 9 October 1995, 16.
6. For an excellent analysis of place, space, and the Beijing Olympics, see X. Ren, "Olympic Beijing: Reflections on Urban Space and Global Connectivity," *International Journal of History of Spor*t, 26(8) (July 2008): 1011–1039. For the London Olympics, see Sarah Lyall, "A Buoyant Bedlam at the Olympic Park," *New York Times*, 4 August 2012, D1, www.nytimes.com/2012/08/04/sports/olympics/at–the–olympic–park–a–buoyant–bedlam.html?ref=todayspaper. For world football venues, see Benjamin Flowers, "Stadiums: Architecture and Iconography of the Beautiful Game," *International Journal of the History of Sport*, 28 (8–9)(2011), 1174–85. The notion of ensemble is developed in J. Bale, *Sport, Space and the City* (London: Routledge, 1993); J. Bale, *Landscapes of Modern Sport* (Leicester, UK: University of Leicester, 1994); J. Raitz, ed., *The Theater of Sport* (Baltimore: Johns Hopkins University Press, 1995). For Fenway, see P. Gammons, "The Place Is the Thing," *Boston Globe,* 25 April 1995, 76; Megan Tench, "Making Fenway Bright," *Boston Globe,* 24 November 2004, B–1, B–6; Mike Tierney, "In Baseball's Bronze Age: Statues are Becoming Bigger Part of Landscape," *New York Times*, 21 September 2011, B15.
7. For a solid survey see Gil Fried, *Managing Sport Facilities* (Champaign, IL: Human Kinetics, 2010).
8. E. Cohen, "Miles, Minutes, and Custom Markets," *Marketing Tools*, July–August 1996, 18–21; M. Levine, "Know Your Facility's Drawing Radius," *Sports Management Review*, Spring 1977, 1. P. Gollenback, *American Zoom* (New York: Macmillan, 1993), 87. On Charlotte, see E. Hinton, "Long Way to Go," *Sports Illustrated,* 18 December 1995, 59–62.
9. Ken Belson, "Coyotes' Time in Arizona May Be Nearing an End," *New York Times*, 11 February 2012, D5.
10. "Will There Be a Giant Parking Problem at Pac Bell Ballpark?" *SBD*, 20 August 1998, 13. See also the parking ratio issue related to the L.A. Coliseum in L. Mullen, "Coliseum Parking Could Add $100M to Cost," *SSSBJ*, 26 April–2 May 1999, 5.
11. Dave Broughton, "Park It," *SSSBJ*, 11 October 2010, 1, 17–22, quotation at 1, poll at 17.
12. Broughton, "Park It," 22; Don Muret, "Branded Parking Lots Have Room for Perks," *SSSBJ*, 11 October 2010, 20.
13. M. DiNitto, "Fields of Vision," *Athletic Business*, January 1999, 38–45.
14. Z. Dowdy, "BC Told to Redo Plan for Parking," *Boston Globe*, 2 September 1993, 25, 30.
15. Alex Stone, "Why Waiting Is Torture," *New York Times*, August 19, 2012, SR12. For a classic account of changes in flow made at Stanford Stadium in anticipation of the 1985 Super Bowl, see J. Anderson, "Management by Design," *Athletic Business*, August 1985, 28–34; Steve Cameron, "Traffic Flow Inside Venue as Important as Outside," *SSSBJ*, 30 July–5 August 2001, 22; A. Goldfisher, "Concourses Designed to Serve Up Profits," *SSSBJ*, 24–30 August 1998, 22.
16. Bill King, "Equal Access?" *SSSBJ*, 9 July 2007, 1, 17–22.
17. "Head Count," *SBD*, 22 June 1999, 15; Don Muret, "Will We Ever See the End of the Line?" *SSSBJ*, 25 July 2011, 1, 20–22.
18. Paul Steinbach, "Venue Visuals," *Athletic Business*, August 2005, 63–70.
19. The seminal work on framing in sport is John MacAloon, "Olympic Games and the Theory of Spectacle in Modern Societies," in *Rite, Drama, Festival, Spectacle: Rehearsals Toward a Theory of Cultural Performance,*

ed. John J. MacAloon (Philadelphia: Institute for the Study of Human Issues, 1984), 241–280.

20. Jeremy Olshan, "MSG Going Above and Beyond," *New York Post*, 24 May 2010, www.nypost.com/p/news/local/manhattan/msg_going_00laBbpLHbjuaH2F2uDK0O.
21. Richard Harding Davis, "The Thanksgiving Day Game," *Harper's Weekly* 37 (December 1893, 1170–1171) in *Major Problems in American Sport History*, ed. Steven Riess (Boston: Houghton Mifflin, 1997), 116–118. For Ole Miss, see Dwight Garner, "Of Parties, Prose and Football," *New York Times*, 16 October 2011, TR1. For Husky Harbor, see Greg Bishop, "Tailgating Crowd's Unlikely Roar, Ahoy," *New York Times*, 14 October 2011, B11. Don Muret, "Sponsors Become Part of Tailgate Experience," *SSSBJ*, 11 October 2011, 21.
22. Dan Bickley, "Pro Sports May Be Pricing Fans Out of Stadiums," *Arizona Republic,* 24 June 2001.
23. Tom Verducci, "The Age of Aquariums," *Sports Illustrated*, 9 April 2012, 58–59. On Marlins Park, see also Michael Kimmelman, "A Ballpark That May Be Louder Than the Fans," *New York Times*, April 28, 2012, A1. For Fenway, see Richard Johnson, *Field of Our Fathers: An Illustrated History of Fenway Park* (Chicago: Triumph Books, 2011), 2–3.
24. Eric Prisbell, "$60 Million for a High School Stadium With Free Wi–Fi," *USA Today*, 29 August 2012, www.usatodayhss.com/news/article/60–million–for–ahigh–school–stadium–with–free–wi–fi––57419910.
25. Janet Morrissey, "The Millennials Check In," *New York Times*, 13 March 2012, B6; Bill King, "Keeping Fans Connected," *SSSBJ*, 1–7 November 2004, 15–17.
26. "Arena Features," www.xcelenergycenter.com/about–us/arena–features.
27. Don Muret, "Sponsor Starts In–Arena Child Care," *SSSBJ*, 18 January 2010, 4.
28. http://hockey.ballparks.com/NHL/TampaBay–Lightning/index.htm Note that the XO Club still exists but in a different venue location and context. See also John Lombardo and Don Muret, "Pistons Look at Cutting Half of Arena's Suites," *SSSBJ*, 30 January 2012, 1, 6.
29. Michael Smith, " 'Miller Lite Party Deck' All About Having Fun," *SSSBJ*, 23 July 2007, 23.
30. Don Muret, "Fan Cave Catches on Quickly With Tribe Fans," *SSSBJ*, 1 November 2010, 22.
31. See the IAVM website at www.iavm.org. The Stanford training program is described in Roy Purpur and Betsy Alden, "The Guests Are Here," *Athletic Management*, 13 (2) (February–March 2001): 6–11.
32. For an interesting approach to evaluating channel values, see Irving Rein, Philip Kotler, and Ben Shields, *The Elusive Fan: Reinventing Sports in a Crowded Marketplace* (New York: McGraw–Hill, 2006), 245–6.
33. S. Hardy, "Adopted by All the Leading Clubs: Sporting Goods and the Shaping of Leisure," in *For Fun and Profit,* ed. R. Butsch (Philadelphia: Temple University Press, 1990), 71–101.
34. M. Palmisano, "Merchandising Can Mean Added Revenue for You," *Athletic Purchasing and Facilities,* October 1980, 22–24.
35. Don Muret, "Chargers Find Niche in Retail Sales, *SSSBJ*, 15 January 2007, 8.
36. Bruce Schoenfeld, "Shopping in Stadium's Shadow," *SSSBJ*, 19 November 2007, 1, 28–30. www.patriot–place.com.37. John Lombardo and Eric Fisher, "Deal Will Create NBA Portal on Ticketmaster," *SSSBJ*, 20 August 2012, 1, 31. For another view of Ticketmaster (in the concert arena) see Chuck Salter, "Ticketmaster: Rocking the Most Hated Brand in America," *Fast Company*, July–August 2011, 90–97, 118.
37. Jay Weiner, "Are the Days Numbered for the Paper Ticket?" *SSSBJ*, 18 June 2007, 17–21; Jay Weiner, "Walk Up Sales Stumble as Technology Advances," *SSSBJ*, 18 June 2007, 20; Eric Fisher, "MLB Fanpass to Make Paperless Ticketing Push, *SSSBJ*, 19 March 2012, 1, 45; Michael Smith, "Colleges's Season–Ticket Delivery Shifts Online," *SSSBJ*, 24 October 2011, 5.
38. For current policy see: www.umterps.com/fls/29700/pdf/tickets/13–14StudentTicketPolicy.pdf?DB_OEM_/D=29700.

39. Quotation in Don Muret, "Teams Still Making Sales in Retail Outlets," *SSSBJ*, 23 May 2011, 18; "Chevron Inks Reported $15-20M Pact With MLB Grants," *SBD*, 4 December 1997, 3; "Burger King Sells Tickets Their Way—Lots of Them," *Team Marketing Report* (January 1994): 4, 7; "ETM Remote Locations and Kiosks," *SBD*, 9 February 1998, 10; *Migala Report*, 1 July 2004, www.migalareport.com; Don Muret, " 'Dolphins Express' Finds More Riders," *SSSBJ*, 23 May 2011, 18.
40. L. Miller and L. Fielding, "Ticket Distribution Agencies and Professional Sports Franchises: The Successful Partnership," *SMQ*, 6 (March 1997): 47-55; Andrew Cohen, "Ticket to the Future," *Athletic Business*, September 2001, 55-61. Adam Fraser, "Just the Ticket," *SportsPro Magazine*, October 2010, 98-101.
41. W. Suggs, "Sox Ticket System Target Ticketmaster," *SSSBJ,* 18-24 May 1998, 7.
42. "Payroll Deductions Add Up to Hamilton Season Tickets," *Team Marketing Report* (October 1992), 5.
43. Terry Lefton, "Tickets Served Up From Roving Dodgers Truck," *SSSBJ*, 25 May 2009, 6.
44. Kevin O'Connor, "Football Tickets Delivered in 30 Minutes, or Less," *NewsLink Indiana*, 31 August 2004, www.newslinkindiana.com.
45. "Giants Offer Web Ticket Exchange for Season-Ticket Holders," *SBD*, 14 June 2000, 15.
46. Quotation in Michael Smith, "Colleges Jump on Secondary Bandwagon," *SSSBJ*, 24 October 2011, 23; Bill King and Eric Fisher, "Second Thoughts: Teams Face a Secondary Market That Has Redefined the Ticket Business," *SSSBJ*, 24 October 2011, 15; and Adam Fraser, "Just the Ticket," *SportsPro Magazine*, October 2010, 98-101. See also John Lombardo, "ScoreBig," *SSSBJ*, 27 September 2010, 5.
47. Bill King, "What's the Right Call on Wireless?" *SSSBJ*, 22 February 2010, 1, 13-19, quotation at 13.
48. Marc Andreessen, "Why Software Is Eating the World," *Wall Street Journal*, August 20, 2011, C-2.
49. Jenn Abelson, "High-Definition Heroes," *Boston Globe,* 9 June 2004, B-1, B-7; Jenn Abelson, "New Season for 'Game Night' Screenings," *Boston Globe,* 8 April 2005, C-1, C-3.
50. Sheranne Fairley, B. David Tyler, "Bringing Baseball to the Big Screen: Building Sense of Community Outside of the Ballpark," *Journal of Sport Management*, 26 (3) (2012): 258-270. On 1890s telegraph theater, see Stephen Hardy, *How Boston Played: Sport, Recreation, and Community, 1865-1915* (Boston: Northeastern University Press, 1982), x.

第十四章　体育营销的法律问题

史蒂夫·麦凯尔维
约翰·格雷迪

学习目标：

- 介绍影响体育产品营销的关键法律概念和法律问题；
- 向体育营销人员介绍需求及实践方法，以保护与体育产品或比赛相关的知识产权，并了解与体育赞助理念或授权计划理念相关的知识产权；
- 研究体育营销和促销活动的法律限制，使体育营销人员可以更好地管理风险并规避法律责任。

伦敦奥运会埋伏营销经验

尽管在伦敦夏季奥运会中，品牌警察全力以赴，但陪审团却在埋伏营销这个话题上置身事外，只因陪审团未被召集起来。本应对埋伏营销严防死守的战争以失败告终。

在每届奥运会上，组织者都采取了严格的保护措施（甚至是过度保护），以确保官方赞助商免受埋伏营销的侵害。埋伏营销一直备受争议，它是指非官方赞助商的企业在比赛中打广告并进行促销，通过赛事的信誉、声誉和知名度谋取利益。从严格的法律角度来看，埋伏营销人员很少侵犯体育组织的商标或赛事，这使得品牌保护更加困难。

为了申办伦敦奥运会，英国政府颁布了特别法律法规，旨为在奥运会期间提供更多的埋伏营销保护。这项立法明确了伦敦奥林匹克协会的权利，这种对奥林匹克知识产权的保护是空前的，并使之后的主办国争先效仿。协会有权规定，暗中与奥运会进行的商业合作或合同合作将违反伦敦奥林匹克关联权（LOAR）（固然，此规定为诚实的商业行为提供了安全的庇护所）。

奥运会前，国际奥林匹克委员会（IOC）和伦敦奥林匹克组织委员会（LOCOG）立法时的激进方式令人极其不满。例如，5月，奥运会警察成功取缔了一个展示橱窗，在该橱窗中，健身房塑料绳被用来模拟奥林匹克五环，一家房地产代理商用“代售”标志盗版了奥运会火炬。在奥运火炬传递期间，LOCOG官员看到了这个橱窗展示后，要求其除去侵权商标的展示，否则他们将面临正式的法律诉讼：“虽然我们很感激您的热情和支持，但在商业办公室窗口中使用奥运五环不可避免地将该（房地产）与奥运会建立了联系，并使该（房地产）品牌从奥林匹克火炬接力的商誉中受益。”

该房地产公司经理说：“这是千载难逢的大事件。但这竟然与大众无关。这只是劳埃德银行、三星和可口可乐［官方赞助商］的奥运会。”后来人们承认，两名伦敦奥林匹克组织委员会（LOCOG）律师在火炬传递中全程陪同，就是为了解决其他可能的埋伏营销事件。

伦敦奥林匹克组织委员会（LOCOG）的埋伏式镇压行动也使其他小型企业陷入困境，例如一家内衣店的老板和一位展示奥林匹克五环形状香肠的屠夫。受影响的人们认为这种积极的执法很愚蠢，行业观察家和批评家们也纷纷质疑 LOCOG 为什么选择盯着那些为了庆祝奥运会举办的小企业。而且，从战略角度看，这些本地企业对可口可乐、三星和阿迪达斯等全球奥林匹克的官方赞助商并未构成真正的商业威胁。

奥运会开始后，真正的埋伏营销也愈演愈烈，执法工作反而低调了。例如，耐克是埋伏营销游戏中的老手，它举办的"发现你的伟大"活动备受瞩目：普通运动员在世界各地名为伦敦的城市中发现伟大（很聪明的做法）。这场活动在开幕式的前几天开始，耐克的行动引起了 LOCOG 品牌执行团队的不满。但是，LOCOG 屈服了，只是"监视局势"，并最终认为没有必要提起诉讼。耐克的这种做法在奥运观众、电视观众和网络观众中获得了很高的全球消费者知名度。

爱尔兰在线博彩网站 Paddy Power 发起了另一起备受瞩目的埋伏营销事件，该公司的广告设计是在法国伦敦举行的一场鸡蛋和勺子的比赛。广告牌声称 Paddy Power 是"今年伦敦田径比赛最大的官方赞助商！你看，就像我们说的（咳咳，那是法国的伦敦）"。LOCOG 要求移除广告牌，因为这违反了奥林匹克的特别立法，但当 Paddy Power 要求法院下达命令时 LOCOG 退缩了。Paddy Power 认为内容不违反特别立法。媒体认为，为避免在奥运会举办期间的负面宣传，LOCOG 的转变是具有战略意义的。事后看来，Paddy Power 的厚脸皮广告牌可能因其不礼貌的创造力而臭名昭著，但也因 LOCOG 的回应而引人注目。

第三个广为人知的埋伏营销例子是魔声电子（Beats Electronics）的魔声耳机（Beats by Dre），该耳机被美国和英国的运动员在游泳赛场和田径赛场上争相佩戴，从而提高了其在国际电视上的曝光率。其他在没有法律追索权的情况下实施营销活动的例子，包括但不限于泰特利茶（Tetley Tea）、红牛、维珍传媒（Virgin Media）、彪马和美津浓（Mizuno）。

毫无疑问，该立法只是限制了许多较小的、规避风险的公司，或者那些为举办奥运会而自豪和兴奋的当地商户。但是事实证明，这项立法对挫败那些既聪明又有意与奥运会建立联系的公司是无效的。讽刺的是，这次的立法行动打击了那些本不打算进行埋伏营销的公司，但却无法阻止那些公然寻求埋伏营销的公司。此外，考虑到因此引发的大量负面宣传，这些过度保护的做法可能会损害奥林匹克品牌。大家都很想知道，在美国举办下一届奥运会时，国会和地方立法者是否愿意制定特别立法，为国际奥委会和当地的奥组委提供与伦敦奥运会一样的埋伏营销保护。

资料来源：经许可，转载自 A. Madkour, 2013, "Ambush marketing lessons from the London Olympic Games," *Street & Smith's SportBusiness Journal*, pg. 25.

本章讨论了体育营销与法律交叉产生的问题。在缺乏法律知识的情况下，营销体育产品（包括运动队、运动员和比赛）的人，以及营销体育产品和服务的公司，都可能面临一系列法律后果。因此，本章概述了与体育营销人员最相关的一般概念和实际问题，包括知识产权法、宣传权法、促销法和埋伏营销。首先，我们必须认识到这些法律问题很复杂，需要相关领域专业律师的协助。

第一节 知识产权

几十年后，吉尔·B.范（Jill B. Fan）最喜欢的家乡球队王牌队终于进入了世界大赛。吉尔既是忠实粉丝，又是企业家，她渴望利用这一事件，实施自己一直在规划的所有营销创意。例如，她想出一个醒目的口号，把这个口号缀在 T 恤上，上面的标志与王牌队的标志非常相似，并计划在体育场外出售这些 T 恤。她还开发了纪念该赛事的特殊徽标：两个相互交织的棒球，颜色是她家乡球队的颜色，还叠加了"世界冠军"字样。她访问了 GoDaddy.com，并对 URL www.WorldChampAces.com 进行保护，她计划在那里定期更新博客介绍她对家乡球队的热爱、王牌队球员的特点，并贴上自己的照片，出售自己的商品。她迫不及待地想要借此赚一笔。

知识产权法的主要目的是奖励发明、灵感和创造力，以维持一个开放和竞争的市场。为了鼓励科学和艺术领域的这种进步，美国宪法的制定者授权国会通过授予艺术家、作家和发明者"著作和发现的专有权"来保护他们的知识产权。[1] 因此，财产权便被用来保护这些智力产品。如果吉尔有一个独特的想法，只要她没有侵犯他人权利，她就应该有权使用它。尽管人们经常看到标识知识产权的符号（©[版权]，™[商标]和®[专利]），但是大多数人并未意识到为商标、版权或专利所有者提供法律保护的确切性质。本章的第一节主要关注商标法领域，这是与体育营销人员最相关的领域。我们也会从与体育营销者相关的方面对版权和专利法，以及一种被认为是宣传权的知识产权形式进行讨论。

为了确定保护新思想或新产品的法律保护类型，首先我们必须了解知识产权的特征。例如，商标保护唯一的单词、名称、符号和口号，版权保护原创作品，专利保护发明（新设计和新工艺）。商标的所有权可能会永远存在，而版权和专利权则有时间限制。许可是指商标、版权或专利所有人授权他人使用，但会收取一定的费用。如果没有获得版权、商标或专利的使用许可，则会侵犯知识产权所有人的权利。

单个产品可以在三个知识产权类别中均获得知识产权保护。以斯伯丁（Spalding）的内置气泵篮球（Infusion）篮球系列为例。制造商拥有一项技术专利，该技术使消费者能够使用球内的微型泵给球充气，包装上印有版权声明以及产品商标（"Infusion"）。

一、商标法概述

商标具有五个重要的目的。一个很好的例子就是：消费者会购买印有他或她最喜欢的球队篮袜队（Blue Sox）（一个虚构运动队）徽标的 T 恤。第一，商标用于识别产品（或服务）的来源，并将其与其他产品区分开。根据 T 恤上的徽标，消费者便知道 Blue Sox 团队是该产品的来源。第二，商标保护消费者免受迷惑和欺骗。换句话说，法律允许 Blue Sox 起诉任何试图混淆或欺骗消费者的人（个人或公司），这些人使消费者相信他们在购买 Blue Sox 的产品，但事实上并不是。第三，商标用于指定产品（或服务）质量的一致水平。因此，消费者知道，当他们购买了带有 Blue Sox 徽标的 T 恤时，质量就有保障，不会在洗衣机中被洗坏。第四，商标代表产品（或服务）所有者的商誉。换句话说，消费者选择购买 Blue Sox T 恤是因为他或她对 Blue Sox 有好感。第五，商标意味着巨大的广告投资。Blue Sox 已投入大量时间和财力来建立其名称和商标的价值和商誉，并且该法律旨在阻止其他公司通过在其竞品上使用类似的商标来损害该商品（或服务）的商誉或降低其价值。

商标受到 1946 年《联邦商标法》的国家级保护（通常被称为《兰纳姆法》）。[2]《兰纳姆法》对于从事体育产品、运动队、运动员和赛事营销的体育营销人员而言，已变得越来越重要，此法保护三种主要类型的商标：商标、服务商标和集体商标。

商标是一个人（通常是制造商或商人）用来识别和区分商品并指明商品来源的词、名称、符号或设备。[3]本节还介绍了商业外观，这是为产品包装提供保护的一种特殊类型的商标，在体育行业中，通常涉及产品的形状、颜色或配色方案，这一概念稍后将在本章中进行讨论。[4]

商标保护芝加哥小熊队和（袖子上的）威尔逊（Wilson）徽标、（帽子上的）新时代（New Era）徽标和（手套上的）罗林斯（Rowlings）徽标

服务商标是用来识别和区分公司服务（包括独特服务）的文字、名称、符号或设备。[5]服务商标通常用于无形服务的销售或广告中，例如，体育赛事的娱乐价值。例如，世界大赛和 NCAA 四强决赛就是服务商标，因为它们是赛事（向粉丝提供的是服务），而不是有形的产品（尽管有些粉丝会争辩，但你不可能购买世界大赛）。

集体商标在《兰纳姆法》中被定义为合作企业、协会或其他团体或组织的成员使用的商标或服务标志，用于表示工会、协会或其他组织的成员身份。[6]集体商标的例子包括职业体育界运动员协会使用的徽标，以及联赛本身的徽标。

根据《兰纳姆法》，为了获得国家商标保护，商标必须在美国专利商标局（USPTO）进行注册，这也可以避免与商标注册有关的争议。对于本地、社区体育活动和财产的商标，不需要联邦商标保护，但仍然可以根据各州法规保护自己，与《兰纳姆法》所提供的保护类似，但这些条款通常都可能涉及不正当竞争（稍后讨论）。尽管不需要商标的联邦注册即可建立商标的所有权，但它确实提供了许多重要的好处，包括以下内容：

- 商标所有人可以在联邦法院提起诉讼；
- 商标所有人在国外可注册商标；
- 商标所有人有机会向美国海关总署申请商标，以防止进口的外国商品侵权；
- 商标所有人的商誉受保护；
- 商标所有人可在全国范围内提供商标所有权的公告，从而减轻商标侵权诉讼中的举证负担。[7]

商标的所有权要求商标所有人妥善使用并将其用于商业目的。[8]但自 1988 年以来，《兰纳姆法》允许个人向美国专利商标局申请注册，前提是申请人可以证实自己在合理的时间内因“善意的意图”使用商标。[9]与有使用期限的版权和专利不同，商标所有人只要在商业活动中使用商标，就可以无限期使用该商标。[10]在创建新商标时，体育营销商建议聘请知识产权顾问进行商标搜索，查询是否已经存在任何有冲突的商标（大概需要花费几百美元即可完成）。此外，尽管美国专利商标局不对公众开放搜索，但它确实提供了商标的公共图书馆以及电子搜索数据库（参见 www.uspto.gov）。

二、哪些商标受保护？

美国专利商标局对商标进行了分类。简而言之，商标越独特，就越有可能注册成功，并获得《兰纳姆法》的保护。注册过程往往面临独特的问题，这通常由美国专利商标局或对商标注册有异议的竞争者提出（体育产业的法律顾问会定期审查商标申请清单，以确保申请者准备注册的商标不会受到体育产业的排斥）。

具有独特性和排他性的商标是很稀奇的或随意的。[11]为诸如团队名称、赛事或产品创建商标的体育营销人员应努力创建这种稀少的或随意的商标。这些标记仅仅是为了充当商标。在过去的几年中，小联盟的棒球队带头创造了一些奇特的名字，例如，威斯康星州的木纹响尾蛇（Timber Rattlers），洋杉激流麦子队（The Cedar Rapids Kernels）和田纳西州的钻石队（Diamond Jaxx）（而这些奇特的名字和徽标也成了商品销售的福音）。体育界中其他奇特的商品名称包括速比涛（Speedo）和诸如机车越野赛（Moto X）和箍迪伊（Hoop–D–Do）的赛事名称。

这些随性的标记虽然不如奇特的标记那么独特，但它们通常是众所周知的单词语、名称、符号或设备，通过广告和营销已与特定产品或服务相关联。体育界的例子包括重力比赛（Gravity Games）、人造草坪（Field Turf）和竞技场足球联赛（Arena Football League）。

商标的最后一类是提示性标记。尽管与奇特或随意商标相比，提示性标记并未描述产品或服务的任何特定成分、质量或特性，但提示性标记巧妙地暗示了与产品或服务相关的某些内容。提示性标记让消费者运用自己的想象力进行联想。标记的暗示性越强，进行关联的消费者就越需要想象力。例如，Powerade，该词暗示了等渗饮料能为出汗的消费者提供的某些性能，以及 Nike（希腊女神，是胜利的化身）。

商标的另一种极端是从字面上无法区分一种产品或服务，因为此类商标通常使用一些普通词语。这类商标在商标法中被称为描述性商标（难以保护，尽管并非不可能保护）和通用商标（从不享有商标保护权）。因此，建议体育营销人员不要使用描述性或通用商标。

除了因为商标具有描述性，美国专利商标局（USPTO）还将因其他多种理由拒绝商标注册。这些情况包括：商标具有不道德、欺骗性或丑闻性的情况，轻视或错误地暗示与某人（死者或仍在世）、信仰、机构或国家象征相联系，含有美国、州、直辖市或外国的任何徽记，含有已故总统的姓名、肖像或签名且未经其在世遗孀同意的，或商标仅仅是一个姓氏等情况。[12]

20 世纪 90 年代，贬低或诽谤商标的问题出现，当时一群美洲原住民要求商标审判和申诉委员会取消华盛顿红皮队的商标。[13]尽管美洲原住民最初胜诉，但红皮队提出上诉并最终胜诉，部分原因是法院裁定缺乏证据表明该商标对一大批美国原住民构成侮辱。[14]失去商标保护并不意味着红皮队不能继续使用球队名称和徽标。但是，根据联邦法或州法，失去其注册商标后将很难行使其商标权，并且可能使其他人可以制造并销售带有先前已注册徽标的产品。[15]

三、次要含义的意义

如果法院认为描述性徽标和商标具有次要含义，即被定义为“在购买者和潜在购买者心中的精神认可，即与该符号或设备相关的产品源相同”[16]。过去几年中，体育诉讼争议最激烈的领域之一是大学和职业运动队的配色方案是否应受到商标保护。这基于团队配色方案获得次要含义的程度。最早的此类案件之一是西雅图海鹰队对一家服装制造商提起的诉讼，尽管没有使用海鹰标志，但该服装制造商生产了带有海鹰色的橄榄球式球衣。法院认为，海鹰队的球衣配色具有次要含义，享有商标保护权。[17]

商校体育行业提供了新议题，即学校配色的次要含义。在路易斯安州立大学起诉斯马克服装公司（Smack Apparel，Inc）的监事会中，被告虽然没有使用任何该大学的徽标或标志，但出售的服装使用了 LSU 的配色（紫色和金色）。[18]该服装隐晦地暗示了路易斯安州立大学，并意图吸引路易斯安州立大学的粉丝。例如，在路易斯安州立大学赢得砂糖碗（Sugar Boul）之后出售的印有“Sweet as Sugar！”字样的 T 恤。这所大学申诉了自己的商标权。法院虽然承认颜色并非天生具有独特性，但球队配色满足了次要含义，因为消费者看到路易斯安州立大学的配色，就可能将商品与路易斯安州立大学联系起来。请注意，此特定案例还开启了被告 Smack 服装的《第一修正案》言论自由权。因此，尽管法院裁定支持该大学服装上带有赞美词组和球队的颜色，但法院也支持了斯马克服装（Smack Apparel），尽管大多数 T 恤都是用了其球队的配色，包括使用非赞美词组和图像，这些被认为是一种模仿，这便是《第一修正案》提供的保护。

亚拉巴马州体育艺术家丹尼尔·穆尔（Daniel Moore）的案件也加剧了商标法与《第一修正案》在表达自由之间的争论。2005 年，亚拉巴马大学起诉穆尔出售画有亚拉巴马州橄榄球运动员的画作。[19] 起因是这幅画作描绘了一位亚拉巴马州的后卫，穿着深红色和白色制服，防守巴黎圣母院的四分卫。大学的名称和徽标未出现在绘画中，但大学声称深红色和白色（在法律上被称为商业外观）的配色方案被广泛认为是此大学的标志，因此会造成混淆。2012 年，第一届联邦巡回上诉法庭裁定，穆尔有权在他的画作中加入深红色和白色制服，并且超越了大学的商标权。[20]这场裁决被誉为体育艺术家的重大胜利，意味着穆尔可以在未经大学许可的情况下在他的画作和商业艺术品中使用亚拉巴马州的团队配色。2013 年 9 月，一位联邦法官最终结束了这一长达 8 年的法律传奇，裁定也允许将穆尔的艺术品视为“平凡的产品”，包括 T 恤和杯子。

第二节　商标侵权

商标法保护组织创建、授权许可、分销官方商品的权利

商标许可已成为一项价值数十亿美元的业务，涉及专业和大学体育。为了保留这些收入来源，体育营销人员越来越警惕商标侵权，有时甚至会产生负面的公共关系。例如，MLB 过去曾威胁要对使用大学棒球夏季联赛的科德角（Cape Cod League）球队采取法律行动，因为其使用了带有 MLB 商标的球队名称。[21]主要大学的橄榄球队还威胁要对使用其商标的高中采取法律行动。[22]《兰纳姆法》提出了三项主要的法律主张，这

些主张通常被一同纳入诉讼中：① 商标侵权，防止使用可能引起混淆、错误或欺骗的商标；② 虚假的原产地名称，其目的是防止他人使用商标引起联盟或赞助商的混淆；③ 淡化著名商标的独特品质。[23]证明违反《兰纳姆法案》的举证者是商标所有者。

一、传统商标侵权

《兰纳姆法》将侵权定义为“未经商标所有人同意的情况下，因与销售、提供销售、分销或进行广告宣传相关的复制、伪造、效仿或疑似模仿已注册商标的行为而引起的混淆、错误或欺骗”。[24]

请记住，商标法的目的首先是保护消费者。因此，商标侵权案件的关键在于是否使消费者产生混淆，原告通常通过消费者调查来证明这一点。早在宝丽来公司（Bolaroid Corp.）诉波拉拉德电子公司（Blarad，Inc.）案中，法院就提出了确定混淆所涉及的要素。[25]尽管其他联邦法院纷纷制定了“混淆可能性”要素测试，但都遵循最初在 Polaroid 测试中提出的八个因素。[26]

假设王牌队起诉吉尔·B.范制造和销售的 T 恤衫（在类似于王牌队商标的徽标上贴醒目的标语）构成商标侵权。法院对王牌队证明混淆可能性的评估将取决于以下八个要素，或以下三个要素的组合：

- 王牌队商标的强度。（王牌队的商标是奇特的、随意的，其具有的次要含义是描述性的，还是通用的？）
- 王牌队的商标与吉尔·B.范涉嫌侵权的商标之间的相似程度。
- 所涉产品的相似性。
- 所涉市场渠道的相似性。（王牌队的目标消费者群体是否与吉尔·B.范想要定位的消费者类似？）
- 所涉分销渠道的相似性。（王牌队与吉尔·B.范的销售地点是否类似？）
- 被告采用商标的意图。（是否有证据表明吉尔·B.范误导消费者以为她的产品是由王牌队赞助或与王牌队有关？）
- 潜在消费者的复杂性。（消费者是否可以区分王牌队和吉尔·B.范产品源的不同？）
- 实际混淆的证据。（王牌队是否可以通过消费者调查提供证据，证明消费者对吉尔·B.范的产品来源感到困惑？）

二、虚假的原产地标记

商标所有人可能会提出的另一种申诉为虚假原产地标记。《兰纳姆法》为保护商标所有人，禁止竞争对手“引起混淆，或欺骗自己与他人之间存在从属关系或联系，又或是此商品、服务、商业活动存在原产地、赞助、或他人授权相关的欺骗行为”。[27] 根据该理论，商标所有人需建立公众认可：即商标可用来识别商品和服务，并可以与其他商品和服务区分开来。在获得公众认可后，原告必须证明被告对商标的使用可能会使公众误以为原告曾经是被告产品或服务的来源。所谓的侵权者通常会使公众误以为其与商标所有人（组织）之间存在赞助关系。

与体育运动有关的案件是达拉斯牛仔队的啦啦队（Dalles Cowboys Cheerleaders, Inc.）诉猫咪电影院（Pussycat Cinema, Ltd.）案。[28] 在此案中，被告在自己经营的电影院放映的一部电影中，一位演员的穿着与达拉斯牛仔啦啦队的制服极为相似。影片海报描绘了穿着达拉斯牛仔啦啦队制服的女人，并提到了达拉斯和达拉斯牛仔啦啦队。法院裁定这属于“牛仔啦啦队员”并禁止其放映此影片，认为这种白色靴子、白色短裤、蓝色上衣和星光熠熠的白色背心和腰带的服饰（基于次要含义）属于原告的商标。法院还认为，公众很可能会将牛仔啦啦队员与这部电影联系起来，并且会误以为原告是电影的赞助商。[29]尽管被告辩护称理智的人不会相信牛仔啦啦队员与这部电影有关联，但法院仍质疑这种对消费者困惑的解读过于狭隘。法院指出，只要电影中所描绘的制服让人想到达拉斯牛仔队的啦啦队员，就会引起消费者的困惑，法院认为这个电影已经成功制造了这种困惑。[30]

三、淡化

第三种可能的申诉是通过模糊或败坏声誉来淡化著名商标。最近的两项与体育有关的决策通过解释《1995 年联邦商标淡化法》（FTDA）2006 年修正案，阐明了这类申诉在体育商标中的应用。[31]这两项决定均为体育品牌和提出淡化申诉的团队（通常与商标侵权和不正当竞争要求同时申诉）提供了指导。淡化可能是通过模糊（被告使用相同或相似的商标或商标名称而使原告著名商标的独特性受损），也可能是通过声誉败坏（被告使用相似的商标或商标名称损害原告著名商标的声誉）而出现。[32]

FTDA 于 1995 年颁布，旨在保护所有人对其商标的投资，其中包括“弱化著名商标的辨识度及其商品和服务的区别度，从而使商标的强大识别价值因其他人的使用而减少或逐渐减弱。”[33] 2003 年莫斯利（Moseley）诉 V Secret Catalogue 公司（拥有“维多利亚的秘密”Vicyoria's Secret 商标的联营公司）淡化案，法院裁定，美国商标淡化法（FTDA）“明确要求需提供实际的淡化证据，而不是淡化的可能性”，[34] 2006 年《淡化法修正案》也规定，不论是否存在混淆、竞争或经济损害，原告仅需表明被告的商标很可能会因模糊或声誉损害而造成淡化。[35] 2006 年《淡化法修正案》明确了决定商标是否足够著名而被淡化的因素，并阐明：淡化声明不适用于仅获得“利基名声”的商标。

根据 2006 年《淡化法修正案》规定，若要提出淡化主张，原告必须首先证明：① 他或她拥有一个与众不同的著名商标；② 被告已开始在商业活动中淡化该著名商标；③ 被告商标与著名商标之间的相似性会导致商标之间产生关联；④ 这种关联可能会损害著名商标的独特性或可能损害商标的声誉。[36]

淡化主张的关键点在于原告的商标是著名商标。也许 2006 年《淡化法修正案》最重要澄清的是要求商标“被美国普通消费者广泛认可，而且商标所有人被认定为此商品或服务的来源”[37]。最近的两项相关案例表明，在国家范围内分销产品的国际品牌更容易满足此要求。相反，本地或地区的体育组织可能会受到更大的障碍。[38]

在阿迪达斯（Adidas America, Inc.）诉美国折扣鞋零售店（Payless Shoesource, Inc.）一案中，法院裁定阿迪达斯（Adidas）的三条纹标记早在 1970 年就很出名了。[39]法院裁定，理性的事实发现者可以得出结论，Payless 的两条纹标记与三条纹几乎相同或基本相同，并且“作为与[阿迪达斯]商标基本相同的标识符，消费群体的很大一部分可能会将重点放在该元素上”。[40]陪审团随后作出裁决，因商标被侵标和受到不正当竞争，阿迪达斯索赔 3.04 亿美元。[41]

与全球运动品牌阿迪达斯的决定相反，2007 年德克萨斯大学（以下简称 UT）系统诉 KST Electric, Ltd.中，由董事会做出的决定表明，大学体育组织在联邦提出淡化主张时面临更大的障碍。[42] KST Electric 是狂热的 UT 球迷持有的一家本地公司，设计了一个公司徽标，该徽标由一个长角牛剪影组成，左脸颊区域带有长角牛形的“K”，右脸颊区域带有“S”，脸部带有“闪电 T”，角之间标有单词“ELECTRIC, LTD”（法院将其称为“Longhorn Lightning Bolt Logo”，以下简称“LLB 标志”）。该大学起诉 KST Electric 涉嫌商标淡化。法院采用了 2006 年《淡化法修正案》中所列举的淡化元素，最重要的要求是商标必须“得到美国普通消费者的广泛认可”。[43]该大学为了支持自己的主张陈述了以下事实：① 美国广播公司（ABC）和 ESPN 上定期转播其橄榄球比赛，并在这些广播节目中突出了其长角牛标志；② 在过去的五个赛季中，全国进行过 97 次男子篮球赛电视转播；③ 球队曾出现在全国冠军赛中；④ 从 1963 年到 2006 年，UT 橄榄球运动员曾 10 次登上过《体育画报》的封面；⑤ UT 还提供了出售官方许可每年版税收入的记录。

法官裁定该大学提供的“公众证据”是“利基市场声誉的主要证据”[44]。法庭认为 KST 提供的调查证据更为重要。为了证明 UT 的商标在全国范围内没有得到充分认可，以至于不能超过“利基成名”的水平，KST 进行了一项全国调查，该调查表明，在全美受访者中，将 UT 注册的长角牛徽标与 UT 联系在一起的只占 5.8%，得克萨斯州受访者中只有 21.1%。法院最终裁定，KST 提供的调查证据表明，UT 出于商标淡化的主张其实只是获得了利基市场的声誉。

根据法院在阿迪达斯和 UT 案件中的判决，我们可以推测哪些大学或职业体育组织的商标符合 2006 年《淡化法修正案》的标准，适用于邦联淡化主张。例如，尽管我们认为达拉斯牛仔队或格斗爱尔兰人的标志确实很出名，但法院对 UT 案的裁决引起了人们的怀疑，即他们可能只会上升到利基名声的水平。如果不是特定的体育爱好者，大部分的美国普通消费者可能不会去识别这些标记。

四、对涉嫌侵权者采取行动

体育资产或制造商发现涉嫌商标侵权的案件时该怎么办？财产所有者通常会对侵权者发出声明，要求其停止并制止（即停止）涉嫌侵权行为。如果涉嫌侵权者拒绝合作，则《兰纳姆法》（以及适用的州法律）赋予商标所有者提起禁令性诉讼的权利——法院要求其在审判前和审判期间停止侵权活动。要获得禁令，知识产权所有人必须向法院证明三个要素：① 侵权活动将对商标所有人造成不可弥补的损害；② 如果禁令被取消，商标所有人受到的损害高于被告在执行禁令时受到的损害；③ 商标所有人很有可能胜诉。收到禁令后，所有人就案情进行诉讼，并获得经济补偿。

五、商标侵权辩护

提出商标侵权索赔时，被告可以提出多项辩护，包括放弃、合理使用、商标已经成为通用商标或商标仅是功能商标（功能测试）。

（一）放弃

与存在时限的版权和专利权不同，所有人只要继续在商业中使用其商标，就可以无限期使用该商标。但是，根据《兰纳姆法》，当商标所有人停止使用该商标并且在合理的时长内不打算恢复该商标的使用时，该商标可以视为被放弃。[45]因此，当更改体育资产的名称或徽标，但又希望保留先前商标时，必须采取预防措施以防止这些商标被放弃。通常，这些措施包括在适当的续展期间维护商标的注册，并以某种方式定期使用旧商标。体育营销商应注意，过度许可、缺乏对授权商使用商标的监管或两者兼而有之，商标也会被视为放弃。因为商标极具价值，所以法院确实需要大量的放弃证明。[46]一个有趣的案件是阿卜杜勒·贾巴尔（Abdul–Jabbar）诉通用汽车公司案，原告提出了放弃姓氏的问题。[47]在 1993 年 NCAA 男子四强决赛时，通用汽车投放了一条广告，其中提到了卡里姆·阿卜杜勒–贾巴尔（Kareem Abdul–Jabbar）在 UCLA 和 NCAA 时的纪录。阿卜杜勒–贾巴尔在创造纪录时，他的名字还是卢·阿尔辛多（Lew Alcindor）。阿卜杜勒–贾巴尔除了引用细节问题外，还声称该广告将自己与汽车进行了比较。通用汽车回应说，当他加入伊斯兰教时，他放弃了卢·阿尔辛多这个名字，因此没有发生侵权行为。法官在裁决阿卜杜勒–贾巴尔时说："一个人的名字是一个人身份的组成部分。它不能通过商业用途'保持生命'。一个人若决定使用姓氏以外的名字，并不意味着他打算保留出生姓名或与该姓名相关的身份。"[48]

（二）合理使用辩护

商标权不是绝对的，只要不具有欺骗性，法律就允许在销售商品或服务时使用商标。[49]因此，合理使用辩护是允许的，例如，诸如阿迪达斯之类的公司在其广告中使用耐克商标来比较这两种产品。合理使用辩护还包括某公司出售了另一家公司生产的翻新折扣高尔夫球。[50]合理使用辩护也在商业言论的宪法保护下适用。例如，在涉及美国奥委会的一案中，法院裁定，发行名为《美国奥林匹克》（*OLYMPICS USA*）的杂志出版商并未对美国奥委会"奥林匹克"一词的使用造成侵权。[51]法院裁定，限制出版商使用"奥林匹克"一词会引起有关新闻媒体组织受《第一修正案》保护的严重问题。

（三）通用

如前所述，即使获得次要含义，通用术语也无法获得商标保护。因此，涉嫌侵权的人可以提出质疑，认为该商标是通用术语。因此，联赛不能声称自己拥有诸如冠军或大型比赛之类的版权。此外，如果驰名商标没有受到商标所有人的积极保护，也会变成通用术语。众所周知的例子包括阿司匹林、玻璃纸和蹦床，所有这些都曾被注册过商标，但之后还是进入了公共领域。成为通用术语的可能性使得公司必须积极保护和推广其商标。

（四）功能性

最后一种辩护涉及的标志虽并未描述或区别产品或服务，但对于产品的存在是必需的。在先前讨论的"达拉斯牛仔啦啦队"一案未能成功提出功能辩护，因为被告可以提出其对穿着与达拉斯牛仔啦啦队制服相似的女演员的描述不构成商标侵权，因为该制服设计不是商标，而是在使用其功能。法院不同意，认为穿制服不只是担任啦啦队员的功能。因此，该项目具有服务或执行功能的事实并不意味着它无法同时暗示赞助或产品来源。

六、其他商标保护问题

随着互联网被用于商业、通信、公共关系和广告中，体育营销人员要面临的法律问题也相继出现。互联网的出现导致商标问题泛滥成灾，最明显的是域名抢注，在此域名中，个人注册域名的唯一目的是试图将域名返卖给合法的商标所有人。法院和美国立法机关均已解决了这种最早出现的互联网侵权行为。许多案例认为，在域名中使用他人商标可能构成《兰纳姆法》规定的商标侵权行为。[52] 在 1999 年之前，商标所有人对其在域名中使用商标的唯一补救措施仅限于《兰纳姆法》或淡化主张。但在 1999 年，国会通过了《反抢注消费者保护法》（ACPA）。[53] 根据 ACPA，如果某人“出于恶意意图从该商标中获利”并进行注册、贩卖或“使用与奇特商标相同或令人混淆的相似商标”或“对驰名商标，使用与驰名商标相同或令人混淆的相似商标造成商标淡化”，是需要承担法律责任的。[54] 根据 ACPA，可以采取几种补救措施，包括没收或取消域名、转让域名以及追回金钱损失。从业人员需要将新团队名称和口号实时注册到域名中。

随着经济全球化，越来越多的公司寻求在国外开展业务，更多的信息通过互联网传播，更多的商务通过互联网进行，因此知识产权所有人必须要考虑在国外注册版权、商标和专利。为了向国际商务的商标所有人提供更好的保护，《马德里议定书》于 2003 年生效。根据该议定书，美国商标申请人现在可以向美国专利及商标局（USPTO）提交一份申请，以在所有协议成员国中获得保护。该协议的签署国超过 60 个。因此，美国商标申请人不再需要在每个国家/地区分别单独注册，且这一过程既昂贵又耗时。在美国提交申请后，美国专商局会将其转发给世界知识产权组织（WIPO）国际注册部进行处理。

许可产品的销售和在国外举办体育赛事已经成为美国体育产业越来越重要的收入来源。此外，中国、韩国和欧洲国家的体育产业正在发生巨大的增长，特别是在棒球、篮球、美式足球和动作运动等体育领域。美国的体育营销人员需要认识到确保识别其产品、服务和赛事的商标在这些国家/地区受到保护的重要性。

第三节　版权法和体育营销

在王牌队即将获得世界大赛胜利并感到兴奋的时候，吉尔·B.范创作了一首名为 *The Aces Clear the Bases* 的巧妙歌曲，并打算将其推向市场。她还以自己的创业精神，录制了世界大赛的视频，自行编辑剪辑后在互联网上出售名为《夺冠之路》（*The Road to the Title*）的视频副本。

理解版权法对体育营销者来说也很重要。例如，版权保护比赛期间播放的音乐，并要求体育营销人员申请美国作曲家、作者写出版者协会（ASCAP）批准，以保护音乐家的版权。负责制作文字、音乐、图片或图形设计或视听作品（包括体育赛事广播）的广告或促销活动的体育营销人员，必须了解版权法。

首先，需要理解的重要一点是，在版权法的背景下，一个人不能仅对一个构想进行版权保护。这个概念在胡普拉体育和娱乐公司（Hoopla Sports and Entertainment, Inc.）诉耐克公司（Nike, Inc.）一案中得到了印证，在该案中，原告称耐克窃取了其高中篮球全明星赛的构想，但起诉失败。[55]尽管原告诉讼侵犯版权的指控被驳回，但法院裁定该比赛构想不具有版权。

版权法主要遵从1976年的《版权法》，该法保护出现在任何有形媒介中的原创作品。[56]此外，《数字千年版权法》还提供了有关数字创作和互联网的版权法。[57]

版权可以是现有的东西，也可以是以后开发的东西。但是作品必须是可以被感知、复制或以其他方式传达的东西。原创作品包括：

- 文学作品，例如书籍和故事；
- 音乐作品，包括任何附带的歌词；
- 戏剧作品，包括任何附带的音乐；
- 哑剧和舞蹈作品；
- 绘画、图形和雕塑作品；
- 电影和其他视听作品；
- 录音；
- 建筑作品。[58]

随着技术的进步，受保护的作品定义越来越广泛。无论如何对作品进行描述、解释或说明，对于原创作品的版权保护，并不包括任何思想、程序、过程、系统、操作方法、概念、原理或发现过程。[59]

版权法授予版权所有人以下权利：

- 通过出售、出租、租赁或借出的方式向公众复制或分发受版权保护的作品副本或录音。
- 根据受版权保护的作品开发衍生作品。
- 公开表演受版权保护的作品（文学、音乐、戏剧和编舞作品，哑剧，电影等）。
- 公开展示受版权保护的作品（文学、音乐、戏剧和舞蹈作品；哑剧；以及绘画、图形或雕塑作品，包括电影或其他视听作品的单个图像）。
- 通过数字音频传输（录音）公开表演受版权保护的作品。[60]

根据普通法，版权保护始于作品创作之时并且是一种有形的形式。但是，在美国版权局注册版权，就像注册商标一样，在未经授权使用的情况下，会为版权所有人带来多项好处。例如，注册版权可以使版权所有人立即提出侵权诉讼（否则，版权会受到侵犯，因此所有人必须第一时间注册版权）。另外，如果在涉嫌侵权之前未注册版权，那么可追偿的损害赔偿金额是有限的。如果某人没有选择在美国版权局注册其作品，则至少应该在创作时保留好记录，并放置一个版权符号，或写上“版权”一词，还要写上作品的创作日期和作者的名字。另一个好办法是对所表达的想法进行公证，以证明版权作品上列出的日期已被记录在案。

美国版权局也接受在线作品的注册。同样，确定在线网站是否受版权保护的关键因素就是它是否拥有原始作者的身份。[61] 在1978年1月1日建立的版权保护规定版权保护期限包括作者有生之年及去世后的70年，之后作品便属于公共领域。[62]如果作品是由多人创作的，保护期限则为所有创作人员的有生之年及最后一位去世的创作者去世后的70年。雇主拥有雇员创作的作品的版权。对于为雇主制作的作品，雇主的版权保护期限为出版之日起的75年，或者自创作之日起的 100 年，以先到期限为准。[63]

一、侵犯版权

当有人未经授权使用受版权保护的作品时，就会发生版权侵权。法院在确定是否发生版权侵权时会考虑四个要素：

- 使用目的，包括这种使用是商业性质还是非营利的教育目的；
- 受版权保护作品的性质（特征）；
- 与版权作品整体相关部分的数量和实质；
- 使用受版权保护作品对其潜在市场或价值的影响。[64]

二、版权侵权辩护

在侵犯版权的案件中，被告可以质疑版权的真实性。但是，更多的情况下，被告可以合理辩护，辩护原则最初是由法院创建的，目的是既能严格执行版权法且又不会抑制创造力。此后，首先由法院阐明的合理使用原则被纳入《版权法》。[65]因此，当“为批评、评论、新闻报道、教学（包括用于课堂的多份副本）、学术或科研等目的而使用版权作品时，允许对版权作品进行合理使用”。[66]法院使用前面提到的四个要素来确定对作品的使用是否符合合理使用原则。

在与体育相关的主要案件中，纪录片《当我们成为国王》（*When We Were Kings*）中出现了穆罕默德·阿里（Muhammad Ali）搏斗的电影片段，该片段的版权所有人曾试图通过预告禁令禁止其使用。[67]法院认为，通过合理使用辩护，被告很可能会成功，因此同意其使用 9 到 14 个剪辑片段，总时长为 41 秒至 2 分钟。[68]显然影片是商业性的，但关键是该作品是一部纪录片，是评论、批评、学术和科研的结合。此外，阿里传记的制作是出于公众利益的考虑，使用量很小，剪辑不是工作的重点，并且使用剪辑不会对原告享有的版权产生影响。[69]

尽管“超级碗”的实际播放受到版权法的保护，但是为比赛拍照的新闻机构拥有其照片的版权。

三、版权和体育赛事

你在每场比赛中都能听到一句话，并且毫无疑问会铭记于心：“此电视转播是 NFL 的版权。未经 NFL 的明确书面同意，严禁重播、转播或对该电视转播进行任何其他使用、描述或报道。”这到底是什么意思呢？

体育赛事是否应受版权保护的问题尚未完全解决。目前，只有体育赛事的广播或有线传输才受版权保护。[70] 1976 年，国会明确修改了《版权法》，以确保录制的现场表演和体育赛事广播受到版权法的保护。[71] 国会认为，摄影机操作员、导演和制片人是这些创造性劳动的作者。然而，由于没有作者身份，实际的体育赛事似乎没有版权。在比赛相关的案件，生产承包商公司（Prod. Contractors, Inc.）诉大陆广播公司（WGN Continental Broad）案中，伊利诺伊州北区地方法院裁定，圣诞节游行不是享有版权保护的原创作品。[72]

随着技术的进步，谁拥有什么知识产权的问题也在增多。1996 年，当 NBA 起诉摩托罗拉和统计公司（STATS, Inc.）侵犯版权时，数据统计和比赛成绩所有权的开创性案件出现了。[73]摩托罗拉的体育特克斯（Sports Trax）传呼机系统显示了 NBA 的比赛信息，其中包括比赛中出现的球权、球队罚球、比赛的一小节以及比赛的剩余时间。信息每两到三分钟更新一次，并且在上半场结束和比赛结束时更新更频繁。传呼机屏幕上的信息比比赛中的事件出现的延迟两到三分钟。SportsTrax 的运营依赖于 STATS 记者提供的数据，他们在电视上观看比赛或在广播中收听比赛。记者使用个人计算机键入分数变化以及其他信息，例如，投篮成功和失败、犯规和更新时间。然后，信息继而传到 STATS 的主机，后者对数据进行编译、分析和格式化以进行重新传输。然后信息被发送到各种 FM 无线电网络，并向 SportsTrax 传呼机发送信号。STATS 还在其网站上提供了更为全面和详细的实时比赛信息。在那里，比赛分数每 15 秒到 1 分钟更新一次，并且每分钟更新一次球员和球队的统计数据。

在确定 NBA 在比赛进行中是否拥有其比赛统计数据和得分的版权时，法院裁定国会打算仅在记录的比赛转播中保护联盟的利益，而不是在实时数据（得分、关键进攻等）中保护联盟的利益，即那些被摩托罗拉员工获取，然后在传呼机上播放的信息不受保护。因此，法院裁定，摩托罗拉和 STATS 没有通过传输近实时的 NBA 比赛得分以及从正在进行的电视和广播中获取统计数据来非法盗用 NBA 的财产。

尽管田径比赛本身可能不受版权保护，但赛事组织者可以采取措施来保护自己在比赛中的专有权益。[74] 例如，ESPN 为了商标保护而将商标符号用作极限运动比赛的名称和 X 符号。ESPN 的所有 X Games 促销材料上还附有版权声明。尽管这些措施不能保护 ESPN 和其他举办 X Games 相似活动的（Gravity Games，Dew Tour 和 StreetGames 随后出现）机构免受竞争者的侵害，但它的确保护了 ESPN 免受他人使用 Extreme Games 这个名称的伤害。[75]选择与众不同的商标，与参与者建立长期合同，并禁止赞助商创建或赞助类似的竞赛活动，可以进一步保护活动创意。[76]

互联网广播技术的进步继续引起体育赛事和财产的知识产权问题，版权法适用于很多方面。在新兴技术出现的早期，法院根据《第一修正案》的原则维护了将近实时分数发布给拥有特殊设备（例如，传呼机）的消费者的行为。最引人注目的体育案件是 NBA 诉摩托罗拉案（见前文），该案认为，尽管 NBA 拥有广播节目本身的版权，但在公共领域获得比赛事实后，它并没有所有权。在这种情况下，特别重要的是，被告摩托罗拉通过工作获取和传输比赛成绩。此案与之后的莫里斯通信公司（Morris Communication Corp）诉 PGA 巡回赛公司（PGA Tour, Inc.）的体育案不同，在该案中，美国巡回上诉法院认为：PGA Tour 限制佐治亚州印刷和电子报纸出版商 Morris Communication 出售美巡赛（PGA Tour）通过 ShotLink 系统收集的实时锦标赛数据是合理的。[77]尽管此案是严格基于反托拉斯法（而非版权主张）提出和判决的，但法院的判决却动摇了，因为 PGA Tour 辩护说，由于众多选手同时进行比赛，高尔夫得分统计比其他运动更难，而且 PGA Tour 花费了数百万美元才建造了此计分系统。

第四节　专 利 权

吉尔 • B.范还在通过一家海外制造商寻找她认为是新颖装置的产品——一个塑料棒球，只需按下按钮，便会释放一条标有“世界大赛冠军”和“带我去看棒球赛”的标语（据称，吉尔确定这首歌的版权已过期）。她打算在网上出售该产品，有人便建议她购买该产品的专利。又一次，她等不及要兑现了。

体育营销人员通常很少触及专利法领域。但是，对于那些参与体育产业制造商的人员而言，了解专利法尤为重要。公司投入大量资金来开发新技术，从运动鞋和运动产品（例如前面讨论过的 Spalding Infusion 微型泵技术）到新颖的计分设备和技术改进，例如橄榄球电视广播中通常使用的首次进攻黄线。基于专利法的保护，发明人可以从其创造力中获利。

对发明或发现任何新的和有用的过程、机器、制造或物质组成，或任何新的和有用的改进的人都可以授予专利。[78] 但专利不能授予一个构思。专利只能用于实际的发明或对其的完整描述。像版权一样，专利的期限有限。目前，其期限为向美国专利商标局提交申请之日起的 20 年。[79] 在这 20 年中，专利所有人不得因拥有专利而违反反垄断法，例如专利许可的无理限制或通过使用专利确定价格或限制交易。20 年期满后，未经专利所有人的许可，任何人都可以制造、使用、出售或引进此发明。

运动的新方法或新工艺也被认为具有专利性。例如，竞技场橄榄球联盟（AFL）及其母公司 Gridiron Enterprises, Inc.已在美国和墨西哥获得了竞技场橄榄球的比赛系统和比赛方法的专利。[80] 关于运动员是否可以为自己的动作（作为过程）申请专利的学术争论也越来越多。[81]例如，吉姆 • 福斯伯里（Jim Fosbury），背越式跳高技术的发明者，能否将这种革新性技术（躬身，后背先过）申请专利，从而阻止他的竞争对手使用该技术？美国奥运选手埃文 • 莱萨塞克（Evan Lysacek）能否将其花样滑冰跳技术申请专利，从而遏制其竞争对手？尽管有些人争辩说，这种体育运动完全属于可授予专利的定义之内，但是法院和评论员建议，从实际的角度来看，此类专利权的执行以及对竞争产生的影响是有争议的。这也许只是时间问题。

总之，专利法是知识产权三个领域中最复杂的领域。因此，这很有可能也是人们或组织针对注册过程和保护法律需要专业指导的领域。

第五节　体育营销传播问题

向体育消费者传达营销信息的过程给体育组织、团队和产品制造商的营销人员提出了许多法律问题。尽管涉及体育行业的案件很少，但体育营销人员仍需谨慎，不要在打击虚假广告和欺骗消费者行为时违反联邦法律，也不要在保护消费者不受非正当、虚假或欺骗性广告时违反州法（所有 50 个州均通过）。

商业通信通常暗含《第一修正案》对言论自由的规定，因为商业言论在一定程度上不受政府的限制，而是受宪法保护的。宪法赋予体育组织的商业言论权与政府保护消费者免受商业行为欺诈或欺骗之间，要达到一种平衡。商业言论仅仅指提倡商业交易的言论，其中最常见的形式是广告。此外，非体育案件曾裁定，言论受《第一修正案》保护，因为“花了很多钱来确立该保护”。[82] 1980 年最高法院的一起案件，中央赫德森天然气和电力公司（Central Hudson Gas & Electric Corp.）诉纽约公共服务委员会（New York Public Service Commission）时，提供了检测四要素，用于确定国家（政府）对商业性言论的限制是否符合宪法：① 商业性言论必须涉及合法活动且不得产生误导性；② 国家在限制商业性言论方面必须具有实质性利益关系；③ 法规必须直接促进国家利益；④ 法规的范围不得超过满足国家利益所需的范围。[83] 换句话说，政府法律法规禁止商业言论的目的必须足够重要，以允许政府实体限制某人的《第一修正案》权利，而且这些限制必须与实现政府规定的目标直接相关。

著名的体育案件：肯塔基州赛马委员会（政府实体）禁止选手在比赛中穿着印有广告（商业言论）的制服，尤其是 2003 年肯塔基州德比的比赛。[84] 随着 2004 年肯塔基州德比的临近，许多选手提起诉讼，抗议执行委员会的广告禁令。该委员会争辩说，该禁令是为了保护赛马的完整性而制定的。如果存在不当行为，对赞助商徽标的限制是为了确保不遮挡选手的视野，并通过防止同一广告商赞助的选手之间相互串通，来增强公众对博彩的信心。法院认为，尽管该委员会的目的值得称赞，但禁止商业言论与该目标没有直接关系。

有时，商业言论问题是否存在尚不清楚。2002 年裁定的耐克公司诉卡斯基（Kasky）案，为其他体育组织的公关部门提供了深刻的教训。[85] 为了确定言论是否具有商业性，法院将审视三个要素：发表言论者、目标受众和消息内容。耐克案围绕着耐克在公关活动中的陈述是否为商业言论展开。耐克向报纸发送书面声明，并致函大学校长和体育总监，以使自己免受侵犯亚洲工人人权的指控。根据加州商业法，原告马克•卡斯基（Marc Kasky）代表公众起诉耐克，称耐克的陈述是虚假的，具有误导性。法院必须确定耐克在公关活动中的陈述是否为商业言论。法院认为，所谓的耐克的虚假和误导性陈述应适当地规定，归类为商业言论。在体育营销人员的背景下，这种区别非常重要，因为大多数州的法规中提及的涉及虚假广告之类的欺骗性贸易行为，仅适用于商业言论。因此，体育组织必须认识到，即使新闻稿和给季票持有者和媒体等利益相关者的信，很可能被法院视为一种商业言论，因此容易被认为是欺诈性商业行为。

第六节　埋伏营销

官方赞助权益的出售是体育资产最大的收入来源之一。公司通常会投入大量资金以获取官方赞助商的头衔，并在某一类产品或服务中具有排他性权力。如此一来，公司就可以在其广告或其他促销活动中使用体育资产的商标，从而与该体育资产的良好商誉产生关联。但是出售赞助权的体育资产的营销人员会面临埋伏营销的挑战。埋伏营销是指，一家公司通过各种广告和促销策略暗示公众该公司与某项体育赛事存在某种官方联系，从而利用该赛事的商誉达到其营销目的。埋伏营销者采用该战术会削弱竞争对手通过官方赞助与赛事之间建立的联系。[86]

在过去的十年中，学者和从业者之间的多次沟通，使公众对埋伏营销的看法和观点得到了发展。埋伏营销（它被描述为“不道德”的做法）最早被定义为贬义性术语，这个定义不仅体现了该概念的模糊性，还说明了埋伏营销的概念框架需要维持赞助商的合同权利与非赞助商合法参与商业竞争之间的平衡。[87]因此，埋伏营销辩论中的一个极端阶段就是奥林匹克运动公开声称的“寄生虫”营销，[88] 另一种情况是相对中性的描述，例如“平行营销”。[89] 历史上，埋伏营销一词是从体育产业的角度定义的。回顾学术文献，我们可以看到概念化埋伏营销所面临的挑战。埋伏营销是在 1984 年洛杉矶奥运会期间提出的，用于描述非赞助商（如柯达）的营销活动，柯达使用多种策略来“伏击”官方赞助商富士。[90] 埋伏营销的最早定义是贬义的，暗示着载有恶意的不道德商业行为（因此符合活动组织者和官方赞助者的观点）。例如，该术语最初被定义为“公司为削弱或伏击竞争对手的‘官方赞助’而有意进行的努力。它通过促销和广告来达到目的，这些促销和广告以赛事或体育资产的商誉和声誉为代价，并试图使购买者混淆哪些才是真正的官方赞助”。[91]

汤利（Townley）、哈林顿（Harrington）和库奇曼（Couchman）后来在定义埋伏营销时强调了未授权关联这一概念，并指出未授权关联是“在体育商业中，企业在未取得体育赛事商业权益控制者（通常是相关的理事机构）或其商业代理人的授权或许可的情况下，擅自将企业的名称、品牌、产品或服务通过一系列广泛开展的营销活动与体育赛事产生关联。”

在这种情况下，埋伏营销既包括破坏竞争对手对比赛的官方赞助，还包括将非赞助者与体育赛事本身联系起来的那些活动。其他文献表明，与贬义定义不同，埋伏营销也可以更广泛被地描述为“在活动中以各种完全合法和合乎道德的方法侵入公众意识的行为”。[93] 尽管关于埋伏营销的辩论普遍存在，关于它是“不道德的还是富于想象力的做法”的答案完全取决于旁观者的眼光。[94] 例如，活动组织者及其官方赞助商通常认为非赞助商故意或无意侵犯体育组织或官方赞助商权利的任何活动均为埋伏营销，并谴责这种行为对赞助商与体育组织的独家关系。例如，根据该定义，不论公司的商业动机、道德观念或合法权利如何，即使是在体育赛事的电视转播中购买广告，赛事组织者和官方赞助商也可以将其视为埋伏营销商。另一方面，基于强烈的商业需求，非赞助商进行的此类活动也可以被视为正常商业活动的“切入点”。[95] 进一步说明了定义埋伏营销后，从有歧义的“非赞助商”角度来说，期望非赞助者做出与市场竞争的促销手段不同的赞助决策是不现实的。[96] 对埋伏营销的观点和态度在很大程度上受到以下因素的影响，即营销者在赞助中扮演的角色。体育组织和官方赞助商通常会持有与非赞助商不同的观点。尽管单方面将埋伏营销标记为非法的、邪恶的或不道德的行为是不恰当的，但我们应该认识到，如果体育组织无法阻止不受约束的埋伏营销，那存在顾虑是合理的。

公司进行埋伏营销可能出于多种原因。第一，公司可能认为官方赞助权过于昂贵且无法负担。第二，由于体育组织对赞助商数量、特定产品或服务类别有限制，该公司可能无法成为正式赞助商。第三，由于体育组织与竞争对手公司的独家交易，该公司可能无法成为正式赞助商。活动组织者和官方赞助商通常认为这种策略是不道德的，但没有承认它们不是非法的。马拉松比赛中的埋伏营销策略绝非详尽无遗，但也说明埋伏营销中的多种策略。[97]

- **使用通用短语。**尽管活动组织者越来越警惕，通过注册与活动相关的标记和符号保护其知识产权，但埋伏营销人员经常创建引用该活动的通用短语。例如，尽管纽约路跑者俱乐部拥有短语“纽约城市马拉松”和与该赛事相关的其他短语，但埋伏营销人员可以创建通用短语，例如“The Big Race”或“The Race Through the Boroughs”，相关的艺术品（例如纽约市的天际线或五个区的地图）也可以通过埋伏营销与比赛建立隐含的关联。

- **购买赛事转播中的广告时间。**购买体育赛事电视转播中的广告时间是埋伏营销中最普遍和最受欢迎的策略之一。纽约路跑者俱乐部将其广播权出售给第三方，意味着它放弃了对广告商的控制。尽管活动组织者通常在合同中说明其官方赞助商可优先购买赛事广告时间，但他们很难禁止其广播版权持有者向非赞助商或官方赞助商的竞争对手出售广告时间。因此，非赞助商可以购买电视转播比赛时的广告时间，该广告甚至是与比赛主题相关的创意元素。

- **比赛场地内及周围。**在早期的埋伏营销中，公司使用飞艇和带有横幅的飞机伏击大型体育赛事。尽管活动组织者通过与联邦航空管理局和主办城市密切合作以限制此类埋伏营销，但聪明的埋伏营销人员仍会使用其他策略进行现场展示，包括在人流量大的地点战略性地放置广告牌、帐篷和充气设备，向参加活动的消费者分发传单和样品，以及在路线上临时喷涂公司的徽标。马拉松比赛的埋伏营销商甚至雇用大学生向人群散发额头文身，在 2003 年波士顿马拉松比赛中，锐步伏击阿迪达斯就是这样做的。[98]

- **进行消费者促销。**这样的促销通常在零售点提供，配有售点陈设，通常是以体育赛事为主题并配有指向体育赛事的词语。例如，一家打算与纽约市马拉松比赛相关联的公司可能会在马拉松比赛的前几周在店内进行跑步主题促销活动，提供折扣跑鞋。或者，公司可以安排抽奖活动，为获胜者提供与马拉松冠军见面的机会（假设埋伏营销公司可以安排此项活动）。尽管有意避免使用注册商标，但此类促销旨在通过与马拉松的隐含关联来吸引消费者。

- **祝贺消息。**公司经常制作广告，向获胜的团队或运动员表示祝贺。例如，在纽约市马拉松赛的第二天，非赞助商可以在当地报纸上刊登广告，以祝贺获胜者。根据《第一修正案》，这种策略通常是合法的，特别是只要广告商避免使用广告来表达明确的销售信息或促销信息。[99]

赛事越流行和越全球化，埋伏营销就越频繁。从历史上看，埋伏营销最肥沃的土地之一就是奥运会。通常，面对所谓的埋伏营销活动，美国奥林匹克委员会已经成功地与侵权者进行了商业和解，根据 1988 年《特德 • 史蒂文斯（Ted Stevens）奥林匹克和业余体育法（OASA）》，这些侵权者往往不知道其行为违反了美国奥林匹克委员会（USOC）的广泛商标权。[100]

但是，当不适合与所谓的埋伏营销商和解时，USOC 会提起诉讼。例如，一名联邦法官批准了 USOC 的永久禁令，以阻止营地组织者组织名为“奥林匹克营地（Camp Olympik）”的儿童夏令营。[101] USOC 还威胁要停止名为“乡下人奥林匹克运动会（Redneck Olympics）”的活动，声称其商标侵权，属于不正当竞争，涉嫌商标淡化。[102]

尽管埋伏营销很难根除，但体育产业可以通过多种方式限制其发展。例如，为防止非赞助者在赛事转播中购买广告，体育组织通常会在其协议中商定一项条款，要求其转播权持有人向官方赞助商提供广告的优先购买权，同时还要求权利持有人监视非赞助商潜在的商标侵权行为。体育组织还可以与主办城市进行谈判，以禁止直接与官方赞助商竞争的营销活动。例如，NFL 要求主办城市在其年度超级碗周创建一个“清洁区”，禁止非赞助商在赛事周边发布广告和举办促销活动。

为保护自己免受埋伏营销者侵害的体育组织必须积极主动，应考虑使用广告来解释埋伏营销对消费者和媒体产生的潜在负面影响。面对埋伏营销时，组织还可以考虑发起公关活动，指责不正当的商业策略（通常被称为“名誉与耻辱”活动）。但是，体育组织仍然不愿对埋伏营销提起诉讼，部分原因是担心法院判决对自己不利。因此，埋伏营销的相关案例是有限的。在北美唯一一个专门针对埋伏营销的案件中，加拿大法院维护了百事可乐在加拿大的埋伏营销活动，这让 NHL 感到十分恼火。[103]

第七节　宣传权和侵犯隐私权

吉尔 • B.范决定在世界大赛期间，站在体育场外出售印有王牌队球员的海报。她找到自己艺术学校的朋友帮忙为球员画像。海报将写有“王牌队巨星好运”的字样。当地一家五金店将承担海报的印刷费用，以换取在海报上显示自家商店的徽标。

球队、体育用品制造商或球员的市场营销人员，需要意识到公开权和侵犯隐私权的交集。这些主张不是知识产权法的范畴，而是侵权法的范畴，了解体育营销与法律相交的这些领域极为重要。

公开权原本是与侵犯隐私权交织在一起的，法院已经将公开权与商业权区分开来，以保证对球员肖像或身份的正常使用。[104] 侵犯隐私权是普通法或国家法规定的侵权行为。隐私权可防止他人的隐居行为受到侵扰、他人姓名或肖像被盗用、不合理的宣传以及对他人的虚假陈述。史潘（Spahn）诉朱利安 • 梅斯纳公司（Julian Messner, Inc.）案是著名的体育案件之一，在该案中，名人堂投手沃伦 • 史潘（Warren Spahn）起诉了未经授权的虚构传记《沃伦 • 史潘传》（*Warren Spahn Story*）。[105] 这本书充斥着关于史潘的错误和虚假陈述，包括 Spahn 的婚姻、家庭生活以及与父亲的关系等内容。尽管该书尽是对史潘的赞美，但法院认为“该书对原告有冒犯之处，包括虚假的生活故事和未经授权便侵犯他人隐私，所有这些都是史潘的屈辱和精神痛苦之处。”[106]

另外，公开权可防止他人未经授权便使用受害人姓名、肖像或其他可识别的特征。它赋予人们对其身份享有专有许可权。尽管包括纽约和伊利诺伊州在内的九个州终止了死后的公开权，但美国超过一半的司法管辖区都承认公开权。在产品、广告或其他任何商业用途中滥用他人姓名或肖像而引起的法律诉讼中，原告可以选择在侵犯隐私权、公开权或两者兼有的情况下提起诉讼。

根据这两种法律权益，当体育名人试图制止他人盗用其名字和肖像时，就可以起诉了。球员了解其名字和肖像的商业价值，因此，在这个球员品牌化的时代，行使公开权至关重要。海兰实验室（Haelan Laboratories）诉 Topps 口香糖（Topps Chewing Gum）案是第一个体育案件，是关于推销职业棒球运动员交换卡片的纠纷。[107] 在该案中，法院确立了个人身份财产权，即公开权。[108] 法院承认球员有权许可商人（专有特权）使用他们的肖像来制作和销售交换卡片。该案为球员和名人行使公开权，以制止那些盗用其姓名和肖像的人。在类似的案件中，乌兰德（Uhlaender）诉亨里克森（Henricksen）案，法院禁止桌游制造商在未经同意的情况下使用 MLB 球员的姓名，因为这些球员对其姓名、肖像和成就享有专属特权。[109]

由于言论自由受《第一修正案》的保护，因此书籍、报纸、杂志、电视新闻节目、纪录片或其他新闻媒体无须获批便可使用名字或肖像。法院还赞许媒体出版物可使用报道过的运动员的姓名或肖像来做广告或宣传。在纳马思诉《体育画报》案和蒙大拿诉圣何塞水星报道公司案，法院都允许媒体在广告中使用出版物中的旧照片。法院裁定，这些照片代表着具有新闻价值的事件，根据其宪法权利，媒体可以通过重复发布旧的新闻故事进行宣传。这些案件与先前讨论的阿杜勒－贾巴尔诉通用汽车案不同，在该案中，其曾用名阿尔辛多和肖像被用在奥兹莫比尔的汽车广告中。虽然阿尔辛多的记录具有新闻价值，但其用途是宣传奥兹莫比尔汽车，因此不受《第一修正案》的保护。[112]

《第一修正案》还适用于盗用他人名字或肖像的主张。卡顿公司美国职业棒球大联盟球员协会，第十巡回上诉法院基于《第一修正案》，对原告创建的模仿卡给予了充分保护。[113] 法院裁定，该模仿卡包含了社会对商业集团 MLB 的球员的评论。法院说，这些卡片也同样受到保护，因为它们包含的是幽默评论而非严肃评论。因此，根据《第一修正案》，原告创建模仿交易卡的权利超越了 MLB 球员协会对其成员姓名和肖像公开权的保护。[114]

法院还规定了对昵称的公开权和商标保护权。在赫希（Hirsch）诉南卡约翰逊公司（SC Johnson＆Son, Inc.）案中，原告埃尔罗伊・赫希（Elroy Hirsch）称"疯狂之腿（Crazylegs）"这个昵称属于他，具有商业价值，并且被告在知情的情况下仍然销售一款名为"疯狂之腿（Crazylegs）"的女性剃毛凝胶。[115] 在针对 SC Johnson＆Son, Inc.的诉讼中，赫希行使了两种法律权益。赫希认为，被告侵犯了其隐私权，因为该公司盗用了其用于商业的名称和肖像，并侵犯了其昵称"Crazylegs"的商标权。法院裁定名人的昵称很有价值，并且约翰逊公司在未经赫希的许可或未付款的情况下不得使用"Crazylegs"这个名字。法院认为，只要昵称可以清楚地标识出受害者则受法律保护。[116]

如何在运动员的公开权和《第一修正案》的言论自由之间划清界限仍存在争议。[117] 下面这个著名的体育案件波及了泰格•伍兹。在 ETW 公司诉吉雷出版公司（Jireh Publishing）案中，著名运动艺术家里克・拉什（Rick Rush）创作并发行了突出伍兹特色的题为《奥古斯塔大师》的印刷品。[118] 尽管拉什通过出售其石版画获利，但美国上诉法院仍然裁定，此类艺术作品受《第一修正案》的保护，胜过运动员的公开权。有趣的是，法院辩护说伍兹从锦标赛和其他商业交易中赚取了足够的钱。随后的案件，包括例如密苏里州法院的判决维持了前 NHL 球员托尼・特威斯特（Tony Twist）1 500 万美元的判决，该判决涉及未经授权就在漫画系列中使用其名字和肖像，以及运动员对艺电体育（EA Sports）的起诉（请参阅下文中"新出现的问题"）均对公开权和《第一修正案》之间的法律界限定义得比较模糊。[119]

关于谁拥有在线幻想游戏中的球员统计数据和相应球员名称的法律辩论也引起了争议。[120]

2006 年，联邦法院裁定，尽管美国职业棒球大联盟球员协会（MLBPA）及其球员主张公开权，但《第一修正案》保护公共信息的传播。[121] 该决策引发了类似的诉讼，CBS 互动声称它不必向美国国家橄榄球球员协会（NFLPA）和玩家公司（Players, Inc.）支付许可费来换取幻想游戏的经营权。[122] 根据这些裁定，在线幻想体育联赛的公司可以自由销售，无须获得相应体育联赛的许可。但是，许多在线幻想游戏供应商仍要获得联盟许可证，因为各个联盟与非授权商的区别即其在幻想游戏中的“官方”身份，这个身份使其更真实并可带来营销收益。

迈克尔·乔丹的鞋子可以成就他人吗？

公司经常刊登广告，祝贺球员和团队取得的成就。通常，这些一次性广告中致敬的球员和球队会赞赏他们的积极宣传。但有时祝贺消息的主题可能会冒犯别人，因为使用其肖像超出了《第一修正案》的保护范围，属于未经授权的商业使用。

NBA 传奇人物迈克尔·乔丹就遇到过这种情况。为了庆祝 2009 年 9 月乔丹入选篮球名人堂，《体育画报》发行了纪念刊物，以表彰乔丹对比赛作出的贡献。纪念版中出现的广告商之一是 Jewel Osco 食品商店，该公司在大芝加哥地区经营了约 175 家杂货店。Jewel-Osco 的广告展示了一双聚焦在篮球场硬木地板上的篮球鞋。每只鞋的鞋舌上都出现了数字 23（乔丹篮球队服编号），并且在鞋的上方显示了以下消息：

一只鞋！在经历了六次 NBA 冠军赛，数十次改写记录和无数次的压哨球之后，迈克尔·乔丹的提名毋庸置疑！Jewel-Osco #23 向他的许多成就致敬，也向在芝加哥工作了多年的同胞致敬。

在此消息的下方就是 Jewel-Osco 的商标，标语是“好东西触手可及”。

乔丹起诉该杂货店未经允许即在广告中使用其照片和肖像，声称侵犯了他的公开权[Jordan 诉 Jewel Food Stores, Inc.案，2012 WL 512584 at 1 (ND Ill, 2012 年 2 月 15 日)]。伊利诺伊州的地区法院法官面临着一个难题，即 Jewel Food 是否未经许可就将乔丹的身份用于商业目的以牟取暴利。这些主张通常在争论此广告是否属于商业言论。用最简单的话说，如果 Jewel-Osco 的广告被认为不是商业性质的，那么该公司将不承担责任。法院权衡的要素包括此言论是否是广告，言论是否涉及特定产品或服务以及言论是否具有经济或营利动机。

最终，法官得出结论，Jewel-Osco 的广告是非商业言论，享有《第一修正案》的全面保护。法官认为广告的重点在于突出乔丹的成就，并祝贺他的职业生涯和入选名人堂。法官指出，编号为 23 的鞋子和硬木地板让人联想到乔丹以及他所热爱的运动和团队。法官进一步裁定，该广告并未提出任何商业信息，因为读者并不明确他们被邀请购买什么东西。法官认为该广告是“芝加哥一家知名企业向芝加哥最有成就的运动员致敬”（第 7 页）。最终，法官裁定 Jewel-Osco 没有通过开发乔丹品牌而获利的商业动机，因为 Jewel-Osco 制作广告并没有得到经济补偿。

法院的裁决涉及了几个问题。首先，Jewel-Osco 是否通过与世界上最有价值的运动品牌建立联系而没有在公众眼中获得商业利益？它是否在展示乔丹的标志时推广了自己的品牌？毕竟，在发表了乔丹“很多年触手可及”的声明之后，它立即提出了“好东西触手可及”的口号和商标。Jewel-Osco 难道不可以通过乔丹的声誉和名声来提高自己的声誉吗？确实，陪审团是否认为 Jewel-Osco 的广告误导了公众，是否认为 Jewel-Osco 和 Jordan 具有某种联系的结论是很有趣的。但就目前而言，该判决加强了《第一修正案》对祝贺性广告提供的保护。

第八节　涉及消费者的合同问题

鉴于涉及体育赛事门票的财务承诺越来越多，当今的体育组织和球迷都经常向法院求助。这些案件大多数是使用合同法裁定的。例如，华盛顿红皮队和新英格兰爱国者队已经起诉了拖欠票款的季票持有者。[123] 球队起诉季票持有者的做法受到批评，因为目前尚不清楚季票持有者违反合同规定为球队带来了什么损害。合同订约方负有减轻损害的一般责任。考虑到很多人都等着购买这两支球队的季票，很显然他们可以对季票进行二次销售。门票二次销售获得的钱将减少拖欠票款带来的经济损失。

但是红皮队和爱国者队的季票协议都包含一项违约赔偿金条款，不论他们是否对球票进行二次销售，在这种多年期协议中，球队每年都可以收取票款。马萨诸塞州法院在 2008 年 NPC 诉米尼哈内（Minihane）案[124]中维护了爱国者队个人座位许可证（PSL）协议中的违约赔偿金条款，但法院否决了加速付款的请求，因为这“与订立合同时对实际损失的合理估计严重不等”。[125]尽管球队在其协议中保留包含此类违约赔偿条款的权利，并且法律支持其订立合同的权利，球队仍应该注意到起诉季票持有者的过程中出现的负面宣传。

持票者还会出于各种原因起诉球队。例如，季票持有者状告纽约巨人队和纽约喷气机队，声称他们的 PSL 协议属于非法限制贸易，违反了《反垄断法》和《新泽西州消费者欺诈法》。[126] 该诉讼称 45 000 季票持有者为更新或购买新球场的季票，被强制购买了 PSL，并需要一次性支付 1 000 至 25 000 美元。[127] 这场暗示无须支付 PSL 的集体诉讼最终失败了。

体育营销人员在包装和销售季票时也需要谨慎。例如，2012 年，一群匹兹堡大学篮球季票持有者对该大学提起了集体诉讼，以推翻大学针对男篮比赛提出的新季票计划。[128] 原告声称匹兹堡的新季票计划违反了匹兹堡为其季票持有者所作的明确保证。在 2002 年彼得森活动中心开业之前，匹兹堡制订并推广了季票计划，该计划书面承诺，如果季票持有者保持或增加对匹兹堡田径部筹款计划（现称为黑豹俱乐部）的捐款，他们将每年享有相同的席位。匹兹堡随后宣布了一项新计划，该计划每年将根据多种因素重新分配非俱乐部季票席位，其中一个因素就是对田径部新筹款活动的捐款规模。该诉讼声称匹兹堡违反合同并且违反了消费者保护法。集体诉讼最终得以和解，受影响的季票持有者只要达到指定的捐助水平，便可在接下来的五个季节保留席位。[129] 同样，2012 年，针对飞人队的老板康卡斯特–斯佩克塔科（Comcast–Spectacor）的集体诉讼案中，原告声称只有在季票持有者为 2011—2012 赛季所有 44 个季前赛和常规赛都付款之后，季票中才能包含 2012 年纽约游骑兵队的冬季经典赛。[130] 随后，康卡斯特–斯佩克塔科提出将冬季经典赛门票转售给季票持有者，但前提是他们还必须为两场无关的比赛支付票款——一场飞行者队对骑兵队的校友表演赛和一场小型冰球赛。诉讼声称，康卡斯特–斯佩克塔科还向季票持有者收取费用，他们已经为原始季票支付了 10 美元的手续费，现在又要为这三张票支付过多的和不相称的手续费。尽管这些诉讼最终被驳回或得以解决，但它们警示了体育营销人员在处理顾客关系时会遇到的问题类型，从而避免不必要的诉讼费用，以及处理这种顾客关系引起的负面宣传。

第九节　促销法问题

抽奖和比赛是体育组织和企业吸引消费者、提高品牌知名度和销售量的流行策略。但是，如果处理不当，它们也可能会带来诸如负面宣传和法律责任等昂贵且令人尴尬的后果。因此，体育营销人员需要了解抽奖、比赛和彩票之间的区别。

彩票是一种促销活动，其中包含了奖品、机会和代价因素。从技术上讲，彩票还包括消费者需要购买抽奖券的抽奖活动（尽管实际上，当地的抽奖活动很普遍，当局很少进行调查）。通常，只有州级单位才具有开展彩票活动的合法权利。通过消除任何一个要素（即奖品、机会或代价），组织可以在不违反州彩票法的情况下合法赞助促销活动。[131]

抽奖游戏和即赢游戏是一种流行的促销策略、旨在促进产品或服务的销量。但为了消除“对价”因素，规则需要明确说明无须购买也可参与游戏。这种规则经常通过提供替代进入方法（AMOE）来实现。虽然对价要素通常以付款购买的方式出现，但也会有非金钱但需要参与者付出巨大努力的行为，[132]比如完成冗长的问卷调查、多次前往一家零售店、或介绍朋友或者其他人参与抽奖。[133]不同的是，如果要求参与者使用互联网（付费服务）或 900 号码电话服务来参加抽奖活动，根据国会法案和已解决的诉讼，不构成对价要素。[134]不管是通过购买产品或服务还是 AMOE 来进行抽奖活动，待遇应当一致，抽奖活动的发起人不得直接或间接地鼓励参与者通过购买方式参加抽奖。

比赛常常通过要求一定水平的技能或专门知识来消除偶然因素。典型示例包括着色比赛、广告创意比赛以及扔球击靶比赛。美国大多数州都采用主导因素测试法，来评估技能和偶然机会两者谁在决定比赛优胜中占据主导地位。[135]换句话说，在基于技能的消费者促销活动中，需要由参与者的技能或努力决定最终结果，而不仅仅是考量结果的一部分。举例来说，营销人员不能让参与者参加一场着色比赛，最终却随机选择获胜者。主办方必须仔细阐明比赛规则和评判标准。大多数法院认为，那些要求参与者预测比赛胜出者的比赛不能够合法升级为需要特定技能的比赛（从法律上讲，这种比赛仍是一种抽奖活动）。

促销游戏通常涉及一个问题，即它是否代表某种形式的非法赌博。法院通常会区分善意的入场费（通常包括产品购买证明）和押注或赌注。通常，为抽奖或比赛特权而无条件支付的入场费，和为保证参与者获得特定金额奖品的保证金，不属于押注或赌注，并且保证奖品的特定金额授予其中一位参与者。当入场费和奖品是无条件的且有保证时，就不存在押注或赌注的风险了。

另外，赌博代表各方自愿押注或赌注的活动。在 2007 年的汉弗莱斯（Humphreys）诉维亚康姆（Viacom）一案中，在线幻想体育比赛的合法性得到了维护。[136] 根据新泽西州的法律，原告以非法赌博的形式挑战了该行业。然而，地方法院驳回了该案的诉讼请求，并指出，全国各地的法院早已认识到，“报名费和奖品的组合等于赌博”显然是“荒谬的”。[137] 否则将导致无数受欢迎的比赛被视为非法赌博，包括高尔夫比赛甚至是作文比赛。法院将在线体育幻想游戏者支付的费用解释为在线供应商与参与者之间合同协议的一部分，而不是押注或赌注。

促销游戏中越来越流行的一种形式是与球队特定表现挂钩的保险促销。通常，这些促销要求消费者在赛季开始之前进行购买。然后，如果发生了特定事件（例如，该队赢得了世界大赛冠军），则退回购买费用。这是 2007 年一案的诉讼主题，当时马萨诸塞州总检察长起诉约旦家具公司，声称其“怪物交易”促销实为非法赌博。[138] 此促销诱使消费者在 2007 赛季开始之前购买家具，条件是如果红袜队赢得了 2007 年世界大赛冠军，家具就是免费的。法院裁定该促销活动不属于非法博彩行为，因为它无法确定消费者是为了参加促销活动而购买家具，还是因为他们真的需要或想要家具而购买。[139] 最终，为了消除法律问题，约旦家具公司，在后来类似的促销活动中，为所有参与者提供了未来折扣（无论红袜队是否赢得世界大赛），以消除机会要素。尽管有此法院裁决，体育营销人员仍需确保类似的基于未来事件的保险促销符合法定要求。

对于体育营销商而言，有关促销法最重要的建议是，每个州都有一套自己的法律和法规，定义了奖品、机会和代价因素。因此，寻求抽奖或比赛的体育营销者必须在计划阶段咨询促销法律专家。

第十节　新出现的问题

在本节中，我们将探讨法律与体育营销交叉领域几个新出现的问题。

一、运动员对社交媒体的使用

2012 年，耐克成为英国第一家被禁止在 Twitter 上推广活动的公司。此前英国广告标准局（ASA）裁决足球明星韦恩 • 鲁尼（Wayne Rooney）的个人账户违反了明确向公众传达其推文的规定，因为他的推文都是广告。[140] 耐克与鲁尼签订了代言协议，在推特上发布广告是其更大的“Make It Count”广告活动内容的一部分。拥有 437 万名粉丝的鲁尼发布推文说：“我的决心——以冠军的身份开始这一年，以冠军的身份结束这一年……#makeitcount gonike.me/make it count。”正如 ASA 所说：“我们考略到耐克的宣传并不突出，还可能会被遗漏。我们认为推文中没有明显迹象表明它们是耐克的营销传播。”[141]

对于体育营销人员，从体育组织到运动员代表公司再到赞助商，管理社交媒体商业应用的法规日益受到关注。鲁尼的例子说明了 ASA 的作用。美国的相应机构是联邦贸易委员会（FTC），它也越来越关注运动员在推广代言活动时使用社交媒体的诸多问题。

2010 年，FTC 颁布了《关于在广告中背书和推荐的指南》，为利用社交媒体推广产品和服务的公司和运动员提供了新指南。[142] 新指南阐明，包括运动员在内的名人都有义务在非传统形式的广告中披露其与公司之间的代言关系。否则，观众就会误认为运动员和广告商之间不存在财务方面的关联。例如，指南包括（以运动员为背景）运动员是否获得了报酬，公司是否免费向运动员提供了产品或服务，公司与运动员之间的关系期限，运动员先前从公司收到的产品或服务的价格，或将来收到此类产品或服务的可能性，以及运动员收到的物品或服务的价值。

新指南还列出了九个假设示例，从而提供更多指导。指南中提出的第三个假设与体育人物有关，讨论了著名职业网球选手在电视脱口秀节目中的表现。在假设的示例中，脱口秀主持人称赞选手最近出色的表现。选手将其归功于某诊所的激光视力矫正手术，该手术改善了其视力，选手还明确提交此诊所的名字。选手赞扬了手术过程的简便性，眼科医生很亲切以及手术后的其他好处，例如夜间驾驶的便利性。选手没有透露她与眼科医生有合同关系，可以在公共场合积极谈论眼科公司，但她并未出现在该公司的任何广播广告之中。该假设表明，选手背书的权重和信誉将受到不利影响，因为消费者没有意识到其与眼科医生的合同关系。因此，指南指示，在这种情况下，运动员必须披露这种合同关系。

还是这种假设，但不同的是，选手在社交媒体网站上对眼科医生进行了讨论。假设网球运动员不是在电视采访中谈论这个诊所，而是在社交网站上吹捧自己的手术结果，并提到诊所的名称，该网站允许她的粉丝实时阅读其生活中发生的事情。考虑到其所在媒体的性质，消费者可能不会意识到这是在有偿背书。由于这些信息可能会影响消费者对她认可的权重，因此选手应披露其与诊所的关系。[143]

利用运动员代言的公司需要记住新指南的基本原则，即消费者有权知道哪些是推销行为。尽管新指南并未解决涉及公司使用运动员、背书和社交媒体的所有情况，但它们也为这些公司、体育组织、运动员及经纪人在涉足社交媒体之前提供了建议框架。

另外，公司还应向运动员代言人提供有关如何按照新指南使用社交媒体的培训和指导。这将最好地解决该法案可能对双方造成的连带责任。例如，对于 Twitter 来说，为了如实告知消费者，建议发文者根据情况以＃ad，＃spon（“赞助者”的缩写）或#samp（“免费样本”的缩写）结尾，完成推文。[144]

二、运动员商标名称和口号

越来越多的专业和备受关注的业余（奥林匹克）运动员在对其姓名、口号或与之相关的流行短语寻求商标保护。[145] 运动员使用商标法的好处，不仅可以主张拥有和控制其商标名称和口号，还通过许可在商业产品和服务上使用这些标记来产生辅助收入。著名的例子包括 NBA 林书豪的商标“Linsanity”；特雷尔·欧文斯（Terrell Owens）的商标“准备好爆米花”，这是他在 2006 年被达拉斯牛仔队收购时创造的；美国奥运游泳运动员瑞安·洛希特（Ryan Lochte）的奇怪标语“Jeah”，他解释说这是来自说唱歌手扬·耶兹（Young Jeezy）经常使用的口头禅

蒂姆·蒂博将这一动作注册为“Tebowing”商标，说明了运动员寻求商标以保护其名字以及身份动作的趋势不断增长

“Chea!”；蒂姆·蒂博的商标注册“Tebowing”，即他用拳头跪在额头上，仿佛在祈祷。[146] 为运动员处理知识产权的律师说，运动员的名字和词组商标的使用正在增加，因为运动员也想将自己的品牌扩展到娱乐市场。[147] 此外，随着社交媒体的爆炸式增长，运动员姓名的商标注册使运动员及其法律团队拥有更大的能力来控制商标的使用方式、产品或服务的使用方式，以及监控未经授权的使用，从而最终提高运动员品牌的整体价值。

三、在视频游戏中使用现役和前学生运动员肖像

高校体育营销者、NCAA 和体育视频游戏制造商面临的最激烈的法律问题之一是使用现役和前学生运动员肖像的问题，尤其是在艺电体育（EA Sports）视频游戏中。运动员声称这种行为侵犯了他们的公开权。2009 年，任亚利桑那州立大学和内布拉斯加大学的前学生运动员和四分卫萨姆·凯勒（Sam Keller）向美国加州北部地区法院对美国艺电公司（Electronic Arts，EA）、NCAA 和大学授权公司（CLC）提起集体诉讼。他控告 EA 未经其同意即使用其肖像，并起诉 NCAA 和 CLC 为 EA 使用其肖像提供便利。[148] 凯勒还声称，使用他和其他学生运动员的肖像违反了 NCAA 第 12.5 条，该条款禁止对 NCAA 运动员的“姓名、照片或肖像”提供商业许可。[149] 凯勒案中学生运动员的肖像在未经允许的情况下被用于 NCAA 足球和 NCAA 篮球视频游戏中。凯勒申诉称，EA 未经授权就使用其肖像权，剥夺了大学橄榄球运动员的法定公开权。[150] 2010 年 12 月，凯勒集体诉讼与由 UCLA 前学生及篮球运动员埃德·奥巴农（Ed O’Bannon）对 EA 和 NCAA 的另一项集体诉讼合并。[151] 埃德·奥巴农的申诉主张前大学生球员的合法权利，其中包括被驳回的针对 NCAA 的反垄断诉讼，但凯勒对 EA 的公开权利主张得以保留。EA 辩称，不使用学生运动员的肖像，或任何使用运动员肖像的行为均受《第一修正案》的保护。2013 年 9 月，艺电体育（EA Sports）同意支付 4 000 万美元来和解奥巴农/凯勒的诉讼。[152] 无疑，该解决方案是受到第三巡回上诉法院支持的，下面即将讨论的哈特（Hart）诉艺电体育（Electronic Arts Sports）案判决的影响。奥巴农/凯勒对 NCAA 的公开权的诉讼仍在审理中。

视频游戏中的公开权与《第一修正案》权利之间的平衡

随着对运动视频游戏需求的不断增长，以及技术的进步（提高了此类游戏中虚拟玩家的素质），将当前和以前的大学运动员形象数字化便不可避免。通过创建一系列针对 NCAA 体育的视频游戏，这些游戏的制造商 EA 在已经令人十分困惑的法律领域中又增加了一个复杂的法律问题：体育视频游戏中 NCAA 运动员的公开权何时胜过《第一修正案》？

《第一修正案》赋予视频游戏制造商创作作品的权利，而公开权则使运动员能够保护其肖像的商业权并控制其肖像的使用方式。著名的罗格斯大学前运动员瑞安·哈特（Ryan Hart），是 2002 年至 2005 年的明星四分卫，他起诉了电子游戏制造商 EA，声称 EA 的 NCAA 足球视频游戏中使用了其虚拟形象和一类像他一样的运动员的虚拟形象。哈特声称未经许可，以数字化的形式使用他的虚拟形象侵犯了他的公开权。具体地说，哈特列举了一个事实，在 2006 年 NCAA 足球比赛中，罗格斯四分卫（球员号码 13）身高 6 英尺 2 英寸（188 厘米），重 197 磅（89 公斤），与哈特相似。EA 的辩护以《第一修正案》保护为核心，该保护使视频游戏制造商可以制作创意作品，并以保护视频游戏表达内容的先前判决为依据。

为了平衡哈特的公开权与 EA 制作有诸如哈特之类运动员的视频游戏的《第一修正案》权利，2013 年 5 月，第三巡回上诉法院采用了变革性使用检测。在此标准下，法院必须确定“名人肖像是否是创作此

原始作品的'原始材料'之一，或者对名人的描绘或模仿是否是作品的本质……产品中包含的名人肖像是否是被告自己的创意表达，而非名人的原本肖像？"在将此检测应用到有争议的视频游戏中时，法院指出："瑞安·哈特的数字形象符合他在罗格斯大学时的角色：游戏中，他在大学球场打橄榄球，随处可见大学橄榄球赛的装饰。这种创作并非是变革性的。电子游戏中的各种数字化视觉和声音不会使[哈特]的身份有变革性的改变。"

此外，EA 的辩护称即玩家能在游戏中改变哈特的数字形象，从而满足了变革性改变的检测，法院驳回了并指出"如果仅此功能就足够了，只是通过允许玩家修改数字形象来免除其侵害行为，那视频游戏公司公然盗用的行为会更猖獗"。EA 争论称即游戏中的其他创意元素（比如大学体育场）都满足了这一检测，法院也驳回了："创作者不能因为在另一幅较大作品中的创作而逃避在这部作品中盗用名人身份的责任。"面对竞争中的利益双方，法院表示："NCAA 足球未能满足变革性变化检测，我们不认为游戏不受《第一修正案》的保护。我们认为，在这种情况下，公开权受保护比修正案保护更重要。"

哈特诉 EA 案中的判决使曾经无法行使公开权的现任和前任大学运动员能够对视频游戏提出法律诉讼，包括在游戏中使用他们的数字形象。

该案是瑞安·哈特诉 EA 案，案号 11-3570（第三巡回上诉法院，2013 年 5 月 21 日判决）。

现在，大学球员姓名和统计信息也已被应到了幻想体育游戏中。2008 年，CBSSports.com 宣布使用现有学生运动员的姓名和统计信息主办一场幻想大学橄榄球比赛。[153] 因为这是第一款使用真实球员姓名的幻想游戏比赛，虽然此举引起了大学体育界的关注，NCAA 仍然决定不停止此游戏，"因为增加幻想运动的曝光度可以吸引学生运动员"，并且据当时 NCAA 主席与迈尔斯·布兰德（Myles Brand）称，因为"是学生，并非 NCAA 才拥有公开权。"[154] NCAA 的决定并没有保护现役学生运动员的知识产权，这个决定引起了公众的关注：由于业余运动员的形象许可在商业中迅速发展，公众开始关注由此产生的市场和法律影响。在 2009 年，NCAA 商业活动特别工作组对这一日益严重的问题做出了回应，并建议会员机构在校园中逐个开展商业活动。该案还引发了一个长期问题，即业余运动员的姓名及其统计信息是否已经属于公共领域，而幻想体育无须再获取使用许可。

本章小结

知识产权法不仅复杂，而且正如前面所讨论的，各个领域的法律也在不断变化。从 NBA 诉摩托罗拉案到凯勒诉 EA 案，技术的飞速发展已大大改变了法律格局。随着新技术的出现，运动员的各种特质都将引发法律问题。另外，商标法的初衷是使消费者不再困惑，但如今商标法涉及的范畴已经过大，一些评论者表示担忧。当体育营销商寻求保护自己的创造力并避免侵犯他人时，他们最好对版权法、商标法和专利法以及侵犯隐私权和公开权的侵权行为有基本的了解。当体育营销人员面临复杂的法律问题时，我们的建议是要靠有特定专业知识的法律顾问来处理这些问题。

课后活动

1. 本章简要介绍了一个虚构的粉丝（吉尔·B.范），她最喜欢的球队正在参加世界大赛，她希望以此盈利。应用本章讨论的商标法概念，你认为她创作的 T 恤徽标符合法律规定吗？为什么？如果你要确定这种情况可能会造成混淆，那么你还需要哪些其他信息？关于她所设想的网站，你认为她能保留该网站的名称吗？为什么？最后根据公开权，请向吉尔提出建议，她在其博客中使用王牌队选手照片时需要注意什么。

2. 你是一家初创能量饮料公司的内部法律顾问。你需要查看与 Y Games（极限运动竞技游戏）同时上市的能量饮料的营销活动计划。该能量饮料公司不是 Y Games 的官方赞助，但在能量饮料市场中是著名的赞助商。该公司希望采用包括单板滑雪在内的极限运动主题图像，并计划通过社交媒体实施该计划。该公司不打算使用 Y Games 的任何注册商标，但计划让将在今年 Y Games 中参赛的知名滑雪运动员担任发言人，并在比赛之后，在 Facebook 上发布独特的推文。讨论此广告系列将引发的法律问题以及对埋伏营销采取法律行动的可能威胁。根据本章中讨论的示例和案例，提出可以在竞选活动中使用的替代方案，以解决你发现的法律问题。

3. 观看或参加重大体育赛事，并确定可以使用本章讨论的各种知识产权法保护的所有赛事项目。你将如何使用这些法律来制订保护知识产权的全面计划？讨论谁拥有你提到的各种知识产权。

注释

1. U.S. Constitution, art. 1, § 8, states, “Congress shall have the power to promote the progress of science and useful arts, by securing for limited times to authors and inventors the exclusive right to their own writings and discoveries.”
2. 15 U.S.C. §§ 1051–1127 (2009).
3. 15 U.S.C. § 1127 (2009).
4. *Two Pesos Inc. v. Taco Cabana, Inc.* 505 U.S. 763, 765(1992), citing *John H. Harland Co. v. Clarke Checks, Inc.*, 711 F. 2d 966 (11th Cir. 1983).
5. 15 U.S.C. § 1127 (2009).
6. Ibid.
7. See, U.S. Patent and Trademark Office, “Basic Facts About Trademarks,” www.uspto.gov/trademarks/basics/BasicFacts.pdf.
8. See, *Blue Bell, Inc. v. Farah Manufacturing Co. Inc.*, 508 F. 2d 1260 (5th Cir. 1975), citing *United Drug Co. v. Theodore Rectanus Co.*, 248 U.S. 90 (1918).
9. 15 U.S.C. § 1051 (b) (1) (2009).
10. F. Foster and R. Shook, *Patents, Copyrights, and Trademarks: The Total Guide to Protecting the Rights to Your Invention, Product or Trademark... Now Better Than Ever*, 2nd ed. (New York: Wiley, 1993), 185.
11. See *AMF, Inc. v. Sleekcraft Boats*, 599 F. 2d 341, 349 (9th Cir. 1979).
12. 15 U.S.C. § 1052 (2009).
13. *Harjo v. Pro–Football, Inc.*, 50 U.S.P.Q. 2d 1705 (P.T.O. 1999).
14. *Pro–Football, Inc. v. Harjo*, 284 F. Supp. 2d 96 (D.D.C. 2003).
15. Carol Leonnig, “Redskins can keep trademark, judge rules.” *The Washington Post*, Oct. 2, 2003, p.1.
16. *National Football League Properties, Inc. v. Wichita Falls Sportswear, Inc.*, 532 F. Supp. 651, 658 (1982), citing *Levi Strauss & Co. v. Blue Bell, Inc.*, 632 F. 2d 817 (9th Cir. 1980).
17. Ibid.
18. *Board of Supervisors for La. State University, et al. v. Smack Apparel Co.*, 550 F. 3d 465 (5th Cir. 2008), *cert.*

denied, 556 U.S. 1268; 129 S. Ct. 2759 (2009).

19. *University of Alabama Board of Trustees v. New Life Art, Inc.*, No. 09–16412 (11th Cir. 2012). See also J.Grady, "University of Alabama Case to Test Limits of Trademark Licensing in Sport Art Cases," *Sport Marketing Quarterly*, 14 (4) (2005): 251–252.
20. Ibid.
21. Rob Duca, "Major League Baseball Plays Hardball With Cape League," *Cape Cod Times*, 7 March 2008, www.capecodonline.com/apps/pbcs.dll/article?AID=/20080307/NEWS/803070339.
22. See Dennis Read, "Is Your Logo Safe?" *Athletic Management*, 17 (5) (August/September 2005), www.momentummedia.com/articles/am/am1705/logo.htm; Larissa Chinwah, "Colleges to High Schools: Stop Using Our Logos," *Daily Herald*, 30 November 2010, www.dailyherald.com/article/20101130/news/712019831/.
23. Trademark Dilution Act of 1995, 15 U.S.C. § 1125 (c) (amended Oct. 6, 2006).
24. 15 U.S.C. § 1114 (1) (2009).
25. 319 F. 2d 830 (7th Cir. 1963).
26. See, generally, Richard Kirkpatrick, "Likelihood of Confusion Issues: The Federal Circuit's Standard of Review," *American University Law Review*, 40(1990): 1221–1236.
27. 15 U.S.C. 1125 (2009).
28. 604 F. Supp. 2d 200 (2d Cir. 1979).
29. Ibid., 205.
30. Ibid.
31. Trademark Dilution Revision Act of 2006, Public Law 109–312 (109th Cong.).
32. 15 U.S.C. § 1125 (c) (1) (2009).
33. *Horphag Research Ltd. v. Garcia*, 328 F. 3d 1108 (9th Cir. 2003).
34. 537 U.S. 418 (2003): 433.
35. 15 U.S.C. § 1125 (c) (1).
36. Ibid.
37. 15 U.S.C. § 1125 (c) (2) (A).
38. See Steve McKelvey, "Recent Trademark Dilution Cases Redefine Concept of 'Fame,' " *Sport Marketing Quarterly*, 17(3) (2008): 173–177.
39. *Adidas America, Inc. v. Payless Shoesource, Inc.*, 529 F.Supp.2d 1215 (2007). *Cert. denied*, 549 U.S. 881; 127 S. Ct. 188 (2006).
40. Ibid., 1246.
41. Nate Raymond, "Adidas Awarded $304 Mil. in Trademark Suit," 8 May 2008, www.law.com/jsp/pa/PubArticlePA.jsp?id=1202421215504&Adidas_Awarded_304_Mil_in_Trademark_Suit&slreturn=20121012105638.
42. *Board of Regents, the University of Texas System v. KST Electric, Ltd.*, No. A–06–CA–950LY, 2008 U.S. Dist. LEXIS 8883 (W.D. Tex. 2008).
43. 15 U.S.C. § 1125 (c) (2) (2009).
44. *Board of Regents, the University of Texas System v. KST Electric, Ltd.*, No. A–06–CA–950LY, 2008 U.S. Dist. LEXIS 8883 (W.D. Tex. 2008): 49.
45. 15 U.S.C. § 1127 (2009).
46. See *Indianapolis Colts, Inc. v. Metropolitan Baltimore Football Club, L.P.*, 34 F. 3d 410 (7th Cir. 1994).
47. 85 F. 3d 407 (9th Cir. 1996).
48. Ibid., 410.

49. 15 U.S.C. § 1127 (2004).
50. *Nitro Leisure Products, L.L.C. v. Acushnet Co.*, 341 F.3d 1356; 2003 U.S. App. LEXIS 17822 (2003).
51. *United States Olympic Committee v. American Media, Inc.*, 156 F. Supp. 2d 1200 (D. Colo. 2001).
52. See "Protecting Your Trademark on the Internet: Courts Limit Free Riding on the Information Superhighway," *Newsletter, Intellectual Property Law Section of the ABA*, 2 (3): 1–12.
53. 15 U.S.C. § 1125 (D) (2009).
54. 15 U.S.C. § 1125 (d) (1) (A) (2009).
55. 947 F. Supp. 347 (N.D. Ill. 1996).
56. 17 U.S.C. §§ 101 et. seq. (2009).
57. 17 U.S.C. §1201–1205 (2009).
58. 17 U.S.C. § 102 (2009).
59. 17 U.S.C. § 102 (2009).
60. 17 U.S.C. § 106 (2009).
61. See, N.E. Garrote and K.C. Maher, "Protecting Website's Look and Feel via Copyright and Trademark Law," *New York Law Journal*, 9 June 1998, www.nylj.com.
62. 17 U.S.C. § 303 (Sonny Bono Copyright Term Extension Act of 1998).
63. Foster and Shook, *Patents, Copyrights, and Trademarks*, 154.
64. 17 U.S.C. § 107 (2009).
65. Ibid.
66. Ibid.
67. See, *Monster Communications, Inc. v. Turner Broadcasting System, Inc.*, 935 F. Supp. 490 (S.D.N.Y.1996).
68. Ibid., 495.
69. Ibid., 496.
70. *National Basketball Ass'n. v. Motorola, Inc.*, 105 F.3d 841 (2nd Cir. 1997).
71. 17 U.S.C. § 101 et. seq. (2009).
72. 622 F. Supp. 1500 (N.D. Ill. 1985).
73. *National Basketball Ass'n. v. Motorola, Inc.*, 105 F.3d 841 (2nd Cir. 1997).
74. Anne M. Wall, "Sports Marketing and the Law: Protecting Proprietary Interests in Sports Entertainment Events," *Marquette Sports Law Journal*, 7(1996): 77.
75. Ibid.,77.
76. M.H. Reed, *IEG Legal Guide to Sponsorship* (Chicago: International Events Group, 1989): 180–182.
77. 364 F. 3d 1288 (2004).
78. 35 U.S.C. § 101 (2009).
79. 35 U.S.C. § 154 (a) (2) (2009).
80. Liz Mullen, "Arena Football Asks Court to Crack Back on Rival," *SportsBusiness Journal*, 1 (7) (June 1998): 13.
81. See Jeffrey A. Smith, "It's Your Move—No It's Not! The Application of Patent Law to Sports Moves," *University of Colorado Law Review*, 70(1999): 1051–1065.
82. *Virginia State Board of Pharmacy v. Virginia Citizens Consumer Council*, 425 U.S. 748 (1976): 761.
83. 447 U.S. 557, 100 S. Ct. 2343 (1980).
84. *Bailey v. Kentucky Racing Commission*, 496 F. Supp. 2d 795 (W.D Ky. 2004).
85. Cal. 4th 939, 45 P.3d 24 (Cal. 2004).
86. Steve McKelvey, "Atlanta '96: Olympic Countdown to Ambush Armageddon?" *Seton Hall Journal of Sport*

Law, 4 (2) (1994): 397–445.

87. Dean Crow and Janet Hoek, "Ambush Marketing: A Critical Review and Some Practical Advice," *Marketing Bulletin*, 14 (1) (2003): 1–14.
88. Michael Payne, "Ambush Marketing: The Undeserved Advantage," *Psychology and Marketing*, 14(4) (1998): 323–331.
89. J. Glengarry, 2007. Let's Not Ambush Civil Rights. Buddle Findlay, New Zealand.
90. Dennis Sandler and David Shani, "Olympic Sponsorship vs. Ambush Marketing: Who Gets the Gold?" *Journal of Advertising Research*, 29 (1989): 9–14.
91. McKelvey, 20.
92. Stephen Townley, Dan Harrington, and Nicholas Couchman, "The Legal and Practical Prevention of Ambush Marketing in Sports," *Psychology and Marketing*, 15 (4) (1998): 333–348.
93. Tony Meenaghan, "Point of View: Ambush Marketing: Immoral or Imaginative Practice?" *Journal of Advertising Research*, 38(1) (1994): 77–88.
94. Ibid., 85.
95. Ibid., 85.
96. David Shani and Dennis Sandler, "Ambush Marketing: Is Confusion to Blame for the Flickering of the Flame?" *Psychology and Marketing*, 4 (1/2)(1998): 62–84.
97. The discussion of ambush marketing and the New York Marathon is reprinted with permission from FIT Technology, from Steve McKelvey, Dennis Sandler, and Kevin Snyder, "Sport Participant Attitudes Toward Ambush Marketing: An Exploratory Study of ING New York City Marathon Runners," *Sport Marketing Quarterly*, 21(2) (2011): 7–18.
98. Noah Liberman, "Marathon Ambush a Real Head–Scratcher," *SportsBusiness Journal*, 28 April 2003, 4.
99. Steve McKelvey and John Grady, "Sponsorship Program Protection Strategies for Special Sport Events: Are Event Organizers Outmaneuvering Ambush Marketers? *Journal of Sport Management*, 22(5) (2008): 397–445.
100. 36 U.S.C. § 220501 et. seq. (2000).
101. *United States Olympic Committee v. Tobyhanna Camp Corporation d/b/a Camp Olympik, et al.*; M.D. Pa.; Civil Action No. 3:10–CV–162, 2010 U.S. Dist. LEXIS 117650; 11/4/10.
102. Matt Brooks, "Redneck Olympics Under Fire from U.S. Olympic Committee," *Washington Post* (10 August 2011), www.washingtonpost.com/blogs/early–lead/post/redneck–olympics–underfire–from–us–olympic–committee/2011/08/10/gIQAnfS16I_blog.html.
103. 42 C.P.R. 3d 390 (B.C. 1992).
104. *Cardtoons v. Major League Baseball Players Association*, 95 F.3d 959, 967 (10th Cir. 1996), citing Vol. 1, J. Thomas McCarthy, The Rights of Publicity and Privacy, § 1.1[A] [1] (1996).
105. 43 Misc. 2d 219, 250 N.Y.S. 2d 529 (1964).
106. Ibid., 232.
107. 202 F.2d 866 (2d Cir. 1953), cert. denied, 346 U.S. 816 (1953).
108. Ibid.
109. 316 F. Supp 1277 (D. Minn. 1970).
110. 363 N.Y.S. 2d 276 (1975).
111. 34 Cal. App. 4th 790, 40 Cal. Rptr.2d 639 (1995).
112. 85 F. 3d 407 (9th Cir. 1996).
113. 95 F. 3d 959 (10th Cir. 1996).
114. Ibid.

115. 280 N.W. 2d 129 (1979).
116. Ibid.
117. See D.E. Wanat, "Entertainment Law: An Analysis of Judicial Decision–Making in Case Where a Celebrity's Publicity Right Is in Conflict With a User's First Amendment Right," *Albany Law Review*, 67 (1) (2003): 251–277.
118. 332 F.3d 915 (6th Cir. 2003).
119. *Doe, a/k/a Tony Twist v. TCI Communications, et al.*, 2002, Mo. App. LEXIS 1577 (Mo. Ct. App., 23 July 2002), aff'd in part, rev'd in part & remanded, 110 S.W.3d 363 (Mo. 2003), cert. denied, 2004 U.S. LEXIS 76 (U.S. 2004). See also John Grady, Steve McKelvey, and Annie Clement, "A New 'Twist' for 'The Home Run Guys': An Analysis of the Right of Publicity Versus Parody, *Journal of Legal Aspects of Sport*, 15(2) (2005): 267–294.
120. See Teresa Baldas, "Pro Sports: Technology Changes Rules of the Game," www.law.com/jsp/article.jsp?id=1109128216973.
121. *C.B.C. Distributing and Marketing, Inc. v. Major League Baseball Advanced Media*, 505 F.3d 818 (8th Cir. 2007). Cert. denied, 128 S. Ct. 2872, 171 L. Ed. 2d 831 (2008).
122. *CBS Interactive Inc. v. National Football League Players Association, Inc. and National Football League Players Inc.*; D. Minn.; Civil No. 08–5097 ADM/SRN, 2009 U.S. Dist. LEXIS 368; 4/298/09.
123. James Grimaldi, "Washington Redskins React to Fans' Tough Luck With Tough Love," *Washington Post*, 3 September 2009, www.washingtonpost.com/wp–dyn/content/article/2009/09/02/AR2009090203887.html.
124. 451 Mass. 417 (2008).
125. Ibid., 421.
126. Ken Belson, "Judge's Ruling Keeps Alive Lawsuit Over Seat Licenses," *New York Times*, 20 November 2009, www.nytimes.com/2009/11/21/sports/football/21seats.html?_r=0.
127. *Oshinky v. New York Football Giants, Inc. et al.*, Case No. 2:2009cv01186 (N.J. Dist. Ct. 2009).
128. "Pitt Season Ticket Holders File Class Action Suit Against University," 29 March 2005, www.prnewswire.com/news–releases/pitt–season–ticket–holders–file–class–action–suit–against–university–54367592.html.
129. "Accord Reached in Athletic Ticket Suit," 9 June 2005, www.utimes.pitt.edu/?p=944.
130. "Flyers Sued Over Classic Tickets," 7 May 2012, http://espn.go.com/nhl/story/_/id/7901813/fans–sue–philadelphia–flyers–winter–classic–ticket–policy.
131. Tywanda Lord and Laura Miller, "Playing the Game by the Rules: A Practical Guide to Sweepstakes and Contest Promotions," *Franchise Law Journal*, 29 (2009): 3–8.
132. Ibid.
133. Ibid.
134. Ibid.
135. Ibid.
136. *Humphrey v. Viacom Inc., et al.*, Case No. 06–2768 (D.N.J. 2007).
137. Ibid.
138. Eli Bortman, "The Jordan's Furniture 'Monster Deal': Illegal Gambling? Taxable Income? *Business Law Review*, 41 (Spring 2008): 31–43.
139. Alan Burke, "Salem Lawyer Takes a Swing at Jordan's 'Monster Sweep,' " *Gloucester (MA) Times*, 6 November 2008, www.gloucestertimes.com/local/x645313948/Salem–lawyer–takes–a–swingat–Jordans–Monster–Sweep.
140. Hannah Furness, "Wayne Rooney Reprimanded for Advertising Nike on Twitter," 20 June 2012, www.

telegraph.co.uk/technology/twitter/9343349/Wayne–Rooney–reprimanded–for–advertising–Nike–on–Twitter.html.

141. Ibid.

142. *Guides Concerning Use of Endorsements and Testimonials in Advertising*, 16 C. F. R. § 255.0 to § 255.5 (2010). See also, Steve McKelvey & James Masteralexis (2011). "This Tweet Sponsored by..: The Application of the New FTC Guides to the Social Media World of Professional Athletes," *Virginia Sport & Entertainment Law Journal*, 11: 222–248.

143. Ibid.

144. Christina Rexrode, "Twitter Changes Business of Celebrity Endorsements," *USA Today*, 3 November 2011, www.usatoday.com/tech/news/story/2011–11–03/celebrity–twitter–endorsements/51058228/1.

145. Brett Harris Pavony and Jaia Thomas, "For the Love of the Name: Professional Athletes Seek Trademark Protection," *Pace Intellectual Property Sports and Entertainment Law Forum*, 2 (1) (Spring 2012): 153–166.

146. Dough Williams, "Athletes Trademarking the Phrase That Pays," 13 July 2012, ESPN.com., http://espn.go.com/blog/playbook/fandom/post/_/id/6108/athlete–trademarks–becoming–commonplace; "Lochte Trademarks 'Jeah!' His Odd Catchphrase," *New York Daily News*, http://articles.nydailynews.com/2012–08–17/news/33252446_1_lochte–plans–jeah–trademarks.

147. Pavony and Thomas, 2012.

148. *Keller v. Electronic Arts, Inc.*, 2010 U.S. Dist. LEXIS 10719 (N.D. Cal., 2010).

149. *Keller*, Complaint: 13.

150. Baker, Grady, and Rappole, 2012.

151. In re Student–Athlete Name & Likeness Licensing Litigation, 2010 U.S. Dist. LEXIS 139724 (N.D. Cal.2010).

152. Players to Receive $40 Million. ESPN.com (Sept.28, 2013). http://espn.go.com/college–football/story/_/id/9731696/ea–sports–clc–settle–lawsuits–40–million–source].

153. Nando Di Fino, "College Football Fantasy Game to Name Names," *Wall Street Journal*, 31 July 2008, http://online.wsj.com/article/SB121733679819593215.html.

154. Ibid.

第十五章　整合管理

学习目标：

- 能够比较5Ps之间的相互作用和影响；
- 了解组织结构、职位描述和员工培训如何影响组织对营销职能的控制；
- 理解分析法和问责制的必要性以实现和控制营销效果；
- 识别体育营销绩效的标准基准。

同唱一首歌

精心策划的票务营销、销售和服务计划（阿斯拜尔集团称之为TiMSS计划）对于大学校际体育而言十分重要。[1] 在大多数体育部门中，负责各自相关领域或直接影响场馆门票收入和上座率的各个职能之间并不协调，而且各个部门主管之间也难以顺利合作，例如门票销售、售票处、营销合作伙伴和赞助的销售、开发、沟通和体育信息等部门。许多大学不负责销售门票。大约有20所BCS学校和35所FCS学校将这项职能外包给了第三方，例如阿斯拜尔（Aspire）、国际管理集团（IMG）、利尔菲尔德（Learfield）或其他少数较小的外包商。另外约有25所学校已经开展了内部售票业务。124所BCS学校和许多FCS学校已经将其营销合作伙伴关系和媒体权利外包给了IMG、Learfield、哥伦比亚广播公司体育频道（CBS Sportsline）和利根公司（Nelligan）等第三方。在少数情况下，除了Aspire与Nelligan公司的合作外，这些外包赞助销售供应商很少会将门票营销完全整合到合作协议中，大学体育资产因此遭受损害。大多数售票员或票房工作人员都向CFO报告，报告的重点是库存和财务控制，而不是销售和服务。曾经，多数大学的营销职能都集中在公共关系和体育信息上，而如今，这些功能则集中在电子媒介、数字媒介和社交媒体平台上。同样地，这些职能并不侧重于销售和服务。最后，大多数促进体育运动和大学发展的部门（筹款）都只专注于自己的领域，而不涉及门票销售。

由于这些职能履行情况分别由不同部门主管向上汇报，而没有在体育总监层面进行意见整合，因此，在门票销售和上座率方面总会出现业绩不佳的情况。鉴于大多数广告主都会花时间使自己像政治家一样去取悦大学校长、董事会、主要捐助者和大学高级管理人员，包括监督那些负责主要创收的体育项目的教练，这种做法是可以理解的。同时，大多数广告主都忙于充当首席筹款官的角色，为可能被削减的奥林匹克体育项目筹集尽可能多的资金。这项吃力又不讨好的任务导致美国许多顶级广告客户选择提前离开该行业。明尼苏达大学的体育总监乔尔·马图里（Joel Maturi）说："这项工作不再有趣了。我花在政治和金钱上的时间越来越多，而花在教练和学生运动员身上的时间越来越少。我认为我应当花时间与教练和学生运动员在一起。"[2]

在本章中，我们将研究体育营销组合五要素（5Ps）之间互相影响的范围，我们将探讨在体育组织中有效控制这些元素及其相关功能所必须遵循的原则。正如我们在第 2 章提到的，战略营销管理，包括对产品、价格、渠道、促销和公共关系的整合，必须以一种能够推动组织朝着其总体目标前进的方式进行管理。

第一节 5Ps 之间的相互影响

到目前为止，我们大多时候只是孤立地看待营销组合的每个要素，但显然这些要素同时对消费者产生了影响。体育产品的潜在购买者不会分别看待产品价格与促销组合、场所功能（场馆）、产品及产品延伸的特性。我们可以使用交叉效应矩阵来评估这些影响（图 15.1）。该图总结了每个要素与其他要素相互影响的程度。在本节中，我们将对这些相互影响进行更完整的评估。

	产品	价格	渠道	促销	公共关系
产品		价格=价值	形象	产品定位	消费者接受度
价格			形象相互影响	媒体选择	公共关系的真诚度
渠道				形象相互影响	形象相互影响
促销					完全相互依存
公共关系					

图 15.1 体育营销 5Ps 的交叉效应矩阵

一、产品和价格的相互影响

产品和价格的相互影响应更准确地表达为价格对产品的影响。价格是营销组合中最明显、最容易被观察到的变量。价格影响着消费者对产品质量和价值的感知，从而直接影响产品形象。消费者在考虑购买体育产品时，往往会在心中衡量产品和价格。但影响消费者最终选择的主要因素是消费者对于价值的感知。人们愿意为一杯星巴克咖啡支付的价格是邓肯甜甜圈或麦当劳咖啡价格的两倍。但是，随着后两个品牌分别提高了品牌促销力度（例如，邓肯甜甜圈），更换了品牌名称（例如，麦当劳咖啡），他们的咖啡价格和销量均有所上升。ESPN / 希尔顿的一项民意调查统计了 800 名 12～44 岁之间的人，他们在过去三个月内购买了带有品牌商标的体育用品。年龄细分的结果表明（请参见表 15.1 和表 15.2），各年龄段的人群都将质量和价格视为重要的购买标准，但相比于年长者，25 岁以下的消费者认为产品质量（品牌名称）更重要；而相对于 25 岁以下的消费者，25～44 岁的消费者则更注重价格。

表 15.1　ESPN/希尔顿民意调查结果：购买带有体育商标的服装时，服装品牌名称的重要性

重要性	年龄（岁）			
	12～17	18～24	25～34	35～44
完全不重要/不是很重要	19.4%	25.0%	36.0%	29.9%
比较重要/非常重要	80.5%	75.0%	63.9%	70.1%

资料来源：经许可，转载自 ESPN, 1998, “ESPN Chilton sports poll: Are purchasing discussions based on brand?” *Street & Smith's Sports – Business Daily*, pg. 16。

表 15.2　ESPN/希尔顿民意调查结果：购买带有体育商标的服装时，服装价格的重要性

重要性	年龄			
	12～17	18～24	25～34	35～44
完全不重要/不是很重要	17.3%	24.4%	16.3%	12%
比较重要/非常重要	82.7%	75.6%	83.8%	88%

资料来源：经许可，转载自 ESPN, 1998, “ESPN Chilton sports poll: Are purchasing discussions based on brand?” *Street & Smith's Sports – Business Daily*, pg. 16。

美国国家体育用品协会于 2010 年 3 月发布了一份报告，指出美国人 2009 年在运动服装上的支出为 80 亿美元，这一惊人数字表明运动服装的需求很大。[3]安德玛（Under Armour）的快速扩张进一步证实了这一点。安德玛公司由马里兰大学的足球运动员凯文•普兰克（Kevin Plank）创立，他常常因为衣服吸了汗后变得又重又不舒服而感到沮丧。在不到 10 年的时间里，该公司充分实现了“让所有运动员都变得更好”的使命，并成为该领域最具创新性的运动服装供应商，其年销售额已增长至 10 亿美元。[4]

消费者通常将低价产品视为低质量产品，而将高价产品视为高质量或有名的产品。基于这种认知的价格–产品策略取决于供给、需求、购买该产品的消费者的人口统计水平（人们是否驾驶捷豹、雷克萨斯或梅赛德斯）以及市场弹性。这也可能是一件棘手的事情。耐克对泰格・伍兹（Tiger Woods）新服装系列的市场解读错误使其损失严重。该系列服装的样式和相关广告保持了耐克惯有的特立独行、反传统的风格。然而，正如《体育画报》报道的那样，此类产品并没有吸引到高尔夫的核心消费者。耐克吸引到的是那些买不起 75 美元衬衫或 225 美元鞋子的孩子。俄勒冈州一家高尔夫商店的经营者说：“年轻的孩子喜欢它，但是他们没有钱买它。”另一位高尔夫高管说：“耐克试图采用在体育中非常有效的‘与众不同就是酷’的主题，但是这个方法在高尔夫领域不奏效。”父母可能会花 120 美元购买一双 Air Jordans，但他们会用同样的价格购买 POLO 衫或高尔夫球鞋吗？随后泰格・伍兹继续用“TW”标志品牌并开发服装系列。尽管他在球场外的鲁莽行为导致他在传统高尔夫球迷、媒体和许多公众尤其是女性心目中的形象受损，但他的事业仍然取得了巨大的成功。[5]

女子体育的营销人员在寻求上座率增加的同时，也面临着产品成本上升等难题。他们希望粉丝们能从更高的价格中感受到更多的价值。例如，在 20 世纪 80 年代末，随着越来越多的球迷被女子篮球运动所吸引，俄亥俄州女子篮球项目的负责人意识到可以对以前免费的比赛收取入场费，但他们知道此举将是一场赌博。对此，他们联合当地的 BIG BEAR 超市，针对重要比赛开展促销活动。电视、广播和报纸广告详细介绍了在 Big Bear 购买优惠券的用法——可以用 1 美元兑换面值为 2 美元或 3 美元的优惠券。这种方法为产品创造了价值感，并使该项目的平均上座数量提高了 1 500 人。[6]

二、产品和渠道（场馆）的相互影响

消费者根据对产品属性的感知来塑造产品形象。同样，体育消费者也会根据场馆形象对赛事举办的地点产生感知。这两个形象彼此具有交互性。当 WBL 的纽约之星队在纽约怀特普莱恩斯的爱娜学院体育馆打主场比赛时，这个偏僻的小型体育馆损害了产品的形象。当在小型场馆中进行比赛时，纽约之星队不能说服球迷相信他们的比赛是一流的。搬到麦迪逊广场花园后情况有所变化，但是资金严重不足的球队无法负担附加的管理费用。曾在 1980 年获得冠军的明星队破产了，一年后，WBL 也倒闭了。在体育运动中，消费者相信一件事：大联盟产品需要与之相匹配的大型场馆。WNBA 的成功虽然验证了这一说法，但却以牺牲美国篮球联盟为代价。正如我们在第六章和第十三章中指出的那样，体育场馆是体育产品的一部分。这个不变的法则有助于推动体育向“科技娱乐”场馆和体育购物中心变迁，那里拥有多个屏幕和扬声器，同时拥有能刺激消费者所有感官的赛事。

然而，最聪明的营销人员意识到，体育消费者在他们的产品消费中会寻找多个地点。迈克尔·艾斯纳（Michael Eisner）曾经将迪斯尼的策略描述为“在两个轨道上运行……阴与阳，对立的矛盾牵引”。艾斯纳继续说道：“我们坚信人们会在自己的家中寻求更丰富的娱乐活动，而且他们会在利用熟悉的户外聚会场所的同时寻找新的聚会场所。”回想起来，艾斯纳的计划很明确——在多个战略地点对迪斯尼产品进行精心布局。以 ESPN 为例，ESPN 消费者可以留在家中观看 SportsCenter 节目，阅读 ESPN 的杂志或通过 ESPN.com 浏览网页。当他在家待得无聊时，他可以前往最近的 ESPN Zone 餐厅，与志趣相投的 ESPN 用户们交流，付费找一个训练有素的服务生来模仿伯曼（美国著名体育节目主持人，昵称为 Boomer）的言谈举止。在 20 世纪 90 年代和新千年的第一个十年中，电影《梦幻成真》（*Field of Dream*）中的格言是“如果你建好了（棒球场），他就会来”，这句话似乎几乎适用于每个新的体育场馆。然而在当今由无线连接的世界中，即使新场馆被视为宫殿，仍然需要大量的数字媒体和社交媒体知识才能创造卖点。[7]

三、产品和促销的相互影响

产品为促销定义了适当的形式和媒体。例如，耐克不太可能通过当地报纸上的分类广告来推广其泰格·伍兹系列产品，因为当地报纸不是为昂贵的高尔夫服装做广告的地方。相比而言，高尔夫杂志上的全彩广告以及优雅的电子邮件和 YouTube 视频帖子将更加有意义。同样，促销组合表明了产品定位。正如我们之前所看到的，耐克在首次尝试定位 TW 系列时似乎没有瞄准目标客户。广告活动影响了那些本不想购买产品的消费者。新泽西网队用以吸引球迷的策略中看到了促销和定位的成功融合。在2009赛季前，球队推出了一项针对所有球迷的策略，而不仅仅是针对网队球迷。该策略将十场比赛的门票打包销售，并在其中五场比赛中免费提供可双面穿的球衣，以此来吸引消费者购票。球队对手是著名的洛杉矶湖人队和克利夫兰骑士队。球衣的一方面印有网队核心球员的名字；另一方面则印有受欢迎的对手球员的名字，例如科比·布赖恩特或勒布朗·詹姆斯。从这种方式列出超级巨星的名单有助于为关键场次的比赛造势，从而提高对观众的吸引力。有了免费的科比·布赖恩特或勒布朗球衣作为额外奖励，对手球队的球迷购买这些比赛门票的可能性大大提高。显然，网队希望这次促销能够吸引更多的球迷，无论他们支持哪支球队，都会到现场观赛。[8]

有时，一些用于提高粉丝体验行动的效果却适得其反。尽管球迷的歌声和呐喊声已经成为许多场馆的特色（在足球界也是如此），但这种艺术形式在北美却从未被真正普及，比如我们可以看到场馆内显示屏上频繁出现“尽情呐喊吧”的提示以及听见PA播音员向观众呼吁“站起来!”世界上任何一个体育场馆都无须如此，因为粉丝会自发地通过有创意的方式或自身习惯对赛场上发生的情况做出反应。相当多的球队不再控制球迷行为，而是选择合适的当代摇滚乐，并以此为背景音乐播放动物之家的视频。信息显示和娱乐协会（大屏幕制片商的贸易组织）主席里克·丘奇（Rick Church）想知道声音是否越大越好：“如果声音高达150分贝，您真的会很开心吗？”大学运动队会组织游行乐队和流行乐乐队来为自己和社区庆祝，职业运动队应从中有所启发。有些球队似乎并不了解促销和产品定位之间的联系。例如，在2000年，阿雷纳橄榄球场（Arena Football）的奥尔巴尼火鸟队宣布，他们将在四到五名球员身上安装麦克风。球迷花12美元租一个头戴式耳机就能详细听到队员们在说什么。耳机会对脏话有警示，火鸟队的跑卫埃迪·布龙（Eddie Broun）承认了这一点。他说：“由于我所说的话（不太好），我不会带麦克风。”布龙担心年轻球迷学会这些垃圾话，但火鸟队似乎并不在意这一点。单从这一点来看，美国室内橄榄球联盟不复存在也很正常。[9]

四、产品和公共关系的相互影响

公共关系作为体育促销活动的特殊组成部分，对产品形象和地位有着明显的影响。与广告或直接营销和电子媒介渠道等由市场营销人员所掌控的促销活动相比，公共关系活动的效果很大程度上取决于媒体的一时兴致。这是件棘手的事情。尽管营销人员希望能与媒体交好，但不能指望记者来给他们当“托”。当联盟行使其合同权利来解雇他们曾精心挑选的广播电台或电视解说员时，这种行为会激怒新闻媒体和公众。消费者期望解说能在一定程度上偏向主队，并能够控制部分舆论，但解说员往往能力有限。

在国家层面上，联盟和公司下的赌注更大。例如，在20世纪80年代末和90年代初，耐克凭借其创意广告和促销活动赢得了当之无愧的声誉，从而产生了非常高的品牌资产，因此swoosh标志或“JUST DO IT”的字样所代表的意义几乎人尽皆知。但同样，耐克野心勃勃、自以为是和反正派的形象可能会加剧公共关系领域对该公司的强烈反对。当耐克成为体育界的巨头公司时，媒体开始关注耐克在其亚洲的产品制造工厂中存在的非法用工问题。不管耐克提供多少关于其工资水平相对价值的数据，无论有多少名人在视察返回后感到满意，耐克似乎都无法扭转自己的媒体形象。但屋漏偏逢连绵雨，耐克发售的 Air 系列产品使其再次陷入公关危机，因为穆斯林认为鞋子上的火焰图案形似阿拉伯语单词“安拉”。1999 年，耐克联合世界银行、Gap、国际青年基金会（IYF）和其他组织共同组成了全球工人和社区联盟。该联盟采访了数千名工人以期改善劳动条件。正如人们所料，耐克在联盟的公关工作中表现得很积极。但是，在 Google 上快搜“耐克和劳工”的结果表明，争议仍然存续。[10]

如果说要想避免运动鞋开发过程中的公关危机很难，那么培养一个在赛场内外都完全贴合某项运动的形象的完美运动员更是难上加难。对于大多数消费者来说，运动员就是项目的代表。当他们在个人生活中行为不端时，整个产品就会遭受损失。对于每个戴维・鲁宾逊（David Robinson）或蒂姆・邓肯（Tim Duncan），似乎都有两个特雷尔・欧文斯。拉斐尔・帕尔梅罗（Rafael Palmeiro）可以在前一天成为英雄，第二天就成为流浪汉。NBA 总裁戴维・斯特恩坦言：“我们必须如实考虑联盟对社会的影响。我们必须让球员知道我们感谢他们为联盟做出的贡献，但他们也必须在赛场内外约束自己的行为。”由于运动员、场地、设备、服装、规则等都是互相之间不可分割的体育产品组成部分，因此，任何小细节都可能对公共关系产生重大影响。正如我们在第十一章中所概述的，了解如何正确处理危机至关重要。在当今的 Twitter 世界中，人们的交流可以在几秒钟内传遍全球，某些运动员和体育名人的愚蠢言论瞬间便可能引发危机。[11]

五、价格和渠道的相互影响

价格和渠道的交互有两个主要的影响。首先，体育消费者期望为更好的设施支付更高的价格。这种现象已经存在一段时间了，比如 20 世纪 70 年代壁球和健身俱乐部的发展就是一个例子。基督教青年会和基督教女子青年会多年来一直在提供壁球和健身项目，新的俱乐部虽然因其时尚的装修和先进的设施而收取较高的价格，却占据了更大的市场份额。在 20 世纪 80 年代，基督教青年会和基督教女子青年会通过建造高档设施占领了雅皮士市场。私人俱乐部随后抨击了他们的免税行为。争议主要集中在价格和渠道的相互作用上，因为双方都认识到，在成熟市场中，消费者将为更高声望的体育设施支付更高的价格。相同的原则也适用于为享受俱乐部座席和套房等高级座位设施而支付更高价格的观众，尤其是当他们可享受免费的食品和饮料、预留的近距离停车位、个人或永久的座位许可证和豪华套房时。NFL 纽约巨人队的球迷愿意通过昂贵的个人座位许可证（PSL）购买大都会人寿新体育场的座位，上述事实就是最好的例证。反之亦然，正如 TD 花园竞技场的上层座椅因定价过高而无法卖出，波士顿棕熊队发现较低的价格是这些偏远座位门票能够出售的前提。

另一个渠道和价格的原则是，消费者倾向于为求便利（这是一种好处）而支付更高的价格。大多数人仍然愿意为通过电话、网络、杂货店或音乐商店购买的门票支付附加费。如果不必开车去售票处，他们可以节省时间（另一个重要的好处），在大多数情况下，他们会接受额外的便利费。但是，人们的态度正在发生变化，因为越来越多的人期望即时、在线、可下载的票证和停车证。同样，传统意义上，消费者愿意为在当地体育用品商店购买的产品支付更高的价格。尽管较大的折扣店也有相同的产品，但是本地商店的便利性（以及更个性化的服务）弥补了前往大型商店的额外驾车时间成本。今天，越来越多的人在网上购买产品，尽管有运输费和隔夜送货，却节省了大笔费用。总之，体育消费者愿意在以下情况时支付更多的费用：在更有吸引力或更方便的位置观看体育比赛，在更具吸引力（或更具挑战性，如高尔夫）的场馆中参加体育运动，或在当地商店购买体育用品。渠道概念中包含的多种利益（或成本）会影响消费者对公平价格的看法。

六、价格和促销的相互影响

过去，出于多种原因，一种产品的价格决定了对该产品进行广告宣传的媒体。首先，价格决定了产品的利润率，进而决定了促销预算和媒体的选择。其次，产品的价格不仅反映其性质和成本，还反映了该产品的目标市场。无论是成本加成定价法还是基于市场的定价，价格均反映了目标市场的人口结构及其媒体选择。随意看报纸或电视也能发现这种现象。新型"万无一失"鱼饵生产商可能会在有线电视钓鱼节目中（观众与产品的目标受众相匹配）播放30秒的广告，但像MVP或迪克体育用品（Dick's Sporting Goods）这样的大型连锁店仍然更喜欢为覆盖人群广泛的地区性报纸的读者提供全彩多页的插页广告。当然，互联网广告、电子邮件和短信成本的降低已经大大改变了这一要素。

匹兹堡海盗队的周日儿童节是价格与促销活动相互影响的一个例子。当活动能够提供额外的好处时，父母就可能会更愿意购买附加票

最后一个例子表明规模和范围可能会影响价格和促销。在21世纪的前十年中，许多媒体和大公司购买大众媒体来做广告的情况变少了，而转向数字媒体、社交媒体和有针对性的直接营销，其成本要低得多，较小的公司和价格较低的产品现在可以通过电子媒体、数字媒体和社交媒体工具进行市场营销和推广。[13]

七、价格和公共关系的相互影响

任何门票都是基于价值进行促销的。体育消费者在做出购买决策时，始终将价值放在首位。因此，无论定价策略的好与坏，都会对公共关系产生重大影响。有时即使艰难，大学体育项目也汲取了这一教训。因为他们在过去的20年里实施了一项政策，消费者必须通过捐款以获得在指定地点购买足球或篮球门票的权利。这个系统是个人座位许可证（PSL）的前身，但有些学校处理得不好。例如，亚拉巴马州因为有关附加费的消息传开而身陷舆论漩涡中。一位管理员承认："这件事我们处理得不好。我们应该召开新闻发布会并详细解释所有事情。"他们应该雇用一名客户服务或粉丝关系管理中心（FRMC）的员工，与所有受影响的季票账户持有者进行私下交谈。

2005 年秋天，当经理杰伊·辛里希斯（Jay Hinrichs）宣布要开始向家庭足球比赛的观众收取停车费时，北科罗拉多大学（UNC）的体育部受到媒体的攻击。当时 UNC 正从第Ⅱ级别升至第 I-AA 级别，因此收入是一个更严峻的问题。辛里希斯进一步辩称，观众支付五美元就会获得额外的客户服务。格里利论坛报（*Greeley Tribune*）的马特·舒曼（Matt Schuman）对这个回应并不满意，他回应说，在约 4 500 名普通球迷中，大多数人很少关心客户服务。本赛季球队以 2 胜 9 负的成绩落后，该项目需要一种方法来吸引更多的粉丝到新扩建的拥有 8 500 个座位的诺丁汉球场观赛。舒曼认为："他们可能会因为需要多花五美元而放弃观赛。"[14]

1987 年，匹兹堡企鹅队通过季后赛票务活动赢得了很多正面的公关形象，他们承诺：如果球队未进入季后赛，季票持有者每场比赛可获得 1 美元的退款。这个主意在 2003 年时还算不错，当时纳什维尔掠夺者队、亚特兰大老鹰队和佛罗里达黑豹队都为季票销售进行了类似的促销活动。但是掠夺者队认为，即使到时候退款，他们也会获得回报。一项调查表明，如果没有季后赛或退款保证，季票续签率将只有 70%。有了这个承诺，尽管价格上涨了，但续签率却达到了 83%，与上一年的数字接近。尽管这些球队以收入作赌注，但他们肯定会获得正面的公关形象。老鹰队在那个赛季的表现不佳，未能进入季后赛，不得不退还数百万美元的季后赛保证金。[15]

在 20 世纪 90 年代末，可口可乐放弃了与 NFL 的长期赞助关系，部分原因是它担心 NFL 球场的特许权定价会带来负面影响。可口可乐认为，它不需要昂贵的体育场标识来获得品牌认知。更为重要的是，排他性的专有权会适得其反。消费者调查显示，至少十分之四的人将场馆内高价的兑水饮料归咎于可口可乐。对于时任可口可乐高管，现任特纳广播公司总裁史蒂夫·库宁（Steve Koonin）来说，这个问题很简单："我要为让人们不高兴的特权买单吗？"[16]

一些运动员经纪人也对运动员形象表现出了类似的担忧。这种情况的问题出在高价签名上。亲笔签名活动的发起人意识到球员目光短浅且贪婪，便开始直接与球员联系，而不是通过其经纪人进行沟通。经纪人可能会向客户暗示，欺骗所有者是一回事，而挖走年轻球迷则是另一回事。韦德·阿诺特（Wade Arnot）的公司负责底特律红翼队几名球员的经纪工作，他们对亲笔签名活动直言不讳："我们不支持这种活动。"[17] 2012 赛季海斯曼奖杯的得主、得克萨斯州 A&M 大学的约翰尼·曼齐尔（Johnny Manziel，曾在大量的纪念品上签名并在网上出售）。他在 NCAA FBS 足球赛的惨败，进一步说明了这一点。

八、渠道和促销的相互影响

将破旧荒废的场馆进行内部整修的难度就好比巧妇难为无米之炊，几乎是无法完成的事情。亚拉巴马大学伯明翰分校体育主管布赖恩·麦金（Brian Mackin）面临的最大问题之一就是如何提高 UAB 橄榄球队的品牌权益和收入。该球队的主场是一家具有历史意义但古老的军团球场，该球场设施陈旧，位于低收入社区，因而大多数比赛都几乎无人问津，球场空座很多。正如我们在第十三章中所讨论的，体育场馆形象的可感知度很强，并且会直接影响球队形象。以奥克兰–阿拉米达郡竞技场为例，当球迷仅需购买 10 场比赛的门票就可成为季票持有者时，阴寒多风的气候并没有严重影响橄榄球突击队（Raiders）的门票销售，也没有对

20 世纪七八十年代的鼎盛时期造成任何影响。但对于同样视奥克兰–阿拉米达郡竞技场为主场的棒球运动家队（Athletics）来说，似乎就不这么幸运了。运动家队的比赛总会让球迷们联想到慵懒明媚的夏日。因而运动家队花了很多精力克服了场馆自身的不足，尤其是大量的座位不是观赛角度不佳就是离球场距离太远。[18]

一些体育组织在其场馆的某些区域开展促销活动。以冰球罚球区为例，这个地方让人联想起硬汉们在“罪恶之滨”中冷静下来的形象。圣安东尼奥巨龙队（国际曲棍球联盟，1996—1999 年）在这个特殊的地方展开了一次巧妙的促销活动。巨龙队的吉祥物“狂热者弗雷迪”（Freddy the Fanatic）每隔一段时间会进入看台，将毫无戒心的观众（所选观众表现太安静，穿着对手的颜色，以及做了弗雷迪认为不合适的事情）拖到“球迷罚箱”（由 Miller Brewing 提供）。除了会得到一个特写镜头外，粉丝还会获得少量奖励。球迷们似乎很喜欢这种活动，每当弗雷迪靠近他们的片区时，他们就会疯狂地欢呼。巨龙队甚至计划为户外活动制作一个充气区。[19]

九、渠道和公共关系的相互影响

一个新的设施会对所有其他营销组合的要素都产生影响。例如，一个新的座位布局需要重新调整门票价格，因此必须谨慎行事，以保护整体的形象。

价格过度上涨通常会适得其反，会让人联想到哄骗与贪婪，这样的形象可能需要数年才能扭转。同样，新政策也会使球迷不满，新英格兰爱国者队在 2002 年首次获得超级碗冠军后搬到吉列体育场时就遇到了这种情况。为了给季票后补名单上成千上万的球迷提供更多的门票，爱国者队援引一项新政策，即禁止现有的门票持有者通过契约、合同、遗嘱或任何其他方式将座位转让给其他人。这让许多长期持票者感到不安，其中包括汤姆 • 马圭尔（Tom Maguire）。当他得知自己和兄弟们无法继承父亲的票时，他说：“感觉就像是在打耳光。”《波士顿环球报》（*Boston Gbobe*）刊登了一个大胆的标题：“通行证干扰：爱国者队禁止转让季票，有些球迷哭诉犯规。”但是爱国者队辩称，他们建造吉列体育场时没有使用座位许可证。他们认为，允许转让门票等同于承认事实上的许可证，这将不公平地剥夺了其他人获得门票的权利。候补名单上的球迷们对此表示同意，但是爱国者队也受到了惨痛的教训。[20]

为了最大限度地发挥球迷迁移到新 PNC 公园的积极性，匹兹堡海盗队的委员会委托当地的博雅公共关系公司进行为期 14 个月的宣传活动，直到 2001 年 4 月盛大开幕。促销活动宣传包括直邮广告、一系列新闻发布会、特别活动、新闻稿、报纸插页和宣传网站。该计划取得了成功并为球迷树立了积极的形象，两个月的豪华包厢销售一空，而且实现了创纪录的季票销售记录。由于市场很小，收入少，海盗队知道他们可以利用场馆迁移的机会进行营销活动，进而提升品牌形象并使销售额达到一个高峰，他们也确实充分利用了这一次机会。[21]

十、促销和公共关系的相互影响

宣传是促销组合早已确定的四要素之一；因此，两者是相互依存的。如前所述，正面的或负面的公共关系形象所产生的影响不可低估。可以想象，公共关系形象可以完全抵消巨大的促销努力。媒体报道来源的可靠性和高曝光率无法通过宣传工作复制。类似的，一枚促销炸弹也能招致媒体和公众的疯狂抨击。美国室内橄榄球职业大联盟的掠夺者队发现他们的球队在《体育画报》上因联盟对该球队开出了 10000 美元的罚款而饱受批评，原因是球队安排了一场促销活动，带来“最佳”充气娃娃的球迷可以获得一桶啤酒和 500 美元的奖励。显然，掠夺者队没有吸取教训。因为他们一年前就刚因广告牌上的不当标语而被罚款。[22]

第二节　控制营销职能

我们已经看到，营销组合中的每个要素都是相互依存的，其中某些要素的相互影响程度更强。因为每个要素都能对其他要素产生影响，所以确保营销有效性的唯一方法是控制营销的每个环节。在本节中，我们概述用于测量和适当分析的综合计划，以确保目标回报率（ROO）、投资回报率（ROI）和销售成本（COS）处于应有的水平。只有这些问责措施到位，营销和管理控制才能有效。该计划的最终目标是确保创造并交付满足消费者需求的产品。

一个健全的控制系统可以培养并维护产品和组织在消费者心中的可靠形象。从 NFL 对球员制服的规定（塞进衬衫，拉起袜子和绑上袜子）到当地基督教青年会（YMCA）训练员工礼貌回应会员的抱怨，控制的概念存在于整个行业的各个层面。控制是成功的市场营销的核心特征。即使是最低程度的失控也可能产生负面形象，从而严重破坏组织的整体形象。一个小的失控可能不会影响到所有与组织、员工、产品、服务或设施相互作用的消费者或公众，但是当影响到足够多的人时，就会造成损害。如果一个体育俱乐部在大厅里放置了自动售烟机，就会表现出不一致、不真诚，并且更倾向于追求利润动机而非健康动机。这一举动很愚蠢。如果 NCAA 的教练屡次违反招聘规则，那么就传递了一个微妙但有力的信息，即保持一致性对于营销人员传达清晰准确的定位至关重要。不一致性会导致形象模糊并形成不连贯的产品定位。

控制营销组合的关键在于为所有部门和人员设定明确的方向，并确保所有职能工作都有统一的工作标准。在大学体育中，营销、门票销售、外包媒体版权合作伙伴、体育发展（筹款）和票房（票务服务）都需要放在同一层面上。员工需要一张路线图，用来被告知要去哪里以及如何到达。他们需要知道组织如何评估他们的绩效，以及他们的工作如何与组织中其他部门或职能联系起来。因此，有效的营销控制系统必须是持续进行的计划系统的一部分，该计划至少

在危机时期，控制各种营销职能的效果尤为重要，例如震惊宾夕法尼亚州立大学的虐童丑闻，该事件诸多后果之一是一尊受人喜爱的雕像还被拆除了

包括四个组成部分：

- 为达到预期定位，依据当前情况而制定的使命宣言和目标；
- 一个能调配资源以满足目标的组织结构；
- 在逻辑上将绩效与特定的营销目标联系起来的员工绩效标准；
- 根据绩效调整战略、结构和人员的方法。

简而言之，必须将营销控制纳入整体战略计划中。[23]

一、使命宣言和目标

使命宣言和目标将战略计划（组织对其与更广泛环境的关系的评估）与运营计划（使组织朝着目标发展的策略）联系起来。两种计划缺一不可。换句话说，营销组合的每个要素都应在更广泛的战略视野内进行。体育组织的年度战略计划常常只是预算，没有战略和战术。米德尔伯里学院（Middlebury College）的战略使命宣言就是很好的例子，该学院处于佛蒙特州竞争激烈的第三级别联盟中：在米德尔伯里学院，体育运动是全面教育的重要组成部分。学院致力于提供综合且多样的体育课程，为所有学生提供体育机会。体育部门致力于：

- 打造强调身体健康、身材匀称和终生运动的体育教育课程。
- 打造充满活力的校际体育项目，追求成就和卓越。
- 打造旨在鼓励拥有不同能力和技能的学生参加各种各样的娱乐性体育活动。
- 打造俱乐部体育项目，在结构较松散的环境中为校际比赛提供机会。

该声明清楚地表明，与得克萨斯大学奥斯汀分校的体育部门不同，米德尔伯里学院的体育部门必须支持广泛的体育活动，例如娱乐和健康，而不仅仅是校际体育比赛。这种观点在第III级别联盟中是颇具代表性。米德尔伯里的教练和运动员都想赢得比赛，但该部门所代表的不仅仅是胜利，这将影响预算、人员配置、设施和市场营销的决策。该原则同样适用于高中、跨国设备公司或本地健身俱乐部：使命宣言是所有战略和战术的试金石。[24]

制定营销过程的下一步是制定明确的、可实现的、可衡量的目标。在本章的后面，我们将讨论必须在制定目标时采用的标准的绩效指标，或现在称之为绩效分析的指标（例如，不只是总体上座率，还有按照第一年新购买的、高级座位持有者，部分和小型计划持有者等进行细分的季票持有者保留率）。管理者不应该等到事情发生之后再考虑目标，而应始终将目标视为通向成功之路的一系列目的与手段的组成部分。正如 MLS 所发现的那样，模糊或不切实际的目标可能会带来问题。在联赛的第二个赛季中，专员公开设定了每场比赛 20 000 名球迷的上座目标，该目标可使球队所有者达到收支平衡，但比上一年的平均上座率提高了 30%。不幸的是，对于 MLS，最终的每场平均上座数为 14 616 人，比第一个赛季下降了近 10%。这是否意味着 MLS 遇到了严重麻烦？不一定。但是，出席人数的下降需要从短期和长期视角对目标和策略进行重新评估和调整。正如专员所说："很多人都希望立即评估你是否具有或缺乏突破性进展。"显然，对他和联赛老板而言，MLS 不能再仅从单一角度来考虑问题了。[25]

二、将组织结构与战略相联系

在许多组织中，因为营销职能不集中，导致出现了一些问题。例如，在职业体育和大学体育中，市场营销、销售开发和公共关系职能之间的联系通常很少。具体来说，在职业体育中，公共关系副总裁和市场营销总监的述职汇报对象通常不同。同样，在大学体育中，具有新闻背景的体育信息总监（SID）和市场营销总监的汇报对象一般也不相同。有时，这些部门是对立的，会争夺稀缺的资源或高管人员的认可。因为公共关系、营销和促销应该是综合营销计划的一部分，因此这种往往由历史发展造成的组织冲突是不合逻辑的。组织需要一种整合的营销结构来指导营销人员的工作，使不同职能的工作与组织的目标和政策保持一致，并确保它们相互补充，不会彼此重复。这个错误可能在体育展示和娱乐中表现得最为明显。如果由公关部负责，则视频、计分板以及公共广播系统将专注于统计数据、回放和公告。这些要素很重要，但它们并不是粉丝体验所需的全部内容。如果由营销部门负责，那么粉丝娱乐、赞助商曝光元素以及未来比赛的门票销售可能会更受关注。

正如我们在第二章中所提到的，组织结构应从战略演变而来。当亚特兰大勇士队在 2004 年意识到增强球迷体验的必要性时，他们重组了市场营销部门，成立了一个专注于比赛展示的体育场馆团队。同样，在 20 世纪 90 年代末，当时 MLS 的达拉斯 • 伯恩（Dallas Burn）意识到，他们的目标是建立更强大的西班牙裔球迷群体，这就必须改变其营销结构。当时，他们只有一个人致力于这一目标——同时从事社区关系工作和媒体联系的西班牙裔媒体联络员。伯恩任命他为新的西班牙裔营销和社区发展部主任，该部有两名客户经理和一名社区联络员。起初只有一个人承担多项工作，现在伯恩有四个人来完成这项任务。伯恩重新调整了组织结构以遵循营销策略。WUSA 未能使结构与战略保持一致。作为一个新兴的联盟，WUSA 需要高额的门票收入才能生存，但 WUSA 存在将多兵少的情况，即高管人数众多而基层销售人员稀少，因此该联盟快速解散也不足为奇。[26]

我们为图 15.2 中的体育营销职能提供了一个设计示例。尽管该示例适用于表演性极强的观赏性体育项目，但该框架可以根据其他体育组织的需求、资源和产品进行调整。在概述了一些基本观点之后，我们讨论绩效评估的指标和措施。

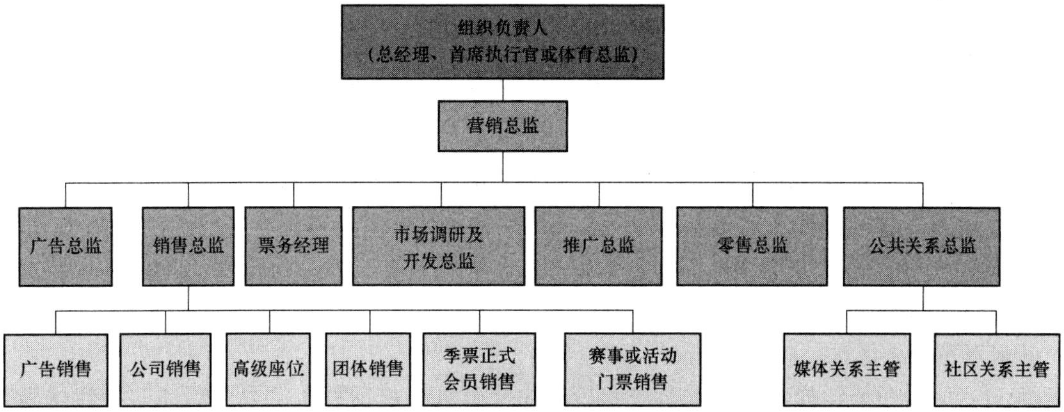

图 15.2　体育营销职能的最佳组织结构图

- 首席营收官、首席营销官或高级体育副总监（外部事务）
  - 负责所有营销、销售和沟通工作，直接向该组织的首席执行官或体育总监汇报。
  - 监督其他负责营销、销售、服务和沟通的主管。
  - 负责制订年度战略计划，概述所有营销目标和目的、战略和策略以及计划活动，并控制其有效性。
  - 确定预算和资源分配。
- 市场营销与传播行政助理
  - 辅佐首席风险官（CRO）、首席营销官（CMO）或高级体育副总监。
  - 辅佐负责营销、销售、服务和沟通的主管和员工。
- 副总裁、市场营销总监或客户体验总监（在校际体育中，这些职能可以外包）
  - 负责所有广告和宣传材料（电子版和印刷品）的设计、布局和媒体选择。
- 广告和促销经理
  - 负责组织出版的所有印刷媒体中的创意复制品和插图（大型体育组织的内部职能，尤其是拥有两个体育团队或负责管理场馆的体育组织；而大多数在学院环境里的小型体育组织往往会外包给广告代理商）。
  - 负责与创意部门或外部广告代理商合作，制订、规划和实施所有付费媒体计划（电视、广播、印刷、户外、电子数字和社交媒体节目）。
  - 负责制定促销日程并执行所有促销活动、产品赠送以及所有赛前和赛后活动。
  - 配合赛事娱乐总监或经理、公共关系总监或经理以及社区关系主管或经理。
- 创意与平面设计经理
  - 负责所有电子广告、印刷品广告的设计、布局和制作。
  - 负责所有印刷出版物的设计和布局，例如，赛事计划、媒体指南、年鉴、季票和团体票手册、赛程安排小册子等。
- 市场研究和消费者知识经理
  - 负责提供一级和二级市场数据；识别并制订新市场的初步渗透计划。
  - 为销售和公共关系人员提供市场研究、情报和粉丝人口统计数据等方面的服务支持，寻求匹配的潜在营销合作伙伴客户。
- 数据营销经理
  - 负责监督组织的数据库营销并执行组织的粉丝联络数据采集计划。
  - 负责所有数据的收集工作（销售业绩的录入、抽奖结果、文本、网站访问者等）。
  - 负责监督数据录入、维护和整理（清理数据、删除重复数据和增加数据）。
  - 制作所有清单并制定细分目标以进行营销活动和对外销售。
  - 负责生成有关数据库人口统计和趋势的报告，例如，基于销售模式的地理位置定位（热图）。
- 赛事娱乐经理
  - 负责在场地内制作所有游戏和粉丝体验节目，包括每个游戏或活动的游戏体验脚本，以及所有娱乐和体验元素的协调，具体如下：

  - ➢ 视频制作、播放及时间安排；
  - ➢ 广播播音员；
  - ➢ 乐队和音乐；
  - ➢ 舞蹈队；
  - ➢ 现场烘托氛围的方阵；
  - ➢ 促销和赞助商元素，竞赛和其他娱乐功能。

- 电子媒体经理
  - – 负责制定和执行移动营销策略，在互联网、电子邮件、移动、数字和社交平台以电子方式进行的所有销售工作和营销活动中，与广告和促销总监或经理进行协调并提供支持。
- 移动营销协调员
  - – 在大型体育组织中，与创意和平面设计经理协作，制作移动电子媒体广告系列创意，监督目标回报率（ROO）和投资回报率（ROI）的执行和分析。
  - – 在大学里，管理学生志愿者（每个运动项目一名），每天为该项目制作博客、照片和视频帖子，并通过相关平台分享给内部人员、季票持有者、学生运动员的亲朋好友以及其他相关群体。
- 网络营销协调员
  - – 在大型体育组织中，与移动营销协调员在所有互联网和电子邮件活动中担任相同的角色。
- 网站管理员
  - – 负责网站管理——包括设计、布局、定位和内容。
  - – 确保新鲜感和相关性，满足组织在品牌形象、沟通、信息、娱乐、参与度和增加商业收入（门票销售和赞助合作伙伴激活）方面的需求。
  - – 支持网站所服务的不同利益群体（例如，体育教练和运动员、市场营销、销售、合作伙伴、场馆运营、公共关系和传播、社区关系和促销）。
- 社交媒体协调员
  - – 在大型组织中，社交媒体协调员与网络营销协调员、移动营销协调员紧密合作，通过适当的社交网络渠道开展工作。
- 企业营销合作伙伴关系副总裁或总监（在校际体育中，这些职能可以外包）
  - – 负责企业所有的合作伙伴和赞助。
  - – 监督所有销售、服务和激活员工。
  - – 制订年度合作伙伴销售和服务计划。
  - – 评估库存、套餐和排他性策略并为其定价。
- 合作伙伴销售经理
  - – 负责监督所有销售人员，努力达到收入目标。
- 合作伙伴服务经理

  - 负责监督所有合作伙伴服务人员以及所有赞助商激活、服务要素和计划的执行情况。
- 票务销售和服务副总裁或总监（在校际体育中，这些职能可以外包）
  - 高级座位销售和服务经理。负责销售含有套房便利设施的豪华包厢、套房和俱乐部座席、高级座位，但消费者对此类座位的购买需求较低。
  - 新赛季季票销售经理。负责监督全部、部分和小型票务计划的销售。
  - 团体门票销售经理。负责监督所有团体票计划的销售，包括所有粉丝体验套餐（FEP）要素的有效执行。
  - 季票服务和保留经理。负责所有现有季票账户的服务和保留，无论是全额计划还是部分计划或小额计划持有者；实现年度续订目标及附加（额外座位）和追加销售（升级到位置更好的、更贵的座位）的目标。
  - 票务服务经理。指导售票处或票房工作人员（以及比赛当天的窗口销售人员）的工作；负责管理票务库存、账户管理、所有门票的控制、执行和分销；编制所有销售、财务和票务库存报告；将票分配给各个选区和售票网点（分销网络）；分配新闻记者或访客通行证及媒体凭证。
- 传播或体育信息副总裁
  - 负责各种媒体关系。
  - 传播信息、发布新闻稿、创建媒体指南、上传网站内容并组织新闻发布会。
  - 与票务经理协调媒体凭证，安排媒体采访。
  - 控制新闻采访区并统计比赛日信息。
- 公共关系经理
  - 引导媒体关系和发布信息内容。
  - 在较大的组织中，一个经理会配备一个助理。
- 客户关系经理
  - 开发、协调和执行所有的社区关系活动。
  - 负责社区和场馆内的活动安排，包括运动营地或研讨会、社区之夜、运动员见面会，以及与媒体以外的一般消费者的关系；回复所有粉丝的邮件。
- 转播副总裁（在校际体育中，这些职能可以外包）
  - 管理转播功能；如果转播权归属组织内部，管理内容生产和播报人员，并与市场营销合作伙伴的销售和服务人员进行协调，以确保履行所有赞助商和广告商的义务；确保高质量的转播并管理直播安排、转播团队以及广告计划以推动门票销售。
- 体育发展总监（仅限校际体育）
  - 监督运动项目的发展和人员的工作，并通过年度基金、重大捐赠和所有资本运营活动确保收入目标的实现。

每一项职能对于有效开展营销工作都必不可少。如果不履行任何一项职能都会大幅降低营销效率。由于资源有限，小型组织通常会将这些职能合并。但受制于员工的技能水平，经常出现关键职责根本没有履行，或者执行水平不尽如人意的情况。另一种方法是将这些职能分包给营销公司或广告公司。必要时，各职能部门的主管可以开展业务活动，并维持其计划和控制的主要职责。然而，在小型组织结构中，这可能会产生令人崩溃的营销效果。合并角色可能产生以下适得其反的结果：

● 缺乏专业化分工导致专业技能不精。经理可雇用一个仅擅长某一项工作的专家，或雇用具有综合能力但并不精通单一工作内容的人。雇用一个人来同时指导市场营销和传播，这种情况在大学里很常见。

● 重点转向运营（完成工作），而忽略了计划或控制。为了完成运营任务，人们会忽略对营销绩效或策略进行规划或反思。分析员工绩效和提供培训的能力迅速下降。

后一种效果可以从图 15.2 中看到。在小型机构中，由于缺乏更高级别的管理活动，专业化程度大幅降低；规划和控制将完全停止或仅限于编制预算。有人可能会说图 15.2 中的结构笨重而且成本过高。显然，规模和范围会因组织的目标和资源有差异而不同，但付出就有回报。在创收方面，组织需要投入人力和资源以创造收入和增加上座率。

三、营销部门的绩效衡量

如前所述，整个营销部门需要有明确的目标，使其更接近组织的总体目标。例如，大型的大学体育部门可能具有以下营销目标：① 改善品牌形象或运动项目形象；② 增加门票收入；③ 在本地或区域性娱乐市场中获得更大的市场份额。

这类组织目标可以转化为明确的营销目标，例如：

● 公关人员应通过印刷物或电子媒体增加正面宣传内容的数量；

● 改善粉丝满意度调查的结果；

● 通过各种票务套餐、许可协议或电视合同创收；

● 与竞争对手（例如，区域职业运动队）相比，电视或电台的收视率提高。

营销人员必须识别并采用标准的度量单位，以确定是否达到了目标。在俱乐部行业中，像国际健康协会、球拍和体育俱乐部协会（IHRSA）等行业协会已经发布了可提供重要基准数据的标准行业数据报告，例如，俱乐部在诸如人均会费、每平方英尺收入和会员营业额等项目上的平均值。

从历史上看，观赏性体育行业缺乏定期、严格的调查来建立此类绩效基准。联盟偶尔会采用委托调查的方式，但这并没有引起经理和营销人员的注意。然而，在过去十年中，诸如《团队营销报告》《体育商业日报》和《斯特里特＆史密斯体育商业杂志》等商业出版物创建了绩效指标，例如 TMR 的球迷成本指数（在第八章中已讨论过）。但显然，最有效的措施是由 NBA 总裁戴维·斯特恩支持的 NBA 团队营销和商业运营（TMBO）。TMBO 的许多有效的衡量指标，已被整个体育商业领域广泛采用。以下是一些最近尝试开发的绩效比率和指数：[27]

● 团队营销报告创始人艾伦·弗里德曼和保罗·马奇（Paul Much）开发了渗透指数来分析职业运动队的表现。渗透指数是指体育团队最近一个赛季的总上座率除以该体育团队所在大城市统计区域的总人口。例如，在统计市场上职业球队的竞争对手和大学运动队的数量（考虑到赛季的溢出效应）时，渗透指数就必须与其他数据一起进行分析。但它为分析提供了起点。

● 电子商务的兴起促使人们更加努力地对成功进行衡量。由于点击数是对提供的内容数量的技术度量，行业内不再将点击数作为受欢迎程度的指标。行业标准是独立访客数量、访问者在给定站点上花费的平均时间（通常为每月）以及网站访问量。对于电子邮件和活动，基本衡量指标是打开率、点击率、页面浏览量和网站停留时间。

●《斯特里特＆史密斯体育商业杂志》提供定期分析营销绩效的功能，其中包括分析上座率随特殊促销活动而变化的功能，例如赠品、吉祥物生日派对和焰火、在互联网上的受欢迎程度、电视收视率和广播渗透率。

● 同样，《体育营销季刊》和《体育管理杂志》等学术期刊也促进了公众对标识曝光、消费者回忆和品牌识别以及对经济影响研究等衡量指标的优缺点进行对话。

● 诸如君迪（J.D. Power＆Associates）等咨询公司为体育团队提供了深入的客户服务满意度评估。

当然，争议总是存在，但是必须对指数进行开发，然后才能在市场上进行讨论和测试，因此前面提到的趋势对整个行业、营销人员和消费者都是有益的。

正如以下布瑞瓦郡海牛棒球队的补充材料中所示，球队必须为每个部门的工作人员细化总体目标。海牛棒球队根据总体目标建立了检查清单，以吸引更多的顾客和家庭。以下是一些可以针对总体计划进行调整的示例。

根据目标筛选营销计划、活动和促销

美国职业棒球小联盟因其持续不断的促销活动而闻名。每场比赛的每一局似乎都充满了超越比赛本身的吸引力。正如丹·米加拉（Dan Migala）在《米加拉报告》中所报道的那样，布瑞瓦郡海牛棒球队（佛罗里达）是一家A级俱乐部，它制定了一套标准来筛选所有拟进行的促销活动。海牛棒球队把家庭，特别是妈妈，作为促销的主要对象。他们欲将休闲爱好者吸引到比赛中。促销活动可能会失败，但他们首先希望避免由于攻击性而造成负面新闻或负面口碑。以下是布瑞瓦郡海牛棒球队的促销创意检查清单：[28]

好玩吗？
可行吗？
负担得起吗？
会增加球迷体验吗？
会产生价值2美元的账单吗（不想要或避免的）？
时间合适吗？
患有8球综合征吗（死在角落里）？
其余人员认可吗？
适销对路吗？
我们明天要道歉吗？
会积极地推广球队或赞助商吗？
能通过家庭测试吗（如果您的直系亲属来观看比赛，妈妈会感到骄傲还是羞愧）？
如果我们不抓住这个时机会怎样？
最后，如果有疑问，WWVD（维克会做什么）？

市场营销各领域的一些示例数据如下：

（一）销售

- 销售额（美元），按已售出的单位数量（门票、标牌、广告等）和收入来衡量；
- 市场份额或销量额的逐年增长量；
- 从销售人员接触客户的记录中能联系到的潜在客户的百分比；
- 开发的新业务，根据单位和美元记录的实际销售额衡量。

（二）公共关系

可以使用适当的标准，监控公共关系职能的每个组成部分。

1. 媒体关系

- 诸如剪辑文件之类的记录所证明的媒体报道量（例如，版面尺寸、播出时间）；
- 体育组织的报道质量和媒体接受度；
- 收到合法媒体投诉的数量；
- 该组织网站的独立访客量。

2. 社区关系

- 联系的社区团体数量；
- 在社区或场馆中实施社区项目的数量；
- 社区关系工作产生的销售收入（例如，商品销售）；
- 收到来自公众的正面和负面信件的数量；
- 参加特殊计划（暑期阅读、优秀学生）的儿童人数；
- 社区项目的可衡量成果（例如，参加赞助商阅读计划的孩子的阅读水平提高程度；为社区建造的新场地的总面积）。

3. 票务服务（票房）经理

- 财务记录的准确性；
- 尽可能避免错误、损失或失职；
- 票务分销渠道的发展和分销政策的创新。

4. 促销和广告

- 促销数量；
- 每个特定促销的销售响应；
- 通过促销活动形成的整体形象，可以根据品牌实力和品牌知名度或信息感知度研究电子邮件营销活动的打开次数和点击次数以及根据嵌入式促销代码确定的实际销售结果来进行衡量。

5. 营销与赞助

- 赞助商形象的媒体曝光度（例如，电视曝光时长）；
- 赞助商的续签率。

6. 指定商品和球队商店或专卖店

- 每平方英尺的收入；
- 库存周转。

7. 市场研究与开发

- 收集数据的及时性和准确性（主要）；
- 提供二手数据的最新情况；
- 基于数据的营销系统刺激销售和营销效率的能力；
- 新市场的开发数量以及由此产生的直接销量。

最后一个功能也许是最难控制的功能之一，因为该结果受量化绩效评估的影响最小。但是，仍然可以计算出某些关系。

市场调查和市场开发无疑是创造性的过程。一个拥有良好的基于数据的营销系统可以像处理票务一样认真地处理和分析消费者的投诉。同样，首席营销官或首席营收官必须具有创造性，以建立既公平又具有挑战性的评估标准体系。有效的管理者了解所有行业标准——从球队特许权的交易限额到赞助商的识别率、独立访客量以及上座率（占场地容量的百分比）。能限制管理者的，仅有想象力和数据可用性。

（三）将员工绩效与战略相联系

营销工作可以概念化为一系列目标和目的，以及为实现这些目标而设计的特定战略和策略，但是如果没有敬业和称职的员工，就不会取得任何结果。因此，需要管理这些员工或团队。我们在第八章中讨论了销售人员的培训，在这里我们重申一些简单的步骤，以提高整个营销职能部门的员工绩效。

- **第一步**。经理或主管与员工坐下来，采用参与式方法来设定绩效目标。经理或主管清楚地传达期望、绩效目标、评估方法、成功带来的回报以及失败带来的负面影响。
- **第二步**。最初，每月对大多数员工进行绩效评估（时间间隔会随着时间推移而延长）。对于首次在粉丝关系管理中心（FRMC）从事内部销售工作的人员，这些评估在第一周每天进行一次，在接下来的几个月内通常每周进行一次，直到养成习惯为止。表现令人满意后，大多数营销人员一年只需考核一次。同样，销售人员根据其每周拜访量、拜访持续时间和质量的目标、推荐量及面对面营销的预约数量（树根）、按单位和美元计算的销售量（果实）进行评估。
- **第三步**。当工作人员有弱点或有需要改进的地方时，主任或经理应进行培训或纠正。
- **第四步**。在每次年度评估时，都会根据上一次评估期间的经验制定新的“合同”，并共同致力于实现目标。

罗兰·史密斯（Roland Smith）博士曾给各大联盟球队提供人力资源战略咨询服务，他对绩效评估系统提出了一系列有用的问题：

- 它是否会鼓励提高绩效水平的行为？
- 它公平吗？
- 它是否可以公平地奖励表现最佳的员工？
- 它是否清楚地代表了普通员工的成功路线图（薪酬和绩效管理指南行为）？
- 它是否可以实时识别表现不佳的员工（以采取纠正措施）？
- 它是否易于管理？

● 绩效指标是否明确并易于理解？

通过系统化的方法来管理营销职能，主管可以直接影响组织的成功。无论是由一人专门执行还是由一人执行多项任务，每项职能对营销工作都至关重要。做一个简单的类比，营销人员就像日复一日在赛场上拼搏的运动员。为了保证工作协调并有效，他们需要一个周全的计划（营销计划）以及有见地的、实操性的、面对面的、建设性的指导。[29]

（四）数据与核心价值观

通用电气（General Electric）的首席执行官杰克·韦尔奇（Jack Welch）告诉《基业长青》的作者，通用电气将其人事评估分为两部分——核心价值观和数据。尽管人们可能会认为数据应该始终反映核心价值观，但韦尔奇认为，最容易衡量的数字常常让人忽略同样重要但有时无法量化的标准。韦尔奇的描述让人联想到一张表格，该表格提供了一种简单的初步筛选工具（表 15.3）。

表 15.3　核心价值观和数据

数据表现		体现核心价值观	
		是	否
	是	向上提拔	仔细审查
	否	再给一次机会	解雇

该表格强化了公司的信念，即核心价值观比数据更重要。推进企业核心价值观的人总能得到更多的机会。组织会对做出数据但没有体现价值观的人进行仔细审查。正如韦尔奇所说："问题出在那些创造数据但不分享价值观的人身上……我们试图说服他们，与他们斗争；我们因这些人而苦恼。"韦尔奇的态度是体育管理者所要铭记的重要态度。在人事评估中，数据绝不能胜过价值观，但仅凭价值观也不足以维持长期的雇佣关系。[30]

本章小结

控制的概念将体育营销人员由单纯凭借主观意愿管理转变为有效管理。从对潜在消费者及其需求的研究到市场细分、产品定位、营销组合与赞助，最终到对成功的评估，每个环节我们都强调控制营销的必要性。在当今的体育市场中，市场营销人员必须是经理，而经理也必须是市场营销人员。

正如我们在本书中通过无数示例所说明的那样，体育产业正在迅速发展。展望未来，开发有效的、具有创意和创新性的体育营销技术的压力只会越来越大。简单的体育销售方式（赠品、燃放烟花）是不够的。1928 年，体育营销人员特克斯·里卡德（Tex Rickard）在接受记者采访时表示："只要随便翻阅一下报纸，大多数人都能知道公众想要看什么（需求是什么）。"但与那时相比，现在的市场更加拥挤，消费者也更为复杂。未来的体育营销人员将成为一名科学家，掌握最新的市场调查和市场开发技术；同时作为一名艺术家，通过激发热情、激励同事和消费者的创造性灵感来重塑产品。在当今靠数字互联的世界中，成功的体育营销者将牢牢掌握技术、社交媒体以及消费者品位和注意力变化的速度。无论是什么比赛，技术都是一样的。全面可控而且强有力的营销工作，加上倾听和观察技能以及创意，将是制胜之道。

课后活动

1. 简单回顾并在本书或其他资源，在5Ps之中找出至少两个要素之间的相互影响的例子。

2. 以一个当前的体育组织为例，说明价格对其余4Ps的积极和消极影响。

3. 在你看来，5Ps中是否有一个要素比其他要素具有更大的相互影响作用？是价格吗？还是其他？请用实例来支撑你的观点。

注释

1. The notion of ticket marketing, sales, and service as a coordinated function and the service mark concept of the TiMSS plan were developed in 2011 by the principal author of this text, Dr Bernie Mullin, in his role as chairman and CEO of the Aspire Sport Marketing Group LLC.
2. Presentation by Joel Maturi, then athletics director at the University of Minnesota at the Annual Collegiate Athletics Forum presented by *SportsBusiness Journal*, Marriott Hotel, New York in December 2010.
3. Presentation by Kevin Plank, owner and CEO, to the Leaders in Performance Conference, held at Chelsea Football Club's Stamford Bridge Stadium, London, England, in October 2010.
4. Ibid.
5. "SI Says Nike Made 'Vast Miscalculation' on Tiger Woods Line," *SBD*, 19 August 1997, 3.
6. L. Zepp, "Supermarket Promo Lifts Attendance for Ohio State Lady Buckeyes Games," *Amusement Business,* 6 February 1988, 13, 15.
7. Michael Eisner with Tony Schwartz, "Running the Mouse House," *Newsweek,* 28 September 1998, 58.
8. "Jazz and Hostess Offer Fans a Colorful Snackfood," *Team Marketing Report* (March 1994): 6.
9. Stuart Miller, "New Technology Is Transforming Games Into Multimedia Events," *SSSBJ,* 10–16 March 2003, 33; Russell Adams, "Before Game and After, Razzle–Dazzle Reigns," *SSSBJ,* 10–16 March 2003, 32; "Full Immersion: AFL Offers Fans a Wired Experience," *SBD,* 19 April 2000.
10. For scholarly assaults on Nike, see Steven Jackson and David Andrews, *Sport, Culture and Advertising: Identities, Commodities, and the Politics of Representation* (New York: Routledge, 2005); "Nike Pulls Shoe Offensive to Muslims," *Boston Globe,* 25 June.

1997, C–2.

11. "Stern Says League Needs to Address Player Behavior Issues," *SBD,* 2 June 1997, 13.
12. P. Amend and W. Tobin, "Tax Exempts: A Snake in the Grass?" *Club Business,* November 1988, 34–38, 64–67.
13. "New Texas Twister: Rangers/Stars Combine Ticket Packages," *SBD,* 6 March 1998, 17; D. Kaplan, "Tom Hicks Eyes Profits—and Wins—in His Sports Ventures," *SSSBJ,* 8–14 February 1999, 1, 46.
14. Matt Schuman, "Paying the Price: Parking Fees Will Hurt UNC Fans," *Greeley Tribune,* 8 September 2005, www.greeleytrib.com; B. Lumpkin and P. Finebaum, "Alabama Weathers Storm Over Priority Ticket Plan," *NCAA News,* 10 June 1987, 9.
15. Tom Weir, "Promise of Refund Paying Off in PR," *USA Today,* 19 March 2003, 3C.
16. A. Bernstein, "NFL's Soft–Drink, Fast–Food Deals Slow in Coming," *SSSBJ,* 15–21 June 1998, 9.
17. "Are Autograph and Collectible Shows Worth It for Athletes?" *SBD,* 1 September 1998, 5.
18. L. Berling–Manuel, "Giants Weathering Bay City Blues," *Advertising Age,* 2 August 1984, 10–11.
19. "IHL Dragons Increase in–Arena Interaction by Putting Partisans in Penalty Box," *Team Marketing Report,* 9

(January 1997): 9.

20. Bruce Mohl, "Pass Interference," *Boston Sunday Globe,* 3 October 2004, E–1, E–8.
21. Wayne Henninger, "Road to New Home Smoother With Fine–Tuned Campaign, Pirates Find," *SSSBJ,* 11–17 June 2001, 12.
22. "For the Record," *Sports Illustrated,* 26 April 2004, 24.
23. For excellent insight into strategy and control in sport organizations, see T. Slack, *Understanding Sport Organizations: The Application of Organizational Theory* (Champaign, IL: Human Kinetics, 1997); D. Howard and J. Crompton, *Financing Sport,* 2nd ed. (Morgantown, WV: Fitness Information Technology, 2003).
24. Middlebury College Athletics website, http://www.middlebury.edu/about/handbook/athletics.
25. A. Bernstein, "Without a Breakaway Threat, MLS Aims for Steady, Long–Term Growth," *SSSBJ,* 13–19 July 1998, 14.
26. Russell Adams, "Braves New World: Gains at Tate, on TV," *SSSBJ,* 10–16 May 2004, 6; *SBD,* 27 November 1997, 8. On the WUSA, see Richard Southall, Mark Nagel, and Deborah LeGrande, "Build It and They Will Come? The Women's United Soccer Association: Collision of Exchange Theory and Strategic Philanthropy," *SMQ,* 14 (3)(2005): 158–167.
27. A. Friedman and P. Much, *Inside the Ownership of Professional Team Sports* (Chicago: Team Marketing Report, 1997); "Top Sports Radio Stations," *SSSBJ,* 14–20 August 2000, 30; "Web World: NBA Scores With Playoffs," *SSSBJ,* 28 June–4 July 2004, 14; Langdon Borckington, "Texans Bring in J.D. Power to Gauge Service," *SSSBJ,* 29 July–4 August 2002, 8; "Giveaways That Paid Off at the Gate," *SSSBJ,* 18–24 October 2004, 18; Mark McDonald and Daniel Rascher, "Does Bat Day Make Cents? The Effect of Promotions on the Demand for Major League Baseball," *Journal of Sport Management,* 14(2000): 8–27. For a different look at community relations, see Stephen Hardy et al., "Image Isn't Everything," *Athletic Business,* May 2006, 50–56.
28. *Migala Report*, 1 August 2004, www.migalareport.com; Official website of Brevard County Manatees, www.manateesbaseball.com, 2005.
29. Roland Smith questions in the *Migala Report* 1, 1 March 2004, www.migalareport.com.
30. James C. Collins and Jerry I. Porras, *Built to Last: Successful Habits of Visionary Companies* (New York: HarperCollins, 1999), 72.

鸣 谢

盖伊·马克斯顿·路易斯（1926—2013）

将本书献给真正的天才和具有远见卓识的盖伊·马克斯顿·路易斯(Guy Maxton Lewis)教授。盖伊是马萨诸塞大学和南卡罗来纳大学体育研究与体育管理专业本科生和研究生课程的重要创始人和建设者。在他漫长而活跃的职业生涯中,他不断寻求理论联系实践、学者与实践者相结合的方法。他的学术贡献包括促成北美体育史学会（the North American Society for Sport History）、麻省大学体育管理艺术与科学会议（the Sport Management Arts and Sciences Conference at UMass）以及南卡罗来纳大学国际体育商业会议（the International Sports Business Conference at South Carolina）。众多学生、同事和学者从他的智慧和建议中受益匪浅，我们也是其中的一员。我们将永远铭记路易斯教授，他对体育管理的贡献将经久不衰。

本部分用以鸣谢本书使用的所有资源。此外，我们还向许多人致以特别感谢。首先是戴维·斯特恩，他是世界上最优秀的体育营销思想家之一。他为我们提供了在 NBA 工作的机会，通过他的战略营销计划分享自己的见解，并为我们提供了日常灵感。我们也感谢已故的比尔·维克（Bill Veeck）的贡献和价值，他的著作和创新让我们意识到球迷和体育消费者行为的重要性。同样，我们也感谢迈克·维克（Mike Veeck），因为他的贡献同样突出，当我们忽略球迷影响时，他警醒我们反思自己的行为和方法。在学术方面，我们要感谢菲利普·科特勒(Philip Kotler)在市场营销领域作出的众多贡献，他对我们的体育营销思想产生了影响。

我们将此版本献给盖伊·路易斯博士，他在体育管理的众多本科生和研究生学术课程和课程内容的制定方面发挥了重要作用。SourceUSA 的马特·莱文（Matt Levine）是最早的一批优秀的体育营销顾问之一，他奠定了体育消费者行为研究，并继续启发我们的思考。我们感谢许多为《体育营销季刊》(*Sport Marketing Quarterly*) 作出贡献的学者们，他们也是体育营销协会（Sport Marketing Association, SMA）的成员。学术界同仁的研究以及体育营销人员的不懈努力为我们提供了源源不断的灵感和动力。

我们还要特别感谢各章节和补充材料的贡献者：梅利莎·罗森塔尔·布伦纳（Melissa Rosenthal Brenner）、利·布温（Leigh Buwen）、沃德·布拉德（Ward Bullard）、威廉·卡拉菲洛（William Carafello）、凯瑟琳·卡尔森（Catherine Carlson）、利·卡斯特金（Leigh Castergine）、凯西·康纳斯（Kathy Connors）、柯尔斯顿·科里奥（Kirsten Corio）、贾克琳·克兰斯顿（Jaclyn Cranston）、卢·狄帕欧里（Lou DePaoli）、阿里·德·王尔德（Ari de Wilde）、伊夫琳·德怀尔（Evelyn Dwyer）、杰伊·格拉登（Jay Gladden）、约翰·格雷迪（John Grady）、沙恩·哈蒙（Shane Harmon）、亚当·豪卡普（Adam Haukap）、克里斯·赫克（Chris Heck）、海恩斯·亨德里克森（Haynes Hendrickson）、杰夫·亚内洛（Jeff Ianello）、郭大熙（Dae Hee Kwak）、安伯·利利耶斯特罗姆（Amber Lilyestrom）、乔丹·马勒（Jordan Maleh）、埃米·乔·马丁（Amy Jo Martin）、史蒂夫·麦凯尔维（Steve McKelvey）、布赖恩·诺曼（Brian Norman）、尼古拉·潘切夫（Nikolay Panchev）、戴夫·佩里科内（Dave Perricone）、萨拉·斯凯里（Sarah Sceery）、贾里德·舍恩菲尔德（Jared Schoenfeld）、苏珊·施罗德（Susan Schroeder）、史蒂夫·塞费黑尔德（Steve Seiferheld）、查德·塞弗里德（Chad Seifried）、艾伦·西摩博士（Dr. Alan Seymour）、彼得·斯特林格（Peter Stringer）、珍妮弗·托拜厄斯亚斯（Jennifer Tobias）和埃里克·伍尔沃斯（Eric Woolworth）。

还有许多人帮助我们获取、组织并编写了本书的材料。Aspire 集团的米亚·拉玛（Mia Ramer）、麦迪逊·索瑟林（Madison Southerlin）和本·福尔摩斯（Ben Holmes）进行了一些研究工作，更新了有关体育参与、人口统计和其他补充材料的数据。南佛罗里达大学的研究生克里斯汀·卡乔内（Kristine Carcione）、凯拉·切萨内克（Kayla Chesanek）、凯蒂·哈奇（Katie Hatch）和阿曼达·普契内尔（Amanda Puccinell）也贡献了他们的专业知识。阿贝·马库尔（Abe Madkour）和《体育商业日报》（Sports Business Daily）（该报目前是了解体育产业的必备资源）的工作人员一直都很慷慨地提供帮助和许可。其他一直给予我们支持和鼓励的人包括新罕布什尔大学的多特·希恩（Dot Sheehan）、史蒂夫·梅特卡夫（Steve Metcalf）和马蒂·斯卡拉诺（Marty Scarano），以及明尼苏达荒野队的罗杰·戈丁（Roger Godin）。我们还要感谢马萨诸塞大学阿默斯特分校的克里斯汀·凯（Kirstin Kay）和旦耶·唐尼（Tanya Downey）在前文为我们提供了盖伊·路易斯的照片。

同时，没有人体运动出版社（Human Kindetics）编辑迈尔斯·施拉格（Myles Schrag）、阿曼达·尤因（Amanda Ewing）的帮助和奉献，我们也不可能完成本书的编纂。他们鞭策并鼓励我们，并在需要的时候抚慰我们。他们是杰出的专业人士。

作为体育管理者和顾问，我们与数百名敬业的高管、营销人员、教练、销售人员、客户服务专业人员、公共与社区关系处理人员以及体育信息总监进行了合作，并被他们的活力、奉献精神和热情所鼓舞。作为学者，我们向华盛顿大学、罗伯特·莫里斯大学、俄亥俄州立大学、马萨诸塞大学、新罕布什尔大学、中佛罗里达大学和南佛罗里达大学多年来的同事和学生表示感谢和敬意。他们参与了对本书所有主题的挑战、延伸、重塑和探讨。我们希望能够向我们的读者传递他们的智慧、热情、求知欲以及他们对推动这一领域前进的热情。